诸暨市
五泄镇
草塔镇
东和
谷来镇
竹溪
王院
街亭镇
王家井镇
浬浦镇
牌头镇
东白湖镇
陈蔡水库
同山镇
绍
兴
雅璜
璜山镇
大南尖
安华水库
安华镇
通源
石璜镇
甘霖镇
新昌
义北
高路
大畈
陈宅镇
东白山
西恒
梅渚镇
城南
郑家坞镇
西岸
八都坑水库
石壁水库
长乐镇
里南
澄潭镇
东茗
大陈镇
里西岗
龙花岗
东方红水库
上楼
里外甘
岭北镇
白溪
南山水库
贯门
苏溪镇
西山下
华溪
市前
罗店
镜岭镇
儒岙镇
雅楼
下西陶
塘下店
梅庄
苦树山
白峰
楼下畈
后宅街道
虎鹿镇
湖畲
义乌机场
廿三里街道
西京
永久
石马
象岗
双彩
义乌市
东阳市
六石街道
巍山镇
佐村镇
青溪
大蟠溪
罗峰
吉张
回山镇
歌山镇
倚侃
上村
三单
石井坑
四汇
阁溪
城东街道
横锦水库
白牛畈
俞家
胡宅
南山
东阳江镇
岭下
大
天鹅尖
花溪—夹溪（夹溪）
白鹤镇
玉山镇
尖山镇
里岙
五丈岩水库
三州
上朱
南峰
槐堂
和堂
郭宅
尚锦
黄浦
学陶
后业岭
万苍
台
画溪
后塘
六联
三都—屏岩
金宅
牛背岩
东吴
卢宅
岩甲
九和
画水镇
八面山
湖溪镇
东门
尚湖镇
平桥镇
王凡
溪南江
亭
横店镇
南江
潘庄
上横山
回龙山
下安店
中信联
屠梁
雅坑
双溪
西岭
陈董
街头镇
山高平
绕川
官桥
岭口
八音尖
胡川
岭干
盘
雷峰
南马镇
和平
和协
马宅镇
卢坎头
州
下位
防军
水坞岗
桐溪
岭脚
磐安
方前镇
太平
太平水库
花台山
墨林
石门水库
龙溪
唐先镇
南湖
千祥镇
双坑
官田
龙山镇
西溪镇
龙井山
大路
大盘镇
田厂
贾处
深泽
王庄
林坑陈
象珠镇
古山镇
林甘
麻车下
罗成岩
里井坑
里林山
花溪—夹溪（花溪）
森屋
大盘山
市
王南山
上马
新渥镇
方岩镇
芝英镇
大盘山
盘峰
广度
方岩
双峰
高二
维新
铜山
岩潭
横坑
西村
永康市
麻车口
杨溪水库
冷水镇
平象
白水洋镇
厚车
大路任
泊公坑
丰陈
下各镇
古竹畈
马岭
仙居
石柱镇
石下
清明尖
官路镇
吉甲源
大战
壶镇镇
舟山镇
前仓镇
步路
双庙
历山
金斗
前路
田市镇
东方镇
埠头镇
白塔镇
新建镇
横溪镇
水滩
三溪
淋山
七里
淡竹
缙云
溶江
舒洪镇
双溪口
下岸水库
东渡镇
水
市
胡源
大源镇
溪港
安岭
方溪
大洋镇
黄村
温
州
市
丽水市
台州市
温州市
绍兴市
台州市
图例
设区市政府驻地
县（市、区）政府驻地
镇（乡）、街道驻地
村庄
景点
设区市界
县（市、区）界
铁路及车站
高速公路及互通、编号、服务区
国道及编号
省道及编号
县乡道
比例尺 1：670 000
浙江省第一测绘院 编制
浙测地图审［2011］86 号
版权所有 复制必究
本图界线不作划界依据
基础地理底图资料由浙江省测绘与地理信息局提供

金华年鉴

(2013)

中国共产党金华市委员会
金 华 市 人 民 政 府 主办

金华市地方志编纂委员会 编

方志出版社

图书在版编目(CIP)数据

金华年鉴. 2013 / 金华市地方志编纂委员会编. —北京 : 方志出版社, 2015.5
ISBN 978-7-5144-1603-9

Ⅰ. ①金… Ⅱ. ①金… Ⅲ. ①金华市 — 2013 — 年鉴
Ⅳ. ①Z525.53
中国版本图书馆 CIP 数据核字(2015)第 085378 号

金华年鉴 (2013)

编 者: 金华市地方志编纂委员会
责任编辑: 张昊
出 版 者: 冀祥德
出 版 者: 方 志 出 版 社
地址 北京市朝阳区潘家园东里 9 号(国家方志馆 4 层)
邮编 100021
网址 http://www.fzph.org
发 行: 方志出版社发行中心
电话 (010) 67110500
经 销: 各地新华书店
印 刷: 金华日报商务彩印有限公司

开 本: 889 × 1194 1/16
印 张: 27.5
字 数: 846 千字
版 次: 2015 年 5 月第 1 版 2015 年 5 月第 1 次印刷
印 数: 0001~1000 册

ISBN 978-7-5144-1603-9 定价: 220.00 元

▲ 5 月 18 日，中共中央政治局委员、中央书记处书记、中央组织部部长李源潮（右三）到金华调研。

▲ 7 月 4 日，省委书记、省人大常委会主任赵洪祝（右三）到金华调研推进金华新兴产业集聚区建设和义乌国际贸易综合改革试点工作。

▶ 4月19日，省委副书记、省长夏宝龙（前排左二）视察金义都市新区。

◀ 6月15日，省政协主席乔传秀（左三）到金华开展构建公共文化服务体系工作专题调研。

◀ 6月20日，省委副书记、政法委书记李强（前排右二）到金华调研公安工作。

▲ 中共金华市委六届一次会议选举产出的金华市委常委合影。

► 1 月 13 日，市委书记陈一新慰问市区困难群众。

► 5 月 15 日，金华市市长徐加爱会见澳大利亚戈斯福德市市长劳伦斯·约瑟夫·马赫。

◀ 2月26日～29日，中共金华市第六次代表大会召开。

▶ 3月13日～16日，金华市六届人大二次会议召开。

◀ 3月12日～15日，金华市政协六届二次会议召开。

◀ 12 月 1 日，阿里巴巴集团总裁马云考察金华新兴产业集聚区。

▶ 12 月 1 日，金华市人民政府与阿里巴巴集团签署战略合作协议，阿里巴巴集团及其关联公司将在金义都市新区投资建设“中国·金义电子商务新城”。

▶ 9 月 24 日，金华市（深圳）投资招商会在深圳举行，会上多家企业与金华市签署共计 18 项合作协议，总投资 100 多亿元。

中国婺剧院

金华体育中心

通济桥拓宽工程

金华市地方志编纂委员会

编辑说明

1.《金华年鉴》旨在全面真实反映年度全市经济和社会各项事业的发展状况,汇集各行业、各方面在改革开放和社会主义现代化建设中的实绩。

2.《金华年鉴》采用分类编辑法。分为类目、分目、条目3个层次,部分分目下增设副分目。为方便检索,标题使用不同字体和版式,类目标题用魏体字通栏,分目标题用黑体字加"网纹",副分目为黑体字顶格,条目标题用黑体字加【】号。条目为记述的基本形式,是收录信息的实体。

3.《金华年鉴(2013)》的记述时限为2012年1月至12月。无年份日期为2012年,"上年"指2011年。全书分:特辑、大事记、概况、党政社团、地方武装、政法、外事侨务台湾事务、经济开发区、农村农业、工业、交通邮政信息业、商贸流通与服务业、对外经贸、招商引资对外协作联络、城乡建设、环境保护、旅游业、财政税务审计、金融保险、综合管理、科学技术、教育、广播电视新闻传媒、文化艺术、文物博物档案、医疗卫生、体育、社会民生、县(市、区)、专记、附录。

4.本年鉴内表述为"全市"的,指金华市行政区划范围的两区四市三县范围;表述为"市区"的,指金华市城区(婺城区、金东区、金华经济技术开发区)范围。

5.本年鉴采用的文稿由各单位提供,并经单位领导审阅。各种数据、资料均经有关部门核实确认,综合性数据以金华市统计局提供为准。

6."组织机构及负责人"收录的名单由市委组织部提供,均为市本级机关各部委办局及各县(市、区)正职。凡2012年职务有变动的,姓名后加括号注明任、免职时间。

7.本年鉴编辑工作由袁朝明、张峰、郑龙、俞荣梁、江宁、邵云花、周兴江、林莉完成。照片由陈少华、洪兵提供。

目 录

图片专辑

金华要闻

特 辑

■重落实 敢担当 有作为
再创金华赶超发展新业绩
——在市委六届四次全体(扩大)会议暨市政府六届四次全体会议上的报告 ……… 陈一新 1
■政府工作报告 ……………………… 徐加爱 10
■中共金华市委关于加强自身建设的决定 … 19
■中共金华市委关于深入实施“工业强市”战略加快推进新型工业化的决定 ………… 22
■中共金华市委关于认真学习贯彻党的十八大精神全面加快“两富”现代化都市区建设的决定 ………………………… 27
■金华市区重点建设与赶超发展三年行动计划 ……………………………………… 32

大事记

1 月 ……………………………………… 38
2 月 ……………………………………… 39
3 月 ……………………………………… 39
4 月 ……………………………………… 40
5 月 ……………………………………… 41
6 月 ……………………………………… 43
7 月 ……………………………………… 44
8 月 ……………………………………… 45
9 月 ……………………………………… 46
10 月 ……………………………………… 47
11 月 ……………………………………… 48
12 月 ……………………………………… 49

概 况

■地域 ……………………………………… 51
■气候 ……………………………………… 52
■水情 ……………………………………… 52
■建置沿革 ………………………………… 53
■行政区划 ………………………………… 53
■人口 ……………………………………… 54
■经济体制 ………………………………… 56
■经济与社会发展状态 …………………… 57
■民营经济 ………………………………… 59
■组织机构及负责人名单 ………………… 59

党政社团

■中国共产党金华市委员会 ……………… 73

重要会议 …… 75
市委办公室工作 …… 87
组织工作 …… 88
两新工委工作 …… 94
宣传工作 …… 95
精神文明建设 …… 97
统一战线工作 …… 102
政策研究 …… 103
保密工作 …… 104
老干部工作 …… 105
党史研究 …… 106
党校工作 …… 107
市直机关党务 …… 108
■**金华市人民代表大会常务委员会** …… 110
重要会议 …… 110
主要工作 …… 112
■**金华市人民政府** …… 114
市政府办公室工作 …… 119
政府金融工作 …… 121
法治政府建设 …… 122
行政审批服务 …… 123
人事工作 …… 124
社会保障 …… 126
劳动就业 …… 126
经济技术协作 …… 128
信访工作 …… 128
志鉴编修 …… 130
机关后勤事务管理 …… 131
■**中国人民政治协商会议金华市委员会** …… 133
重要会议 …… 133
主要工作 …… 133
■**中国共产党金华市纪律检查委员会** …… 135
重要会议 …… 136
主要工作 …… 137
■**民主党派　工商联** …… 139
中国国民党革命委员会金华市委员会 …… 139
中国民主同盟金华市委员会 …… 140
中国民主建国会金华市委员会 …… 141
中国民主促进会金华市委员会 …… 142
中国农工民主党金华市委员会 …… 144
九三学社金华市委员会 …… 145
金华市工商业联合会 …… 146
■**人民团体　社会团体** …… 147
金华市总工会 …… 147
共青团金华市委员会 …… 148
金华市妇女联合会 …… 150
金华市科学技术协会 …… 152
金华市社会科学联合会 …… 154
金华市文学艺术联合会 …… 156
金华市归国华侨联合会 …… 158
金华市残疾人联合会 …… 159
金华市台胞台属联谊会 …… 160
金华市关心下一代工作委员会 …… 160
金华市红十字会 …… 161

地方武装

■**人民武装** …… 163
■**武装警察金华市支队** …… 165
■**人民防空** …… 166

政　法

■**综述** …… 169
■**公安** …… 170
■**检察** …… 173
■**法院** …… 175

■司法行政 …… 176
■仲裁 …… 178
■消防 …… 179

外事　侨务　港澳台事务

■外事 …… 181
■侨务 …… 186
■台湾事务 …… 187

经济开发区

■金义都市新区(金东经济开发区) …… 189
■金华新兴产业集聚区 …… 190
■金华经济技术开发区
(金华市高新技术产业园区) …… 192
■金西经济开发区 …… 193
■兰溪经济开发区 …… 195
■东阳经济开发区 …… 196
■东阳横店电子产业园区 …… 197
■义乌经济开发区 …… 198
■义乌工业园区 …… 198
■永康经济开发区 …… 199
■浦江经济开发区 …… 200
■武义经济开发区 …… 201
■金磐扶贫开发区 …… 203
■磐安工业园区 …… 204

农村　农业

■农村 …… 205
农村经济 …… 205
农村发展 …… 207
农村扶贫 …… 208
■农业 …… 210
行政执法 …… 210
粮油作物生产 …… 211
经济作物生产 …… 212
蔬菜生产 …… 215
植物保护 …… 215
农业机械管理 …… 219
农业产业化 …… 220
农村能源 …… 220
农业环境保护 …… 221
农业科研 …… 222
农业机械科研 …… 223
畜牧生产 …… 223
农业综合开发 …… 224
■林业 …… 224
■水产 …… 228
■水利 …… 228
防汛抗旱工作 …… 230
■气象　水文 …… 230
气象 …… 230
水文 …… 231

工　业

■综述 …… 233
■纺织工业 …… 235
■轻工业 …… 236
■食品工业 …… 236
■化学工业 …… 236
■建材工业 …… 237
■冶金工业 …… 237
■机械制造业 …… 237
■信息产品制造业 …… 237
■医药工业 …… 238

■电力工业 …… 238

交通 邮政 信息业

■铁路 …… 241
铁路金华车务段 …… 241
金温铁路金华南站 …… 242
■公路 水路 …… 242
公路 …… 242
水路 …… 243
■民用航空 …… 243
■城乡交通 …… 243
■邮政 …… 244
■信息业 …… 245
信息化建设 …… 245
■信息企业 …… 245
中国电信金华分公司 …… 245
浙江移动金华分公司 …… 246
中国联通金华分公司 …… 247

商贸流通与服务业

■商贸流通业 …… 249
■供销合作商业 …… 250
■粮食流通业 …… 251
■烟草专卖 …… 251
■盐类专卖 …… 252
■电子商务 …… 253
■市场 …… 254

对外经贸

■对外贸易 …… 255
■出入境检验检疫 …… 256
■海关 …… 258

招商引资 对外协作联络

■招商引资 …… 259
■对口支援新疆温宿县 …… 260
■对口扶贫 …… 262
■对外联络 …… 262

城乡建设

■城乡规划 …… 263
■勘察设计 …… 265
■建筑业 …… 265
■房地产及住宅业 …… 266
■住房公积金管理 …… 266
■市政建设 …… 267
■公用事业 …… 268
■园林绿化 …… 269
■城市管理 …… 269
■双龙风景区建设 …… 270

环境保护

■环境整治 …… 272
■环境监测 …… 273
■环保项目 …… 273
■环保执法 …… 274

旅游业

■综述 …… 275
■国内旅游 …… 275
■入境旅游 …… 275

■假日旅游 …… 276
■旅游行业管理 …… 276
■旅游规划与产品建设 …… 276

财政　税务　审计

■财政 …… 278
■国家税务 …… 279
■地方税务 …… 281
■审计 …… 282

金融　保险

■金融业 …… 284
中国人民银行金华中心支行 …… 284
中国银行业监督管理委员会金华监管分局 …… 285
中国农业发展银行金华市分行 …… 286
中国工商银行金华市分行 …… 287
中国农业银行金华市分行 …… 288
中国银行金华市分行 …… 290
中国建设银行金华市分行 …… 291
金华银行 …… 292
交通银行金华分行 …… 292
招商银行金华分行 …… 293
省农村信用联社金华办事处 …… 293
上海浦东发展银行金华分行 …… 296
邮政储蓄银行金华市分行 …… 297
金华成泰农村合作银行 …… 297
■保险业 …… 298
中国人民财产保险股份有限公司金华市分公司 …… 299
中国人寿保险股份有限公司金华分公司 301
中国太平洋人寿保险股份有限公司金华中心支公司 …… 301

综合管理

■计划发展管理 …… 303
■国土资源管理 …… 305
■工商行政管理 …… 307
■统计管理 …… 307
■国有资产管理 …… 309
■物价管理 …… 310
■质量技术监督管理 …… 314
■安全生产监察管理 …… 315
■食品药品监管 …… 316
■无线电管理 …… 318

科学技术

■综述 …… 319
■科技活动 …… 320
■科技成果 …… 320
■知识产权 …… 325
■地震监测 …… 326

教　育

■综述 …… 327
■学前教育 …… 329
■义务教育 …… 330
■普通高中教育 …… 331
■中等职业教育 …… 333
■成人教育 …… 333
■高等教育 …… 333
■特殊教育 …… 338
■民办教育 …… 339

■教育科研 …… 340
■教师 …… 340
■高校、中专招生 …… 341

广播电视　新闻传媒

■综述 …… 342
■广播　电视 …… 342
■报纸 …… 343
■新闻出版管理 …… 345

文化　艺术

■综述 …… 346
■文学 …… 346
■音乐、舞蹈、曲艺 …… 347
■美术、书法、摄影 …… 347
■戏剧 …… 348
■电影 …… 349
■图书馆事业 …… 349
■群众文化 …… 349
■文化市场管理 …… 350
■非物质文化遗产保护 …… 350

文物　博物　档案

■文物　博物 …… 351
■档案 …… 355

医疗卫生

■综述 …… 358
■医疗卫生体制改革 …… 358
■疾病防控 …… 359
■医疗医学 …… 359
■妇幼卫生 …… 360
■采供血工作 …… 361
■卫生监督执法 …… 361
■爱国卫生 …… 361
■金华市区主要医疗机构 …… 362
金华市中心医院 …… 362
金华市中医医院 …… 362
金华市人民医院 …… 363
金华市第二医院 …… 363
金华市第五医院 …… 363
金华广福医院 …… 364
文荣医院 …… 364
金华眼科医院 …… 364
艾克医院 …… 365

体　育

■综述 …… 366

社会民生

■居民生活 …… 368
■人口与计划生育 …… 371
■民政事业 …… 372
■社会救助 …… 374
■社会福利 …… 374
■社会事务 …… 375
■老龄事业 …… 376
■民族事务　宗教事务 …… 378
民族事务 …… 378
宗教事务 …… 378

县(市、区)

■婺城区 …… 380
■金东区 …… 383
■兰溪市 …… 386
■东阳市 …… 388
■义乌市 …… 392
■永康市 …… 395
■浦江县 …… 398
■武义县 …… 401
■磐安县 …… 407

专 记

■创先争优活动 …… 411
■2012 年省、市重点工程建设 …… 412
■2012 金华市区重点实事完成情况 …… 414

附 录

■2012 年金华市国民经济和社会发展统计公报 …… 417
■2012 年市区各类价格指数 …… 422
■2012 年全市主要农产品产量 …… 423
■2012 年全市主要工业产品产量 …… 423
■金华市 2012 年度机动车数据统计报表 …… 424
■金华市区大型商业网点设施 …… 426

索 引

特　辑

重落实　敢担当　有作为
再创金华赶超发展新业绩

——在市委六届四次全体(扩大)会议
暨市政府六届四次全体会议上的报告
(2013年1月18日)

中共金华市委书记　陈一新

这次全会的主要任务是:全面贯彻落实党的十八大、中央经济工作会议精神和省委省政府一系列决策部署,总结去年工作,部署今年任务,动员全市上下进一步解放思想,振奋精神,凝聚力量,攻坚克难,再创金华赶超发展新业绩!

下面,我根据市委常委会研究的意见,讲四个方面问题。

一、看亮点:我们谋长远、抓当前、开新局,凝心聚力赶超发展好势头业已形成

2012年是金华描绘蓝图、凝心聚力、赶超发展的一年。一年来,全市上下深入贯彻落实科学发展观,认真学习贯彻党的十八大和省、市党代会精神,全面实施"八八战略"和"两创"总战略,坚持以解放思想引领赶超崛起、以重点突破带动全局发展,呈现出经济赶超发展的良好态势和社会和谐稳定的良好局面。预计上年全市实现生产总值2700亿元,增长10.2%,增幅居全省第二位。从现已统计出来的数据看,21项主要经济指标中有17项指标增速居全省前三位,其中有7项指标增速居全省第一位,4项指标增速居全省第二位,6项指标增速居全省第三位;有5项指标总量在全省的位次前移;有17项指标总量占全省比重提高;有9项指标与全省排名前一位地市的差距有明显缩小。特别是三大收入增幅均高于地区生产总值增幅,表明我们的发展质量是好的。上年一年,经济发展交出了一份满意的答卷,各方面工作都取得了新成效,呈现出许多新亮点,主要体现在:

1. 赶超发展思路广为共识。去年初召开的市委五届十七次全会暨市政府六届二次全体会议、市第六次党代会,勾画了推进赶超发展、加快浙中崛起的宏伟蓝图,确定了"百姓富裕、浙中崛起"的总目标和"稳中求进、赶超发展"的总基调,全面部署了实施"五大战略"、推进"五化联动"、建设"五个金华"、促进"五个强化"等一系列战略任务和战略举措。为贯彻党的十八大、省第十三次党代会及十三届二次全会精神,先后召开了市委六届二次全会、市委六届三次全会、市区重点建设与赶超发展大会等一系列重要会议,就新型工业化、"两富"现代化都市区建设、金义都市新区规划建设、市区重点建设与赶超发展等事关金华发展全局和长远的一系列重大问题作出部署,特别是确定了"两富"现代化都市区建设"三步走""四翻番"的奋斗目标,提出了坚持"三个集群、三个联动、三个动力、三型融合、三宜结合"的"五三举措",进一步完善了赶超发展的思路,体现了中央和省委省政府的新要求,顺应了人民群众的新期待,激发了干部群众的干事创业热情,形成了全市上下盼赶超、谋赶超、促赶超的良好局面。

2. 六大战略重点初见成效。坚持把加快推进义乌国际贸易综合改革试点摆在重要位置,"市场采购"新型贸易方式基本确立,新型贸易监管机制开始试行,土地管理制度改革专项方案获国土资源部批复同意，一批重大商贸功能性平台建设加快推进，带动全市外贸出口逆势快速增长。义乌完成外贸出口总额90.05亿美元，增长150.31%。金华全市完成外贸出口总额213.1亿美元，增长40.7%，增速高于全省36.9个百分点，对全省外贸出口增长的贡献率达到了75%。现代服务业综合配套改革深入推进，金融保险、现代物流、会展产业、电子商务、服务外包等产业加快发展，成功创建了国家电子商务示范基地，市场提升发展受到省委省政府的充分肯定，永康成为全省唯一的“中国金融生态示范城市”。坚持把金义都市新区建设作为撬动我省第三大城市群、第四大都市区建设的战略支点，新区总体规划编制完成，征地、拆迁、建设同步推进，投资、融资、招商形势喜人，创造了“新区速度”。坚持把推进东阳文化产业全域化发展作为推进县域经济转型升级的样板、促进文化大发展大繁荣的重大抓手来实施，省级影视文化产业实验区建设进展顺利，影视拍摄基地向全产业链型文化产业集群转变效应显现。坚持把“工业强市”作为赶超发展的主攻方向，全力打造先进制造业基地。“四大建设”深入推进，汽车制造、农机装备、高档棉纺、生物医药等重点产业加快发展，永康南方农机产业园、浙商回归产业园启动实施，规模以上工业增加值赶超进位。坚持把招商引资、招才引智作为推动赶超发展的重要动力，扎实推进“浙中崛起千亿投资系列工程”和“浙商回归金华千亿投资系列工程”，相继举办了一系列大型招商活动，固定资产投资突破千亿元大关，浙商回归工程全面超额完成省定考核任务。创业创新领军人才引进“双龙计划”启动实施，入选省“千人计划”11名，国家“千人计划”有望实现零突破；新认定各级高新技术企业102家，各类企业研发机构93家。兰溪市、金东区被评为省级科技进步考核先进单位。市区重点建设与赶超发展迈出坚实步伐，三年行动计划启动实施，克难攻坚活动全面展开，成立了七个重点区块建设指挥部和一个服务协调小组，分工明确，责任到位，行动迅速，成效明显。

3.城乡统筹发展态势良好。浙中城市群轨道交通线网通过专家评审，市区新能源公交车辆投入运行，电动汽车县际联网服务基本形成，杭长客专、国家重点输油管道征迁工作基本完成，省“新农村电气化市”验收顺利通过。农业“两区”建设走在全省前列，国家级农业高科技产业园完成申报，有望连续五年获省粮食生产先进市称号，婺城区被农业部列为第二批国家级现代农业示范区。区域性水源联网联调规划完成，水利年度投资计划完成率和中央水利投资计划完成率全省排名第一。新一轮村庄整治工作深入推进，美丽乡村精品培育工程全面实施，农村住房改造建设连续三年被评为全省优秀，磐安获得了省“美丽乡村先进县”称号。积极推进旅游接待能力建设，旅游经济平稳发展。预计全市全年接待游客4182.8万人次，增长16%，实现旅游收入399.6亿元，增长16%。全面落实“三位一体”环境准入制度，率先推行环保重点排污企业公开承诺，印染、电镀、化工、制革和水晶等行业整治成效明显，浦江、永康顺利解除省环保区域限批。国家森林城市创建进展良好，“四边三化”行动和平原绿化工作扎实推进，全市完成人工造林4.2万亩，超额完成46%，浦江被列为全省唯一一个省级林地股份制改革试点县，武义荣获全国资源型城市。低丘缓坡综合开发利用试点工作扎实推进，“365”节约集约用地行动和“百万”造地保障工程成效明显。

4.“五个金华”建设统筹推进。坚持把保障和改善民生作为一切工作的根本出发点和落脚点，全市财政民生类支出资金170.23亿元，同比占总支出的74.7%，高于全省4.7个百分点，新增民生支出占新增支出总额的78%。“无欠薪金华”行动全面实施，“五缓四减三补贴”就业创业政策全面落实，全市城镇登记失业率2.77%，荣获全国创业先进城市称号。教育现代化迈出新步伐，学前教育三年行动计划深入推进，义务教育实行“零择校”，中等职业教育创出新成果。体育事业稳步发展，省第二届体育大会筹备工作有序推进，市八运会成功举办，市体育中心、婺剧院基本完工。文化强市建设步伐加快，公共文化服务体系逐步健全，农家书屋实现全覆盖，非遗保护建设取得新成效，文化精品创作捷报频传，外宣工作开创新局面。公立医院综合改革全面推进，突发公共卫生事件应急处置体系逐步完善。社保扩面力度进一步加大，城乡统一的居民基本医疗保险制度基本建立，社会救济救助体系逐步健全，保障性住房建设超额完成年度任务。“网格化管理、组团式服务”不断深化，110社会应急联动机制在全省推广，十八大信访维稳圆满成功，“万家购物”事件妥善处置，隐蔽战线斗争和反邪教工作不断加强。食品药品安全大整治百日行动荣获省级先进，道路交通、食品药品、矿山企业、危化行业整治和监管有效加强，安全生产形势总体趋好。人口性别比治理成效明显，普法教育广泛开展，福利慈善、老龄和残疾人事业健康发展，国内合作交流和援疆援藏等对口帮扶取得新成效，人民武装、民族宗教、港澳台和外侨等工作取得新进展，统计工作得到新加强。

*5.党建工作创新亮点纷呈。*充分发挥党委总揽全局作用，积极支持人大、政协依照法律和章程履行职能，各民主党派和工会、共青团、妇联等人民团体、社会组织的积极作用得到有效发挥。深入开展“基层组织建设年”活动，创新县（市、区）委书记抓基层党建工作季度例会制度，扎实推进“五星争创”活动，探索建立党代表作用发挥新机制，建立农村“两富”局级指导员制度，基层党建工作成果丰硕，部分工作得到了中央领导和省委的充分肯定。干部人事制度改革进一步深化，推行了市直部门正职“两轮推荐、差额比选”制度，市、县联合竞争性公开选拔工作反响良好。探索建立市直部门(单位)领导班子及领导干部立体考评机制，试行退出现职领导干部管理办法，全市1209名“退二线干部”回归“一线岗位”发挥作用。全面开展“思想大解放、作风大转变”主题实践活动，扎实推进服务基层、服务企业系列行动，特别是市纪委牵头组织开展“现场效能投诉、开门征集意见”活动，促进了机关干部作风的转变、服务的提升，群众反响强烈，社会效果良好。全面落实党风廉政建设责任制，建立健全廉政风险防控机制，完善经济责任审计制度，严肃查处了一批违法违纪案件。

刚刚过去的2012年，宏观环境严峻复杂，全市上下知难而进、负重拼搏，克服了许多通常看来难以克服的困难，办成了许多通常看来难以办成的大事，一个赶超发展的新局面业已形成。这一年，大家很给力、很辛苦。这些成绩的取得是全市上下共同奋斗的结果，是社会各界大力支持的结果，我代表市委、市政府向大家表示衷心的感谢！

二、剖难点：我们要明趋势、迎挑战、敢作为，牢牢把握赶超发展主动权

2013年，宏观经济环境依然严峻复杂，保持赶超发展良好态势面临着一系列新矛盾、新困难、新挑战。我们必须准确把握中央关于重要战略机遇期内涵和条件变化的重大判断，深刻分析、判明趋势，早做谋划、从容应对，做到既头脑清醒、不盲目乐观，又坚定信心、善作善成，化挑战为机遇，变压力为动力，牢牢把握赶超发展主动权。因此，清醒认识加快金华赶超发展的大环境大背景至关重要。

*一是我们要在国际国内宏观发展环境严峻复杂的情况下保持赶超发展。*目前，世界经济已进入深度转型调整期，国际金融危机已经进入第五个年头，危机的影响仍在持续，欧债危机向长期化演变。世界主要经济体总需求仍然疲弱，各种形式的贸易保护主义明显抬头，世界经济低速增长态势仍将延续。外需不足和贸易摩擦造成扩大出口难度增加，国内经济增长下行压力和产能相对过剩的矛盾有所加剧，我省已调低了经济增长预期目标。对我市来说，这既是难得的赶超发展的好机遇，但也给赶超发展带来了许多困难。对此，我们必须要有清醒认识和理性预期，坚定信心，积极有为，最大限度地放大有利条件、化解不利因素，继续保持赶超发展态势，为浙中崛起积蓄正能量。

*二是我们要在去年发展势头处于全省第一方阵的基础上保持赶超发展。*去年，我市主要经济指标增速跻身全省“第一方阵”，呈现出赶超发展良好势头。有7项指标增速居全省第一，进出口总额首次突破200亿美元，达到227.4亿美元，增长38.4%，增幅高于全省平均37.5个百分点；出口213.1亿美元，增长40.7%，增幅高于全省平均36.9个百分点；财政总收入376.47亿元，增长14.7%，增幅高于全省平均6.5个百分点；地方财政收入214.89亿元，增长15.7%，增幅高于全省平均6.5个百分点；地方财政支出271.95亿元，增长15.7%，增幅高于全省平均7.4个百分点；服务业投资560.35亿元，增长40.2%，增幅高于全省平均16.1个百分点；金融机构贷款余额4346.85亿元，同比增长18.2%，增幅高于全省平均6.4个百分点。地区生产总值、进口总额、房地产投资、工业用电量等4项指标增速居全省第二，固

定资产投资、社会消费品零售总额、工业投资、工业总产值、农民人均纯收入、全社会用电量等6项指标增速居全省第三。有17项指标总量占全省比重提高,其中外贸出口从2011年的7%提高到2012年的9.5%,提高了2.5个百分点;进出口总额从5.3%提高到7.3%,提高了2个百分点;规上工业增加值从6.4%提高到7.2%,提高了0.8个百分点;房地产投资从4.6%提高到5.5%,提高了0.9个百分点;城乡居民收入与全省平均水平进一步拉近。我们必须看到,今年要在这样的高增速基础上继续再提高、再进位、再赶超,将面临更大压力、更大挑战、更大考验;我们更要看到,这样的增速也是在去年宏观经济不景气、面临重重困难的情况下实现的。现在,赶超发展已成共识、经济发展已经进入加速度、并且已经争取到了许多其他地方不可比拟的优势资源,只要措施有力,善于作为,继续保持赶超发展良好势头,完全是可能的。

三是我们要在兄弟地市竞相争先移位的激烈竞争中保持赶超发展。2012年,总量在全省位次前移的5项指标中,出口总额从第7位前移到第4位,前移了3位;进出口总额从第7到第5,前移了2位;规上工业增加值、进口总额、地方财政支出各前移了1位。有9项指标与排在前一位的地市差距明显缩小,其中GDP总量(前三季度)与排在前一位地市比,差距从219亿元缩小至89亿元。规上工业增加值与排在第5位的地市比,由2011年的相差217.8亿元缩小到了35.9亿元;与排在后一位的地市比,由2011年的我市少10.7亿元到2012年的我市多79.3亿元,实现了较大幅度的赶超。固定资产投资与前一位地市的差距从145亿元缩小至109.4亿元;工业投资与前一位地市的差距从310.4亿元缩小至217.5亿元。财政总收入与前一位地市的差距从42.1亿元缩小到32.5亿元;限额以上消费品零售额与前一位地市的差距从34.6亿元缩小至1.2亿元。我们在看到这些成绩的同时,也必须看到兄弟地市的发展速度也在加快,有的指标赶超幅度还很小,优势不明显;有的指标与排在后一位的差距很小,甚至还在逐步缩小,很容易被反超。可以说,形势逼人,不进则退,慢进亦退。我们必须有等不起、坐不住、慢不得的紧迫感和责任感,扬鞭奋蹄,乘势而上,切实把竞争的压力转化为赶超发展的动力。

四是我们要在长期积累的结构性、素质性、体制性矛盾中保持赶超发展。近年来,我们虽然在加快产业转型升级上采取了许多措施,但以传统产业、劳动密集型产业为主的产业结构没有根本改变,以低端产品、低附加值产品为主的产品结构没有根本改变,创新投入不足、技术装备水平低、高技术人才缺乏、抗风险能力差等素质性问题尚未从根本上得到解决。2012年,我市高新技术产业增加值为145.61亿元,只占规上工业增加值的18.56%;新产品产值率只有23.49%(1—11月数)。预计全市研究与试验发展经费支出占生产总值比重为1.5%,仅比2011年提高0.04个百分点,比全省(2.05%)低0.55个百分点,与“十二五”规划年均提高0.17个百分点的预期目标差距很大。再如市区“一城多府”的体制问题,已越来越影响和制约市区赶超发展。我们必须深刻认识结构调整的长期性,破解体制问题的艰巨性,解决这些问题对于赶超发展的重要性,深入调研,着力突破,不断增强赶超发展的动力源泉。

五是我们要在省委要求和人民群众期待不断提高中保持赶超发展。省委从统筹全省发展大局出发,把金华-义乌都市区作为全省第四大都市区和长三角区域性中心城市来培育,要求加快形成全省发展新的重要增长极。省委十三届二次全会描绘了“两富”现代化浙江建设的宏伟蓝图,提出了干好“一三五”、实现“四翻番”的目标。在新的时代条件下,人民群众热切期盼金华能够发展得更快、更好,热切期盼有一个稳定的社会环境、优美的生活环境、舒适的居住条件、满意的工资收入、可靠的社会保障、更好的医疗服务。我们必须把满足人民群众的新期待作为我们奋斗的新目标,把贯彻落实省委的新要求作为我们工作的新任务,扎实推进赶超发展,为提高人民生活水平打下坚实的物质基础,使发展成果更好地惠及于民、保障于民。

总而言之,推进赶超发展是贯彻落实科学发展观在金华的生动具体实践,是本届市委市政府自我加压的职责体现,是金华发展阶段的必然选择,是广大干部群众的期盼所在,是时代赋予我们的大好机遇。对此,我们全市上下务必要有清醒的认识、统一的步调、高度的自觉、坚定的信心,坚持不懈地推进。赶超发展之日，就是浙中崛起之时，让我们迎接“浙中时代”！

三、抓重点：我们要盯目标、抓大事、求实效，真抓实干再创赶超发展新业绩

今年是全面贯彻落实党的十八大和省委十三届二次全会精神、加快“两富”现代化都市区建设的开局之年，是实施“十二五”规划承前启后的关键一年。今年工作的总体要求是：坚持以邓小平理论、“三个代表”重要思想、科学发展观为指导，全面贯彻落实党的十八大和省、市党代会精神，深入实施“八八战略”和“两创”总战略，始终围绕“百姓富裕、浙中崛起”总目标，牢牢把握“稳中求进、赶超发展”总基调，深入实施“五大战略”，着力建设“五个金华”，认真落实“五三举措”，继续抓好“六大战略重点”，全面提高党建科学化水平，大力弘扬“重落实、敢担当、有作为”的务实作风，再创赶超发展新业绩，加快推进“两富”现代化都市区建设。

今年全市经济社会发展主要预期目标是：地区生产总值增长9%，固定资产投资额增长20%，外贸出口额增长12%，社会消费品零售总额增长14%，地方财政收入增长9%，城乡居民收入增长10%；研究与试验发展经费支出占生产总值比重达到1.55%；万元生产总值综合能耗下降和污染物排放量削减完成省定目标。我们的工作目标是：地区生产总值增长10.5%以上，固定资产投资增长30%以上，外贸出口额增长20%以上，地方财政收入增长12%以上，城乡居民收入增长12%以上。

根据上述目标要求，今年要着力在“八个现代”上下功夫：

1. 加快构建现代产业集群

一是抓好产业集聚区、开发区（工业园区）整合提升。认真实施《市委关于深入实施“工业强市”战略，加快推进新型工业化的决定》，完善单位土地综合效益考核机制，加大清闲促产工作力度，加快“腾笼换鸟”、“退二进三”、“退低进高”步伐，加强基础设施、生活设施和公共服务体系建设。加快永康南方农机产业园、浦江水晶产业生态集聚区规划建设。

二是抓好现代产业集群转型升级示范区建设。以金华汽车和零部件、永康五金、义乌饰品、东阳电子磁性材料、兰溪棉纺织等5个省级现代产业集群转型升级示范区建设为龙头，加大产业链条核心企业、重点企业扶持培育力度。加快推进“机器换人”，提高生产设备智能化、自动化水平。加强战略性新兴产业试点基地建设。加快启动建筑业总部园区建设，积极争创省建筑强市。

三是争创国家现代服务业综合试点城市。加强现代商贸服务体系建设，切实抓好义乌商贸服务业集聚区和7个省级、29个市级现代服务业集聚示范区建设。加大扶持力度，加快促进电子信息产业发展壮大。加大旅游资源整合开发，促进旅游业快速发展。市区重点抓好“东西南北中”五大文化旅游板块建设。

四是深化“双千亿投资系列工程”。组织开展金华（上海）投资招商会、第二届浙（婺）商回归创业创新大会、央（省）企对接等重大招商活动和长三角、珠三角、环渤海等地区小型招商对接活动，创新招商方式，完善招商机制，开展专题招商、蹲点招商、全产业链招商，提高招商实效。

五是抓好“个转企”和“小上规”工作。按照“主体自愿、政策引导、政府推动”思路，建设一批面向中小微企业的公共服务平台，着力解决“不愿转、转不了、想转回”的问题，力争“个转企”2000户、“小上规”400家，加快培育一批“科技型、成长型、上市型”中小微企业。同时，深入实施龙头企业培育工程，加快培育超百亿的大企业和战略联盟，增强产业龙头带动作用。

2. 加快构建现代城市集群

一是抓金华－义乌聚合发展。认真贯彻《市委关于认真学习贯彻党的十八大精神，全面加快“两富”现代化都市区建设的决定》，积极实施《金华市区重点建设与赶超发展三年行动计划》，加快推进八大特色发展平台、七个重点功能区建设，切实抓好“三江六岸”景观带和一环路、二环路贯通工程，努力提升金华市区首位度。抓紧编制完善金义都市新区各类专项规划，抓好金港大道、东华街和精品工业园建设，大力推进重大项目招商和落地，加快重点区块建设，再造新区的速度，展现新区的质量。加强义乌与金义都市新区规划衔接，加快义西南、义东北区域发展，促进金华与义乌聚合发展，着力强化核心区集聚辐射功能。

二是抓县市融合发展。建立健全区域统筹发展激励机制，积极推动兰溪、东阳、永康、浦江、武义、磐安等县市错位发展、特色发展、竞合发展，加快与核心区融合步伐。加强资源整合共享，理顺水资源保护及开发利用管理体制，推进水资源统筹利用。加大中心镇培育扶持力度，切实抓好佛堂镇、横店镇小城市培育，充分发挥都市区城乡一体化节点作用。

三是抓智慧型基础设施建设。加快城市交通枢纽、城际快速公路、都市区轨道交通及内河港口水运规划建设，稳步推进杭金衢高速公路等重点交通项目，积极推进城际公交一体化，不断改善市民出行条件。积极开展“智慧城市”试点，稳步推进交通、供水、供电、供气、排污、市政、通讯等公用设施智慧化改造和建设。

四是抓城市管理。完善城市管理综合执法体制，积极推行责任区域联管共建的“大城管”模式。加强城市地下空间开发利用。实施城市交通拥堵整治工程。加强城市卫生、摊点、停车等方面的综合管理。

五是抓“三改一拆”工程。积极推进旧住宅区、旧厂房和城中村改造，依法拆除违章建筑，全力消除低端产业、无证经营、危险生产企业生存空间。每个县(市)都要建成一条有特色、高品位、上档次的商业街，提升城市形象。

3. 加快构建现代市场集群

一是深化义乌国际贸易综合改革。加快义乌港、航空口岸等配套设施建设，积极筹建保税物流中心，完善各项配套政策，促进国际贸易便利化。深入挖掘进口和转口贸易潜力，加强义乌进口转口基地建设。认真研究改革试点政策，努力提高政策受益面，积极争取设立“国际贸易特区”。

二是做大做强实体市场。加快义乌国际生产资料市场、永康科技五金市场等生产类产品综合市场建设，大力扶持义乌文化创意产品市场、浦江书画市场等文化类产品综合市场发展，加快东阳木雕城二期工程建设。积极发展连锁市场，形成境内外市场相呼应、母市场与子市场共赢的发展格局。

三是积极打造“网上强市”。深化“国家电子商务示范基地”建设，着力抓好义乌小商品交易网集聚区、永康五金交易网集聚区以及市区的电子商务园等平台建设，积极推进阿里巴巴“中国·金义电子商务新城”项目早落地、早建设。

四是大力发展会展经济。积极引进国际知名会展公司，强化会展资源整合和区域合作，积极探索同期会展、巡回会展以及联名参展等联合会展新模式，逐步把义博会、永康五金博览会、国际商贸发展大会、国际装备博览会打造成为国家级重要知名展会平台。

五是积极推进市场信用体系建设。加强市场信用评价，强化动态管理，严厉打击假冒伪劣、侵害消费者权益等违法行为。深入开展“两守两创”(守法守信、创业创新)活动，加大星级信用商位评选力度，切实筑牢“诚信”这块市场“基石”。

4. 加快推进现代农业农村建设

一是抓好现代农业发展体系建设。认真抓好农业“两区”建设，加快推进农业科技创新，积极创建金华国家级农业科技园区。大力培育农业龙头企业、农民专业合作社、专业大户等各类新型农业生产经营主体。加强农业基础设施建设，提高农业综合生产能力、抗风险能力。实施金华农产品批发市场迁建工程，大力发展供销农超，加强农产品现代流通体系建设。推进金义都市新区现代都市农业示范区建设。认真抓好“米袋子”、“菜篮子”工程，加强农产品质量监管，确保粮食安全和“菜篮子”产品稳定供应。

二是深化美丽乡村建设。加强历史文化村落保护和开发利用，积极发展乡村主题文化特色旅游，创建一批优秀历史文化村落。深入实施“千村洁美”行动，继续推进村庄整治和农房改造建设，加快构建“村点出彩、沿线美丽、面上洁净”的美丽乡村格局。深入实施“万里清水河道”和农民饮用水改造提升工程。

三是认真实施“富村五年计划”。积极完善发展村级集体经济的政策措施，一村一策，因地制宜，多措并举，鼓励发展村级物业(服务业)，不断壮大村级集体经济，实现农村有人管事、有钱办事、有章理事。

四是积极促进农民增收。深入实施“百万农民素质提升工程”，整合资源办好“农民学院”，加大农村实用人才培训力度。大力发展农家乐休闲旅游业，实施“百万妇女来料加工推进计划”、“低收入农户收入倍增计划”，加强区域协作和结对帮扶。积极推进土地承包经营权、宅基地使用权、集体性建设用地流转，不断增加农民财产性收入。

五是加强农村基层民主政治建设。抓好村民委员会换届选举的前期准备和试点工作。深入实施“阳光村务”工程，全面落实“五议两公开”制度，加强农村集体“三资”管理。加强城乡社区建设，积极探索社区综合管理体制改革，重点推进乡镇(街道)社会服务管理中心和农村社区服务中心建设。

5. 加快构建现代文化发展体系

一是大力弘扬社会主义核心价值观。深入挖掘八婺善美文化，大力宣传王选、孟祥斌、孙炎明、陈斌强等“感动中国年度人物”，加强“我们的价值观”宣传普及工作，弘扬善美精神。加强社会公德、职业道德、家庭美德、个人品德建设，精心组织首届全省城市公共文明程度指数测评工作，积极构筑金华道德高地。

二是推进东阳文化产业全域化发展。充分发挥国家影视产业实验区、省级影视文化产业实验区两块金字招牌作用，加快“六大中心”和影视产业中央商务区、万花园等重点工程建设，促进文化产业全覆盖。大力推动特色文化产业发展，加快培育一批龙头文化企业，促进影视制作业、文化旅游业、现代传媒业、文化演艺业加快发展，不断提高文化产业贡献度。

三是加强城乡文化阵地建设。加快城乡公益性文化场馆、经营性文化阵地和企事业文化场所建设，提升基层公共文化设施建设水平，积极创建文化强镇、文化示范村(社区)。

四是广泛开展群众性文化活动。坚持“送文化”与“种文化”相结合，重视基层文化人才队伍建设，加强文化精品创作，积极开展内容丰富、群众喜闻乐见的文化活动，满足城乡居民多元化文化需求。

五是加强历史文化资源开发利用。深入推进历史文化名城建设，加强婺剧等非物质文化遗产保护与开发，完善历史街区保护规划，抓好重点文保单位保护修缮工作，加快推进古子城文化旅游区建设。

6. 加快构建现代社会管理体系

一是完善社会公共服务。进一步优化教育资源配置，加快启动金义都市新区国际教育园区建设，全面完成学前教育三年行动计划，推动各类教育协调发展。加快公共卫生体系建设，加强与国内外知名医院医疗合作，探索大医院集团化发展，提升全市医疗卫生水平。完善城乡公共体育设施，大力发展健康事业。办好省第二届体育大会。加强出生人口性别比治理，不断提高城乡人口素质。

二是健全社会保障制度。积极推进“全民社保”，加快社会保障制度整合并轨和衔接工作，建立健全大病医疗补充保险制度，不断完善社会救助体系，及时制定出台重特大疾病医疗救助办法，积极发展福利慈善事业和老龄服务事业，切实保障妇女儿童和残疾人权益。

三是加强社会就业服务。深化国家级创业型城市建设，重点做好高校毕业生、城镇困难失业人员、退役人员等就业工作。深入开展“无欠薪金华”行动，实行工资集体协商制度，依法维护职工合法权益，着力构建和谐劳动关系。

四是创新社会管理模式。深化“网格化管理、组团式服务”，加强立体化社会治安防控体系建设，完善110社会应急管理联动机制，加强流动人口和特殊人群服务管理。全面落实维稳工作责任制，推行重大事项社会稳定风险评估机制，深入开展社会矛盾大排查、大调处活动。加强食品药品监管，认真落实安全生产责任制，遏制重特大事故发生。推进防灾救灾体系建设，不断提高人民群众安全感和满意度。

五是强化民主法治建设。坚持和完善人民代表大会制度，支持各级人大及其常委会依法行使各项权力。坚持和完善中国共产党领导的多党合作和政治协商制度，充分发挥人民政协的民主协商重要渠道作用。充分发挥各民主党派、工商联作用，积极支持工青妇群团组织围绕中心开展工作，认真做好民族、宗教、侨务和对台工作。深入推进双拥共建活动，认真抓好国防动员、国防后备力量建设。深化司法体制改革，大力实施“六五”普法规划，加强司法救助和法律援助。

7. 加快构建现代生态文明体系

一是全面推进“五城四边三化”创建活动。积极争创国家园林城市、国家环保模范城市、国家级森林城市、全国文明城市，通过全国卫生城市复检。全面推进公路边、铁路边、河边、山边等区域洁化、绿化、美化,基本完成高速公路、干线公路、铁路平均单侧绿化宽度15米以上的任务。抓好国家低碳生态城市试点工作。

*二是不断加大生态环境保护力度。*深入开展"811"生态文明建设推进行动,积极开展义乌、磐安国家级生态文明建设试点,推进国家级、省级生态县(市、区)创建。强化重点行业环保整治,加快推行排污权有偿交易,实行排污总量控制。深入推进"531"污染防治工程,加快钱塘江治理和污水处理工程实施进度,全面改善金华江流域水质。

*三是加强资源节约集约利用。*完善能耗双控机制,加强节能技术改造,加快淘汰印染、化工、制革、电镀等落后过剩产能。加强生产生活节水技术推广应用,启动节水型城市创建。推进低丘缓坡综合开发利用试点工作,加强闲置低效土地二次开发。

*四是切实加强生态制度建设。*建立健全有利于要素节约集约利用的导向和评判考核奖惩机制,加大对生态保护地区的补偿和扶持力度。加强环境监管,健全建设项目听证和公众参与评审制度,认真落实空间、总量、项目"三位一体"的环境准入制度,切实保护生态环境。

*五是大力弘扬生态文化。*推进生态县市、环境优美乡镇及绿色单位创建,积极倡导低碳生活、绿色消费。积极引导民间环保组织发展,广泛开展形式多样的环保志愿活动,促进人与自然和谐发展。

8. 加快构建现代科技创新体系

*一是大力构建创新平台。*积极争创国家创新型城市,支持东阳、义乌、永康创建省级创新型城市。加快启动浙中科技城规划建设。切实加强中科院金华科技园、院士专家工作站等科技公共服务平台建设。

*二是推进产学研一体化。*抓好与省内外高校及科研院所合作对接,鼓励企业建立国家级和省级重点实验室、工程中心、检测中心。加快青年汽车研究院、众泰新能源汽车研究院、康恩贝中药创新研究院、金华快速成型技术研究所、汽摩配国家检验检测中心建设,加强上海交大等技术转移中心服务管理,促进科技成果转化应用。

*三是大力培育创新主体。*加强政策引导,鼓励企业加大创新投入,创建一批科技创新示范企业。鼓励企业与高等院校、科研院所共建实验室、研发中心、产业技术创新战略联盟等创新组织,大力实施科技攻关专项,提高产品科技含量和自主创新能力。

*四是推进"国家知识产权示范城市"建设。*加大专利行政执法工作力度,完善专利申请及补贴办法,加强知识产权保护,激活全社会科技创新潜能,大力培育一批专利示范企业。

*五是加大招才引智力度。*积极参与国家、省"千人计划",大力实施海内外英才引进"双龙计划",落实"1+6"人才政策体系,完善前期引进、跟踪服务和后继支持机制,不断增强人才吸引力,着力打造浙中人才高地,努力形成人才辈出、创新涌动的良好局面。

四、找支点:我们要抓关键、出实招、动真格,千方百计为赶超发展提供有力保障

今年的目标要求和主要任务已经明确。推动工作落实,重点在乡镇,关键在作风,根本在制度,核心在党的领导。要坚持以改革创新精神全面提高党的建设科学化水平,着力推进学习型、服务型和创新型党组织建设,全面激发广大党员干部创业创新的激情,为推进赶超发展提供坚强有力的保障。

*1. 以为民务实清廉教育实践活动为载体,大力推进思想政治建设。*坚持把学习贯彻党的十八大精神作为广大党员干部的首要政治任务,制定培训计划,抓好主体班次,搞好轮训工作,切实用党的十八大精神武装头脑、指导实践、推动发展。扎实推进为民务实清廉主题教育实践活动,建立健全领导干部直接联系群众制度,探索县(市、区)、乡镇(街道)领导班子和领导干部群众满意度调查试点,让党员干部在活动中受教育、转作风、干实事、创新业,切实增强党员干部的群众观念,自觉践行为民宗旨。

*2. 以完善干部管理制度为保障,切实加强领导班子和干部队伍建设。*继续保持赶超发展良好势头,必须培养造就一支精神状态好、创新能力强、干事劲头足,重落实、敢担当、有作为、愿为金华发展做贡献的干部队伍。要不断深化干部人事制度改革,制定干部选拔任用提名工作试行办法,总结"两轮推荐、差额比选"市机关部门正职经验,逐步扩大拟提任市管领导干部"海推"、"差额比选"范围。进一步完善竞争性选拔干部机制,适时开展面向市机关优秀中层正职、五星农村(社区)党组织书记、优

秀大学生村官定向选拔工作。试行县(市、区)委书记年度述职评议制度,深化机关部门一把手综合考评制度,切实强化领导班子建设。认真贯彻中组部党政领导干部破格提拔办法,制定加强“三方面”干部培养选拔工作实施意见,完善调整不适宜担任现职领导干部制度,切实推进干部能上能下。坚持把实践作为最好课堂,注重在“急、难、险、重”的一线培养选拔干部,以正确导向引领赶超发展。

3. 以乡镇干部队伍建设为重点,切实加强基层组织建设。乡镇(街道)是基层组织建设的重中之重。要认真贯彻落实省委要求,制定加强乡镇(街道)干部队伍建设的政策意见,切实加强乡镇(街道)干部队伍建设。坚持县(市、区)委书记抓基层党建工作季度例会制度,深化基层党组织“五星争创”活动,建立健全创先争优晋位升级机制,不断增强基层党组织的战斗力、凝聚力和创造力。开展社区党建“大党委制”试点,全面落实党代表提议、调研视察、列席会议、联系选举单位党员群众等制度,探索完善党代表询问制度。深化完善“两新”组织党建标准化建设,科学规范组织建设、作用发挥和领导保障三大体系建设,打响“两新”党建“金华品牌”。

4. 以坚决贯彻中央“八项规定”为契机,大力加强党风廉政建设。严格执行中央“八项规定”和省委“六个严禁”“28 条办法”,全面落实党风廉政建设责任制。深化行政审批职能整合和集中改革,建立重大决策部署监督机制,完善政府投资项目建设全程监督办法,探索建立重点工程项目建设联审会办制、模拟审批制和一票否决制,努力打造审批最快的高效政府。深入开展“效能现场投诉、开门征求意见”活动,设立市、县两级效能集中投诉日,畅通效能监督和投诉反映渠道,着力提升“金华效能”。建立健全领导干部作风状况考核评价机制,深化完善农村“两富”局级指导员制度,推动工作重心下移,办实事、解难题,特别是要切实抓好十大民生实事,以作风建设的实际成效取信于民。加强廉政风险防控建设,落实主要领导“五个不直接分管”制度,强化领导干部“两责联审”,加强案件查办和纠风治乱,树立“干部清正、政府清廉、政治清明”良好形象。

同志们,浙江改革开放 30 多年,前 15 年“温州时代”独领风骚,第二个 15 年“杭州湾时代”蒸蒸日上、方兴未艾,如今正在呼唤“浙中时代”!事实告诉我们:金华完全有条件赶超、有潜力赶超、有能力赶超,关键是我们全市上下要有赶超的雄心和决心、有赶超的思路和行动。赶超发展的时代重任已经落到我们这一届班子、落到我们这一代人身上。面对干事创业的广阔舞台,面对千载难逢的发展良机,我们该以什么样的精神状态去担当?该以什么样的工作作风去作为?该以什么样的实际行动去开创?

——我们必须创新理念引领赶超崛起。赶超发展不是一般的发展,是打破常规的发展,是既有量、更有质的发展;是只能快、不能慢的发展。各地各部门必须以解放思想为武器,有突破一般、打破常规的胆识和智慧,牢固确立起与赶超发展相适应的新理念、新思路、新目标,以赶超的视野谋划工作,以赶超的思维解决问题,以赶超的举措服务大局,不断开创赶超发展的新局面。

——我们必须创新方法落实战略部署。当前,金华赶超发展的目标已经锁定、战略已经清晰、任务已经明确,关键是要抓好落实。我们的各项工作不能按部就班、亦步亦趋,必须有创新的措施和办法。各级领导干部要提升谋全局水平,讲究抓工作的方法,创新抓落实的套路,善于抓重点、攻难点、找支点、凸亮点,勇于克难攻坚、敢于碰硬较真、善于开拓创新,确保市委市政府各项决策部署落到实处、抓出实效。

——我们必须创新考核激励干事创业。赶超发展是一个宏伟目标,需要各个方面做贡献,整体工作上水平,必须有一个科学有力的考核评价机制。要着眼于最大限度激发干部干事创业的潜能,积极创新领导干部考核评价机制,既有硬考核,也有软考核;既有全程跟踪,也有过程预警,真正让干多干少不一样、干好干坏不一样,促成赶超发展的强大动力。

同志们,赶超发展催人奋进,浙中崛起任务艰巨。让我们更加紧密地团结在以习近平同志为总书记的党中央周围,更加自觉维护赶超发展的大局,倍加珍惜赶超发展的机遇,进一步振奋精神、坚定信心,求真务实、真抓实干,为金华赶超发展再添新动力,为“两富”现代化都市区建设再创新业绩!

政府工作报告

2013年2月26日在金华市第六届人民代表大会第四次会议上的报告

金华市人民政府市长　徐加爱

各位代表：

现在，我代表金华市人民政府向大会报告工作，请予审议，并请市政协委员和其他列席人员提出意见。

一、2012年主要工作回顾

2012年，面对严峻复杂的外部环境和困难挑战，市政府在省委、省政府和市委的正确领导下，紧紧围绕“百姓富裕、浙中崛起”总目标，牢牢把握“稳中求进、赶超发展”总基调，千方百计谋发展，坚定不移促转型，尽心竭力惠民生，狠抓重点工作推进，较好地完成了市六届人大二次会议确定的主要目标任务。全市实现生产总值2700亿元，比上年增长10.2%；财政总收入376.47亿元，增长14.7%，其中地方财政收入214.89亿元，增长15.7%；城镇居民人均可支配收入33164元，农村居民人均纯收入13286元，分别增长11.6%和11.9%；固定资产投资1133.2亿元，增长31.3%；社会消费品零售总额1260.4亿元，增长15.7%；外贸出口213.1亿美元，增长40.7%；研究与试验发展经费支出占生产总值比重1.5%左右；单位生产总值能耗下降6%左右，化学需氧量、二氧化硫、氨氮、氮氧化物减排完成省下达目标；城镇新增就业7.1万人，城镇登记失业率2.77%；人口自然增长率3.37‰。为民办实事各项目标任务基本完成。

（一）经济发展赶超态势明显。坚持克难奋进、赶超进位，全力推动经济加快发展、高质量发展。整合完善促进经济发展一揽子政策。市区出台促进农业转型升级30条、企业创业创新20条、外经贸发展9条、民营经济发展18条等政策意见，各县市均出台相应的政策措施。狠抓有效投资。启动实施“浙中崛起千亿投资系列工程”和“浙商回归金华千亿投资系列工程”，举办7场大型招商活动，开工12个“百亿”系列项目，新增省重点建设项目48个。义乌国际生产资料市场、永康浙商回归创业创新园、市区万达广场等一批重大项目开工建设。开展重点项目克难攻坚专项行动。市区成立七大重点区块建设指挥部，对28个重点项目的47项难题集中攻坚，基本完成杭长客专项目征迁。兰溪红星村区块、东阳卢宅保护利用、永康解放街、浦江城北区块、武义城西区块、磐安新兴街等拆迁改造项目稳步推进。破解土地瓶颈制约。低丘缓坡综合开发利用试点方案获批，新增“十二五”期间建设用地指标5.4万亩，已报批1.56万亩，各试点区块进展良好；争取省追加用地指标1.8万亩；大力开展节约集约用地专项活动，消化批而未供土地1.88万亩，盘活存量建设用地3597亩；深入推进“百万”造地保障工程，新增耕地1.54万亩。主要经济指标增幅居全省前列。生产总值增幅列全省第二位，高于全省2.2个百分点；财政总收入、地方财政收入、进出口总额、自营出口、服务业投资、服务业增加值和金融机构贷款余额增幅列全省第一位，分别高于全省6.5、6.5、37.5、36.9、16.1、1.6和6.4个百分点；固定资产投资、工业投资、规上工业总产值、社会消费品零售总额和农村居民人均纯收入增幅列全省第三位，分别高于全省9.9、6.0、5.0、2.2和0.6个百分点。主要指标总量占全省的份额明显提升，进出口总额、自营出口、规上工业增加值在全省的位次前移。义乌财政总收入突破百亿元，永康、东阳突破50亿元。

（二）产业转型升级步伐加快。坚持调结构、促转型、提质量，着力做大做强实体经济。实施“三农稳市”战略，农业生产保持总体稳定。连续五年获评省粮食生产先进市，建成粮食生产功能区12.2万亩、现代农业综合区2个、主导产业示范区16个、特色农业精品园30个、现代林业主导产业示范区4个、特色林业精品园8个。婺城被列为国家级现代农业示范区，浦江被授予“中国香榧之乡”。加大农田水利投入，水利建设投资完成率排名全省第一，金东完成全国小型农田水利重点县建设任务，永康开展最严格水资源管理制度试点。实施“工业强市”战略，工业增加值实现赶超进位。金华新兴产业集聚区积极创建高新产业园，金华经济技术开发区被评为省工业循环经济示范园区，义乌经济技术开发区升级为国家级开发区,金磐扶贫开发区升级为省级开发区。永康列入省工业强县试点,开工建设中国南方农机产业园。兰溪被评为全省工业综合先进县(市、区)。推进传统优势产业改造提升,加快培育战略性新兴产业,汽车制造、农机装备、高档棉纺、生物医药等重点产业发展势头良好,全市255个重点技改项目开工率达94.1%。严格落实节能减排“双控”制度,坚决淘汰黏土砖瓦窑等落后产能,浦江水晶、东阳废塑和磁性行业燃煤炉窑整治工作成效明显。建筑业总产值2210.8亿元,增长15.5%。东阳建筑业总产值连续四年居全国县级市首位。实施“商贸富市”战略,现代服务业发展势头良好。服务业增加值比重达到45.2%,比上年提高1.2个百分点。扎实推进市场强市建设,实现市场交易额1904.8亿元,增长10.3%。举办国际商贸发展大会和浙中购物节,义乌义博会、文博会和森博会,金华苗交会、永康五金博览会、东阳木雕博览会、浦江书画节、武义温泉节、磐安药交会等节会经济各具特色。新增省级现代服务业集聚示范区2个,市区成为国家电子商务示范基地。旅游业持续较快发展,横店影视文化产业实验区发展强劲,武义荣获“中国温泉之城”。义乌、兰溪、东阳、永康等总部商务区建设步伐加快。

(三)改革创新取得积极进展。坚持改革创新、开放发展,不断增强区域竞争新优势。义乌国际贸易综合改革试点和其他领域改革扎实推进。“市场采购”新型贸易方式基本确立,海关、商检等10多项配套便利化监管政策相继实施,义乌航空口岸开放列入国家“十二五”口岸发展规划,内陆口岸场站二期启动建设。义乌外贸出口总额90亿美元,增长150.3%。市区和永康分别被列为国家级摩托车及零部件、餐厨用品外贸转型升级基地。商务部在我市实施现代农产品流通体系、家政服务体系、再生资源回收利用体系和中小商贸流通企业服务体系建设试点。积极探索农村土地股份化改革,浦江成立省内首个林地股份合作社。武义旅游综合改革试点扎实推进。加快国资重组和融资平台整合,新组建4家市级国有集团公司,成功发行10亿元“金华国资债”。科技创新和招才引智取得实效。地方财政科技支出增长24.9%,新产品产值率提高4.3个百分点。启动金华国家级农业科技园区创建,筹建武义科技园、浦江科技创业园,引进7家大院名校技术转移中心,国家级新能源汽车零部件质检中心、非公路机动车检测中心建设扎实推进。新增国家级高新技术企业49家,省级企业研究院6家。实施市级以上科技攻关项目249项,获授权发明专利391件。成功举办第13届工科会。入选国家“千人计划”人才3名,新增“中国工艺美术大师”3名、省“千人计划”人才11名。新增行政认定驰名商标11件、浙江省著名商标40件、浙江名牌22只。国内合作交流深入开展。积极参与长三角城市和闽浙赣皖九方经济区协作,认真做好援疆援藏援青和“双对口”等帮扶工作。

(四)浙中城市群建设得到提升。坚持新型城市化导向,实施“群城聚市”战略,推进城乡区域一体化发展。基础设施网络日益健全。浙中城市群综合交通、轨道交通线网、生态绿道及旅游一体化等专项规划基本完成。西气东输二线工程金华段完工,义乌至浦江二线、蒋罗公路等建成通车,杭长客专、金温铁路扩能改造、东永高速、永磐公路、十白线金东段等项目进展良好。义武公路等项目开工建设,临金高速公路、330国道金华段改建、杭金衢高速公路金华段拓宽改造、金兰中线、衢江金华段航运开发等项目前期工作有序开展。金义都市新区建设开局良好。总体规划完成编制,产业、人口、生态环境等12个专项规划编制同步开展,“四路一园”改造工程加快推进,基本完成2.3万亩土地征收,引进项目25个、总投资469亿元。“精品城市”建设稳步推进。启动实施市区重点建设与赶超发展三年行动计划。梅花公园、双溪西路和李渔路优化工程一期投入使用,一环路、二环路贯通工程正式开工,多湖、五百滩等重点区块建设进展顺利。“数字金华”地理空间框架建设启动。试行城区停车收费管理,加强户外广告综合治理。加强中心镇建设,横店、佛堂小城市培育试点工作有序推进。美丽乡村建设取得新成效。全面完成县域村庄布局规划,基本完成第二轮村庄整治。获评省新农村建设优秀单位,农村住房改造建设连续三年被评为全省优秀,被授予“新农村电气化市”,实现村村建邮站。启动44个整乡整镇美丽乡村和27个历史文化村落建设,新增全国环境优美乡镇26个,磐安获评省“美丽乡村创建先进县”。扶持欠发达地区加快发展,完成“低收入农户奔小康工程”,实施山区群众异地搬迁4164人。

(五)社会民生事业持续进步。坚持以人为本,积极发展社会民生事业。财政民生支出比重达76.5%,高于全省5.2个百分点。就业和社会保障工作得到加强。国家级创业型城市创建取得丰硕成果,被评为全国创业先进城市。新增五大保险参保人数69.65万人,企业退休人员基本养老和城乡居民医疗保障水平稳步提高。保障性安居工程新开工6917套、竣工3431套。福利院、敬老院新增床位3043张,五保对象集中供养率达到99.7%。社会事业加快发展。深化普通高中课程改革,开展中职教育专业结构调整,加强城乡义务教育学校共同体建设,实现义务教育“零择校”。深入推进学前教育三年行动计划,完成中小学校舍安全工程三年改造任务,“春泥计划”效果显著。加强医疗服务能力建设,市中心医院、市中医院、东阳人民医院等新病房大楼投入使用。全面启动县级公立医院综合改革,完善基层医疗卫生服务体系。深入开展文化惠民服务活动,实现农家书屋全覆盖。文化精品创作成果丰硕,非遗保护建设取得新成效。成功举办市八运会,新建小康体育村690个。实施金华江流域“531污染防治工程”,符合或优于Ⅲ类水标准的省市控断面占比提高5.4个百分点。市区空气质量优良率达到93.7%。餐厨废弃物资源化利用和无害化处理工作列入国家试点。社会保持和谐稳定。食品安全大整治百日行动获全省先进。安全生产形势保持总体稳定。开展普法宣传教育,做好信访工作,强化法律援助,社区矫正、社会矛盾调处机制进一步健全,连续四年获评“全国30个最安全城市”之一。人口计生工作得到加强,出生人口性别比下降3.4个比值。支持工会、共青团、妇联开展工作。统计、档案、慈善、老龄和残疾人事业不断加强,民族宗教、外事侨务、文物保护、港澳和对台等工作取得新成绩。连续两次荣获“全国双拥模范城”,国防动员、人民防空等工作取得新进展。

(六)政府自身建设进一步加强。始终坚持执政为民理念,着力推进科学施政、依法行政、从严治政。自觉接受人大依法监督、政协民主监督和社会监督。355件人大代表建议、519件政协提案全部办结。在市级主要新闻媒体开设《市民问政》栏目,加强电子政务网络建设,政府信息公开的广度和深度得到拓展,县级政府政务公开和政务服务试点进展顺利。完成新一轮县(市、区)政府机构改革。深化行政审批制度改革。进一步下放行政审批和管理事项,开展规范行政许可自由裁量权试点,市级非行政许可审批事项从352项减少到193项,行政许可事项从407项减少到336项。推行代办制、联办制、模拟制,有效压缩审批时限。积极推进机关作风建设。开展“进千企解难题”、“百企万人评机关”和涉企科级岗位民主评议活动。选派近4000名副科以上干部担任农村“两富”局级指导员,推动干部下基层、促发展、保稳定。惩防体系建设扎实推进。落实党风廉政责任制,加强领导干部经济责任和专项资金审计,强化行政监察,从严控制“三公”经费。

各位代表,过去一年的成绩来之不易,这是全市上下认真贯彻落实省委、省政府和市委决策部署,团结奋斗、凝心聚力、攻坚克难的结果。在此,我代表市人民政府,向全市各族人民和建设者,向人大代表、政协委员、离退休老同志,向各民主党派、工商联、各人民团体,向驻金解放军和武警官兵,向中央和省驻金单位,向关心和支持金华发展的海内外朋友,表示崇高的敬意和衷心的感谢!

我们也清醒地看到,我市经济社会发展中还存在不少困难和问题,政府工作还存在许多不足。主要是:综合实力不强,创新驱动发展的能力和动力不足,财政收支平衡压力较大,赶超崛起的任务艰巨繁重;区域统筹协调发展水平有待提升,部分重点项目进展有待加快,资源要素制约亟待破解,节能减排形势严峻;社会管理还有薄弱环节;政府职能转变还需深入推进,一些政府工作人员大局意识、责任意识、服务意识不强,一些领域的形式主义、官僚主义、奢侈浪费、消极腐败现象时有发生。对于存在的问题,我们一定高度重视,采取有力举措,切实加以解决。

二、2013年主要工作安排

2013年是全面建设“两富”现代化都市区的开局之年,是加快经济转型升级的攻坚之年,是巩固和扩大赶超发展成果的关键之年。按照市委“四个翻一番”、“三步走”的总体部署，政府工作的总体要求是：以邓小平理论、“三个代表”重要思想、科学发展观为指导，全面贯彻落实党的十八大精神和省委、省政府及市委的决策部署，牢牢把握“百姓富裕、浙中崛起”总目标，坚持“稳中求进、赶超发展”总基调，以科学发展为主题，以加快转变经济发展方式为主线，以提高经济增长质量和效益为中心，以提高人民生活水平为追求，深入实施“五大战略”，持续建设“五个金华”，认真落实“五三举措”，继续抓好“六大战略重点”，着力深化改革开放，着力强化创新驱动，着力优化经济结构，着力改善发展环境，着力保障改善民生，努力保持经济持续健康较快发展和社会和谐稳定，为加快建设“两富”现代化都市区奠定坚实基础。

综合考虑经济社会发展趋势和工作导向，建议2013年全市经济社会发展的主要预期目标为：生产总值增长9%；财政总收入和地方财政收入均增长9%；固定资产投资增长20%；社会消费品零售总额增长14%；外贸出口增长12%；城镇居民人均可支配收入增长10%，农村居民人均可支配收入增长10%；研究与试验发展经费支出占生产总值比重为1.55%；万元生产总值综合能耗下降和化学需氧量、二氧化硫、氨氮、氮氧化物排放量削减均完成省下达目标；城镇新增就业6万人，城镇登记失业率控制在4%以内；人口自然增长率控制在6‰以内。

围绕上述目标，重点抓好七个方面工作：

（一）坚定不移扩大有效投资，增强赶超发展后劲。深入实施“浙中崛起千亿投资系列工程”和“浙商回归金华千亿投资系列工程”，进一步优化投资结构，切实提高投资质量和效益。

注重招大引强。坚持把招商引资作为赶超发展的“一号工程”。进一步营造亲商、尊商、护商的浓厚氛围。制定实施支持浙(婺)商回归创业创新三年规划，健全重大招商项目领导联系协调机制，办好第二届浙(婺)商回归创业创新大会、金华(上海)投资招商会，着力引进一批科技含量高、市场前景好、产业联系紧密的“高大强”、“好优新”项目。拓展招商引资领域，巩固扩大工业招商，加大农业、商贸、旅游、基础设施等领域的招商力度。创新招商方式，完善招商机制，围绕特色产业、园区，加强专题招商、带地招商、蹲点招商、全产业链招商，确保浙(婺)商回归到位资金138亿元，新引进重大产业项目50个以上。

加强项目工作。主动对接省“411”有效投资行动计划，建立和完善产业转型升级、基础设施网络、统筹城乡建设、公共服务提升等领域重大项目库，加快推进63项重大项目前期工作。加大项目服务力度，健全项目跟踪、督查机制，开展重点项目克难攻坚专项行动，实施省、市重点建设项目300项以上，重点技改项目280项以上。发挥政府投资的引导作用，充分调动民营企业投资的积极性，建立民间投资重大项目“绿色通道”，力争民间投资比重保持在75%以上。

强化要素保障。坚持“以亩产论英雄”的发展导向，完善考核评价机制，促进资源要素节约集约利用。保障用地需求，扎实推进低丘缓坡综合开发利用试点，完成3万亩土地征收。强化建设用地投入产出考核，加大闲置土地处置力度，推进低效用地二次开发利用，消化批而未供土地2万亩以上，盘活存量建设用地2000亩以上。强化基本农田保护，深入开展农村土地综合整治，大力实施“百万”造地保障工程，新增耕地2万亩。加快电力设施配套，推进浙西特高压直流、浙中特高压交流和500千伏吴宁变等项目建设。优化资金保障，确保新增贷款650亿元。鼓励企业上市融资，继续申报发行企业债券，提高直接融资比重。

（二）千方百计推进产业转型升级，加快构建现代产业集群。以提升竞争力为核心，深入推进产业结构调整和优化升级，加快建设现代产业集群。

积极发展现代农业。大力实施“三农稳市”战略，加大强农惠农富农政策支持力度，着力提高农业综合生产能力、抗风险能力和市场竞争力。粮食播种面积稳定在204万亩以上。加快农业“两区”建设，新增粮食生产功能区面积11万亩，省级现代农业综合园区、主导产业示范园、特色农林渔业精品园8个以上，创建省级生态循环农业示范县（市、区）3个。推进金义都市新区现代都市农业示范区建设。强化农业技术创新和成果推广，实施现代种业发展工程。规范发展农民专业合作社，培育农业龙头企业集团，扶持家庭农场发展，引导高校毕业生从事现代农业,鼓励大学生村官成为农村致富带头人,发挥农业科技特派员的示范带头作用。积极稳妥推进土地经营权流转,发展多种形式规模经营。健全农业公共服务体系,新增农业公共服务中心40个以上。深化农超对接,加快农产品质量安全体系建设,实现公共农产品质量检测站县级全覆盖。积极发展森林产业,培育香榧、油茶、花卉苗木等产业基地。切实做好防汛防台抗旱、森林防火、动植物疫病防控工作。深入实施钱塘江干堤、小流域堤防加固工程,加快农田水利标准化建设,健全基层水利服务体系,除险加固病险水库25座。

深入推进新型工业化。大力实施"工业强市"战略,坚持培育战略性新兴产业与改造提升传统产业两手抓,推动信息化与工业化深度融合,规模以上工业增加值增长10%以上。加强平台建设,推进国家级开发区、省级产业集聚区、省级开发区(工业园区)整合提升,加快金华电子信息文化创意园、永康浙商回归创业创新园、浦江水晶产业生态集聚区规划建设。全面推进"腾笼换鸟",大力淘汰过剩和落后产能。深入实施永康工业强县建设试点。加快建设省级产业集群示范区。实施战略性新兴产业增加值"五年倍增计划",建设示范试点基地10个,实施产业投资与创新项目50项,推广实施一批"两化"深度融合重点项目。支持企业加大技术改造,以现代化、自动化的装备提升传统产业。全面推进装备制造业发展,打造农机装备制造业基地。强化建筑业政策扶持,建设建筑业总部园区,鼓励建筑企业"走出去"发展,完成建筑业总产值2300亿元以上,争创省建筑业强市。

加快发展现代服务业。大力实施"商贸富市"战略,整合服务业发展引导资金,加快现代服务业集聚区建设,积极发展总部经济,提高服务业比重和发展水平。加快建设现代农产品流通体系、家政服务体系、再生资源回收体系、中小商贸企业服务平台,争创全国现代服务业综合试点城市。办好浙中购物节,努力打造浙中商业购物中心。做大市区电子信息服务业,推进浦江绿谷建设。整合旅游资源,培育精品线路,合力打造都市区旅游整体品牌。加强市区双龙、九峰山、仙源湖等旅游资源开发,加快武义温泉、磐安云山、兰溪赤山湖等省级旅游度假区建设,发展乡村休闲旅游,提升旅游接待能力和服务水平,确保旅游总收入增长16%以上。建设金融商务区,加快中小企业金融服务中心和民间财富中心建设,积极引进风险投资机构,规范发展小额贷款公司,支持村镇银行发展,做大做强地方金融机构,促进保险行业健康发展。推进物流枢纽建设,加快金华国际物流园区和现代物流公共信息服务中心、兰溪嘉宝物流中心、浦江物流中心二期等项目建设,积极探索"铁海联运"国际物流。促进房地产业健康发展。

抓好企业主体培育。实施"552"大企业培育工程,新增工业产值超亿元企业50家,其中超10亿元5家、超50亿元2家。鼓励民营经济创业创新,推进小微企业成长计划,力争"小上规"500家、"个转企"2000户。加大企业扶持力度,减轻企业负担。

(三)群策群力推进市场拓展提升,加快构建现代市场集群。发挥龙头市场带动作用,优化结构,创新业态,提升功能,完善信用体系,推进市场群向现代市场集群转型,打造市场发展高地。

优化提升实体市场。扎实推进市场结构多元化,加快建设义乌国际生产资料市场、浙中粮油交易中心、兰溪纺织品市场,促进义乌文化创意产品市场、浦江书画和水晶市场、东阳木雕和红木家具市场创新发展,不断提高市场份额。探索市场业态多元化,鼓励义乌中国小商品城"走出去"发展连锁市场、母子市场,引进一批企业集团设立采购中心,推动永康科技五金城品牌化发展。加强市区市场发展规划引导,加快迁建金华农产品批发市场,大力改造提升农贸市场,积极创建流通环节食品安全电子监管示范单位。

做大做强网上市场。大力实施市场模式多元化,依托实体市场的支撑作用和区域物流中心的枢纽功能,加快培育电子商务门户网站和中介服务机构,促进电子商务与实体市场联动对接。做大做强"义乌购"、"永康五金网"、"磐安中药材网" 等电子商务平台。深化国家电子商务示范基地建设,以市区、义乌、永康为重要节点,加快形成网商集聚中心、网货配送中心和快递分拨中心。加快推进阿里巴巴"中国·金义电子商务新城"项目建设。

整合提升会展经济。不断拓展市场功能多元

化，加强会展资源整合与区域合作，探索区域联合举办会展。办好义博会、文博会、森博会、旅博会和国际装备展等五大国家级展会，把国际商贸发展大会、永康五金博览会、东阳木雕博览会打造成国家级知名会展平台，加快发展金华苗交会、磐安药交会等专业展会。强化义乌小商品指数应用，研究创建“中国五金指数”。

（四）凝心聚力推进都市区融合发展，加快构建现代城市集群。坚持以新型城市化引领浙中城市群建设，加快金义聚合发展，带动县（市）融合发展，促进城市群向现代城市集群转变。

推进现代都市区建设。认真贯彻落实《浙江省深入推进新型城市化纲要》，加快编制金华-义乌都市区规划，大力提升金华-义乌都市区核心区能级。实施市区重点建设与赶超发展三年行动计划，发挥重点区块建设指挥部的作用，合力推进七大区块建设。完成“三江六岸”景观提升改造一期工程。优化市区主城区“二环三横三纵”的路网构架，加快打通一环路、二环路、丹溪路、婺州街等主干道，启动宾虹西路拓宽改造。按照“田园智城”的定位，全面完成金义都市新区各专项规划，加快新区基础设施建设、高端要素集聚和优质项目引进，全面启动满塘核心区块、高新产业区块、支家综合区块、科教创新区块、孝顺低田区块和傅村鞋塘区块建设。推进义乌全域城市化，努力打造“百万人口国际商贸大城市”。积极引导兰溪、东阳、永康、浦江、武义、磐安等县（市），发挥产业特色、资源禀赋等优势，错位竞争、融合发展。加快中心镇改革发展，扎实推进义乌佛堂、东阳横店小城市培育试点。加强集镇建设，打造一批风情小镇。

完善基础设施网络。以规划建设浙中城市群轨道交通金义东线项目为重点，强化城际快速交通设施的纽带作用，优化浙中城市群综合交通体系。确保十白线、怀万线、永磐公路建成通车。加快建设杭长客专、金温铁路扩能改造、东永高速、金兰中线、义武公路及03省道义乌段、20省道浦江段、42省道磐安段改建等项目。开工建设杭金衢高速公路金华段拓宽及新狮互通改造等工程。统筹推进铁路金华西客站综合交通枢纽、金华铁路货场搬迁、金台铁路、甬金铁路、临金高速、金丽温高速公路金东互通、义兰公路、永康至金义都市新区公路，以及330国道金华段、37省道东阳至义乌段、40省道磐安至仙居段改（扩）建、兰溪港及衢江金华段航运开发等项目前期工作。积极推进城际公交一体化。加快构建城市群生态绿道网，开工建设市区试验段。积极理顺浙中城市群水资源保护及开发利用管理体制，实施跨区域供水项目，推进水资源统筹配置。启动浙中城市群水系整治项目前期工作，研究编制“浙中水乡”规划。

提升城市管理水平。围绕“精品城市”目标，创新城市管理体制机制，破解城市管理难题，完善综合执法体系，推行责任区域联管共建的“大城管”模式。大力推进治理城市交通拥堵工程，实施公交优先战略，提高城市公交分担率，建设公共自行车服务系统。加强停车场管理，增加停车泊位，着力提高城市交通组织管理智能化水平。加强城市地下空间开发利用。完善“数字城管”平台，推行环境卫生网格化管理，加强城区户外广告管理。积极开展国家智慧城市试点，完善3G网络，开展4G试点。

实施“三改一拆”工程。大力推进旧住宅区、旧厂区和城中村改造，完成省政府下达的拆除城乡违法建筑任务，坚决遏制违法建设行为。市区和各县（市）都要打造一条有特色、高品位、上档次的商业街，提升城市形象。

（五）奋发有为推动改革创新，激发区域发展活力。坚定不移推进改革开放，加快实施创新驱动发展战略，不断增强区域发展内生动力。

推进重点领域改革。扎实落实国家战略举措，深入实施义乌国际贸易综合改革试点三年计划，积极推行“市场采购”新型贸易方式，完善各项配套政策和监管办法，促进国际贸易便利化。启动实施国土专项改革，加快推进金融专项改革。加快建设义乌商贸服务业集聚区、义乌航空口岸，积极筹建保税物流中心，争创义乌“国际陆港城市”。做大进口和转口贸易，发展加工贸易，着力构筑“买全球、卖全球”格局。认真贯彻执行收入分配制度改革有关政策，促进城乡居民收入增长与经济增长相协调。深入推进农村综合配套改革，全面开展农村土地确权登记颁证工作。扩大土地承包经营权担保试点范围，推进林权流转交易综合服务平台建设。加快兰溪新型农业社会化服务体系建设试点,深化武义旅游综合改革试点。推进国资重组和集中监管,组建市城投集团。

提高开放合作水平。主动适应国际市场变化,走新型国际化道路,不断增强国际竞争力。加强同商务部七大进出口商会合作。深入开展“百场展会拓市场”活动,组织企业参加各种展会,建设摩托车及零部件、餐厨用品等出口生产基地,培育出口品牌,努力保持外贸出口稳定增长。加快建设境外经贸合作区,拓展对外承包工程领域,打造国际服务外包新平台。推进与港澳台经贸、文化合作交流。继续做好援疆援藏援青和“双对口”帮扶工作。

强化科技创新驱动。大力实施“科技创新五年倍增计划”,积极争创国家创新型城市,支持东阳、义乌、永康创建省级创新型城市。充分发挥金华高新技术产业园区、中科院金华科技园的集聚功能,规划建设浙中科技城,创建金华国家级农业科技园区。鼓励企业与科研院校联合组建实验室,引进大院名校技术转移中心6家,培育市级以上高新技术企业50家,实施国家、省级重大科技项目100项以上。建设金华汽车传动系统零部件、永康五金制品、东阳红木家具、兰溪棉纺织品等国家检测中心。扶持青年汽车、众泰新能源汽车、康恩贝中药创新和莱恩农机装备等省级重点企业研究院建设。推进国家知识产权示范城市建设,培育市级以上专利示范企业30家,新增授权发明专利450件。推进质量强市建设,争创一批驰(著)名商标和名牌产品。

加大招才引智和人才培养力度。全面落实人才政策,着力打造浙中人才高地。实施国家、省“千人计划”和市“双龙计划”,大力引进创业创新团队和领军人才。加强留学人员创业园、院士专家工作站、博士后科研工作站等高端创业创新平台建设,引进高层次人才600人以上。实施地方拔尖领军人才培养计划、321专业技术人才培养工程和高技能人才队伍建设三年行动计划,统筹推进企业经营管理、社会工作和农村实用人才队伍建设。充分发挥浙师大等院校在高端人才引进和本地人才培养中的作用。

(六)扎扎实实加强生态文明建设,全力打造美丽金华。牢固树立生态文明理念,深入开展“811”生态文明建设推进行动,着力打造宜居宜业宜游的生态金华、美丽金华。

落实节能减排任务。加强能源消耗和污染减排“双控”管理,严格执行空间、总量、项目“三位一体”环境准入制度。实施100项重点节能降耗技改项目,推进燃煤电厂和水泥厂脱硫脱硝改造工程,加快省级开发区集中供热建设。推行“刷卡排污”、排污权有偿使用等制度,严格控制新增污染物排放总量。深入推进金华江流域“531污染防治工程”,完善“江段长”、交界断面水质考核制度,进一步改善水质。加强重污染高耗能行业整治,严格控制重金属排放,加快建设电镀园区。减少农药、化肥使用,保护土壤环境。加强工业废气、城市扬尘、机动车尾气、电磁辐射、噪声等治理。大力实施新能源汽车推广应用试点,鼓励使用电动汽车。继续推进循环经济“991”行动计划,规划建设环保产业示范园区。

加强生态环境建设。完善生态环保设施,健全环境监测监控体系,加快城镇污水处理厂及纳污管网配套建设,完成秋滨污水处理厂二期主体工程。推进垃圾无害化处理,实施市区垃圾填埋场改造、浦江小黄坛垃圾填埋场新建等工程。深化“万里清水河道”整治,实施生态修复工程。完善市区生态功能区和饮用水源保护区生态补偿机制。全面实施“五城四边三化”行动。推进国家低碳生态城市试点。抓好森林生态工程和平原绿化工程,建成绿化精品村90个、森林村庄217个。市区、磐安完成省级森林城市创建。扎实推进义乌、磐安生态文明建设试点工作,大力创建生态县(市、区)和环境优美乡镇。

提升美丽乡村建设水平。全面完成美丽乡村建设县域总体规划,统筹推进“多村连线”、“多镇连片”环境综合整治。大力实施“12510”美丽乡村精品培育计划,建成美丽乡村风景线9条、历史文化村落18个、精品村45个、秀美村90个。突出抓好农房改造工程,完善污水、垃圾处理系统,建成农村联网公路140公里,完善农村基础设施长效管理机制。提升中心村建设水平,建成市级示范性农村社区服务中心80个。实施“富村五年计划”,加大集体经济薄弱村扶持力度,加强农村“三资”管理。重视山区经济建设,完善扶贫开发机制,支持金磐扶贫开发区加快发展，推进下山移民新社区建设。扶持畲族乡镇、革命老区和重点库区发展。

(七)全心全意保障和改善民生，促进社会和谐稳定。牢固树立以人为本理念，推进基本公共服务均等化，不断提高人民生活水平，努力建设“和谐金华”“人文金华”“平安金华”“法治金华”。

切实加强就业和社会保障。巩固国家级创业型城市创建成果，促进城镇就业困难人员、高校毕业生等群体就业创业。深入实施“百万农民素质提升工程”和“低收入农户收入倍增计划”。落实最低工资和行业性工资集体协商制度，开展“无欠薪金华”行动和“双爱”活动，推广劳动争议联合调处机制。深入实施“五费合征”，推进社保扩面征缴工作，完善社保转移接续、被征地农民社会保险等政策。加快基本医疗保险制度城乡统筹，完善大病保险政策，加强困难群众重特大疾病医疗救助。健全新型社会救助体系，创建“扶残助残爱心城市”。加快社会养老服务体系建设，完善城乡社区居家养老服务功能。保障性安居工程住房新开工 6100 套、竣工 3700 套。

全面发展社会事业。加大教育投入，深入开展教育现代化县(市、区)创建，完成学前教育三年行动计划，推进义务教育均衡发展。积极创建普通高中特色示范学校，引导职业教育校企融合发展，办好特殊教育。支持上海财大浙江学院、金华职业技术学院等高校发展，鼓励和规范民办教育发展。促进教育公平，提高家庭经济困难学生资助水平，做好进城务工人员随迁子女教育工作。加强教师培训，切实提高师德水平和专业能力。实施健康金华发展战略。深化公立医院改革，鼓励和发展民营医疗机构。加强基层医疗卫生服务体系建设，引导医疗人才合理有序流动。开展红十字应急救护培训，加强疾病防治、精神卫生、妇幼保健、卫生监督和卫生应急能力建设，提升公共卫生服务水平。按照三甲标准启动市人民医院迁建工程。深化与上海、杭州等地先进医疗单位合作，加强重点学科建设，打造浙江第四大医疗医学中心。办好省第二届体育大会，促进全民健身，加快发展体育产业。加强人口和计生工作，促进人口均衡增长，不断提高出生人口素质。保障妇女儿童权益，发展老龄事业。进一步加强和改进统计工作，认真开展第三次经济普查。进一步做好人防、气象、档案、地方志等工作。

扎实推进文化强市建设。积极培育和践行社会主义核心价值观，加强社会诚信体系建设，提高公民道德素质。深入实施文化惠民工程，加强基层文化设施和队伍建设，推进公共图书馆、文化馆等免费开放。深入开展“送文化”“种文化”和“文化走亲”活动。实施文化传承创新工程，加强婺剧、婺州窑等非物质文化遗产保护与开发，办好首届中国婺剧节。加强历史文化街区、重点文保单位保护修缮工作。整合提升古子城文化旅游区，着力展现“婺州古城”底蕴和风貌。推动市博物馆二期、茶花博物馆、浦江上山遗址公园和仙华文景园等项目建设，鼓励民间博物馆发展。深入实施“古村落保护开发利用工程”，创建省级文化示范村 10 个。大力实施文化产业培育工程，促进影视制作、文化旅游、现代传媒、文化创意、书画艺术、传统工艺美术等特色文化产业发展。加快省级横店影视文化产业实验区建设，提高东阳文化产业全域化发展水平。做大做强金华日报、金华广电等传媒集团。繁荣发展社会科学事业。

加强和创新社会管理。健全社区投入机制，加强社区服务体系建设，优化社区工作者队伍。深化“网格化管理、组团式服务”，提高对流动人口和特殊人群的服务管理水平。注重源头治理，健全重大决策社会稳定风险评估机制。积极做好信访工作，畅通和规范群众诉求表达渠道。加强价格监管，维护物价总体稳定。继续开展食品安全大整治行动，加强食品药品安全监管。推进基层安全生产规范化、标准化建设，排查整治消防、交通等安全生产隐患，防范遏制重特大安全事故。加快构建防灾避灾体系，加强应急管理，深化 110 社会应急管理联动体系建设。加强互联网管理，净化虚拟社会环境。推进社会治安综合治理，防范和惩治违法犯罪活动，保障人民群众生命财产安全。加强法律服务和普法宣传教育工作，健全法律援助网络，完善社区矫正工作管理系统。支持工会、共青团、妇联、关工委等群团组织开展工作。做好民族宗教、外事侨务、港澳和对台等工作。支持国防建设，深入推进双拥共建活动，完善优抚保障服务，促进军政军民团结和军民融合发展。

各位代表,经过公开征集,今年我们要紧紧围绕全市人民对美好生活的向往,着力办好加强城乡居民社会保障、保障食品安全、提升城市服务配套功能、防治机动车排气污染、保障城乡饮用水安全、加快山区群众异地搬迁、改善农村生产生活条件、提高医疗服务水平、促进教育公平发展、推进文化惠民等十大方面民生实事。

三、全面加强政府自身建设

严峻复杂的环境、赶超发展的重任、高位竞争的态势、人民群众的期盼,对政府自身建设提出了更新、更高的要求。我们要始终贴近群众的脉搏,牢记肩负的使命,按照"务实、高效、公正、廉洁"的要求,解放思想,开拓创新,求真务实,敢于担当,全面履行政府职能,努力建设人民满意的政府。

(一)依法行政,全力建设法治政府。强化法治理念,自觉运用法治思维和法治方式,推动改革、促进发展、维护稳定。认真落实市人大及其常委会各项决议决定,自觉接受市人大及其常委会的法律监督和工作监督。积极支持人民政协履行政治协商、民主监督、参政议政职能。认真听取各民主党派、工商联、无党派人士和人民团体的意见。进一步提高人大代表议案建议和政协委员提案办理质量。完善公众参与、专家论证、决策评估和跟踪反馈机制,鼓励市民问政,不断提高决策科学化、民主化水平。加强规范性文件审查和重大行政行为备案监督,做好行政调解、行政复议工作。健全行政执法责任制,强化执法监督,提高公正执法、文明执法水平。推进"阳光工程"建设,完善公开办事制度,推进政务信息公开,加快电子政务建设,提高政府工作透明度。

(二)真抓实干,全力建设效能政府。强化效能导向,扎实推进"正风提效促赶超"作风建设系列活动。深入推行服务承诺制、首问责任制、限时办结制和效能问责制。进一步改进文风会风,精简文件简报,精简会议数量,控制会议规模。深化行政审批制度改革,优化审批流程,推行并联审批、模拟审批、投资项目全程代理服务,促进审批提速,力争审批事项全省最少,审批时限全省最短。深入开展干部"进千企解难题""下园区联项目"等服务活动,优化发展环境。创新考核机制,探索完善县(市、区)和市级机关部门重点工作考核评价制度。开展"千企万人双评议"活动,推动"现场效能投诉、开门征求意见"活动常态化。开展乡镇(街道)"全科干部、全心服务"活动,推行乡镇干部住夜和联村联户等制度。加大治庸治懒治散力度,严肃查处行政不作为和慢作为,大力提高行政效能。

(三)干净干事,全力建设廉洁政府。坚持从严治政,按照干部清正、政府清廉、政治清明的要求,认真贯彻落实中央改进工作作风"八项规定"和省委、市委相关办法,加强惩治和预防腐败体系建设,把廉政建设的各项要求落实到政府工作的各个环节。改进行政事业资产管理,规范公共资源交易,强化对公共投资项目、公共资金、行政审批、招投标、土地出让、政府采购等重点领域和重点环节的监管。健全经济责任审计制度,加强行政监察,健全廉政风险防范机制。狠抓纠风治乱工作,严厉惩治违法违纪行为。大力弘扬艰苦奋斗、勤俭节约的优良传统和作风,坚决反对铺张浪费。加强财政绩效管理,压缩一般性行政支出和"三公"经费支出,确保实际支出有所下降,以实际行动推动节约型机关建设。

各位代表!金华正处于赶超发展的关键时期,我们面临的任务艰巨而繁重,肩负的责任重大而光荣。让我们在省委、省政府和市委的领导下,以强烈的责任感和使命感,自我加压,团结协作,埋头苦干,奋力拼搏,为全面建设"两富"现代化都市区而努力奋斗!

中共金华市委关于加强自身建设的决定

（2012 年 2 月 29 日中国共产党金华市第六届委员会第一次全体会议通过）

为认真贯彻中央、省委关于加强党的建设、保持党的纯洁性的各项要求，全面完成市第六次党代会确定的目标任务，市委必须进一步加强自身建设，不断提高执政能力，充分发挥领导核心作用。现就加强市委自身建设作出如下决定。

一、坚定政治方向，努力建设思想解放、精神振奋的班子

1. 增强政治意识。坚定理想信念，加强党性修养，严格遵守党的政治纪律，增强政治敏锐性和鉴别力，在重大原则问题上立场坚定、旗帜鲜明，在政治上思想上行动上与党中央保持高度一致。深入贯彻落实科学发展观，坚决贯彻中央的大政方针和省委的决策部署，创造性地开展工作，确保政令畅通。

2. 增强全局意识。注重研究和把握经济社会发展的趋势和规律，以宽广的眼界审时度势，把握全局，谋划工作。以开阔的视野、创新的思路来谋划金华发展，自觉服从和服务于推进赶超发展、浙中崛起的大局。围绕中心、服务大局，善于从全市工作大局中去思考问题，做好各自分管的工作。

3. 增强责任意识。清醒分析金华发展的历史方位，以等不起的紧迫感、坐不住的责任感、慢不得的危机感，自我加压、奋力争先，努力创造经得起实践、人民和历史检验的业绩。积极开展解放思想大讨论活动，认真反思在适应形势上是否有所迟滞、在改革创新上是否有所畏难、在加快发展上是否有所松懈，以思想的大解放推动金华的大发展。

二、强化理论武装，努力建设勤学善思、视野开阔的班子

4. 创建学习型领导班子。自觉把学习作为一种政治要求、精神追求、工作需求，系统学习马克思主义基本理论、中国特色社会主义理论体系，善于用党的最新理论成果指导和推动新的实践。广泛学习经济、政治、文化、社会、管理等各方面知识，提高战略思维、创新思维和辩证思维能力。

5. 健全理论学习制度。坚持和完善理论中心组学习制度，有针对性地开展研讨交流，有计划地邀请专家学者作专题讲座，每年集中学习时间不少于 12 天。市委常委每年至少完成 1 篇有一定理论深度的调查报告或体会文章，每年至少到联系点作 1 次学习辅导。自觉落实个人自学制度，养成爱学习、勤钻研、善思考的习惯，做学习型、创新型的领导干部。

6. 注重实际问题研究。大力弘扬理论联系实际的学风，坚持学习理论与指导实践相结合、改造客观世界与改造主观世界相结合，善于运用马克思主义的立场、观点、方法分析和解决实际问题。紧紧围绕“百姓富裕、浙中崛起”总目标，重点就产业转型升级、城乡统筹发展、浙中城市群建设、社会管理创新、文化繁荣发展、生态文明建设、民主法制建设和党的建设等问题，深入进行专题学习和研究，努力把学习成果转化为谋划发展的正确思路、促进发展的政策措施、领导发展的实际能力。

三、坚持民主集中制，努力建设坚强有力、团结和谐的班子

7. 发挥领导核心作用。坚持总揽全局、协调各方原则，改进和完善市委领导工作机制，研究解决全局性、战略性和政策性的重大问题。建立市委财经领导小组，负责组织协调全市重大财经工作，研究提出全市重大财经决策、重点工程项目安排和重大财经问题的处理意见和建议。大力支持市人大、政府、政协开展工作，协调一致地履行职责。加强党对统一战线的领导，充分发挥各民主党派、工商联和无党派人士的作用，进一步加强工会、共青团、妇联等人民团体工作，更好地凝聚党心民心，形成推进赶超发展、浙中崛起的强大合力。

8. 坚持科学民主依法决策。规范与全委会的关系，健全议事规则和决策程序，完善决策咨询、重大决策意见征求和决策公开制度，坚持集体领导和个人分工负责相结合，保证决策科学民主依法、执行规范有序、监督有力有效。凡是重大决策事项、重要人事任免，必须提交市委常委会集体讨论，特别重大决策事项要召开全委会讨论决定或向市委委员通报。全委会作出的决策，常委会要负责组织实施；常委会作出的决策,常委要按照职责分工抓好落实。

9. *把握正确用人导向*。严格执行《党政领导干部选拔任用工作条例》,坚持德才兼备、以德为先,完善干部考核评价机制,看实绩定进退、以发展论英雄、凭群众公认选干部,让想干事的有机会、敢干事的有舞台、会干事的有作为。深化干部人事制度改革,完善竞争性选拔干部制度,创新对领导班子特别是"一把手"年度立体考评制度,探索破格提拔和不胜任调整制度,形成"能者上、平者让、庸者下"的用人环境。

10. *增进领导班子团结*。坚持民主生活会制度,积极开展批评与自我批评,经常开展谈心交心,营造积极健康的党内生活氛围。坚持领导干部双重组织生活制度,自觉参加所在党支部(小组)的组织生活。正确对待同志,相互尊重、相互支持、相互帮助,营造团结合作、和衷共济的良好氛围。市委常委会要率先垂范,以自身的坚强团结,带动市级班子之间、上下级之间、党群干群之间的大团结,形成心齐气顺劲足的创业创新环境。

四、实践党的宗旨,努力建设以人为本、执政为民的班子

11. *坚持党的群众路线*。牢固树立"发展为了人民、发展依靠人民、发展成果由人民共享"的理念,做到权为民所用、情为民所系、利为民所谋,把实现好维护好发展好最广大人民的根本利益作为一切工作的出发点和落脚点。充分尊重群众主体地位和首创精神,注重从群众中汲取智慧和力量。深入开展创先争优示范活动,健全便民服务长效机制,真心诚意为群众办好事解难题,进一步密切同群众的血肉联系。

12. *切实保障和改善民生*。坚持把增加城乡居民收入作为最大的民生,实施更加积极的就业创业政策,着力提高社会保障覆盖面和保障水平,增强人民群众的幸福感和满意度。下更大力气研究解决群众反映强烈的问题,每年要为民办成一批实事好事,尽力帮助解决困难群众的生产生活问题。全面落实维稳工作责任制,促进社会和谐稳定,增强人民群众安全感。

13. *健全群众工作制度*。深化领导干部"三联系"制度,探索建立市委委员联系群众制度,每人联系1名基层党组织书记、1家重点企业负责人、1名困难群众,把握新形势下群众工作的特点、规律和方法,增强组织群众、教育群众、服务群众的本领。坚持领导干部下访接访制度,认真听取群众诉求,努力化解矛盾问题。

五、弘扬优良作风,努力建设求真务实、干事创业的班子

14. *大兴调查研究之风*。坚持把调查研究作为谋事之基、成事之道,做到没有经过深入调查研究的重大事项不决策或缓决策。每年围绕事关改革发展稳定大局的重大课题和群众反映强烈的突出问题,组织开展一系列专题调研活动,及时将调研成果转化为市委决策。市委常委每年下基层调研时间不少于2个月,相对集中的蹲点调研时间不少于6天,至少牵头完成一个重点调研课题。

15. *大兴真抓实干之风*。坚持实事求是原则,察实情、出实招、办实事、求实效,深入基层要轻车简从,解决问题提倡现场办公。按照"工作快节奏、办事高效率、服务上水平、群众真满意"的要求,完善决策目标、执行责任、督查考核体系,不断提高执行力。高度负责地做好每一项工作,不回避矛盾,敢于担当,切实做到负责不推诿、放手不放任。

16. *大兴艰苦奋斗之风*。牢记"两个务必",带头反对铺张浪费,带头抵制拜金主义、享乐主义和奢靡之风。坚决反对形式主义和官僚作风,下决心改进会风文风,严格控制和降低"三公"经费,减少各类检查、评比、达标活动,把有限财力用到发展经济、改善民生上。

六、带头反腐倡廉,努力建设秉公用权、严于律己的班子

17. *带头落实廉政责任*。深入推进惩治和预防腐败体系建设,进一步完善重要资源配置、项目支持、资金使用、干部任免等方面制度体系,形成用制度管权、按制度办事、靠制度管人的有效机制。带头履行"一岗双责",对职责范围内的党风廉政建设亲自抓、负总责;对分管部门和单位的不正之风坚决抵制,绝不掩盖袒护;对在执行党风廉政建设责任制方面严重失职渎职的领导干部,严肃追究责任。

18. *模范遵守廉政准则*。认真贯彻《中国共产党党员领导干部廉洁从政若干准则》,严格执行领导干部廉洁从政各项规定，切实做到自重、自省、自警、自励。市委常委要正确对待和用好权力，带头廉洁自律，遵守党纪国法，管好亲属和身边工作人员，决不利用职权和职务上的影响谋取不正当利益。

19. **自觉接受各方监督。**进一步增强接受监督的意识，主动接受党内监督和党外监督。完善常委会向全委会定期报告工作制度，健全党代会代表和人大代表、政协委员视察机制、纪检监察机关监督机制、组织部门考察机制，进一步发挥人民群众和舆论的监督作用。严格执行党员领导干部个人有关事项报告、述职述廉等制度，始终把权力置于有效监督之下，树立“为民、务实、清廉”的良好形象。

中共金华市委
关于深入实施“工业强市”战略
加快推进新型工业化的决定

(2012年8月2日中国共产党金华市第六届委员会第二次全体会议通过)

为认真贯彻落实省第十三次党代会和市第六次党代会精神,深入实施“工业强市”战略,推进赶超发展,加快浙中崛起,建设物质富裕精神富有的现代化金华,现就深入实施“工业强市”战略、加快推进新型工业化作如下决定:

一、充分认识深入实施“工业强市”战略、加快推进新型工业化的重要意义

工业是国民经济的支柱、富民强市的基础,更是推动科学发展、实现赶超崛起的主战场。市第五次党代会提出实施“工业强市”战略以来,我市把加快工业发展作为首要任务,集中要素资源、汇聚各方力量、强化合力推动,工业经济实现追赶式发展,综合实力明显增强,成为地方财政收入的主要来源、城乡居民就业的主要渠道,为促进人口集聚、加快城市化进程、带动现代服务业发展做出了重要贡献。但是,我们也必须看到,我市工业的产业基础和整体实力还不强,人才紧缺、创新能力不强的问题还十分突出,以低端劳动密集型产业为主的产业结构、以中小企业为主的企业组织结构、以传统低端产品为主的产品结构、以资源能源低成本劳动力等要素驱动为主的动力结构还没有根本改变,发展的稳定性、协调性和持续性亟待进一步增强。当前,区域竞争更趋激烈,资源要素制约更加突出,节能减排压力日益加重,我市工业经济肩负增量提质的双重任务,面临赶超发展和转型升级的双重压力,必须把加快工业经济又好又快发展摆到更加突出的位置,以全新的理念推进转型升级,以创新的举措破解发展难题,以更大的力度建设工业强市,为推进赶超崛起、建设物质富裕精神富有的现代化金华奠定坚实的产业基础。

二、科学把握深入实施“工业强市”战略、加快推进新型工业化的目标要求

1.总体要求。全面贯彻落实科学发展观,深入实施“八八战略”和“两创”总战略,紧紧围绕“百姓富裕、浙中崛起”总目标,牢牢把握“稳中求进、赶超发展”总基调,以改革创新为动力,以“五化”联动为方向,以推进“四大建设”为抓手,加快构建结构优化、创新驱动、集约高效、环境友好、优势鲜明的产业特色和发展格局,不断提升区域经济综合竞争力和可持续发展能力,走出一条具有金华特色的新型工业化道路。

2.基本原则。按照上述要求,在实际工作中必须把握以下原则:

——*必须继续坚持量质并举。*正确处理好加快发展与调整结构的关系,坚持好字当头,发挥后发优势,保持赶超态势,加快做大工业总量,努力在量的扩张中实现质的提升。

——*必须更多依靠创新驱动。*坚持以政府为主导、企业为主体、市场为导向,不断加大创新和人才投入,强化职业技能培训,完善创新体系,增强创新能力,切实把经济发展转到主要依靠科技进步与提高劳动者素质上来。

——*必须大力推进集约节约。*积极应对资源要素紧缺的挑战,强化可持续发展理念,探索减耗增产、减员增效新路径,不断提升单位资源投入产出效率,提高集约节约利用水平。

——*必须更加注重融合互动。*扎实推进工业化与信息化深度融合,推动传统优势产业与战略性新兴产业、制造业与生产性服务业互动发展,实现新型工业化与新型城市化同步推进。

——*必须始终坚持绿色发展。*正确处理“工业强市”与“宜居城市”的关系,统筹协调工业发展与环境保护,加快推进绿色制造、清洁生产和低碳发展,努力减少污染排放,加快形成节能高效、绿色低碳、循环可持续的工业发展方式。

3.主要目标。工业发展更加稳健,发展方式转变更富成效,结构调整取得更大进展,产业特色基本确立,产业格局更加完善,区域创新能力和综合竞争力显著增强。力争到2016年,综合实力再上台阶。工业增加值达到1900亿元,年均增长12%;规模以上工业产值达到7500亿元,年均增长16%。创新能力明显增强。规模以上工业企业研究与试验发展经费支出占主营业务收入比重达到1.3%以上,工业增加值率达到23%,全员劳动生产率年均提高10%以上,规模以上工业新产品产值率达到25%以上。结构调整加快推进。战略性新兴产业增加值占GDP比重达到12%以上,高新技术产业增加值占工业增加值比重达到28%。资源节约成效明显。节能减排约束性指标完成省定任务,节能降耗、“三废”治理、资源节约与综合利用达到省内先进水平,单位工业增加值综合能耗下降20%以上。

三、进一步明确深入实施“工业强市”战略、加快推进新型工业化的主要任务

(一)加强平台建设,夯实发展基础。

1.优化空间结构。以工业大县(市、区)建设、经济开发区(工业园区)转型升级、工业功能区优化提升和工业强镇培育为重点,巩固拓展工业发展大平台,形成以产业集聚区、经济开发区(工业园区)为主阵地、工业功能区与工业强镇多点支撑的工业发展空间布局,建成一批产业集聚、人口集中、功能集成、资源集约的工业发展大平台,推进市、县(市、区)、乡(镇)多级联动发展。永康、义乌等县(市、区)加快向规模以上工业产值超千亿元的工业强县(市、区)迈进,金华经济技术开发区力争建成规模以上工业产值超千亿元的园区,义乌、永康、兰溪开发区建成规模以上工业产值超500亿元的园区,加快建成一批规模以上工业产值超百亿元的工业功能区与工业强镇。

2.提升开发区(工业园区)建设水平。按照产城联动的要求,加强产业集聚区、开发区(工业园区)基础设施建设,提升产业集聚区、开发区(工业园区)综合开发建设水平和整体实力。拓宽投融资渠道,鼓励社会资本参与产业集聚区、开发区(工业园区)基础设施建设。继续推进产业集聚区、开发区(工业园区)生态化改造,提高污染集中治理能力。加强产业集聚区、开发区(工业园区)基础设施的管理和养护。积极探索产业集聚区、开发区(工业园区)、乡镇工业功能区整合提升新机制和新途径,引导中小企业向中心镇工业功能区集聚。

3.加快特色发展。按照“因地制宜、特色鲜明、就地拔高”的原则,进一步明确产业发展方向。鼓励和引导各地围绕空间布局和产业基础,调整和优化行业空间布局,提高行业集聚度,重点培育和扶持1—2个特色主导产业,增强优势主导产业和战略性新兴产业的集聚优势,推动高端要素和优势资源集聚,建设发展一批特色园区、精品园区。

4.推动集约发展。坚持源头把关、全程监督、有序退出,推进资源集约节约利用。严把工业项目入园关,科学制定用地、投资规模和产业能耗准入标准,积极引进和发展科技含量高、财政税收贡献大的科技型、环保型、龙头型产业和战略性新兴产业。以经济开发区(工业园区)为重点,加强单位土地综合效益考核,加快推进工业用地清闲促产,鼓励低效用地二次开发,全面提高土地节约集约利用水平。产业集聚区、经济开发区(工业园区)新开发工业用地投入强度达到每亩300万元以上,产出强度每亩300万元以上,亩均税收10万元以上,投入产出率大幅提升。

(二)培育产业优势,推进集群发展。

1.突出发展重点。更加重视支柱产业、主导产业和新兴产业的协同发展。做大做强汽车、装备制造等优势主导产业,培育和发展电子信息、新能源汽车、生物医药、新能源、新材料等战略性新兴产业,改造提升轻工纺织、金属制品等传统产业,加快形成特色整车、新能源汽车、电子信息等产业竞争新优势。加快形成汽车、装备制造、现代五金制造、现代小商品制造和以电子信息为代表的新兴产业等五大产值超1000亿元产业,新材料、生物医药、新型纺织等三大产值超500亿元产业。

2.优化产业布局。以“一轴三带”为架构,进一步优化区域生产力空间布局。“金义主轴线”侧重高端制造和产业融合互动,着力打造汽车与先进装备制造业高地、国际小商品制造中心和商贸名城、浙中电子信息产业基地和浙中战略性新兴产业基地。“金兰产业带”侧重发展生物医药、新型纺织、新型建材、现代食品产业,着力打造浙中高新技术产业高地和重工业基地。“金永武产业带”重点发展装备制造、旅游休闲、文教用品等产业,着力打造国家级汽车产业基地、现代五金与新型农机制造研发基地。“义东浦磐产业带”重点发展磁性材料、木雕、水晶等,打造浙中重要的太阳能光伏产业基地、浙中先进轻工纺织装备制造基地。

3.培育产业集群。加快块状经济向现代产业集群转型升级,推进金华汽车和零部件、永康(武义)五金、义乌饰品、东阳磁性电子材料、兰溪棉纺织等省级现代产业集群转型升级示范区建设。优化资源要素配置,纵向延伸、横向拓展产业链条,加快研发基地、创业基地、先进制造基地、科技服务基地、现代服务业基地建设,鼓励发展以特色工业设计、总部经济、主辅分离为重点的生产性服务业,完善生产性公共服务平台,加快培育一批专业分工明确、服务体系完善、集聚效应突出的现代产业集群。

(三)加强科技进步,促进内生增长。

1.推进自主创新。以企业自主创新能力建设为核心,加快以技术中心为核心的企业技术创新体系、以产学研联合为纽带的科技成果转化体系和以中小企业为主要对象的行业性、区域性技术创新服务体系建设。鼓励高新技术企业、龙头企业建立研发机构,形成一批国家级和省级企业研究院、重点实验室、工程中心、检测中心。鼓励企业与高校、科研院所联合建立研发机构,开展关键共性技术研发。进一步激发民营企业特别是中小企业创新活力,提升原始创新、集成创新和引进消化吸收再创新能力。

2.加快技改步伐。把加快企业技术改造步伐作为转变发展方式、提升综合竞争力的重要抓手。以改进产品质量、促进升级换代、装备技术升级、工艺流程优化、推进节能减排等为重点,鼓励企业引进先进技术和设备,组织实施一批共性技术、关键技术及配套技术,突破产业技术瓶颈,推动产业转型升级。进一步加大政策引导,提升配套服务能力,组织实施一批重点技改项目。鼓励企业申报国家、省重点项目,争取更大支持。

3.促进"两化"融合。充分发挥信息技术在工业发展中的引擎作用和倍增作用,按照生产自动化、制造智能化和管理网络化的要求,加快推进信息技术在研发生产、节能降耗、品牌建设和商业模式创新等领域的普及应用。以产业集聚区域为重点,建设一批"两化"深度融合试点示范企业,实施一批"两化"深度融合重点项目。进一步提升电子信息技术在城市管理、公共服务、电子政务、电子商务等领域的运用水平,加快智慧城市建设。

4.完善服务平台。按照"政府引导、市场化运作,面向产业、服务企业,资源共享、注重实效"的要求,建设和完善一批公共服务平台,为中小企业提供创业辅导、技术开发、信息咨询、工业设计、要素保障、人才培训等专业化、社会化服务。鼓励龙头企业发挥技术和设备优势,为广大中小企业提供技术服务。鼓励企业通过主辅分离,发展生产性服务业,为中小企业提供专业服务。

5.强化人才支撑。坚持高端引领,扎实推进"海内外英才引进550计划"、"婺星回归行动计划"等重大引才项目,加快引进能够突破关键技术、发展高新项目、带动战略性新兴产业的海内外高层次人才。大力实施企业经营管理人才、科技创新人才和企业高技能人才培养工程,建设一支规模宏大、结构合理、素质优良的创新人才队伍。大力推进人才强企工作,积极开展院士专家工作站、博士后科研工作站及高层次人才创业创新基地等创新平台建设。大力发展职业技术教育,加强实训基地建设,鼓励企业开展专业技术培训,大力提升产业工人技能和素质,充分发挥人力资源优势。创新体制机制,完善人才政策,积极探索建设政、产、学、研、用一体化的"人才特区",不断优化人才创业创新环境。

(四)坚持抓大扶小,壮大发展主体。

1.加快培育龙头骨干企业。高度重视龙头骨干企业在做大做强工业中的主体与带动作用,加快培育一批有利于延伸产业链、提升集聚度、增强竞争力的领军型企业。以全市100家行业龙头骨干企业和市区50家优势企业为重点,整合各类扶持政策,引导企业创建总部型、品牌型、上市型、高新型、产业联盟主导型企业,加快培育超百亿企业集团或新型企业联盟。到2016年,力争亿元以上企业家数翻一番,总数超过1000家,培育超百亿企业2家以上、超五十亿企业10家以上、超十亿企业100家以上。

2.大力扶持小微企业发展。坚持抓大不忘扶小,营造创业创新氛围,改善创业生态环境,降低创业门槛,加大创业孵化基地建设,扶持中小微企业发展。坚持差别化、专业化生产,支持中小企业向专、精、特、新方向发展。鼓励行业龙头企业与中小企业、家庭工业开展本地化合作,发展多种形式的战略联盟。建立规模层级更加多元、产业分工更加细密、协作机制更加灵活的企业生态群体。

3.大力引进发展主体。高度重视招商选资工作，加大投资环境推介，开展主动合作和对接招商。加强央企(省)企对接、浙(婺)商回归、总部企业招商，吸引更多主体投资金华，发展实体经济。坚持以大投入推动大发展，发挥政府投资的导向作用，引导民间资本回归实体、创办实业，鼓励企业对接资本市场，扩大投融资渠道，确保工业有效投入稳定增长。力争今后五年，全市新增限额以上工业投入3000亿元以上，投入产出率明显提高，工业利税、利润等效益指标增幅超过全省平均水平，工业税收占全市财政总收入达到45%。

(五)强化质量管理，提升综合效益。

1.强化品牌建设。引导企业建立现代企业制度，加强制度化、精细化、科学化管理，加强知识产权保护和标准化建设，提升品牌质量和企业形象。鼓励企业参加国际、国家和行业标准制订，增强市场话语权。引导企业加强创意设计、技术进步、产品创新、质量管理和企业文化建设，着力打造有较强竞争力的自主品牌、有较大影响力和美誉度的知名品牌，支持企业争创驰名(著名)商标和名牌产品，提升工业核心竞争力。

2.强化市场拓展。把拓展市场作为企业增产增效的关键举措，不断提高市场占有率。扎实推进义乌国际贸易综合改革，加快形成出口、进口、转口贸易联动发展的新格局。加快外贸发展方式转变，建立新型贸易方式，不断提高机电产品、高新技术产品和自有品牌产品的出口比重。支持有实力的企业积极开展跨国经营，提升国际竞争力。引导企业顺应国内市场需求新趋势，优化产品结构，创新商业模式。充分发挥市场大市对制造业的带动作用，加快发展现代会展业，积极发展电子商务，加快建设“网络市场大市”，扩大网上采购和网上营销。

3.强化节能降耗。落实节能减排目标责任制和问责制，严格高能耗项目源头把控，加强重点行业、重点企业、重点区域的监督管理，统筹推进结构节能、技术节能和管理节能。继续加快淘汰落后产能。综合运用法律、政策、市场、技术和行政手段，推进节能、节水、节材综合管理，研究出台区域限批、等量置换、减量置换、差别电价、差别排污费等产业政策，坚决淘汰高能耗、高排放、高污染，安全隐患大、综合效益差、不符合国家产业政策的落后产能，为先进制造业腾出发展空间。

四、切实为深入实施“工业强市”战略、加快推进新型工业化创造良好条件

1.加强组织领导。各级党委政府主要领导要把主要精力用在抓工业、抓发展上，切实加强对工业发展的领导和协调。市委、市政府建立加快推进新型工业化工作领导小组，由市委书记任组长，下设办公室(设在市经信委)，由市政府分管副市长兼任办公室主任。各县(市、区)、经济开发区(工业园区)、乡镇(街道)也要建立相应工作机构，配齐配足人员，建立上下联动、逐级响应、一抓到底的组织网络。加强工业经济干部的配备和任用管理，规模以上工业产值超千亿元的工业强县(市、区)、园区及超百亿元的工业强镇，分管工业领导原则上进入常委(党委)班子，或进行高配。

2.加大政策支持。不断加大政策扶持力度，财政扶持工业资金占比力求逐年有所提高。进一步完善经济开发区(工业园区)整合提升、推进工业有效投入、加快发展电子信息产业、加快人才引进、扶持小微企业发展等政策体系。加大对企业技术创新体系、科技成果转化体系、公共研发平台等重点领域的扶持。

3.强化要素保障。完善“有保有压”要素保障政策，创新工业用地、资金、电力等要素配置机制，利用财政、税收、价格等手段，优化工业用地等稀缺要素资源配置。大力拓展工业用地的“绝对空间”和“相对空间”，新增工业用地指标不低于总用地的40%，其中小微企业指标不低于5%，鼓励以各种方式开展工业用地清闲促产，确保等量用于工业发展。完善重点投资项目与资金联动长效机制，引导金融机构加大对工业投资项目的信贷支持。拓展融资渠道，加快发展以村镇银行为主的新型农村金融组织。加强企业应急资金管理和使用，推进中小企业信用担保体系建设，发挥小企业贷款风险补偿资金的导向激励作用，提升金融服务水平。

4.完善考评机制。建立新型工业化统计评价指标体系，分解新型工业化目标任务，落实责任单位和责任人。加强督查，定期通报新型工业化进展情况。完善目标考核办法,健全激励机制和约束机制,严格考核奖惩。各级党政领导干部“谋工业、抓工业”绩效,纳入领导班子和领导干部考评的重要内容,作为干部提拔任用的重要依据。

5.优化发展环境。统筹各种要素,整合各种资源,凝聚发展合力。继续深化行政审批制度改革,进一步精简审批事项、审批环节,缩短审批时限,探索行政审批全程代理制度,推行“一站式”“并联式”审批,提高行政服务效能。完善送政策、送服务、送温暖、解难题的长效服务机制,建立健全以企业信用、企业责任等为重点的社会价值体系。大力宣传金华的优势、潜力和环境,宣传金华主导产业、龙头企业和名牌产品,宣传项目建设、招商引资、园区发展等先进典型,宣传大胆创业、敢于创新、诚实守信、贡献突出的企业家和建设者,大力营造“重工业、谋工业、抓工业”的舆论氛围,为深入实施“工业强市”战略、加快推进新型工业化营造良好社会环境。

中共金华市委
关于认真学习贯彻党的十八大精神全面加快“两富”现代化都市区建设的决定

（2012年12月19日中国共产党金华市第六届委员会第三次全体会议通过）

中国共产党金华市第六届委员会第三次全体会议，认真学习贯彻党的十八大和省委十三届二次全会精神，紧密结合金华实际，研究讨论了加快“两富”现代化都市区建设的重大问题，做出如下决定：

一、加快“两富”现代化都市区建设的目标要求

1. 重大意义。党的十八大描绘了全面建成小康社会、加快推进社会主义现代化建设的宏伟蓝图，对新的时代条件下推进中国特色社会主义事业做出了全面部署，并鼓励有条件的地方在现代化建设中继续走在前列，为我们推进“两富”现代化都市区建设指明了方向。省委十三届二次全会，做出了《认真学习贯彻党的十八大精神，扎实推进物质富裕精神富有现代化浙江建设的决定》，对“两富”现代化浙江建设做出了全面部署，并明确提出要把中心城市和都市区建设放到更加突出位置，积极推进杭州、宁波、温州和金华—义乌等长三角区域中心城市建设，集聚高端要素，发展高端产业，加快形成现代化都市区。近年来，我市城市化水平稳步提升，区域竞争力不断增强，但长期积累的深层次矛盾和体制性障碍逐渐凸显，中心城市集聚力、承载力、辐射带动力不强，城市之间协调性、互动性不够，城乡公共服务不均等等问题亟待解决。我们必须认真贯彻落实党的十八大和省委十三届二次全会精神，把“两富” 现代化都市区建设作为新的时代条件下金华发展的总载体，推进新型城市化的主体形态，加快城乡发展一体化的重要抓手，赶超崛起的重要引擎，在思想上充分认识，在行动上高度自觉，不断解放思想，勇于改革创新，扎实推进“两富”现代化都市区建设。

2. 基本内涵。金华—义乌都市区是以金华市区、义乌市为都市核心区，与兰溪、东阳、永康、浦江、武义、磐安共同构成的都市区，是浙江省要重点培育的第四大都市区。建设“两富”现代化都市区，就是要加快推进金华与义乌聚合发展，着力提升都市核心区能级，引领各县(市)与核心区融合发展，促进城乡一体化发展，努力实现全市人民物质富裕精神富有。要在大力发展现代产业、推进经济赶超发展的同时，着力增加城乡居民收入，加快完善公共服务体系，力求缩小收入差距，最终实现物质上共同富裕。要努力创造更加丰富的精神财富，积极培育和倡导社会主义核心价值观，促进社会全面进步和人的全面发展，最终实现精神上共同富有。

3. 总体要求。坚持以邓小平理论、“三个代表”重要思想、科学发展观为指导，全面贯彻落实党的十八大和省委十三届二次全会精神，按照市第六次党代会的总体部署，深入实施“八八战略”和“两创”总战略，紧紧围绕“百姓富裕、浙中崛起”总目标，坚持“稳中求进、赶超发展”总基调，以现代市场集群、现代产业集群、现代城市集群为转型发展方向，以新型工贸联动、新型产城联动、新型城乡联动为统筹发展重点，以改革创新、招商引资、招才引智为赶超发展动力，以组团型、田园型、智慧型为绿色发展形态，以宜居、宜业、宜游为人本发展追求，加快建设美丽金华，全力打造浙江第四大“两富”现代化都市区。

4. 发展目标。根据党的十八大和省委十三届二次全会精神，结合我市发展实际，今后一个时期“两富”现代化都市区的发展目标是：到2020年实现“四个翻一番”，即全市生产总值、人均生产总值、城镇居民人均可支配收入、农村居民人均纯收入分别比2010年翻一番，基本建成“两富”现代化都市区。具体分“三步走”：第一步，全力做好2013年工作，全面完成市委市政府确定的年度目标任务。第二步，到2015年全面超额完成“十二五”规划确定的目标任务，初步形成以金华市区和义乌市为核心，带动各县(市)融合发展的城市化新格局。第三步，到2020年全面并力争提前实现 “四个翻一番”，基本建成“两富”现代化都市区。

5. 基本原则。加快“两富”现代化都市区建设，必须遵循以下原则：

——坚持“三个集群”。现代市场集群、现代产

业集群、现代城市集群是“两富”现代化都市区转型发展的方向。要坚持纵向提升发展与横向融合发展并重,做好“集”的文章,催生“群”的效应,实现从自发到自觉的质的飞跃,加快推动“市场群+产业群+城市群”向“现代市场集群+现代产业集群+现代城市集群”转型发展,促进人口集中、要素集约、产业集群、服务集成,积极探索都市区转型发展新模式。

——坚持“三个联动”。新型工贸联动、新型产城联动、新型城乡联动是“两富”现代化都市区统筹发展的重点。要扎实推进新型工贸联动,充分发挥商贸大市优势,加快产业转型升级,促进先进制造业与现代服务业互动发展;扎实推进新型产城联动,更加注重以产业为支撑,以城市为载体,促进城市新区与产业高地融合发展;扎实推进新型城乡联动,加大城乡统筹发展力度,加快构建“以工促农、以城带乡、工农互惠、城乡一体”的新型工农关系、城乡关系。

——坚持“三个动力”。改革创新、招商引资、招才引智是“两富”现代化都市区赶超发展的动力。要着眼于破解制约城乡区域协调发展的体制机制,实现市场相通、体制相融、资源共享,不断增强赶超发展体制活力;着眼于充分利用国际国内两个市场、两种资源,切实加大招商引资力度,最大范围集聚高端项目、优质资本、先进管理,不断增强金华发展后劲;着眼于依靠科技和人才支撑,切实加大招才引智力度,注重培养创新人才,努力提高自主创新能力,不断增强内生发展动力。

——坚持“三型融合”。组团型、田园型、智慧型是“两富”现代化都市区绿色发展的形态。要以强化交通联系为纽带,构建核心区带动力强、各县(市)特色鲜明优势互补的组团城市新形态;以生态田园为基底,构建“城在田中、田在城中、城田交融”的田园城市新形态;以设施智慧化、服务智能化为方向,构建信息化与城市化相协调的智慧城市新形态。

——坚持“三宜结合”。宜业、宜居、宜游是“两富”现代化都市区人本发展的追求。要以人的需要为出发点,顺应城乡居民生产生活新需要,满足人民群众精神文化新期待,更加注重以人为本,更加注重民生改善,推进人口资源环境相协调,经济社会生态效益相统一,宜居宜业宜游相结合,促进生产空间集约高效、生活空间宜居适度、生态空间山清水秀,实现城乡统筹发展与人的全面发展有机统一。

二、加快“两富”现代化都市区建设的主要任务

6. 加快构建现代市场集群。深入实施“商贸富市”战略,加快推进义乌国际贸易综合改革,积极构建义乌“国际贸易特区”,进一步强化义乌市场发展的龙头带动和辐射示范作用,努力促进各类综合市场横向拓展、纵向提升,加快推进市场群向现代市场集群转型发展,真正把金华建设成为全省乃至全国的市场发展高地。推进市场结构多元化。继续做大做强生活类产品综合市场,更加重视生产类、文化类产品综合市场的培育和发展,使之成为全省乃至全国新的集散中心。加强采购平台建设,创新经营流通模式,促进产业和市场联动发展。推进贸易结构多元化。充分发挥“市场采购”新型贸易政策的新优势,加快转变出口贸易发展方式,进一步做大做强出口贸易;充分利用人民币升值、国家政策扶持等有利条件,发挥商品展示、货运物流等优势,加快发展进口和转口贸易,促进出口、进口、转口贸易共同发展。推进市场业态多元化。依托市场先发优势、品牌优势和管理优势,大力发展全国全球连锁市场,加快境内外营销网络布局,加快对外拓展步伐,不断提高国际国内市场份额。推进市场模式多元化。积极运用现代流通技术和新一代信息技术,加强电子商务平台和门户网站建设,完善物流仓储、金融商务等功能配套和信用服务体系,促进实体市场与虚拟市场共同发展,加快建设“网上强市”。推进市场功能多元化。继续办好各种展会和节会,做大做强会展经济,促进市场功能从单一的产品交易向“商品集散、财务结算、信息发布、价格形成、国际规则制定”等综合功能转变。

7. 加快构建现代产业集群。牢牢把握发展实体经济这一坚实基础,顺应现代产业发展的新要求,扎实推进大平台大产业大项目大企业建设,更加注重提高发展质量和效益,不断强化产业配套,切实增强创新能力,加快推进产业群向现代产业集群转型发展,努力把金华建设成为全省现代产业集群转型升级示范区。深入实施“三农稳市”战略,大力发展现代农业。全面推进粮食生产功能区和现代农业园区建设，加强农业基础设施建设，强化农业科技创新，大力培育现代农业经营主体，加快发展现代都市农业，着力提高农业生产综合能力、抗风险能力和市场竞争能力。深入实施“工业强市”战略，大力发展现代工业。坚持以提质提效为重点，按照产城联动、综合配套的要求，高标准整合提升国家级、省级产业集聚区、开发区（工业园区），切实抓好省级现代产业集群转型升级示范区建设，强化产业链协作配套，加快完善社会化生产服务体系，改造提升优势传统产业，加快淘汰落后低效产能，积极培育战略性新兴产业，促进汽车及零部件、现代装备制造、现代五金制造、现代小商品制造及以电子信息为重点的战略性新兴产业等现代产业集群加速崛起，加快形成“五大千亿”、“三大五百亿”现代产业集群。大力实施“双千亿投资系列工程”，进一步加大招商引资力度，努力扩大有效投资，引进培育一批大企业、品牌企业和创新型企业，支持小微型企业特别是科技型小微型企业发展。大力发展现代服务业。扎实推进现代服务业发展综合配套改革，重点抓好义乌商贸服务业集聚区和省级、市级现代服务业集聚示范区建设，加快发展现代商贸、影视文化、物流会展、信息服务、金融保险、服务外包、文化创意等现代服务业，促进电子商务做大做强，大力发展总部经济，培育做强建筑业，促进房地产业稳健发展。整合都市区旅游资源优势，加强旅游基础设施和接待能力建设，加大旅游产品开发和旅游业态创新，强化整体形象设计，加大统一营销力度，努力把旅游业打造成为新的经济增长点。切实把科技创新摆在发展全局的核心位置，大力实施创新驱动发展战略，积极构建现代区域创新体系，不断增强自主创新能力。切实加大科技投入力度，加快规划建设浙中科技城，积极培育创新主体，引导和支持创新要素向企业集聚，鼓励企业建立研发机构，形成一批国家级和省级重点实验室、工程中心、检测中心。加强与省内外高校及科研院所合作，积极支持市内高校围绕我市产业升级，开展科技攻关、人才培养，深入推进产学研紧密合作。切实加强招才引智工作，大力实施海内外英才引进“双龙计划”等重大人才工程，加快集聚行业领军人才和创新团队，加强创新联盟建设，争创国家创新型城市。

8. 加快构建现代城市集群。深入实施“群城聚市”战略，加快金华与义乌聚合发展，着力提升都市核心区能级，带动各县（市）融合发展，促进城乡一体化发展，推进城市群向现代城市集群转型发展。强化核心带动，积极构筑组团型空间格局。把加快打造都市核心区、增强核心区带动能力作为重中之重和关键环节，认真组织实施《金华市区重点建设与赶超发展三年行动计划(2013-2015)》，加快提升金华市区的首位度；切实抓好金义都市新区开发建设，促进金华与义乌聚合发展；扎实推进义乌国际贸易综合改革试点，全力打造“国际贸易特区”，加快推进全域城市化，着力提升都市核心区城市能级，增强核心区的集聚力、承载力、辐射力以及带动各县(市)融合发展的能力。积极推动兰溪、东阳、永康、浦江、武义、磐安等县域城市，根据自身区位特点、产业特色、资源禀赋，实现错位发展、特色发展，加快与核心区融合发展、组团发展。促进城乡融合，努力构建田园型城市形态。坚持工业反哺农业、城市支持农村和多予少取放活方针，切实把美丽乡村建设作为主要抓手，把小城市和中心镇培育作为战略节点，创新城乡统筹发展新机制，破除城乡二元分割旧体制，着力促进城乡要素平等交换、公共资源均衡配置、社会保障逐步衔接、公共服务均等发展，逐步缩小城乡差距，促进城乡共同繁荣。深入实施美丽乡村精品培育计划，全面深化村庄整治，深入推进农房改造，大力推进“千村洁美”行动，健全农村基础设施长效管理机制，不断改善农村人居环境，积极培育中心村，保护和利用历史文化村，打造富有金华特色的美丽新农村。充分挖掘民俗风情、名人古迹、自然风光等优势资源，大力推进小城市和中心镇培育，加快打造一批具有江南风味、人文底蕴的特色城镇。坚持以生态田园为基底，扎实推进“五城四边三化”和“清洁水源”行动，着力建设田园城市、风情小镇与秀美乡村相得益彰的美丽金华，加快形成“城在田中、田在城中、城田交融”的田园城市新形态。坚持交通先行，加快建设智慧型基础设施。加快都市区轨道交通、高速公路、城际快速公路、城乡联网公路建设，加快城市交通枢纽、交通运输能力及内河港口水运建设，积极推进城乡公交一体化，着力形成省内四大都市区“两小时交通圈”、都市区内“一小时通勤圈”和到中心城市“半小时联系圈”。按照透彻感知、泛在互联、高度智能的要求,大力运用现代信息技术和智能技术,逐步推进交通、供水、供电、供气、排污、市政、通讯等公用设施智慧化改造。超前规划建设城市智慧平台,加快互联网数据中心、云计算中心建设,加快整合数字城管、数控交通等智慧管理资源,促进各领域网络互联、信息共享、及时响应、高效运行。积极发展智慧教育、智慧医疗、智慧文化、智能社保、智能社区、智能家居等,推动生活方式智能化、便捷化、低碳化。加快编制完善都市区规划及各专项规划、控制性详细规划,加快形成覆盖城乡、层次分明、相互衔接、管治有效的都市区规划体系,促进城乡空间合理布局、公共设施集约建设、资源要素优化配置。切实强化规划的刚性,严格按规划办事,以规划的刚性和动态性互补使规划更管用、更有效益。不断完善城市管理综合执法体制,逐步将城市综合管理模式推广运用到乡镇村,努力实现城乡管理全覆盖、一体化。

9.*加快构建现代文化发展体系*。以东阳文化产业全域化发展为引领,努力传承历史文化,加快发展特色文化产业,大力弘扬创业创新的时代精神,为赶超崛起培育新增长点,为“两富”现代化都市区建设提供强大的精神动力和智力支撑。深化社会主义核心价值体系建设,深入开展精神文明创建活动,推进社会公德、职业道德、家庭美德、个人品德教育,建立完善社会诚信体系和行为规范,积极培育和践行社会主义核心价值观,引领广大人民群众始终保持昂扬向上、开拓进取的精神状态,全面提升社会文明程度。全面推进历史文化名城保护利用,加强历史文化名镇、名村、名街、名居保护和开发,重视历史文化遗产保护、非物质文化遗产发掘保护和民间艺术传承,突出城市文化特色。加快公共文化设施建设,完善城乡公共文化服务网络,大力推进重点文化惠民工程建设,不断提高城乡公共文化服务水平。充分发挥地方特色文化资源优势,大力发展特色文化产业。积极培育新型文化业态,推进文化创意、现代传媒、动漫游戏等新兴文化产业发展,不断提升文化产业竞争力。鼓励民营经济参与文化经营,不断增强文化产业发展活力。加快横店影视文化产业实验区建设,着力打造生产要素最齐全、企业最集中、人才最集聚、产业链最完整的影视文化产业基地,延伸文化产业链条,拓宽文化产业领域,促进建筑文化、木雕文化、旅游文化等互动互促、共融共惠,推动东阳文化产业全域化发展,努力把文化产业培育成为支柱性产业。

10.*加快构建现代社会管理体系*。以保障和改善民生为根本出发点和落脚点,不断加大社会事业投入力度,加快健全基本公共服务体系,切实维护最广大人民根本利益,努力促进社会和谐稳定。全面完善基本公共服务体系。深化国家级创业城市创建工作,加强城乡就业服务体系建设,优化城乡居民创业就业环境,建立健全促进就业的长效机制,努力扩大就业。深入实施“科教兴市”战略,进一步优化教育资源配置,统筹高等教育、中等职业教育、普通高中教育、义务教育、学前教育协调发展,构建多层次终身教育体系。建立健全覆盖城乡居民的基本医疗卫生制度,提高城乡医疗卫生发展水平。加强体育健身活动场所和设施建设,广泛开展全民健身活动。切实加强城乡社会保障体系建设,加快整合城乡居民基本养老保险和基本医疗保险制度,完善社会救助体系,健全社会福利制度,重视临时救济和困难帮扶,不断提高保障水平。加强保障性住房和公共租赁住房建设,努力满足多层次住房需求。切实加强和创新社会管理。全面推进“平安金华”建设,坚持以乡镇(街道)为主体,科学划分管理网格,合理细化服务单元,加强乡镇(街道)社会服务管理中心、社区(村)便民服务中心建设,构建全方位覆盖、无缝隙服务的新格局。进一步完善“110”社会应急联动救援体系,强化流动人口、特殊人群、网络虚拟社会服务管理,切实抓好社会治安综合治理、食品药品监管和安全生产等工作。全面实施重大事项社会稳定风险评估制度,依法依规做好信访工作,防范和化解社会矛盾。加快建设新型城乡社区。建立健全社区各类组织体系,努力提高社区管理服务水平,推进社区建设规范化、民主化、科学化,加快构建党委领导、政府负责、社会协同、公众参与、法治保障的社会管理体制。

三、切实强化加快“两富”现代化都市区建设的组织领导

11.*加强统筹协调*。各级党委政府要把加快都市区建设摆上重要议事日程，切实加强对“两富”现代化都市区建设的领导、指导和协调。进一步探索跨区域行政协调机制，市浙中城市群工作办公室增挂都市区建设工作办公室牌子，各县（市、区）也要有相应工作机构和力量，明确工作职责，狠抓工作落实。进一步完善督查考核机制，把都市区建设列入各县（市、区）党委政府、班子成员和相关部门负责人年度考核的重要内容，与干部使用相挂钩，不断增强各级领导干部积极性、主动性。

12. 完善政策措施。各地各部门要按照加快建设“两富”现代化都市区的要求，结合各自实际和职能，既分工负责，又密切配合，围绕事关都市区建设长远发展的重大问题，研究制定具体贯彻落实措施；围绕市区重点建设与赶超发展三年行动计划，分解年度任务，明确工作进度，落实责任主体，确保各项政策引领建设、指导发展、推动落实，发挥出应有的效应。

13. 狠抓工作落实。各地各部门要牢固树立大局观念、责任意识，着眼长远，立足当前，健全抓落实工作机制，推动各项工作落到实处。要进一步加强基层党组织建设，坚持县（市、区）委书记抓基层党建工作例会制度，把深化完善农村“两富”局级指导员制度，作为基层党建的工作重点，作为转变机关作风、加强基层建设的结合点和重要抓手，不断总结新经验、赋予新内涵、提出新任务，切实增强联系群众、引领群众和服务群众的能力。要坚持市县联动，开展“效能现场投诉、开门征集意见”活动，进一步丰富活动内容，增强针对性，提高实效性，切实解决群众反映的热点难点问题，转变机关作风，推进工作落实。

14. 强化要素保障。进一步优化土地、资金、人才、环境等资源要素配置，积极探索水资源统筹保护开发利用机制，逐步实行统一规划、统一管理、统一调配，切实提高水资源利用效率。建立健全集约节约用地评价和考核机制，促进土地集约节约利用。深入实施金华江流域“531”污染防治工程，严格执行能源消耗和污染排放“双控”措施，为都市区建设腾出环境容量。进一步深化投融资体制改革，扩大融资渠道和规模。鼓励优秀年轻干部到重点建设一线锻炼，完善“退二线”领导干部管理制度，充分激发“退二线”领导干部重返一线发挥作用，进一步激励干部干事创业热情。

15. 动员全民参与。充分运用各种宣传渠道和载体，大力宣传都市区建设的重大意义，大力宣传市委、市政府的各项决策部署，及时总结和宣传先进典型，充分调动广大人民群众参与都市区建设的积极性和创造性，努力形成人人关心、支持和参与“两富”现代化都市区建设的良好局面。

全市上下要紧密团结在以习近平同志为总书记的党中央周围，以更加昂扬的精神、更加饱满的热情，大胆实践，勇于创新，全面加快“两富”现代化都市区建设。

金华市区重点建设与赶超发展三年行动计划

(2013—2015)

为进一步明确未来三年市区重点建设与赶超发展的目标任务、工作重点及政策举措,有序推进各项工作,有效实施督查考核,特制定以下行动计划。

1. 目标要求。坚持以邓小平理论、“三个代表”重要思想、科学发展观为指导,全面贯彻落实党的十八大精神,深入实施“八八战略”和“两创”总战略,紧紧围绕“百姓富裕、浙中崛起”的总目标,牢牢把握“稳中求进、赶超发展”的总基调,坚持改革推动、创新驱动、投资拉动,坚持抓重点、攻难点、凸亮点,着力打造特色发展平台、培育支柱产业、完善基础设施、提升城市功能、增强创新能力,努力把市区打造成为“实力之城”、“活力之城”、“魅力之城”、“和谐之城”、“宜居之城”,提高市区在浙中城市群的首位度和影响力,建设成为浙江第四大都市区的重要核心城市。

未来三年市区发展目标是:打造“实力之城”,努力建设成为综合竞争力全国百强城市。打造“活力之城”,努力建设成为国家创新型城市。打造“魅力之城”,努力建设成为全国最佳宜游城市。打造“和谐之城”,努力建设成为全国十佳和谐发展城市。打造“宜居之城”,努力建设成为全国十佳宜居城市。积极争创国家园林城市、国家环保模范城市、国家级森林城市、全国卫生城市和全国文明城市,着力建设精品城市。

一、特色发展平台建设行动

2. 金义都市新区。是聚合主轴线、促进金华市区与义乌聚合发展的重要纽带,是金华新兴产业集聚区的核心区块,是金华市区新一轮发展的重要增长极。要按照“一年打基础、三年求突破、五年见实效、十年立新城”的工作要求,努力打造“田园智城、都市新区”。坚持田园生态与创新智慧的有机结合,既要以生态田园为基底,追求人与自然和谐相处,努力构建“城在田中、田在城中、城田交融”的田园城市形态;又要充分体现时代发展潮流,融入现代科技要素,打造引领浙中未来发展的“智慧核心”,努力构建信息化与城市化相协调、产学研一体化的智慧城市形态。要以高端化、高新化、高产化为方向,大力发展高端制造业、现代服务业、电子商务和文化产业,充分体现“都市”特点,注重产城联动,实现生产、生活、生态融合发展,全力打造高新产业集聚、金融商务繁荣、科教文卫发达、生态环境优美的都市新区,建设成为赶超发展的新引擎、新型城市化的新探索、现代服务经济的新高地、保障周边发展的新支撑、绿色低碳经济的新典范,为推进新型城市化做出示范。在总体规划的基础上编制完成各专项规划。完成2460公顷低丘缓坡综合开发利用工程;实施西南区块高新产业园5平方公里基础设施及产业项目建设、核心区块15平方公里基础设施建设和部分项目建设。

3. 金华经济技术开发区。是市区发展现有的重要基础和支柱,是赶超发展的重要引擎,是产业转型升级的示范区。要强化政策引导,加快整合扩容提升,推进“退二进三”,加快产业结构调整,加快淘汰低端低效产能,不断提高资源集约节约利用水平和经济发展质量,切实增强可持续发展能力。要加快重大产业项目及技术改造项目实施,着力做大做强汽车、电子信息、生物医药等优势主导产业,引导制造企业向研发设计和品牌营销“微笑曲线”的两端延伸;大力发展现代商贸、文化创意、服务外包、金融保险等现代服务业,不断推动产业转型升级。

4. 金西经济开发区。是市区新一轮工业发展的主平台和主战场,是金华新兴产业集聚区的重要组成部分,是金华未来的现代工业新城。要按照打造“先进制造业基地”的要求,大力发展先进制造业、食品加工业以及现代观光农业和生态旅游业,加快培育产业亮点,扎实推进产城联动,促进人口集聚、产业集群、服务集成、土地集约,不断提高产出效益,努力建设“山水田城相嵌、产业生态共融”的现代工业新城。加快实施281公顷黄土丘陵综合开发项目和10平方公里范围内的基础设施建设。

5. 婺城新城区。是核心城市的重要组成部分。要按照“建设中心城市副中心”的目标,强化规划的前瞻性和特色性,注重空中和地下空间开发,加快交通网络建设,着力完善基础设施,不断优化发展环境,做大做强现代商贸、电子商务和信息产业。切实抓好宾虹西路延伸及沿线开发建设,完善行政中心区块公共服务设施,加快建设环中轴商务核心圈、婺州城市广场等。

6. 金东新城区。是核心城市的重要组成部分。要按照“建设中心城市副中心”的目标,完善配套设施和城市功能,高品位规划建设万达广场、金东商业中心、商业中轴线等一批高端房产项目和商业项目,加快专业市场向专业市场集群发展,打造精品市容、精致绿化、精美夜色,建设优质生活区,促进商气人气集聚,加快形成金华新商圈、城市新中心、娱乐购物新热点。

7. 江北老城区。是市区重要的居住和商业集中区,是需要进一步改造提升的城市核心区。继续推动老城区内零散、老旧工业“退二进三”,鼓励和吸引企业迁入工业园区;加快推进火车西客站改造、铁路货场搬迁,积极推进二七新村改造;继续加快老城区商业、市政设施建设,提升商业街、市政公用事业等建设的品位和档次,努力建设成为宜人居住的生活区和时尚繁荣的商业区。

8. 双龙风景名胜区。是市区旅游发展重地,是待深度开发的旅游宝地。要按照打造“旅游休闲胜地”的要求,拓宽发展思路,强化资源整合,完善配套设施,实施环境综合整治。开发“参禅智者寺、观景双龙洞、祈福黄大仙、避暑浙中凉都”的精品游线,打响“双龙胜景、大仙圣地、禅学中心、浙中凉都”四大品牌,实施双龙风景名胜区游客服务中心和换乘中心建设,积极创建罗店旅游强镇,开发金华山旅游大环线,争创国家5A级风景区。努力打造旅游休闲度假胜地和集佛教、道教、儒教于一体的宗教文化旅游基地,建成金华市区旅游经济的龙头和新的重要增长极。

9. 仙源湖度假区。是大南山旅游开发的龙头。要按照“北有金华山,南有仙源湖”的南北格局规划,强化与双龙风景名胜区的呼应,依托省级旅游度假区的平台,加快旅游基础设施及宾馆酒店、休闲娱乐等公共服务设施建设,努力打造综合型生态旅游休闲度假区。

二、支柱产业培育行动

10. 汽车产业。汽车、摩托车及零部件制造已经成为市区的第一大支柱产业。要进一步加大培育扶持力度,做大做强龙头骨干企业。坚持走差异化发展道路,加快实施一批重大汽车产业项目和技术改造项目,重点发展豪华大客车、重型卡车、低地板城市公交车等特色汽车,积极发展以纯电动汽车为代表的新能源汽车,促进房车生产基地落成,不断提高关键零部件开发生产能力,加快构建汽车整车—零部件—关联产品—交易市场一体化的全产业链,促进产业集群发展,真正把市区打造成为具有较强市场影响力和区域竞争力的“汽车摩托车产业基地”。

11. 电子信息产业。要充分发挥全省第二大信息传输交换枢纽、“中国电子商务创业示范城市”、“全国电子商务十佳城市”、中科院金华科技园、省级高新产业园区及3个省级电子信息产业园区的优势,整合资源,引入战略投资,组织实施一批信息基础设施和电子制造、信息产业项目,加大扶持力度,促进集群集聚发展,做大做强电子信息产品制造业、软件服务业、电子商务、服务外包等主导产业,加快发展现代传媒业,培育发展信息服务、动漫游戏等新兴产业,建成浙中信息产业园,引进国内一流的IT创业园管理队伍和管理模式,努力把市区打造成为浙江乃至全国重要的电子信息产业基地。

12. 高端装备制造业。要加快引进战略投资者,积极鼓励和支持国有企业与民间资金在资金、技术、人才等领域的战略合作,鼓励企业加快实施一批重大产业和技术改造项目,引导企业快速提高研发、设计、制造能力,提升营销和管理水平,使市区成为引领全市装备制造业技术创新的研发中心、信息中心。加快发展新能源发电成套装备、现代农业机械装备、大型工程机械装备、新型电子电气设备等四大主导产业,重点培育特种高精度数控机床、航空制造装备、新型节能环保设备、高端医疗器械装备、数字电视装备等战略性新兴产业,建设成为全省重要的装备制造业基地。

13. 生物医药产业。要充分发挥现有产业基础,做大做强康恩贝、尖峰医药等一批行业骨干企业,认真抓好金华康恩贝、尖峰生物药业等企业的重点项目建设,引进一批重大医药产业项目,加大研发投入,加强与国内一流药物研究院(所)的合作,积极研发用于重大疾病防治的生物技术药物及诊断试剂、现代中药等创新药物大品种,努力研制具有自主知识产权的新特药品,不断提高医疗器械和医用材料制造水平,加快建设特色医药产业基地。

14. **文化旅游产业。**市区文化旅游资源丰富,发展空间巨大。要高度重视研究东阳横店影视游、义乌购物游带来的人流、物流、信息流、资金流等重要机遇,积极做好对接、规划和发展工作。建成金华市旅游综合服务中心, 实施旅游服务综合体建设,鼓励发展文化休闲娱乐业、节庆文化业、文艺创作业、艺术品业,大力发展文化旅游事业。统筹谋划“东西南北中”五大板块文化旅游资源的开发建设。东部要依托金义都市新区的开发建设,建设一批特色旅游项目,引进一批旅游大项目,整合提升赤松宫、大佛寺、积道山、艾青和施光南故里等文化旅游资源,重点发展古村名人游、城郊休闲度假游,打响“诗歌故乡、仙佛胜地、桃花胜景”旅游品牌。西部要重点推进九峰生态温泉养生中心、白鹭源生态文化园等项目建设,积极发展儒释道宗教游、温泉养生游、古村落观光游、山水生态游。南部要充分保护和利用南山生态资源,统筹规划旅游资源开发,加快完善基础设施配套,努力打造集休闲度假、体验养生、观光旅游与生态居住为一体的综合型生态旅游度假区和休闲娱乐基地。北部是做大做强市区旅游的主战场和重中之重。要以国家级双龙风景名胜区为依托,统筹谋划金华山区域旅游资源开发,加快完善景区配套设施和交通网络。中部是最能集中体现金华市区历史文化积淀的亮点地区, 要依托古子城,加大八咏楼、侍王府、天宁寺等文物古迹的保护开发力度,培育提升古玩市场,大力发展古婺历史文化游。

15. **商贸物流业。**按照建设现代服务业集聚示范区的要求,抓好现代商贸服务、现代物流配送、电子商务产业园区和公共平台、服务外包集聚区四大功能区建设,发展七大商业组团,培育八大精品商业街区,积极创建名企名店;抓好浙中粮油交易中心、金华二手车市场等项目建设,规划建设金华农产品批发市场三期工程、金华世界名品中心、电子商务配送中心、浙江中西部粮油物流营销中心等商贸物流业项目, 加快推进中国·金义电子商务新城项目建设;进一步办好浙中购物节和中国(金华)国际商贸发展大会,扎实推进商贸业态创新,积极争取列入国家现代服务业综合试点城市,繁荣发展现代商贸物流业。

16. **现代都市农业。**要充分利用丰富的农业资源和农业景观,制定并实施金义都市新区现代都市农业发展规划,引进“高大强”的国内一流农业企业。大力开发都市农业的生产保障、生态保护、生活保健、示范服务四大主体功能,加快都市农业现代产业、科技服务、资金投入和组织创新四大体系建设,切实抓好现代都市农业发展平台建设,重点抓好省级现代农业综合区、主导产业示范区、特色农业精品园建设,建成市区十万亩粮食生产功能区和万亩蔬菜基地。加快金华苗木生态示范园区、万象花卉农业观光园、金华农业科技研发中心等建设。积极申报国家级农业科技园区。

三、基础设施完善行动

17. **“五城四边三化”创建活动。**以公路边、铁路边、河边、山边等区域为重点,开展洁化、绿化、美化行动,通过“四边三化”省级考核验收。强化城市园林绿化,规划建设大型城市绿地广场,提升城市品位。加强生态功能区保护,强化生态廊道建设,切实提高城市公共绿地面积。完成市区主入城口景观改造等工程。大力推进“五城同创”,积极争创国家园林城市、国家环保模范城市、国家级森林城市、全国文明城市,通过全国卫生城市复检。精心组织首届全省城市公共文明程度指数测评工作。

18. **道路畅通优化。**以浙中城市群交通一体化为发展目标,着力打造高效便捷的城市立体化交通网络。加快杭长客运专线建设以及金温铁路扩能改造工程,积极推进金华至台州、宁波至金华、金华至黄山等铁路建设,加快铁路西客站改造。积极推进浙中城市群轨道交通建设, 科学合理布设站点,加快实施金义东轨道交通(市区段)工程建设。加快城际公路、城乡公路建设,完成杭金衢拓宽和临金等高速公路主体工程以及 330 国道(婺城、金东段)改建工程,实施金义中线、金兰中线等公路建设,强化城市内外交通衔接,提升交通服务功能。逐步推动全市城际班车改造,规划建设城际快速公交。实施环城西路与浙赣立交工程，新增金丽温金东互通、杭金衢婺城互通，拓宽改造杭金衢新狮互通、仙桥互通、鞋塘互通。打通一批城市断头路，有序推进城市主干道的优化改造，完成“一环、二环”贯通、东市街北延、金竹路以及胜利街过江隧道工程。完成中山路、人民西路、八一北街、解放西路、金罗公路等道路优化改造。建成金西、金东两个客运站以及东市街、婺江西路、丹溪路西侧等公交枢纽站。加快规划城区主干道快速公交专线。规划建设一批地下停车场、人行天桥和地下通道，构建立体交通，提高通行能力。

19. *三江六岸景观带建设*。“三江六岸”是市区主要景观形象，是市民活动的重要空间，是城市形象的重要标志。要按照建设“绿色生态长廊、历史文化长廊、休闲健身长廊”的要求，在景观带中因地制宜规划建设名人雕塑及诗碑、诗墙、博物馆、陈列室等，优化景观布局，传承历史文脉，展示历史文化内涵。因地制宜布局茶楼、亭台、酒馆、楼榭、健身设施、休闲长椅、城市阳台等设施建筑，让市民在休憩娱乐中享受自然之美、人文之美和园林建筑艺术之美。规划建设滨水景观、岸线美化、夜景灯光系统，构建沿江游步廊道及生态绿道系统，完成康济桥、河盘桥、洪坞桥以及黄宾虹公园、江北沿江绿化带建设，把三江六岸景观带作为市区建设的“点睛之笔”，打造成城市人文历史内涵的重要承载体。

20. *完善市政公用设施*。实施垃圾卫生填埋场生态修复与改造、餐厨废弃物无害化处理及资源综合利用、天然气高压输配等工程，优化能源结构，推广清洁能源。配备垃圾分类收集处理设施，全面实行垃圾分类收集处理。加快城市公园提档改造，在公园建设中增添楹联、名人雕塑等历史文化元素，既为市民提供休闲的好去处，又实现历史文化与园林景观的有机结合。加快五百滩公园、燕尾洲公园、梅花公园建设，完成樱花公园、建筑艺术公园提档改造，新建长湖公园、起早山公园、赤山公园、黄檀溪公园，力争2013年底前通过国家园林城市考核验收。

21. *统筹水资源保护开发利用*。要切实加强水源涵养区保护，积极探索建立水资源统一规划、保护、管理、调配的体制机制，努力实现水务管理一体化；积极探索建立水权交易机制，健全合理的水价形成机制，完善生态补偿机制，利用经济杠杆促进水资源的优化配置，提高水源地保护生态的积极性。强化水资源的开源节流，加强生产生活节水技术改造，严格控制地下水开采，启动节水型城市创建。整合市区供水、水库管理、污水处理等国有资源，实行输水、供水、排水、中水回用、污水治理、城市防洪防涝等工程的统一运营管理，提高水资源开发利用保护能力。深入实施金华江流域“531”污染防治工程，深化“清洁水源行动”。加大电镀、印染、造纸、制革、化工等重点行业污染整治力度，建立重点企业刷卡排污和总量控制制度。加快钱塘江治理工程和污水处理工程实施进度，加强涉河工业、农业、生活、服务业等各类污染源的监管执法，严格控制金华江采沙，全面改善金华江流域水质，努力形成“生活优质水，生产不断水”的良好局面。

四、城市功能提升行动

22. *重点功能区建设*。按照高起点规划、高标准建设、高效能管理的要求，抓好一批带动性强的大项目，建设一批地标性建筑，打造城市新亮点，塑造城市新形象，推进城市功能完善和能级提升。多湖中央商务区。重点是要加快科技—规划展览馆、青少年活动中心等公共服务设施建设，加快总部经济区等项目建设，加快推进滨江绿带、景观步行桥及东市街、宾虹路、电大街、光南路、栖凤街等环境景观和基础设施工程建设，把多湖区块建设成为集文化艺术、科技展示、金融服务、商业购物、休闲居住于一体的城市中央商务区。五百滩娱乐休闲区。要加快公园、商业、休闲、娱乐设施建设，把五百滩建设成为集休闲健身、文化娱乐、商务宾馆等功能于一体的城市公共空间。湖海塘运动休闲区。加快修改完善区块设计，推动整个区块早日开工建设，把湖海塘打造成为集体育运动、生态游憩、商务会展、高尚住宅等功能为一体的城市运动休闲区。古子城文化旅游区。深化完善历史街区保护规划，改造提升八咏路传统商业步行街；保护修缮传统建筑，复建万佛塔，加快金六中区块改造利用，充实文化内涵，恢复和强化城市历史记忆，再现历史街区传统风貌。积极推进特色街区等建设，充分发挥古子城的旅游功能，复兴古婺历史文化游，增添历史街区新活力。尖峰山高尚休闲生活区。充分利用国家级双龙风景名胜区的地理优势和尖峰山生态优势，加快商业服务地块出让，加快体育公园和高端城市景观住宅建设，努力建设成为高尚住宅、运动休闲、旅游度假区。西客站交通枢纽区。按照“零距离换乘”和“无缝对接”的要求，加强西客站和站前广场的总体规划，实行立体式开发，以铁路站场为核心，公路、城市轨道等各种交通方式互相衔接，努力把西客站及周边区域建设成为以交通枢纽为核心的大型城市综合体。铁路货运南站枢纽区。加快完善区块总体规划，加快配套基础设施建设，大力引进现代物流技术，拓展货场物流节点功能，努力把铁路南站及周边区域建设成为集货运、仓储、服务等功能为一体的现代化“铁路物流枢纽港”。

23. 公共服务体系建设。按照基本建成浙江中西部教育中心的目标，大力推进市区教育设施建设。新建金华市中小学校外素质教育基地、金华市特殊教育中心；续建上海财大浙江学院，扩建金华职业技术学院、金华广播电视大学；迁建金华外国语学校、鞋塘初中。实施市中心医院东扩二期、市第二医院院区改扩建、市人民医院迁建等重点项目建设，推进县级公立医院改革，切实形成既有较高服务水平、又相对便利的医疗卫生体系。加快完善以养老、医疗保险为重点的社会保障体系和社会救助体系。加快经济适用房、保障房建设。

五、创新能力提升行动

24. 创新平台建设。按照建设研发创新区、孵化创业区、产业示范区、配套服务区的规划布局，加快规划建设浙中科技城，努力打造创新资源集聚、高新产业发展、科技人才汇聚、科技服务发达的科技创新新引擎。建设浙中文化创意科技园，支撑信息和文化创意产业发展。鼓励企业加大研发投入，建立研发机构，形成一批国家级和省级重点实验室、工程中心、检测中心，进一步激发中小企业的创新活力。

25. 创新能力建设。以深入实施技术创新工程为抓手，全面提升工业、农业、社会发展各领域科技创新能力，争取创建省级和国家级创新型城市。加大政策扶持和培育力度，做强做大本地企业创新主体。研发一批拥有自主知识产权的新技术，实施一批国家级、省级科技项目，着力解决汽车关键零部件设计制造、电子信息、生物医药、新材料、新能源、节能环保等方面的关键技术难题。

六、保障措施强化行动

26. 强化组织保障。市委、市政府建立市区重点建设与赶超发展服务协调小组，切实加强对市区重点建设与赶超发展的服务协调，定期研究建设与发展中遇到的新情况新问题，及时解决工作推进中的矛盾和困难，促进市区重点建设与赶超发展各项目标、重点任务和政策举措落实。积极推行指挥部负责制，实行每个功能区建立一个指挥部，负责该功能区开发建设的领导与协调，明确主体，落实责任，排出时间表和线路图，逐个抓落实。各级各部门要强化责任意识和主人翁意识，主动合作，积极配合。婺城、金东区委、区政府及各开发区(风景区、度假区) 管委会是市区重点建设与赶超发展的主体，要积极作为，勇于创新，敢于担当，善于落实，扎实推进赶超发展。各乡镇(街道)党(工)委政府(办事处)要按照属地管理的原则，加大政策处理力度，积极做好群众工作，处理好历史遗留问题，加快征地拆迁进度，促成项目早落地早开工建设。市机关各部门要切实履行职能，主动抓好自己牵头的工作，积极做好配合工作，形成合力推进市区重点建设与赶超发展的良好氛围。依法打击无理阻挠工程建设的违法犯罪行为。

27. 强化要素保障。各级各部门要创新机制，努力破解发展空间、用地指标、资金、人才等要素瓶颈制约，为市区重点建设与赶超发展创造良好条件。充分运用低丘缓坡综合开发利用试点政策，引导建设项目合理布局，加大重点产业和基础设施项目申报力度，积极向上争取更多的用地指标和扶持资金。加大闲置土地清理力度，促进土地资源集约节约利用。积极创新投融资模式，采用多种方式吸引民资、外资参与基础设施和公共平台建设，加快形成政府资金引导，企业、社会投资为主体的多元化投融资机制。积极完善城市建设投资公司和开发公司，创造条件建立交通建设投资公司，扩大融资渠道和规模，努力缓解城市建设资金压力。大力实施国家、省“千人计划”和“海内外英才引进计划”，加大财政投入，强化对人才的吸引力，大力引进各类人才。

28. **强化体制保障。** 加大行政管理制度改革力度，全面清理审批收费项目，切实优化简化办事流程，推行重大项目并联审批，加快推进简政放权、重心下移，鼓励市辖区(开发区)做大做强。要按照“划分科学、权责一致、界限清晰、管理到位、有利发展”的原则，进一步理顺市区行政管理体制，科学界定事权关系，合理设置行政机构，着力解决“一城多府”问题。

29. **强化作风保障。** 要建立市区建设与发展专项考核评价体系，强化评价结果的运用，把考核评价结果与干部选拔任用、培养教育、管理监督、激励约束有机结合起来，切实体现“干多干少不一样、干好干坏不一样”，促进干部作风转变，大力营造干事创业、善抓落实的良好氛围。

30. **分年推进落实。** 要根据本行动计划的总体部署，分年度制定工作计划，明确年度工作任务、重点项目、惠民实事、重点工作及进度要求，明确牵头单位，落实工作责任，强化督查考核，并通过主流媒体，向社会公开，接受群众监督，确保重点建设与赶超发展各项任务的落实并取得实效。

大事记

1月

1月2日,330国道武义江大桥加固改造工程开工。

1月3日,金华奶源基地通过全国标准化委员会考核验收,被评为全省唯一的“全国农业标准化优秀示范区”。

1月4日,全市10个科技项目被省科技厅列入生态省建设目标责任制考核重大专项。

1月4日,市委市政府在北京举行春节茶话会。

1月5日,金华市在人社部组织的创建国家级创业型城市中期考评中被评为优秀,各项指标在全国85个首批创建城市中均名列前茅。

1月5日,浦义公路浦江段建成通车。

1月5日,省山海协作考核组到金华检查2011年度山海协作工作情况,对金华山海协作工作成果肯定。

1月6日,义乌国际贸易服务中心正式启用。

1月6日,通济桥拓宽工程竣工,全线试通车。

1月6日,市领导分组走访慰问老领导、老红军。

1月8日,金华市55个项目首次列入工信部工业转型升级导向计划。

1月8日,金华市委召开全市领导干部会议,宣布浙江省委决定,陈一新任中共金华市委书记。

1月9日,省委常委、常务副省长陈敏尔率省慰问团前往浦江慰问,并参加金华落实党风廉政建设责任制和推进惩防体系建设工作情况检查汇报会。

1月10日,市委、市政府在上海举行的新春茶话会。

1月10日,中华见义勇为基金会慰问5位先进人物。

1月10日~11日,省政府依法行政考核组到金华考核,对金华依法行政工作进行了肯定。

1月11日,市委、市政府开展市机关部门涉企科级岗位群众评议活动。

1月11日,国家食品药品监管局在官网上公布全国药品安全专项整治中表现突出的先进集体,市食品药品监管局榜上有名。

1月12日,上海财大浙江学院通过学士学位授予权评审。

1月12日,怀万线一期公路建成通车。

1月14日,市委、市政府在杭州举行金华籍领导专家新春茶话会。

1月14日,今飞集团与贵阳市签订二期合作项目协议。

1月15日,《金华日报》获评“中国十大地市党报”。

1月16日,全市社会保障卡医保“一卡通”实现全省联网,持卡人可以在全省124家省内联网定点医院实现异地就医刷卡结算。

1月17日,2012金华慈善年夜饭开席。

1月17日,市六届人大常委会举行第七次会议。

1月17日、19日,市政府举行第18次常务会议。

1月18日,省高院对吴英集资诈骗案进行二审宣判,维持死刑判决,报最高人民法院复核。4月20日,最高人民法院未核准吴英死刑,该案发回浙江省高院重审。5月21日,浙江省高级人民法院做出终审判决,以集资诈骗罪判处吴英死刑,缓期二年执行,剥夺政治权利终身,并处没收其个人全部财产。

1月19日,市委、市政府举行春节团拜会。

1月20日,全省首个省级新能源汽车零部件质检中心落户金华。

1月20日，婺城区汤溪水厂及供水管网工程全线通水，13.7万金西人喝上自来水。

1月25日，全市首批市级"非遗"传承人9大类99人确定。

1月27日，永康市消防大队解救6名被困山中游客。

1月29日，市党政军领导参加义务植树活动。

1月29日，市委新经济与新社会组织工作委员会第一次全体会议召开。

1月29日至2月1日，市委召开市直机关部门负责人座谈会，听取37个市直机关部门负责人关于"赶超发展，浙中崛起"的意见。

1月30日，市委、市政府举行在外金华商会会长恳谈会。

2月

2月2日，市委五届十七次全会暨市政府六届二次全会召开，审议通过《中共金华市委关于大力推进文化强市建设的决定》。

2月3日，金华市连续第四年被省政府授予"粮食生产先进市"称号。

2月6日，市政府召开第19次常务会议。

2月8日，金华市召开全市作风建设电视电话会议。

2月9日，金华市成为全国第三批再生资源回收体系试点城市。

2月9日~10日，莫桑比克共和国总理艾雷斯·阿里一行到金华考察，先后考察访问了义乌国际商贸城及非洲商品展销中心和浙江师范大学。

2月10日，金华市纪委五届八次全体(扩大)会议召开。

2月12日，农业部、发改委等12部门联合发布首批农民专业合作社示范社名录，金华市44家合作社跻身其中。

2月14日，市政协举行六届六次主席会议。

2月14日，金华市启动国家森林城市创建工作。

2月15日，全国总工会调研组到金华调研推进社会主义核心价值体系建设工作。

2月16日，浙江婺剧团陈美兰一行受文化部委派，启程赴阿根廷布宜诺斯艾利斯参加中阿建交40周年演出。

2月17日，市委五届十八次全会召开，研究部署市第六次党代会有关事宜。

2月20日，市政府召开第20次常务会议。

2月21日，市政协六届四次常委会议召开。

2月21日，蒙牛乳业金华项目开工奠基仪式在金西开发区举行。

2月24日，市政府召开第21次常务会议。

2月26日~29日，召开中国共产党金华市第六次代表大会。市委书记陈一新作《建成全面小康社会，建设现代化新金华，努力开创赶超发展浙中崛起新局面》的报告。大会选出中共金华市第六届委员会、中共金华市纪律检查委员会和金华市出席浙江省十三次党代会代表，通过关于五届市委工作报告的决议，通过关于市纪委工作报告的决议。中共金华市第六届委员第一次会议召开，会议选举产生了中共金华市第六届常务委员会，陈一新同志当选为书记，徐加爱、劳红武同志当选为副书记。会议通过市纪委第一次全体会议选举结果，通过了《中共金华市委关于加强自身建设的决定》。

3月

3月2日，市六届人大常委会举行第八次会议。

3月2日，国务院批准义乌经济开发区升级为国家级经济技术开发区。

3月3日，雷锋文化馆开馆。

3月3日~8日，德国迪恩市代表团到金华进行交流。

3月6日~7日，副省长王建满到东阳调研文化产业发展。

3月7日，金华市委、市政府决定成立金义都市区开发建设领导小组，由市委书记陈一新担任组长，市委副书记、市长徐加爱担任第一副组长；决定成立金义都市新区管理委员会。

3月8日~9日，省委常委、省公安厅长刘力伟到金华检查考核2011年度平安创建与综治工作。

3月9日，市政府召开第22次常务会议。

3月9日~29日,非洲12国32名中小学校长在金华参加由中国商务部主办、浙师大承办的“援非洲英语国家中小学校长研修班”。

3月10日,副省长陈加元到金华调研浙中城市群规划实施工作。

3月12日,“绿化婺州”市青少年绿色行动启动,团员青年、志愿者和市民代表前往双龙国家森林公园义务植树。

3月12日~15日,市政协六届二次会议举行

3月13日~16日,金华市六届人大二次会议举行,市长徐加爱作《政府工作报告》。

3月13日,金华市第20届茶花展暨第3届婺城茶花节在婺城区竹马乡下张家村开幕。

3月14日,省委副书记李强在磐安调研历史文化村落保护工作。

3月14日,市区开通首条集装箱甩挂运输货运路线。

3月14日,金东区傅村镇凤起汽摩配有限公司发生两死四伤中毒事故。

3月16日,金义都市新区规划建设全面启动。

3月18日,金华举行历史名城日活动。

3月18日,金华市公安局江南分局秋滨派出所协警黄小忠勇擒杀人歹徒被捅数刀。3月19日,因抢救无效壮烈牺牲。12月25日,黄小忠被评为全国见义勇为英雄司机。

3月19日,市政府召开第23次常务会议。

3月20日,金华市区停车收费工作开始试点。

3月20日~21日,省委常委、纪委书记任泽民在义乌调研国际贸易综合改革试点工作。

3月20日~21日,全国工商联党组副书记、副主席黄小祥到义乌调研小微企业发展。

3月20日~22日,新华社、浙江日报、浙江卫视、浙江之声等10多家中央、省级媒体到金华开展创先争优活动专题采访。

3月21日,省委常委、宣传部长茅临生到东阳横店影视产业实验区调研东阳影视产业发展情况。

3月21日,中国建筑业协会授予东阳市“中国建筑之乡”称号。

3月21日,公安部统一指挥捣毁地沟油生产销售网,浙江、安徽、上海、江苏、重庆、山东六省市警方同步展开行动,金华警方作为主要力量参与其中。最终,一共捣毁地沟油黑工厂、黑窝点13处;抓获违法犯罪嫌疑人100余名;现场查获“地沟油”3200多吨。

3月22日,全市第一次农业农村现代化大会召开。

3月25日,金华人李承锋在全国钓鲫精英赛中获得冠军。

3月27日,金华市与乌克兰波尔塔瓦市签订友好城市协议,波尔塔瓦市成为金华第34个友好城市。

3月28日,省政协副主席徐辉到金华调研食品安全管理。

3月29日,卫生部副部长刘谦率督察组来我市检查“两非”(非法利用超声技术和其他手段进行非医学需要的胎儿性别鉴定;非法选择性别的人工终止妊娠)整治工作。

3月31日,第三届婺城油菜花节开幕。

4月

4月1日,金华市连续六年被省委、省政府评为“平安市”。

4月1日,第二届源东桃花节开幕。

4月2日,武义残疾人徐珍兰勇救两落水儿童。

4月5日,市政协召开六届九次主席会议,听取金义都市新区建设调研考察情况汇报。

4月9日,中国武义五金工具博览会在武义举行。

4月9日,东阳孙炎明获人力资源部和公安部联合授予的“全国公安系统一级英雄模范”称号。

4月10日,市创新管理机制发挥退出现职领导干部更大作用动员会召开。

4月10日~11日,国家发改委副主任徐宪平率领国家城镇化规划专题调研组在义乌调研。

4月11日,市委理论学习中心组召开专题学习会。

4月11日,2011~2012年度“武义温泉杯”全国垂钓俱乐部挑战赛在武义举行总决赛。

4月12日,金华市第二批海内外英才引进计划

项目名单公布，6 名来金创业的高层次人才将获得政府创业资助。其中一人入选“国家千人计划”。

4 月 12 日~14 日，省政协副主席王永昌率调研组在磐安、武义两县调研城市低收入家庭增收工作。

4 月 13 日，市委常委会议在义乌召开，专题研究支持义乌加快改革发展举措。

4 月 13 日~14 日，水利部部长陈雷一行到东阳、永康调研水利工作。

4 月 14 日，第五届市名茶推介暨“清茗酬知音”万人品茶大会在人民广场开幕。

4 月 15 日~16 日，中国爱国拥军促进会慰问团“爱国拥军，情系边关——百名企业家（北京地区）边关行”走进驻金某部营区开展慰问活动。民政部党组副书记、常务副部长罗平飞，浙江省副省长毛光烈等参加慰问活动。

4 月 17 日，市政府召开第 24 次常务(扩大)会议。

4 月 17 日，全省民盟盟员在金华北山顶共建“民盟林”。省政协副主席、民盟省委会主委徐辉等领导参加活动。

4 月 17 日，水利部党组成员、驻部纪检组长董力一行到武义督查农村水电增效扩容改造情况。

4 月 18 日，市政府召开第 25 次常务会议。

4 月 18 日，数字金华地理空间框架建设启动。

4 月 19 日，省委副书记、省长夏宝龙带领省直有关部门负责人到金华调研，强调要大力支持金义都市新区建设，积极探索新型城市化发展路子。

4 月 20 日，全市第七届“邻居节”开幕。

4 月 20 日，市委、市政府邀请 56 家省属企业与央企驻浙机构负责人参加以“合作、发展、共赢”为主题的金华市与省企、央企驻浙机构对接座谈会。

4 月 22 日，第七届浙中购物节开幕。

4 月 23 日，副省长王建满到金华调研土地综合开发利用工作。

4 月 23 日~24 日，省人大常委会副主任冯明带领调研组到金华调研保障性安居工程建设。

4 月 24 日~25 日，浙江省委常委、公安厅长刘力伟在义乌、东阳调研公安工作。

4 月 25 日，金华市首届浙(婺)商回归创业创新大会开幕，全国各地 300 多位浙(婺)商代表参加会议。该次大会共签约 5000 万元以上投资项目 38 个，总投资额预计为 195 亿元，其中回归浙(婺)商投资兴业资金 188 亿元。

4 月 26 日，市六届人大常委会举行第九次会议。

4 月 26 日，金华市委常委会召开一季度经济形势分析会。

4 月 26 日，由省经信委下发的《2012 年浙江省技术改造重点项目计划》中，金华市以 169 项名列全省第一。

4 月 26~30 日，金华商人张金献作为“莫斯科—义乌国际商贸中心”中方投资商随李克强副总理出访俄罗斯。

4 月 27 日，全市 6 件商标别国家工商行政管理总局认定为驰名商标。全市行政认定驰名商标达到 31 件。

4 月 27 日~28 日，金华市侨商投资环境推介会举行，100 多名侨商参加会议。中共中央候补委员、中国侨联主席、党组书记林军出席会议。

4 月 28 日，金华银行开化支行开业。

4 月 28 日，市政府召开第 26 次常务(扩大)会议。

4 月 29 日至 5 月 2 日，第七届中国义乌文化产品交易博览会举行。省委书记、省人大常委会主任赵洪祝发来贺信。全国政协学习与文史委员会副主任、省第十届政协主席周国富，文化部副部长、国家文物局局长励小捷，副省长郑继伟等领导出席开幕式。

3 月~4 月间，金华市政府先后出台《关于进一步加强普通高校毕业生就业工作实施意见》和《金华市区基本医疗保险实施办法》等多项民生政策。

5 月

5 月 1 日，磐安建成浙中首条普通公路避险车道。

5 月 2 日，金华市“美丽乡村·幸福故事”大型宣传活动举行，活动从 4 月持续到 9 月，期间将开展“美丽乡村八婺行”大型新闻活动、“唱响美丽乡村”金华市首届村歌大赛、“走读历史文化村落”主题宣传活动、“美丽乡村·幸福故事” 摄影大赛等四项具体活动。

5 月 2 日，金华公安“96070”服务台正式运行，免费为市民提供咨询、告知、提醒服务。

5 月 2 日,浙师大学术团队荣获 2011 年度浙江省科学技术一等奖。

5 月 3 日,金华市召开“平安金华”暨深化“网格化管理、组团式服务”工作推进会。

5 月 4 日~6 日,共青团金华市第六次代表大会举行。

5 月 4 日,省委常委、宁波市委书记王辉忠率宁波市党政代表团到金华考察。

5 月 5 日,北京华策创世商业管理有限公司总经理祁芸一行到金华考察奥特莱斯项目。

5 月 6 日,金华市举行首届家政服务大赛总决赛。

5 月 8 日,市政府召开市区重点建设项目推进会,研究五百滩地块基础设施配套工程、燕尾洲公园新建工程、东市街南延工程、宾虹路延伸工程、建筑业总部园区建设工程、八一北街拓宽优化工程、人民西路拓宽优化工程等 18 各市区重点建设项目。

5 月 9 日,全国最大画业专业市场——义乌国际商贸城三区画业行业展馆开业。

5 月 10 日,全国农民工文化建设现场经验交流会在东阳召开。文化部副部长杨志今、浙江省副省长郑继伟出席会议并讲话。

5 月 11 日,在金省人大代表开展文化产业发展和社会管理创新专题视察。

5 月 14 日,金华市委、市政府召开第一次全市“生态金华”建设大会。市委书记陈一新在会上强调,要加快转变发展方式,努力建设生态文明。

5 月 14 日,武义“后陈模式”入编《党的十六大以来政治体制改革大事记》。

5 月 15 日,市委副书记、市长徐加爱会见澳大利亚戈斯福德市市长劳伦斯·约瑟夫·马赫率领的代表团一行。

5 月 15 日,金磐扶贫开发区纳入省级经济开发区管理序列。

5 月 15 日~16 日,省委常委、组织部长蔡奇到金华调研市场党建及党建助推国际贸易综合改革试点工作。

5 月 16 日,全国林业科技周暨浙江省第九届林业科技周活动在浦江举行。省政协主席乔传秀宣布活动开幕。

5 月 16 日,金华市、长春市两地粮食部门签订粮食产销对接合作协议。由两地政府部门共同推动的“主流粮仓”——东北名优农林产品电子商务交易平台正式启动。

5 月 16 日,浦江被国家林业局命名为“中国香榧之乡”。

5 月 16 日,金华电子商务创业园在婺城区城北综合园开园。

5 月 16 日,磐安大盘山自然保护区首次发现濒危植物毛红椿。

5 月 17 日,副省长王建满在永康调研浙商回归创业创新工作,考察中国钢海集团。

5 月 17 日,婺城区全面启动杭长客专城区段征迁工作。

5 月 18 日,金华市举行第 22 次全国助残日暨全市第三届残疾人文化艺术周活动。

5 月 18 日~20 日,第二届全球台州商会会长峰会在金华举行,国内外 100 多名台州商会会长前去参加会议。

5 月 18 日,中共中央政治局委员、中央书记处书记、中央组织部部长李源潮到金华调研,浙江省委书记、省人大常委会主任赵洪祝,中央组织部常务副部长沈跃跃,浙江省委常委、省委组织部部长蔡奇等地陪同下走访义乌国际商贸城、义乌东江街道鸡鸣山社区、义乌城西街道七一村等地,详细了解深化创先争优活动、开展基层党组织建设年的情况。

5 月 19 日,中共中央候补委员、国务院国有重点大型企业监事会主席石大华带领中国中铁集团相关负责人到金华考察。

5 月 20 日,市政府召开第 27 次常务会议。

5 月 20 日~22 日,金华市友好城市南非布法罗市市长祖吉丝娃·维罗妮卡·妮萨一行到金华考察访问。

5 月 21 日,金华市选送的巨幅玉石镶嵌屏风作品《黄大仙》获得中国工艺美术文化创意金奖。

5 月 22 日,金华市区首家社区国学图书馆在城东街道旌孝街社区开馆。

5 月 23 日,金华举行台湾义勇队撤离金华 70 周年暨李友邦将军牺牲 60 周年纪念会。台盟中央常务副主席汪毅夫等领导出席会议。

5月23日，金华公交举行集团成立暨庆祝公交创办35周年仪式，首批60辆天然气公交车正式运营。

5月23日，金华市农业局与财政局联合通过公开招标，采购2012年度标准农田质量提升地力培肥项目所需物资17140吨，总资金1474万元。所有物资由财政出资，免费送农民使用。

5月24日，第四届中国国际旅游商品博览会在义乌开幕。省委书记、省人大常委会主任赵洪祝发来贺信。国家旅游局党组副书记、副局长王志发，副省长毛光烈等领导参加开幕式。

5月24日，人保财险金华分公司与婺城区生睁衍奶牛牧场签订保险协议，为该牧场1170头奶牛提供684.1万元保险保障。此为金华市奶牛保险签订第一单。

5月24日~25日，副省长陈加元一行深入东阳、磐安、浦江等地调研污染防治工作，现场检查义东桥交接断面、东磁集团废气治理项目、东阳台口地表水水质监测站及白马镇污水处理厂，并召开各县(市、区)政府有关负责人参加的座谈会。

5月26日~28日，第三届中国(永康)国际门业博览会在永康举行。

5月27日，第五届中国农村发展高层论坛在北京举行。东阳南马镇花园村党委书记邵钦祥作为仅有的3各全国农村代表与会，并向中共中央政治局委员、国务院副总理回良玉汇报了花园村新农村建设有关情况和经验。

5月28日，中国科学院举行仪式，将一颗由中国科学家发现的小行星命名为“严济慈星”。

5月29日，金华市区电子商务产业基地正式被商务部授予首批“国家电子商务示范基地”称号。

5月30日，今飞控股集团有限公司与浙江国贸集团有限公司在杭州签订战略合作协议。

5月31日，金华市区出台初中小学招生政策。政策规定，不允许择校并严禁收取或变相收取择校费，继续提高省一级重点中学招生名额定向分配到初中的额度。

5月31日，金华职业技术学院联合省教育科学研究院成立浙江现代职业教育中心。

5月31日，金华成为全省首批科技保险试点单位。6月6日，人保财险浦江公司与浙江奥尼斯特化纤有限公司签订了总保额达1亿元的科技保单，这是金华企业签下的第一单科技保险。

6月

6月1日，市政府召开第28次常务会议。

6月5日，金华市环保局开始正式公布市区PM2.5研究性监测数据并提供网上查询。

6月7日，全市37586名考生参加高考，共安排38各考点、1323个考场。

6月7日，金华籍历史学界泰斗何炳棣在美国去世。

6月10日~18日，金华市有关部门单位和部分重点民营企业代表团赴美访问，期间在底特律成立了金华首家海外引才站。

6月11日，新疆阿克苏党政代表团一行到金华考察。

6月11日，美国、法国、意大利、俄罗斯、日本等14个国家17个专家组的19名负责人到金华考察。考察团一行先后考察金华火腿公司、市农科院示范基地、青年集团等。

6月11日，浙江亿家电子商务有限公司旗下的“万家购物”涉嫌传销被金华市有关部门查处。

6月12日，金义都市新区“两路一园”改造提升工程正式开工。

6月12日，金义都市新区新闻中心挂牌。

6月13日，中共金华市委召开市直机关单位领导干部(扩大)会议，传达学习浙江省第十三次党代会精神，部署全市贯彻落实意见。

6月13日，市委书记陈一新会见中国建设银行股份有限公司董事长王洪章一行。

6月13日，上海财经大学浙江学院首批607名2012届毕业生毕业。

6月15日，市政府召开第29次常务会议。

6月15日，全国首条4K/3D影视制作生产线在横店投产。

6月15日，省政协主席乔传秀到金华开展构建公共文化服务体系工作专题调研。

6月17日,金华市在全省率先实行政协委员辞职制。

6月18日,中共金华市委召开全委会,以无记名投票方式,从全市领导干部会议推荐确定的21名初步人选中,民主推荐产生10名市机关部门(单位)正职差额考察人选。这是金华市第一次采取此种方式选拔干部,市金华干部人事制度改革的重大突破。

6月18日~20日,副省长毛光烈到金华调研工业经济运行情况。

6月20日,全省社会应急联动工作现场会在金华召开,省委副书记、政法委书记、省综治委主任李强讲话,省委常委、省公安厅厅长刘力伟主持会议,省人大常委会副主任厉志海、省政协副主席王永昌出席会议。

6月20日,市六届人大常委会举行第十次会议。

6月20日,省委副书记李强到浙江师范大学调研。

6月20日,省检察院检察长陈云龙到金华市检察院调研指导工作。

6月20日~21日,省委常委、组织部长蔡奇在义乌参加全省市委组织部长读书会。

6月21日,省人大常委会副主任厉志海到金华调研公检法司机关贯彻《浙江省人大常委会关于加强检察机关法律监督工作的决定》工作,并出席省工会工作座谈会。

6月21日,市政协召开六届十次主席会议。

6月21日,金华高速交警吴连表牺牲。22日,省委副书记、省长夏宝龙就吴连表同志英勇事迹做出批示。26日,吴连表追悼会在东阳举行,数千群众参加告别仪式,公安部副部长黄明等领导敬献花圈,省委常委、省公安厅长刘力伟等领导参加追悼仪式。

6月23日,日本金华总商会在大阪成立。

6月27日~28日,钱塘江中上游衢江(金华段)航运开发项目工程可行性报告通过评审。

6月28日,中共金华市委召开纪念建党91周年暨创先争优群英大会。

6月28日,金华市发布《金华市见义勇为人员奖励和保障实施办法》。

6月29日,东阳举行"上海滩""横店通用机场"等三大项目启动仪式,标志着浙中崛起千亿投资系列工程正式启动实施。省委书记、省人大常委会主任赵洪祝发来贺信,副省长王建满出席启动仪式并宣布项目开工。

6月29日,市政协召开六届六次常务会议。

6月30日,金华市与安徽滁州市建立粮食产销合作关系。

7月

7月4日,省委书记、省人大常委会主任赵洪祝到金华检查指导省十三次党代会精神学习贯彻情况,调研推进金华新兴产业集聚区建设和义乌国际贸易综合改革试点工作情况。省委常委、副省长龚正,省委常委、秘书长赵一德等陪同调研。

7月6日,市政府召开第30次常务会议。

7月6日,国家发改委核准全国最大特高压直流输电工程溪洛渡—浙西特高压直流输电工程,该工程西起四川宜宾,东至金华,落点武义县。28日上午,开工动员大会在杭州召开。

7月10日,中央企业·金华市战略合作恳谈会在北京举行,63家央企参加会议,与金华市签署14项合作协议,签约金额达200多亿元。

7月11日,商务部副部长李金早一行到金华考察,视察浙师大和金字火腿有限公司。

7月12日,市委召开全市领导干部会议,传达学习赵洪祝在金调研时重要讲话精神。

7月12日,省地方志编纂委员会副主任张曦一行到金华检查地方志工作。

7月12日,市中心医院"东扩工程"建设项目之一的19层病房大楼正式投入使用。

7月17日,浦江县被列入全国首批农村河塘(河道、山塘)清淤整治试点县,每年由中央补助资金500万元,省补助资金300万元。

7月17日,在全国就业创业工作表彰大会上,金华市被人力资源和社会保障部评为"全国创业先进城市"。

7月17日~26日,应友好城市美国印第安纳州阿尔卡特郡郡长罗迪诺的邀请,金华艺术学校代表团赴美进行文化交流访问演出。

7月18日，浙江义乌农村商业银行股份有限公司挂牌开业，这是金华市农信系统首家农村商业银行。

7月18日，中国建设银行浙江省分行与金华市人民政府举行共同推进低丘缓坡开发利用项目暨金义都市新区开发建设战略合作协议签约仪式，承诺三年150亿元信贷支持金义都市新区建设。

7月19日，金华经济技术开发区与深圳莱宝高科股份有限公司举行电容式触摸屏模组项目签约仪式。

7月20日，市政府召开第31次常务会议。

7月20日，金义都市新区总体规划及重点地段城市设计方案专家评审会举行。

7月20日，省委办公厅、省政府办公厅发文设立浙江省横店影视文化产业实验区。

7月23日，市委常委会召开上半年经济形势分析会，要求全市抓投资调结构促转型惠民生，努力保持赶超发展良好势头。

7月23日，交通运输部党组成员、纪检组长李建波到金华调研交通工作及交通系统党风廉政建设工作情况。

7月23日，婺城区汤溪至莘畈公路改建工程正式开工。

7月24日，金华市低丘缓坡综合开发利用试点实施方案通过评审。

7月24日，330国道金华市区段第四次外迁工程正式启动。

7月25日~26日，副省长朱从玖率调研组到金华市调研金融工作。

7月26日，省政协副主席、党组副书记斯鑫良一行到金华调研政协队伍建设情况。

7月28日，金华市举行院士博士金华行活动开幕式暨主旨报告会。

7月28日，深圳市金华商会成立。至此，金华在全国各地商会增至13家。

7月28日，中华全国供销合作社监事会主任蒋省三一行到金华调研农业和供销工作。

7月30日至8月1日，省委常委、副省长、宣传部长葛慧君走访慰问驻金96164部队和94922部队，参加婺城和兰溪百亿投资项目开工仪式，赴东阳、磐安两地调研文化产业发展和基层文化建设工作。

7月30日，金华对农广播调频FM102.2正式开播。

7月31日，金华市召开庆祝金华市荣获全国双拥模范城“二连冠”暨中国人民解放军建军85周年双拥表彰慰问大会。

8月

8月1日，市委召开理论学习中心组(扩大)读书会。

8月2日，金华市召开市委六届二次全体（扩大)会议暨市政府六届三次全体会议。

8月2日，杭长客专金华江特大桥主跨合龙。

8月3日，市政府召开第32次常务会议。

8月3日，浙商回归金华千亿投资系列工程——康恩贝金兰大健康产业带双百亿启动仪式举行，全国人大常委会副委员长桑国卫，省人大常委会副主任、浙江大学党委书记金德水等领导参加启动仪式。省委书记、省人大常委会主任赵洪祝，省委副书记、省长夏宝龙给仪式特发贺信。

8月3日，省人大常委会副主任、浙江大学党委书记金德水考察金义都市新区。

8月7日，金华被商务部认定为国家摩托车及零部件外贸转型升级基地。加上东阳磁性材料科技兴贸创新基地，金华已拥有两个国家级出口基地。

8月8日，国家级义乌经济技术开发区授牌仪式在义乌举行，省委常委、常务副省长龚正为开发区授牌。

8月8日，金华市干部群众抗击台风“海葵”。

8月8日，2012年金华市精品水果展示展销会暨浙江农业吉尼斯葡萄、梨擂台赛开幕。

8月9日~10日，省人大代表金华中心组举行工作交流会，赴金义都市新区考察，省人大常委会副主任徐宏俊参加活动。

8月10日，省委副书记、政法委书记李强考察金义都市新区，赴东阳市召开信访座谈会。

8月12日，金华江西商会成立。

8月13日，金华市委召开常委(扩大)会议，传达贯彻省委副书记李强在金华考察调研时的重要讲话精神，研究部署近期市委市政府重点工作，推进金义都市新区开发建设。

8 月 14 日~17 日，市委副书记、市长徐加爱率团赴武汉、徐州、枣庄考察学习城市建设管理、文化旅游发展、产业园区建设等工作。

8 月 15 日，副省长陈加元到永康和东阳调研农村住房改造工作。

8 月 15 日~17 日，省政协副主席、省委统战部部长汤黎路率团调研义乌国际贸易综合改革试点情况，考察金义都市新区。

8 月 16 日，市委召开构建惩防体系工作领导小组会议暨惩防体系建设推进会。

8 月 16 日，万达集团摘牌市区东市街东侧、李渔路北侧 136 亩商业地块。

8 月 19 日，第四届中国香榧文化节在东阳举行。

8 月 19 日，商务部部长助理李荣灿到金华考察金华市区商贸环境和义乌国际商贸城。

8 月 21 日，金义都市新区首批百亿工业项目正式签约。

8 月 21 日，武义少年周科在南昌勇救触电老人，不幸牺牲。

8 月 22 日，全省农村住房改造建设工作现场会在义乌召开，省委副书记李强讲话，副省长陈加元主持会议。

8 月 22 日，美国印第安纳州阿尔卡特郡郡长罗迪诺率代表团到金华进行访问。

8 月 22 日，省委副书记、省长夏宝龙一行到磐安县下访接待群众，听取金华市工作情况汇报。

8 月 22 日~23 日，省委副书记、政法委书记李强到义乌调研十八大安保工作。

8 月 22 日~23 日，副省长毛光烈率省检查组到金华检查扩大有效投资和食品安全大整治百日活动。

8 月 23 日，省委、省政府召开全省扩大有效投资推进大会，金华市以“双千百亿投资系列工程”为抓手、狠抓重大项目推进和扩大有效投资得到省委、省政府充分肯定。市委书记陈一新代表市委、市政府在会上作典型发言。

8 月 24 日，金华市四套领导班子举行金义都市新区总体规划方案研讨会，要求将金义都市新区打造为“田园智城”。

8 月 28 日，德国迪恩市代表团一行访问金华。

8 月 30 日，市六届人大常委会举行第十一次会议。

8 月 31 日，市政府召开第 33 次常务会议。

8 月 31 日，金华市游泳运动员杜剑平获得 2012 年伦敦残奥会男子 50 米蛙泳 SB2 级冠军。9 月 3 日，杜剑平在 SM3 级 150 米个人混合泳项目中再夺金牌，成为伦敦残奥会双冠王。

8 月 31 日，金华市水上交通指挥中心开工建设。

9 月

9 月 1 日，中国企业联合会、中国企业家协会在长春发布 2012 年中国企业 500 强榜单，3 家婺商企业入围，分别是广厦控股集团有限公司、上海复星高科技(集团)有限公司和中天发展控股集团有限公司。

9 月 3 日，市区三江六岸景观优化提升工程推进会召开，市区全面启动三江六岸景观优化工程。

9 月 4 日，市政府召开第 34 次常务会议。

9 月 5 日，东阳市教育局获评全国“两基”先进单位。

9 月 9 日，第八届浙中购物节启动。

9 月 12 日，金华市市场发展集团成立，浙中粮油交易中心开工建设。

9 月 12 日，省高级人民法院院长齐奇到金华调研法院工作。

9 月 13 日，金融支持浙中崛起战略合作暨重点项目(企业)融资对接洽谈会举行，省级金融机构未来五年将向金华新增 3100 亿元贷款授信。

9 月 13 日，中国机械工业集团有限公司沈阳仪表科学研究院投资的传感器工业园项目与东阳市政府正式签约，项目总投资 10 亿元。

9 月 14 日，市政府召开第 35 次常务会议。

9 月 14 日，中共金华市委常委扩大会议专题传达学习近期省委、省政府有关会议、重要活动以及省领导来金视察调研时的重要讲话精神。

9 月 15 日~17 日，中国市长书画作品展在永康举办。

9 月 15 日~23 日,浙江婺剧艺术研究院(浙江婺剧团)前往新加坡参加 2012 新加坡华族文化节。

9 月 16 日,中影集团、奥地利 AST 公司分别与金华五百滩地块开发商浙江瑞城发展有限公司签订中影国际影院和奥地利 AST 真冰滑冰场项目开发协议。

9 月 16 日~18 日, 香港餐务管理协会考察团到金华考察并与金华市餐饮业和烹饪协会签订合作协议,香港餐务管理协会支持金华农产品进入香港市场。

9 月 17 日,金义都市新区总体规划咨询会在杭州举行,省委常委、宣传部长葛慧君等领导、专家出席会议,金华市委书记陈一新主持会议。金义都市新区总体规划得到了与会领导和专家的肯定。

9 月 17 日,阿里巴巴就加盟金义都市新区建设与金华党委政府领导进行洽谈。

9 月 17 日,首届中国(东阳横店)影视“金牛奖”颁奖典礼在东阳横店举行,国家广电总局副局长田进出席活动。

9 月 18 日,“浙中崛起千亿投资系列工程——义乌三百亿助推国贸改革系列项目”举行开工(奠基)仪式,省委书记、省人大常委会主任赵洪祝特发贺信,省委副书记、省长夏宝龙宣布项目开工。

9 月 18 日,浦江嵩溪村被中国生态文化协会授予“全国生态文化村”称号。

9 月 19 日~21 日,第六届中国·磐安中药材交易博览会举行, 省人大常委会副主任程渭山宣布开幕。该次博览会上共签订 16 个项目投资协议,总投资近 15 亿元。

9 月 20 日,金华市启动排污权有偿使用交易试点工作。

9 月 21 日,市委常委扩大会议专题听取信访维稳工作情况汇报, 研究部署下一阶段社会稳定工作。

9 月 21 日,市政府召开第 36 次常务会议。

9 月 21 日,市政协举行六届十一次主席会议。

9 月 22 日,金华市区首次开展“无车日”活动。

9 月 22 日,贵州省浙江金华商会成立。

9 月 23 日~25 日,金华市党政代表团赴深圳、东莞考察学习。

9 月 24 日,金华市(深圳)投资招商会在深圳举行, 会上多家企业与金华市签署共计 18 项合作协议,总投资 100 多亿元。

9 月 26 日,浙中崛起千百亿投资系列工程“中国南方农机产业园(基地)”在永康开工,省委副书记、省长夏宝龙特发贺信,副省长朱从玖宣布项目开工。该项目建成后将成为中国南方最大农机产业园。

9 月 26 日,金华市征兵工作启动。

9 月 26 日~28 日, 第十七届中国五金博览会在永康举行。副省长朱从玖参加开幕式。

9 月 27 日~28 日,金华市党政代表团赴宁波、杭州学习考察。

9 月 29 日,市政府召开第 37 次常务会议。

9 月 29 日,金华市“美丽乡村 幸福故事”大型宣传活动举行颁奖典礼。

9 月 29 日, 金华警方破获特大网络赌博案,投注资金高达 27 亿余元。

9 月 29 日,“婺州英才驿家” 成立,“婺州英才驿家”是在市人才办领导下建立的高层次人才服务平台。

10 月

10 月 11 日,金华广电传媒集团成立,省政协副主席王永昌出席庆祝大会。

10 月 11 日~12 日,省委常委、纪委书记任泽民到义乌调研商贸服务业集聚区建设工作。

10 月 12 日,青春版婺剧《穆桂英》在北京演出获得成功。

10 月 12 日, 宋黎明获得由国务院授予的全国新型农村和城镇居民社会养老保险工作先进个人荣誉。

10 月 13 日,2012 年浙江省暨金华市社会科学普及周开幕式在金华举行,省政协副主席徐辉宣布开幕。

10 月 21 日,第 18 届中国义乌国际小商品博览会开幕。全国人大常委会副委员长路甬祥,省委书记、省人大常委会主任赵洪祝,商务部副部长钟山,国家工商行政管理总局副局长甘霖，省委常委、常务副省长龚正，省委常委、秘书长赵一德，省人大常委会副主任厉志海，省政协副主席黄旭明，安徽省政协副主席王鹤龄等领导出席开幕式。

10月21日，商务部副部长钟山考察金义都市新区。

10月22日，浙中崛起千百亿投资系列工程——武义百亿项目开工，省人大常委会副主任程渭山出席开工仪式。

10月22日，市六届人大常委会举行第十二次会议。

10月23日，市政府召开第38次常务会议。

10月24日，金华市政府与浙江大学举行医学合作协议签订暨浙江大学金华医学院挂牌仪式，省人大常委会副主任、浙江大学党委书记金德水出席仪式。

10月24日，市委常委会召开三季度经济形势分析会，强调增强信心加大力度，确保完成全年任务。市委书记陈一新主持会议。

10月24日，金义都市新区举行征迁工作动员会，计划用100天时间完成低丘缓坡试点范围征地。

10月25日，第十届中国苗木交易会在金华开幕，省人大常委会副主任程渭山出席开幕式，副省长王建满发来贺信。澧浦苗木城作为本次苗交会分会场正式开业。

10月26日，浙中崛起千亿投资系列工程——磐安县重点投资项目暨磐新线改建工程正式启动。该次集中开工26个项目总投资达65亿元。

10月26日至11月9日，金华市第八届运动会举行。

10月28日，香港金华高端人才联谊会成立。

10月30日，市六届人大常委会举行第十三次会议。

10月30日，金义都市新区总体规划论证会成功举行。

10月30日，浙能兰电供热改造工程通汽，正式对外集中供热。

10月31日，金华经济技术开发区在深圳宝莱年产2400万片电容式触摸屏模组项目工地上举行“浙中崛起千亿投资系列工程”——金华经济技术开发区百亿项目集体投产、竣工、开工仪式。

11月

11月1日，中国义乌国际森林产品博览会在义乌开幕，省政协主席乔传秀，国家林业局党组副书记、副局长张建龙等领导出席开幕式。

11月1日，金义都市新区首批百亿现代服务业项目1签约仪式举行。

11月1日，金华启动国家汽摩配检测中心筹建工作。建成后，可覆盖85%以上的汽摩配检验项目，年检验能力1万批次。

11月2日，市委、市政府召开金华市区重点建设与赶超发展大会。

11月3日，“继军杯”2012全国国际标准舞公开赛在金华举行。

11月4日，第112届广交会闭幕，金华交易团共有367家企业参展，设有757个展位，累计成交交易额21282万美元，与上届相比下降了6.7%。

11月6日，重庆涪陵区党政代表团到金华考察。

11月6日，武义被国土资源部授予浙江首个“中国温泉之城”称号。

11月7日，第13届中国·金华工业科技合作洽谈会开幕。

11月8日，第七届中国(东阳)木雕竹编工艺美术博览会开幕。省人大常委会副主任厉志海，省政协副主席、党组副书记斯鑫良等领导出席开幕式。

11月8日，永康第七届农展会召开，省人大常委会副主任程渭山出席开幕式。

11月12日，国务院印发《全国资源型城市可持续发展规划(2013~2020年)》，武义县名列其中。

11月13日，市政协主席郑金平会见保加利亚旅游投资发展促进局主席伊万·迪米洛夫·托多罗夫一行。

11月14日，省委常委、省军区政委王新海到永康检查指导国防后备力量建设和人民武装工作。

11月16日，金华市召开全市领导干部会议，市委书记陈一新出席会议传达党的十八大精神，对全市学习贯彻党的十八大精神作出部署。

11月17日，全市电子商务大会暨第二节（金华·义乌）国际商贸发展大会电子商务助推国际商贸新发展专题论坛在市区举行。

11月17日，金华职业技术学院、金华市威旺养殖新技术有限公司完成“紫色白色珍珠层三角蚌人工选育”项目获得省科技厅肯定，金华培育出紫色珍珠。

11月19日，浙中国际纺织品综合市场在兰溪开工。

11月20日，新加坡总理公署部长傅海燕率代表团到金华考察访问。

11月21日，金华万达广场举行奠基仪式。

11月21日，闽浙赣皖四省九市人大工作联席会议在金华举行。

11月22日，浙中崛起千亿投资系列工程——金东区百亿工程项目举行集体开工仪式，省人大常委会副主任程渭山出席开工仪式。

11月22日，光大银行金华分行开业。

11月26日，市政府召开第39次常务会议。

11月27日，金华市区首只城投类企业债券——2012金华市国有资产经营有限公司债券成功发行。

11月28日，东阳市南马镇花园村被农业部评为2012年中国最有魅力休闲乡村，全国共有10个乡村入选。

11月28日~30日，金华市第六届人民代表大会第三次会议举行。

11月30日，省重点工程之一——兰溪钱塘垅水库主坝填筑完成。

12月

12月1日，金华市人民政府与阿里巴巴集团签署战略合作协议，阿里巴巴集团及其关联公司将在金义都市新区投资建设“中国·金义电子商务新城”，打造中国智能物流骨干网关键节点的首个全国样本项目。

12月1日，金华市“营改增”试点正式启动。金华市中宇物流有限公司开出金华市第一张货物运输业增值税专用发票。随后，全市首份现代服务和小规模纳税人代开票在金华航天金穗科技有限公司和市国税局办税服务厅完成。“营改增”实施后，全市95%以上试点纳税人税负下降或持平。

12月3日，浙商回归金华千亿投资系列工程、全省首个浙商回归创业创新园区在永康奠基，副省长王建满出席奠基仪式。

12月3日，金职院入选由教育部、卫生部评定的全国第一批卓越医生教育培养计划项目试点高校。

12月4日，交通运输部党组成员、国家邮政局局长马军胜到金华调研电子商务发展情况。

12月5日，义乌举行市场建设30周年庆祝大会，国家工商总局和省委副书记、省长夏宝龙分别特发贺信。

12月6日，金华市区城乡公交首次使用IC卡。

12月7日，全省扑救重大森林火灾实战演习在永康举行，副省长王建满参加演习。

12月7日，康恩贝集团董事长胡季强获2012年全国工商联“科技创新企业家”奖。

12月10日，市委召开常委会议，传达学习省委十三届二次全会精神，研究部署金华市贯彻落实意见。

12月10日，市政府召开第40次常务会议。

12月11日，市委市政府举行市区克难攻坚活动动员会，成立7个市区重点区块建设指挥部与市区重点区块建设服务协调小组。

12月11日，中共金华市委印发《金华市区重点建设与赶超发展三年行动计划》。

12月13日，东阳工艺美术2012杭州展开幕。省人大常委会副主任厉志海、副省长毛光烈、省政协副主席斯鑫良等领导出席开幕式。

12月13日，“天地图·金华”平台上线运行，网站集成了金华市吃、住、行、医、学、娱、规划、历史文化等各类信息，可以便捷查询与日常生活密切相关的信息。

12月14日，金华市区出租车起步价调至8元。

12月17日，第八届环境与发展论坛、第五届中国（国际）建设环境友好型社会成果展览会暨2012中国国际环保设备及节能产品展览会在义乌开幕。十届全国人大常委会副委员长顾秀莲，原国务委员、全国政协副主席宋健，中纪委驻水利部纪检组长董力，浙江省人大常委会副主任徐宏俊，浙江省副省长陈加元等领导出席开幕式。

12 月 18 日,金华市社会保障事业局挂牌成立。

12 月 19 日, 中共金华市委六届三次全体 (扩大)会议召开,会议审议通过《中共金华市委关于认真学习贯彻党的十八大精神,全面加快“两富”现代化都市区建设的决定》。

12 月 20 日,金华新世纪建设集团董事长、总裁黄建华被人力资源和社会保障部、住房和城乡建设部授予全国住房城乡建设系统劳动模范称号。

12 月 24 日,市政府召开第 41 次常务会议。

12 月 27 日,市中医院新病房大楼投入使用。

12 月 27 日,金华市“双龙计划”领军人才政策新闻发布会在杭州举行。根据《关于加快引进创业创新领军团队和人才的若干意见》(人才政策“新八条”), 金华市本级每年安排 1 亿元引才专项资金,力争用 5 年时间,面向海内外积聚一批国际现代水平的科技创新团队、一批行业地位突出的创业创新领军人才、一批发展潜力较大的后备领军人才。

12 月 27 日,金兰中线公交无缝对接,金兰公交中转站启用, 乘客可以通过两地公交往返金华、兰溪,并在中转站休息。

12 月 28 日,金西客运站辅助工程启用,金西区域三级公交网络基本形成。

12 月 28 日,金华市举行首批重点文化企业、文化新婺商授牌仪式暨支持文化产业发展战略合作协议签约仪式。

概　况

地　域

【位置面积】 金华市位于浙江省中部，为省辖地级市，以境内金华山得名。处于北纬28°32′~29°41′、东经119°14′~120°47′之间。东邻台州、南毗丽水，西连衢州，北接绍兴、杭州。市域东西直线距离151千米，南北直线距离129千米，面积10918平方千米。市区位于东阳江、武义江和金华江交汇处，面积2044.7平方千米，建成区面积66.7平方千米。

【地形地貌】 地处金衢盆地东段，为浙中丘陵盆地区，地势南北高、中部低。“三面环山夹一川，盆地错落涵三江”是金华地貌的基本特征。市境的东、东北有大盘山、会稽山，南属仙霞岭，北、西北接龙门山及千里岗山脉。仙霞岭山脉从闽、赣交界的武夷山延伸入境，至武义县、婺城区南部和永康市境，向东北延续为大盘山和天台山脉，一般海拔500米~1000米，山体多由火山岩和花岗岩构成。大盘山是钱塘江、曹娥江、椒江和瓯江部分支流的发源地和分水岭，西南段位于磐安、东阳、永康和义乌南缘，主峰在磐安县安文镇东南，海拔1245米。会稽山为天台山支脉，主体朝东北方向伸展，西南段延伸至东阳北部和义乌，山体主要由火山熔岩、碎屑岩构成，平均海拔500米左右，主峰东白山位于东阳、诸暨、嵊州交界处，海拔1194.6米。龙门山界于富春江与浦阳江之间，高度多在500米~800米，分布在浦江、婺城区和金东区北部、兰溪及义乌西缘，山体主要由中生代火山熔岩和碎屑岩构成，局部为花岗岩和石灰岩，其余脉金华山呈块状山地，北隔墩头盆地与龙门山脉相连，主峰海拔1312米。千里岗山脉由赣东北怀玉山脉延伸入境，余脉至兰溪与建德市交界处，山体由沉积碎屑岩组成，中心部分为千里岗砂岩。延伸入境的山系受华夏构造控制，山脉大多呈东北—西南走向，同时受东北—西南和东西向断裂带的切割，延伸出来的众多支脉纵横交织，山形破碎、峰岭交错。境内千米以上的山峰有208座。位于武义与遂昌交界处的牛头山主峰，海拔1560.2米，为全市最高峰。境内山地以500米~1000米低山为主，分布在南北两侧。山地内侧散布起伏相对和缓的丘陵，以江山—绍兴断裂带为界又分为北部丘陵和中部丘陵。市境的中部，以金衢盆地东段为主体，四周镶嵌着由断裂凹陷形成的武义盆地、永康盆地、南马盆地、浦江盆地、墩头盆地等山间小盆地。盆地之间丘陵、低山阻隔，盆地群外围又为低山、中山所环抱，形成一个大致呈东北—西南走向，西面开口的大盆地。大盆地东自东阳市巍山镇，西至兰溪市游埠镇，长100多千米，宽数十千米不等。由盆周向盆地中心，呈现出中山、低山、丘陵岗地、河谷平原阶梯式层状分布，海拔高度逐级降落。大小盆地内浅丘起伏，海拔在50米~250米之间，相对高度不到100米。盆地底部是宽阔不一的冲积平原，地势低平。上游东阳江自东而西流经义乌，在金华市区汇合武义江而入金华江。金华江向西北流往兰溪，在兰溪城区汇入兰江。兰江北流至将军岩入建德市境。将军岩海拔23米，为全市最低点。

（金　鉴）

气　候

2012年气温接近常年，雨量、雨日偏多，日照正常略偏少。主要天气事件有：冬春季持续低温阴雨寡照，刷新历史同期纪录；春季强对流天气多发；梅汛期偏短，降水量偏少，出现3次强降水过程；夏季出现连续晴热高温，但酷热强度不明显；台风活动频繁，“海葵”台风影响较大；入秋后冷空气活动频繁，秋季低温影响晚稻生长；秋季干燥少雨，10月上中旬无明显降水；冬季出现连续阴雨天气，降水量位居历史同期第二位。年降水量异常偏多，位居历史第二位。

2012年度各台站气候资料

表1

台站	积温(℃)	积温距平(℃)	平均气温(℃)	气温距平(℃)	雨量(毫米)	雨量距平(毫米)	雨日(天)	雨日距平(天)	日照时数(小时)	日照距平(小时)	最高温度		最低温度	
											(℃)	日期	(℃)	日期
浦江	6009.4	−55.2	16.7	−0.2	2052.3	581.9	175	19.6	1684.4	−78.6	38.0	7月4日	−5.4	12月31日
兰溪	6440.3	−124.8	17.6	−0.3	1989.1	530.8	170	18.1	1496.2	−145.2	38.7	7月12日	−3.4	1月26日
义乌	6318.4	−158.4	17.3	−0.4	1868.1	481.5	173	25.3	1536.5	−252.2	38.3	7月4日	−4.3	12月31日
东阳	6519.3	58.0	17.8	0.2	1884.4	482.3	177	24.3	1632.1	−139.3	38.4	7月4日	−3.4	12月31日
武义	6292.8	−49.0	17.2	−0.1	1914.6	395.0	192	21.9	1647.3	−121.7	38.9	7月4日	−4.4	12月31日
永康	6665.2	97.5	18.2	0.3	1839.9	389.0	188	27.2	1550.2	−178.2	38.9	7月4日	−3.3	1月26日
金华	6534.3	21.2	17.9	0.1	1952.5	506.8	178	22.8	1698.0	−125.7	38.9	7月12日	−2.8	1月26日

（钱华锋）

水　情

【概述】 2012年全市平均降水量1939.0毫米，比上年（1382.2毫米）偏多40.3%，比多年同期(1512.9毫米)偏多28.2%。主要特点为：①汛情来得早，发生了严重的春汛。2012年1月~3月上旬，出现新中国成立罕见的阴雨寡照天气，发生了严重的“早春汛”，全市平均降水量达326毫米，较常年偏多近七成。受其影响，3月6日兰江兰溪站出现洪峰水位28.36米，超过警戒水位(27.63米)0.73米，为兰江今年最高洪水位。全市29座大中型水库基本蓄满，其中7座水库开闸泄洪。②梅雨期短，出现三轮集中强降雨。金华市6月17日入梅，6月29日出梅，历时12天，比常年偏短10天。梅雨期全市平均降水量207.5毫米，比常年（253.5毫米）偏少18.1%。从时间分布看，全市先后出现3次集中强降雨过程(17~19日、22~25日、26~28日)。从空间分布看，降水趋势总体呈现西北多东南少分布。出梅时全市水库基本蓄满，其中29座大中型水库平均蓄水率达98.05%，为全年最高值。③台风影响较重，为2007年以来影响最重的一年。8月2~3日受9号台风“苏拉”外围云系影响，义乌、浦江等地出现中到大雨，全市平均降雨量40毫米。8月7~9日11号台风“海葵”严重影响金华市，全市平均降水量89毫米，尤其是东部地区出现特大暴雨，降雨量普遍在150毫米左右，最多的义乌双溪站达350毫米。④全年降水量偏多，汛期局地短历时暴雨频发。汛期全市局地短历时暴雨频发，1小时暴雨量超过50毫米的有33站次，1小时暴雨量超过100毫米的有8站次。最强的一次暴雨过程发生在婺城区塔石乡，9月

8 日 15~18 时局部区域 3 小时降雨量达 172 毫米，特大暴雨引发山洪、泥石流等灾害，造成当地直接经济损失 1000 余万元。

（朱　琦）

建置沿革

金华市域春秋时属越国。秦、汉为乌伤县，属会稽郡。三国吴宝鼎元年(公元 266)置郡，名东阳，以郡在瀫水(即衢江)之东、长山之阳得名。金华设立郡府建置自此始。东阳郡属扬州，领长山(今婺城区、金东区、兰溪市)、乌伤(今义乌)、永康、吴宁(今东阳)、丰安(今浦江)、太末(今龙游)、新安(今柯城、衢县)、定阳(今常山)、平昌(今遂昌)9 县，治设长山。南朝梁绍泰二年(公元 556)置缙州，陈天嘉三年(公元 562)撤州，东阳郡改名金华郡，郡名金华自此始。隋开皇十三年(公元 593)改置婺州。大业三年(公元 607)复置东阳郡。唐武德四年(公元 621)改东阳郡置婺州，并于信安(新安)县分置衢州。唐天宝元年(公元 742)改婺州为东阳郡，乾元元年(公元 758)复为婺州，一直延续到宋元。元至元十三年(1276)改为婺州路，至正十八年(1358)朱元璋攻取婺州路，改名宁越府，至正二十年(1360)改为金华府。明成化七年(1471)金华府领金华、兰溪、东阳、义乌、永康、武义、浦江、汤溪 8 县，故有“八婺”之称。1912 年废府实行省、县两级制。1914 年置金华道，辖区扩及原衢州、严州府。1927 年废道，各县仍直属于省。1932 年 6 月设浙江省县政督察专员办事处第八区，驻金华；9 月，改设浙江省特区行政督察专员办事处第六特区；民国期间，行政督察区序号、辖县、专署驻地时有变换。1949 年 5 月 7 日，金华解放，设立浙江省第八行政区；10 月，改名金华专区；11 月金华专区辖 2 市 9 县。1955 年 3 月，衢州专区撤销并入。嗣后，金华专区辖县(市)续有撤并、复置，并与杭州、丽水等毗邻市地互有调整。1968 年 4 月，改金华专区为金华地区。1985 年 5 月，撤销金华地区，原金华、衢州两县级市分别升为地级市，实行市管县体制，并于金华城区设立婺城区，郊区设立金华县，同时撤销兰溪县，设立兰溪市(县级)。金华市辖婺城区、兰溪市和金华、永康、武义、东阳、磐安、义乌、浦江七县。原金华地区的龙游、开化、常山、江山县划归衢州市管辖。1988 年 5 月，撤销义乌县设立东阳市(县级)。1992 年 10 月，撤销永康县设立永康市(县级)。2000 年 12 月，撤销金华县，设立金华市金东区。

行政区划

【概述】 2012 年，金华市设婺城、金东 2 个市辖区，辖浦江、武义、磐安 3 个县，代管兰溪、东阳、义乌、永康 4 个县级市。截至 2012 年底，全市共有镇 76 个、乡 36 个(含民族乡 1 个)、街道 39 个，村民委员会 4803 个、社区居委会(居民委员会)349 个。全市行政区划基本没有变动，仅部分县(市、区)对村民委员会、社区居委会(居民委员会)的布局进行了微调，其中村民委员会减少 1 个、社区居委会(居民委员会)增加 2 个。

金华市 2012 年年底行政区划表

表 2

类别 地区	镇 (个)	乡 (个)	街道 (个)	村委会 (个)	社　区 (居委会)(个)	土地面积 (平方千米)
全　市	76	36	39	4803	349	10918
婺城区	9	9	9	578	97	1388
金东区	8	1	2	491	17	656

续表 2

类别 / 地区	镇(个)	乡(个)	街道(个)	村委会(个)	社区(居委会)(个)	土地面积(平方千米)
兰溪市	7	3	6	646	24	1310
东阳市	11	1	6	346	43	1739
义乌市	6	–	7	715	92	1103
永康市	11	–	3	711	31	1049
浦江县	7	5	3	409	19	900
武义县	8	7	3	544	18	1577
磐安县	9	10	–	363	8	1196

(周卫星)

人　口

【户籍人口】 2012年底,全市(不含现役军人、武警官兵,下同)总户数为1823277户,总人口数为4706256人,平均每户2.58人,总人口比上年的人口增加15535人,年增长0.33%,比上年的0.52%下降了0.19%。在总人口中:男性2406822人,女性2299434人,男女性别比为104.67:100。总人口按年龄段看18岁以下817405人,占总人口17.37%;18岁~35岁(含18岁不含35岁)1077881人,占总人口22.90%;35~60岁1966601人,占总人口41.79%;60岁以上844369人,占总人口为17.94%。年末,九个县、市(区)总人口分别为:市辖区总人口939248人(其中婺城区476974人,开发区146715人,金东区315559人),武义县338956人,浦江县391385人,磐安县209871人,兰溪市665983人,义乌市753314人,东阳市827981人,永康市579518人。2012年全市共出生49905人,出生率为10.62‰,比上年上升1.22‰,死亡42331人,死亡率为9.01‰,比上年下降2.64‰。全市人口自然增长7574人,增长率为1.61‰,比上年下降1.42‰。其中市区出生10069人,出生率为10.74‰,死亡7393人,死亡率为7.89‰,自然增长2676人,自然增长率为2.85‰。

【流动人口】 截至2011年6月30日,全市流动人口总量达308.0623万人,比上年增加28.4181万人,增长幅度达10.16%。其中男性178.8229万人,占58.05%,女性129.2394万人,占41.95%。从年度统计表分析:流动人口来自省内的39.416万人,占总量的12.79%;来自省外的暂住人口267.4376万人,占总量的86.81%;港澳台及国外的暂住人口分别为469人和11618人,仅占总量的0.39%。从向区域来看,金华市流动人口的总量从高到低的排序为:义乌134.2007万人、永康49.2094万人、东阳37.4701万人、浦江25.9912万人、江南15.5076万人、金东12.7607万人、武义11.8373万人、婺城11.4635万人、兰溪7.1万人、磐安2.5218万人;暂住人口主要集中在义乌市,占47.17%。流动人口主要以务工、经商、服务、务农等为主,其中:务工人员261.8180万人,占84.99%;经商人员9.196万人,占2.99%;从事服务业人员3.2335万人,占1.05%;务农人员0.7930万人,占0.26%;四类经济型流动人口共占全市暂住人口总数的89.29%。

(张旭华)

2012 年金华市总户数、总人口及人口变化情况

表 3

地区 指标名称	计量单位	全市	市区	其中			兰溪市	义乌市	东阳市	永康市	武义县	浦江县	磐安县
				婺城区	金东区	开发区							
年末总户数	户	1823277	370182	184689	128772	56721	227467	328611	310933	224318	133965	146871	80930
平均每户人口数	人	2.58	2.54	2.58	2.45	2.59	2.93	2.29	2.66	2.58	2.53	2.66	2.59
年末总人口	人	4706256	939248	476974	315559	146715	665983	753314	827981	579518	338956	391385	209871
△按性别分													
男	人	2406822	473654	241499	159104	73051	346801	382924	420882	296099	173532	203966	108964
女	人	2299434	465594	235475	156455	73664	319182	370390	407099	283419	165424	187419	100907
△按农业与非农业分													
非农业人口	人	1091671	321859	160561	33879	127419	130611	235180	146133	99328	55345	72452	30763
农业人口	人	3614585	617389	316413	281680	19296	535372	518134	681848	480190	283611	318933	179108
农业人口占总人口的比重	%	76.80	65.73	66.34	89.26	13.15	80.39	68.78	82.35	82.86	83.67	81.49	85.34
年平均人口	人	4698489	937455	477563	313849	146044	666211	750353	825683	578478	338732	391685	209893
人口增减变动情况	人	15535	3586	−1177	3420	1343	−455	5922	4597	2080	448	−600	−43
出生人口	人	49905	10069	4947	3457	1665	6620	7937	9097	6979	3282	3963	1958
死亡人口	人	42331	7393	4339	2026	1028	7190	4610	6745	5567	3510	5453	1863
自然增长人口	人	7574	2676	608	1431	637	−570	3327	2352	1412	−228	−1490	95
迁入人口	人	42532	10791	3869	4397	2525	7127	4509	6565	2703	3980	5827	1030
迁出人口	人	32046	8167	3931	2229	2007	7012	2077	4234	1743	3303	4433	1077
出生率	‰	10.62	10.74	10.36	11.01	11.40	9.94	10.58	11.02	12.06	9.69	10.12	9.33
死亡率	‰	9.01	7.89	9.09	6.46	7.04	10.79	6.14	8.17	9.62	10.36	13.92	8.88
自然增长率	‰	1.61	2.85	1.27	4.56	4.36	−0.86	4.43	2.85	2.44	−0.67	−3.80	0.45
火灾事故死亡人数	人	8	3	1	1	1	1	−	−	−	1	3	−
火灾事故损失额	万元	571.1771	1088546	335146	46.84	28.5	67.4861	115.112	125.493	27.9314	31.82	52.45	42.03
刑事案件立案数	件	59218	15951	8071	5891	1989	3498	12832	8127	10112	3192	4228	1278

经济体制

【现代服务业发展综合配套改革试点】 2012年,中共金华市委、金华市人民政府出台《关于加快推进服务业发展的实施意见》,把金华市服务业发展领导小组和金华市现代服务业发展综合配套改革试点工作领导小组整合为金华市服务业发展改革工作领导小组。制定《金华市现代服务业发展综合配套改革试点工作2012年度重点任务分解方案》,分解落实了年度重点任务。2012年全市服务业增加值达1221.02亿元,占GDP比重达到45.2%,居全省第三位,增速为全省第2位,服务业投资增速在全省居首位。

【义乌市国际贸易综合改革试点】 义乌市国际贸易综合改革试点是全国第10个也是首个在县级市实施的国家级综合配套改革试点,列入浙江省四大国家战略举措之一。2012年,按照“改革重点项目化、项目建设责任化、工作责任具体化”的要求,每项重点工作都确定了路线图、责任人、时间表,保证改革试点有条不紊地抓推进抓落实,取得良好开局和初步成效。确立“市场采购”新型贸易方式,海关、商检等10多项配套便利化监管政策相继实施,建立“管得住、通得快、可溯源”的贸易管理体制机制,促进国际贸易便利化。启动实施“义乌三百亿助推国贸改革系列项目”,加快国际贸易功能性平台建设,促进外贸发展方式转变。优化公共服务环境,着力加强区域合作与交流,促进外贸出口快速增长。加大政策研究和政策创新力度,努力推动义乌市场出口贸易、进口贸易、转口贸易的齐头并进,网上市场与实体市场的融合发展,综合市场与专业市场、零售市场的互促发展,生活类产品综合市场、生产类产品综合市场、文化类产品综合市场的协调发展,努力实现义乌市场全域化,打造“国际商贸特区”。2012年,义乌外贸出口总额90亿美元,增长150.3%。对全省外贸出口增长贡献率达53.4%。

【金融服务创新改革】 深入推进金融服务改革,推动金融机构集聚发展,提升金融服务能力,金华市村镇银行已达5家。积极引导金融机构加入同业拆借市场,提高法人金融机构的资金运用效率,全市10家法人金融机构(不含村镇银行)中已有6家机构加入全国银行间同业拆借市场。积极探索融资模式,加快国资重组和融资平台整合,新组建4家市级国有集团公司,成功发行10亿元“金华国资债”。大力支持符合条件的企业发行短期融资券、中期票据、中小企业集合票据。深入开展金融创新支持义乌国贸改革,积极争取个人跨境贸易人民币结算业务试点和个人境外直接投资试点。积极推进外汇管理制度改革,探索外汇业务流程再造,方便企业贸易外汇资金汇兑,提高企业资金周转速度。

【科技管理体制改革】 淘汰落后产能和过剩产能,加快创新体系和创新型政府建设,调整产业结构、产品结构、经济结构。创新工科会办会形式,重点围绕先进装备制造、绿色化工、新材料、物联网技术等领域,深化院企、校企等沟通交流,积极探索高效对接新模式。加强科技金融结合,构建多元化投融资体系,全面推进科技信贷、知识产权质押贷款、科技担保等方面工作,探索建立科技和金融结合协调机制,参与开展科技保险试点工作,帮助企业争取享受科技保险保费财政补贴等政策,分散和降低企业科技创新创业风险。完善项目全程管理,坚持“三审一决策”等有关制度,出台《金华市医学科技计划项目管理实施细则》《金华市级分期补助项目验收审计暂行管理办法》等制度。

【资源要素市场化配置改革】 扎实推进低丘缓坡综合开发利用试点,开展了节约集约用地专项行动,开展清闲低效用地清查。2012年全市消化批而未供土地1253.33公顷,盘活存量建设用地239.8公顷,市区收回空闲低效用地44.42公顷;盘活存量土地54公顷。首次建立市区工业项目节约集约的考核奖惩机制,实行有利于要素节约集约利用的财政税收政策和差别电价、水价及环保、信贷政策,对单位用电税收低于平均值的企业,由低到高确定有序用电的顺序,控制有序用电的总量,并建立以“亩产论英雄”为核心的节约集约导向和评判考核机制。推进排污权交易和有偿使用。金华市排污权储备交易中心于挂牌成立,《金华市排污权有偿使用和交易试点工作实施办法》颁布实施,逐步建立健全排污权有偿使用机制，构建排污权交易平台，建设浙中排污权交易所。

【文化体制改革】 深化管理体制改革，把金华广播电视总台的电视中心制改为频道负责制，以收视率和节目市场份额作为考核指标，激发经营管理人员的市场意识和创新意识。建立集中统一的文化市场管理工作领导小组和文化市场综合执法机构，调整归并了文化、广电、新闻出版行政管理机构。转变经营方式，推进产业发展，合作成立并成功运营金华华数数字电视有限公司和金华广播电视发展有限公司等市级事改企文化单位，华数传媒网络有限公司借壳ST嘉瑞上市。完成市本级数字电视整体转换任务，高标准、高起点采用高清互动数字电视技术方式，市本级受益户数达271987户。继续推进文化企业改制，金华剧院、金华青少年影剧院、浙江婺剧团及兰溪市电影公司等12家单位和8家电影发行放映单位和广播电视网络中心，基本完成经营性文化单位转企改制任务；推进党报发行体制分离改革，金华日报报业传媒集团7月1日挂牌成立。

【医药卫生体制改革】 五项重点改革27项主要任务超额完成12项、全面达标15项，取得“政府得民心、群众得实惠、卫生事业得发展”的阶段性成果。组织医改工作验收和三年成效评估，对9个县（市、区）政府和金华经济技术开发区管委会进行了检查验收，向市政府提交了《金华市2009~2011年医药卫生体制五项重点改革评估分析报告》，进行一对一的评价反馈。筹推进县级公立医院改革。在东阳市和义乌市先期启动的基础上，召开全市县级公立医院综合改革推进会，2012年12月20日前全部启动县级公立医院改革，对药品实行“零差价”（中药饮片除外）。继续推进基层医疗卫生机构建设。提高乡村医疗机构一体化管理率，推进和完善基层医疗卫生机构分配制度改革，建立长效、多渠道的投入补偿机制。开展医保体制改革。金华市区城镇居民医保与新农合整合为城乡居民基本医疗保险，统一缴费标准、统一财政补助、统一门诊医疗待遇、统一住院医疗待遇。推进医保支付制度改革，开展“一卡通”和异地就医结算机制建设。

【行政审批制度改革】 提出55项恳请省级部门下放的权限，梳理38项拟下放给县（市、区）审批权限。深入推行行政审批职能归并改革，联合开展行政审批“效能革命”专项督查。清理市本级行政审批事项，进一步明确审批职能，进一步规范审批办理时限、程序和前置条件，防止部门利用“红头文件”私增滥设行政审批事项和审批条件，继续探索实行建设项目规划并联审批“一表制”新模式。推行网上监察和网上审批。修改完善《金华市行政审批电子监察系统考核细则》，量化电子监察指标，强化考核力度。

【中心镇发展改革和小城市培育】 支持东阳市横店镇、义乌市佛堂镇开展小城市培育试点，落实小城市培育相关政策。在2011年度小城市培育考核中，横店镇被评为先进单位，佛堂镇被评为达标单位。完善中心镇建设各类规划修编，督促指导各中心镇明确功能定位，修编各类规划，加强规划的衔接融合。推进“两百双千工程”，实施中心镇和小城市培育 “产业集聚提升” 工程290项、“公共设施建设”工程2225项。

【农村发展改革】 不断提高服务水平，规范农业保险、农房保险“两个政策性保险”的操作程序和相关职责。探索开办地方特色险种，确定了葡萄为金华市新增政策性农业保险品种，报市政府和省农险协调小组审定。做好《关于我省政策性农业保险中央财政保费补贴险种调整保费补贴比例的通知》等文件的宣传工作，积极引导符合条件的农户参保。努力确保参保率。全市政策性农业保险参保农户达到43943户，同比上年分别增长95%和148%，大户参保率由72.19%提高到75%；实际赔付688.88万元，同比增长60.58%。政策性农房保险参保户数为100.8万户，参保率达到了98.97%。

（吕利军）

经济与社会发展状态

【概述】 2012年，面对国内外复杂严峻的宏观形势，全市上下围绕“百姓富裕、浙中崛起”总目标和“稳中求进、赶超发展”总基调，深入贯彻落实科学发展观,着力扩内需、稳增长、抓转型、控物价、惠民生、促和谐,经济发展保持赶超态势,社会事业协调发展,较好实现了年初制定的各项预期目标。

全市和市区生产总值分别为2700亿元和511亿元,同比分别增长10.2%和10%。

全市和市区地方财政收入分别为214.89亿元和52.59亿元,分别增长15.7%和12.2%,均完成预期目标。

全市和市区固定资产投资分别为1133.2亿元和252亿元,分别增长31.3%和32%,均完成预期目标。

全市社会消费品零售总额为1260.4亿元,增长15.7%,完成预期目标(为15%);市区社会消费品零售总额为308亿元,增长15.6%。

全市和市区出口分别为213.1亿美元和26.4亿美元,分别增长40.7%和26.5%,均完成预期目标;义乌市出口90亿美元,增长150.3%,完成预期目标。

全市和市区城镇居民人均可支配收入分别为33164元和32280元,分别增长11.6%和12.9%,均完成预期目标。

全市和市区农村居民人均纯收入分别为13286元和12555元,分别增长11.9%和11.8%,均完成预期目标。

全市和市区城镇新增就业人数分别为70669人和14637人,均完成预期目标。

全市和市区城镇登记失业率分别为2.77%和2.71%,均完成预期目标。

全市和市区人口自然增长率分别为3.37‰和3.92‰,均完成预期目标。

全市和市区单位生产总值能耗均下降6%左右,均能完成省下达目标。

全市和市区二氧化硫(SO_2)、氮氧化物(NO_X)、化学需氧量(COD)和氨氮(NH3-N)减排均能完成省下达目标(全市均下降2.5%,市区分别下降2.81%、2.2%、2.5%和2.4%)。

全市和市区研究与试验发展经费支出占GDP比重均为1.5%左右,预计全市能完成预期目标。

市区居民消费价格指数为102.2,完成预期目标。

【主要经济指标】 2012年,主要经济指标增幅居全省前列。全市地方财政收入、进出口、出口、金融机构本外币贷款余额、服务业投资增幅均居全省第1位,生产总值和工业用电增幅均居全省第2位,固定资产投资、工业投资、社会消费品零售额、规模以上工业总产值、农村居民人均纯收入增幅均居全省第3位,发展势头进入全省第一方阵。

现代农业提升发展。全市完成农业增加值134亿元,增长4%。完成粮食播种面积15.49万公顷,粮食总产量89.8万吨;蔬菜播种面积4.35万公顷,总产量92.8万吨。启动粮食生产功能区项目159个,共建成2个现代农业综合区、16个主导产业示范区和30个特色农业精品园。

现代工业产业集群加快培育。全市完成工业增加值1165亿元,增长10.5%。推进工业平台建设,加快传统产业改造提升和战略性新兴产业培育,优势产业较快增长。纺织业、金属制品业、食品制造业产值分别增长15.1%、17.2%和18.1%,计算机通信、汽车、医药制造业产值,分别增长17.7%、19.9%和25.5%。

现代服务业较快发展。全市完成服务业增加值1221亿元,增长10.9%,占生产总值的45.2%,同比提高1.2个百分点,增速居全省第1位。现代商贸、现代物流、旅游、电子商务、服务外包、金融等行业发展良好。

【区域统筹协调发展】 发展战略重点进一步明确。确定实施义乌国际贸易综合改革试点、规划建设金义都市新区、推动东阳文化产业全域化发展、大力开展招商引资和招才引智、打造先进制造业基地、加快市区重点建设与赶超发展6大战略重点工作,以重点突破带动全局发展,进一步形成赶超发展共识。

城市群建设取得成效。西气东输金华段、义乌至浦江二线等一批项目完工,杭长客专、东永高速、金华十八里至武义公路、钱塘坨水库工程等一批基础设施项目进展顺利。精品城市建设加快,市区重点区块建设有序推进,金华万达广场等一批项目开工建设,引进了阿里巴巴"中国·金义电子商务新城"等一批大项目。实施中心镇和小城市培育"两百双千工程",美丽乡村建设加快。

改革开放持续深化。先行先试义乌市场采购贸易方式,现代服务业综合配套改革、武义旅游综合改革、医药卫生体制、行政管理体制等各项改革稳步推进。实施浙(婺)商回归工程,引进浙商回归项目 243 个，到位资金 118.3 亿元；实际利用外资 2.83 亿美元。支持企业“走出去”，全市境外投资总额 4.2 亿美元，增长 180.4%。积极融入长三角，加强四省九地市合作。

【内生增长能力和发展方式转变】 创新能力持续提高。出台“金华创新九条”扶持政策，新列国家和省级科技项目 503 项、增长 33%，新认定国家级高新技术企业 49 家和省级企业研发机构 31 家，成功举办了第 13 届工科会，新申请和获授权专利分别增长 30.4%和 49.1%。新增行政认定驰名商标 11 件。

节能减排扎实推进。淘汰落后产能，加强能源消耗总量、能源消耗强度“双控制”，上半年全市单位 GDP 能耗降低率好于年度目标任务 1.9 个百分点。浙能兰溪电厂 4 号机组脱硝工程、金圆水泥回转窑脱硝改造完成并投入运行。推进机动车检测线建设，实施机动车国Ⅳ准入标准。

资源节约利用水平提高。推进“百万”造地保障工程和节约集约用地专项行动，全市消化批而未供土地 1253.33 公顷，盘活存量建设用地 239.8 公顷。着力拓宽融资渠道，市国资公司、永康金汇五金产业公司债券成功发行，共募集资金 18 亿元。

【民生保障和社会事业】 人民生活持续改善。民生支出力度加大，全市地方财政民生支出增长 19.2%。地方财政收入、城镇居民人均可支配收入和农村居民人均纯收入稳步提高。农村住房改造建设加快，新增启动实施改造建设项目（村）212 个，完成农村住房改造建设 29250 户、农村困难家庭危房改造 2169 户。

就业和社会保障稳步推进。落实就业创业政策，促进高校毕业生、农民工等群体就业，被授予全国创业先进城市。完善城乡居民医疗保障制度和社会救助体系，构建社会养老服务体系，发展慈善和红十字事业，抓好城乡住房保障工作。

社会事业协调发展。推进教育、卫生、文化、体育等重大项目实施。落实学前教育改革发展三年行动计划，推动义务教育学校标准化建设，推进普通高中教育等各类教育规范发展。抓紧婺文化研究和文化遗产保护工作，推进东阳文化产业全域化发展。深入实施全民健康行动计划，推进县级公立医院改革。继续加强人口计生工作。成功举办金华市第八届运动会。落实安全生产责任制，强化食品药品安全监管，深化“六五”普法宣传教育和“平安金华”“法治金华”建设，推进社会管理创新。

（金海滨）

民营经济

【民营经济】 2012 年金华市个体私营经济仍保持平稳增长。市委市政府召开了婺商回归大会，加大招商力度，落实各项婺商创业创新的政策；组织开展干部进千企活动；工商、国地税、统计等部门出台“个转企”政策文件，大力推进个体工商户转型升级工作，对全市个体私营经济的发展起到了积极推动作用。截至 2012 年 12 月底，全市私营企业 68937 户，同比增长 10%，注册资本金 20580456.1 万元，同比增长 15.5%；2012 年新设立数 9559 户。全市农民专业合作社 3900 户，同比增长 22%，注册资金 297011.4 万元，同比下降 35.9%；2012 年新设立数 730 户，同比增长 24%。全市个体工商户 351063 户，同比增长 10%，注册资本金 2228272 万元，同比增长 23.4%；2012 年新设立数 66555 户。

（李西立）

组织机构及负责人名单

中国共产党金华市委员会

书　记　陈一新

副书记　徐加爱

黄锦朝（　~2012 年 2 月）

劳红武（女，2012 年 2 月~2012 年 5 月）

陶诚华（2012 年 8 月~　）

常　委　张仲灿（　~2012 年 1 月）

何杏仁（女，2012 年 8 月~　）

黄志平
陈擎苍(~2012 年 4 月)
钟关华
毛善恩
周嘉爱
徐建华
金中梁(2012 年 2 月~)
张建明(2012 年 4 月~)
温　暖

委　员(按姓氏笔画排列)
于高飞(女，~2012 年 2 月)
马　越(2012 年 2 月~)
王　健(2012 年 2 月~)
王丁路
王国强(~2012 年 2 月)
王建平(~2012 年 2 月)
毛建岳(2012 年 2 月~)
毛善恩
卢秀芝(女,2012 年 2 月~)
朱建军(2012 年 2 月~)
朱恒钱(~2012 年 2 月)
朱瑞俊(2012 年 2 月~)
朱福林(~2012 年 10 月)
刘少非(~2012 年 2 月)
江跃进(~2012 年 2 月)
许章才(~2012 年 2 月)
劳红武(女，~2012 年 5 月)
李秋华(女，~2012 年 2 月)
李郁华(2012 年 2 月~)
吴小明(2012 年 2 月~)
吴立钢(2012 年 2 月~)
吴志松
吴国成(2012 年 2 月~)
何杏仁(女,2012 年 8 月~)
何美华(2012 年 2 月~)
余秋荣(2012 年 2 月~)
应恩民(~2012 年 2 月)
张伟亚
张新宇(2012 年 2 月~)
张仲灿(~2012 年 1 月)
张建明(2012 年 4 月~)
陈　伟(2012 年 2 月~)
陈　晓(2012 年 2 月~)
陈一新(2012 年 2 月~)
陈志身(2012 年 2 月~)
陈陆一(2012 年 2 月~)
陈章凤(女，~2012 年 2 月)
陈雷红(女,2012 年 2 月~)
陈蕾妍(女,2012 年 2 月~)
陈擎苍(~2012 年 4 月)
林一心(~2012 年 2 月)
林丹军(女,2012 年 2 月~)
金中梁(2012 年 2 月~)
周益民(~2012 年 2 月)
周剑敏(2012 年 2 月~)
周嘉爱
郑余良(2012 年 2 月~)
郑金平(2012 年 2 月~)
钟关华
郑丽君(女，~2012 年 2 月)
施美红(女,2012 年 2 月~)
施振强(2012 年 2 月~)
祝伦根(2012 年 2 月~)
徐加爱
徐华水(2012 年 2 月~)
徐志坚(2012 年 2 月~)
徐建华
徐建新(2012 年 2 月~)
陶国兴(2012 年 2 月~)
陶诚华
黄志平(2012 年 2 月~)
黄锦朝(2012 年 2 月~)
阎寿根(~2012 年 2 月)
傅利常
温　暖
蔡　健
戴建平(2012 年 2 月~)

秘书长 刘少非(~2012 年 2 月)
金中梁(2012 年 2 月~2012 年 8 月)
钟关华(2012 年 8 月~)

副秘书长　张荣贵(~2012年1月)
江跃进(~2012年1月)
吴小明
郑丽君(女, ~2012年8月)
程浙安(~2012年8月)
吴建星
李志妙(~2012年10月)
潘改良
祝维伟
朱　飞(~2012年8月)
楼　冰(~2012年8月)
金　艳(女,2012年8月~)
陈志坚(2012年10月~)
傅源长(2012年10月~)

市委工作部门及直属单位

办公室
主　任　吴小明

组织部
部　长　蔡国春(~2012年1月)
温　暖(2012年1月~)

宣传部
部　长　陶诚华(~2012年1月)
钟关华(2012年1月~2012年8月)
何杏仁(女,2012年8月~)

统战部
部　长　吴志松

政法委
书　记　徐建华(~2012年2月)
劳红武(女,2012年2月~2012年8月)
陶诚华(2012年8月~)

政策研究室
主　任　潘改良

市委台湾工作办公室、市政府台湾事务办公室
主　任　张世元

机构编制委员会办公室
主　任　郭全刚

直属机关工作委员会
书　记　郑丽君(女, ~2012年8月)
金　艳(女,2012年8月~)

市委、市政府农业和农村工作办公室
主　任　祝维伟

市委、市政府信访局
局　长　李志妙(~2012年10月)
陈志坚(2012年10月~)

新经济与新社会组织工作委员会(社会工作委员会)
书　记　姚激扬

老干部局
局　长　胡正明

讲师团
团　长　潘江涛

防范和处理邪教问题领导小组办公室
主　任　吴建星

党校
校　长　蔡国春(~2012年1月)
温　暖(2012年1月~)

金华日报社
社长、党委书记、总编辑　陈　东

党史研究室
主　任　吴因清

档案局

局长、党组书记 钱　静(女)

中国共产党金华市纪律检查委员会

书　记 陈擎苍(　~2012 年 4 月)
张建明(2012 年 4 月~　)
副书记 许章才(　~2012 年 2 月)
卢秀芝(女)
张自力
吕文革(2012 年 2 月~　)
常　委 常爱平
王锦武
范晓东
郭　飞(2012 年 2 月~　)
刘景刚(2012 年 2 月~　)

金华市人民代表大会常务委员会

主　　任 徐止平(　~2012 年 3 月)
黄锦朝(2012 年 3 月~　)
副 主 任 林一心
程子林
钱世茂
丁国玉(女)
王国强
张荣贵(2012 年 3 月~　)
江跃进(2012 年 3 月~　)
党组书记 林一心(　~2012 年 2 月)
黄锦朝(2012 年 2 月~　)
党组副书记 林一心(2012 年 2 月~　)
程子林
秘 书 长 应炳兴
副秘书长 李克勤
胡冬娥(女)
郑樟根
陈后呈
张志明
伊福泉
吴文飞
邹志伟
陈增加
委　　员(按姓氏笔画排列)
马　越
王华新
王国进
王淑丹(女)
伊福泉
杨　艳(女)
李克勤
李晓叶(女)
吴文飞
吴晓华
吴瑞银
邹中玺
邹志伟
张志明
陆基灯
陈后呈
陈迎春(女)
陈美兰(女)
陈雄武
郑樟根
胡文君
胡冬娥(女)
姜洪森
姜　宪
袁坚列
钱毓峰
徐学清
徐　敏(女)
陶国兴
斯克良
蒋晓萌
雷永金

市人大常委会工作机构

办公室
主 任 邹志伟

研究室
主 任 吴晓华

法制工作委员会
主 任 王国进

财政经济工作委员会
主 任 胡文君

教育科技文化卫生民族侨务工作委员会
主 任 吴文飞(~2012 年 6 月)

教育科技文化卫生工作委员会
主 任 吴文飞(2012 年 6 月~)

民族宗教外事侨务工作委员会
主 任 (暂缺)

农业与农村工作委员会
主 任 姜洪森

城乡建设与环境保护工作委员会
主 任 张志明

代表与选举任免工作委员会
主 任 伊福泉

金华市人民政府

市 长 徐加爱
副市长 劳红武(女, ~2012 年 3 月)
陶诚华(2012 年 3 月~2012 年 8 月)
金中梁(~2012 年 3 月,2012 年 8 月~)
黄小杭
何美华
朱福林(~2012 年 10 月)
蔡 健
林丹军(女,2012 年 1 月~)
傅利常
谢春涛
党组书记 徐加爱
党组副书记 劳红武(女, ~2012 年 2 月)
陶诚华(2012 年 2 月~2012 年 8 月)
金中梁(2012 年 8 月~)
秘书长 祝伦根
副秘书长 任建生
应恩民
郭金仪(~2012 年 10 月)
马亚平
陈天堂
潘和胜(~2012 年 9 月)
陈庆华
程天云
陈陵际
韦 炜
蒋永根
吴贤惠
王旭照
潘文锋
张维源
陈峰齐
余秋荣(~2012 年 8 月)
吕绍荣
方宪文
姚孔屏(女,2012 年 2 月~)
朱志德(2012 年 2 月~)
马海清(2012 年 3 月~)
傅关福(2012 年 3 月~)
赵广才(挂职,2012 年 6 月~2012 年 8 月)
傅显明(2012 年 8 月~)
楼东江(2012 年 9 月~)

市政府工作部门及派出机构、直属单位

办公室
主　　任　任建生
党组书记　祝伦根

发展和改革委员会
主任、党组书记　陈陆一(　~2012 年 8 月)
　　　　　　　　余秋荣(2012 年 8 月~　)

物价局
局　长　杨晓红(2012 年 11 月~　)

经济和信息化委员会
主任、党委书记　金洪生

教育局
局长、党委书记　徐志坚

科学技术局
局长、党组书记　徐东成

民族宗教事务局
局　长　王景荣

公安局
局长、党委书记　毛善恩

监察局
局　长　许章才(　~2012 年 4 月)
　　　　卢秀芝(女,2012 年 4 月~　)

民政局
局长、党组书记　余筱燕(女，~2012 年 8 月)
　　　　　　　　夏　刚(2012 年 8 月~　)

司法局
局　　长　刘净非(女)
党委书记　钟庆华

财政局
局长、党组书记　陈志身

人力资源和社会保障局
局长、党组书记　王丁路

国土资源局
局长、党委书记　蒋金红

住房和城乡建设局
局长、党委书记　夏　康(　~2012 年 10 月)
　　　　　　　　潜高星(2012 年 10 月~　)

规划局
局长、党组书记　余秋荣(　~2012 年 8 月)
　　　　　　　　傅显明(2012 年 8 月~　)

交通运输局
局长、党委书记　邱建中

水利渔业局
局长、党委书记　包晓华

农业局
局长、党委书记　吴立钢

林业局
局长、党组书记　吴国平

商务局(粮食局)
局长、党组书记　江国富

文化广电新闻出版局
局长、党委书记　钟世杰

体育局
局长、党组书记　卢云霄

卫生局

局长、党委书记　吴康良

人口和计划生育委员会

主任、党组书记　姚孔屏(女，~2012年2月)
石骁敏(2012年8月~　)

审计局

局长、党组书记　方卫民

统计局

局长、党组书记　郑迪元

环境保护局

局长、党组书记　丁　政

食品药品监督管理局

局长、党委书记　张新华(　~2012年10月)
吕绍荣(2012年10月~　)

城市管理行政执法局

局长、党委书记　潘文锋

安全生产监督管理局

局长、党组书记　吕绍荣(　~2012年10月)
李志妙(2012年10月~　)

旅游局

局长、党组书记　傅显明(　~2012年8月)
朱　红(2012年8月~　)

机关事务管理局

局长、党组书记　张维源

外事与侨务办公室

主任、党组书记　罗月霞(女)

人民防空办公室(民防局)

主任、党组书记　胡　宏

国有资产监督管理委员会

主任、党委书记　徐方根

行政服务中心

主任、党组书记　潘和胜(　~2012年8月)
楼东江(2012年8月~)

金华经济技术开发区党工委、管委会

书　记　金中梁(　~2012年8月)
李郁华(2012年8月~　)
主　任　李郁华

金华新兴产业集聚区管委会

主　任　陈陆一

金华双龙风景旅游区党工委、管委会

书　记　陈　晓
主　任　徐祝成

浙江金西经济开发区党工委、管委会

书　记　陈　晓
主　任　张旭辉

浙江金东经济开发区党工委、管委会

书　记　郑余良
主　任　胡　杰

义乌商贸服务业集聚区党委、管委会

书　记　斯建民(2012年11月~　)
主　任　王奎明(2012年11月~　)

经济技术协作办公室

主任、党组书记　朱志德(　~2012年2月)

招商局(经济技术协作办公室)—
经济合作交流办公室(招商局)

主任(局长)、党组书记　姚孔屏(女,2012年2月~　)

供销合作社

主任、党委书记 潜高星(~2012 年 10 月)
陈福雨(2012 年 12 月~)

文物局

局长、党组书记 蓝跃军

市政府驻北京联络处

主　任 应丽青(女)

市政府驻上海联络处

主　任 叶　青

市政府驻杭州办事处

主　任 钟术清

市政府驻深圳办事处

主　任 张红丽(女)

市政府驻厦门办事处

主　任 (暂缺)

中国人民政治协商会议金华市委员会

主　　席 郑金平
副 主 席 王建平
张解放
邵国强
傅路红
张跃进
朱恒钱
吴志松
刘净非(女)
许章才(2012 年 3 月~)
党组书记 郑金平
党组副书记 王建平
秘 书 长 徐月明
副秘书长 方竟成
万晨曦
汪永革
黄　伟
胡锦全
张少华
常务委员(按姓氏笔画排列)
丁　宁(女)
万晨曦
马巧良
王景荣
方竟成
叶赏和
卢　广
卢淑芳(女)
丛　华(女)
包建益
巩美英(女)
成明亮
成晓波
朱文勇
朱孝平
朱茂丹(女)
刘　尧
杜剑平
吴月华(女)
吴彩霞(女)
吴瑞成
何校生
何蔓丝(女)
辛永良
汪永革
张　毅(女)
张少华
张世元
张放远(~2012 年 2 月)
张建敏(女)
陈　琳(女)
范庆松
金罕岗
郑爱军
郑一平(女)

郑守乾
胡济荣
胡总旗
胡泰群
胡爱珠(女)
胡锦全
赵允成
施清纯
姚波峰
倪　捷
徐　斌
徐志辉
郭金林
诸晓东
黄　伟
董巧娟(女)
蒋荣伟
程　颖(女)
傅　治
童国友
楼余产
蓝根有
雷启余
窦金庸

市政协工作机构

办公室
主　任 汪永革

研究室
主　任 马巧良

提案委员会
主　任 万晨曦

经济科技委员会
主　任 朱文勇

人口资源环境委员会
主　任 丛　华(女)

教育文化卫生体育委员会
主　任 胡爱珠(女)

社会法制委员会
主　任 成明亮

文史资料委员会
主　任 方竟成

港澳台侨委员会
主　任 胡泰群

委员工作委员会
主　任 丁　宁(女)

金华市中级人民法院

院　　长 徐建新
副 院 长 孟　玲(女，~2012年4月)
范旭东
宋耿金
邵永龙
黄美园(女)
党组书记 徐建新

金华市人民检察院

检 察 长 毛建岳
副检察长 葛兆俊
李　斌
郭土华
方旭东
党组书记 毛建岳

中国人民解放军浙江省金华军分区

司 令 员 徐学清
政治委员 周嘉爱

群众团体

金华市总工会

主　　席 朱恒钱
党组书记 徐跃进

中国共产主义青年团金华市委员会

书记、党组书记 马　越

金华市妇女联合会

主席、党组书记 陈雷红(女)

金华市科学技术协会

主　　席 楼余产
党组书记 戴　玲(女)

金华市文学艺术界联合会

主　　席 金云平
党组书记 楼　冰(2012年10月~)

金华市归国华侨联合会

主　席 蓝根有

金华市社会科学界联合会

主　　席 吴远龙
党组书记 夏　刚(~2012年8月)

金华市残疾人联合会执行理事会

理事长、党组书记 楼启余(~2012年10月)
骆　芳(2012年10月~)

金华市老龄工作委员会

主　任 蔡国春(~2012年5月)
温　暖(2012年5月~)

金华市红十字会

会　长 林一心

民主党派和工商联

中国国民党革命委员会金华市委员会

主　委 张解放

中国民主同盟金华市委员会

主　委 胡锦全

中国民主建国会金华市委员会

主　委 丁国玉(女)

中国民主促进会金华市委员会

主　委 张少华

中国农工民主党金华市委员会

主　委 傅路红

九三学社金华市委员会

主　委 张跃进

金华市工商业联合会

主　　席 邵国强
党组书记 范庆松

企事业单位、院校

金华银行

董 事 长 徐雅清(女)
党委书记 徐雅清(女，~2012年8月)
刘少非(2012年8月~)
行　　长 汪　平(~2012年3月)

金华广播电视总台
台长、党委书记　朱连芳

金华职业技术学院
党委书记　李秋华(女)
院　　长　王振洪

义乌工商职业技术学院
党委书记　严金发
院　　长　王　珉

金华教育学院(市体校)
党委书记　何宝钢
院　　长　申屠江平

金华广播电视大学(浙江贸易学校)—
金华广播电视大学(浙江商贸学校)
党委书记　方伟中(　~2012年8月)
校　　长　黄宏伟

垂直管理部门(单位)、部省属驻金单位、金融机构

国家税务局
局长、党组书记　吴伟民

金华海关
关长、党组书记　何士电

金华海关缉私分局
局　长　黄跃民(　~2012年9月)
　　　　姚亚良(2012年9月~　)
政　委　马旭明

金华出入境检验检疫局
局长、党组书记　詹勤伟

工商行政管理局
局长、党委书记　范寿山

地方税务局
局　长　陈志身

质量技术监督局
局长、党委书记　颜天明

气象局
局长、党组书记　陈智源

金华电业局
局　　长　姜　宪
党委书记　杜晓平

烟草专卖局(浙江省烟草金华市公司)
局长(经理)、党组书记　邱樟海

邮政局
局长、党委书记　金　聚(　~2012年4月)
　　　　　　　　杨嘉树(2012年4月~　)

邮政管理局
局长、党委书记　温雪荣(2012年11月~　)

中国电信金华分公司
总经理、党委书记　邹鹤海

浙江移动金华分公司
总经理、党委书记　包建益(　~2012年8月)
　　　　　　　　　胡欢刚(2012年8月~　)

中国联通金华市分公司
总经理、党委书记　郭　方(　~2012年4月)
　　　　　　　　　徐国荣(2012年4月~　)

中国人民银行金华市中心支行
行长、党委书记　李晓叶(女)

银监会金华监管分局
局长、党委书记 陈兆水

中国农业发展银行金华市分行
行长、党委书记 陈伟清(~2012年10月)
甄岗军(2012年10月~)

中国工商银行金华分行
行长、党委书记 赵丹蓓(女)

中国农业银行金华市分行
行长、党委书记 贾正生

中国银行金华市分行
行长、党委书记 吴 越

中国建设银行金华分行
行长、党委书记 陈根海

中国人民财产保险金华市分公司
总经理、党委书记 毛新龙

中国人寿保险金华分公司
总经理、党委书记 楼琦辉

中国太平洋财产保险金华中心支公司
总经理、党委书记 赵建华

中国太平洋人寿保险金华中心支公司
总经理、党组书记 杨 旻

中国平安财产保险金华中心支公司
总经理 王 新(~2012年8月)
楚军锋(2012年8月~)

中国平安人寿保险金华中心支公司
总经理、党总支书记 张利坚

县(市、区)主要机构及负责人名单

中国共产党金华市婺城区委员会
书 记 陈 晓

金华市婺城区人民代表大会常务委员会
主 任 张菲菲(女)

金华市婺城区人民政府
代区长 王 健(~2012年3月)
区 长 王 健(2012年3月~)

中国人民政治协商会议金华市婺城区委员会
主 席 施素珍(女)

中国共产党金华市婺城区纪律检查委员会
书 记 何海彬

中国共产党金华市金东区委员会
书 记 郑余良

金华市金东区人民代表大会常务委员会
主 任 赵 庆

金华市金东区人民政府
代区长 施美红(女, ~2012年2月)
区 长 施美红(女,2012年2月~)

中国人民政治协商会议金东区委员会
主 席 楼科进

中国共产党金华市金东区纪律检查委员会
书 记 丁丰田

中国共产党兰溪市委员会
书 记 吴国成

兰溪市人民代表大会常务委员会

主　任 许安林(~2012 年 3 月)
吴国成(2012 年 3 月~)

兰溪市人民政府

代市长 朱瑞俊(~2012 年 3 月)
市　长 朱瑞俊(2012 年 3 月~)

中国人民政治协商会议兰溪市委员会

主　席 郑遗清(~2012 年 3 月)
刘成芝(2012 年 3 月~)

中国共产党兰溪市纪律检查委员会

书　记 张慧娟(女)

中国共产党东阳市委员会

书　记 徐建华

东阳市人民代表大会常务委员会

主　任 蔡志成(~2012 年 2 月)
施侍伟(2012 年 2 月~)

东阳市人民政府

代市长 朱建军(~2012 年 2 月)
市　长 朱建军(2012 年 2 月~)

中国人民政治协商会议东阳市委员会

主　席 王正明

中国共产党东阳市纪律检查委员会

书　记 樊国斌

中国共产党义乌市委员会

书　记 黄志平

义乌市人民代表大会常务委员会

主　任 童香娣(女，~2012 年 2 月)
陈秀仙(女,2012 年 2 月~)

义乌市人民政府

市　长 何美华

中国人民政治协商会议义乌市委员会

主　席 杨林章(~2012 年 2 月)
宋英豪(2012 年 2 月~)

中国共产党义乌市纪律检查委员会

书　记 卢照洋

中国共产党永康市委员会

书　记 张伟亚

永康市人民代表大会常务委员会

主　任 刘淑芬(女，~2012 年 2 月)
张伟亚(2012 年 2 月~)

永康市人民政府

代市长 徐华水(~2012 年 2 月)
市　长 徐华水(2012 年 2 月~)

中国人民政治协商会议永康市委员会

主　席 陈毅成

中国共产党永康市纪律检查委员会

书　记 蓝群英(女)

中国共产党浦江县委员会

书　记 戴建平

浦江县人民代表大会常务委员会

主　任 张剑文(~2012 年 2 月)
黄林生(2012 年 2 月~)

浦江县人民政府

代县长 施振强(~2012 年 2 月)
县　长 施振强(2012 年 2 月~)

中国人民政治协商会议浦江县委员会

主　席 黄林生(~2012 年 2 月)
　　　　朱受明(2012 年 2 月~)

中国共产党浦江县纪律检查委员会

书　记 丁进跃

中国共产党武义县委员会

书　记 陈　伟

武义县人民代表大会常务委员会

主　任 陈增加(~2012 年 2 月)
　　　　徐华良(2012 年 2 月~)

武义县人民政府

代县长 张新宇(~2012 年 2 月)
县　长 张新宇(2012 年 2 月~)

中国人民政治协商会议武义县委员会

主　席 骆瑞生

中国共产党武义县纪律检查委员会

书　记 楼国康

中国共产党磐安县委员会

书　记 周剑敏

磐安县人民代表大会常务委员会

主　任 史　兴(~2012 年 2 月)
　　　　周剑敏(2012 年 2 月~)

磐安县人民政府

代县长 陈蕾妍(女, ~2012 年 2 月)
县　长 陈蕾妍(女,2012 年 2 月~)

党政社团

中国共产党金华市委员会

【概述】 2012年，是金华赶超发展的开局之年。一年来，市委深入贯彻落实科学发展观，认真学习贯彻党的十八大和省、市党代会精神，全面实施“八八战略”和“两创”(创业富民、创新强省)总战略，坚持以解放思想引领赶超崛起、以重点突破带动全局发展，呈现出经济赶超发展的良好态势和社会和谐稳定的良好局面。全市实现生产总值2700亿元，同比增长10.2%，增幅居全省第二位。21项主要经济指标中有17项指标增速居全省前三位，其中有：7项指标增速居全省第一位，4项指标增速居全省第二位，6项指标增速居全省第三位。有5项指标总量在全省的位次前移。有17项指标总量占全省比重提高。有9项指标与全省排名前一位地市的差距明显缩小。主要成效体现在：

【赶超发展】 年初召开的市委五届十七次全会暨市政府六届二次全体会议、市第六次党代会，勾画了推进赶超发展、加快浙中崛起的宏伟蓝图，确定了“百姓富裕、浙中崛起”的总目标和“稳中求进、赶超发展”的总基调，全面部署了实施“五大战略”、推进“五化联动”、建设“五个金华”、强化“五个保障”等一系列战略任务和战略举措。为贯彻党的十八大、省第十三次党代会及省委十三届二次全会精神，先后召开了市委六届二次全会、市委六届三次全会、市区重点建设与赶超发展大会等一系列重要会议，就新型工业化、“两富”现代化都市区建设、金义都市新区规划建设、市区重点建设与赶超发展等事关金华发展全局和长远的一系列重大问题作出部署，特别是确定了“两富”现代化都市区建设“三步走”“四翻番”的奋斗目标，提出了坚持“三个集群、三个联动、三个动力、三型融合、三宜结合”的“五三举措”，进一步完善了赶超发展的思路，激发了干部群众的干事创业热情，形成了全市上下盼赶超、谋赶超、促赶超的良好局面。

【六大战略】 一是加快推进义乌国际贸易综合改革试点，“市场采购” 新型贸易方式基本确立，新型贸易监管机制开始试行；二是土地管理制度改革专项方案获国土资源部批复同意；三是一批重大商贸功能性平台建设加快推进，带动全市外贸出口逆势快速增长。全市完成外贸出口总额213.1亿美元，增长40.7%，增速高于全省36.9个百分点，对全省外贸出口增长的贡献率达到了75%； 四是现代服务业综合配套改革深入推进，金融保险、现代物流、会展产业、电子商务、服务外包等产业加快发展，成功创建国家电子商务示范基地，市场提升发展受到省委省政府的充分肯定，永康成为全省唯一的“中国金融生态示范城市”。坚持把金义都市新区建设作为撬动全省第三大城市群、第四大都市区建设的战略支点，新区总体规划编制完成，征地、拆迁、建设同步推进，投资、融资、招商形势喜人，创造了“新区速度”。五是坚持把推进东阳文化产业全域化发展作为推进县域经济转型升级的样板、促进文化大发展大繁荣的重大抓手来实施，省级影视文化产业实验区建设进展顺利，影视拍摄基地向全产业链型文化产业集群转变效应显现。六是坚持把“工业强市”作为赶超发展的主攻方向，全力打造先进制造业基地。“四大建设”深入推进，汽车制造、农机装备、高档棉纺、生物医药等重点产业加快发展，永康南方农机产业园启动实施，规模以上工业增加值实现赶超进位。坚持把招商引资、招才引智作为推动赶超发展的重要动力,扎实推进“浙中崛起千亿投资系列工程”和“浙商回归金华千亿投资系列工程”,相继举办了一系列大型招商活动,固定资产投资突破千亿元大关,浙商回归工程全面超额完成省定考核任务。创业创新领军人才引进“双龙计划”启动实施,入选省“千人计划”11名,国家“千人计划”实现零突破。兰溪市、金东区被评为省级科技进步考核先进单位。市区重点建设与赶超发展迈出坚实步伐,三年行动计划启动实施,克难攻坚活动全面展开,成立了七个重点区块建设指挥部和一个服务协调小组,分工明确,责任到位,行动迅速,成效明显。

【城乡统筹发展】浙中城市群轨道交通线网通过专家评审,市区新能源公交车辆投入运行,电动汽车县际联网服务基本形成,杭长客专、国家重点输油管道征迁工作基本完成,省“新农村电气化市”验收顺利通过。农业“两区”建设走在全省前列,国家级农业高科技产业园完成申报,连续五年获省粮食生产先进市称号,婺城区被列为第二批国家级现代农业示范区。区域性水源联网联调规划完成,水利年度投资计划完成率和中央水利投资计划完成率全省排名第一。新一轮村庄整治工作深入推进,美丽乡村精品培育工程全面实施,农村住房改造建设被评为全省优秀,磐安获得了省“美丽乡村先进县”称号。积极推进旅游接待能力建设,旅游经济平稳发展。全面落实“三位一体”环境准入制度,率先推行环保重点排污企业公开承诺,印染、电镀、化工、制革和水晶等行业整治成效明显,浦江、永康顺利解除省环保区域限批。国家森林城市创建进展良好,“四边三化”行动和平原绿化工作扎实推进,浦江被列为全省唯一一个省级林地股份制改革试点县,武义荣获全国资源型城市。低丘缓坡综合开发利用试点工作扎实推进,“365”节约集约用地行动和“百万”造地保障工程成效明显。

【“五个金华”建设】坚持把保障和改善民生作为工作的根本出发点和落脚点,全市财政民生类支出资金170.23亿元,同比占总支出的74.7%,高于全省4.7个百分点,新增民生支出占新增支出总额的78%。“无欠薪金华”行动全面实施,“五缓四减三补贴”就业创业政策全面落实,全市城镇登记失业率2.77%,荣获全国创业先进城市称号。教育现代化迈出新步伐,学前教育三年行动计划深入推进,义务教育实行“零择校”,中等职业教育创出新成果。体育事业稳步发展,省第二届体育大会筹备工作有序推进,市八运会成功举办,市体育中心、中国婺剧院基本完工。文化强市建设步伐加快,公共文化服务体系逐步健全,农家书屋实现全覆盖,非遗保护取得新成效,文化精品创作捷报频传,外宣工作开创新局面。公立医院综合改革全面推进,突发公共卫生事件应急处置体系逐步完善。社保扩面力度进一步加大,城乡统一的居民基本医疗保险制度基本建立,社会救济救助体系逐步健全,保障性住房建设超额完成年度任务。“网格化管理、组团式服务”不断深化,110社会应急联动机制在全省推广,中共十八大信访维稳圆满成功,“万家购物”事件妥善处置,隐蔽战线斗争和反邪教工作不断加强。食品药品安全大整治百日行动荣获省级先进,道路交通、食品药品、矿山企业、危化行业整治和监管有效加强,安全生产形势总体趋好。人口性别比治理成效明显,普法教育广泛开展,福利慈善、老龄和残疾人事业健康发展,国内合作交流和援疆援藏等对口帮扶工作取得新成效,民族宗教、港澳台和外侨等工作取得新进展,双拥和国防后备力量建设得到新加强。

【党建工作】充分发挥党委总揽全局作用,积极支持人大、政协依照法律和章程履行职能,各民主党派和工会、共青团、妇联等人民团体、社会组织的积极作用得到有效发挥。深入开展“基层组织建设年”活动,创新县(市、区)委书记抓基层党建工作季度例会制度,扎实推进“五星争创”活动,探索建立党代表作用发挥新机制,建立农村“两富”局级指导员制度,基层党建工作成果丰硕,部分工作得到了中央领导和省委的充分肯定。干部人事制度改革进一步深化,推行了市直部门正职“两轮推荐、差额比选”制度,市、县联合竞争性公开选拔工作反响良好。探索建立市直部门(单位)领导班子及领导干部立体考评机制,试行退出现职领导干部管理办法,全市1209名“退二线干部”回归“一线岗位”发挥作用。全面开展“思想大解放、作风大转变”主题实践活动,扎实推进服务基层、服务企业系列行动,组织开展“现场效能投诉、开门征集意见”活动,促进了机关干部作风的转变,社会反响良好。全面落实党风廉政建设责任制,建立健全廉政风险防控机制,完善经济责任审计制度,严肃查处了一批违法违纪案件,以反腐倡廉建设的实际成效取信于民。

重要会议

【市委五届十七次全会】 2月2日,市委召开五届十七次全体(扩大)会议暨市政府六届二次全体会议。会议的主要任务是:认真学习贯彻党的十七届六中全会和省委十二届十次全会精神,按照中央和全省经济工作会议的部署,总结2011年工作,部署2012年任务,审议通过《中共金华市委关于大力推进文化强市建设的决定》,推荐中共金华市第六届委员会委员、候补委员和纪律检查委员会委员候选人初步人选,圈选确定金华市党的十八大代表候选人初步人选推荐名单及省第十三次党代会代表候选人预备人选。市委书记陈一新作了题为《推进赶超发展　加速浙中崛起　努力开创金华发展新局面》的报告。会议在客观总结过去一年的工作的基础上,清醒地分析了当前金华的发展形势。会议指出,金华过去发展有起有落,发展史上有过辉煌,但也有过落后,区域综合发展水平稳中趋降;金华当前发展忧中有喜,整体发展水平属全省后发地区,但经济发展速度在加快;金华未来发展前景看好,战略地位得到提升,发展基础和势头良好,发展空间和潜力很大。在现实面前、在差距面前、在压力面前,唯有坚定信心、振奋精神,唯有与时俱进、不甘居后,唯有自我加压、敢于拼搏,唯有奋起直追、加快崛起。会议明确了2012年经济社会发展工作的思路:必须认真学习贯彻中央和省委省政府一系列决策部署,深入贯彻落实科学发展观,全面实施“八八战略”和“创业富民、创新强市”总战略,始终围绕“百姓富裕、浙中崛起”总目标,牢牢把握“稳中求进、奋力赶超”总基调,紧紧抓住“发展城市群、共建大金华”战略主线,按照“抓转型、重投入、强改革、优环境、惠民生、促和谐”的工作思路,着力推进新型工业化、新型城市化、农业农村现代化和新型国际化“四化联动”,确保经济平稳较快发展和社会和谐稳定,以优异的成绩迎接党的十八大和省第十三次党代会胜利召开。会议提出,2012年重点要抓好以下八个方面工作:以农业“两区”建设为抓手,加快推进农业农村现代化;以转型升级为主攻方向,加快推进新型工业化;以义乌国际贸易综合改革试点为契机,加快推进新型国际化;以统筹规划建设城市群核心区为抓手,加快推进新型城市化;以生态市创建为载体,加快推进生态文明建设;以深化文化体制改革为动力,加快推进文化繁荣发展;以保障和改善民生为目的,进一步推进社会事业发展;以创新社会管理为途径,加快推进和谐社会建设。会议认为,要全面提高党建科学化水平,增强党组织的凝聚力战斗力创造力,为赶超发展、浙中崛起提供坚强的政治保证。要以“思想大解放、作风大转变”为总抓手,创新抓落实机制,确保赶超发展、浙中崛起各项工作落到实处。市委决定在全市组织开展“思想大解放、作风大转变”大讨论活动,各级各部门要进一步解放思想、转变作风,认真反思在适应形势上是否有所迟滞,在改革创新上是否有所畏难,在加快发展上是否有所松懈,始终做到思想上永不僵化、工作上永不停滞,以思想大解放和作风大转变推动金华的大发展。要统揽全局,协调各方抓落实;要突出重点,明确责任抓落实;要提振精神,转变作风抓落实;要动真碰硬,强化督查考核抓落实。会议要求,当前要重点抓好以下工作:抓好全会精神贯彻,形成发展共识;抓好政策制定出台,营造发展环境;抓好要素资源保障,强化发展支撑;抓好招商引资工作,增强发展动力;抓好城市群协同推进,凝聚发展合力;抓好精品城市创建,扩大发展影响力;抓好各项惠民实事,夯实发展基础;抓好考核制度完善,健全发展机制;抓好重大会议筹备,落实发展部署;抓好政府自身建设,提高发展能力。市委全体会议还审议通过了《中共金华市委关于大力推进文化强市建设的决定》。

【市第六次党代会】 2月26日~29日,中国共产党金华市第六次代表大会在市文化中心举行,代表全市32万党员的481名党代表出席大会。本次大会的主题是:坚持以邓小平理论和“三个代表”重要思想为指导,深入贯彻科学发展观,动员全市广大党员和干部群众,为建成全面小康社会、建设现代化新金华、开创赶超发展浙中崛起新局面而努力奋斗。大会听取并审查陈一新同志代表五届市委所作的工作报告;审查市纪委工作报告;通过《中国共产党金华市第六次代表大会关于五届市委工作报告的决议》;通过《中国共产党金华市第六次代表大会关于市纪律检查委员会工作报告的决议》。选举产生中共金华市第六届委员会、中共金华市纪律检查委员会和金华市出席浙江省第十三次党代会代表。

【市委六届一次全会】 2月29日,市委召开六届一次全体会议。会议选举产生中共金华市第六届常务委员会。陈一新当选为书记,徐加爱、劳红武当选为副书记,陈一新、徐加爱、劳红武、陶诚华、黄志平、钟关华、陈擎苍、毛善恩、周嘉爱、徐建华、金中梁、温暖当选为常务委员。会议通过市纪委第一次全体会议选举结果,通过《中共金华市委关于加强自身建设的决定》。

【市委六届二次全会】 8月2日,市委召开六届二次全体(扩大)会议暨市政府六届三次全体会议。会议的主要任务是:认真学习领会胡锦涛同志在省部级主要领导干部专题研讨班开班式上的重要讲话精神,深入贯彻落实省第十三次党代会和市第六次党代会精神,总结上半年工作,部署下半年任务,并重点研究"深入实施'工业强市'战略,加快推进新型工业化"问题,充分发挥工业在赶超发展、浙中崛起中的重要作用。市委书记陈一新同志作了题为《深入实施"工业强市"战略坚定不移走新型工业化道路》的报告。

会议全面总结了年初以来的主要工作。会议指出,年初以来,全市上下深入贯彻落实科学发展观,全面实施"八八战略"和"两创"总战略,以学习贯彻省、市党代会精神为动力,抓机遇谋发展、抓重点带全局,科学谋定赶超发展思路、加快经济赶超发展态势、突出抓好战略重点工作、扎实推进城乡统筹发展、切实保障和改善民生、部署开展文化强市建设、全面深化"法治金华"建设、着力提高党建科学化水平,各项工作扎实推进,重点突出、亮点纷呈,呈现出赶超发展的新局面。

会议确定了下半年工作的总要求。会议指出,要按照中央和省委的总体部署,紧紧围绕"赶超发展、浙中崛起"这个主题,把握发展大势,抢抓发展机遇,坚持解放思想,深化改革开放,着力在抓投入、调结构、惠民生、促和谐、强党建上下工夫,进一步凝心聚力、真抓实干、开拓进取,努力保持赶超发展态势,确保全面完成年度各项目标任务,以优异的成绩迎接党的十八大胜利召开。

会议要求,抓投资不放松,着力推进经济转型升级。要扎实推进国家级和省级经济开发区(工业园区)、产业集聚区优化提升,加强生产制造环节技术创新,加大优质大项目的引进力度,扎实推进"浙中崛起千亿投资系列工程"和"浙商回归金华千亿投资系列工程",建立健全领导干部联系重点项目制度,建立转型升级重大项目库,着力在扩大投资上下工夫,在转型升级上见实效。抓新区不懈怠,着力集聚高端生产要素。要坚持高起点规划,高标准建设,高强度投入,高效率管理,以扎实推进金义都市新区开发建设为重点,加快浙中城市群发展,走出一条新型城市化道路。抓统筹不动摇,着力促进区域协调发展。要大力支持各县(市、区)优势互补、错位竞争,因地制宜、特色发展,以重点区块建设为抓手加快金华市区"精品城市"建设,全面提升美丽乡村建设水平,扎实推进国家森林城市创建工作,加快推进农业"两区"建设,统筹推进城乡区域协调发展。抓改革不畏难,着力推进体制机制创新。要扎实抓好义乌国际贸易综合改革试点工作,深入推进金华现代服务业发展综合配套改革试点,努力做大做强金华旅游产业,继续深化行政审批制度改革。抓民生不停步,着力维护社会和谐稳定。要进一步加强和创新社会管理,继续加大教育、医疗等社会事业投入,深化生态市创建和"811"生态文明建设推进行动,继续抓好"我们的价值观"大讨论活动,全力推进东阳文化产业全域化,深入推进"平安金华"、"法治金华"建设。抓党建不松劲,着力推动干部干事创业。要深入开展"思想大解放、作风大转变"主题实践活动,切实提高领导班子领导发展、服务群众的能力和水平,进一步推动基层党建工作再上新台阶,继续深化干部人事制度改革,着力提高人才工作服务赶超发展的水平,推进作风建设取得更大实效,全面落实党风廉政建设责任制。

会议强调,新型工业化是现代化的重要基础,是新型城市化的重要支撑。加快推进新型工业化是建设现代化金华的内在要求,是实现赶超发展的必然选择,是实施可持续发展的必由之路。

会议要求,要深刻认识加快推进新型工业化的内涵意义,改变传统工业化模式下生产要素的分配和使用方式,以信息化带动工业化,以工业化促进信息化,采用先进技术,降低资源消耗,减少环境污染,提高产品质量,走出一条科技含量高、经济效益好、资源消耗低、环境污染少、人力资源优势得到充分发挥的工业化发展道路。要科学把握加快推进新型工业化的目标要求,以改革创新为动力,以"五化"联动为方向,以推进"四大建设"为抓手,加快构建结构优化、创新驱动、集约高效、环境友好、优势鲜明的产业特色和发展格局,不断提升区域经济综合竞争力和可持续发展能力,走出一条具有金华特色的新型工业化道路。要积极探索加快推进新型工业化的实现路径,坚持把招大引强作为主要抓手,把园区开发作为主要阵地,把产业集群作为主攻方向,把自主创新作为主要动力,把节能减排作为主要环节。要不断优化加快推进新型工业化的发展条件,优化服务,优化政策,优化环境。

市委全会审议通过了《中共金华市委关于深入实施"工业强市"战略加快推进新型工业化的决定》。

【市委六届三次全会】 12 月 19 日,市委召开市委六届三次全体(扩大)会议,会议的主要任务是:认真学习贯彻落实党的十八大和省委十三届二次全会精神,按照市第六次党代会的总体部署,深入研究推进新型城市化,加快"两富"现代化都市区建设。市委书记陈一新同志作了题为《认真学习贯彻党的十八大精神全面加快"两富"现代化都市区建设》。

会议指出,"两富"现代化都市区建设是新的时代条件下金华发展的总载体。金华—义乌都市区是指以金华市区、义乌市为都市核心区,与兰溪、东阳、永康、浦江、武义、磐安共同构成的都市区,属浙江省重点培育的第四大都市区。在空间范围上,浙中城市群还包括龙游、缙云、诸暨南部等协调区,属于跨市域推进的城市化;而金华—义乌都市区则属本市域内推进的城市化。在发展内涵上,浙中城市群强调的是区域城市化,金华—义乌都市区强调的是城市区域化,强调以核心区建设为龙头、增强对区域内其他城市的辐射和带动作用,强调城市功能的统筹考虑、整体布局,使组团内各城市有序竞合,实现区域经济一体化。加快"两富"现代化都市区建设是贯彻落实党的十八大和省委十三届二次全会精神的具体行动,是推进新型城市化的主体形态,是加快城乡发展一体化的客观需要,是金华赶超崛起的重要引擎,在思想上要有充分认识,在行动上要有高度自觉。

会议强调,"两富"现代化都市区建设是金华实现赶超崛起新的战略部署,要切实明确发展目标,牢牢把握工作要求。当前和今后一个时期,加快"两富"现代化都市区建设的总体要求是:坚持以邓小平理论、"三个代表"重要思想、科学发展观为指导,全面贯彻落实党的十八大和省委十三届二次全会精神,按照市党代会的总体部署,深入实施"八八战略"和"两创"总战略,紧紧围绕"百姓富裕、浙中崛起"总目标,坚持"稳中求进、赶超发展"总基调,以现代市场集群、现代产业集群、现代城市集群(简称三个集群)为转型发展方向,以新型工贸联动、新型产城联动、新型城乡联动为统筹发展重点,以改革创新、招商引资、招才引智为赶超发展动力(简称三个动力),以组团型、田园型、智慧型为绿色发展形态,以宜居、宜业、宜游为人本发展追求,加快建设美丽金华,全力打造浙江第四大"两富"现代化都市区。具体分"三步走":第一步,全力做好 2013 年工作,全面完成市委市政府确定的年度目标任务。第二步,到 2015 年全面超额完成"十二五"规划确定的目标任务,初步形成以金华市区和义乌市为核心,带动各县(市)融合发展的城市化新格局。第三步,到 2020 年要实现"四个翻一番",即全市生产总值、人均生产总值、城镇居民人均可支配收入、农村居民人均纯收入分别比 2010 年翻一番,基本建成"两富"现代化都市区。

会议指出,推进"两富"现代化都市区建设,必须坚持"三个集群",促进人口集中、要素集约、产业集群、服务集成,加快推动"市场群+产业群+城市群"向"现代市场集群+现代产业集群+现代城市集群"转型发展;必须坚持"三个联动",扎实推进新型工贸联动、新型产城联动、新型城乡联动(简称三个联动),促进先进制造业与现代服务业互动发展、城市新区与产业高地融合发展、城乡区域一体发展；必须坚持“三个动力”，加大改革创新、招商引资、招才引智力度，破解制约城乡区域协调发展的体制机制，充分利用国际国内两个市场、两种资源，切实依靠科技和人才支撑，不断增强赶超发展的体制活力和内生动力；必须坚持“三型融合”，以强化交通联系为纽带，以生态田园为基底，以设施智慧化、服务智能化为方向，构建组团型、田园型、智慧型(简称三型)都市区绿色发展形态；必须坚持“三宜结合”，把宜业、宜居、宜游作为人本发展的追求，促进生产空间集约高效、生活空间宜居适度、生态空间山清水秀，实现城乡统筹发展与人的全面发展有机统一。

会议强调，要加快构建“三个集群”。一要以义乌国际贸易综合改革试点为契机，大力推进市场拓展提升，加快构建现代市场集群。要大力推进市场结构多元化，坚持生活类、生产类、文化类产品综合市场齐发展；大力推进贸易结构多元化，坚持出口贸易、进口贸易、转口贸易齐发展；大力推进市场业态多元化，坚持本地单体市场、全国全球连锁市场齐发展；大力推进市场模式多元化，坚持实体市场、虚拟市场齐发展；大力推进市场功能多元化，坚持贸易经济、会展经济齐发展，真正把金华建设成为全省乃至全国的市场发展高地。二要以产业集聚区开发区(工业园区)为平台，大力推进产业转型升级，加快构建现代产业集群。坚持以提质提效为重点，深化大平台建设；坚持以扩大有效投资为抓手，深化大项目建设；以招大引强为途径，强化大企业培育；以强化产业联系为关键，加快培育大产业；以增强能力为核心，构建科技创新体系，努力把金华建设成为全省现代产业集群转型升级示范区。三要以促进金义聚合发展为抓手，大力推进县(市)融合发展，加快构建现代城市集群。强化核心带动，积极构筑组团型空间格局；促进城乡融合，努力构建田园型城市形态；坚持交通先行，加快建设智慧型基础设施，加快形成“组团型、田园型、智慧型”城市新形态。

会议强调，要加快构建两大体系。一要以东阳文化产业全域化为引领，大力推进特色文化发展，加快构建现代文化发展体系。推动东阳文化产业全域化发展，大力发展特色文化产业，大力加强文化服务体系建设，大力弘扬创业创新的时代精神，为“两富”现代化都市区建设提供强大的精神动力和智力支撑。二要以保障和改善民生为根本，大力推进服务管理创新，加快构建现代社会管理体系。全面完善基本公共服务体系，全面加强和创新社会管理，全面建设新型城乡社区，切实维护最广大人民根本利益，努力促进社会和谐稳定。

会议强调，“两富”现代化都市区建设是时代赋予我们的历史使命，是一项带有全局性、综合性、战略性的宏大工程。要认真贯彻执行《十八届中央政治局关于改进工作作风、密切联系群众的八项规定》，切实改进作风，不断提高各级领导班子的战斗力、凝聚力和执行力。要加强统筹协调，完善政策措施，狠抓工作落实，强化要素保障，动员全民参与。

全会号召，全市上下要紧密团结在以习近平同志为总书记的党中央周围，认真学习贯彻党的十八大精神，高举中国特色社会主义伟大旗帜，以邓小平理论、“三个代表”重要思想、科学发展观为指导，大胆实践、勇于创新，全面加快“两富”现代化都市区建设。

市委全会审议通过了《关于认真学习贯彻党的十八大精神，全面加快“两富”现代化都市区建设的决定》《中共金华市委议事规则》《关于免去朱福林市委委员职务的报告》。

【市委常委会议】 1月9日，常委会研究补充推荐十八大代表候选人初步人选、金华市出席省第十三次党代会代表候选人预备人选建议方案以及有关人事事项。

1月18日，常委会研究国家森林城市、浙江省森林城市创建工作，全市和市区2012年国民经济和社会发展主要预期目标建议，市委五届十七次全体(扩大)会议暨市政府六届二次全体会议会务方案、工作报告(审议稿)，2011年度市机关部门(单位)考核结果。

2月7日，常委会研究中央纪委、省纪委全会精神及金华市贯彻意见和全市作风建设大会方案，六届市委委员、候补委员、市纪委委员候选人预备人选建议名单，市党代会报告起草情况。

2月16日，常委会研究市第六次党代会有关事宜,全省农村工作会议、宣传思想工作会议和全省组织部长会议以及全国、全省政法工作会议精神及金华市贯彻意见,各市委常委赴县(市、区)征求党代会报告意见情况。

2月29日,常委会研究有关人事事项。

3月1日,市委召开市委常委会专题民主生活会。

3月7日,常委会研究市政府工作报告起草情况、2011年全市和市本级财政预算执行情况及2012年财政预算草案报告、2011年国民经济和社会发展计划执行情况及2012年计划草案、2011年度市机关部门涉企科级岗位群众评议情况、金义都市区建设领导小组及金义都市新区开发建设委员会等机构设置有关事宜,全国供销合作系统先进工作者推荐名单。

3月16日,常委会研究全省组织工作满意度民意调查座谈会精神及金华市贯彻意见、有关人事事项和金华职业技术学院党委换届有关事项。

4月5日,常委会研究全省老干部工作会议、全省防范处理邪教工作会议精神和《中共浙江省委、浙江省人民政府关于加强和改进新形势下工商联工作的实施意见》精神及金华市贯彻意见,2012年金华市重点项目、重大前期项目和金华市区政府投资项目计划,金华铁路西站改造、金华市综合型行政服务中心建设有关事宜,《关于对各县(市、区)经济发展主要指标实行排序通报的意见(送审稿)》,《金华市级机关退出现职领导干部管理办法(试行)(送审稿)》。

4月11日,常委会研究推荐全国创先争优先进基层党组织、优秀共产党员、创先争优活动先进县(市、区)党委建议方案。

4月13日,市委在义乌召开常委会议,专题研究支持义乌改革发展。

4月24日,常委会研究支持义乌加快改革发展六大举措牵头单位建议方案,有关制度起草情况,开展2010~2012年省、市创先争优先进基层党组织、优秀共产党员推荐和评选建议方案,全市平安建设暨深化“网格化管理、组团式服务”工作推进会议方案,团代会筹备工作情况和有关人事事项。

4月26日,常委会专题研究全市一季度经济形势。

5月3日,常委会研究有关人事事项和金义都市新区开发建设有关政策问题。

5月14日,常委会研究:市委常委联系县(市、区)分工调整方案,推荐上报省创先争优先进基层党组织、优秀共产党员、创先争优活动先进县(市、区)党委建议方案,加快推进金义都市新区建设的政策意见,提高组织工作满意度有关工作意见和有关人事事项等。

6月12日,常委会研究:省第十三次党代会精神和中央、省委领导同志在金调研重要指示精神及金华市贯彻意见,《关于表彰爱国拥军、拥政爱民模范单位和模范个人的决定(送审稿)》,《中共金华市委关于切实做好保持党的纯洁性各项工作的意见(送审稿)》,评选市创先争优先进基层党组织、优秀共产党员及有关先进人物命名表彰建议方案,2011年度市管干部年度考核等次确定方案,“两轮推荐、差额比选”部分市机关部门(单位)正职人选的建议方案以及开展市县联合竞争性选拔干部工作的建议方案,《市级机关部门(单位)2012年度工作绩效考核评价实施意见(送审稿)》。

6月29日,常委会研究成立金华日报报业传媒集团有关事宜。

7月16日,常委会研究:省、市级爱国主义教育基地,加快市区农业转型升级、推进农业农村现代化的政策意见,《金华市美丽乡村建设行动计划(2012~2016)(送审稿)》,《金华市人才发展“十二五”规划(送审稿)》,全省市委组织部长读书会及金华市贯彻意见,省委构建惩治和预防腐败体系工作领导小组会议、全省惩防办主任座谈会有关精神及金华市贯彻意见。

7月23日,常委会研究:上半年经济形势、市委六届二次全体(扩大)会议暨市政府六届三次全体会议方案和工作报告提纲、《关于深入实施工业强市战略加快推进新型工业化的决定(送审稿)》《关于加快推进金华新兴产业集聚区建设的若干意见(送审稿)》,全省电镀行业整治提升工作现场推进会精神及金华市贯彻意见。

8月13日,常委会研究:省委副书记、政法委书记李强到金调研考察时的重要讲话精神及金华市贯彻意见,市领导联系市区重点招商引资项目工作制度,市委六届二次全体(扩大)会议暨市政府六届三次全会精神专项督查有关情况,第二届中国(金华·义乌)国际商贸发展大会实施方案,《金华新型国际化发展五年行动纲领(送审稿)》,第13届中国·金华工业科技合作洽谈会筹备情况,《金华市机关工作人员作风和效能问责暂行办法(送审稿)》,全国、全省信访维稳工作系列会议精神及金华市贯彻落实建议意见和有关人事事项。

9月14日,常委会研究:省委专题学习会、省党政代表团外出学习考察、全省农村住房改造建设工作现场会、全省扩大有效投资推进大会和夏宝龙省长在磐安信访工作座谈会上的重要讲话、李强副书记在义乌检查中共十八大安保工作时的重要讲话等精神及金华市贯彻意见,市委常委分工、常委联系县(市、区)分工、部分市级议事协调机构和临时机构负责人调整方案,全省加强市县领导班子内部制度建设暨严肃换届纪律视频会议精神及金华市贯彻意见,2011年度党政领导科技进步目标责任制考核有关情况及市委近期重点工作和有关人事事项。

9月21日,常委会研究:金华广播电视总台深化体制机制改革方案,金华市出席十二届全国人代会代表初步候选人、省十二届人代会代表候选人推荐提名工作建议方案和有关人事事项。

10月19日,常委会研究:市区建设与发展工作会议筹备情况,《金华市区政府投资项目并联审批办法(送审稿)》,全省加强村级便民服务、村务监督和村级集体经济建设现场会与全省"深化千万工程、建设美丽乡村"现场会精神及金华市贯彻意见,金华市第三批海内外英才引进计划项目评审情况,加强省级中心镇党委书记配备和管理的建议意见,市工会、市妇联换届有关工作情况及有关人事事项。

10月24日,常委会专题研究前三季度金华市经济形势。

10月31日,常委会研究:授予金义都市新区管委会部分行政审批和管理权限方式,《金华市机关部门(单位)党政主要领导不直接分管财务、人事、工程建设、行政审批和物资采购工作暂行规定(送审稿)》《关于加快引进创业创新领军团队和人才的意见(送审稿)》,市区重点建设与赶超发展大会报告起草及《三年行动计划(2013~2015)(送审稿)》和有关人事事项。

11月19日,常委会研究:《金华市市直部门(单位)领导班子成员年度综合考核办法(试行)》修改情况,市区重点区块建设指挥部组建方案,全省农村精神文明建设工作会议精神及金华市贯彻意见,《关于加强县级统一战线工作的实施意见(送审稿)》《关于加强新时期侨联工作的意见(送审稿)》,金华市出席第十二届全国人民代表大会代表候选人推荐人选、全省统战工作立功和嘉奖建议人选、全省侨办系统先进工作者推荐人选和有关人事事项。

11月26日,常委会专题听取义乌市工作情况汇报,研究督导义乌改革发展工作。

11月30日,常委会研究:市委六届三次全体(扩大)会议方案,《中共金华市委议事规则(送审稿)》,贯彻落实党的十八大精神、进一步建立健全党建工作相关制度,《金华市区重点建设与赶超发展三年行动计划(2013~2015)(送审稿)》,市区重点区块建设指挥部成立方案。

12月10日,常委会专题研究省委十三届二次全会主要精神及金华市贯彻意见。

12月12日,常委会研究《关于认真学习贯彻党的十八大精神全面加快"两富"现代化都市区建设的决定(送审稿)》、《金华市区重点建设与赶超发展三年行动计划(2013~2015)(送审稿)》、全省党的十八大期间信访工作先进集体和先进个人推选名单、有关人事事项和部分群团组织换届有关工作。

【市委书记专题会议】 1月9日,听取市外侨办有关工作、东阳市和市直部分选举单位出席金华市第六次党代会代表候选人预备人选审核情况、有关人事事项和开展2011年度市机关涉企科级岗位评议工作情况的汇报。

1月18日,听取2011年度市机关部门(单位)考核结果、市第六次党代会日程安排等有关事项和创建国家森林城市、浙江省森林城市有关情况的汇报。

2月9日,听取市"两会"工作安排、市编委办"三定"意见、市党代会筹备工作情况以及市机关部门办公、会议用房解决方案的汇报。

2 月 15 日，听取市台办有关工作、金华市残障人托养中心单独设置、市第六次党代会有关建议名单和选举办法、市第六次党代会代表团分团建议和金华市 2011 年度市级文明单位申报命名情况的汇报。

3 月 5 日，听取金义都市新区开发建设领导小组和管委会等机构组建有关事宜、市委财经工作领导小组组成人员建议方案、市级机关领导班子考核办公室人事安排建议方案的汇报。

3 月 16 日，听取市外侨办、市台办有关工作和有关人事事项的汇报。

4 月 5 日，听取市台办有关工作、《关于恢复因公出国(境)分级审批办法》《金华市级机关退出现职领导干部管理办法(试行)》起草情况、安徽省到金华市挂职干部安排建议方案的汇报。

4 月 24 日，听取有关人事事项的汇报。

6 月 12 日，听取竞争性选拔干部方案、义乌商贸服务业产业集聚区管委会机构级别和有关人事事项的汇报。

8 月 13 日，听取市重大项目前期办编制和职级事项、市机关退休人员生活补贴发放情况及有关人事事项的汇报。

10 月 16 日，听取 2012 年全市军转干部安置工作方案、金华体育公园规划调整事项、金发大厦政策处理工作和有关人事事项的汇报。

10 月 24 日，听取有关人事事项的汇报。

10 月 31 日，听取有关人事事项的汇报。

12 月 12 日，听取《关于对部分“双强”“两新”组织党组织实行双重管理的意见》和《金华市级机关退出现职领导干部年度考核办法》起草情况，有关人事事项和部分群团组织换届有关工作的汇报。

【市委主要活动】 1 月 4 日，市委、市政府在北京举行新春茶话会。280 多位在京的金华籍或曾在金工作过的领导、专家和企业家参加，市领导徐加爱等出席茶话会。

1 月 8 日，市委召开全市领导干部会议，省委宣布关于金华市委领导班子换届有关人事安排及相关人事调整的决定。陈一新同志任中共金华市委书记，徐止平同志不再担任金华市委书记职务，另有任用。

1 月 8 日~9 日，由省委常委、常务副省长陈敏尔带队的省检查组到金华对落实党风廉政建设责任制和推进惩防体系建设工作情况进行检查。市委书记陈一新汇报全市落实党风廉政建设责任制和推进惩防体系建设工作情况，市委副书记、市长徐加爱主持汇报会。

1 月 10 日，市委、市政府在上海举行 2012 上海金华籍领导专家新春茶话会。百余位在上海工作的金华籍领导、专家、企业家参加。市委副书记黄锦朝致辞，市委常委、常务副市长劳红武主持茶话会。

1 月 14 日，市委、市政府在杭州举行 2012 杭州金华籍领导专家新春茶话会。280 多位金华籍或曾在金工作过的领导专家参加。市领导陈一新、徐加爱等出席茶话会。

1 月 17 日~19 日，市委书记陈一新赴义乌、永康、武义、金东、兰溪、东阳、磐安等地调研。

1 月 19 日，市委、市政府在市文化中心举行 2012 年春节团拜会。市级老领导、老红军，部省属驻金单位、在金高校、市机关部门及婺城区、金东区主要负责人，驻金部队军政主官，市级各民主党派、工商联负责人和无党派人士代表，各条战线先进模范人物代表，侨属、台胞、台属、少数民族、宗教界、企业界、决咨委员代表，机关干部、部队官兵、学校师生、企业职工代表参加。市委书记陈一新致辞，市委副书记、市长徐加爱主持团拜会。

1 月 29 日，陈一新、徐加爱等市领导率领市机关各部门各单位、武警市支队、市消防支队主要负责人以及婺城区、金西开发区主要负责人，到金西岭垅湖景观公园参加义务植树活动，为打造“森林金华”再添新绿。

1 月 29 日~2 月 1 日，为精心谋划当前及今后五年金华市经济社会发展思路和工作重点，市委连续用 4 个半天的时间，举行市直机关部门负责人座谈会，专门听取 37 个市直机关部门主要负责人的意见建议。市领导陈一新、徐加爱等领导参加座谈会。

1 月 30 日，市委、市政府在浙江师范大学国际会议交流中心举行在外金华商会会长恳谈会，17 位在外婺商代表参加。市委副书记、市长徐加爱出席恳谈会。

2月2日,市委五届十七次全体(扩大)会议暨市政府六届二次全体会议在市文化中心举行。市委书记陈一新作工作报告,市委副书记、市长徐加爱主持会议并讲话。

2月3日,市委、市政府召开新闻媒体座谈会。市委书记陈一新要求,新闻宣传工作要牢牢把握金华发展大局,始终坚持正确导向,积极推进改革创新,为金华赶超发展、浙中崛起营造良好的舆论环境,提供强大的舆论支持。

2月7日, 市委书记陈一新主持召开规划工作座谈会,专题听取规划工作汇报。

2月8日,召开作风建设电视电话会议。市委书记陈一新要求全市各级各部门进一步解放思想,转变作风,推进赶超发展。市委副书记、市长徐加爱主持会议。

2月10日,中国共产党金华市第五届纪律检查委员会第八次全体(扩大)会议在金召开。市领导陈一新、徐加爱等在主席台就座。

2月14日,省委政研室副主任徐志宏率调研组到金华调研浙中城市群建设发展思路。会上,市委书记陈一新强调,要进一步形成加快推进浙中城市群建设的共识,加深对金义都市区核心区块战略意义的认识,抓调研、抓筹备、抓联络,加快做好前期工作。

2月17日,市委五届十八次全会在市文化中心召开,研究和部署市第六次党代会有关事宜,决定市第六次党代会于2月26日召开。

2月20日,市委书记陈一新召集召开市委专题会议,研究金义都市区和低丘缓坡规划问题。市领导徐加爱、黄锦朝等参加会议。

2月22日, 召开全市宣传思想文化工作会议。市委书记陈一新强调,全市宣传思想文化工作要紧紧围绕市委、市政府工作大局,进一步统一思想、凝心聚力、鼓舞斗志,为推进赶超发展、加快浙中崛起营造良好的思想舆论氛围。市委常委、宣传部长钟关华主持会议。

2月22日, 省发改委主任孙景淼一行来金调研。在汇报会上,市委书记陈一新介绍了金义都市区的建设构想。孙景淼表示,省发改委将全力支持金义都市区建设, 推动浙中城市群建设迈入新阶段、取得新突破。

2月23日,市委召开全市政法工作会议。市委书记陈一新强调,全市政法战线要全面把握新形势新要求,不断深化“平安金华”、“法治金华”建设,着力服务赶超发展,全力保障和谐稳定,为百姓富裕、浙中崛起创造良好的法治环境和社会环境。

2月25日~29日, 中国共产党金华市第六次代表大会在金召开。大会总结了金华过去七年发展的成功经验,明确了今后五年的奋斗目标、主要任务和战略举措, 选举产生了中共金华市第六届委员会、中共金华市纪律检查委员会和我市出席中共浙江省第十三次代表大会代表。

3月1日, 市委书记陈一新带领第六届市委常委赴刘英烈士陵园瞻仰烈士,并主持召开市委常委会民主生活会。

3月6日,召开全市组织工作会议。市委书记陈一新强调,要深化干部人事制度改革,加强干部队伍建设,为赶超崛起提供坚强组织保证。市委常委、组织部长温暖主持会议。

3月9日, 副省长陈加元带领省直有关部门负责人到金华调研浙中城市群规划实施工作。市委书记陈一新向调研组一行简要汇报了《浙中城市群规划(2008~2020)》批复以来我市所做的主要工作, 着重就规划建设金义都市新区引领浙中城市群发展的战略构想进行了阐释。徐加爱等领导参加调研座谈。

3月16日,召开金义都市区开发建设领导小组第一次会议,贯彻落实市委五届十七次全会、市第六次党代会和市“两会”做出的关于规划建设金义都市新区的重大战略部署,明确推进这项工作的线路图和时间表。

3月19日,市委书记陈一新主持召开全市基层党建工作专项述职会,专题听取各县(市、区)委书记和金华经济技术开发区党工委负责人抓基层党建工作情况述职。

3月20日~21日,省委常委、纪委书记任泽民在义乌调研国际贸易综合改革试点工作,并主持召开座谈会。市领导陈一新、黄志平等陪同调研。

3月20日~23日,市委常委、秘书长金中梁率队赴杭州、西安、重庆、长沙等地考察新区(新城)开发建设工作。

3月21日，省委常委、宣传部部长茅临生到东阳调研影视产业，市领导陈一新、徐加爱、钟关华、徐建华等陪同。

3月28日，市委举行学习贯彻市第六次党代会精神报告会。市委书记陈一新向离退休老同志、老干部通报了市第六次党代会的有关情况和主要精神。

3月29日~30日，市领导陈一新、金中梁赴上海考察并开展项目合作对接洽谈。

4月1日，陈一新、徐加爱等市党政军领导在市区五星革命烈士纪念公园举行祭扫烈士陵园活动。

4月10日，召开创新管理机制发挥退出现职领导干部更大作用动员会。市委书记陈一新强调，要以创新的机制盘活干部资源，实行集中统一管理、分类分组重新安排工作，更好地发挥退出现职领导干部的特殊作用。

4月11日~13日，市委书记陈一新带领市直机关相关部门负责人，对义乌国际贸易综合改革试点、城市规划建设、市场转型升级等方面的新情况新问题新思路新举措，进行了深入调研。并在义乌召开市委常委会议，听取了义乌市委、市政府关于加快改革发展情况汇报，专题研究支持义乌加快改革发展的举措。

4月19日，省委副书记、省长夏宝龙带领省直有关部门负责人来金华调研。夏宝龙强调，要积极探索新型城市化发展路子，加快浙中城市群建设和义乌国际贸易综合改革试点，努力推动浙中崛起，为全省改革发展大局做出更大贡献。市领导陈一新、徐加爱等陪同调研。

4月20日，市领导陈一新、徐加爱、陶诚华、金中梁赴杭州参加金华市与省(央)企对接座谈会。

4月23日，副省长王建满带领省直有关单位负责人来金华调研。他强调，要牢牢把握国土资源部低丘缓坡综合开发利用试点这一历史性机遇，推进金义都市新区建设，加速浙中崛起步伐，争创全国高效集约利用土地的样板。市领导陈一新、徐加爱等陪同调研。

4月25日，金华市首届浙(婺)商回归创业创新大会在市文化中心举行。来自全国各地的300多名浙(婺)商代表参加会议，市委书记陈一新致辞并作主题报告。

4月27日，市领导陈一新、徐加爱、金中梁参加金义都市新区概念性规划汇报会。

4月27日~28日，举办侨商投资环境推介会，来自世界各地的100多名侨商汇聚金华。中共中央候补委员、中国侨联主席、党组书记林军出席会议。市委书记陈一新致欢迎辞并作主题报告。

5月3日，市委书记陈一新主持召开加快市区发展座谈会，专题研究加快市区发展工作。

5月4日，共青团金华市第六次代表大会开幕。市委书记陈一新在会上勉励广大青年切实肩负起时代和历史赋予的神圣职责，积极投身金华赶超发展的创新实践，以实际行动创造辉煌业绩。

5月15日~16日，省委常委、组织部长蔡奇来金华调研市场党建及党建助推国际贸易综合改革试点工作。市领导陈一新、徐加爱、黄志平等陪同调研或参加座谈。

5月18日，中共中央政治局委员、中央书记处书记、中央组织部部长李源潮到金华调研。省委书记赵洪祝，中央组织部常务副部长沈跃跃，省委常委、组织部长蔡奇等陪同。市委书记陈一新汇报了全市以“五星达标”活动为抓手积极推进基层组织建设年活动、充分发挥党代表作用等情况，市委常委、义乌市委书记黄志平汇报了义乌国际贸易综合改革试点进展、义乌市场党建的做法等情况。

5月18日~20日，第二届全球台州商会会长峰会在金华市举行。本次大会的主题是“全球视野、台商精神、兄弟情怀”，共吸引了来自俄罗斯、迪拜、北京、南京、杭州、青岛、天津等国内外100多名台州商会会长参加。市委副书记、市长徐加爱致辞并讲话。

5月2日~25日，市委常委、秘书长，金义都市新区党工委书记、管委会主任金中梁率队赴安徽芜湖、蚌埠和山东枣庄、临沂开展项目合作对接洽谈并考察新城开发建设。

6月15日，省政协主席乔传秀一行到金华就构建公共文化服务体系工作开展专题调研。市领导陈一新、徐加爱、郑金平等陪同调研。

6月18日，市委召开全委会，以无记名投票方式，从全市领导干部会议推荐确定的21名初步人选中，民主推荐产生了10名市机关部门(单位)正职差额考察人选。

6月20日，全省社会应急联动工作现场会在金华召开。省委副书记、政法委书记李强强调，要认真学习贯彻省第十三次党代会精神，扎实推进社会应急联动体系建设，努力提高全省应对处置突发事件和服务群众的能力和水平。省委常委、省公安厅厅长刘力伟主持会议。市领导陈一新、徐加爱、毛善恩等参加会议。

6月28日，市委隆重召开纪念建党91周年暨创先争优群英大会。市委书记陈一新作讲话，市委副书记、市长徐加爱主持会议。

6月29日，东阳市举行“上海滩”“横店通用机场”等三大项目启动仪式，标志着浙中崛起千亿投资系列工程正式启动实施。省委书记、省人大常委会主任赵洪祝发来贺信。副省长王建满出席启动仪式并宣布项目开工。市领导陈一新、徐加爱等参加启动仪式。

7月4日，省委书记、省人大常委会主任赵洪祝在金华检查指导省第十三次党代会精神学习贯彻情况，并调研推进金华新兴产业集聚区建设和义乌国际贸易综合改革试点工作情况。市领导陈一新、徐加爱、黄锦朝等陪同调研。

7月12日，市委召开全市领导干部会议，认真传达学习贯彻省委书记、省人大常委会主任赵洪祝在金华考察调研时的重要讲话精神。市委书记陈一新主持会议并讲话。

7月16日~18日，市领导陈一新、金中梁、傅利常到浦江、兰溪调研加快推进新型工业化工作。

7月26日，市委书记陈一新到义乌向在义乌调研的夏宝龙省长汇报工作。

7月30日，市领导陈一新、陶诚华、钟关华、金中梁陪同省委常委、副省长、宣传部长葛慧君走访慰问驻金部队。

7月31日，市领导陈一新、陶诚华、钟关华、金中梁参加浙中崛起千亿投资系列工程——兰溪、婺城产业项目开工奠基仪式。

7月31日，市领导陈一新、陶诚华、金中梁参加金华市荣获全国双拥模范城二连冠暨建军85周年双拥表彰慰问大会。

8月1日，市委召开理论学习中心组(扩大)读书会，认真学习领会胡锦涛总书记在省部级主要领导干部专题研讨班开班式上的重要讲话精神，深入贯彻落实省第十三次党代会和市第六次党代会精神，就实施工业强市战略、加快推进新型工业化进行专题学习，为召开市委六届二次全会奠定良好的思想基础。市委书记陈一新主持读书会并讲话。

8月2日，召开市委六届二次全体(扩大)会议暨市政府六届三次全体会议，认真学习领会胡锦涛同志在省部级主要领导干部专题研讨班开班式上的重要讲话精神，深入贯彻落实省第十三次党代会和市第六次党代会精神，总结上半年工作，部署下半年工作，研究“深入实施‘工业强市’战略、加快推进新型工业化”问题。市委书记陈一新作工作报告，市委副书记、市长徐加爱主持会议。

8月3日，浙商回归金华千亿投资系列工程——康恩贝金兰大健康产业带双百亿工程启动仪式在市文化中心隆重举行。全国人大常委会副委员长桑国卫宣布工程正式启动，并与省人大常委会副主任、浙江大学党委书记金德水，国家药监局原副局长任德权，市委书记陈一新，康恩贝集团董事长胡季强共同启动康恩贝金兰大健康产业带双百亿工程水晶球。省委书记赵洪祝，省委副书记、省长夏宝龙分别发来贺信。

8月8日，国家级义乌经济技术开发区授牌仪式暨建区20周年庆典活动在义乌幸福湖国际会议中心举行。省委常委、常务副省长龚正，市领导陈一新、徐加爱、黄志平、何美华等出席授牌仪式。

8月10日，省人大代表金华中心组专程赴金义都市新区考察。省委副书记、政法委书记李强参加了考察活动，他高度评价了金义都市新区规划建设气魄大、手笔大、定位高、力度大，令人鼓舞，让人振奋。省人大常委会副主任徐宏俊也对金义都市新区予以充分肯定。陈一新、徐加爱等市领导和省十一届人大代表金华中心组全体人员、在金的全国人大代表参加了考察活动。

8月21日，举行金义都市新区首批百亿工业项目签约，仪式，并召开新区工作情况汇报会。市领导陈一新、徐加爱、郑金平、金中梁等出席签约仪式。浙能集团、蓝也投资、朗俊投资、宝韵科技、天河集团等企业与新区管委会签订了投资协议书。

8月22日,市领导陈一新、陶诚华、金中梁在磐安陪同夏宝龙省长下访接待群众。

8月23日,李强副书记检查中共十八大安保工作,市领导陈一新、黄志平、毛善恩陪同。

8月24日,市领导陈一新、徐中爱等参加金义都市新区总体规划方案研讨会。

9月12日,金华市市场发展集团、浙中粮油交易中心分别举行揭牌、开工奠基仪式。市委书记陈一新为金华市市场发展集团成立揭牌,并宣布浙中粮油交易中心项目开工。市委副书记、市长徐加爱致辞。

9月13日,举行金融支持浙中崛起战略合作暨重点项目(企业)融资对接洽谈会。市委书记陈一新作讲话,市委副书记、市长徐加爱代表市政府与工行、农行、中行、建行、农信社、交行、招行、浦发银行、农发行、邮储银行、华融租赁等省级机构签订战略合作协议。

9月17日,在杭州召开金义都市新区总体规划(杭州)咨询会,省领导葛慧君,市领导陈一新、徐加爱等参加会议。

9月19日,市领导陈一新、徐加爱、黄志平、钟关华参加义乌市“三百亿助推国贸改革”系列项目开工奠基仪式。

9月19日,市领导徐加爱、徐建华到磐安参加第六届中国·磐安中药材交易博览会开幕式。

9月24~25日,市委书记陈一新率市党政代表团到深圳考察并召开金华市(深圳)投资招商会。广东省委常委、深圳市委书记王荣会见金华市党政代表团。

9月26日,第17届中国五金博览会在永康国际会展中心开幕。副省长朱从玖宣布开幕,市委书记陈一新致辞。

同日,浙中崛起千亿投资系列工程“中国南方农机产业园(基地)”在永康举行开工仪式。省委副书记、省长夏宝龙发来贺信,副省长朱从玖出席启动仪式并宣布项目开工,并与市委书记陈一新一起为“中国南方农机产业园(基地)”揭牌。

9月26日~28日,市委书记陈一新率领市党政代表团赴宁波、杭州学习考察两市推动科学发展、跨越发展的先进经验。省委常委、宁波市委书记、市人大常委会主任王辉忠,省委常委、杭州市委书记、市人大常委会主任黄坤明等分别出席有关座谈会。

10月17日,市委书记陈一新在市委常委、秘书长钟关华的陪同下调研市区建设与发展工作。

10月19日,由新华社浙江分社、人民日报社浙江记者站以及《经济日报》《光明日报》、中央人民广播电台、《中国青年报》等媒体组成的“迎接十八大、记者走基层”考察团,到金华采访抓重点、强保障、促赶超等方面取得的成绩。市委书记陈一新出席座谈会,并向采访团介绍金华市围绕“赶超发展、浙中崛起”主题、推进战略重点工作取得的进展及成效。市委常委、宣传部长何杏仁,市委常委、秘书长钟关华等参加座谈会。

10月20日~29日,新疆阿克苏温宿县委书记赵黎率领党政代表团来我市考察。市委书记陈一新会见代表团并进行座谈,市委副书记、市长徐加爱参加温宿投资环境推介会。

10月21日,第18届中国义乌国际小商品博览会在义乌国际博览中心、梅湖会展中心开幕。全国人大常委会副委员长路甬祥,省委书记、省人大常委会主任赵洪祝出席开幕式并共同启动第18届义博会开幕球。市领导陈一新、徐加爱、黄志平、何美华出席开幕式。

10月22日,浙中崛起千亿投资系列工程——武义百亿项目举行开工仪式。省人大常委会副主任程渭山出席开工仪式并宣布项目开工。市领导陈一新、徐加爱等出席开工仪式。

10月22日,中国武义第六届温泉节暨第三届国际养生博览会开幕式在武义举行。省人大常委会副主任程渭山宣布开幕。市领导陈一新、徐加爱等出席开幕式。

10月23日,市委书记陈一新主持召开市区重点建设与赶超发展座谈会,就未来三年市区发展的一些重大问题,听取有关单位、机关部门和专家的意见建议。

10月24日,市政府与浙江大学举行医学合作协议签订暨浙江大学金华医院挂牌仪式。省人大常委会副主任、浙江大学党委书记金德水和市委书记陈一新分别讲话,并共同为浙江大学金华医院揭牌。市领导徐加爱、黄锦朝、郑金平等出席签约仪式。

10月25日，第十届中国苗木交易会在金华仙桥花木城开幕。省人大常委会副主任程渭山宣布开幕,市领导陈一新、陶诚华等出席开幕式。

10月26日,总投资65亿元的磐安县重点投资项目暨磐新线改建工程正式启动。市委书记陈一新宣布项目开工,市领导黄锦朝、钟关华、金中梁等出席开工仪式。

10月30日，召开金义都市新区总体规划论证会。市委书记陈一新作讲话。市领导黄锦朝、郑金平、黄志平、钟关华、金中梁等出席论证会。

10月30日~31日,市领导陈一新、钟关华、金中梁参加金华经济技术开发区百亿投资系列工程集体投产、竣工、开工仪式。

11月1日,第5届中国义乌国际森林产品博览会在义乌国际博览中心开幕。省领导乔传秀、程渭山,市领导陈一新、黄志平、钟关华和26个国家的驻华使领馆官员、机构代表出席开幕式。

11月2日,市委、市政府召开金华市区重点建设与赶超发展大会,研究部署推进市区重点建设与赶超发展的目标任务和工作举措。

11月7日,第13届中国·金华工业科技合作洽谈会开幕。中国科学院与省市合作委员会副主任竺玄宣布开幕,市委副书记陶诚华致开幕词。

11月7日,市委常委、秘书长钟关华参加市机关部门有关权限下放义乌落实情况督查。

11月8日,党的十八大在北京隆重开幕。市委理论学习中心组成员集中收看了开幕式。收看结束后,市委副书记陶诚华对学习宣传贯彻党的十八大精神提出了要求。

11月16日,市委召开全市领导干部会议,市委书记陈一新传达党的十八大精神并对全市学习贯彻工作作出部署。

11月20日,市委召开市直离退休老干部会议。市委书记陈一新向与会人员传达党的十八大精神,并通报全市学习贯彻工作总体安排和市委市政府主要工作情况。

11月22日，浙中崛起千亿投资系列工程——金东区百亿工程项目举行集体开工仪式,省人大常委会副主任程渭山出席开工仪式并宣布项目开工。市领导陈一新、钟关华、金中梁等出席开工仪式。

11月23日，浙中崛起千亿投资系列工程——浦江双百亿投资项目举行集体开工启动仪式。副省长陈加元出席开工仪式并宣布项目开工。市委书记陈一新讲话,市委副书记、市长徐加爱宣读赵洪祝同志批示。

11月23日,市委理论学习中心组举行“学习贯彻十八大、推进新型城镇化”学习会,邀请中国科学院可持续发展研究中心主任、中国科学院区域可持续发展分析与模拟重点实验室主任樊杰作专题报告。

12月1日,市政府与阿里巴巴集团在市文化中心签署战略合作协议。按协议,阿里巴巴集团及其关联公司将在金义都市新区投资建设“中国?金义电子商务新城”，打造中国智能物流骨干网关键节点的首个全国样本项目。省工商局局长郑宇民出席签约仪式并讲话。市委书记陈一新致辞,市委副书记、市长徐加爱主持。

12月3日，浙商回归金华千亿投资系列工程、全省首个浙商回归创业创新园区在永康市龙山镇奠基。副省长王建满宣布开工,市委副书记、市长徐加爱致辞。

12月10日,市第六次妇女代表大会开幕,回顾总结过去五年工作,提出今后五年奋斗目标。市委书记陈一新讲话。

12月11日,市委、市政府举行市区克难攻坚活动动员会。市委书记陈一新讲话,市委副书记、市长徐加爱致辞。

同日,市政府与中国电信浙江公司在市文化中心举行浙中崛起智慧金华“十二五”期间信息化战略合作实施协议签约仪式。市领导陈一新、徐加爱等出席签约仪式。

12月13日,东阳工艺美术2012杭州展在和平会展中心开幕。省领导厉志海、毛光烈、斯鑫良,市领导陈一新、徐加爱、徐建华参加开幕式。

12月13日,市委理论学习中心组举行(扩大)学习会,邀请中央党校党史教研部副主任、博士生导师谢春涛教授作中共十八大精神的辅导报告。

12月19日,市委六届三次全体(扩大)会议在市文化中心举行。会议审议通过《中共金华市委关于认真学习贯彻党的十八大精神,全面加快“两富”现代化都市区建设的决定》。市委书记陈一新做工作报告。市委副书记、市长徐加爱主持会议。市委六届三次全体(扩大)会议结束后,市委紧接着召开全市领导干部会议,学习贯彻中央政治局关于改进工作作风密切联系群众的八项规定。

12月24日,市工会第六次代表大会在市文化中心隆重开幕。市委书记陈一新和省总工会党组书记、常务副主席戴震华分别在会上讲话。

12月27日~28日,市委、市政府举行市机关部门2012年工作情况及2013年工作思路汇报会。市领导陈一新、徐加爱、陶诚华、钟关华出席会议。

市委办公室工作

【概述】 2012年,市委办坚持以科学发展观为指导,认真贯彻落实市第六次党代会和市委五届十七次、市委六届二次、三次全会精神,扎实履行参谋助手、督促检查、综合协调、后勤保障等职能,为确保市委和办公室日常工作的高效有序运转做了大量的工作,为推进金华的赶超发展做出了积极的贡献。

市委办始终坚持把参谋辅政作为第一职责、第一任务,紧扣市委工作中心和全市工作大局,紧跟领导思路,紧贴金华实际,积极开展调查研究,认真抓好综合文稿和信息服务,取得了明显的成效。在调查研究方面,根据市委的工作部署,牵头组织开展了新一届市委工作思路调研和金义都市新区开展建设、市区赶超发展、新型工业化、现代化都市区等10多个重大课题的调研,积极为市委当好参谋、出好主意。在综合文稿服务方面,克服人手少、材料多、时间紧、任务重等困难,发扬了“白加黑”“五加二”的作风,齐心协力、加班加点、任劳任怨,较好地完成了350多篇综合文稿的起草工作,文稿的数量和质量都有了明显提升。上报省委的《金华工作情况汇报》得到了时任省委书记的赵洪祝同志的批示肯定。《金华通讯》编辑部紧紧围绕市委工作中心,加强通讯员队伍建设,开辟专栏、策划专题,完成了12期300余篇文稿的编辑发行工作。在信息工作方面,针对上年敏感时点多、重大突发事件多发等情况,进一步健全紧急信息报送网络、畅通信息渠道,圆满完成了各类紧急信息报送任务。加大特色亮点信息的编报力度,全年共有410条信息被上级采用,获省领导批示25条次,被采用和批示数均有较大幅度地增长。

加强统筹协调,形成工作合力。充分发挥市委办综合协调的职能,建立健全市四套班子办公室联系会议制度,加强与市政府、人大、政协以及组、纪、宣、政法委等部门之间的沟通协调,及时制订下发每月工作要点、每周活动安排、春节前后市领导重大会议活动安排,统一工作步调,形成工作合力。抓协调、严把关,圆满完成了市第六次党代会、市委市政府历次全会、婺商回归大会、市区重点建设与赶超发展大会等各类重大会议以及“双千亿投资系列工程”开工仪式,海外浙商金华行,北京、杭州、深圳投资环境推介会等重大活动。同时,加强市委常委会议议题的会前审核与协调,对未形成统一意见的议题,都事先进行协调,并提前将会议材料分送参会领导,提高了决策的效率,确保会议的效果。

在督查方面,紧紧围绕市委确定的义乌国际贸易综合配套改革、金义都市新区建设、市区重点建设与赶超发展等战略重点,分解任务,细化方案,严督勤查,真督实查,有力地推动市委决策的落实。特别是十八大信访维稳双月攻坚活动期间,市委办组织13名“退二线”领导干部,每周对各县(市、区)进行专项督查,有力地推动全市信访积案和突出信访涉稳问题的化解稳控工作,市委办被评为全市党的十八大信访维稳工作优秀集体。首次建立了县域经济社会发展主要指标排序制,对每个县(市、区)三大类34项指标,分月度、季度、年度在金华日报等媒体上向社会公布,形成你追我赶、争先晋位的浓厚发展氛围。在考核方面,先后出台《考核实施意见》《共性工作目标考核办法》等5个重要文件,初步建立了较为完整、科学的考评体系。

规范细致服务,确保了日常工作的有序运转。认真落实中办和省委办系列会议文件精神,大力推进办公室科学化、规范化建设,召开全市党政机关办公室主任会议,制定出台《中共金华市委议事规则》;历时数月完成《市委办公室职责制度汇编》的修编工作和112个临时机构和议事机构的调整;建立办公室处(室、局)长例会和办公室干部读书会制度。公文处理方面,召开全市党委系统文件改版工作会议和《党政机关公文处理工作条例》培训会,全市办公室系统的公文处理更加严谨规范。重视加强对公文的审核把关,规范公文运转流程,加快公文流转速度。全年共审核制发文件680个, 同比增长12%,公文办理基本做到了"无滞留、零差错"。高度重视并认真做好网民留言办理工作, 认真审核把关、严格督查督办,网民留言办理工作被评为全省先进,并作为唯一一家地市在全省会议上作了经验交流。会务服务方面,坚持早介入、早谋划、早安排,周密做好各项工作,基本做到了零纰漏。特别是市第六次党代会,全办同志全员参与,加班加点,甚至通宵达旦,确保了党代会的圆满举办。保密工作方面,按照"管理科学化、教育经常化、检查技术化、队伍专业化"的要求,在全市范围内建立了保密管理员制度,开展了业务培训,并对全市党政机关进行了保密大检查,查找了一批薄弱环节,消除了一批涉密隐患。大力推进"三网"工程建设,严格落实监管责任,完善监管和应急处置机制,全面加强党政机关、事业单位的涉密内网计算机的监管。机要工作方面,认真做好电报译传办理、日常通信机要值班、应急密码通信演练和加密视频会议室管理等工作,圆满完成了中央和省领导来金期间密码通信保障工作,实现了"保安全、保畅通"的目标。值班工作方面,进一步严肃了值班工作纪律,规范了值班工作流程,做到了岗不离人、急事速办、大事快报,保证了24小时的通讯通畅。扎实做好《常委一周活动安排表》《市委大事记》编报工作和书记会、常委会联络工作以及重大会议的通知落实工作,基本实现了零差错。法治建设方面,认真履行组织协调职能,创新举措、丰富载体、培育亮点,成功将东阳市培育成为金华市首家法治工作示范单位。认真做好老干部、档案等工作,老干部工作被评为全省先进。

市委办坚持团结协作,队伍活力明显增强。高度重视办公室干部队伍建设,关心办公室干部的成长进步,切实加大了干部选拔力度。重视加强干部教育培训,积极创造条件,鼓励干部参加中青班、理论中心组学习会、报告会等各种学习机会。认真落实民主集中制原则,坚持有事多沟通、遇事多商量、大事集体研究决定。严格执行市直机关部门"一把手""五个不直接分管"的规定,营造了心齐气顺、风正劲足、团结进取的工作氛围。 (金德高)

组织工作

【概述】 2012年, 全市组织部门按照组织工作会议的部署, 围绕提高组织工作满意度总体目标, 务实创新、夯实基础,积极谋划,统筹推进,各方面工作扎实有效开展。2012年度全国组织工作满意度调查金华市指标分值位居全省第五位;金华市全省"万人评组工"结果分值明显提高,其中,选人用人公信度和组织工作满意度分列全省第六位和第四位,排名比上年分别上升了四位和六位。

【中心工作】 一是坚持围绕中心谋划组织工作思路。自觉把组织工作放到市委的工作大局中去思考、去定位,把精力放在研究市委提出的各项目标任务、总体思路和战略举措上,寻找工作的结合点和突破口,年初确定组织工作调研课题45项,其中市委组织部领导牵头调研重点课题7项,部机关各处(室)牵头调研课题8项。市第六次党代会召开后,及时制定下发了《组织部门服务"推进赶超发展、加快浙中崛起"的十条具体举措》;市委六届二次全会后,又出台了《服务新型工业化发展十大举措》,切实增强了组织工作的针对性、有效性;围绕义乌国际贸易综合改革试点,开展"金华党建助推义乌国际贸易综合改革"专题调研,提出了市委组织部助推义乌改革发展的三个方面十项举措,组织实施"省市两级选派干部和专业人才支持义乌国际贸易综合改革试点'5年百人计划'"专项活动,8月初,省市第一批50名干部人才已派驻义乌开展工作。二是认真做好中央、省党代表和全国、省人大代表推荐选举工作。根据中央、省委的部署,认真做好党的十八大代表、省第十三次党代会代表、省十二届人代会代表的推荐和选举工作。代表推选过程中,金华市充分发扬民主,严格按照"三上三下"的程序,自下而上、上下结合,反复酝酿、逐级遴选, 精心组织做好代表推选工作。全市99.92%的党员,100%的基层党组织参与推荐。在市第六次党代会上, 一次性选举产生金华市出席省第十三次党代会代表51名,代表结构比例全部符合省委的要求。在省第十三次党代会上,金华市有3人当选出席党的十八大代表。在第六届三次人代会上,一次性选举产生55名金华市出席省十二届人代会代表。三是圆满完成市县换届选举工作。换届选举中,省委、市委提名的各项候选人全部一次性高票当选。在市党代会和人代会、政协会期间,通过发放候选人名单及简介、编印画册、集体见面、选举环节以多媒体演示方式同步播放候选人照片等措施,增进代表、委员对候选人的了解。同时,在候选人简介中实行一句话自我介绍,充分展现基层一线代表的风采。首次开展了党代表提案工作,共收到代表提案134件,立案130件。专门增设了党代表大会发言环节,为基层一线代表提供了在党的重要会议上发表意见、建议的机会。积极营造风清气正的换届环境,整合力量,建立严肃换届纪律工作督查组,对县(市、区)党代会和“两会”,会前进行政策指导,会中进行驻会督导,会后开展换届风气测评,对换届风气进行考核,保证县(市、区)换届选举工作有序进行。据统计,县(市、区)党代会换届风气情况“很好”和“好”的比率达到了98%,“两会”换届风气情况“很好”和“好”的比率达到了95%。在市党代会期间,省换届风气督导组专门进行了民主测评,金华市党代会换届风气总体满意率达到97.2%。

【干部管理】 一是进一步创新干部选拔和管理机制。全面实施退出现职领导干部集中管理工作。按照“集中办公、分类设岗,归口负责、聘请任职,动态管理、统一考核”原则,积极创新管理机制,对退出领导岗位干部实行集中统一管理,充分发挥退出现职领导干部的作用。全市1209名退出现职领导干部管理工作逐步走上了规范化、制度化的轨道。该做法先后得到了赵洪祝、夏宝龙、蔡奇等领导同志的批示肯定,浙江卫视《时代先锋》频道等媒体也进行了专题报道。进一步规范干部任用初始提名制度。首次采取“两轮推荐、差额比选”方式选拔部分市机关部门(单位)正职,通过全市领导干部大会无候选人“海推”、市委常委会差额推荐、考察人选差额量化考察、市委常委会差额酝酿票决的“一路差额法”,真正实现由多数人在多数人中选人。完善竞争性选拔干部制度。连续第四年开展市县联合竞争性选拔干部工作,全市推出88个职位公开选拔,并面向基层公开选调44名市机关干部,共有2933人报名,为金华市开展竞争性选拔工作以来报考人数最多的一次。在此次竞争性选拔报名阶段,引入民主推荐环节,进一步形成“让实绩突出、群众公认的干部才有机会考”的导向,要求在组织推荐、领导干部署名推荐和个人自荐的基础上,由有关单位召开干部会议或县(市、区)全委(扩大)会进行民主推荐,得票率达到50%以上人员方可报考。对基层工作经历相对缺乏的副县(处)领导职位任用人员,还安排到维稳一线和重点工程进行为期3个月的实践锻炼。创新干部管理考核机制。健全完善以实绩为导向的干部综合考核评价体系,建立以市直部门“一把手”为重点的立体式考核办法,制定了《市直部门(单位)领导班子成员年度综合考核办法(试行)》。二是加强换届后领导班子建设。市委组织部牵头提出了开展市领导创先争优示范行动“五个一”活动的方案,即召开一次市委常委民主生活会、联系一个基层党组织、接受一次党代表集中询问、牵头召开一次破难恳谈会、走访一批农村和企业。3月1日,即市党代会闭幕的第二天,新一届市委常委到永康市刘英烈士陵园缅怀革命先烈,重温入党誓词,召开了民主生活会,《中国组织人事报》《浙江日报》等媒体刊登了市委常委会民主生活会有关情况,省委常委、组织部长蔡奇在我市上报的市委常委会民主生活会材料上做出批示肯定。37名市级党员领导干部全部到联系的基层党组织进行蹲点调研,并开展了走访、破难等活动。在组织好市领导示范行动的基础上,组织市、县机关部门领导班子成员重点做好“五件事”,即:结合分管工作,开展一次蹲点调研,形成调研报告;联系指导一个基层党组织,参加一次组织生活,作一次工作点评,指导建立一项长效机制,解决一批实际困难和问题;领衔破解一项分管工作的难题;研究一项创新工作;到企业、农村开展一次“双服务”活动。据统计,市县两级领导干部共联系2440个基层党组织,走访联系村3889个,解决问题5411个;走访企业7004家,解决问题6189个。三是认真抓好省市(任)挂职干部管理工作。根据省委组织部支持义乌国际贸易综合改革试点五年“百人计划”部署要求,从市级机关选派了首批25名干部和专业人才开展挂职服务。加强工作指导协调,制定管理办法,强化服务保障,借力信息专刊、活动QQ群和官方微博,搭建挂职干部和专业人才互动交流平台,努力为挂职干部人才创造良好的工作环境。加强对2011年度市县联合公开选派到县(市、区)乡镇(街道)任(挂)职100名80后年轻干部的跟踪管理。继续开展年轻干部上挂下派工作,选派了3名副处级干部到省直机关挂职锻炼,选派了20名县(市、区)优秀年轻干部到市直机关进行挂职锻炼,选派了6名市级机关年轻干部到金义都市新区和重点工程挂职锻炼。组织开展了"百名干部驻百企,促产增效谋发展"活动,从市、区两级机关部门抽调100名中青年干部,利用3个月时间,进驻企业送政策、解难题、促生产、增效益,集中时间、精力,帮助市区企业重点解决一批发展中的难题,促进增产增效。四是切实加强干部监督工作。认真贯彻实施四项监督制度,对52个市机关部门全面开展"一报告两评议",评议结果在班子成员范围内通报,并列入市直机关部门(单位)年度考核内容。坚持完善"两责联审"制度,先后对17家市直机关部门(单位)正职和8个县(市、区)检察长开展了履行干部选拔任用工作责任检查,对9个县(市、区)换届以来干部选任工作进行了全面检查。制订实施《中共金华市委组织部对县(市、区)、市直单位党委(党组)选拔任用干部实行会前预审和会议列席监督办法(试行)》和市直单位正职领导干部用人责任任前告知制度,完成16家单位721名干部用人事项会前预审或会议列席,形成了以"告知承诺、事前报告、预审列席、两责联审、网络公示"为主要内容的"一把手"用人行为立体监督体系。全面完成市县两级党委(党组)管理领导干部2011年度个人有关事项集中报告工作,其中应报告6603人,报告率为100%。建立了1171名市管干部报告材料电子数据信息库。做好出国(境)人员审批工作,全年共审批因公出国(境)115批次220人次,审批市管领导干部因私出国(境)25人次,赴台63人次。通过"12380"举报电话、群众来信来访、举报网站、网络舆情监测等渠道,全年共受理举报81件次。五是创新谋划干部教育培训工作。紧紧围绕赶超崛起目标和领导干部的实际需求,加大培训力度,突出做好换届后新进领导班子成员的教育培训。全年共举办各类培训班次26个,培训干部4077人次。全市新进县(市、区)领导班子成员141人,全部接受一次以上培训,培训新进乡镇(街道)领导班子成员590人,实现应训尽训。加强教学方式创新,改变单一的课堂灌输式做法,实施行动学习法,增加互动式教学,采取课堂进市场、进企业、进农村、进田间等"四进"方式,激发了学员的学习活力,增强培训效果。加强教学内容改革,突出本地特色,组织编撰《赶超发展、浙中崛起——干部读本》《夯实执政基础,助推浙中崛起》和《打造"田园智城,撬动浙中崛起》等系列教材。抓好教学平台建设,在现有2个省级现场教学示范基地和5个市级基地的基础上,全年新建9个市级现场教学基地和56个县级教学基地。大力拓宽学习渠道,不断加强网络学院建设,实施干部学习网扩面、提质工程,实现对市管、县管干部的全覆盖。推进教学资源整合,积极打造"金、衢、丽及义乌"组成的"3+1"干部教育联盟,首度实现跨市合作办班,实现优质师资、优质资源共享。

【基层党建】 全面落实基层党建责任制。坚持"书记抓、抓书记",认真抓好基层党建责任制落实,出台市、县委书记履行基层党建责任制"十条意见",相关做法得到李源潮、赵洪祝、蔡奇等领导批示肯定,《中国组织人事报》在要闻版刊登金华市做法,省委组织部向全省推广金华经验。认真组织县(市、区)委书记履行基层党建责任制专项述职,各县(市、区)委书记、金华经济技术开发区党工委负责人分别阐述3件基层党建工作中最满意的事、1件最不满意的事,陈一新书记对各地工作逐一进行了点评。会后,市委党建办对各地基层党建工作中存在的问题进行了交办、督办,并定期对整改落实情况进行通报。坚持每季召开基层党建工作现场推进会、每两月召开基层组织工作例会,定期开展基层组织建设情况明察暗访,以强有力的措施,推进基层党建责任制落实。建立健全领导干部基层党建工作联系点,市县乡三级领导班子成员共建立基层党建工作联系点1700多个,并培育了一批党建工作示范点。深入开展"五星争创"活动。以基层党组织"五星争创"活动为总抓手,深入推进农村、社区、机关和两新组织等各领域基层组织建设。按照五星、四星、三星、二星、一星及无星共六个等级，对全市16000多个基层党组织进行了全面考评和分类定级，使基层组织建设情况更加一目了然，有效激发了基层组织创先争优的主动性和积极性。这一做法，得到李源潮同志的肯定，并在全省推广。在第二轮星级评定中，按照“分领域、分体系、分层次”的原则，将基层组织划分为五个不同领域，设置班子建设、党员队伍建设、工作机制建设、工作业绩(农村和农村社区为“集体经济”)、群众评价等方面，每类指标体系分设金、银、铜三星，使基层组织评价更为科学、精细。坚持分类指导、长效推进，在五星、四星级党组织中实施“示范”工程，在三星、二星党组织中实施“提升”工程，在一星、无星党组织中实施“转化”工程，明标准、树标杆、定目标，推进基层党组织不断晋位升级。部署开展“抓落实百日集中行动”，集中突破基层组织建设突出问题，得到蔡奇同志肯定，并全省推广。开展基层党组织“代表民意、服务群众”试点工作，出台“代表民意”六项制度，进一步强化基层党组织政治功能。着力加强农村基层党建工作保障，牵头做好发展经济薄弱村集体经济相关工作。选派“两富”指导员到村工作。在全市选派4285名县(市、区)副科级以上领导干部到村担任“两富”局级指导员，定期召开“两富”指导员工作推进会，明确各阶段工作重点。充分发挥“两富”指导员在维稳、宣讲中共十八大精神、发展村级集体经济等工作中的作用，取得明显成效。到12月底，全市农村“两富”局级指导员共进村开展工作9.5万余次，走访农户18万户，协助化解信访件6360起，其中省市交办的重点件119起，为所驻村争取建设民生、公益项目6125件，争取项目资金7300余万元。出台重点村、难点村“两富”指导员专项考核办法，建立健全周报工作制度，在《金华日报》开设《两富指导员在基层》专栏，及时宣传各地工作经验。省委副书记、省长李强批示肯定金华市做法。充分发挥党员和党代表作用。巩固深化创先争优活动成果，全面落实以“我诺我行”为主要内容的先锋承诺制度，深入开展“双服务”专项行动，扎实推进窗口单位和服务行业创先争优。选树了应瑞龙、吕先真等先进典型，举办创先争优先进典型事迹巡回报告会、全市纪念建党91周年暨创先争优群英大会，激发党员干部学有目标、赶有方向。加强党员队伍建设，全面推行入党积极分子群众推优制，落实发展党员公示制、票决制、责任追究制等，从源头上把好发展党员质量关。建立党员“五星管理”和“闪光言行之星”评选制度，积极开展党员志愿服务“公益日”活动，激励党员立足岗位创先争优。全面推行党内约谈制度，畅通党内沟通渠道，构建立体化党员教育管理服务机制。加强和改进党代表工作，认真落实党代表任期制“五项制度”，组织党代表列席党内重要会议、开展调研视察。出台完善党代表大会制度的若干意见，探索建立党代表大会发言、集中询问、联系党员群众等制度。加强党代表工作室建设，创建9个省级示范党代表工作室。积极探索建立党代会闭会期代表作用发挥机制，出台《关于加强和改进党代表工作探索完善党代会制度的若干意见》，建立了党代表大会代表发言、市县委向党代表报告工作、党代表询问等5项制度，为党代表激发活力、发挥作用提供工作平台和机制保障。扎实推进党代表工作室规范化建设，积极创建党代表工作室省级示范点，实现代表日常活动正常开展。组织部分市党代表围绕金义都市新区规划建设开展调研视察。在乡镇一级全面试行党代会年会制，进一步推进党内民主。

扎实推进两新领域党的建设。市县乡均建立两新工委(党委)，两新党建工作领导体制和工作机制不断完善。制订出台《关于进一步加强和改进新形势下新经济组织和新社会组织党的建设工作的实施意见》，提出了两新领域党建工作的目标要求和具体举措。大力推进以“区域化、行业化、产业化、网络化”为主要内容的立体化覆盖，创新提出流动党员同等化管理方法，推进两新党组织“应建尽建”。至年底市非公企业党组织覆盖率达98.78%，工作覆盖率100%；新社会组织党组织覆盖率达62.68%。研究出台《关于进一步加强开发区、工业园区、工业功能区党建工作的意见》，开发区、工业园区和工业功能区党建工作得到推进。全面推进两新党组织组织建设、作用发挥、领导保障“三大体系”建设，列出了符合金华市实际和特色的30项两新组织党建“标准化建设菜单”，为两新组织党组织提供“菜单化指导”。下派了2175名两新组织党建工作指导员，深入实施以“发展强、党建强”为主要内容的“双强争先”活动,建立企业党组织预警防瘫机制,重新确定35家市级“双重管理”两新党组织。不断提升远程教育学用水平。深化“一县一品”和“一部门一项目”创建活动。开展远教广场贺新春、远教影院新春大片展播、手机信息系统发送新年祝福等形式多样的“新春特色活动”。结合基层组织建设年“五星争创”活动,继续深化远程教育“星级站点”动态管理工作,举办全市第三届党员干部现代远程教育教学资源片评比活动,制作《强村之路》精品系列课件。组织开展大型电视系列片《文化婺商》异地采访活动,集中制作了10部《文化婺商》党建专题片。

【人才工作】 实施“人才引进强化年”,高端引才取得新的突破。今年全市共有11人入选省“千人计划”,实现了单批获评人数最多、县市覆盖面提升最大、申报对象获评成功率最高的好成绩。在第9批国家“千人计划”申报中,全市有3名专家入选,实现县(市、区)国家“千人计划”零的突破。着力推动人才政策创新。研究出台《关于加快引进创业创新领军团队和人才的若干意见》,市区每年安排1个亿专项资金,用于创业创新领军团队和人才的培养引进,单个项目资助可达2000万元以上。深入开展“情系八婺、崛起浙中”系列引才活动,组织开展赴欧美人才智力项目对接活动、上海金华籍院士博士家乡行、“百家名企进名校”等活动,在底特律、北京、香港、深圳等地举办专场引才推介会。全市全年共引进各类高层次人才1321名,其中海外高层次人才123名、市外引进国家“千人计划”专家4名、婺星回归人才项目104个。扎实推进平台载体建设,人才创业创新活力不断激发。加强高端人才平台建设,积极开展省、市海外高层次人才创业创新基地创建活动,推荐申报省级基地1家,培育市级基地6家;研究制定《院士专家工作站评优考核办法》,新建市级院士专家工作站8家,获评国家级优秀站点1家,入选省级站点4家,柔性引进院士25名,专家团队155人;新增省级企业研究院6家,省级高新技术企业技术研发中心15家,获评省级重点企业研究院3家;博士后科研工作站新增进站博士后12名,出站博士4名,推荐申报省级试点站企业10家。积极搭建校地、校企合作平台。第十三届工科会签订科技合作项目135项,协议金额4.89亿元;引进解放军军事交通学院、复旦大学等7家大院名校到金华市设立技术转移中心,促成浙师大与5家企业共建研发中心。扎实推动科技产业园区发展,金华高新技术产业园、浙中信息产业园、金东软件信息产业园、金华电子商务创业园等市区四家园区,共集聚:博士191名,硕士513名,国家、省“千人计划”专家6名。

突出加强人才工作服务保障,人才发展环境切实优化。健全人才工作网络体系,按照“外有联谊、内有服务”的工作要求,累计建立43个海内外引才联络站,其中海外引才联络站8家;全市12个省级以上园区、151个乡镇街道实现人才工作机构全覆盖。着力推进人才专项房建设,公开采购200套高端人才租赁用房,启动40套高端人才限价销售房申购工作。全市累计建成人才房10.48万平方米,在建在购5万多平方米。不断探索创新人才服务模式。在金职院成立首家市级高层次人才工作驿站,为引进高层次人才提供“通道式”服务;成立“婺州英才驿家”,搭建了高端人才沟通交流合作平台。开展“创业创新人才服务月”和“三进三送”活动,实现县(市、区)、12家省级以上开发区和2家市区园区走访“全覆盖”,累计走访企业636家、人才3600多名,协调解决难题143个。深入开展“三百双千”系列活动,促进大学生村官多维成长。深化大学生村官“成长档案”制度,引导大学生村官奉献基层、助推赶超。完善教育培训体系,建立了党校、成泰农村青年创业学院、劳动培训中心、农科院四大培训基地,开展“千名村官大轮训”,积极推进大学生村官育才工程。在田间地头举办“百名村官现场访谈”。组织“百名村官创业大比武”暨大学生村官创业大赛,通过评选引领100多名大学生村官投身自主创业,增加就业岗位300多个。在春节前夕开展“百名村官吆喝新农村”活动,吆喝农产品、农家乐和农村文化,帮助农民销售农产品的同时提高自身宣传推介能力。以“千名村官进千企”为突破口,启动实施村官入企业挂职活动,首批222名大学生村官进入横店集团、众泰集团等142家重点企业担任党建联络员、车间主任助理等职,已有50名村官达成初步留任意向,相关做法引起中组部和中央媒体的关注,并得到赵洪祝、蔡奇等领导同志的批示肯定。是年,全市共有

2名村官公选考入乡镇领导班子成员,174名村官考录公务员,112名村官考录事业单位,30名村官考录社区工作者,45名村官进入企业发展。

【宣传与信息】 结合今年全市组织工作重点,制定了《2012年全市组织工作宣传工作方案》。加大新闻发布力度,制定年度新闻发布工作计划,已先后组织召开5次新闻发布会,分别向中央、省、市级媒体通报全市组织工作。全年全市组织部门共在省级以上媒体刊发新闻宣传稿251条次,其中,市组累计刊发93条。做好浙江组织工作网地市动态日常更新工作,已发表412条。在各单位申报基础上,明确了14个全市组织工作拟创新项目,26个县(市、区)拟创新项目。认真开展组工信息工作。全年有26条信息被中组部采用,有57条信息被省委组织部采用。全年编发《金华组工信息》《领导参阅》等150期。每周以领导参阅形式编辑《一周网络论坛热点摘编》。实时编报《网络舆情监测》信息,收集本市范围内的涉组涉干舆情,送部领导参阅研判,共编辑60期。全年共在人民网、新华网、浙江在线等重点网站论坛发表原创网评文章996篇,发帖跟帖1.9万余条,开展专题舆论引导跟帖1280条次。

【自身建设】 狠抓组织工作满意度民调整改。市委常委、组织部部长温暖与各县(市、区)委书记、组织部部长开展了满意度工作专题谈话提醒。对81家市直机关部门、事业单位和17家国有企业组织开展了组织人事工作情况民调专题查座谈。7月初,组织部长温暖结合各单位调查情况,以书信方式,对市直单位提高选人用人公信度和组织工作满意度提出了进一步要求。在此基础上,市委组织部认真查找工作的薄弱环节,制定了提高组织工作满意度4个方面15项工作的具体措施和2012年满意度工作任务推进表,并将“万人评组工”民调结果作为对各县(市、区)委组织部年度考核的重要内容,统筹推进各项组织工作,促进组织工作满意度提高。不断深化“讲党性、重品行、作表率”活动。深入开展组工核心价值观和组工干部行为准则大讨论活动,通过向基层党组织征集、开展大讨论活动微博互动、向组织部门离退休老同志征求意见建议等形式,汇总近200条意见建议,梳理出组工核心价值观和组工干部行为准则征求意见稿。在此基础上,召集部机关老领导、部分市级机关退出现职领导、县(市、区)委组织部同志、部风监督员代表以及部机关相关处(室)负责人,专门召开座谈会征集意见,又邀请专家学者对征求意见稿进行文字用词上的推敲和斟酌,并向省委组织部领导及市委组织部历任组织部长书面征求意见和建议,最终提炼形成了“政治坚定、公道正派、唯贤是举、务实创新”的组工核心价值观和组工干部“十准则”。以“一迎双争”为主题,深入开展组工干部“三走进、三联系、三服务”下基层活动,每月举办一期“组工论坛”。连续9年举办全市组织部门运动会,举办了拓展比赛,有效提升了组工干部队伍的凝聚力和战斗力。组织部机关全体党员职工带头参加义务公益劳动,建立健全组织工作考核机制,完善部内各处(室)年度工作目标责任制,对全年47项重点工作进行细化分解;制定县(市、区)组织工作考核细则,每两月通报一次,年终对考核结果进行排名。积极推进“阳光型组工”建设,举办组织部长微博在线访谈、“组织工作开放日”等活动。下发实施《部机关人事工作暂行规定》,进一步规范部机关人事工作。开展部机关科级领导职位选拔任用和部机关工作人员选调工作,认真做好信访维稳工作,及时掌握信访信息,加强信访老户排查调处、信访事项办结回复及信访调研创新,协调化解了一批信访积案。切实加强组工微博平台建设。以市委组织部“八婺先锋”微博为主体,横向拓展到创先争优、基层党建、两新党建、干部教育、干部监督、人才等6个业务处(室)官方微博,纵向延伸到9个县(市、区)委组织部官方微博、全市151个乡镇(街道)以及933个村(社区)、3200个两新组织官方微博。注重从网友关注的热点入手,丰富微博内容,创新微博形式,主动让网友参与其中,扩大组织部门官方微博的影响力。“八婺先锋”官方微博统筹各处(室)、各县(市、区)委组织部官方微博对市第六次党代会进行全程直播,共发微博3391条,其中,原创广播701条,被转播数累计超过2.1万条次。以“微家园——播种幸福、传递笑容”为主题,承办了省委组织部“先锋博友汇@走进金华”活动,积极开展线上线下互动交流活动期间,发转评热度高,腾讯微博广播多达17400余条,占全省已举办的“先锋博友汇”广播总数32.89%。省委常委、组织部长蔡奇做出批示,肯定金华活动办得好。市委组织部"金华基层党建"、"金华两新党建"微博开设"每周会客厅"栏目,每周围绕一个主题,确定一个县(市、区)发动镇、村或两新组织官方微博参与微博交流,在一问一答中宣传有关政策和工作特色,联动热烈。"八婺先锋"官方微博听众数超48万;各县(市、区)委组织部官方微博听众数均超10万。同时,发挥全市基层党建工作手机信息平台、党员干部远程教育平台、"12371"党员服务咨询热线、"12380"举报热线以及金华先锋网、金华两新党建网、金华市干部学习网、12380举报网站的作用,使其成为组织部门服务群众的重要阵地、宣传组工的重要窗口。认真做好本部老干部工作。按照"政治上尊重、思想上关心、生活上照顾"的原则,坚持部机关老干部支部每月集中学习等制度,根据身体条件适当开展一些活动。注意听取老干部对落实"两项待遇"的意见和建议,力所能及地帮助解决一些实际困难。

(周金满)

两新工委工作

【概述】 2012年是市委两新(新经济组织、新社会组织)工委成立后的开局之年,两新工委认真学习贯彻中央、省委和市委关于加强两新党建工作的新要求和新部署,围绕中心、服务大局,强化基础、探索创新,全面推进金华市两新党建工作,走出了具有金华特色的两新党建工作新路子。

【两新党建工作覆盖与重点】 实现两新党建工作全覆盖是年度的一项重要政治任务。出台《关于进一步加强和改进新形势下新经济组织和新社会组织党的建设工作的实施意见》,提出了两新领域党建工作的目标要求和工作举措。大力推行"立体化"覆盖。对大量分散的规模以下"两新"组织,采取区域化覆盖、行业化覆盖、产业化覆盖、网络化覆盖等方式,构建两新党建工作立体交叉、纵横交错、多向多维的"立体化"覆盖网。创新推行流动党员"同等化"管理。提出流动党员管理"亮出身份、编入组织、一视同仁、发挥作用"的原则,创造两新组织单独建立党组织或临时党组织条件,充分调动流动党员参与党组织活动的主动性和积极性。基本实现两新党建工作全覆盖目标。把加强开发区、工业园区党建工作作为重点,出台了《关于进一步加强开发区、工业园区、工业功能区党建工作的意见》,推行园区党建"集约化"工作模式。工作覆盖集约化。采取龙头领建的办法,以大带小,推动小微企业党建工作覆盖;采取网格统建的办法,将园区划分为若干个网格,建立网格化区域性党组织;采取产业联建的办法,建立连接产业上下游企业的产业链党组织;采取村企共建方式,实现村企优势互补。资源利用集约化。加强开发区、工业园区内党建资源和社会资源的集约利用,建设党群服务中心,集约党组织活动场所、学习培训基地、文化娱乐中心等多种功能,实现"组织共建、资源共享、党员共管、活动共办、事务共商"。工作机制集约化。构建市县两新工委牵头抓总、有关部门密切配合、园区党(工)委直接负责的集约化工作机制,将企业引进和党组织建设同步考虑、同步布局、同步推进,建立园区两新党建经常性工作机制,完善园区党建工作保障激励机制。

【两新党建活动与举措】 "五星争创"活动是金华市基层组织建设的一大重要载体,也是推进两新党建工作的重要抓手。结合实际开展分类定级。按照省委组织部、两新工委提出的非公有制企业党组织标准化建设"六有"要求,结合我市"五星争创"活动的具体要求,对全市所有两新组织党组织进行评星定级,实行分类指导,差别管理。在"五星"、"四星"党组织中推进"示范项目",在"三星"、"二星"党组织中推进"提升项目",在"一星及以下"党组织中推进"转化项目"。重视指导帮扶,给每一家列入提升或转化工作的两新组织党组织都安排两新党建工作指导员联系,对所有星级的两新组织党组织实行动态指导、跟踪服务。大力推行"菜单化"服务。提出非公企业党组织组织建设、作用发挥、领导保障等"三大体系"建设的新思路,列出符合金华实际和特色的30项两新组织党建"标准化建设菜单",企业对照"菜单"进行点菜,形成菜单式征询意见,两新工委进行分析协调,形成符合企业及其党组织实际的"菜谱",提供订单式服务,指导员跟踪了解督促运行情况,融入式跟进,帮助企业提升党建标准化水平。探索信息化推进两新党建工作。构建两新党建网和微博群。开通“金华两新党建”网站和“金华两新党建”官方微博,全年播报广播4500多条,粉丝数达20.1万,位列全省同类微博第一,4000多家两新组织党组织全部开通党建微博。积极探索网络党建工作。结合企业实际积极推进网上党员活动室、党建网络期刊、网络虚拟党小组、微博互动等各富特色的网络党建形式。创新开展网商党建工作。创新提出了“网络化组织、特色化活动、专业化服务”网商党建工作模式,不断扩大党在网商这一新群体的影响力。推出了两新党建服务新型工业化十项举措,出台《关于做好停产关闭破产非公有制企业党建工作的通知》,发挥党组织和党员在企业非常时期维护稳定、缓解矛盾、保障权益的作用。加强企业出资人队伍的教育管理引导。成立企业家协会党委和新一代创业者商会党支部,把这两个党组织建设成为加强企业家队伍建设的重要平台。举办“党员业主新型工业化论坛”,为全市推进新型工作化出谋划策。开展“文化婺商”异地采访等宣传活动,组织“千名村官进千企”,总结推广“和谐企业五步工作法”,为企业发展营造积极向上的氛围。

【两新党建领导体系与工作机制】 理顺配强领导体系。市、县两级两新工委全部落实编制,配备专职工作人员,并在全市151个乡镇(街道)全部建立两新党委或工作机构,形成市县乡三级纵向贯通的两新党建工作组织体系。在市经信委、市商务局等相关单位新成立一批部门两新党委,归口市委两新工委管理,并将一批原隶属于市机关部门党委(党组)的两新党组织和一些原挂靠于局办机关党委的两新党组织,直接划转市委两新工委或部门两新党委管理,进一步理顺了工作关系。健全完善内部运行机制。建立了市委两新工委办公会议、全体委员会议和工作例会制度,制定两新工委内部管理、文件批阅传阅等运行制度。确定一批两新“双重管理”示范党组织。确定了35家规模大、党员和职工人数多、行业影响力强、党建工作基础好的两新示范党组织作为市级“双重管理”两新党组织,由市委委托市委两新工委代为履行直接指导职能,明确了“双管”党组织的6项工作职能和6条政治待遇。

(周金满)

宣传工作

【理论工作】 市委宣传部牢牢抓住党委(党组)中心组这一龙头,继续抓好领导干部理论学习,举办专题学习会、报告会10次。评选产生了二十佳党委(党组)理论学习中心组。深入开展“学习深化年”活动,以“全员化、常态化、长远化”为目标,健全完善学习型党组织建设工作考核办法,进一步增强考核的科学性和可操作性。在市级主要媒体设置专题专栏,刊发学习型党组织建设优秀论文,深入宣传各地在创建学习型党组织活动中的成功做法、新鲜经验。组织开展了“学习型党组织建设工作先进单位”和“二十佳学习型领导干部”评选活动。根据“思想大解放、作风大转变”主题实践活动的总体部署,认真履职、精心组织,解放思想大讨论活动有声有色、成效显著。在市级各新闻媒体开辟了《“思想大解放 作风大转变”大家谈》《“我们的价值观”大讨论》《“金义都市新区建设”大家谈》等系列专题专栏。组织开展了“推进赶超发展、加速浙中崛起”、“电大杯”微型党课大赛和金点子征集活动。认真梳理提炼大讨论活动的成果,编写《“思想大解放 作风大转变”理论调研文集》《“浙中崛起我有责”金点子选编》。开展了党的十八大和省、市党代会精神主题宣讲,市四套班子领导分别到各自的联系点进行宣讲,市级机关部门“一把手”积极为干部职工作辅导报告。先后邀请中国科学院可持续发展研究中心主任王杰和中央党校教研部副主任谢春涛作十八大专题辅导报告。举办市管领导干部中共十八大精神轮训班、全市社科理论界学习中共十八大精神座谈会和全市理论骨干中共十八大精神培训班。成立了市委宣讲团,16位宣讲团成员共作宣讲报告100余场(次),受益干部群众1万多人次。利用各类“讲坛”“论坛”,邀请专家学者为广大党员干部作专题辅导。首次承办了浙江省社会科学普及周活动,市本级先后组织了大型广场咨询、百场报告进社区下农村、知识竞赛等20余项活动,在社会上引起了强烈反响和广泛好评,受到省委宣传部和省社科联的高度评价。

【新闻舆论工作】 围绕学习宣传贯彻党的十八

大、省第十三次和市第六次党代会精神，市委宣传部制定详细具体的宣传方案，配备最强的报道阵容，着力做好会前、会中、会后的报道。各媒体力推“迎接十八大 深化走转改”主题采访活动、“崛起之路——金华创新样本”、“科学发展的金华实践”、“喜迎十八大 喜看新变化”等10多个专题专栏，全面展现了近十年来全市各地经济发展、社会进步、民生改善等方面取得的巨大成就。市级各主流媒体推出了《展示新成就 喜迎党代会》《党代会的市民期待》《直通党代会（两会）》《聚焦党代会（两会）》《对话党代表(代表委员)》等20余个专题专栏。全年重大主题宣传有规模、有声势、有亮点、有创新，形成了良好的社会舆论氛围。围绕市委市政府的中心工作，扎实开展“思想大解放 作风大转变”和“赶超发展、浙中崛起”等重大主题宣传，在金华日报开设《共谋赶超发展 加快浙中崛起》等专栏专题10多个，刊发了市直机关部门负责人座谈会发言摘要，配发了多篇评论员文章。金华电视台先后策划推出了“县(市、区)委书记访谈”“赶超路上”等十大系列报道，充分宣传了市委市政府的战略部署，展示了各地各部门在机制体制创新、经济转型升级和产业结构调整等方面的亮点和举措，增强了发展信心，凝聚了思想共识。组织开展了“十大创业创新典型”和“十大党政工作创新典范”评选活动。积极做好吴连表、应瑞龙、吕先真等三位先进典型的宣传工作。积极做好各类先进典型的推荐工作，杜剑平、陈斌强分别入选“青春领袖”和“浙江骄傲”，陈斌强入选“感动中国2012年度人物”。加强爱国主义教育基地建设，在全市各级爱国主义教育基地中组织开展了“让历史告诉我们——传承文化精髓”主题活动，新命名了2家市级爱国主义教育基地。

【对外宣传工作】 深入开展市委、市政府重点工作主题外宣，组织中央、省级媒体围绕金义都市新区建设、义乌国际贸易综合改革试点、汽摩配产业、IT产业、杭长高铁金华段建设、农业“两区”建设、生态市建设等内容，推出专题、专版报道70余篇。通过与《浙江日报》战略合作，与《中国经济导报》进行《展示新成就、献礼十八大》专版宣传合作，与香港《凤凰周刊》等媒体签订宣传协议，提升对外宣传力度。组织开展了民营经济在浙江——全国知名网络媒体金华行采风、生态文明在浙江多媒体联动新闻宣传、中央驻浙媒体“走读金华”等活动，借助金华市浙(婺)商回归创业创新大会、第十四届浙洽会、第十三届工科会、第二届国际商贸发展大会等活动，全方位多角度宣传金华城市形象。组织浙江婺剧团赴阿根廷参加中阿建交40周年庆祝活动，参与厄瓜多尔艺术盛会的巡游展演及2012新加坡华族文化节等文化交流演出活动，进一步提升了婺文化的对外影响力和美誉度。强化导向意识，坚持谁主管、谁负责和属地管理原则，加强对报刊、广播、电视、互联网、手机媒体及各种协会、研究会、民间文化工作室、民营文化服务机构的管理，确保所属阵地牢牢把握正确导向。加强新闻发言人和核心网评员的培训，着力提高舆论引导能力。进一步健全网络信息监看值班制度、舆情编报制度和舆情通报制度，实行主、副值班制，保证24小时值班。进一步完善突发事件舆论引导、新闻发布、舆情研判和境外媒体联席会议等工作机制，完善各地各部门协同作战、齐抓共管的工作格局，指导突发事件处置主体及时、准确地发布权威信息，先后成功处置“万家购物”“永康吃空饷”“金东建筑艺术公园”“吴英案重审”“保钓游行”等40多起突发敏感、热点事件。制定下发了《关于开展领导干部定期与网民在线交流工作的实施意见》，积极运用互联网开展正面宣传，推动党政领导干部与网民在线互动交流活动，及时回应网民关切，将舆论引导关口前移。举办了“金义都市新区”建设五部门主要负责人联合在线访谈、金华“三江六岸优化提升工程”和“如何破解停车难问题”等在线交流活动。在市主要网络媒体上开展了“寻找身边的雷锋”“网祭英烈”“最美司机吴斌微博接力”等网络主题宣传活动。加强网上“扫黄打非”工作，坚决关闭淫秽色情和低俗内容集中的网站，对辖区内网站进行“杜绝虚假报道 规范新闻来源”专项教育和非法网络公关整治活动。

【文化建设工作】 大力推进市、县(市、区)、乡镇(街道)、村(社区)四级文化设施网络建设。市本级重点文化设施加快推进，市体育中心即将建成，市博物馆加快推进二期展陈建设，市文化艺术中心进行了二次装修，中国婺剧院内部装修工程有序推进；市非遗展示馆完成建设前期准备工作。全市乡镇综合文化站建设工程基本完成,农家书屋建设实现全覆盖,新建省级小康体育村690个。加强基层文化队伍建设,积极开展文化专业骨干、业余文化骨干培训,全市共开展基层文化队伍素质提升项目建设172期,参加人数达4万余人。组织开展各类文化志愿服务活动1000多场次,送戏下乡1000场,送图书下乡770余万册,送电影下乡4万场,送讲座展览近200场,开展"文化走亲"活动50次。深入实施文化精品工程,完成2010年度文化人才文化精品奖励工作,共奖励文学艺术、社科理论、新闻类共计90项,文化人才计4项,奖励金额达100.1万元。青春版《穆桂英》等6个项目获省第十一届精神文明建设"五个一工程"奖,获奖项目数量仅次于杭州、宁波,位居全省第三,创历年新高。成功举办首届农民赛诗会,其报道在央视新闻联播播出。组织实施"2151"工程,加大对重点文化企业扶持力度,横店影视文化产业实验区和金华比奇网络科技有限公司等10个文化企业入选省文化产业"122"工程扶持企业。认真组织参加第八届中国(深圳)国际文化产业博览会,我市选送的巨幅玉石镶嵌屏风作品《黄大仙》获得博览会金奖。深入推进文化体制改革,抓好电影发行、放映单位改制、"一省一网"整合发展等改革工作。成立了金华日报报业传媒集团和金华广播电视传媒集团。组织2012金华市重点文化企业及文化新婺商评选活动,评出重点文化企业20家、文化新婺商10家。

【干部和人才队伍建设】 进一步健全宣传系统服务群众的长效机制,积极推进"走转改"活动常态化。组织开展"百名记者进村入企"活动和以"新闻助农"为主题的惠民利民活动。组织宣传文化干部"进村入企解难题"活动,重点走访特色文化村、文明村312个和文化企业160多家,参与走访4084人次,为基层解决各类困难和问题170多个,特别是一批累积多年的历史遗留问题得到有效突破。开展"社科专家基层行"活动,成立社科专家顾问团,建立了一批重点调研基地和社科专家工作站。组织作家艺术家"与时代同行"采风活动,获取了大量鲜活真实的创作素材。根据省委宣传部统一部署,在全市组织开展基层宣传文化队伍素质提升活动,城乡基层宣传文化队伍的创造力、凝聚力、战斗力进一步增强。加大专业人才队伍培养力度,制定宣传文化系统人才队伍建设专项规划。抓好民间文艺人才、"创新团队" 等人才队伍的培训管理, 举办了2012年全市企事业单位政工专业人员培训班。组织2011年度金华新闻奖、先进新闻工作者和全市人才工作好新闻评选活动,进一步提高新闻队伍和新闻监督员队伍的素质。

(胡华玉)

精神文明建设

【提升公民文明素质】 2012年, 市文明办围绕市委市政府提出的 "思想大解放, 作风大转变"主题,开展多方面活动。一是广泛开展"我们的价值观"大讨论活动。先后举办了"雷锋精神与我们的价值观"、"孝顺镇里话孝顺"、"向善的力量—向吴连表学习"等讨论会、座谈会;充分运用网络、媒体,广泛组织"我们的价值观"表述语征集和投票评选活动;组织开展"我们的价值观"大讨论主题征文,多次召开专家学者研讨会,编发"我们的价值观"大讨论专刊16期;广泛学习、宣传、普及"务实、守信、向善、崇学"的浙江人共同价值观,推进社会主义核心价值体系建设。二是积极开展"践行雷锋精神,助力赶超发展"教育实践活动。按照中央和省委的部署,市委下发《关于在全市开展"践行雷锋精神,助力赶超发展"教育实践活动的实施方案》,对全市学雷锋活动做出全面部署。全市各地各部门迅速行动,认真组织实施。市县联动,先后举行金华市"学雷锋、树新风"主题教育实践活动启动仪式暨"爱心家园"便民服务广场活动;在全市范围举办了"传承雷锋精神,提升道德品质—纪念雷锋牺牲50周年"图片展。婺城区组织机关干部、中小学生、企业职工和社区群众1万余人参观雷锋文化馆;在《今日婺城》开设专栏,开展"学习雷锋精神与我们的价值观"大讨论活动;组建道德文明宣讲团,深入机关、学校、企业、农村、社区,开展雷锋精神巡回宣讲活动200余场。兰溪市在全市组织开展"学雷锋、比成绩、比贡献"活动,通过学雷锋先进典型事迹报告会、学雷锋志愿服务活动、"学雷锋,比成绩,比贡献,争当兰溪跨越发展排头兵"微征文和"寻找身边的雷锋"等形式多样的活动,弘扬了良好社会风尚。东阳市开展了大型广场志愿服务、“爱心家园” 农村志愿服务、“爱在东城”农民工子女关爱志愿服务和“雷锋式好人”推荐评选等活动,践行雷锋精神。永康市以学雷锋活动常态化的“四个着力”,即着力打造社会志愿服务品牌、着力打造校园雷锋文化、着力模范典型学习、着力宣传教育,进一步提升社会志愿服务水平。磐安县向全县党员干部发送以《学习雷锋好榜样》为内容的手机课堂,并组织集中收看电视讲座《新时代、新雷锋、新发展》,广播电台进行了《我身边的雷锋》系列报道,充分挖掘百姓身边的好人好事,宣传他们的感人事迹,使雷锋精神走入千家万户。三是深入开展公民道德教育活动。以颁发《浙江省公民道德纲要》为契机,大力开展公民道德宣传教育实践活动。“市民大讲堂”采取全市统一大讲堂与街道社区大课堂相结合的统分结合运作形式,深入社区,进入企业,走向农村,注重依托社区的“市民学校”开展教学。招募讲师,增多各类专题讲师的数量,充实讲师团成员,并逐步增设国学等内容,组织召开社区教育研讨会,在市区 14 个街道(乡镇),组织开展了 7 大模块 27 个专题内容的讲座,在宣扬中共十七届六中全会精神、建设和谐文化、培育文明风尚、推进社会主义核心价值体系建设等方面发挥了积极的作用,深受广大社区居民的欢迎。婺城区成功举办第四届精神文明建设“草根奖”活动,通过评选和表彰基层精神文明建设的先进人物和典型代表,着力弘扬良好社会道德风尚。兰溪市组织开展公德教育“十进社区”系列主题活动暨宣讲活动,在开展卫生、文化、礼仪等“十进社区”活动的同时,组织宣讲团,在市民中开展以社会公德、家庭美德为主要内容的宣讲活动 80 多场次, 受众一万余人。永康市启动“道德永康”建设,以建设德育陈列室、建立“道德榜样墙”“德育走廊”为抓手深入推进公民道德教育。磐安县启动第三届“十大感动磐安人物”评选活动,开播公民道德建设访谈节目“小王说事”,受到广大群众的好评。浦江县深化“道德浦江”建设,开展了第二届道德模范评选和公民道德巡讲活动。四是开展“我们的节日”系列活动,加强爱国主义和优秀传统文化教育。各地各部门在春节、元宵、清明、端午等传统节日期间,组织开展群众性民俗活动、网上祭英烈、中华经典诵读和群众文化等一系列主题活动,弘扬中华民族优秀文化传统。金华市区成功举办了金华市春节团拜会暨文艺联欢会、2012 年庆元宵系列文化活动, 为广大市民献上了热烈喜庆的文化大餐;端午前夕成功举行了全市中小学国学经典诵读大赛,通过以点带面的形式, 让中小学生接受中华优秀传统文化的熏陶;中秋节前夕,举办了“中秋夜-金华情”主题中秋晚会,来自市区 30 余家企业的 500 余名外来务工者和本地居民同聚一堂,在感受传统文化的同时,构建了交流平台,增进了彼此友谊。兰溪市在组织清明祭扫活动的同时,开展“讲传统、仰烈士、爱祖国、立大志”爱国主义教育主题征文比赛,近 20 所学校及有关单位 7000 多人参与。武义县在端午节期间,组织机关干部、企业职工、中小学生、共青团员、社区居民开展爱国主义名篇佳作诵读活动;组织各类志愿者进社区、进农村开展“送温暖”活动,为留守儿童、孤寡老人、贫困户、空巢老人、残疾人士送去慰问金、粽子等礼物,陪他们共度端午佳节;组织机关、社区干部群众继续深入开展“整洁城乡、美化家园”爱国卫生环境整治活动,集中整治庭院居室、大街小巷、居民小区、集贸市场、城乡接合部等重点场所,彻底清除卫生死角,营造整洁、优美、文明的生活环境,倡导健康和谐的生活方式,活动得到了社会各界的广泛参与。大力开展选树道德典范活动。积极发挥新闻媒体、市直各大系统以及广大市民的力量,以“我评议、我推荐身边的好人”为载体,发现身边的典型、推荐身边的典型、宣传身边的典型。先后宣传了 80 余名各条战线上涌现的道德典范,选择树立“最美警察”吴连表、“五里亭老人”楼小英、“绑着妈妈上班”陈斌强在全省乃至国内都享有一定的知名度的人物,为增强金华的知名度、美誉度起到了积极的作用。以“9·20”公民道德日为契机,举办了“金华百名道德建设先进人物事迹巡展”。持续不断地通过各种途径,大力宣扬金华市历届评选的道德模范,大力营造向善的社会舆论力量。五是积极开展全民阅读活动。开设书目推荐专栏、电信天翼手机阅读等全民阅读活动平台,向市民推荐各类优秀读物; 联合市文广新局等单位在 9 月至 10 月份,组织开展内容丰富的“人文金华 书香婺州”读书节系列活动，10位知名作家、学者“谈读书”现场签名售书，与书友互动，进行现场读书交流；充分利用图书馆、文化宫、青少年宫、农家书屋等基层文化阵地，积极提供学习交流平台和阅读服务。全市全民阅读活动组织健全，计划落实，逐步形成了“党委领导、政府推动、部门承办、媒体宣传、全民参与、资源整合、左右推进”的全民阅读活动网格体系，营造了“人人读书、崇尚阅读”的活动氛围。

【深化群众性精神文明创建活动】 一是扎实做好全国文明城市创建前期准备工作。根据市第六次党代会精神，展开全国文明城市创建启动工作。分赴宁波、绍兴和杭州三地进行学习考察，理清了创建工作的基本思路。对照《全国文明城市测评体系(2011版)》和《全国未成年人思想道德建设工作测评体系(2012版)》计14类402条标准，多个来回深入市机关56个部门以及婺城区、金东区、金华经济技术开发区，逐条逐项进行摸底调研，并对部分重点数据实地进行反复调研论证，按照达标、近期努力可达标和中长期努力才能达标三项进行分类量化，切实摸清了全市创建全国文明城市的底数，明确了创建工作的方向和重点，初步形成以“五城联创、共创全国文明城市”为基调的全国文明城市创建格局，为领导科学决策提供依据。二是稳步推进系列文明创建活动。为夯实全市全国文明城市创建工作的基础，指导兰溪市开展创建浙江省示范文明城市创建活动，并于10月中旬基本通过了省文明办的初步验收考核。积极指导金东区、浦江县开展浙江省文明县城(城区)创建工作。印发《关于要求在省级文明单位推荐工作中举行选拔赛的通知》，坚持“公开、公平、公正”的原则，创新省级文明单位评选方式，完善组织工作程序，按照自愿申报、摸底考核、现场展示、暗访督察、综合评定等五个环节，在原有组织程序的基础上，创设了申报单位领导集体上台公开申报展示环节，特邀了全国文明单位、全国文明村镇、志愿者、社区工作者、党代表、人大代表、政协委员和文明委成员为评委会成员，扩大了评选活动的影响，增强了文明单位的社会公信力，确保了推荐工作的高效优质，对此，省文明办专程赴金华考察调研并在全省予以推广。共推荐上报省级文明单位38家、省级文明街道2家、省级文明乡镇4个、省级文明村22个、省级文明社区2个，表彰市级文明街道2家，文明窗口120家，认真做好省市级文明单位的复评工作。完成2011年度市级文明单位、文明村镇命名表彰工作，共表彰了107个市级文明单位、115个文明村镇。部署开展省、市级文明单位、镇(村)“喜迎十八大，亮牌子、树形象、展风采”活动。三是不断深化文明交通践行活动。按照“惩防并举、教管结合”的原则，会同金华市公安局交警支队，以文明出行进机关、文明出行进企业、文明出行进校园、文明出行进社区、文明出行进驾校为载体，加大安全法规教育宣传和道路交通秩序整治力度。针对不同时期不同特点，先后开展了10余次专项交通秩序整治；以八一南街为样板，深入开展交通文明街区创建活动，并逐步在金华市区主要交通干道上推广；开展“四个一”进驾校活动，即设立一个文明交通宣传阵地、讲好一堂文明交通安全课、组织观看一次文明交通安全宣传片、参与一次交通志愿劝导服务；开展了“八个万人文明交通践行”活动，动员社会各界人士上街劝阻不文明交通行为，表彰9条“市级文明交通示范街(路)”、93个“市级文明交通示范单位”、58个“市级文明交通示范社区”、83辆“市级文明示范车”、94名“市级优秀文明交通志愿者”；承办“浙江省文明出行——金华站”的巡回展演，开通了《吕奇说交通》《交通942电台》等专栏，加大对道路交通安全法规知识的宣传解说。积极向省文明办推荐文明出行典型案例，其中婺城区蒋堂小学交通安全教育实践活动、浦江县文明单位员工文明出行管理等做法受到省文明办、省公安交警部门的肯定。各县(市、区)积极行动先后开展了文明交通系列活动，并向广大农村延伸，不断提升全民文明交通意识。四是不断完善社区共建机制，成功举办市区第七届“邻居节”。由我市率先兴起并在全省范围内推广的社区共建机制正成为当前推动社区建设的有效载体。针对近些年由于单位地址变迁、社区撤并扩张带来的新情况新问题，以及双方共建工作开展情况，按照“总体稳定、利于工作”的原则，在广泛征求街道、社区、机关部门以及牵头领导等多方意见的基础上，对市区13个镇(街)85个社区共建对子进行了调整充实，使社区共建工作进一步呈现良性互动的趋势。全年社区共建单位共筹措资金310余万元,帮助社区解决各种困难500余起。会同市林业局,以“文明金华、森林城市、和谐邻里”为主题,突出“邻里学、邻里行、邻里乐、邻里助、邻里评”五大载体,积极开展主题突出、丰富多彩的系列活动。据不完全统计,累计组织各类活动350余场次,参与群众达15000余人次,融洽了邻里亲情,拉近了彼此距离,为构建和谐社会、打造平安金华奠定了一定的基础。连续七年的“邻居节”活动,已成为金华市区群众性精神文明创建活动的一大特色和亮点,在全省精神文明建设系统中享有一定的声誉,并多次受到省文明办领导的肯定和表扬。五是精心设计载体,不断深化文明礼仪教育活动。继续开展文明礼仪彩信群发活动,共发送34期,受众达20.4万人次。组织开展以“做一个文明有礼的金华人”为主题的墙体美化绘画活动,各县(市、区)主要交通干道、建筑工地墙体、农村以文明礼仪为内容宣传营造知礼、有礼、守礼的良好氛围,据不完全统计,全市墙体美化150余幅。以“文明礼仪社会年”为主题,连续5年开展“牵手文明、非常有礼”中小学文明礼仪教育活动。在“人人争当文明礼仪好少年”评选活动中,全市有400所学校的1062名少先队员获得“金华市文明礼仪雏鹰奖章”。在全市中小学文明礼仪公益广告画评比大赛中,全市参与学校达315所,参与学生数约2.1万人,共评选出60幅获奖作品并汇集成册。举行了全市文明礼仪操大赛暨第五届《文明礼仪手册》传承仪式,对文明礼仪公益广告画设计大赛的获胜者和“人人争当文明礼仪好少年”雏鹰争章活动优胜者进行表彰。深入开展“文明礼仪进机关、进社区、进农村”活动。建立“金华市文明礼仪教育基地”,成立“金华市文明礼仪专家讲师团”,以文明礼仪教育基地为平台,充分利用文明单位、文明村镇、文明社区培训和“市民大讲堂”,开设文明礼仪教育课程,有针对性地开展机关礼仪、农村实用礼仪、生活礼仪等内容的培训活动,据统计,今年免费赠送《文明礼仪知识手册》5000套,受众达1万余人。

【推进农村精神文明建设】 一是围绕提升农民文明素质这一核心,扎实推进乡风文明建设。深化以“知荣辱,树新风”为主题的乡风评议活动。依靠老年协会、村民小组、妇联、共青团等基层组织,充分发挥道德评议会、文明理事会、村民议事会、道德讲堂、公民道德学校等平台的作用,利用农村现有的“道德榜”、宣传窗、黑板报等基层阵地,组织发动群众评议当地的不良风气、不文明行为,引导农民群众弘扬文明乡风,养成文明行为,纠正不良风气。通过修订村规民约和文明户创评活动,引导农民群众“讲文明、讲卫生、讲科学、讲法制、改陋习”,树立文明新风尚,建设和谐新农村。总结宣传推广一批乡风文明建设先进县(市、区)、乡(镇)村,表彰了10个“乡风评议”优秀村,推进了新一轮的乡风评议工作。深化以各类志愿者为主体的暑期“三下乡”活动。以“绚烂青春九十年 赶超发展勇争先”为主题,联合团市委组织大中专学生志愿者开展系列社会实践活动。组织大中专学生开展助推金华赶超发展、乡土文化发掘、科技兴农支农、关爱农民工子女、医疗卫生服务、城市文明劝导等志愿者服务活动,组织中学生开展践行核心价值观、基本道德规范教育、团旗永飘扬等社会实践活动。二是围绕提升农村文明程度这一目标,深入推进农村精神文明创建活动。深化“双千结对共建文明”活动。召开会议回顾总结了近年来全市“双千结对共建文明”活动进展情况,表彰了结对共建先进单位,同时,开展新一轮新命名单位与推荐村的“双千结对共建文明”工作,28家单位与村结成共建对子。加强原有“结对对子”的动态管理和长效机制的建设,确保活动健康持久发展。全市共结对1507对,通过结对创建各级文明村634个,筹集扶持资金2.06亿元,帮助修建道路853千米,帮助开发经济发展项目684个,帮助建(修)文化活动室905个,送图书72.9万册,开展文化活动6805次。引导开展“星级文明户”的评选活动。围绕“爱国守法、明礼诚信、团结友善、勤俭自强、敬业奉献”的基本道德规范和“生产发展、生活宽裕、乡风文明、村容整洁、管理民主”的社会主义新农村建设要求,引导各地以“星级文明户”评选为载体,以“爱国守法、团结和谐、勤劳致富、诚实守信、文明新风、科技创新、计划生育、尊老爱幼、文化教育、清洁卫生”10个方面为内容,进一步加强农村精神文明建设,培育广大农民树立诚信意识、发展意识、守法意识和奉献意识。三是策划以县(市、区)为主导,以镇(乡)为主体,开展“六比一争”

比经济发展、环境卫生、社会秩序、文化生活、道德风尚、班子重视程度和争创“‘两富’建设先进镇(村)”)活动,扎实推进百镇千村奔两富竞赛活动。要求县(市、区)负责指导辖区文明集市和乡镇“六比一争”的创建工作,各乡镇负责指导辖区行政村“六比一争”的创建工作,各行政村负责“十星级文明家庭”的创建和评选工作。广泛开展农村种文化活动。以兰溪和磐安为重点,深入开展“种文化”培训辅导活动。全市目前共有文化志愿者3000多名,辅导农村新建了各类文体队伍6000多支,“农家书屋”已实现全市4000多个行政村全覆盖。挖掘上报给省文明办10个农村精神文明建设优秀案例。配合文化局做好“农家书屋”评估验收工作,配合其他部门开展美丽乡村建设和创建生态乡镇、村,科技卫生乡镇村以及“811”生态工程等工作,不断提高创建活动水平和覆盖面。

【推进未成年人思想道德建设】 一是关注德育工作,推进素质教育。持续深入开展“一校一书读国学”主题教育活动。全市从33家试点学校开始,已发展到300多所学校、30多万学生。国学教育博得了孩子们的喜爱,很多非试点学校主动要求纳入试点范畴。“一校一书读国学网”登录浏览量急速攀升,许多家长在微博上纷纷留言表达对活动的支持,金华市运管处等企事业单位慷慨解囊、捐资赠书支持农村学校的国学教育,社会各界积极报名参加国学讲师志愿者,目前在“一校一书读国学网”上已公布三批120名社会国学讲师志愿者名单。对此,《浙江日报》、浙江卫视等新闻媒体给予了专题报道。结合“我们的节日——端午”主题举办了市区中小学国学经典诵读大赛。抓好未成年人假期道德实践活动。结合党委政府的中心工作,以“学国学,见行动”为主题,利用假期时间,开展道德实践、社会体验、能力提升和文娱活动。会同市教育局、市妇联、市关工委、金华晚报和新华书店等部门,完成第二届“快乐阅读 和谐成长”未成年人暑期亲子读书活动优秀作品精选《温暖的旅程》的编辑出版工作。开展金华市第三届“快乐阅读 和谐成长”未成年人暑期亲子读书活动。突出农村重点,继续推进“春泥计划”和“乡村学校少年宫”实施工程。做好全市“春泥计划”提质扩面工作。统计上报“金华市2012年“春泥计划”实施行政村联系表”,全市已有54.27%的行政村实施“春泥计划”。部署暑期“春泥计划”工作,下发《关于进一步做好暑期“春泥计划”实施工作的通知》。对2011年“春泥计划”经费使用情况进行检查,形成报告上报省里。指导浦江县做好《“春泥计划”实施与等级评定规范》测试工作,将测试数据及相关情况上报省文明办。二是推进乡村学校少年宫实施工程。切实做好中央专项彩票公益金支持乡村学校少年宫2011年建设项目的巩固完善,精心组织实施2012年项目建设。确定了2012年的5所乡村学校少年宫,分别为开发区、义乌、浦江、武义、磐安等地的5所学校。联合相关部门,完成自建乡村学校少年宫项目4所。逐步形成县级青少年宫、乡村学校少年宫、“春泥计划”实施村的三级校外活动网络。三是净化社会环境,促进健康成长。发挥协调优势,形成合力,联合各相关部门开展了2012年春季中小学教辅教材发行的检查行动,严厉查处网吧接纳未成年人、超时营业,电子游戏机赌博等违法违规行为,对网络文化加强管理,及时封堵和清除网上反动、恐怖、色情、暴力等有害信息的传递,为未成年人的健康成长营造安全有序的社会文化环境。整合各方资源和力量,积极推动未成年人心理健康教育工作,加强心理健康辅导站队伍建设。四是办好十件实事,加强督促检查。拟定并下发《2012年未成年人思想道德建设十件实事工作任务分工方案》,召开工作协调会,并按照文件要求,在做好每件实事落实工作的基础上,充分发挥组织协调、督促检查的作用,以督导推动工作,强化对实事项目进展情况的监督,并通过新闻媒体或简报的形式定期公布工作情况。在做好前期工作落实的基础上开展了落实情况年终考核检查。五是精心设计载体,开展各项活动。继续在学校、家庭、社会开展金华市未成年人“做一个有道德的人”主题实践活动,确定市级“做一个有道德的人”主题实践活动联系点42个,省级“做一个有道德的人”主题实践活动联系点20个,国家级“做一个有道德的人”主题实践活动联系点2个。会同教育局、团市委等有关部门开展了“万人诵读经典”活动。5月,为培养未成年人的阅读习惯,在全社会形成“多读书,读好书”的良好氛围,成功举办了第八届未成年人读书节。组织开展“向国旗敬礼,做一个有道德的人”网上签名寄语活动,已在中国文明网敬礼近2万条。以迎接十八大为契机,突出爱党爱国爱社会主义主题,在全市开展“童心向党”歌咏活动,录制完成“童心向党”合唱光盘,上报省里和中央进行展播。继续深化婺剧进校园活动、春雨行动、流动青少年宫等活动,开展廉政文化进校园活动,推行青少年阳光体育运动等。六是落实责任分工,奠定扎实基础。根据金华市创建全国文明城市总体部署和安排,依据《2012年版全国未成年人思想道德建设测评体系》具体标准和要求,在召集各相关部门召开协调会的基础上,根据金华实际,拟制下发《金华市关于开展全国未成年人思想道德建设测评工作实施方案》和2012年版《金华市全国未成年人思想道德建设测评体系责任分解表》。充分发挥《测评体系》导向作用,通过召开协调会、办培训班、督查考核等各种形式逐条逐项落实任务,积极稳妥推进测评工作。

(吴魏华)

统一战线工作

【概述】 2012年,市委统战部认真学习贯彻党的十八大精神和省、市党代会精神,围绕中心、服务大局,认真履行工作职责。开展“思想大解放、作风大转变”主题实践活动,进行“我们的价值观”大讨论。开展“下基层、大宣讲”活动。调整市党政领导干部联系市级各民主党派、工商联和党外知识分子联谊会名单,修订《关于进一步加强和完善市政府有关部门与市级各民主党派及工商联对口联系工作的意见》,召开对口联系工作会议。做好省政协委员协商推荐和市政协六届二届会议的人事调整工作。开设“同心大讲堂”,举办党外代表人士中青年骨干培训班。开展港澳台及海外青少年“寻根之旅——相约金华”夏令营活动。全年接待侨胞、留学人员900余人次。先后建立了13个“同心·服务团”、2个“同心·服务基地”,共开展了21次扶贫帮困、捐资助学、知识惠民、新农村建设等“同心送服务”活动,参加人员312人次,投入捐赠合计约139万元。开展“同心送温暖”活动,走访慰问“三老两户”1939户,资助贫困学生326名,助学慰问金721.23万元。

按照建设“学习型、服务型、创新型”统战机关的目标要求,加强机关党建工作和党风廉政建设,深入推进机关作风效能建设,内部管理、部门形象、学习教育、队伍素质等各方面得到不断加强,机关自身建设水平不断提升。市委统战部在市机关“千企万人双评议”中列党群和综合部门前三名,在市级机关部门工作绩效考核中列党群和综合部门第一名,统战系统党总支被评为二十佳学习型党组织。

【广场社会服务活动】 十八大召开前夕,由市委统战部举办的“喜迎十八大、同心谱辉煌”统一战线摄影展暨金华市各民主党派大型广场社会服务活动在市人民广场举行。共展出各民主党派、无党派人士拍摄的80余幅摄影作品。有40余名民主党派专家学者为1000多名市民提供了医疗、教育、法律、卫生、科技等方面的服务,现场赠送了近万元的药品。

【市政协委员辞职规定】 会同市委组织部、市政协党组制定下发《金华市政协委员辞职规定(试行)》。该文件除《政协章程》规定的免除委员职务的条件以外,还专门列出了5种需要辞去委员资格的情形,比如岗位职务变动、身体健康原因、调离金华市一年以上等。同时,委员不积极参政也被列入了辞退范围,文件规定“连续两年无故缺席全体会议的,一年内三次无故缺席常委会议的”,将根据委员辞职程序进行处理,从而有效保证了政协委员队伍的代表性和先进性。以文件的形式对政协委员辞职内容和程序进行规定这在浙江省还是首例。

【民主党派月活动】 由市委统战部牵头,自9月3日开始,举行全市民主党派月活动。活动包括六项内容:一是以“婺商回归”为主题,召开专题协商会,谏睿智之言,献务实之策;二是利用“同心大讲堂”,邀请专家学者讲授民主党派与中国共产党风雨同舟的历史;三是举办“同心同行”摄影展,展现全市经济社会各项事业的发展,宣传近年来金华市多党合作事业及各民主党派工作的主要成绩;四是组织科技、教育各民主党派专家开展广场社会服务活动,为群众送上医疗、文化、法律咨询等服务;五是开展各民主党派专家下乡活动;六是举办民主党派中青年骨干培训班。

【党外人士骨干培训班】 7月6日,组织全市无党派人士、党外知识分子、新的社会阶层人士91人在中央社会主义学院举办了第一期金华市党外人士骨干培训班。此次培训是金华市2012年干部教育培训计划的重要组成部分,是市委统战部加强党外人士教育培养的一次有益探索和尝试。市级统战部到中央社院举办此类培训班在全国尚属首次。

【助推“婺商回归”】 12月13日,金华市委统战部牵头召开了同心助推“婺商回归”专题协商会。傅利常、吴志松等市领导以及浙师大专家学者近30人参加了会议。会议介绍了金华市“婺商回归”工作情况和各民主党派、工商联前期联合调研情况。

开展“侨商回家——海外浙商金华行”“海外侨领看金华——走进金义都市新区”活动。省政府办公厅刊发了市委统战部采编的“鼓干劲,优环境,聚人心,金华市筑巢引凤,扎实推进婺商回归”专报信息,省委书记夏宝龙做出了专门批示予以充分肯定。2012年,全市婺商回归项目共214个,累计到位资金89.11亿元。

【成立香港金华高端人才联谊会】 10月28日,由市委组织部、市委统战部共同组建的香港金华高端人才联谊会在港正式成立。该联谊会有博士、教授19人,高级企业经营管理人员2人,主要以金华籍及有关联的一批专家、教授和高级经营管理人才组成。这是浙江首个在港成立的高端人才联谊会。

【纪念活动】 2012年是台湾义勇队撤离金华70周年暨李友邦将军牺牲60周年。以此契机,金华市委统战部牵头举办了主题为“弘扬抗日精神、共促和平发展”的纪念大会,来自海峡两岸的20多名原台湾义勇队、台湾少年团成员以及他们的后代齐聚一堂,台盟中央常务副主席汪毅夫等领导出席会议。

(吴天福)

政策研究

【概况】 2012年,市委政研工作着力为市委“把方向、谋全局、定战略、议大事、抓大事”当好参谋、搞好服务,全年共完成各类文稿、材料200多个,其中涉及市委全局性工作部署的重要文稿13个,起草市委决定(决议、行动计划)4个;完成重大调研课题8个,全部进入市委决策。

【调查研究】 认真做好市第六次党代会报告筹备和前期研究工作,确定了14个重点调研课题,牵头开展“金华市经济社会发展若干战略问题研究”、“今后五年的奋斗目标研究”两项课题研究,形成了《金华发展若干重大问题研究报告》,为起草好党代会报告打下了坚实基础,为市委制定发展战略、确定战略重点提供了决策依据。开展加快推进新型工业化、加快“两富”现代化都市区建设、推进市区重点建设与赶超发展等专题调研和2013年经济工作思路调研,较好地完成了市委六届二次全会、六届三次全会、六届四次全会、市区重点建设与赶超发展大会等重大会议、战略性工作部署的调查研究任务。开展加快义乌改革发展专题调研,形成了《加快义乌改革发展战略思考》等报告,为市委常委会议专题研究义乌改革发展做了充分准备、提供了决策依据。开展智慧城市建设专题调研,形成了《广州市萝岗区智慧城市建设考察报告》,提出了全市智慧城市建设的对策与建议。开展市场提升发展专题调研,形成了市委主要领导在全省市场提升发展大会上的典型发言材料及相关理论文章。

【文稿起草】 把起草好会议报告作为服务大局、服务市委中心工作的重要途径。较好地完成了市第六次党代会报告、市委六届二次全会报告、市委六届三次全会报告、市委六届四次全会报告等重要会议报告的起草任务。做好市区重点建设与赶超发展大会筹备工作,完成了市委主要领导5月3日在加快市区发展座谈会上的讲话稿、10月23日在加快市区重点建设和赶超发展座谈会上的讲话稿、11月2日在市区重点建设与赶超发展大会上的报告等文稿的起草任务。做好市委常委会专题研究加快义乌改革发展会议筹备工作,完成了市委主要领导在常委会上的讲话材料。做好其他各类专题会议报告起草工作,完成了第一次全市农业农村现代化会议、第一次“生态金华”建设会议、美丽乡村建设现场会及每季度经济形势分析会等重要会议的报告起草任务。

【政策拟订】 拟订政策是落实市委重大战略部署、推进经济社会发展、强化政研成果运用的重要内容。起草完成了《中共金华市委关于深入实施“工业强市”战略加快推进新型工业化的决定》(市委〔2012〕35号)、中共金华市委、金华市人民政府关于《金华市区重点建设与赶超发展三年行动计划(2013—2015)》(市委〔2012〕49号)、《中共金华市委关于认真学习贯彻党的十八大精神全面加快“两富”现代化都市区建设的决定》(市委〔2012〕51号)、《中共金华市委常委会2013年工作要点》(市委〔2013〕1号)等重大政策文件,着力把市委的重大战略部署转化为推进赶超发展的政策措施。

【调研统筹指导】 坚持把统筹指导全市政研工作作为提高市委决策整体水平、推进市委各项决策部署落实的重要措施,形成了领导带头、部门参与、市县联动的调查研究新格局。研究提出19项市委市政府领导年度重点调研课题,推进了市委各项工作部署的落实。切实加强对县(市、区)调研工作的指导与协调,充分调动县(市、区)委政研室参与市级重点课题调研的主动性和积极性,较好地发挥了基层政研干部的作用,增强了政策研究的针对性和实效性。制定了《金华市级机关退出现职领导干部决策咨询组日常管理细则(试行)》,认真履行决策咨询组牵头单位职责,组织退出现职领导干部,对《金华市党政领导干部破格提拔任用办法(试行)》《金华市提拔任用正处级领导干部考察对象量化评价办法(试行)》《金华市委市政府关于加快推进金义都市新区建设的若干意见》《金华市农业和农村现代化评价指标体系研究》等多个政策文件开展了咨询论证。

(应金东)

保密工作

【保密检查】 从4月份开始,与规划部门联合开展涉密测绘成果保密检查,共检查涉密测绘成果使用单位35家,发现违规使用的涉密测绘成果78份,违规计算机43台。通过抽查整改,查找了一批薄弱环节,消除了一系列的泄密隐患,加强了保密管理的措施,促进了各项保密规章制度的落实。6月份,根据省保密委要求,在全市范围内开展国家考试保密检查,共检查相关单位12家,重点检查计算机、移动存储介质和保密要害部门、部位,通过检查,解决了国家考试保密管理工作中存在的突出问题,积极推进国家考试保密管理体系建设。10月份,对全市范围内党政机关进行了保密检查,重点检查计算机、移动存储介质、办公网络、门户网站、涉密文件信息资料、电子文档使用管理情况,同时检查涉密载体清理和相关制度建设情况。在部门自查的基础上,各级保密部门组织力量进行抽查。据初步统计,全市共检查党政机关58家,共检查普通计算机886台、涉密计算机89台、笔记本电脑23台、移动存储介质330个、涉密存储介质98个,检查办公内网28个。经过检查,整改违规计算机68台,整改违规的移动存储介质16个,整改办公内网7个,整改门户网站12个,发现违规管理的涉密资料56份。通过抽查整改,查找了一批薄弱环节,消除了一系列的泄密隐患,加强了保密管理的措施,促进了各项保密规章制度的落实。

【保密管理】 认真贯彻执行《中华人民共和国政府信息公开条例》和《金华市政府信息公开涉密管理暂行办法》,按照“谁主管,谁负责”的原则,落实行政机关负责对拟公开的政府信息予以涉密审查、管理的责任,健全政府信息公开信息涉密审查的制度。严格落实管理责任,完善信息公开保密审查机制,明确审查主题和程序,加强信息公开前的保密审查,做好对部门信息公开的监督检查,及时查处泄露国家秘密的行为,切实做到“涉密信息不上网,上网信息不涉密”。切实加强保密管理,完成高考、中考、司法考试等重大活动的保密工作。认真做好文件资料等秘密载体的销毁工作,确保国家秘密安全。按照“工业强市”要求,积极推进全市非公有制企业承担国家秘密项目生产任务,努力使国防军工产业成为金华市新的经济增长点。认真帮助指导企业开展涉密人员教育管理、计算机信息系统管理、要害部位管理,落实安全防控措施,完善内部管理制度,为企业开展国防军工生产提供优质服务。

认真研究保密工作特点,组织制定规范化的保密制度,明确定密、文件发放、销毁、保管、涉密人员、要害部位、计算机管理等方面的保密规定,合理设置工作流程,明确工作纪律,推动党政机关规范化管理。在全市范围内建立保密管理员制度,共确定保密管理员 860 名,其中市本级 144 名,县(市、区)716 名。9 月份,组织全市党政机关、涉密单位召开保密管理规范化建设培训,推广保密制度样本和金华市保密管理工作台账,对七项管理制度和相关的台账进行统一规范,完善各类规章制度和登记、审批、检查表格,扎实推进保密管理的规范化、科学化、精细化,对加强保密工作,确保国家秘密安全提出了明确要求。组织召开了全市保密办主任会议,明确了具体工作任务。会后,各县(市、区)认真贯彻会议精神,先后召开保密管理规范化建设培训,部署本地区的保密工作任务。一些单位除认真传达会议精神外,还通过召开会议、观看录像、举办讲座等形式,加强保密知识的宣传,提高干部职工的保密意识。根据上级统一部署,积极开展计算机分类管理,根据涉密计算机、内网计算机、上互联网计算机等不同类别,明确不同纪律。重点加强涉密计算机管理,落实监管手段和措施。有效解决了当前存在的涉密计算机违规外联、移动存储介质交叉使用等突出问题,以实现对涉密计算机的严格监管。

【提升保密技术水平】 贯彻执行上级保密部门统一部署,积极推动涉密计算机违规上互联网监管工程、内网计算机违规上互联网监管工程、党政门户网站监管工程建设,采用信息网络阻断和报警技术,实时阻断涉密、内网计算机与互联网的链接,实现对党政门户网站的实时监控。按照"实时监管、及时处置、严密防范、属地管理"的原则,全面推进全市各级党政机关、事业单位、涉密单位涉密、内网计算机的监管,严格落实监管工作责任,建立科学的监管工作制度和应急处置机制。全市党政机关门户网站监管系统已全面运行,全市技术监管平台建设基本完成。

【专用电话网建设】 积极开展党政专用电话二级网建设,保障通讯安全。对专用电话各项规章制度进行了全面梳理,重点抓好审批、使用管理、撤除和监督检查等制度的落实。严格落实领导责任制,一把手亲自过问,分管责任人直接抓,一级抓一级,层层抓落实。坚决执行"谁主管谁负责、谁运行谁负责、谁使用谁负责"的原则,认真履行专用电话安全管理保障职责。为确保通信任务需要,组织实施专用通讯系统的延伸工程,大大提高了紧急事件的应急反应能力,切实保障党政领导通讯安全。

(徐媛俏)

老干部工作

【概述】 2012 年年底,全市共有离休干部 1399 人。其中:地专级 41 人,县处级 645 人,科级 711 人,其他 2 人;抗战时期 220 人,解放战争时期 1179 人;享受重点保健照顾的对象 4 人,平均年龄 84 周岁。

【组织学习】 因时制宜,精心筹划,组织深入学习重要会议精神,凝聚老干部思想共识。市委书记陈一新向老同志宣讲党的十八大和市第六次党代会精神,市委副书记、市长徐加爱通报市政府工作情况,市委常委、组织部部长温暖向老同志通报省第十三次党代会精神和全市组织工作情况。各地各单位分别以组织座谈、参观考察、讲座学习等形式对党的十八大、省第十三次党代会和市第六次党代会精神进行学习;3 月份举办离退休干部党支部书记培训,6 月份举办的市直县处级离休干部读书会和市直地专级离退休老领导读书会;市领导与市级老领导开展座谈,老领导积极建言献策提出意见建议 5 大类 80 多条,市委书记陈一新批示将老同志们提出的意见建议落实情况列入重点督查内容,市委副书记、市长徐加爱就老同志们关心的问题和提出的建议意见一一回应,面对面向老同志做出反馈。

【"走看促"活动】 积极组织开展"走基层、看变化、促发展"活动,组织老干部就近就地参观工业企业、现代生态农业园区、美丽乡村建设和重点工程建设,增强发展信心。2 月组织市级老领导考察国际商贸城和"义乌港",并听取义乌市经济社会发展情况介绍;6 月组织老领导赴金义都市新区参观考察,并听取了金义都市新区工作情况汇报;7 月组织老领导考察了中国婺剧院、金华市体育中心等市区部分重点工程,并听取五百滩、梅花公园项目建设和湖海塘、金华体育公园区块规划情况汇报;10 月、11 月组织市级老领导赴永康、兰溪、东阳参观考察,考察了永康国际会展中心精品馆、永康总部中心、兰溪嘉宝化工公司、兰花基地和香榧基地,出席了东阳竹编工艺美术博览会,并在三地开展座谈,对当地经济社会发展提出意见建议。同时,认真做好了省级老领导来金参观考察的服务接待工作。

【落实待遇】 认真贯彻落实有关政策精神,进一步做好双高期老干部服务工作。根据浙组〔2012〕2号文件精神,将享受高龄护理补贴的范围调整为全体离休干部,同时规定享受高龄护理补贴后,不再重复享受生活完全不能自理离休干部护理补贴,进一步保障了老干部晚年生活。根据金市民〔2012〕45号文件精神要求,对国家机关离退休人员死亡,一次性抚恤金发放标准进行调整。根据金人社发〔2012〕32号文件精神,调整机关事业单位工作人员死亡后遗属生活困难补助费标准。落实解决了离休干部无固定收入配偶医疗待遇,保障了离休干部配偶体检问题。着力开展试行社区助老员服务,开展居家养老服务对接,为全面开展"四就近"服务奠定了基础。

【纪念活动】 开展"回首三十载、喜迎十八大"主题活动,召开纪念干部离退休制度建立30周年座谈会,市委常委、组织部长温暖出席会议并作重要讲话;在东阳召开全省市委老干部局长工作研讨会,各地市交流总结30年内老干部工作成绩经验,研讨新形势下老干部工作的新思路、新办法、新举措;召开全市老干部局长会议,学习贯彻全国总结干部离退休制度建立30年内老干部工作座谈会精神;开展老干部政策落实情况检查,举办"我的幸福晚年"老干部征文、老干部书画展、摄影展,开展走访慰问活动和各类文艺演出等,纪念干部离退休制度。

【两项建设】 举办离退休干部党支部书记学习会,增强离退休干部党支部建设;评选第二批省市"五好"党支部和优秀离退休干部党员,义乌市财政局直属机关党委老干部党支部等8家离退休干部党支部,余荣安等15位离退休干部党员受省级表彰,婺城区水务局机关离退休干部党支部等33个离退休干部党支部、王风等42位优秀离退休干部党员受到市级表彰;开展向温黎明同志先进事迹学习活动,促进老干部工作者立足岗位做好老干部工作;举办喜迎党的十八大暨庆祝浙江省第二十五个老人节文艺演出,唱响时代主旋律,表达了老干部们迎接党的十八大的喜悦之情和永远跟党走的坚定信念。

【老年大学】 认真征求意见建议,对收集到的30余条意见和建议及时予以解决落实;召开老年大学教学管理创先工作会议,并赴宁波老年大学考察学习,提升老年大学的教学质量和办学水平;举办教学公开课观摩活动,科技文化系的英语、摄影专业,医学保健系的按摩专业,戏曲音乐系的音乐专业,体育舞蹈系的瑜伽、时装专业被评为骨干课程;开展丰富多彩的公益活动,在搞活第一课堂(课堂教学),提高教学质量的同时,还注重丰富第二课堂(课外活动)和拓展第三课堂(社区活动、社会公益活动),构建和谐校园。

【活动中心】 推进满意家园建设,召开创建"满意家园"工作现场交流会,并赴台州市和玉环县老干部活动中心参观学习,学习创建"满意家园"工作的经验做法,兰溪、武义老干部活动中心获评老干部"满意家园"称号;精心设计载体,举办市直老干部书画展,"辉煌颂祖国,喜迎十八大"摄影作品展、老干部书画笔会和老人节游园活动,喜迎十八大,丰富老干部精神生活。

【自身建设】 深入开展"思想大解放、作风大转变"主题实践活动,围绕"三思三破十问",开展解放思想大讨论;建立分片联系制度,对15项制度规定进行了修订完善;深入结对村调研帮扶,局领导到婺城区莘畈乡吴村进行实地走访调研,落实帮扶资金,选派年富力强的同志到莘畈乡大坞头村担任"两富"局级农村指导员,帮扶后劲基层党组织加强基层组织发展,推动农村经济发展;开展价值观大讨论活动,提炼出"敬业、奉献、善学、进取"的老干部工作者的价值观和"葆本色、重修养、献余热、促和谐"的老干部核心价值观;强化工作人员业务素质和工作能力,在老年大学和老干部活动园区举行"老同志突发疾病应急救助演练",召开老干部信息宣传工作会议,对信息员业务进行专门培训。

(郭启民)

党史研究

【概述】 2012年,党史研究室工作围绕市第六次党代会提出的"赶超发展,浙中崛起"宏伟建设目标,认真履行党史工作职能,不断加大党史资料征集研究和党史知识普及、宣传教育力度,较好地完成了全年各项工作任务。

【党史编研】 完成《抗美援朝运动在金华》和《山东南下干部入金》两个重点专题的编写。按党史二卷编写任务分工,完成10多万字初稿编写。分别采访老领导,完成口述文章《难忘的岁月》《回忆在金华的岁月》等十多篇口述文章。完成《金华地委专署重要文献选编(1949–1956年)》编排与校对。完成《金华地方革命武装斗争史迹展》大纲的编写与审定。

【宣传教育】 与市民政局联合为市党政军领导清明节祭扫烈士陵园活动推出了"民主革命时期金华党史重大事件及重要人物图片展",以供参加祭扫活动的干部群众参观学习。协助市台办举行"台湾义勇队撤离金华70周年暨李友邦将军牺牲60周年"纪念活动。主办《厉德馨文集》发行座谈会。协助义乌市成功举行金东义西抗日武装第八大队成立70周年纪念活动。与《金华晚报》推出七一特刊:"新使命——聚焦金义都市新区建设的红色引擎"。与金华电视台推出"九一八"新闻专访。与金华市委党校合作,进行党史子网站建设,完成网站版面及栏目设计,内容上传等工作,12月底开通并试运行。完成党史杂志《春秋》的编辑发行,并增设《口述历史》和《资政专栏》两个栏目。印发《金华党史信息》8期。

【党史资政】 在首届"全国党史文化论坛"征文活动中,全市有《金华抗战文化的历史地位及其当代价值》《党的理想信念文化的形成和发展》《李大钊对"调和"思想的辨证把握与党史文化的孕育》《社会多元化视域下的党史宣传教育》四篇文章入选论文集。完成了《从"鸡毛换糖"到义乌经验——义乌现象探究》资政课题初稿的编写。在《春秋》发表《弘扬主流文化,推进赶超崛起》,为推进赶超崛起提供精神动力。在调研的基础上撰写《关于金义都市新区金东区域内红色文化资源保护利用情况的调研告》,提供规划参考。在《旗帜》发表《党的历史与党的纯洁性建设》,推进"保持党的纯洁性"建设。为有关部门收集、整理近十年来金华市委重大决策及有影响的重大事件30多条,提供咨询、参阅。

【革命遗址遗迹保护利用】 积极向上级党史部门争取保护经费70万元,并分别落实到各保护项目。开展了全市革命遗址普查及保护工程绩效考核自评、督查和革命遗址普查及保护经费使用情况调查工作,保证经费使用规范。协助东阳市东白山革命游击根据地陈列馆建设和武义县红军纪念馆筹建工作。完成了第二批"浙江省党史教育基地"的推荐工作(全市共推荐了十处)。协助浙江电视台《历史的永恒——浙江革命遗址集锦》电视文献片摄制组在金拍摄28处革命遗址外景。制作"八婺红色坐标"(示意图)明信片,给部分市第六届党代表寄送,宣传、推进红色旅游。

【党史资料数字化】 对党史机构成立以来所编辑、出版(含内部出版)的党史著作、资料集、专题文集、纪念文集、大事记、史稿、画册、通俗读物等各类党史书籍和音像资料进行统计,制成金华市党史系统成果目录。对现存征集和交流来的党史资料进行清查登记,力求摸清资料库中的家底。同时,对纸质资料进行电子化扫描,实现公文档案、历史图片数字化存档,逐步建立数字党史资料库。对一些早期出版的党史资料"孤本"书籍,进行电子扫描,形成电子成果进行保存,有效地解决了党史文献中只有孤本的问题。与市电子政务中心签订了服务器和防火墙的托管合同,进行了党史资料数字化系统安装并试运行。

(徐勋民)

党校工作

【概述】 2012年,市委党校把工作重点转移到提高办学质量,彰显办学特色上来,围绕市委、市政府中心工作,强化干部培训,跟进主题调研,充分发挥党校在"赶超发展,浙中崛起"中的能动作用。

【锻造品牌课堂】 通过外请和校内师资的整合,加强中国特色社会主义理论体系以及市委、市政府重大决策部署的教学;突出领导干部能力培训,开设媒体应对、思维创新等能力专题。通过调研成果转化等形式,在中青班开设专题模块教学。增加"夜学"模块,主要以专家讲堂、网络学习、分组讨论、观看教育片、夜访等形式开展学习。市管班、中青班安排义乌国际贸易综合改革试点、东阳文化产业全域化、金义都市新区规划建设现场教学;秋季市管班还安排赴衢州、丽水进行区域经济、生态文明现场教学;中青班赴井冈山、市管班赴沂蒙山开展革命传统教育。秋季中青班尝试组织“竞争性选拔干部面试”情景模拟教学。以举办全市党校系统精品课竞赛为依托,精选优质课程。建立新课试讲与准入制度、推出符合党校特点、具备时代特征,体现金华特色的高质量新课程。扩容8个市级现场教学示范基地。在井冈山、沂蒙山区分别建立革命传统教育基地。在上海普陀区委党校、浙江大学建立异地培训基地。围绕校长开学典礼讲话、主题调研开展学员论坛。

【主题宣讲】 上半年,抽调骨干教师组建宣讲团进机关单位、进街道社区、进企业学校,围绕市第六次党代会进行宣传解读。精编“十八大精神”专题学习资料,帮助干部群众全面准确理解党的十八大精神。

【双班主任制度】 市管班班主任由校委成员担任,中青班班主任由校中层以上领导或副高职称以上教员担任。副班主任由教务处提名,分管副校长审定。构建培训评估体系,对学员的进行“双百分”量化考核。完善教学质量和项目质量评估机制。

【完善培训班次体系】 办精“第一班次”(即市管领导干部进修班、中青年干部培训班,按照“一体两翼”培训格局,划分教务处、培训处的班次类型。教务处主要承担计划内班次,包括主体班次和专题研讨(修)班。培训处担负着以金华市干部为主并面向全国党政干部、企业经营管理人员和专业技术人员“三支队伍”的继续教育和岗位培训的职责。在省委党校的支持下,推进在职研究生教育;与浙江大学合作,开办高级研修班;通过异地办班与安徽、新疆温宿、云南保山、湖北孝感、南平等地建立了培训互动。浦东干部学院和扬州市委党校在金华党校建立了实践基地。

【主题调研】 将市第六次党代会确定的“五大战略”“五化联动”“五个金华”作为市情研究的主要选题,主动邀请政研部门和经济社会发展相关部门同志进行座谈,研究确定调研选题。引导教研人员把研究方向集中到金华重大理论前沿问题的研讨,发挥团队优势和“拳头”效应。加强全市党校系统与其他有关部门之间的协作,提高党校科研水平。开展了“如何举全市之力推进金义都市新区建设”“精细管理 优化模式 多元联动 系统服务”基层社会管理的创新实践——基于金华经济开发区“网格化管理”工作的调研等课题研究工作。春季市管班围绕“推进赶超发展,加速浙中崛起”、春季中青班围绕“群城聚市和金义都市新区规划建设”撰写体会文章和开展调研;秋季市管班围绕“金义都市新区”开展主题调研,调研文章集结成册,为金义都市新区规划建设建言献计。秋季中青班围绕基层组织建设开展调研。会同市委组织部编撰“赶超发展浙中崛起金华市干部系列读本(政策篇)”,作为主班次教学参考书。

【队伍建设】 完善岗位设置,制定绩效评价、责任考评机制。开展校园文化建设,建设好教学科研、行政管理和后勤保障三支队伍。做好人才引进工作,吸收高素质、高质量人才到党校工作;聘请一批理论水平较高、实践经验丰富的党政领导干部和专家学者到校讲学,建立一支结构合理的客座教授队伍。实施信息化提升改造工程,建立一个开放的、创新的、协作的和智能的综合信息服务平台。开展“美丽校园”“温馨校园”“学习校园”等活动。

(陆　昇)

市直机关党务

【学习贯彻十八大和省市党代会精神】 组织召开市直机关党委书记学习十八大精神座谈会,举办机关科级干部十八大精神轮训班,把推进“两富”现代化都市区建设作为教育培训重要内容,力求教育与金华发展实际相适应,培训与干部学习需求相结合,1800余名机关科级干部参训。

【创先争优活动】 以“创先争优勇当八婺先锋,凝心聚力加快浙中崛起”为载体,以“我诺我行”先锋承诺活动为抓手,以窗口单位和服务行业创先争优为重点,全面推进市直机关创先争优活动。全年市直各单位被评为省级创先争优先进基层党组织2家、市级3家;省级“闪光言行之星”4名、市级8名;市级“先锋服务窗口”5个,市直机关“先锋服务窗口”10个。

【学习型党组织建设】 组织开展“下基层、访民情、增感情”征文、市直机关喜迎“十八大”微型党课比赛等活动。各单位人选全市“二十佳学习型党组织”6家、“二十佳学习型领导干部”4名,新授予市直机关“学习型党组织”28 家。市直机关工委被评为全市“二十佳党委(党组)理论学习中心组”。

【党员干部培训】 围绕全市赶超发展大局和形势任务需求,以坚定理想信念、提高履职水平和执行能力为重点,圆满完成第二轮科以下干部培训工作,五年共轮训 2500 多人次。抓好机关党务干部和入党积极分子教育培训,全年共举办各类培训班 11 期,培训 1500 人次。赴全国干部教育培训基地四川大学举办了机关党(工)委书记高级研修班。

【基层组织建设】 紧紧围绕“强组织、增活力,创先争优迎十八大”主题,有力推进市直机关基层组织建设年活动。认真开展“五星争创”活动,做到动员部署到位、分类定级科学、整改提高求实,共评定五星党组织 83 个、四星党组织 850 个、三星党组织 380 个、二星党组织 18 个、一星党组织 3 个,并抓好先进党组织的示范引领作用发挥和落后党组织的整改提高、晋位升级工作。三是抓党员教育管理。把“共产党员示范岗”创建活动作为窗口单位和服务行业创先争优的重要载体和长效机制,着力在完善制度、营造氛围、推进深化上下功夫,增强创建活动的影响力和生命力, 彰显党员的先进性和示范性。全年新授予市直“共产党员示范岗”17 家。结合 2012 年度民主评议党员和两年一次的双争评比活动,组织实施党员“五星管理”,积极探索新形势下加强机关党员管理的新标准、新方法。

【服务型党组织建设】 开展“城乡互动一对一、共谋发展面对面”活动。通过城乡党组织结对共建、一村一计一部门、一户一策一干部、组团下乡送服务、党员志愿者服务等形式,深入基层服务人民群众。据统计,市直机关各级党组织共与 308 个村(社区) 党组织结对共建, 结对帮扶低收入农户 3874 户,落实帮扶资金 1165 万余元;开展组团(志愿者)下乡送服务活动 2186 场次, 机关党员干部参与 6 万多人次。分级分批开展走访慰问困难党员活动,工委共走访慰问市直困难党员 238 名, 慰问资金 33 万余元。

【机关党建品牌创建】 结合学习贯彻党的十八大精神,在金华日报刊登《齐心打造机关党建品牌、聚力助推浙中赶超崛起》专版,对开展五年来的机关党建品牌创建工作进行阶段性总结,并申报参加全国机关党建科学化优秀案例评选活动。召开市直机关党建品牌创建工作经验交流暨联评推进会,全年申报市直机关党建各档次品牌 89 个,评选出“知名品牌”10 个,“优秀品牌”20 个,“工作品牌”40 个,进一步提升了机关党建品牌创建工作整体水平。

【廉政建设】 深入推进惩防体系建设和风险防控机制建设,组织开展基层组织党务公开“回头看”活动,加强反腐倡廉教育,编印《2013 年廉政工作日志》,推动机关党员廉洁从政。加强机关纪委建设,制订机关纪委工作规则, 举办机关纪委书记读书会,完善机关纪委片组联系活动制度,加强机关纪检队伍自身建设。市直机关纪工委被市纪委监察局评为 2012 年度派驻(出)纪检监察机构表扬单位。发挥牵头部门职责,圆满完成省第二批和市第三批廉政文化进机关示范点的培育推荐和评选工作,市公安局江南分局等 5 家单位被评为省第二批示范点;义乌行政服务中心等 24 家单位申报争创市第三批示范点。

【党建宣传与调研】 年初征订发放《中国共产党党和国家机关基层组织工作条例》 学习辅导书籍,采取座谈、交流等形式认真组织学习《条例》精神。以省委出台贯彻中央《条例》的《实施意见》为契机,组织起草市委关于贯彻《条例》的实施办法,多方征求意见、充实完善后,将提交市委研究出台。围绕“培育党建品牌、展示工作亮点、促进和谐发展”主题,开展第五轮机关党建创新成果评选活动。市直机关工委报送的《紧扣纲目搭建组织架构,纲举目张助推科学发展》被评为“全省机关党建工作优秀案例”;《积极发挥机关党组织在构建城乡统筹基层党建工作格局中的作用》获全市组织工作创新奖。组织开展机关党建理论研究课题调研活动,共形成 150 余篇调研报告。

【文化活动】 与市文广新局联合举办机关文化大讲堂活动,开设音乐、舞蹈、曲艺小品、美术、书法、摄影、戏曲及婺剧课程。举办“音乐漫谈”等专题讲座 12 次,培训学员 1600 人次。以“展示新成就、喜迎十八大”为主题,举办全市机关干部职工摄影比赛,选取获奖作品及机关党组织喜迎十八大活动剪影,制作 70 余块展板在市机关主楼大厅展出。深化市级机关工会工委“职工之家”建设,机关工会工作获市总工会年度考核第2名。组队参加全市职工运动会和市第八次运动会,获得道德风尚奖。会同市妇联继续举办机关"八婺女性大讲堂"活动。开通金华机关党建微博和手机信息平台,不断优化服务手段。

(徐庆妹)

金华市人民代表大会常务委员会

【概述】 2012年，市人大常委会在中共金华市委的领导下,深入贯彻落实科学发展观,坚持服务大局,讲求工作实效,努力开拓创新,认真履行宪法和法律赋予的职责,依法筹备召集市六届人大三次会议,选举产生金华市出席浙江省第十二届人民代表大会代表55名,召开常委会会议7次、主任会议21次,听取和审议专项工作报告5项,开展执法检查1次,做出决定决议7项,交办审议意见和视察意见14件，依法任免和批准任免国家机关工作人员97人次，完成了市六届人大二次会议确定的各项任务。

重要会议

【市六届人大二次会议】 2012年3月13~16日,金华市第六届人民代表大会第二次会议在金华召开。出席会议的市人大代表430名、列席人员191名,参加市政协六届二次会议的全体委员列席了会议。会议听取和审查了市人民政府市长徐加爱所作的关于金华市人民政府工作报告,审查了市发展和改革委员会关于金华市2011年国民经济和社会发展计划执行情况及2012年国民经济和社会发展计划草案的报告、市财政局关于金华市2011年全市和市本级财政预算执行情况及2012年全市和市本级财政预算草案的报告,听取和审查市人大常委会副主任林一心所作的关于金华市人民代表大会常务委员会工作报告、市中级人民法院院长徐建新所作的关于金华市中级人民法院工作报告、市人民检察院检察长毛建岳所作的关于金华市人民检察院工作报告,会议通过了关于批准上述六个报告的相应决议。会议以无记名投票、等额选举的方式,依法选举黄锦朝为金华市第六届人大常委会主任,选举张荣贵、江跃进为金华市第六届人大常委会副主任。

【市六届人大三次会议】 2012年11月28~30日,金华市第六届人民代表大会第三次会议在金华召开。出席会议的市人大代表429名。会议以无记名投票、差额选举的方式,依法选举产生金华市出席浙江省第十二届人民代表大会代表55名。

【市人大常委会会议】 2012年3月2日，市六届人大常委会举行第八次会议。会议听取了市政府副秘书长、办公室主任任建生受市政府委托所作的《关于政府工作报告起草情况的说明》,初审了政府工作报告。会议听取并审议通过了代表资格审查委员会副主任委员伊福泉所作的关于补选、选举的市六届人大代表的代表资格审查报告。会议听取了市人大常委会秘书长应炳兴代表主任会议所作的关于市六届人大二次会议主席团和秘书长名单草案的说明,审议并同意将该名单草案提请市六届人大二次会议预备会议选举。会议听取了市人大常委会秘书长应炳兴代表主任会议所作的关于市六届人大二次会议列席人员名单草案的说明,审议并通过了市六届人大二次会议列席人员名单。会议听取了市人大常委会副主任王国强代表主任会议提出的市六届人大二次会议财政预算审查委员会名单草案,审议并同意将该名单草案提请市六届人大二次会议预备会议通过。会议审议通过了金华市人大常委会2012年工作要点。会议审议了市人大常委会工作报告稿,同意将该报告稿提请市六届人大二次会议审查。会议初审了计划、财政、法院、检察院工作报告。会议书面审议了市政府关于市区"菜篮子"工程建设情况审议意见的研究处理报告、市中级人民法院关于落实刑事审判工作审议意见的研究处理报告。会议以无记名投票方式通过了主任会议、市政府、市中级人民法院、市检察院的人事提请。会议决定接受徐止平辞去金华市第六届人大常委会主任职务,并报市人民代表大会备案;决定免去劳红武、金中梁的金华市人民政府副市长职务,并报市人民代表大会备案；决定任命陶诚华为金华市人民政府副市长。

2012 年 4 月 26 日，市六届人大常委会举行第九次会议。会议听取并审议了市公安局副局长施欣辉代表市政府所作的关于公安机关加强和创新社会管理情况的报告，书面审议了市政府关于市区保障性住房建设情况审议意见的研究处理报告、关于《中华人民共和国公证法》执行情况审议意见的研究处理报告。会议以无记名投票方式通过了主任会议、市政府、市中级人民法院、市检察院的人事提请。

2012 年 6 月 20 日，市六届人大常委会举行第十次会议。会议听取并审议了市政府副市长傅利常代表市政府所作的关于促进中小企业发展情况的报告，市政府市长助理李国辉代表市政府所作的关于开展城市“三化”环境综合整治、建设“精品城市”工作情况的报告。会议听取了市人大常委会秘书长应炳兴代表主任会议所作的关于调整金华市第六届人大常委会工作机构的说明，通过了《金华市人大常委会关于调整金华市第六届人大常委会工作机构的决定》。

2012 年 8 月 30~31 日上午，市六届人大常委会举行第十一次会议。会议听取并审议了市政府副市长陶诚华代表市政府所作的关于市政府 2012 年上半年工作情况和下半年主要工作的报告、市中级法院院长徐建新所作的关于市中级人民法院 2012 年上半年工作情况和下半年主要工作的报告、市检察院检察长任国所作的关于市人民检察院 2012 年上半年工作情况和下半年主要工作的报告。会议听取并审议了市财政局局长陈志身受市政府委托所作的关于市本级 2011 年财政决算和 2012 年 1~6 月财政预算执行情况的报告、市审计局局长方卫民受市政府委托所作的关于金华市本级 2011 年度财政预算执行和其他财政收支情况的审计工作报告，通过了《金华市人大常委会关于批准市本级 2012 年财政决算的决议》。会议听取并审议了市公安局副局长施欣辉受市政府委托所作的关于全市公安机关加强和创新社会管理工作审议意见的研究处理报告，听取了市人大常委会委员、法工委主任王国进代表主任会议所作的关于对市政府办理公安机关加强和创新社会管理工作审议意见情况进行满意度测评的说明，以无记名投票的方式对市政府办理公安机关加强和创新社会管理工作审议意见情况进行了满意度测评。会议听取了市政府副市长林丹军代表市政府所作的关于《中华人民共和国食品安全法》执法情况的报告，并举行了政府食品安全法执法工作专题询问会。会议以无记名投票的方式表决通过了市政府、市中级人民法院的人事提请。会议决定免去陶诚华的金华市人民政府副市长职务；决定任命金中梁为金华市人民政府副市长。

2012 年 10 月 22 日上午，市六届人大常委会举行第十二次会议。会议以无记名投票的方式表决通过了市政府的人事议案，决定免去朱福林的金华市人民政府副市长职务，并报市人民代表大会备案。

2012 年 10 月 30 日，市六届人大常委会举行第十三次会议。会议听取并审议了市发改委主任余秋荣代表市政府所作的关于金华市医药卫生体制改革情况的报告、市国土资源局局长蒋金红代表市政府所作的关于金华市节约集约用地情况的报告。会议听取并审议通过了市人大常委会副主任林一心代表主任会议所作的《关于召开金华市第六届人民代表大会第三次会议的决定》、代表资格审查委员会副主任委员伊福泉所作的关于补选的市六届人大代表的代表资格审查报告。会议听取了市人大常委会秘书长应炳兴代表主任会议所作的关于市六届人大三次会议主席团和秘书长名单草案的说明，审议并同意将该名单草案提请市六届人大三次会议预备会议选举。会议书面审议了市政府关于促进中小企业发展情况审议意见的研究处理报告，关于开展城市“三化”环境综合整治、建设“精品城市”工作情况审议意见的研究处理报告。会议以无记名投票的方式表决通过了市政府、市中级人民法院、市检察院的人事提请。

2012 年 12 月 24 日，市六届人大常委会举行第十四次会议。会议听取并审议了市财政局局长陈志身代表市政府所做的关于调整市本级 2012 年财政支出预算的报告，审议通过了《关于批准调整市本级 2012 年财政支出预算的决议》。会议听取并审议了市政府秘书长祝伦根代表市政府所做的关于市六届人大二次会议代表建议、批评和意见办理情况的报告，听取并审议了市人大常委会副秘书长、城建环保工委主任张志明代表主任会议所作的关于市六届人大二次会议代表议案办理情况的报告，书面审议了市政府关于对食品安全法执法情况审议意见的研究处理报告、关于对市本级2011年度财政预算执行和其他财政收支情况的审计工作情况审议意见的研究处理报告。会议以无记名投票的方式表决通过了市中级人民法院、市检察院的人事议案。

主要工作

【推进工业转型升级】 2011年以来，促进中小企业健康发展、推动产业转型升级成为全市经济工作的首要任务。常委会深入调研中小企业发展情况，组织代表视察市区金融服务环境和海关工作，听取和审议扶持中小企业发展专项工作报告，推动政府出台推进工业有效投资、促进小微企业创业创新的系列政策。听取和审议了全市节约集约用地情况专项工作报告，要求政府着力盘活存量建设用地、合理开发土地利用新空间、强化考核建立长效机制，以进一步提高土地利用效率，满足转型升级的用地需求。开展了婺商回归创业情况专题调研，建议政府着力提高招商选资水平，努力破解难题，主动优化服务，充分发挥婺商在扩大有效投资、促进转型升级中的重要作用。

【财政预决算审查监督】 常委会认真听取和审议市政府关于财政预算、预算执行、预算调整、财政决算和审计工作等报告。对市本级林业部门2011年预算执行中存在问题的整改情况、商务部门和卫生部门2012年预算执行情况进行了跟踪监督，对省补专项资金和预算超收收入、非税收入、市本级土地出让金收支情况进行了重点审查，督促政府加快综合预算改革进程，推动科学、规范、民主理财，不断提高财政资金使用绩效。重视发挥审计作用，跟踪监督审计发现问题，特别是屡查屡犯和倾向性问题的整改，促进财政资金使用安全高效。

【投资项目监督】 针对政府投资项目推进中存在的问题，常委会加大监督力度。在听取政府报告、组织代表视察的基础上，对市区政府投资项目决策、实施、监督等环节存在的问题进行专题调研分析，向政府提出了许多有针对性、可操作的建议意见，推动政府制订出台了重大建设项目前期工作管理暂行办法、市区政府投资项目初步设计和概算管理暂行办法等制度，提高了重大建设项目的前期工作质量和效率。

【助力"精品城市"建设】 为推进金华城市环境改善和品位提升，常委会听取和审议了开展"三化"环境综合整治、建设"精品城市"专项工作报告，听取了铁路建设、"森林城市"创建、生态环保工作等报告，视察了人防工程建设情况，开展了市区一环路、二环路贯通工程跟踪监督和公交优先发展专题调研。市政府及相关部门自觉接受监督，积极理顺城市管理体制，开展了地面卫生、市容秩序、停车场挪用等难点问题集中整治，加快了城市公共基础设施完善和市区重点区块建设进程。常委会听取了全市旅游业规划建设情况的报告，视察了金华南山、北山区块保护开发情况，要求政府加强规划，深入挖掘、强化整合旅游资源，着力打造金华旅游目的地形象，充分发挥旅游业在产业结构调整和发展方式转变中的重要作用。

常委会高度关注金义都市新区总体规划编制工作，三次组织省、市人大代表赴新区视察，两次专题听取新区规划编制情况的报告，建议政府坚持高起点、高标准，切实增强规划的科学性、前瞻性和可操作性。结合市六届人大二次会议代表议案办理，在深入调研外地先进经验的基础上，广泛征求意见，依法做出《关于严格实施<金义都市新区规划>、加快推进金义都市新区建设的决议》，保障和支持金义都市新区规划建设。常委会继续努力推进《浙中城市群协调发展促进条例》的立法进程。

【司法监督和信访工作】 常委会听取和审议了公安机关加强和创新社会管理专项工作报告，并首次对审议意见办理情况进行满意度测评，有力推动全市公安机关社会管理创新工作稳步走在全省乃至全国前列。常委会重视加强司法监督，听取和审议了市中级人民法院、市检察院的半年工作报告；听取了市中级人民法院民商事审判工作和"三项推进"工作报告，市检察院刑罚执行监督工作报告；组织代表视察了社区矫正工作。监督中，注重正确处理依法监督与独立行使审判权、检察权的关系，对督促司法机关完善内部制约机制，促进依法文明办案和公正司法起到重要作用。常委会进一步完善规范性文件备案审查工作流程,听取了政府规范性文件备案情况的报告,加强与文件起草部门沟通,强化工委审查责任。按照全面审查和重点审查相结合的原则,依法审查市政府和县(市、区)人大常委会报备的规范性文件 49 件。常委会认真受理 846 件(批)次人民群众来信来访,并按信访职责分工,依法及时转交"一府两院"及相关地方处理。对一些重要涉法涉诉信访件,加大督查力度,推动问题解决。同时,重视信访综合分析,梳理和把握群众普遍关注的倾向性问题,为常委会全面履行监督职能服务。

【关注民生】 常委会紧紧围绕市委提出的加快推进农业农村现代化的目标任务,开展了农业科技发展调研,努力推动农业科技创新;开展了农机产业发展调研,建议政府发挥优势、抓住机遇,加快建设农机产业集聚园区,推动了"永康中国南方农机产业园"的立项动工;组织代表视察并听取了农产品批发市场有关情况的报告,积极支持市场发展。常委会还听取了"百万农民饮用水工程"、农村公路安保工程建设情况的报告,关注"美丽乡村"建设,积极推动系列民心工程的建设进程。

常委会积极回应社会关切,在 2011 年开展食品安全法执法检查的基础上,根据省人大统一部署和市人大代表建议要求,开展了执法检查回头看活动,听取和审议了食品安全法执行情况的报告,组织了专题询问。市政府认真落实、积极采取措施,在完善食品安全监管体制机制、解决职能交叉和监管"空白"、打击食品领域违法犯罪等方面取得了突破。

常委会以 2009 年新医改启动以来的工作为重点,听取和审议了全市深化医药卫生体制改革专项工作报告,对村级社区卫生服务站建设开展了调研和视察,要求政府坚持公共医疗卫生的公益性,加大财政投入力度,积极推进公立医院改革,加强基层医疗卫生服务体系建设,全方位提高医疗服务的能力和水平。听取了学前教育三年行动计划实施情况的报告,指出要重视解决好公办和优质学前教育资源严重不足、乡镇中心幼儿园整体薄弱等问题,加强政策调整、完善和落实,实现学前教育健康发展。同时,围绕老年人社会保障和优待规定落实、养老机构和设施建设等重点,对老年人工作及养老服务机构建设开展调研。

【议案办理和建议督办】 常委会认真审议并办理了市六届人大二次会议大会主席团交付的代表议案,依法做出了相关决议。同时,改进和加强代表建议办理和督办工作,及时将会议期间收到的 387 件代表建议汇编成册,研发议案建议管理系统,加强对办理进展的动态跟踪和通报。在继续坚持市政府领导领办重点建议的基础上,加强联合督办,将建议督办与工委监督工作相结合,强化工委督办责任。对收到的办理反馈不满意件和涉及重点领域、民生热点的建议,重点督促办理和落实。代表提出的改善企业生存环境、推进农村社会养老保险全覆盖、加快主城区道路建设等建议,得到认真研究和较好落实。

【履职服务】 根据县乡换届实际,及时调整代表中心组和代表小组,制定年度活动指导意见,开展代表中心组和小组活动 62 次;坚持代表列席常委会会议制度,全年邀请代表列席常委会会议 75 人次;拓展代表参与常委会重点工作的新途径,扩大代表对执法检查、专题询问、调研等工作的参与;注重发挥代表专业组在参与常委会重点工作中的作用。重视培训工作,举办了工业商贸界代表、乡镇人大主席和街道人大工委主任培训班;召开代表小组组长会议,研讨如何充分发挥代表小组作用。认真落实保障代表知情权的各项措施,及时寄送相关资料,通报常委会工作和全市经济社会发展情况。指导做好县乡人大换届选举工作。受省人大常委会委托,组织在金的全国、省人大代表就社会管理创新、文化产业发展等进行专题调研和视察,做好其他在金活动的组织服务工作。

【履职能力建设】 一是加强政治理论学习。以学习贯彻党的十八大精神和纪念现行宪法颁布三十周年为契机,组织全市人大常委会主任读书会、中共十八大精神专题学习会等活动,牢固树立党的意识、宪法意识和责任意识。二是改进工作作风。始终把密切联系人民群众作为人大工作的重要方法,深入开展调查研究,形成调研报告 16 个,配合全国人大和省人大开展立法调研 9 项,为推进重点难点工作的开展提出了思路和对策。根据市委统一部署,认真完成结对扶贫、"三联系"等工作,帮助解决实际问题。三是提高信息宣传质量。坚持监督公开,与新闻单位联合开展代表与市民网上沟通活动,改版金华人大网,杂志、信息办刊质量进一步提高,人民代表大会制度和人大履职活动宣传不断改进。四是加强联系与沟通。注重发挥县(市、区)人大对常委会工作的支持、配合作用。承办了闽浙赣皖四省九市人大工作联席会议,加强与兄弟市人大的工作交流。五是重视机关建设。完善人大常委会机构设置,增设民宗外侨工委。坚持民主集中制,重视干部队伍建设,形成分工负责、密切配合、运转有序的人大机关工作格局。

(唐宇荧)

金华市人民政府

【概述】 2012年,通过各级政府及全社会努力全市实现:生产总值2700亿元,比上年增长10.2%;财政总收入376.47亿元,增长14.7%,其中地方财政收入214.89亿元,增长15.7%;城镇居民人均可支配收入33164元,农村居民人均纯收入13286元,分别增长11.6%和11.9%;固定资产投资1133.2亿元,增长31.3%;社会消费品零售总额1260.4亿元,增长15.7%;外贸出口213.1亿美元,增长40.7%;研究与试验发展经费支出占生产总值比重1.5%左右;单位生产总值能耗下降6%左右,化学需氧量、二氧化硫、氨氮、氮氧化物减排完成省下达目标;城镇新增就业7.1万人,城镇登记失业率2.77%;人口自然增长率3.37‰;政府机关为民办实事各项目标任务基本完成。

【经济发展】 坚持克难奋进、赶超进位,全力推动经济加快发展、高质量发展。整合完善促进经济发展一揽子政策。市区出台促进农业转型升级30条、企业创业创新20条、外经贸发展9条、民营经济发展18条等政策意见,各县市均出台相应的政策措施。狠抓有效投资。启动实施"浙中崛起千亿投资系列工程"和"浙商回归金华千亿投资系列工程",举办7场大型招商活动,开工12个"百亿"系列项目,新增省重点建设项目48个。义乌国际生产资料市场、永康浙商回归创业创新园、市区万达广场等一批重大项目开工建设。开展重点项目克难攻坚专项行动。市区成立七大重点区块建设指挥部,对28个重点项目的47项难题集中攻坚,基本完成杭长客专项目征迁。兰溪红星村区块、东阳卢宅保护利用、永康解放街、浦江城北区块、武义城西区块、磐安新兴街等拆迁改造项目稳步推进。破解土地瓶颈制约。低丘缓坡综合开发利用试点方案获批,新增"十二五"期间建设用地指标3600公顷,已报批1040公顷,各试点区块进展良好;争取省追加用地指标1200公顷;大力开展节约集约用地专项活动,消化批而未供土地1253公顷,盘活存量建设用地239.8公顷;深入推进"百万"造地保障工程,新增耕地1027公顷。主要经济指标增幅居全省前列。生产总值增幅列全省第二位,高于全省2.2个百分点;财政总收入、地方财政收入、进出口总额、自营出口、服务业投资、服务业增加值和金融机构贷款余额增幅列全省第一位,分别高于全省6.5、6.5、37.5、36.9、16.1、1.6和6.4个百分点;固定资产投资、工业投资、规模以上工业总产值、社会消费品零售总额和农村居民人均纯收入增幅列全省第三位,分别高于全省9.9、6.0、5.0、2.2和0.6个百分点。主要指标总量占全省的份额明显提升,进出口总额、自营出口、规上工业增加值在全省的位次前移。义乌财政总收入突破百亿元,永康、东阳突破50亿元。

【产业转型升级】 坚持调结构、促转型、提质量,着力做大做强实体经济。实施"三农稳市"战略,农业生产保持总体稳定。连续五年获评省粮食生产先进市,建成粮食生产功能区8133公顷、现代农业综合区2个、主导产业示范区16个、特色农业精品园30个、现代林业主导产业示范区4个、特色林业精品园8个。婺城被列为国家级现代农业示范区,浦江被授予"中国香榧之乡"。加大农田水利投入,水利建设投资完成率排名全省第一,金东完成全国小型农田水利重点县建设任务,永康开展最严格水资源管理制度试点。实施"工业强市"战略,工业增加值实现赶超进位。金华新兴产业集聚区积极创建高新产业园,金华经济技术开发区被评为省工业循环经济示范园区，义乌经济技术开发区升级为国家级开发区，金磐扶贫开发区升级为省级开发区。永康列入省工业强县试点，开工建设中国南方农机产业园。兰溪被评为全省工业综合先进县(市、区)。推进传统优势产业改造提升，加快培育战略性新兴产业，汽车制造、农机装备、高档棉纺、生物医药等重点产业发展势头良好，全市255个重点技改项目开工率达94.1%。严格落实节能减排“双控”制度，坚决淘汰黏土砖瓦窑等落后产能，浦江水晶、东阳废塑和磁性行业燃煤炉窑整治工作成效明显。建筑业总产值2210.8亿元，增长15.5%。东阳建筑业总产值连续四年居全国县级市首位。实施“商贸富市”战略，现代服务业发展势头良好。服务业增加值比重达到45.2%，比上年提高1.2个百分点。扎实推进市场强市建设，实现市场交易额1904.8亿元，增长10.3%。举办国际商贸发展大会和浙中购物节，义乌义博会、文博会和森博会，金华苗交会、永康五金博览会、东阳木雕博览会、浦江书画节、武义温泉节、磐安药交会等节会经济各具特色。新增省级现代服务业集聚示范区2个，市区成为国家电子商务示范基地。旅游业持续较快发展，横店影视文化产业实验区发展强劲，武义荣获“中国温泉之城”。义乌、兰溪、东阳、永康等总部商务区建设步伐加快。

【改革创新】 坚持改革创新、开放发展，不断增强区域竞争新优势。义乌国际贸易综合改革试点和其他领域改革扎实推进。“市场采购”新型贸易方式基本确立，海关、商检等10多项配套便利化监管政策相继实施，义乌航空口岸开放列入国家“十二五”口岸发展规划，内陆口岸场站二期启动建设。义乌外贸出口总额90亿美元，增长150.3%。市区和永康分别被列为国家级摩托车及零部件、餐厨用品外贸转型升级基地。商务部在金华市实施现代农产品流通体系、家政服务体系、再生资源回收利用体系和中小商贸流通企业服务体系建设试点。积极探索农村土地股份化改革，浦江成立省内首个林地股份合作社。武义旅游综合改革试点扎实推进。加快国资重组和融资平台整合，新组建4家市级国有集团公司，成功发行10亿元“金华国资债”。科技创新和招才引智取得实效。地方财政科技支出增长24.9%，新产品产值率提高4.3个百分点。启动金华国家级农业科技园区创建，筹建武义科技园、浦江科技创业园，引进7家大院名校技术转移中心，国家级新能源汽车零部件质检中心、非公路机动车检测中心建设扎实推进。新增国家级高新技术企业49家，省级企业研究院6家。实施市级以上科技攻关项目249项，获授权发明专利391件。成功举办第13届工科会。入选国家“千人计划”人才3名，新增“中国工艺美术大师”3名、省“千人计划”人才11名。新增行政认定驰名商标11件、浙江省著名商标40件、浙江名牌22只。国内合作交流深入开展。积极参与长三角城市和闽浙赣皖九方经济区协作，认真做好援疆援藏援青和“双对口”等帮扶工作。

【浙中城市群建设】 坚持新型城市化导向，实施“群城聚市”战略，推进城乡区域一体化发展。基础设施网络日益健全。浙中城市群综合交通、轨道交通线网、生态绿道及旅游一体化等专项规划基本完成。西气东输二线工程金华段完工，义乌至浦江二线、蒋罗公路等建成通车，杭长客专、金温铁路扩能改造、东永高速、永磐公路、十白线金东段等项目进展良好。义武公路等项目开工建设，临金高速公路、330国道金华段改建、杭金衢高速公路金华段拓宽改造、金兰中线、衢江金华段航运开发等项目前期工作有序开展。金义都市新区建设开局良好。总体规划完成编制，产业、人口、生态环境等12个专项规划编制同步开展，“四路一园”改造工程加快推进，基本完成1533公顷土地征收，引进项目25个、总投资469亿元。“精品城市”建设稳步推进。启动实施市区重点建设与赶超发展三年行动计划。梅花公园、双溪西路和李渔路优化工程一期投入使用，一环路、二环路贯通工程正式开工，多湖、五百滩等重点区块建设进展顺利。“数字金华”地理空间框架建设启动。试行城区停车收费管理，加强户外广告综合治理。加强中心镇建设，横店、佛堂小城市培育试点工作有序推进。美丽乡村建设取得新成效。全面完成县域村庄布局规划，基本完成第二轮村庄整治。获评省新农村建设优秀单位，农村住房改造建设连续三年被评为全省优秀，被授予“新农村电气化市”，实现村村建邮站。启动44个整乡整镇美丽乡村和27个历史文化村落建设，新增全国环境优美乡镇26个，磐安获评省“美丽乡村创建先进县”。扶持欠发达地区加快发展，完成“低收入农户奔小康工程”，实施山区群众异地搬迁4164人。

【社会民生事业】 坚持以人为本，积极发展社会民生事业。财政民生支出比重达76.5%，高于全省5.2个百分点。就业和社会保障工作得到加强。国家级创业型城市创建取得丰硕成果，被评为全国创业先进城市。新增五大保险参保人数69.65万人，企业退休人员基本养老和城乡居民医疗保障水平稳步提高。保障性安居工程新开工6917套、竣工3431套。福利院、敬老院新增床位3043张，五保对象集中供养率达到99.7%。社会事业加快发展。深化普通高中课程改革，开展中职教育专业结构调整，加强城乡义务教育学校共同体建设，实现义务教育“零择校”。深入推进学前教育三年行动计划，完成中小学校舍安全工程三年改造任务，“春泥计划”效果显著。加强医疗服务能力建设，市中心医院、市中医院、东阳人民医院等新病房大楼投入使用。全面启动县级公立医院综合改革，完善基层医疗卫生服务体系。深入开展文化惠民服务活动，实现农家书屋全覆盖。文化精品创作成果丰硕，非遗保护建设取得新成效。成功举办市八运会，新建小康体育村690个。实施金华江流域“531污染防治工程”，符合或优于Ⅲ类水标准的省市控断面占比提高5.4个百分点。市区空气质量优良率达到93.7%。餐厨废弃物资源化利用和无害化处理工作列入国家试点。社会保持和谐稳定。食品安全大整治百日行动获全省先进。安全生产形势保持总体稳定。开展普法宣传教育，做好信访工作，强化法律援助，社区矫正、社会矛盾调处机制进一步健全，连续四年获评“全国30个最安全城市”之一。人口计生工作得到加强，出生人口性别比下降3.4个比值。支持工会、共青团、妇联开展工作。统计、档案、慈善、老龄和残疾人事业不断加强，民族宗教、外事侨务、文物保护、港澳和对台等工作取得新成绩。连续两次荣获“全国双拥模范城”，国防动员、人民防空等工作取得新进展。

【政府自身建设】 始终坚持执政为民理念，着力推进科学施政、依法行政、从严治政。自觉接受人大依法监督、政协民主监督和社会监督。355件人大代表建议、519件政协提案全部办结。在市级主要新闻媒体开设《市民问政》栏目，加强电子政务网络建设，政府信息公开的广度和深度得到拓展，县级政府政务公开和政务服务试点进展顺利。完成新一轮县(市、区)政府机构改革。深化行政审批制度改革。进一步下放行政审批和管理事项，开展规范行政许可自由裁量权试点，市级非行政许可审批事项从352项减少到193项，行政许可事项从407项减少到336项。推行代办制、联办制、模拟制，有效压缩审批时限。积极推进机关作风建设。开展“进千企解难题”、“百企万人评机关”和涉企科级岗位民主评议活动。选派近4000名副科以上干部担任农村“两富”局级指导员，推动干部下基层、促发展、保稳定。惩防体系建设扎实推进。落实党风廉政责任制，加强领导干部经济责任和专项资金审计，强化行政监察，从严控制“三公”经费。

【市政府常务会议】 1月27日，市政府召开第18次常务会议，听取全市和市区2012年国民经济和社会发展主要预期目标建议意见；听取《政府工作报告》起草情况的说明；听取金华市综合型行政服务中心建设事项，增加金西融资额度和相应土地抵押，浙江浙能金华燃机发电有限公司要求分割转让部分工业用地，燕尾洲公园新建工程可行性研究报告调整，浙江贸易学校与金华商业学校合并，2011年金华市科学技术奖励，创建国家森林城市、浙江省森林城市，《金华市水利发展“十二五”规划》编制，《金华市区基本医疗保险实施办法》及相关政策制订，《金华市工伤保险市级统筹实施意见》制订，加快培育发展战略性新兴产业促进工业经济转型升级若干意见制订，促进外经贸发展若干政策修订等有关工作情况的汇报；传达了省“两会”精神以及市委陈一新书记在省“两会”期间参加金华代表团审议省政府工作报告时所作发言讲话的精神。

2月9日，市政府召开第19次常务会议，听取金华新兴产业集聚区产业功能分区规划编制、金华市区推进节约集约用地专项行动、市区2012年十方面重点实事征集筛选、金华市区户外广告整治工作方案和《金华市区户外广告管理办法》修订、金华市区高端人才租赁用房建设和《金华市区高端人才限价销售房申购办法(试行)》制订、请求免除市中级法院土地款滞纳金、2011年度市政府质量奖评审、贯彻落实全省农业农村工作会议精神、贯彻落实市委五届十七次全会暨市政府六届二次全会精神等工作情况汇报；研究讨论市政府领导临时分工等问题。

2月20日，市政府召开第20次常务会议，听取2011年全市和市本级财政预算执行及2012年财政预算草案报告、金华市2011年国民经济和社会发展计划执行情况及2012年计划草案、全市招商引资工作、浙江科贸职业技术学院选址及规划调整、市体育中心电力专线设置、市区城市道路机动车停车收费标准、《金华市地质灾害防治“十二五”规划》编制、铁路金华西客站改造等工作情况汇报；对规范市政府常务会议制度提出了要求。

2月24日，市政府召开第21次常务会议，听取《推进金华新兴产业集聚区建设的若干意见》制订、《加快推进服务业发展的实施意见》制订、金华市综合型行政服务中心建设、《市区停车收费管理工作实施方案》制定、《金华市区农村基础设施长效管理办法》制订、《金华市农村饮用水工程运行管理办法》制订、《进一步做好普通高校毕业生就业工作实施意见》制订、《金华市就业和社会保障“十二五”规划》编制、《金华市林业发展“十二五”规划》编制、《金华经济技术开发区“十二五”发展规划》编制、《金华市民政事业发展“十二五”规划》编制等工作情况汇报；听取《政府工作报告》征求意见情况及市府办对下一步工作建议。

3月9日，市政府召开第22次常务会议，听取2012年度全市重点建设、重大前期和市区政府投资等三大项目计划编制、市场集团和公交集团组建、金华市021工程概算调整、《金华市区城市地下空间开发利用管理办法(试行)》制订、金华市第八届运动会、《金华市卫生事业发展“十二五”规划》编制等工作情况汇报。

3月19日，市政府召开第23次常务会议，听取创建国家园林城市、丹溪路过江设施方案制订、2012年金华市重点技术改造项目计划、进一步加强党政机关因公出国(境)管理政策制订、《金华市金融业发展“十二五”规划》制订、《金华市国内合作交流发展“十二五”规划》编制等工作情况汇报。

4月17日，市政府召开第24次常务会议，传达省政府第90次常务(扩大)会议精神，深入分析一季度经济形势，通报各县(市、区)一季度主要经济指标完成情况，研究部署了二季度经济工作。

4月18日，市政府召开第25次常务会议，听取一环路、金安公路、李渔路及宾虹西路道路优化工程建设，2011年全市及市本级政府性债务和2012年市区政府性债务收支计划、推进全市数字化城市管理工作、加快金华市区农业转型升级推进农业农村现代化的政策意见制订、市区建筑业总部园区建设、金华市农村集体土地确权登记发证工作方案制订、加强乡镇(街道)安全监管工作意见制订、进一步加强矿山安全生产工作意见制订、贯彻落实省调整城乡居民社会养老保险部分参保人员待遇政策的意见制订等工作情况汇报。

4月28日，市政府召开第26次常务会议，听取加快金义都市新区建设若干意见制订、扶持和促进中医药事业发展的意见制订、金华市卫生强乡镇(街道)考核办法制订、杭长客专婺城区段国有土地上房屋征收、中国婺剧院工程概算调整等工作情况汇报；传达了4月26日市委书记会议和市委常委会议精神，研究部署了加快金华市区发展和项目推进等工作。

5月20日，市政府召开第27次常务会议，听取市社保资金保值增值、2012年市政府规范性文件制定计划、金华市区犬类管理暂行办法和金华市区门前三包管理暂行办法制订、金华婺南农业高科技园区创建国家农业科技园区、深化完善社会养老服务体系建设的意见制订、调整市区残疾人就业保障金征收标准率、金华市人才发展“十二五”规划编制等工作情况汇报。

6月1日，市政府召开第28次常务会议，听取金华市区管线管理办法制订、进一步提高市区节约集约用地水平实施意见制订、金华市重大建设项目前期工作管理暂行办法制订、金婺大桥加固修复、金华市支持浙(婺)商回归创业创新促进赶超发展目标责任制考核实施细则制订、提升自主创新能力的若干意见制订、金发大厦征收、其他事业单位补发绩效工资等工作情况汇报。

6月15日，市政府召开第29次常务会议，听取多湖区块城市综合体出让、金华市部门统计工作规范化管理试行办法及进一步加强和完善服务业统计工作意见制订、金华市见义勇为人员奖励和保障实施办法制订、市区改制托管保留事业单位待遇退休(职)人员享受其他事业单位退休(职)人员同等待遇、市本级事业单位住房公积金缴存工资基数调整和高端人才用房采购招标等工作情况汇报;听取关于全省现代农业园区和粮食生产功能区建设现场会情况汇报;对清理和规范评比达标表彰活动提出了要求。

7月6日,市政府召开第30次常务会议,听取上半年市区重点项目进展情况的汇报;听取市本级向上争取资金考核办法制订、金华市美丽乡村建设行动计划制订、森林金华行动方案制订、金华市本级农田水利“十二五”发展规划编制、省西湖友谊奖推选、进一步细化电容式触摸屏模组项目政策等工作情况汇报。

7月20日,市政府召开第31次常务会议,听取关于省电镀行业整治现场会精神的汇报;听取金华市区餐厨废弃物管理办法制订、第二届中国(金华·义乌)国际商贸发展大会实施方案制订、金华市机关工作人员作风和效能问责暂行办法制订、给予黄小忠等人记功表彰、市区重点发展项目任务分解、2012年市区重点项目进展、第十届中国苗木交易会筹备、全市食品安全大整治百日行动开展、加快工业经济发展有关政策制订等工作情况汇报。

8月3日,市政府召开第32次常务会议,听取市政府八月份重点工作安排、第十三届工科会筹备、金华市餐厨废弃物处置中心项目建设、金华新型国际化发展五年行动纲领(草案)制订、金华市电子政务管理暂行办法制订等工作情况汇报。

8月31日,市政府召开第33次常务会议,听取多湖片区北区块控制性详细规划(修改)编制、金华农产品批发市场迁建、汽摩配检测公共服务平台暨国家质检中心建设、金华市博物馆建设、第八届浙中购物节筹备、黄大仙庙会筹备、金华广播电视总台深化体制机制改革、浙江省第二届体育大会筹备、金发大厦政策处理、金华体育公园地块规划等工作情况汇报;对市政府领导分工作了明确;对加强政府系统党风廉政建设提出要求。

9月4日,市政府召开第34次常务会议,听取关于全省财政地税局长会议精神贯彻情况的汇报;听取推进预算绩效管理的实施意见制订、金华市本级行政事业单位国有资产配置管理暂行办法和资产配置标准制订、进一步加强环境保护工作的意见起草、金华市排污权有偿使用和交易试点工作实施办法制订、金华市机动车排气污染防治实施方案制订、金华市中小商贸流通企业公共服务平台建设实施方案制订、金华市第三批海外英才引进计划项目评审、2012年金华市科学技术奖评审等工作情况汇报;听取市府办关于市政府各部门(单位)职能工作目标有关情况的汇报。

9月14日,市政府召开第35次常务会议,听取中国武义第六届温泉节暨第三届国际养生博览会、加强气象防灾减灾工作的若干意见制订、金华市区政府投资项目并联审批办法制订、金华市区政府投资项目初步设计和概算管理暂行办法起草、统一政府投资建设项目施工合同结算条款的意见制订、调整通济桥(含城南桥)拼宽改造工程投资概算、调整金品小区(一期)基础设施配套工程投资额、2012年金华市市本级国有资本经营预算草案编制、开设《市民问政》专栏等工作情况汇报。

9月21日,市政府召开第36次常务会议,听取金华市区水泥熟料脱硝和火电、热电锅炉脱硫、脱硝工程建设补助政策制订,加快推进石门农垦场保护开发利用工作的意见制订,市区部分被挪用停车场调查情况及处理,金华市区道路交通事故社会救助基金管理试行办法制订,金华市重点建设项目档案专项验收办法制订,金华市食品安全十二五规划编制等工作情况汇报。

9月29日,市政府召开第37次常务会议,听取2012年度金华市“365”节约集约用地工作任务分解、市区2012年度农转用计划指标分配方案制订、市区客运出租车运价调整方案制订、进一步加强消防工作的实施意见制订、二环路路灯项目合作建设、市区试行市场采购贸易方式政策等工作情况汇报。

10月23日,市政府召开第38次常务会议,听取授予金义都市新区管委会部分行政审批和管理权限、开展市区村(居)民违法建房专项整治、金华市区客运出租汽车运价调整方案制订、加快引进创业创新领军团队和人才的意见制订、扶持市区电子商务发展若干政策制订、推进商会总部经济大厦建设实施意见制定等工作情况汇报。

11月26日，市政府召开第39次常务会议，听取领军人才用房采购、金华市旅游综合服务中心项目建设、建筑业企业总部概念规划设计、市区2012年度追加农转用计划指标分配、做好国家卫生城市复审、市区参与全国第三批再生资源回收体系建设试点、金华市中心城区农贸市场专项规划编制、创建国家森林城市和“四边”绿化、贯彻落实全省防范处置企业拖欠工资暨推进“双爱”活动电视电话会议精神、成立金义都市新区开发建设股份有限公司等工作情况汇报。

12月10日，市政府召开第40次常务会议，听取市区“三江六岸”景观提升、金华市本级建立价格调节基金方案、金华市区殡葬基本服务项目免费办法制订、进一步完善市区个人房屋出租税收征管情况、市人民医院迁建工程选址、金华市综合型行政服务中心建筑设计、推进市场大市向市场强市转型升级的意见制订等工作情况汇报。

12月23日，市政府召开第41次常务会议，听取金华市推进精品城市建设全面提升城市综合管理水平实施方案制订、市区2012年符合安排工作条件退役士兵安置、进一步加强市区乡镇财政建设的意见制订、企业债券项目调整和使用、统筹浙中城市群水资源保护开发利用工作的意见制订、实施“富村五年计划”发展经济薄弱村集体经济的若干意见制定、加快推进中心镇发展改革暨小城市培育的若干意见制订、金义都市新区规划编制、加快建设金丽温高速金东互通项目、进一步完善市区被征地农民基本生活保障制度的补充意见制订、金华市区招牌类户外广告管理细则和金华市区加强城市容貌和秩序管理规定制订等工作情况汇报。

市政府办公室工作

【以文辅政】 坚持以提高领导满意度、社会认同感和对实际工作的指导性为原则，认真做好重要会议、重大活动的讲稿和文件起草工作，正确传达上级指示精神，准确体现领导工作意图，如实反映基层真实情况，文稿的思想性、针对性、可操作性进一步增强。切实做好文件审核工作，努力把好政治关、政策关、格式关、文字关，文件质量有新的提高。切实改进文风，重朴实、尚简约，精简文件数量，压缩文件篇幅，全年文件总量较上一年有所下降。

【调查研究】 紧紧围绕市委、市政府的中心工作，有计划、分阶段地确定重点调研课题，建立课题责任制，深入开展调查研究，为市领导决策提供了依据和预案。一年来，组织、参与开展了精品城市建设、市区建设发展融资平台、政府投资项目并联审批、物流业转型升级、金义都市新区放权、市区重点城市建设项目、转变经济发展方式和市区品牌战略、三江六岸景观提升、杭长客专征地拆迁等一系列政策性专题调研，形成政策性调研文章近百余篇。为市委、市政府决策、制定相关政策措施和工作方案提供了依据，一批调研成果被市委、市政府采纳并形成政策性文件。

【信息处理】 紧紧围绕市委、市政府的中心工作和领导需求，紧扣经济社会发展中的亮点、热点、难点问题，拓宽信息收集渠道，加强信息综合分析，及时、准确地提供动态类、调研类、经验类信息。2012年1~11月，共编辑《每日要讯》(含紧急信息)387期；编辑《金华政务信息》364期(其中《昨日要情》224期、《专报信息》140期)，获市领导批示194条(其中在《专报信息》等综合性信息刊物上批示80条)；上报国务院办公厅和省政府办公厅信息1513条，被省府办采用196条，同比增长13.3%，获省领导批示19条，全省政府信息工作交流6条；被国办采用3条。

【办文办会办事】 进一步建立健全文件登记、办理追踪、每月清理、定期催办制度，优化公文流转程序，压缩公文办理期限，严把公文“进口”和“出口”关，保证公文的准确、规范、高效、安全运转。全年共收发各类文件信息40000余件，其中收文登记4175件；正式发文487件46350份，各种便笺50000余份，请示件平均办结率达到98%以上，一年内因各种原因退文60余件，发现、纠正文件差错20余处，重印文件8个，确保了公文的严肃性。规范办会程序，加强细节管理，努力提高会议的组织、管理、服务水平。一年内，统计上报大型会议名单60余次，办理各类会议600余个，没有出现重大失误，政府常务会议办会进一步规范。认真做好地方志工作,地方志编撰工作进一步加强。认真落实《档案工作制度》,所有档案实现电子化管理,市府办被评为2012年档案工作先进单位。认真贯彻落实保密法,健全保密制度,加强硬件建设,顺利通过省保密局组织的保密工作检查。

【政务公开】 加大对政府信息的主动公开力度,截至12月20日,市级行政机关通过市政府门户网站主动公开信息22831条,比2011年的全年增长79.8%。

【电子政务】 坚持把电子政务建设作为提高效率、扩大公开的重要平台来抓。制定出台《金华市电子政务项目管理暂行办法》,审定建设项目资金2783.2万元,运行维护资金939.3万元,共节约财政资金2694.6万元,节约率达40%。市政府门户网站全年制作专题12个、意见征集11次,累计更新信息5052次,发布信息58099条。"我为新区建设献一计征集"专题活动被市委宣传部评为"组织奖"。市政府门户网站被省政府办公厅表彰为政府门户网站建设优秀单位。

【协调督查】 将加强协调作为责无旁贷的责任,立足实际,统筹兼顾,对各项工作早介入、早谋划、早沟通、早准备,及时发现问题、解决问题,化解矛盾、推进各项工作有序运转、紧密衔接。一年来,在东市街北延工程、中国婺剧院项目、农房安置地块遗留问题处理、市区军转企信访维稳工作、市中心医院东扩二期工程拆迁、市人民医院迁建工程等重点项目、重点工作的协调过程中,认真当好领导参谋,推动工作落实。切实加强和改进督查工作。紧紧围绕党委、政府中心工作,把《政府工作报告》确定的具体任务、政府常务会议议定事项、事关经济社会发展的专项工作以及领导同志批示指示的贯彻落实作为督查重点。改进督查方法,树立督查权威。结合市机关部门年终绩效考核调整,将督查情况纳入市机关部门年终目标考核。集中力量、整合资源,对政府工作报告确定的60项具体任务、市区发展和项目推进66项工作、10件重点实事、36个重点难题,逐一落实责任,实行定期检查、定期通报,对薄弱环节重点跟踪督办,有效地促进了各项工作落实。特别是对浙中崛起和浙商回归双千亿投资系列工程督查、杭长客专金华城区段房屋征收督办、多湖区块和五百滩区块现场督查,对难点问题的突破起到了一定的推动作用。

【应急处置】 应急部门进一步加强应急服务体系建设,完善预案,加强联系协作,在一些重大突发事件的处置中发挥重要作用。特别是在"万家购物"处置和涉日维稳工作中,充分发挥应急系统的职能作用,协助领导沟通上下、协调左右,促进了事态的平稳发展,为维护经济社会稳定做出了贡献。

【学习活动】 坚持把学习放在首位,健全学习制度,创新学习形式,拓展学习渠道。开展一年一次的集中学习,每两个月一次的全办干部学习,一月一次的党支部学习,每月两次的处长例会学习。一年来重点学习了党的十八大精神、市第六届党代会精神、市区重点建设和赶超发展大会精神以及事关金华经济社会发展的一系列重大政策、措施。《党政机关公文处理工作条例》颁布后,及时组织办公室全体干部职工分二期进行专题学习,召开全市机关办公室主任会议进行培训。组织开展全市政府系统办公室篮球赛。

【党风廉政建设】 认真贯彻落实市委、市纪委关于党风廉政建设的各项部署,坚持把党风廉政建设与业务工作同部署、同检查、同考核。层层落实党风廉政建设责任,做到一级抓一级、一级向一级负责,用制度保证党风廉政建设的落实。强化廉政教育与监督,认真组织开展党的宗旨教育,每周向办公室干部群发廉政教育短信,努力营造"以廉为荣、以贪为耻"的氛围,提高干部职工拒腐防变能力。

【坚持民主集中制】 重视加强办公室领导班子思想、能力和作风建设,自觉维护领导班子团结,做到"大事讲原则、小事讲风格"。坚持凭能力、凭实绩选人用人和德才兼备、以德为先的用人导向,对办公室队伍进行了调整,进一步理顺关系,增强了干部的凝聚力和向心力。2012年市府办共提拔任用副科级干部2批7人,其中通过竞争上岗1批4人。面对繁重的工作,全体同志勤奋工作,默默奉献,始终保持昂扬的斗志和强烈的责任感,体现出良好的精神风貌。

(卢双坡)

政府金融工作

【概述】 2012年10月,市金融办机构组建工作启动,原市经委上市办职能成建制转入市金融办。市金融办编制10人,到位3人。边筹建,边调研,边开展工作,确保机构改革过渡期相关工作不脱节。金华全市银行业金融机构24家,新开业银行1家(民生银行),保险机构共87家(新设6家),新获批典当行1家,证券营业部共32家(新增1家),小额贷款公司共获批33家(新开业12家),增资扩股4家。实现保费收入92.08亿,同比增长15.1%,占全省比例12.9%,列全省前三位;证券交易总额6198.39亿元,营业利润1.96亿元,在全省占比分别为4.02%和17.16%。

2012年,全市信贷投入保持较快增长。全市银行业金融机构本外币存款余额5324.39亿元,同比增长12.17%,增幅列全省第五,全市各项贷款余额4346.85亿元,比上年增加667.97亿元,同比增长18.16%,增幅列全省第一,增量全省第三。企业上市资源储备增加。全市新增上市股票1只,是全省第一家"H+A"股票。另有上市材料报国家证监会的企业9家,浙江证监局辅导的企业9家,上市后备资源60余家。直接融资方式有所拓展。各企业较好运用直接融资工具,实现直接融资77.5亿,其中短期融资券63亿,中期票据6亿,中小企业集合票据1.5亿,公司债5亿,中小企业私募债1.8亿。对接区域性资本市场走在前列。2012年新设立的浙江股权交易中心首批55家挂牌企业中,金华市占9家,列全省第二。

【推进资本市场建设】 受证券市场形势影响,2012年证监会股票审核发行由放缓到暂停,企业上市进程受阻(目前全国有802家企业在证监会"排队"),发展多层次资本市场势在必行。为此,市金融办以挖掘培育多种资源、拓展融资多种渠道为工作重点,政策支持跟上、宣传培训跟进。拟定《金华市人民政府关于加快推进企业直接融资发展的实施意见》。2008年,市政府出台《扶持企业上市若干意见》,为推进企业上市工作发挥了积极的作用。结合当前形势,对原上市政策进行了修订和完善,新增了股权交易和债券融资内容。举办全市百家企业对接多层次资本市场宣传培训活动。12月21日,组织召开了加快多层次资本市场推进会,邀请了中国证监会领导(专家)主讲证券市场政策和民间财富管理,上交所领导(专家)主讲债券发行,省金融办领导(专家)主讲股权交易平台建设,会后由各机构和企业对接。全市120余家资源性企业参加了对接活动,取得较好效果。建立完善各类融资平台动态数据库。召开了各县(市、区)金融(上市)办负责人会议,重点部署各类后备资源企业的挖掘储备,除充实原有企业上市资源库外,逐步设立全市性的股权交易、债券发行、并购重组、金融信贷、非法集资和非法证券案件等动态信息数据库。努力推进企业上市工作进程。组织市企业上市协调小组对市区银宇纺织和派尼尔公司进行现场认证,并正式列入市政府上市培育对象;帮助今飞集团调整上市模式和路径,由原汽轮公司上市改为并购后整体上市;会同浙江证监局和省金融办对长城影视、华统肉制品、中坚科技等8家企业实施了辅导验收,并出具相关意见;帮助浙江世宝做好证监会上会审核和股票发行相关协调工作;在省、市领导为花园高科进行前期沟通后,帮助企业与证监会创业板部做好后续落实(因目前整个发行工作暂停,短期内还未能发行),并帮助其协调市区遗留债权的清退工作,截至年底已有近半债权人实施了清退。积极拓展股权交易平台建设。市金融办邀请了省股交中心负责人为各县(市、区)股权交易牵头单位负责人专题讲座,共同推进全市符合条件的企业进入中心平台挂牌交易。市金融办对全市辖区内除证券之外的产权、林权、黄金白银等10个交易场所进行了清理整顿,其中7家报省清整办核批,3家报国务院清整办核批。明确1家限期整改,1家关闭(武义大宗电子商务有限公司),3家上报国务院的核批。

【推进金融改革】 7月24日,傅利常副市长带队到温州作金融综合改革调研。30日,召集市人行、银监局、上市办、保险协会等单位碰头,确定适时召开全市金融工作会议,出台促进金融改革发展的实施意见,市金融办对照温州、丽水、义乌金改方案及绍兴等市金融发展实施意见,对市人行组稿的《金华市人民政府关于加快金融改革发展的实施意见

(第二稿)》作了修改和完善,适时出台该实施意见。同时做好三项试点工作。选择确定民间借贷登记中心试点县。2012 年,全省将启动民间借贷登记中心试点工作。对各县(市、区)民间融资需求和政府意愿情况进行了摸底,确定义乌、东阳为首批试点县。经市政府分管领导同意,已将试点初步方案报省金融办。申报金融创新示范县。是年,义乌市向省金融办申报的首批金融示范县方案未被列入。东阳市政府向金华市报送要求成为金融创新示范县的请示,市金融办到省金融办作了前期沟通。规范小额贷款公司试点。上年省里下达金华市 9 个试点指标(其中义乌 2 个),经市领导同意后全部布局给县(市、区)政府,由其确定主发起人并承担风险处置责任。除金义都市新区和浦江两个试点外,其余试点材料均已经市审核小组审核后上报。个别小贷公司因违规操作、股东矛盾导致停业,小贷公司的坏账在增加,风险也在加大。防范和处置非法集资工作。9 月 12 日,市金融办召开全市处理非法集资工作会议,重点确保十八大之前和期间的维持社会稳定。11 月 21 日,市金融办会同市经信委对市区一家融资信担保公司的违规行为进行了约谈和警示,防止演变为非法吸收公众存款等案件。

(卢志雄)

法治政府建设

【依法行政工作】 制定《金华市开展行政执法规范化建设活动方案》,有组织有步骤地在全市范围内开展行政执法规范化建设活动。初步筛选确定示范单位重点培育对象,组织专门人员进行实地督导,现场复核验收,通过座谈会、现场会,有层次有步骤地开展创建工作,在征求多方意见的情况下,评选出省级候选示范单位。示范单位在制度建设方面已初显成效:制定《行政处罚案件质量三级评查制度》,全面推行主办人员自查、所(队)长核查、科室案件审理员复查的三级评查机制;研究出台《全市公安机关加强吸毒人员驾驶机动车管控工作暂行规定》,得到了省禁毒委、省公安厅领导充分肯定;制定了《金华市卷烟零售点布局管理规定》,更好地规范了烟草零售许可工作。加强了对推进依法行政工作的检查考核力度。坚持平时检查和年终考核相结合,认真执行依法行政工作定期报告制度、监督检查制度和年终考核制度。在平时组织开展一系列行政执法专项检查的基础上,着手调研起草对各县(市、区)政府和市政府各部门的依法行政考核办法和评分细则,充分征求各方面意见,使考核更具针对性和操作性。在此基础上,专门召开依法行政领导小组会议研究审议考核办法,市政府主要领导、分管领导都提出了十分中肯的意见。年底,专门召开会议认真研究考核方案,强调考核要突出重点,务求实效。成立了以分管市长、人大常委会副主任、政协副主席为组长,法制办主任、副主任为副组长的高规格考核小组,对各县(市、区)政府和市政府有关部门进行认真考核。

【行政复议应诉】 2012 年,全年共收到行政复议申请 112 件,受理 91 件,比上年增加了 44.4%,审结 101 件(包括 2011 年结转案件),审结率 110.99%;其中维持原具体行政行为 76 件,占 75.2%;经协调、调解后或被申请人改变原具体行政行为后申请人自愿撤回复议申请而终止审理 12 件,占 16.00%。案件审理过程中重调查取证,重调解和解,有效化解了金华金蟠机械厂等一大批执行难度大,信访苗头突出的行政当事人的对立情绪,维护环保局等机关形象的同时,助力中小企业转型升级。复议建议工作稳步推进。结合涉工伤、环保、土地案件中具体行政行为存在的瑕疵,积极通过行政复议建议指导的方式向义乌市政府、金华国土局、人劳局等部门发出行政复议意见书,切实履行纠正错误、规范行政,建设法治政府的职能。2012 年,省政府受理的以市政府为被申请人的复议应对案件 6 件。就行政管理类别而言,信息公开复议 1 件,土地复议 3 件,其他 2 件;以市政府为被告的行政诉讼案件 13 件,其中经复议后应诉的案件有 8 件,未经复议直接应诉的 5 件;就应诉机关而言,由原具体行政行为机关应诉的案件 8 件,由复议机关应诉的案件 5 件;一审判决驳回诉讼请求的 6 件,一审期间申请人自愿撤诉的 1 件;不服一审判决提起上诉的 6 件,其中 5 件维持原判,还有 1 件尚未审结。

【文件制定备案审查】 围绕全市改革、发展、重点工作的需要,一年来市法制办根据市政府要求,牵头起草制定了《金华市区户外广告管理办法》(金华市人民政府令48号)、《金华市区犬类管理暂行办法》(金政发〔2012〕77号)、《金华市区门前三包管理暂行办法》(金政发〔2012〕78号)等七个涉及面广、群众关注的规范性文件,有效弥补相关领域行政管理上的空白。一年来,共审查市政府各类规范性文件62件,均按照合法性、合理性、可行性原则认真审核,提出的法律意见基本被采纳。此外,按照规范性文件备案要求,向省政府、市人大常委会报送备案的规范性文件49件;收到县(市、区)及各市直部门报送备案文件59件,均进行了认真审查。为更好地贯彻落实《浙江省行政规范性文件管理办法》,市法制办组织成立专项检查组开展行政规范性文件检查工作,各地各部门在较好完成规范性文件的制定基础上,自行制定出台了《规范性文件制定管理办法》和《规范性文件备案审查办法》等配套制度。

【法治监督】 根据省办工作安排,市法制办认真调查研究以后,结合实际提出《金华市全面深化规范行政裁量权工作方案》,进一步深化行政许可、行政强制、行政征收等行政执法领域的裁量权规范工作。明确行政许可裁量规范的目标、重点内容和方法步骤等事项,确定了市公安局、烟草局、建设局、食药监局、林业局、工商局作为试点单位开展工作。上述单位均已完成了规范行政许可工作方案制定,其中烟草局、市公安局、工商局、药监局还完成了部分许可事项裁量基准的制定。认真组织行政执法案卷评查“回头看”。在年初组织执法部门开展2011年度行政执法案卷评查“回头看”活动,被抽查部门对照检查行政执法问题,制订整改方案、落实整改措施。在完成整改落实工作的同时,继续开展了新一年的行政许可和行政处罚案卷评查工作。经专门培训的重点执法部门业务骨干集中评查市本级和兰溪市重点部门的执法案卷,共抽查市本级行政执法案卷63件,行政处罚案卷32件;兰溪市行政许可案卷43件,行政处罚案卷28件。从省市案卷评查情况看,金华市行政执法案卷质量明显提高,查出的问题明显减少,相关工作逐步趋于规范。进一步强化行政执法人员资格培训。进一步加大力度,加强行政执法人员的上岗资格管理,全力做好行政执法人员的培训考试工作。市法制办对该项工作作了周密部署,注意调动各方积极性,确保学员、教师、培训复习时间三个到位,给学员营造了浓厚的学习氛围,实现执法考试高通过率的良好结果。

【法治参谋】 2012年,市法制办围绕市委市府中心工作积极开展工作调研,牵头或参与了“市城市管理行政执法体制改革”“市行政审批制度改革(‘效能革命’)”“浙中城市群立法”等事项的调研工作,为市领导有效决策提供了基础材料。积极参与杭长线征收拆迁、市区出租车运力投放等重大事项的法律论证25次,提出提交市政府常务会议研究的重大事项工作预案7个,牵头组织国家储备肉处罚主体确定、漂流行业安全监管等较大的涉法事项协调5次,得到市委市府领导的充分肯定。此外,市法制办完善了重要法制信息报告制度,定期编印《政府法制信息》和《依法行政工作专报》,供四套班子领导了解参考。

(施建洪)

行政审批服务

【概述】 2012年,金华市行政服务中心开展解放思想的专题理论学习,开展“大家谈”“金点子”征集活动和“我们的价值观”讨论活动。深入结对帮扶村——婺城区沙畈乡皂里村,共建社区——汪下滩社区,走访农户,走访居民,出资2.6万元帮扶皂里村修建1.5千米山林道路,并开展党员结对帮扶贫困户工作。确定9个调研课题,开展“解放思想、改善服务大调研”活动。2012年,市政府办事大厅各窗口共受理行政审批事项22095项,办结22011项,为结率99.6%。全年各分中心共受理行政审批事项140余万项,办结率99.7%。

【创先争优活动】 做到组织到位、宣传到位、督导到位、学习到位。典型引路,优化机制,着力创新特色服务。紧扣主题,找准载体,实施“亮化工程”“绩效工程”“强基工程”“提质工程”,创建“便民为民、廉洁高效、公开规范、优质服务”的办事窗口。全市窗口单位、服务行业共评选出40个“先锋服务窗口”,40名“明星服务标兵”,并在“七一”建党纪念日予以表彰。

【服务平台建设】 推进行政审批职能归并,建立“批管分离”的行政审批体制。深化村级便民服务中心建设,健全“市县乡村”四级服务体系,进一步明确和拓展了村级便民服务中心的功能定位。以综合型行政服务中心硬件和软件建设为重点,做优行政服务平台。深入调研、积极推进,做好综合型行政服务中心建设前期工作,制定了集“行政审批、资源配置、公共服务、效能监察”四位一体的综合型行政服务中心的建设方案。统筹兼顾、认真谋划,不断完善行政审批网络系统建设思路。开展机关“效能革命”专项活动,提升行政服务效能。以“全省最少”为努力方向,开展行政审批事项清理工作,市本级保留实施的非行政许可审批事项从352项减少到193项。以“全省最快”为追求目标,对审批程序和时限进行规范,市本级保留执行的行政审批事项的平均承诺办理期限已从7个工作日压缩到5个工作日,市本级实行“一审一核制”的审批事项数占全部审批事项的比例达到了64%。以行政审批服务机制建设为重点,着力推进现代服务业发展综合配套改革,建立联合审图机制,将涉及规划、人防、卫生、建设、气象、环保、水利等部门的图纸审查工作通过内部程序整合起来,实行联审联办。制定电子监察系统考核细则,使电子监察考核工作进一步规范化。协同市纪委优化政府投资项目审批流程,制定《金华市区政府投资项目并联审批办法》,合并审批环节,简化审批手续,压缩审批时限,将政府投资项目从立项到开工的行政审批累计时限压缩到30个工作日。

【完善公共资源交易体系】 2012年,下发《金华市区国有投资工程建设项目招标具体范围和规模标准规定的通知》,简政放权,发挥区级平台的积极性,提高效率。变被动服务为主动服务,提前上门对接项目,走访市区52个重点项目建设单位,为重点项目提供“全天候”和“全方位”的服务。建立行政审批、项目招标协同机制,解决重点项目建设过程中“矛盾在招标、问题在前期、难点在审批”的问题,做好项目行政审批与项目招投标之间的衔接过渡,为项目进入招投标环节创造良好条件。对建设项目招标实行倒排控制时点,建立提示告知制度。进一步压缩招标时间,依法必须招标的项目,自招标文件发售到开标时间由原先的45天左右压缩为20个工作日。对前置资料不齐全的项目实施“告知承诺”制度,先进入招投标程序,前置资料在开标前补齐。调整进市交易平台项目额度,施工单项合同估算价调整到100万元。压缩小额工程建设项目招标时限,自招标文件开始发出之日起至投标人提交投标文件截止之日止,最短不少于7日。公房招租全部以租赁使用权拍卖的方式进行。做好《金华市招投标企业信用评价指导性标准和规范(信用报告)》编制工作,并正式实施。市区公共资源交易平台共完成工程建设项目招标157场次, 成交金额50.4亿元,节约金额5.7亿元,节支率11.3%;政府采购项目168场次,成交金额3.4亿元,节约金额0.5亿元,节支率14.7%;产权交易(公房招租)项目104项,成交金额1047万元,当年增支率20%。

【特殊车牌号竞拍】 制订《金华市小型机动车特殊牌号办理指南》。制订规范特殊牌号拍卖授权预约程序。根据新的定价标准重新整理号牌生成程序, 增加重复信息录入和返还程序功能板块,对2004年4月开始特殊牌号竞拍工作以来的数据进行全面整理和核对。2012年车牌竞拍金额共计6261.55万元。机动车特殊牌号拍卖60场,共成交牌号1387个,拍卖成交额2409.2万元,最高成交价为14.5万元,牌号为G7777Z;特殊牌号标卖成交牌号13952个,成交金额为3774.3万元;特殊牌号回购成交牌号120个, 回购成交金额78.05万元。网上标卖、网上拍卖与现场标卖、现场拍卖相结合的框架体系雏形已形成。

(汤友龙)

人事工作

【概述】 2012年, 金华市大力实施人才强市战略, 不断加强高层次人才和高技能人才队伍建设,稳步推进人事制度和收入分配制度改革,为促进金华市经济社会平稳快速发展提供了有力的人才支撑和智力支持。

加大高层次人才引进和开发力度。人才政策体系加速完善。4月,市委办和市府办印发《金华市区高端人才限价销售房申购办法》;8月, 市委办和市府办印发《金华市人才发展“十二五”规划》;11月,市委和市政府印发《关于加快引进创业创新领军团队和人才的意见》，其中“双龙计划”，提出市区将每年安排1个亿资金，用于创新团队、领军人才及项目的引进、培养和激励，为历年来力度最大的一项人才政策。积极引进产业发展所需的高端人才和紧缺急需人才，举办本地人才招聘会200余场，组团外出招聘10次，赴武汉举办了近年内规模最大、效果最好的“百家名企进名校”引才活动，引进各类人才3.61万人，其中引进高层次人才832人；网络招聘优势显现，参加金华人才网网站招聘单位1039家，网站全年访问量超过2300万人次。组织参加浙江·杭州国际人才交流会、浙江投资贸易洽谈会等主流国际人才交流会，引进海内外人才智力，做好国家和省级引智项目申报工作，有19个项目被列为国家级、省级引智项目。

加强专业技术人才和留学人员管理。11月，市委办公室、市政府办公室印发《金华市321专业技术人才培养工程(2011~2020年)实施意见》，启动了新一轮321专业技术人才培养工作。认真做好优秀人才选拔培养工作，新增享受政府特殊津贴人员4人，总量达61人；新增省“151”培养人员1人，总量达56人；新入围国家“千人计划”人选3人、省“千人计划”人选11人，国家和省“千人计划”总量达22人。鼓励企业新建博士后科研工作站，新增博士后科研工作试点站5家，引进博士后科研人员13人，全市博士后科研工作站(含省级试点站)增至17家，已累计招收49名博士进站，目前在站博士20名。加强留学人员创业园建设，新引进留创人员创办企业6家，留学人员10名；上报留学人员科技项目择优资助项目3个，其中获国家优秀留学人才资助1项、省钱江人才计划1项。认真做好职称评定和考试工作，先后组织召开各系列30多个中级专业技术资格评委会，推荐高级专业技术资格评审对象1582人，评审中级专业技术资格1800多人；完成了27项职(执)业资格考试3.6万人次。

推进高技能人才队伍建设。根据《关于市人力资源和社会保障局部分事业单位机构编制调整的批复》，8月，金华市人力资源培育教育中心挂牌成立。该中心由原来的人事培训教育中心和就业训练中心整合而成，为正科级差额拨款公益二类事业单位，核定编制8名；具体承担公务员、事业工作人员、企业人员的培训教育任务。8月，金华市人才工作领导小组办公室印发《金华市高技能人才队伍建设三年行动计划(2011~2013年)》，积极培养汽车、信息技术、医药化工等优势产业所需的技能人才，新培养高技能人才1.58万人，其中新培养技师1806人。加强职业技能培训，完成城镇失业人员创业培训1597人，农民工技能培训3.99万人，职业资格鉴定10.39万人。

【公务员管理】 坚持公务员“凡进必考”和“公开、平等、竞争、择优”的原则，继续实行公务员招考面试“三抽签四回避”和当场公布成绩等制度，全市公开招录公务员910名。新批准参照《中华人民共和国公务员法》管理事业单位26家，全市参照《中华人民共和国公务员法》管理事业单位350家。开展公务员初任培训446人。完成公务员数据库建设，全市2.59万名公务员信息全部入库。规范做好公务员考核奖励和政府评选表彰等工作。

【军转干部安置】 全市共接收军转干部173名，其中团职干部37名，营以下干部136名。需计划安置的169人，自主择业的4人。顺利完成安置任务，其中安置到公务员岗位的134人，安置到事业单位的35人。扎实做好企业军转干部解困维稳工作，及时落实各项解困政策，提高了特殊困难救助和节日慰问金标准，及时处置苗头性问题和群体性上访事件，全市企业军转干部赴杭进京零上访。组织71名军转干部进行了上岗前培训。

【事业单位岗位设置管理】 2012年，全市事业单位已完成岗位认定2296家，完成率达98.04%。向省申报并获确认专业技术二级岗位人选5名，制定出台了《金华市事业单位专业技术三级岗位管理实施细则(试行)》，首次核准三级岗人选123名。坚持事业工作人员“凡进必考”制度，公开招考录用事业单位工作人员548人。全市事业单位实施绩效工资工作全面完成。做好市区改制事业单位退休人员享受其他事业单位退休人员同等待遇有关工作，对近1300名退休人员退休待遇进行了重新核定补发。完成市本级机关事业人员晋升薪级工资1.7万人。调整了精简退职、遗属、计划外临时工补助标准，机关工作人员及离退休人员死亡抚恤金发放标准。

（胡银梁）

社会保障

【社会保险参保扩面】 社会保障部门认真贯彻执行《社会保险法》和新《工伤保险条例》,继续实施“五费合征”,做好社会保险扩面征缴工作。全市城镇职工养老保险参保人数达131.03万人,新增21.46万人。职工基本医疗保险参保人数达113.39万人,城乡居民医疗保险参保人数达355.61万人,新增15.37万人。工伤保险参保人数达138.39万人,新增15.82万人。生育保险参保人数达61.49万人,新增10.8万人。失业保险参保人数达65.83万人,新增4.16万人。被征地农民基本生活保障参保人数达38.08万人。城乡居民养老保险参保人数达170.2万人,新增6.09万人。

【城乡统一的基本医疗保险】 4月,金华市人民政府印发《金华市区基本医疗保险实施办法》,将市区城镇职工医疗保险、城镇居民医疗保险和新型农村合作医疗政策整合为一,建立了城乡统一的城乡居民基本医疗保险制度,实现了城乡居民医疗保障“普惠共享”,基本医疗保险制度在政策上和人群上均实现了全覆盖,进一步提高了医疗保障待遇水平,全市城镇职工政策范围内住院报销比例达90%,城乡居民达64.6%。截至年底,市区医疗保险参保人数达98.8万,参保率达91.47%。

【调整社会保险政策】 推进工伤保险市级统筹工作,机关事业单位列入工伤统筹范围,年末,金华市区已列入工伤统筹机关事业单位参保858家、4.1万人。调整生育保险政策,出台《金华市区职工生育保险的补充意见》,从2012年7月1日起,女职工按职工基本医疗保险规定结算生育医疗费。基本完成省养老保障三项政策落实工作,全市累计办理符合221号文件规定参保补缴职工养老保险人数10.4万人,审核认定222号文件所涉人员及类似人员共2.4万余人,审批223号文件人员8200余人。及时调整退休人员养老金,对全市17.43万名企业退休(职)人员的基本养老金进行了普调,调整后(当月)全市企业基本养老金月人均达1624.53元,人均增资额208.58元。城乡居民社会养老保险基础养老金最低标准提高到每人每月不少于80元。

【提升服务水平】 根据《关于金华市社会保险事业管理局主要职责内设机构和人员编制的批复》,12月,金华市社会保险事业管理局挂牌成立。金华市社会保险事业管理局由原金华市社会保险事业管理处、原金华市医疗社会保险处、原金华市农村社会养老保险事业管理处、原金华市区企业退休人员社会化管理服务中心和原金华市公费医疗管理委员会办公室整合组建而成,为金华市人力资源和社会保障局所属参照公务员法管理事业单位,机构规格为副处级,核定事业编制64名。新组建的社保局办公大楼设立了四个办事大厅,总服务大厅面积达1072平方米,7个科室,实现了社保业务“一站式”办理,方便了群众。切实做好企业退休人员社会化管理服务工作,完善社会化管理服务机制,市区企业退休人员纳入社区管理人数达5.17万人。

【医保“一卡通”】 加快社会保障卡制发进度,2012年年底,全市累计制作社会保障卡191.23万张,已累计发放163.84万张。制定出台《金华市社会保障卡应用管理实施意见》和《金华异地就医联网结算业务应急响应工作制度》,统一异地就医联网结算有关业务流程和技术规范,推进定点接口改造和联网联调。年末,省域范围接入异地就医结算联网点医疗机构96家,市域范围接入19家,基本实现了异地就医持卡结算。

(胡银梁)

劳动就业

【概述】 2012年,全市深入开展国家级创业型城市创建工作,全力帮助企业缓解“用工难”,积极帮扶高校毕业生等重点群体实现就业创业,积极创建“无欠薪金华”,劳动就业各项工作取得了可喜成绩。全市新增城镇就业7.07万人,失业人员实现再就业2.79万人,农村劳动力转移5.43万人,年末城镇登记失业率为2.77%。

【创建国家级创业型城市】 自2009年初金华市被确定为全国首批国家级创业型试点城市以来,坚持“政策主导、典型引领、政府推动、全民参与”的基本思路,以培育“五个一批”为抓手,全面实施“3551”创建工程,建立健全创业带动就业机制,取得明显成效。全市共整合创业基金4.96亿元，对1.68万名劳动者进行了创业培训，促进27.6万名劳动者创业，带动92.29万人就业，全市创业环境满意指数、创业活动活跃指数、创业实体生存指数、创业实体就业贡献率稳步上升，连续3年全市城镇登记失业率控制在3%以内。2012年7月，金华市被评为全国创业先进城市，受到国务院表彰。

【扩大就业】 3月，金华市人民政府印发《关于印发金华市就业和社会保障发展十二五规划的通知》。针对企业用工难题，通过"一厂一策"企业用工指导、校企对接、开展省际劳务协作等措施，全市解决用工11万人；继续实施"五缓四减三补贴"政策，全市发放灵活就业人员社保补贴、岗位补贴等各类补贴7600多万元。做好高校毕业生就业工作。同月，金华市人民政府印发《关于进一步做好普通高等学校毕业生就业工作的实施意见》，搭建就业平台，拓宽就业渠道，举办高校毕业生就业服务月。全市接收来金就业应届高校毕业生2.24万人，实现初次就业2.11万人，初次就业率94.10%。新建大学生见习基地18家，安排就业见习752人。做好新疆温宿高校毕业生来金培养实习工作，先后接收首期两批共110名新疆阿克苏地区温宿县少数民族普通高校毕业生来金培养实习，在市委党校专门建成清真食堂，并按其所学专业安排在市区街道及幼儿园实习，圆满完成培养实习任务。

【构建和谐劳动关系】 全市企业劳动合同签订率达96.5%，其中小微企业劳动合同签订率为93.4%。累计签订区域行业性工资集体合同421份，覆盖企业1.83万家。累计签订企业集体合同2.44万份，覆盖企业2.64万家。已建工会企业集体合同签订率达93.6%。11月，协调劳动关系三方四家联合印发了《关于在全市开展"企业关爱职工、职工热爱企业"活动的实施意见》，深入企业宣传推动开展"双爱"活动，并确定了一批企业作为"双爱"活动联系点。公布了2011年金华市区在岗职工年平均工资和市区2012年部分职业(工种)人力资源市场工资指导价位。加强农民工管理服务，通过落实积极的就业创业政策，直接稳定5.23万农民工就业，对8.9万名农民工开展了职业培训，实现农村劳动力转移就业5.4万人，促进了1.2万名农村劳动者自主创业。推进家庭服务业体系建设，印发了《关于印发金华市家庭服务体系建设工作方案的通知》，培育扶持了5家家庭服务企业作为全市首批家庭服务龙头企业。

【劳动保障监察】 10月，市政府办公室印发《创建"无欠薪金华"行动方案》，按照"三个确保"要求，畅通投诉举报渠道、强化企业欠薪动态监控、提升案件应急处置能力，扎实开展"无欠薪金华"创建活动。全市劳动监察部门为2.97万名劳动者追发工资1.43亿元；办结工资案件6355件，比上年度下降17%；参与处理欠薪等引起的群体性突发性事件373件，比上年度下降13%。认真组织开展春雷、春暖等专项执法检查活动，部署开展劳务派遣情况摸底检查，做好年度劳动保障书面审查等工作，全市劳动保障监察机构办结各类监察案件7827件，结案率98.53%；主动检查各类用人单位1.22万户，涉及劳动者37.11万人，并对4.8万户用人单位进行了劳动保障书面审查。全面推行建设施工领域工资支付保证金制度、工资支付担保制度，试行租用场地经营企业工资支付保障制度。完善政府欠薪应急周转金制度，年末，全市筹集工资支付保证金4.09亿元，应急周转金6857万元。

【劳动调解仲裁】 根据《关于市人力资源和社会保障局部分事业单位机构编制调整的批复》，8月，金华市劳动人事争议仲裁院挂牌成立。该单位系金华市人力社保局下属正科级全额拨款承担行政职能事业单位，核定编制6名。认真做好劳动争议案件仲裁工作，召开现场会总结推广永康市建立劳动争议联合调处中心的做法与经验。健全基层劳动争议组织网络，全市乡镇(街道)劳动争议调解委员会全覆盖，规上企业已建立劳动争议调解委员会建成率达83%。全市各级劳动争议调解组织和仲裁机构共受理劳动争议案件16080件，其中基层调解组织受理案件13199件，当年办结12759件，结案率达96.7%。市、县两级仲裁机构当期立案受理劳动争议仲裁案件2881件，同期办结（含上年结转)2920件，结案率94.56%，其中以调解方式解决的占75%。

【劳动保障咨询服务】 根据《关于市人力资源和社会保障局部分事业单位机构编制调整的批复》，新组建了金华市人力资源和社会保障电话咨询服务中心，为正科级全额拨款公益一类事业单位,核定编制4名,聘用工作人员4名。加强和完善"12333"电话咨询服务系统建设,基本实现了"一号呼入,全市联动"的人力社保电话咨询服务体系。全年提供投诉举报、政策咨询、信息查询等服务16.53万人次。根据《关于市人力资源和社会保障局部分事业单位机构编制调整的批复》,新组建了金华市人力资源和社会保障信息管理中心,为正科级全额拨款公益一类事业单位,核定编制6名,新招录事业工作人员4名。印发了《关于局信息化管理工作职责分工的通知》,形成了局基金监督和信息管理处负责规划审批、资金调配和技术指导,局属信息管理中心负责综合管理和运行维护的管理体系。

(胡银梁)

经济技术协作

【概述】 2012年,全市继续加强国内合作交流,推动区域协调发展。年内,组织县(市)经合(协作)办和有关企业随省经贸代表团参加了第二十三届"哈洽会"、第十三届成都"西博会"、第十六届"西洽会"。三次展会共组织了市区、义乌、东阳、武义、磐安等县(市、区)的19家企业42个展位参加产品的展示展销活动,共接待各类客商8000余人,达成产品购销合作意向35个,达成合同金额近2600多万元。

在参与"长三角"城市经济合作工作中,由金华市经济协作办(局)牵头的"基于十二五发展规划的长三角城市协同发展管理研究"课题入选2012年长三角城市合作专课题。4月17日,徐加爱市长出席在台州召开的长江三角洲城市经济协调会第十二次市长联席会议,并作"推动陆海联动,加快浙中崛起"的书面发言。22个市长签署了《长江三角洲地区城市合作(台州)协议》。积极开展与外省(市、区)的经贸合作工作。5月又组织部分汽车及设备制造企业与省经合办领导一起赴内蒙古兴安盟开展考察洽谈活动,副市长傅利常带领金华市的企业家实地考察了内蒙古兴安盟乌兰浩特市,参加了"兴安盟——浙江经济合作座谈会",就"产业换资源"等问题进行了深入的洽谈交流。积极做好参加闽浙赣皖九方经济区三届八次联席会议的各项工作。

(胡小刚)

信访工作

【概述】 2012年,金华市信访总量有所下降,信访形势总体可控。截至12月底,全市信访总量45299件(人次),同比下降4.54%。其中,来信总量6199件、同比下降15.6%,来访总量38964人次、同比下降2.9%;来访中,集体访30743人次,同比下降15.7%。署名初信办结率达100%。市本级共交办重要来访信访事项28件,办结率100%。全市信访工作成为了做好群众工作的重要平台,发挥了信访工作为构建和谐社会起的基础性的作用,实现了全国"两会"和党的十八大期间到京正常访量少,无进京集体访、无进京非正常访、无进京闹事闹访的"三无一少"的工作目标,为"推进赶超发展,加快浙中崛起"营造良好的社会环境做出了贡献。金华市信访局被浙江省委办公厅、浙江省人民政府办公厅评为全省网民留言办理先进单位、浙江省打击传销工作先进集体,被市委市政府授予中共十八大信访维稳工作特别优秀奖。

【重点时期信访维稳】 2012年,全国"两会"、中共十八大相继召开。期间,全市共发生群众进京上访39批58人次,所有进京上访人员均被及时劝返接回,没有发生一起非访和恶性滋事事件,圆满实现了中央提出的"五个坚决防止"和市委提出的"五个不发生"工作目标。为确保重点时期的信访维稳工作,全市将信访工作作为一项重要政治任务抓实抓好,实行"全市一盘棋",统一领导、统一管理、坚持内外联动、上下联动、警信联动,有效整合了资源、增强了合力,着力抓好三方面的工作。一是加强源头防范,抓好矛盾纠纷排查调处。按照抓早抓小抓苗头的要求,市信访局结合"两排查一促进"活动,开展了不间断、全方位、拉网式的滚动排查,做到不留死角、不留盲点,底数清、情况明。在重要敏感时期,市信访局协同政法委对可能越级上访的群体性事项和老访户进行了排查,并相应制定了应急预案。中共十八大期间,全市共排查出207件突出信访涉稳问题,都一一作了交办。截至11月10日,全市共排查矛盾纠纷35323起,调处35122起,调处成功34061起,调处成功率96.9%。二是坚持"事要解决”，抓信访积案处理。围绕中央和省联席办交办的39件信访积案，市信访局下发了《关于切实加强省、市交办信访积案化解工作的意见》，对每一件交办的信访积案严格按照“九个一”的要求落实责任，明确包案领导、责任单位和责任人。坚持将积案化解工作与领导下访活动相结合、与领导包案工作相结合、与创新工作方法相结合、与督查督办相结合，认真落实以“包方案制定、包调处化解、包教育疏导、包息诉息访，亲自研究案情、亲自协调处理、亲自督办落实”为重点的“四包三亲自”责任。建立了化解工作督查机制，对去京上访和信访积案化解情况，实行周排名周通报，市信访局领导多次带队赴各县(市、区)进行专项督导，了解积案化解进度，约谈信访人，有效地促进了信访积案的化解。中共十八大前，市委抽调了20名市级机关退出现职的处级领导干部，组成10个督查小组分赴各县(市、区)，开展以信访积案化解为重点的专项督查，有力地推动了信访积案的化解，实现了省级交办信访积案提前百分百化解。三是抓敏感事件处置，平稳妥善地完成了万家购物案信访接待工作。自6月12日市有关部门立案查处万家购物以来，市信访局承担了现场接访、网上答复、宣传统计、信息上报等工作，全力以赴开展万家上访人员的信访接待工作。全市共设立5个工作接待组，和2个驻杭接访点，由市委副书记、政法委书记陶诚华任组长，市信访局局长任副组长，4个副局长分别任各个接待点的组长，组成信访接待的中坚力量，建立了联络员机制，一旦发生集体上访，协同工商、公安、商务联合接访，进一步推动了万家购物案信访接待工作的顺利完成。为提高信访接待水平，市信访局翻印了相关法律汇编、新华社有关文章、金华晚报答记者问、打击万家购物的通告等一系列资料达2000多份，在做好对工作人员培训的同时及时向上访人宣传有关法规政策，疏导上访人的情绪，防止了极端事件的发生。截至8月底，共接待上访人员290批362人次，没有发生极端恶性事件和较大规模群体性事件。

【领导干部接访下访】 根据市委领导意见，金华市信访局先后起草了《关于进一步深化领导干部接待群众来访工作的实施意见》《关于开展领导干部大接访活动的实施方案》《金华市领导干部大接访活动方案》等文件，对四个节点领导干部大接访活动和每月党政领导接待日活动做出具体工作安排，从工作机制上强化了领导干部信访接访工作。按照“规范有序、方便群众、解决问题、依法依规”的原则，确定领导干部接访联络员，筛选案件安排领导接访，组织相关部门及律师陪同，积极开展事前预调研，为领导做好决策提供服务。为了规范信访事项的办理，市信访局专门设计了统一的信访事项表单，对每一件领导接访信访事项实行统一登记、统一编号。以现场调查、跟踪问效等形式，强化信访事件督办落实，提高了办结率。截至11月月底：市级领导下访112批223人次，接待群众335批3345人次；县级领导下访336批887人次，接待群众3686批7199人次。

【信访工作基层基础】 全市信访部门牢固树立了“基层强则全局强”的理念，抓重心下移，进一步夯实了信访工作基层基础。一是加强考核通报和督查，提高信访工作规范化。强化办信考核机制，改变以往只重办信结果、只考核办结率的做法，增加了办信工作规范化的内容。对来访接待登记和信访信息系统录入工作进行全面检查，并计分通报。为保证督办中交办单的反馈质量，在对不符合要求的交办单做“退回重办”的基础上，进行反馈抽查，不定期询问上访人，对满意率进行核查。按照交必办、办必果、果必复的要求，对交办的网上信访实行限时办结和逾期通报，对承办单位反馈的办理结果认真审核，通过检查、指导和通报，鼓励先进，鞭策后进，提高了信访工作规范化。二是完善体制机制，强化信访工作基层基础。市信访局先后建立了登记、统计、每月分析、定期督查督办、不定期询问、集体访和特殊事件快报、群众来信“月月清”和季度通报制度，转发了《浙江省办理群众来信十步工作法》，要求各级各部门严格按照十步工作法的要求办理好每一封群众来信。对“月月清”考核制度进行了修改，变月末催办为月中催办、月末通报，避免了过去承办单位匆匆报结，应付了事的弊端，提高了来信办理质量。根据实际需要，市信访局起草了《关于进一步明确市处理信访突出问题及群体性事件联席会议工作机制的通知》，重新明确了各专项小组的组成人员、工作机构、工作职责和工作制度，对市处理信访突出问题及群体性事件联席会议工作机制进行了调整完善，推动了各类信访突出问题的化解。三是创建“三无”乡镇，推进信访工作关口前移。2012年，金华市在省局提出的“三无”县市创建活动的基础上提出了“三无”乡(镇、街道)创建活动，力争全市“三无”乡(镇、街道)达到80%以上，并将此作为对县(市、区)的考核的重要内容之一，进一步推进信访工作关口前移、重心下移，努力从源头上减少信访问题的发生。全市共有乡镇(街道)155个，截至11月底，符合“三无乡”标准的有139个，达标率89.7%。

【信访系统内部建设】 加强队伍建设是提升工作实效的根本。按照“工作一流、群众满意”的要求，市信访局积极开展“创先争优能力建设活动”，制定了《关于在全市信访系统开展“创先争优能力建设活动”实施方案》，进一步明确了岗位标准、梳理了承诺内容、细化了评价标准。加强培训，组织考察，努力探索信访工作新思路、新方法。不断完善干部学习制度，规定每周五为集体学习日，全体干部认真学习法律法规、业务知识及十八大精神。认真配合组织部门做好中青年干部到市信访局挂职锻炼工作，形成长效机制。

(沈　晓)

志鉴编修

【市志编纂】《金华市志》稿征求历任市委书记、市长，有关专家和部门负责人的修改意见，并进行修改。通过《金华日报》、金华市政府网站等媒体平台，向社会征集志书图照资料。金华市所属9个县(市、区)中有6个已经完成二轮修志工作，《兰溪市志》在年内完成志稿复审工作，东阳市和永康市也加快了修志进度。

【年鉴编纂】《金华年鉴(2010)》由方志出版社出版。《金华年鉴(2010)》按国民经济分类法设类目，下置分目、条目，记述金华市域2009年度自然、经济、政治、社会、文化等方面的状况。首刊图照。16开精装，32印张，83.8万字，印数1000册。完成《金华年鉴(2011)》编纂和出版社审查工作，启动并完成《金华年鉴(2012)》资料收集初稿编写工作。7月10日，市府办召开全市年鉴编纂工作会议，要求各县(市、区)尽快启动年鉴工作。除已实现年鉴工作正常化的市本级、东阳市和义乌市外，婺城区和金东区也在年内启动年鉴编纂。

【旧志整理】《成化金华府志》由明代成化年间金华知府周宗智纂修，共二十卷，细分为四十目，成书于成化十六年(1480)并刻行，仅上海图书馆有藏本。重印《成化金华府志》为宣纸线装，六册一函，册封与函套均为真丝兰绫，时任金华市人民政府市长徐加爱作序，金华市地方志编纂委员会整理，印数300套，浙江古籍出版社出版。

【丛刊编辑】 创《金华史志丛刊》，16开本，内部出版。第一辑《1933~1950年金华农村调查资料选》共17印张260页30万字，印数1000册，内容为1933年民国行政院农村复兴委员会所编《浙江省农村调查》中东阳、兰溪部分，1935年国立浙江大学农学院冯紫岗编《兰溪农村调查》和选自华东军政委员会土地改革委员会编《浙江省农村调查》中的金华、义乌等部分。第二辑《国志中的金华》为《寰宇通志》《大明一通志》《大清一通志》《大中华浙江省地理志》中金华部分的影印本，17.5印张，印数1000册。

【金华市情卡】 9月份开始，编写发放金华市地情资料卡片，每周一期，周三发放，赠阅对象为市四套班子副秘书长以上领导及市直机关各部门、单位主要负责人，为领导了解金华市情提供参考。

【网站建设】 与万网公司合作，开通“金华地方志”网站(www.jhszb.cn)。网站分动态信息、市情卡片、书籍介绍、机构概况、联系我们和首页六大页。全年共编发《金华方志工作通讯》24期，有33篇通讯被“浙江地方志”网站和《浙江方志》期刊采用。

【理论研究】《志稿记述“政治运动”应把握的一些问题》等2篇论文在相关刊物上发表，《浙中地区历代行政区划变化》编入《金华历史文化研究》第4辑。完成《从“鸡毛换糖”到义乌经验——义乌现象探究》书稿的前半部16万字的撰写工作。

【社会服务】 为接待上级领导、市领导与各单位提供各类志书及年鉴共计449册。为《浙江现代道教史》课题研究、市博物馆展陈设计、地名论证、金义新区法华寺开发和《金华日报》、金华电视台有关栏目节目创作等多项工作提供资料。

(郑　龙)

机关后勤事务管理

【机构和队伍建设】 金华市市级机关事务管理局更名为金华市机关事务管理局，并推动各县(市、区)尽快更名。及时与编办沟通，增加了“贯彻执行国家机关事务工作的法规政策，负责拟定并组织实施有关全市机关事务管理的工作规划、制度和标准；负责对市各级政府有关机关事务工作的指导”的职责。

【四大满意工程】 一是便捷停车工程。先后启用了市文化中心地下停车场、市民广场地下停车场，规范管理市机关大院、东门临时停车场，有效整合四个停车场1700多个车位，推行公车、私车分离停放，彻底解决了停车难问题。二是满意用餐工程。投资70多万元对市政府食堂厨房进行了全面改造，收回地税办事大厅改造成餐厅，餐位由原来的600个增加到900个，餐厅面积由原来的1400平方米增加到2100平方米。强化食堂内部管理，加强货源管理，逐步将供应商调整为质量可靠的国有企业(或龙头企业)、基地专供。实行就餐补助制度，中午就餐人数由原来的1400人左右增加到近2000人。三是舒适环境工程。建成主楼与东、西辅楼之间的两条人行天桥，实现了主辅楼间的便捷通行。完成东西辅楼自来水管网改造，解决了水质发黄问题。实施17楼办公用房改造和市总工会办公房改造，新增办公用房30余间。将212会议室改造成机房，实行主楼机房的集中管理。实施了江北老地委机关宿舍屋面维修工程，解决了老同志反映多年的渗漏问题。四是优质会务工程。完成西辅楼421会议室、东辅楼419会议室音响视频系统改造，市文化中心401会议室增加电视电话会议功能，提高了会议保障水平。探索市文化中心市场化运作模式，出台《金华市文化中心和机关大院收费管理办法》，2012年市文化中心会议室、剧场使用频率达到1283场次，有力保障了重要会议重大活动。

【公共机构节能工作】 根据《公共机构节能条例》，认真组织全市公共机构能源资源消耗统计数据报送，将公共机构节能监督管理工作向全市所有使用财政性资金的单位覆盖，初步形成了多级联动局面。开展了公共机构节能宣传周、节约型公共机构示范单位创建、城市“无车日”等活动，营造了良好的节能氛围。认真执行《金华市机关大院节能工作实施办法》，采用节能新技术新产品应用于机关大院中央空调等设施设备的保养改造。

【日常事务】 认真抓好机关大院日常安全保卫工作，圆满完成了各个重要节点的安保，第四次被评为浙江省省级治安安全示范单位。完成了市领导公务用车、来宾接待用车、重大活动用车的公务用车保障任务，全年所有车辆安全行驶。组织力量对局本级行政事业单位资产进行了全面清查，及时办理有关资产入账手续，清理闲置房产，规范租赁合同，提高资产利用率。其他方面，如做好日常会务、文件收发、档案管理、公章管理等方面工作，保障局机关的正常运转；机关物管服务、婺江新村物管服务工作周到细致，各类硬件设施维护保养到位，软件服务进一步优化；机关医务室保证药品质量和医疗安全，为机关干部职工提供优质的医疗服务；机关加油站实施油气回收改造工程，为机关车辆提供加油服务；市机关幼儿园和市机关婺江新村幼儿园认真抓好校园安全和幼教工作，满足1120名适龄幼儿入托的需求，发挥省一级幼儿园的示范作用。

【党建共建工作】 深入开展“思想大解放、作风大转变”主题实践活动、作风效能建设、领导干部创先争优示范活动，改进机关工作作风，提升工作效能，优化发展环境。党建工作扎实开展，基层组织建设年活动、“五星争创”活动等取得了成效。推进结对扶贫工作，抓好全系统巩固国家卫生城市工作。认真抓好社区共建和军民共建工作，全年累计为6个共建社区提供共建经费9万多元。春节、建军节前夕对武警市支队进行了拥军慰问活动，安置了1名随军家属。

【接待工作】 2012年，市委、市政府接待办公室牢固树立“接待无小事”理念，全面改进接待各项工作，全力做好内宾公务接待，努力发挥接待“第一窗口”功能。坚持节俭务实、反对浪费的接待原则，在接待批次比上年增长了25%、接待人次同比增长了28.1%的情况下，全年接待经费仍与2011年持平。大力开发黄宾虹文化，对黄宾虹公园进行了全面改造,对黄宾虹艺术馆进行了重新布置,陈展了100幅高仿真黄宾虹书画作品和人物画家张咸镇先生创作的60幅金华历史名人画像,创办了宾虹食堂。重大接待统一归口市接待办,完善重大接待流程,遇重大接待任务,迅速以信息形式向市委市政府主要领导报告,根据接待对象的不同,协助或参与召开协调会,落实接待各项细节。全程参与重要会议、重大活动,顺利完成了市第六次党代会、市"两会"、全省社会应急联动工作现场会、万家购物信访维稳、北京、上海、杭州金华籍领导专家新春茶话会、金华与央企对接会(北京)、金华市与省企央企驻浙机构对接座谈会(杭州)、金华市浙(婺)商回归创业创新大会、"侨商回家——海外浙商金华行"、金华市(深圳)投资招商会、金华市党政代表团赴深圳、东莞、宁波、杭州、武汉、徐州、枣庄学习考察、省委巡视组、第十三届工科会、第二届中国国际商贸发展大会等重大会议活动的后勤保障工作。

市委、市政府接待办公室全年共接待到金华检查、调研、考察、学习的领导和来宾1560批次,其中党和国家领导人有:中央政治局委员、中央书记处书记、中央组织部部长李源潮,全国人大常委会副委员长路甬祥,全国人大常委会原副委员长顾秀莲,全国人大常委会副委员长桑国卫,全国政协原副主席李贵鲜,全国政协原副主席宋健,全国政协副主席何厚铧,全国政协副主席厉无畏,全国人大常委会原副委员长司马义·艾买提,全国政协原副主席张怀西,中共中央书记处书记、中央纪委副书记、省委原书记赵洪祝(6次)。接待到金华检查、考察工作的省部级领导146批:中共浙江省委书记夏宝龙(4次),航天科技集团原总经理助理王雨生、十八届中央委员、全国人大常委、国家行政学院党委书记、副院长李建华,中共中央候补委员、中国侨联主席、党组书记林军,水利部部长陈雷,国务院国有重点大型企业监事会主席石大华,中国爱国拥军促进会会长罗平飞,省委副书记、政法委书记李强,省委常委、省委常委、纪委书记任泽民,省委常委、常务副省长陈敏尔,省委常委、常务副省长龚正,省委常委、宁波市委书记王辉忠,省委常委、副省长、宣传部长葛慧君,省委常委、组织部部长蔡奇,省委常委、公安厅厅长刘力伟,省委常委、省军区政委王新海,省委常委、秘书长赵一德,原省委常委翟翕武,省人大常委会党组副书记茅临生,省人大常委会副主任程渭山、冯明、厉志海、金德水、徐宏俊,省政府副省长陈加元、毛光烈、王建满、朱从玖,省政协主席乔传秀,省政协副主席、党组副书记斯鑫良,省政协副主席王永昌、徐辉、汤黎路、黄旭明、陈艳华,省政协原主席周国富,省人大常委会原副主任吴敏达、许行贯、郑树、斯大孝、祝耀祖、叶荣宝,省老年体协主席、省人大常委会原副主任孔祥有,省政协原副主席、党组书记孙家贤,省政协原副主席耿典华、龙安定、王培民、陈昭典、陈法文、吴仁源、杨士林、汪希萱、程炜、王务迪、李青、张蔚文,第二炮兵部队政治部主任殷方龙,中国建行王洪章董事长,台盟中央常务副主席、十一届全国人大常委、内务司法委员会副主任委员汪毅夫,全国人大常委会委员、环资委副主任委员汪纪戎,全国人大常委会委员、环资委委员(上将)郑申侠,全国人大环资委委员张洪飚,全国人大内务司法委员会委员、山东省委原副书记、山东省人大常委会原常务副主任高新亭,中共中央党校副校长孙庆聚,全国政协港澳台侨委员会副主任、国家工商总局原副局长刘凡,海协会副会长王在希,国台办原副主任、海协会副会长王在希,商务部副部长钟山,商务部副部长李金早,商务部部长助理李荣灿,外交部部长助理乐玉成,中国能源集团董事局主席吴国迪,国家发改委副主任徐宪平,总参军训部副部长唐宁、陈楚华少将,总后勤部军事交通运输部部长张伟,中国气象局副局长于新文,中国农业银行党委委员、副行长郭浩达,光大银行总行副行长李杰,中国记协党组副书记、书记处书记高善罡,全国妇联副主席、书记处书记孟晓驷,国家工商总局副局长甘霖,国家林业局党组副书记、副局长张建龙,国家邮政局马军胜局长,中储粮总公司总经理赵双连,交通运输部党组成员、驻部纪检组长李建波,中华全国供销合作总社监事会主任蒋省三,浙江工业大学名誉校长、中国工程院院士沈寅初,北京交大物流研究院院长、中国工程院院士徐寿波,上海大学校长助理、俄罗斯工程院外籍院士吴明红,省高级人民法院院长齐奇,省检察院检察长陈云龙,省地方志编纂委员会副主任张曦,南京军区副政委吴刚,第一集团军政委王平，省武警总队政委陈国桢，武警浙江省总队总队长(少将)陈进平，省政府咨询委员会主任章猛进，省法院原院长张启楣，浙江大学原党委书记张浚生，杭州市政协主席孙忠焕，上海市人大常委会主任刘云耕，上海市高级人民法院院长应勇，福建省政协副主席叶继革，山东省委常委、副省长孙伟，南京军区空军副司令员王建民，新疆维吾尔自治区人大常委会副主任穆铁礼甫·哈斯木，安徽省人大常委会副主任郭万清，安徽省政协副主席王鹤龄等。

接待省内外到金华考察的代表团主要有：四川省南充市政府代表团，重庆涪陵区代表团，广西崇左市代表团，牡丹江市政府考察团，杭州市考察团，宁波市党政代表团，深圳市盐田区考察团，宁夏中卫市考察团，新疆阿克苏地区浙沿会代表团，福建省漳州市考察团，云南保山市考察团、新疆温宿县党政代表团等。

（朱　鸣）

中国人民政治协商会议金华市委员会

重要会议

【市政协六届二次会议】 市政协六届二次会议于2012年3月12日~15日举行。委员们就市委、市政府提出的重大课题和社会热点难点问题进行大会协商，围绕《政府工作报告》《市政协常委会工作报告》《提案工作报告》及其他报告开展协商讨论。会议收到发言稿41篇，11位委员着重就金义都市新区建设、市区专业市场建设、全市信息产业发展、文化强市建设、开展农村法律服务等课题进行大会发言，积极建言献智。会议收到以提案形式提出的意见建议565件，审查立案557件；开展小组讨论3次，收集整理口头意见建议1200多条，内容涉及全市政治、经济、社会文化和生态建设的方方面面。委员们围绕金华市赶超发展和金义都市新区建设的重大问题，坦诚建言，提出真知灼见。会议增选许章才为政协第六届金华市委员会副主席。

【市政协常委会议】 2月21日，市政协召开六届四次常委会议。会议协商讨论《政府工作报告(征求意见稿)》，审议通过了市政协常委会工作报告、提案工作报告，审议通过了关于召开市政协六届二次会议的有关事宜。会议决定，市政协六届二次会议于2012年3月12日在金华举行。

3月14日，市政协召开六届五次常委会议。会议听取了市政协六届二次会议小组讨论情况的综合汇报，协商通过了市政协六届二次有关选举事项、政协第六届金华市委员会副主席候选人名单，审议通过了市政协六届二次会议提案审查情况的报告(草案)和市政协六届二次会议决议(草案)。

6月29日，市政协召开六届六次常委会议。会议听取了副市长谢春涛有关党史知识讲座，听取了关于统筹浙中城市群水资源开发利用调研情况的说明，讨论并通过了《关于统筹浙中城市群水资源开发利用的建议案》，协商通过了有关人事事项。

9月28日~29日，市政协召开六届七次常委会议。会议审议通过《关于建设森林金华打造健康之城的建议案》《关于提升金华市区高速公路入城口品位的调研报告》《政协金华市委员会提案工作条例(修订稿)》，协商通过了有关人事事项。

主要工作

【助推赶超崛起】 围绕“赶超崛起”议政建言，是市政协2012年的工作重心。市政协六届二次会议上，委员们围绕金义都市新区的规划与建设积极议政建言。闭会后，市政协就此课题积极开展履职活动。带队学习考察，在此基础上对新区规划建设提出意见建议。通过组织委员开展金义都市新区建设的专题调研视察和新区规划评审论证、编辑出版“《金华政协》金义都市新区建设专刊”等形式积极建言献策。开展“统筹浙中城市群水资源开发利用”重点课题调研，就“创新体制机制统筹水资源的规划、管理、调配，为浙中城市群可持续发展特别是金义都市新区建设提供水资源保障” 等问题提出意见。按照“进村入企”大走访的统一部署，市政协领导带队分赴联系企业，与企业负责人共商发展之策,努力促进实体经济发展。

【献智“精品金华”建设】 围绕赶超发展和生态文明建设的重大课题,市政协就“森林金华”建设开展重点调研。针对市区高速公路入城口布局结构不合理、视觉形象不美观、城市特色不鲜明等问题,开展了“提升市区高速公路入城口品位”调研,提出意见建议。围绕“精品城市”建设,市政协还就市区非物质文化遗产保护、市区农贸市场改造提升工程、环保设施市场化运营管理等工作进行了视察。

【心系民生】 组织召开“推进社会管理创新,促进道路交通安全”提案办理专题协商会。提案委员就道路交通安全问题与有关部门负责人面对面协商沟通。组织召开“市区义务教育资源整合与配置”专题协商会,组织委员与有关部门负责人协商教育资源均衡配置问题;协商会后,市政协还联系有关企业筹集资金,帮助婺城区河盘桥小学改善办学条件。组织开展市检察院开放日、市仲裁工作、市中级人民法院“制度执行力落实年”等视察活动,助推平安与法治金华建设。根据“进千村、帮万户”活动的统一部署,市政协领导带队赴联系走访村了解基层情况,帮助群众解决生产生活中的难题。郑金平主席多次带队到所联系走访的婺城区琅琊镇上盛村和东畈村了解村民生产生活情况,带领国土、文物、农办、水利等部门负责人,前往上盛村现场办公,协调解决村庄整治、河道清理、文物保护等难题。

【强化民主协商】 密切与市级各民主党派、工商联和无党派人士的联系,坚持定期走访制度。健全联动调研、联合监督、联谊座谈等工作机制;加强对民主党派、人民团体大会发言、团体提案的征集,优先安排党派团体进行大会发言,注重把民主党派、工商联提案列为重点提案;邀请民主党派成员参加政协调研、视察和外出考察活动。邀请各地金华商会负责人列席六届二次会议,带队考察金华在外创业企业。率团访问俄罗斯、保加利亚等东欧国家,就有关合作事宜进行商洽。接待保加利亚旅游投资发展促进局主席一行,推动友好关系。通过举办、组织和参加闽浙赣皖四省九市政协联谊会、“庆国庆、迎十八大”书画摄影作品展、考察对口援疆工作、迎春团拜会、中秋茶话会、视察台胞台属企业、政协之友社等活动,加强与各界人士的联系与交流。

【提升履职水平】 一是加强学习。通过各种形式组织和动员全市各级政协组织、广大政协委员深入学习贯彻中共十八大精神、省第十三次党代会和市第六次党代会精神。开办“政协大讲堂”,邀请国内专家学者为经济界、工商联界委员及其他企业家授课。二是健全制度。会同市委组织部、市委统战部在全省首次出台《金华市政协委员辞职规定(试行)》。出台《政协金华市委员会优秀委员评选暂行办法》《政协金华市委员会特聘委员暂行规定》等文件。三是坚持理论研究。《金华市探索委员推选和管理新机制》入选全省市、县(市、区)政协工作十大创新典型案例。四是强化服务保障。加强政协机关建设,开展主题教育活动和创先争优活动。精心统筹协调,强化机关服务保障功能。重视干部队伍建设,公正选人,科学用人,推行轮岗锻炼和任职交流。

【组织调研】 市政协专题调研组围绕“浙中城市群水资源开发利用的现状,存在问题,怎样创新体制机制统筹水资源的规划、管理、调配,为浙中城市群可持续发展特别是金义都市新区建设提供水资源保障”等问题,开展了深入的调查研究,向市委、市政府提交了《统筹浙中城市群水资源开发利用的调研报告》和建议案,提出了“组建浙中城市群水资源管理委员会、深化水务一体化改革、组建浙中城市群水务集团、合理分配区域水权、探索水权交易机制、健全水价形成机制、完善生态补偿机制、实施水源保障工程和跨区域流域引调水工程、实行区域联网供水”等4部分13个方面的建议。调研成果得到了市委主要领导的高度评价。市委常委会议、市政府常务会议就调研报告和建议案的主要建议进行了专题研究。调研提出的主要建议,纳入了《市区重点建设和赶超发展三年行动计划(2013~2015)》中。

围绕“森林金华”建设这一课题,市政协专题调研组通过召开座谈会、实地调研、学习考察等方式,掌握了基本情况,分析了存在问题,学习了先进经验,探讨了解决途径。提出了“完善森林生态系统、拓展森林发展空间、建设特色森林产业、提高森林管养水平、营造森林生态文化”等五个方面的重点工作和“建立工作机制、夯实工作基础、强化要素保障、突出建设特色、营造舆论氛围”等五个方面的具体建议。

针对市区高速公路入城口布局结构不合理、视觉形象不美观、城市特色不鲜明等问题，市政协开展了“提升市区高速公路入城口品位”调研，提出了“优化结构布局、美化景观形象、展示人文内涵”等三方面建议。对此，市政府主要领导做出批示，要求政府有关部门根据报告的意见建议提出解决方案，确保改造后的市区高速公路入城口成为城市的“第一亮点”。

【召开专题协商会】 8月3日，市政协召开“推进社会管理创新，促进道路交通安全”专题协商会。协商会上，提办双方就10件涉及道路交通建设、道路安全管理、缓解城市拥堵等方面的提案办理，面对面协商沟通，商讨解决问题的对策。市政府分管领导对委员的发言表示充分肯定，并就如何结合委员建议解决城市交通问题提出了要求。市城管办、公安局等7个承办单位表示，将充分吸纳政协委员的建议，进一步加强道路交通安全管理，确保全市交通安全、畅通、有序。11月13日，市政协召开“市区义务教育资源整合与配置”专题协商会。市政协委员和市有关部门负责人就市民关注的教育资源合理配置问题进行面对面协商。7位委员先后发言，提出“建立教师有序流动机制、提高教师队伍素质、保障外来务工人员子女义务教育的权利、大力鼓励社会力量办学、加大城区薄弱小学投入、推进义务教育均衡优质发展”等建议。市教育局、市财政局、市人力社保局、市规划局等相关部门作了针对性答复，提出了相应举措。市政府分管领导表示要将委员的意见建议进行认真梳理，抓好落实。

【提案办理】 六届二次会议以来，政协委员和政协各参加单位以提案形式提交的意见建议577件，立案568件。为进一步加强提案工作的制度化、规范化和程序化建设，修订了《提案工作条例》。在提案办理工作中，继续坚持领导领办督办重点提案制度，完善协商督办、联合督办、跟踪督办等督办机制，创新督办模式，开展专题督办，实现专题协商会与提案督办有效“嫁接”，以专题协商会推动提案办理落到实处，提案落实率有了新的提高。

【文史工作】 及时向市委市政府反映何炳棣先生叶落归根的愿望，协助做好海外统战工作。关注名城文化事业，协助有关部门做好文物保护工作。调动各民主党派、工商联和各县(市、区)政协文史办共同参与文史资料的征集。出版《中国对联集成·金华卷》。征编《金华历代古旧地图集》《老金华的记忆》《改革开放以来金华重大发展变化亲历》等重要文史资料。

【信息和宣传】 2012年，市政协向市委、市政府及省政协办公厅提交社情民意128篇，推动一些热点难点问题的解决。《特定人群税收优惠政策存在三方面问题》《基层调研发现当前政策性农房保险推行过程中面临三方面难题值得关注》等信息被省委办公厅采用后上报中央办公厅；《一大一小两大标准，“小微企业”需合理界定》《关于对〈农业保险条例(征求意见稿)〉的完善建议》等信息被全国政协办公厅采用。改版《金华政协》杂志，更好地发挥“广集真知灼见，反映社情民意，展现委员风采，交流政协工作”的作用。选择亮点工作对外宣传，扩大金华政协的社会影响。一年内《金华市政协善谋成事积极打造“有为政协”》《让孩子沐浴公平教育的阳光——金华市政协专题协商义务教育资源整合配置小记》等一批有分量的新闻报道在《人民政协报》《联谊报》上刊发。

(吕建伟)

中国共产党金华市纪律检查委员会

【概述】 2012年，金华市各级纪检监察机关认真学习贯彻十八大精神，按照中央、省委和市委的决策部署，坚持反腐倡廉方针，服务大局，改革创新，全面履职，扎实工作，着力加强作风建设和反腐倡廉建设，各项工作取得新的进展。制定出台《金华市纪委监察局服务保障“浙中崛起、赶超发展”若干意见》、《金华市纪委监察局服务保障义乌市国际贸易综合改革试点的若干意见》和《金华市纪委监察局关于全力服务保障金义都市新区建设的实施意见(试行)》，全力助推义乌国际贸易综合改革试点、金义都市新区建设等重大决策部署的贯彻落实。探索创新保护改革的风险“免责”机制，认真抓好经济社会管理权限下放的对接、规范工作。组织开展对口援疆、水利改革发展、保障性住房建设、节能减排和环境保护、规范和节约用地政策落实等专项监督检查,有力促进经济发展转型升级。完善政府投资重点项目联合巡查和跟踪监管机制,推动重大项目和重点工程建设顺利进行。结合换届后领导班子和干部队伍作风建设新情况,以“解放思想大讨论”“进千村帮万户”“进千企解难题”等9个专项活动为载体,开展“思想大解放、作风大转变”主题实践活动。全市各级纪检监察机关共受理群众信访举报3738件,立案848件,其中涉及县处级领导干部7人、乡科级56人;处分党员干部836人,其中开除党籍416人,移送司法机关91人。

重要会议

【市纪委五届八次全会】 2月10日,召开市纪委五届八次全会。会议传达十七届中央纪委七次全会、省纪委十二届八次全会精神,表彰了2011年度纪检监察工作先进单位。市委书记陈一新出席会议并讲话。陈擎苍代表市纪委常委会作工作报告,回顾2011年工作,部署2012年主要任务。

【市纪委六届一次全会】 2月29日,召开市纪委六届一次全会。会议选举产生新一届市纪律检查委员会常务委员会委员;选举陈擎苍为市纪委书记,卢秀芝、张自力、吕文革为市纪委副书记。

【市纪委六届二次全会】 8月10日,召开市纪委六届二次全会。会议部署加强服务保障、创优发展环境工作。市委常委、市纪委书记张建明出席会议并讲话。

【全市作风建设电视电话会议】 2月8日,召开全市作风建设电视电话会议。市委书记陈一新讲话,市委副书记、市长徐加爱主持会议。陈一新强调,要认真贯彻落实省委、省政府关于加强作风建设的重要决策和市委五届十七次全会精神,全面开展“思想大解放、作风大转变”主题实践活动,动员全市上下进一步解放思想、更新观念,转变作风、真抓实干,为推进赶超发展、浙中崛起提供坚强的思想和作风保证。徐加爱就贯彻会议精神提出要求。

【查办案件业务工作会议】 5月23日,召开全市纪检监察机关查办案件业务工作会议。会议传达了中央纪委监察部机关查办案件工作座谈会、全省纪检监察机关查办案件业务工作会议精神,总结了2011年全市纪检监察信访举报、案件检查、案件审理、申诉复查和案件监督管理工作,研究分析金华市反腐倡廉形势,部署当前和今后一个时期纪检监察查办案件工作任务,并对查办案件工作先进集体进行了表彰。

【“百乡千村”示范服务中心创建动员会】 6月27日,召开“百乡千村”示范服务中心创建工作动员会,组织开展乡、村两级代办员业务培训。市委常委、市纪委书记张建明强调,各级各部门具体要抓好四个方面工作:一要加强队伍建设,提高服务能力;二要丰富服务内涵,拓展服务功能;三要健全工作制度,规范服务行为;四要加大保障力度,确保长效服务;要按照市委的部署要求,统一思想,坚定信心,开拓进取,强有力地推动我市的便民服务工作。

【乡镇纪委街道纪工委书记会议】 8月9日,召开全市乡镇纪委街道纪工委书记会议。会议总结前一阶段全市农村基层党风廉政建设工作,研究部署下一阶段全市农村党风廉政建设和反腐败工作。市委常委、市纪委书记张建明指出,各乡镇(街道)要切实抓好农村基层党风廉政建设各项重点任务的落实,要以维护社会稳定、为党的十八大胜利召开积极营造良好氛围为目标,积极推进纪检重复信访复查复核工作,多为群众利益着想,妥善处理多方面意见和利益。

【惩防体系建设推进会】 8月16日,召开构建惩防体系工作领导小组会议暨惩防体系建设推进会。市委书记陈一新在会上强调,全市上下要充分认识深入推进惩治和预防腐败体系建设的重要性和紧迫性,明确目标、突出重点、体现特色、形成合力,按照纵向到底、横向到边的原则,加大推进惩防体系建设力度,坚定不移地把反腐败斗争进行到底,着力营造风清气正、干事创业的良好氛围,为加快赶超发展、浙中崛起提供坚强的保证。市委常委、常务副市长陶诚华主持会议,并就贯彻落实会议精神提出明确要求。市委常委、市纪委书记张建明回顾总结了近年来惩防体系建设工作情况,部署了下一阶段主要任务。

【领导干部警示教育大会】 10月17日,举行领导干部警示教育大会。会议剖析上年以来查处的领导干部违纪违法典型案例，分析他们走上违法违纪道路的原因。会议要求领导干部带头做到廉洁自律，以优良的党风促政风带民风；加强作风效能建设，优化服务发展环境。

主要工作

【便民服务中心建设现场会】 10月18日，召开便民服务中心建设现场会。与会人员实地参观了婺城区东孝街道行政服务中心和中山路社区、山口冯村、溪口下村便民服务中心，观看了各县（市、区）"百乡千村"示范服务中心创建活动专题片，并听取永康市信息公开平台建设情况介绍。市委常委、市纪委书记张建明要求全面完善村级便民服务中心功能，不断提高便民服务质量，健全规范、完善公开办事制度，及时总结推广星级评创工作中好的经验和做法；深入推进"百乡千村"示范便民服务中心创建工作。

【作风效能建设】 全市机关干部走访行政村4804个、企业2.5万余家，帮助解决各类问题8.9万余个；市县领导干部下访接访群众2110批2792人（次），现场解决信访事项821件。创新开展市县联动"效能现场投诉、开门征集意见"活动，接受群众咨询2万余人（次），受理投诉2656件（次），收集意见建议1645条，提供便民服务8400多次。认真组织2012年度"千企万人双评议"工作，加强作风效能明察暗访和责任追究，共受理效能投诉617件，29人被追究责任。

自6月起，市效能办每月组织市县联动开展机关"效能现场投诉、开门征集意见"活动。共有市县365个部门7000多人次机关干部参加，接待群众咨询20117人次，受理投诉2656件次，其中现场答复979件次，限时办结514件次，其他转办1163件次，收集意见建议1645条，提供便民服务8400多人次，受到了社会各界和广大群众的普遍好评。省作风办简报进行专题刊发，中央组团媒体、浙江卫视、浙江日报及金华主流媒体、新闻网站全方位跟进报道活动进展情况。

根据"效能革命"专项活动部署，制定《金华市机关工作人员作风和效能问责暂行办法》，对不作为、乱作为、慢作为的机关作风和效能问题进行严肃查处。加大对市委市政府重点工作、任务、项目的督查力度，制定《关于加强市区重点建设项目效能督查的方案》，对市区66个重点项目推进情况开展效能督查，对杭长高铁金华段工程建设和能源管网项目建设实行每周通报、专项督查，有力推动项目建设。坚持常态化督查模式，全年组织开展督导活动6次，发现并查处违反作风、效能规定行为62人次，并在全市予以通报。

【惩防体系】 系统梳理惩防体系工作任务进展情况，采用项目化管理的方法对58项重点工作实施挂牌督办，体系建设2008~2012年目标任务基本完成。探索建立风险防控"5+1"评价机制，高起点、高标准建设37家廉政风险防控示范点。加强党性党风党纪教育，开展"守法纪、保纯洁"专题教育活动，召开全市领导干部廉政警示教育大会，组织观看县处级领导干部违纪违法典型案例教育片。广泛开展廉政文化活动，创建省级廉政文化"六进"示范点30个，制作展播一批廉政公益广告，组织廉政教育情景剧创作比赛，选送的作品《闹房》获全省情景剧邀请赛金奖。认真落实党风廉政建设责任制，开展领导干部任前廉政谈话1376人（次）、诫勉谈话551人（次）、函询103人（次），市、县两级6603名领导干部提交个人有关事项报告。深化领导干部"两责联审"工作，完成17名市直机关部门主要负责人经济责任审计和8名县（市、区）检察长的交叉审计。

【"阳光工程"建设】 加强择校乱收费治理工作，解决4万多外来务工人员子女入学问题；健全中小微企业负担监测制度，为企业减负153.36亿元；实施公路"阳光收费"工程，为群众节省交通费用1508万元；抓好保障性住房建设督查，全市32个新开工保障性安居工程项目全部做到"五公开一监管"；推广以"一套体系一张网、一张图纸一条龙"为内容的征地模式，切实维护被征地拆迁群众的合法权益。深入开展银行系统民主评议行风活动，减少银行服务收费项目970项，减免各类服务费用4.12亿元。深化广播、电视、报纸、网络"四位一体"的行风热线建设，一年内，共播出366期，帮助群众解决各类问题610个。开展"百乡千村"示范服务中心创建活动，全市共有10个乡级和115个村级便民服务中心被评为省级示范服务中心。

【预防腐败工作】 深化行政审批制度改革,重点推进土地转让、工程招投标、政府采购、产权交易等领域行政审批事项专项清理工作,全市非行政许可审批事项由350项减少到193项,审批事项总数由700多项减少到600项以下;60%以上的审批项目实现“一审一核”,行政审批事项平均承诺期限由7个工作日压缩为5个工作日;政府投资项目审批时限大幅压缩。积极推进电子监察系统建设,网上审批纳入率和审批时效位居全省前列。开展市本级行政事业单位国有资产清查工作,健全资产配置、使用、处置、收益管理等制度。完善基层站所属地评议、考核机制,促使基层站所更好地服务地方经济社会发展。廉政风险防控示范点建设,经申报全市共确定37家市级示范点创建单位。强化示范点标准管理,建立健全“事前预防、事中控制、事后处置”三个环节廉政风险防控工作流程;确定设立风险提示牌、公开权力清单、公开运行流程、完善防控机制、开展风险预警、定期动态管理等六项规定程序;针对不同区域、不同层级、不同行业的差异性,推出一批符合各创建单位自身实际的具体措施,取得了较好的实际效果。2012年,对2008年来反腐倡廉法规制度建设情况进行回顾、梳理和总结,通过信息采集、座谈讨论、走访调查、民意测评、分析论证等方式,对各地各部门反腐倡廉制度的创新意义、完善程度、制定质量、执行情况、社会评价等情况开展一次全面、系统的专项评估。各地各部门共上报反腐倡廉好制度120余项,总结发现了一批开拓创新、扎实有效的反腐倡廉好制度。部分经实践检验的好制度被充实到《金华市构建惩治和预防腐败体系2013-2017年工作细则》中,进一步提升惩防体系建设的持续性、稳定性、科学性。为进一步优化政府投资项目审批程序,提高审批效率、缩短建设周期,实现政府投资项目建设效能倍增加快项目落地,按照依法办事、能减则减、能并则并、能快则快的原则,结合我市实际,牵头制定《金华市区政府投资项目并联审批办法》,并报市委常委会和市政府常务会审议通过。该办法通过实施并联审批、优化审批流程、明确流程设置、规范审批行为、加强监督管理等做法,使金华市区政府投资项目的审批时限从最初95天缩短到41天的基础上,再次提速增效,实现审批时限30天的全省最快目标。起草并以两办名义出台《金华市市机关部门(单位)党政主要领导不直接分管财务、人事、工程建设、行政审批和物资采购工作暂行规定》,明确党政主要领导不直接分管财务、人事、工程建设、行政审批和物资采购工作,由班子其他成员协助主要领导具体分管,主要领导要加强对分管领导行使权力情况的监督。将规定执行情况纳入党风廉政建设责任制考核内容,对各部门(单位)执行情况开展监督检查,严肃处理违反规定的行为,进一步健全“副职分管、正职监管、集体决策、民主监督”的工作机制,提高了廉政风险防控水平。

【派驻(出)机构统一管理工作】 出台《关于加强和改进派驻(出)机构工作的实施意见》等八项制度,明确派驻(出)机构工作职责,健全工作汇报、重要情况报告、情况通报、责任追究等机制。开展派驻(出)机构主要负责人述职述德述廉工作。充实派驻(出)机构力量,对调整、增设派驻机构的6名派驻监察室主任重新下文任命,对3个部门的监察室主任(副主任)拟任人选按照规定程序进行考察、任职,驻市环保局监察室主任提任副处级纪检员。指导兰溪、东阳、义乌、永康等地进一步深化派驻统管工作,指导婺城、金东、浦江、武义、磐安开展派驻统管工作。婺城、浦江、武义、磐安已出台派驻统管正式文件,金东区派驻统管方案已经区委常委会审议通过,2013年将实现县级派驻统管全覆盖。

【非公企业防治腐败试点】 深入了解各地推进非公企业防治腐败工作的主要做法和存在的困难,形成《关于全市开展非公企业防治腐败工作的调研报告》。在此基础上,出台《关于开展非公企业防治腐败试点工作的实施意见》,明确非公企业防治腐败试点工作包括推进非公企业纪检组织建设、完善企业内控机制、开展廉洁文化建设等内容,要求各县(市、区)到2012年年底前,实现已建立党组织的非公企业纪检组织全覆盖,到2013年6月底,完成各项试点工作。选取10家企业作为市级非公企业防治腐败联系点,并推荐东阳英洛华电器有限公司和义乌新光控股集团公司为省级联系点。

【银行系统群众满意度调查】 协调委托市统计

局作为第三方调查机构,确定由社情民意调查中心具体承办,组织12家参评银行按要求提供企业、个人、不同区域的客户样本,在全市范围确定客户样本数量54188个,采用计算机辅助电话调查、问卷调查、网上调查等方式,随机抽取访问9022个客户、征求11218名网民的意见建议。调查内容为银行系统服务环境、服务表现、服务监督和总体评价等10多个方面。调查结果在全市银行系统行评总结大会上进行了通报,促进了行风民主评议工作。

【领导干部大接访】 贯彻落实金华市委关于深入开展"领导干部大接访"活动和"双月攻坚战"活动文件精神,全市各级纪检监察机关把业务范围内到省赴京重复上访人员、业务范围内集体访人员、业务范围内3至5人以上联名信形式向纪检监察机关反映问题的人员、对复查复核意见不满意仍坚持上访的人员作为领导干部下访约访重点,集中化解一批群众反映强烈的热点难点问题。市、县两级纪委领导班子成员坚持每月10日或15日定点接访、开门接访、带案下访;市纪委主要领导下访约访4次,解决了2件久拖7年的信访积案;委局其他领导班子成员定点接访12次,下访约访28次,包案28件,化解28件,化解率100%,为中共十八大胜利召开营造了良好的社会环境。

【信访举报案件集中办理大会战】 根据上级统一部署,市纪委把上级纪委发函督办信访举报件、省纪委集中交办的35件信访件、本委领导干部接访下访和约访的信访举报件进行逐一交办、催办、督办、会办、审核和报结。各县(市、区)纪委采取"一个案子、一名领导、一套班子、一个方案、一抓到底"的方法落实包案责任。截至7月底,顺利完成42件信访件的调查、审核和报结工作,妥善解决或有效缓和了一批信访问题,取得了良好的社会效果和法纪效果。

【安全文明办案专项检查】 开展两次办案安全专项检查,由分管副书记、常委带队分赴各县(市、区),通过听取汇报、现场查看办案点、信访谈话点的方式,检查各地在"两规""两指"案件审批和备案,办案安全责任制的落实,办案点使用和管理,安全措施落实,维护被调查人权益等六个方面的情况。全年市县两级纪检监察机关共对9人采取"两规""两指"措施,同比下降43.8%,移送司法机关追究刑事责任8人,移送率达89%,其间未发生一起安全责任事故和安全意外事件。

(李　恺)

民主党派　工商联

中国国民党革命委员会
金华市委员会

【概述】 2012年,民革金华市委会召开市委(扩大)会议4次,举办暑期读书会、专题报告会、座谈会等,认真学习贯彻中共十八大精神、中共金华市委五届十七次全会和中共金华市第六次党代会、中共浙江省第十三次党代会精神,学习民革浙江省第十三次代表大会和民革十二次代表大会精神,提高履行参政党职能的主动性和政策水平,提升党员素质,促进各项工作的有效开展,取得新的工作成效。1人获"2007~2012年度民革全省先进党员"称号,1人获"2007~2012年度民革全省机关工作先进个人"称号,机关被评为"2007~2012年度民革全省机关工作先进集体"。

【民主监督与参政议政】 市委会领导积极参与全市重大方针、决策的协商讨论,参加民主协商会、党外人士座谈会、情况通报会等,积极发挥和履行民革在政治协商、民主监督中的作用。在市"两会"上,市委会提交团体提案8件,大会发言2件,其中大会发言《建设金义大都市核心区,实现浙中崛起》被评为优秀大会发言,转化为团体提案后又被市政协列为重点提案。团体提案《加强小型农田水利建设与管理 夯实现代农业根基》《关于进一步加快市区生产性服务业发展的对策建议》被评为优秀提案。市委会还牵头组织市各民主党派共同参与市委统战部"婺商回归"调研课题,并负责该项提案撰稿,积极为金义都市新区建设出谋划策。注重与省委会联动,参与了省委会关于低收入群体调研课题。

【组织和干部队伍建设】 市委会召开主委会议,专题研究组织发展工作,抓好党员推荐、考察、审批各个环节,确保政治素质好、业务能力强、学历层次高的中青年人才加入民革组织。2012年共发展新党员23名,平均年龄37岁,具有大学以上学历的有22名,其中研究生学历4名,具有中高级职称的20名。注重加强后备干部的培养,选送10名优秀基层骨干党员参加民革全省基层骨干培训班学习,选送5名优秀基层骨干党员参加金华市2012年党外中青年骨干培训班学习,1名市委会副主委赴清华大学参加金华市提高领导干部素质高级研修班学习。市委会面向基层公开选调了一名年轻公务员,充实机关力量。1名党员当选为十二届全国人大代表,1名党员当选为十二届浙江省人大代表,3名党员被推荐为浙江省十一届政协委员。重视机关干部的学习培训,组织全体机关干部参加了民革全省机关干部学习班,就如何加强服务型机关建设作了主题交流发言。

【社会服务工作】 市委会多次走访婺城区新狮街道下裴村、沙溪村,并与村两委协商座谈,帮助筹措资金壮大村集体经济,取得显著成效。联合浙江联浩律师事务所到73052部队为官兵进行法律及心理授课辅导和咨询活动,一对一受理官兵关于婚姻、赡养、担保、债权债务等法律问题的咨询。积极参与"喜迎十八大、同心谱辉煌"全市统一战线摄影展暨市级各民主党派大型广场社会服务活动。2012年11月市委会获"民革全国社会服务工作先进集体"荣誉称号。

【祖统联谊】 市委会高度重视对党员的台情教育,举办了"迎中秋、庆国庆"联谊会,并邀请市台办副主任作台海形势报告。积极组织机关干部、重点台属党员参加由海峡两岸关系协会副会长王在希所作的《当前台海形势与两岸关系》专题报告会,使党员更好地把握当前台海形势与两岸关系。积极搭建与台湾各界交流的多种桥梁,义乌总支一如既往地关心支持台商在义持续发展,深化"一对一"结对活动,把两地交流合作推向更高层次。2012年10月市委会获"民革全国祖统工作先进集体"荣誉称号。

(应爱飞)

中国民主同盟金华市委员会

【概述】 2012年年底,民盟金华市委会辖县(市)级委员会1个,基层委员会2个,县(市、区)级总支部3个、支部1个,直属支部8个,直属小组3个。共有盟员737人,具有中高级职称649人,占88%。发展盟员42人。切实加强思想与组织建设。市委会召开学习贯彻中共十八大精神座谈会,组织班子成员、基层组织负责人等专题学习中共十八大报告,畅谈学习体会和感受。15位金华盟员代表参加了民盟浙江省第十一次代表大会,2位金华盟员代表参加民盟第十一次全国代表大会,市委会分别召开了民盟全国、省代表大会精神传达会。在义乌吴晗、陈望道故居挂牌成立了"浙江省盟员传统教育基地",全省11个市委会、省直属基层盟员代表参加了成立仪式。召开了暑期读书会,市文化广电新闻出版局局长钟世杰在会上作了《如何增强文化自觉认识》的专题讲座,胡锦全主委作了题为"发展盟员,关爱盟员,充分发挥盟员主体作用"的报告。以建设高素质的参政党地方组织为目标,认真贯彻实施"人才强盟"战略,大力加强民盟组织建设。年内,完成金华教育学院支部、文艺支部的换届工作。兰溪市委会挂牌成立了"兰溪市盟员之家"。开展了2011~2012年度先进盟组织和先进盟员的评选活动,王超群等76位盟员被评为市级先进盟员,浙师大委员会等9个基层组织被评为市级先进盟组织。积极开展庆祝"三八"节活动,欢庆教师节暨对口联系座谈会,老人节茶话会等活动,增强组织活力和凝聚力。

【参政议政】 市委会主要领导多次参加中共金华市委、市政府、市政协、市委统战部召开的情况通报会、专题座谈会、民主评议会及各类视察活动,就市政府工作报告、婺商回归、金义都市区建设、生态文明等进行沟通协商,提出建设性的意见和建议,为中共市委、市政府科学决策提供了有益参考。1人当选省人大代表。在市政协六届二次会议上,民盟市委会作了题为《发展婺文化,提升软实力》的大会发言,被评为市政协六届二次全会优秀大会发言;提交了大会书面发言1篇,团体提案6件,个人提案46件,内容涉及经济建设、文化教育、城市规划、环境保护、社会管理创新等方面。其中团体提案《加强金华市区信息产业园区统筹规划与管理的建议》被列为市政协六届二次会议重点提案。《关于推动文化产业成为我市经济发展新的产业增长极的几点建议》《关于解决新医改问题的几点建议》提案被评为市政协六届一次会议优秀提案,受到表彰。年内,与对口联系单位开展“一次座谈会”“一次调研”“一个提案”活动,丰富了对口联系的形式和内容。担任金华市各级部门或行业特约(邀)工作的盟员,积极参加市(县)区有关部门组织的行风评议、作风建设、政务公开、执法检查、专项视察工作,发挥参谋咨询作用和联系人民群众的桥梁纽带作用,充分履行民主监督职责。加强反映社情民意信息工作。评选和表彰了参政议政先进集体和个人,婺城区总支、金东区总支、金职院支部、法律与社会服务委员会获参政议政先进集体称号,严亮奇等11人被评为参政议政先进个人。市委会分获金华市政协反映社情民意信息工作先进单位一等奖,市统战系统宣传信息工作二等奖,盟员严亮奇、孙黎明被市政协评为反映社情民意信息工作先进个人。

【创建社会服务品牌】 市委会充分发挥优势,深入基层,积极开展社会办学、支教、送医送药下乡、扶贫帮困等活动,探索创建社会服务品牌。市委会传统的“民盟林”植树活动升级成为民盟省委会近万名盟员的公益行动。4月,民盟浙江省委会在金华北山组织开展了全省“民盟林”植树及揭牌仪式活动,全省各地市委会50余位盟员代表参加了活动,种下了800余棵树。民盟教育培训中心继续开展暑期辅导班等培训。在“母亲节”“六一节”之际,妇女委员会组织盟员分别前往市社会福利院看望孤寡老人和孩子,给他们送去了温暖和爱心。“喜迎十八大、同心谱辉煌”全市统一战线摄影展暨市级各民主党派大型广场社会服务活动举行,市委会积极组织盟员作品参展,并派出教育咨询专家参加了服务活动。兰溪市委会在水亭畲族乡柏园学校举行了农村教育“烛光行动”启动仪式,推出首批15位优秀盟员教师开展支教活动。武义总支组织教育支部盟员,开展了以关注外来民工子女就学问题为主题的送教下乡活动,帮助提高学校的教学质量和水平。婺城区总支组织盟员前往婺城区仙源湖实验学校开展“跨区互助,送教下乡”活动,为学生上公开示范课,并与学生进行交流,帮他们解决学习中的困惑。义乌市支部在民盟先辈吴晗先生的故乡——上溪苦竹塘村举行送服务下乡活动,组织开展了家庭教育、心理辅导与法律咨询活动,吸引了数百名村民的积极参与,接受现场咨询100余人次,发放宣传资料300多份,为村民送上了一场精彩纷呈的广场文化演出。据不完全统计,盟员发表省级以上论文300余篇,获各类表彰奖励400余人次。 (朱雅玲)

中国民主建国会金华市委员会

【概述】 2012年底,共有会员622人,平均年龄46.5岁,大专以上学历的481人,中级以上职称320人。会员分布主要在经济界,有442人,占71.1%;会员中有新社会阶层人士248人,占39.9%;民营企业主162人,占26.0%。年内发展新会员31人。

【参政议政】 在省“两会”上,金华民建代表、委员共提交建议、提案26件。在市“两会”上,民建7位市人大代表、27位市政协委员共提交建议、提案48件;市委会提交团体提案7件、大会发言2篇。团体提案《关于加快电子信息产业升级发展的建议》《要求尽快重修金华通远门城楼的建议》分获主管副市长批示。《关于进一步打造浙中商业购物中心的建议》被市政协评为优秀提案;《关于科学利用工业用地资源的建议》《加强自主创新,做强做大我市战略性新兴产业》《关于进一步打造浙中商业购物中心的建议》评为市人大代表建议、政协提案优秀承办件。会员雷永金、张锦林当选为省人大代表。市委会向省委会、市政协报送社情民意信息36篇,被市政协采用15篇,被省委会采用13篇,其中7篇被民建中央采用,2篇被中共中央统战部采用。组织会员积极向省委会申报课题,由方肖川执笔的《促进小型微型企业发展税收政策的国际经验借鉴研究》被省民建确定为2012年立项课题。市委会获省委会2011年度信息工作三等奖、浙江民建网站先进集体三等奖,获2011年度统战信息工作先进单位三等奖。杨文平获2011年度统战信息工作先进个人。11月组织市政协民建界委员到金东区就医药卫生体制改革工作情况进行调研。

【社会服务活动】 参加统战部和市级各民主党派联合组织“喜迎十八大、同心谱辉煌”全市统一战线摄影展暨大型广场社会服务活动,选送的摄影作品受到好评,会员企业九德堂赠送价值1万多元的常备药物深受广大市民欢迎。会员雷永金筹资在浙江师范大学设立"民建·金宇研究生助学金",每年资助30名研究生,每人3000元,受资助人员考取博士还可以申请5000元奖励。徐圣文为歌山镇大里村小学捐献助学资金10万元。市委会组织部分医生和律师到金东区曹宅镇开展送服务活动。永康市总支部捐资30万元设立永康中学"民建图书馆"。金东区总支部捐款9万多元支持修建源东乡东叶村民建停车场。

【队伍建设】 组织学习中共十八大精神。加强基层组织建设。浙师大总支部与东阳市总支部、市直五支部与绍兴市直综合支部、浙江大学总支部与义乌市总支部分别结成友好组织。全年编印《金华民建》会刊4期,推荐1名会员参加市委组织部组织的中青年干部培训班,推荐会员许友生担任市人民政府特邀督学, 会员王瑞日被聘为市公安局监督员,推荐3名会员参加市委统战部组织的民主党派中青年骨干培训班,推荐6名会员参加民建全省支部主任培训。会员应敏摄影作品《山里的孩子》获第16届意大利国际摄影展数码开放组铜牌。会员杜剑平在伦敦残奥会获得两块金牌,成为本次中国代表团的第一个"双冠王",同时在男子SM3级150米个人混合泳中打破了世界纪录。会员徐松平获第四届"浙江省优秀中国特色社会主义事业建设者" 荣誉称号。丁国玉、朱茂丹、陈琳、黄伟、雷永金当选为民建浙江省第八届委员,雷永金、傅根勇当选为民建第十次全国代表大会代表。

(陈满荣)

中国民主促进会金华市委员会

【概述】 2012年年底, 民进金华市委会现设总支3个、市直属支部16个、县(市、区)支部2个,会员498人,平均年龄49岁。其中:具有中级以上职称会员428人,占会员总数的85.9%,省、市、县人大代表12人,省政协委员3人,市政协委员19人(其中常委 4人),(县、区)政协委员38人(其中副主席2人,常委12人)。全年新发展会员25人(其中中级以上职称17人,平均年龄38岁)。

【学习活动】 及时传达学习中共中央、中共金华市委会、省委一系列重要会议、文件精神。中共十八大召开后,市委会相继召开主委会议、市委扩大会议、市委机关干部会议等多层次会议,扎扎实实地学习中共十八大精神。通过学习,不断增强会员接受中国共产党领导的自觉性和走中国特色社会主义道路的坚定性,真正做到与中国共产党思想上同心同德、目标上同心同向、行动上同心同行。成立由28名市委会领导、专家学者、会务积极分子等会员组成的民进金华市统战理论研究小组。开展"统一战线与文化建设"和"参政党理论"征文活动,收到"参政党理论"征文20篇,上报省委会16篇;"统一战线与文化建设"征文6篇,上报省委会6篇。市委会把统战理论学习征文活动列入支部考核内容,通过征文、课题等载体推动全会广泛深入开展理论研究。每季编辑一期4版《金华民进》报,发挥其宣传教育作用。继续做好金华民进网站日常维护和及时更新内容。三八妇女节,市委会组织女会员赴金西开发区参观考察梦娜袜业、伊利乳业等几个大型企业,并深入车间了解一线工人的工作状况,了解了企业"招工难""融资难"等问题。9月9日,110多名教师会员参加了市委会组织的庆祝第二十八个教师节活动,安排"海峡两岸文化教育交流与爱国主义教育"讲座、诗朗诵、教师代表发言等活动。10月23日,老人节当天,组织50多位老会员参观金义都市新区,赴傅村镇畈田蒋村参观诗坛泰斗艾青故居及陈列馆。10月12日,市委会组织部分书画界会员赴民进嘉兴市委会开展"金华·嘉兴"民进书画家联谊活动。12月15~23日,陈兴中会员在浙江开明画院举办手指书画个人展, 共展出手指山水画55幅。该会员近年来共创造了"最长的硬笔书法长卷""最长的榜书千字文长卷" 和 "集字最多的联体字图"等三项吉尼斯纪录。根据省委会《"浙江民进成立五十年来发展变化亲历系列"口述会史资料征集方案》的要求,市委会组织开展以撰写"三亲"会史为特色的史料征集活动。市委会派专人赴杭州、汤溪等地收集资料。

【组织建设】 市委会组织和推荐4位会员参加省社会主义学院参政党理论培训班,9位会员参加省社会主义学院骨干培训班,2位会员参加市委统战部组织的党外干部培训班,4名会员参加中央社院学习。市委会还组织基层骨干进行政治理论方面的学习。组建教育文化、农经科环、社法医卫等3个专门工作委员会,召开各专委会工作会议,讨论参政议政的调研选题,明确工作目标。以金东支部被省委会授予“浙江民进自身建设现场教学点”为契机, 市委会组织金东支部会员赴外地学习考察,并协助支部完善了规章制度、教学PPT的制作等工作,进一步完善教学点的建设。随后,以金东支部为样板,市委会组织其他基层支部前往金东支部现场参观学习,开展现场教学,以此推动全会在基层支部自身建设上了一个新台阶。在市县联合竞争性选拔干部的活动中2位会员入围参加面试,汪希燕会员考上副局级岗位。经常走访关心市委会老领导,关心年老体弱、生活困难的会员。在省第九次代表大会上,婺城区总支、浦江县总支、金东区支部等3个总支(支部)荣获2007~2011年度省级先进集体称号。夏琅寅等9位会员荣获2007至2011年度省级优秀会员称号。民进浦江总支、张建敏副主委分别被民进中央授予“民进学习践行社会主义核心价值体系”先进集体和先进个人称号。

【参政议政】 有5件材料被市政协全会录用为大会发言材料(其中2件为大会口头发言),其中题为《建设浙中机场,聚合城市群发展》的大会口头发言,被评为优秀大会发言(全市共5件)。市委会呈交了8件集体提案, 委员呈交了个人提案30件,市人大代表呈交议案(建议)4件。《关于建设“森林金华”的建议》《加强停车设施建设管理,缓解市区停车难问题的建议》《关于充分发挥“政府网站”作用的四点建设》《建设城乡绿道体系,助推浙中绿色崛起》被评为优秀提案,其中2件被列为重点提案。

【调研】 除开展市委会计划课题调研外, 还积极参与或配合民进省委会、市政协、中共金华市委统战部重大课题调研。中标完成省委会的《城乡统筹背景下的小城镇发展研究》《浙江民营企业走入非洲现状、前景及如何促进其更好地开展对非合作》等参政议政课题。

继续开展“我为金华发展献一策”活动,向广大会员征集提案、议案线索和社情民意信息。活动得到会员的积极响应,收到书面线索25条。所提供的线索转化成集体提案3件,个人提案6件,社情民意信息2件。5月,市委会召开信息工作会议,安排了《如何撰写信息》的讲座。2012年,会员提供反映社情民意信息19篇,分别上报民进省委14篇、市政协19篇、中共金华市委统战部19篇,其中被市政协采用1篇、民进省委会采用4篇。

【民主监督】 参加有关部门组织的作风建设落实情况专项督查工作、效能监督明察暗访活动。发挥党派各类特约监督员的作用,将特约监督员的履职工作与参政议政相结合,把履职成果转化成参政议政的线索。坚持完善与市财政局、市建设局、市规划局的对口联系工作制度。

【社会服务】 开展“进村(社区)入企”系列服务和调研活动。与新园社区联谊结对,为社区提供法律、文学、艺术、心理咨询、金融理财等方面的专家义工。组织会内书画界会员赴乡村、社区、部队等开展写春联、送书画等活动。3月,组织会员赴金西开发区梦娜袜业、伊利乳业等企业调研、考察。10月22日,组织金东支部部分会员赴金东区塘雅镇上溪口村看望并慰问75岁高龄的低保户周增余老人,赠送了慰问品和慰问金,把周增余老人记录的众多金东区民间传统礼俗和128则民间故事, 由金东支部出资,编写成约9万字的《金东区民间传统礼俗与故事传说汇编》一书并付诸出版。市委会坚持对弱势群体的关注,多年来坚持关心、关注孝顺镇麻风村的传染病村民,每年组织前往慰问,并给他们赠送礼品和慰问金。在市委会和社会各界的努力下,麻风村村民的住房、就医条件得到了明显改善。组织医卫专家赴婺城区罗埠敬老院、婺城区塔石乡塔石村、义乌市稠江福利院等开展送医、送药等活动。11月,组织6名医卫、法律等专业的专家参加市委统战部组织的“‘喜迎十八大 同心谱辉煌’全市统一战线摄影展暨市级各民主党派大型广场社会服务活动”,6名会员的摄影作品入选参展。据不完全统计, 市委会和各基层组织2012年为2000余名群众开展义诊服务,送去药品1万余元。

【公益活动】 浙中钢材机电市场有限公司董事长李跃松会员向金华市“永远的荣光”艺术教育基金会捐款50万元。大唐国际家居博览中心董事长唐鑫明向金华市婺城区箬阳乡希望小学捐赠了课桌100张,电脑2台。市委会帮助协调或支持会员从事公益事业,会员叶永成为新农村建设捐款。俞继红会员筹办青年创业会所,为社会有志青年创业免费提供创业辅导、交流等服务。叶倩会员筹建委员服务站,为广大农民免费提供农技服务。谢晓霞会员创办永胜爱心联盟等。胡雪飞会员坚持5年给中小学捐赠“爱心图书”。

(金剑光)

中国农工民主党金华市委员会

【概述】 2012年年底,农工民主党金华市委员会辖县级市委会2个,县(市、区)级总支3个,市直属支部14个。共有党员797名,其中,医卫界占43.7%,文教界占32.5%,科技界占10.9%,其他占12.9%。年内共发展党员21名。

【学习活动】 市委会各级组织深入学习贯彻“同心”思想,牢固树立和践行社会主义核心价值观,增强共同走中国特色社会主义道路的自觉性和坚定性。中共十八大召开后,市委会及时召开十二届八次扩大会议,组织市委委员及支部主任集中学习胡锦涛同志的重要讲话。各级组织掀起了学习贯彻中共十八大精神的热潮,通过座谈会、茶话会、撰写学习体会等形式,自觉地把思想和行动统一到中共十八大精神上来。市委会召开十二届九次扩大会议,传达学习农工党中央十五大会议精神,要求各基层组织进一步继承和发扬我党优良传统,坚持“十六字”方针,深入贯彻“同心”思想,增强政治共识。选派13名党员参加中青年骨干培训班等学习。坚持办好《金华农工》党讯,为党员学习、沟通提供交流平台。市委会被农工党中央评为《前进论坛》征订工作先进集体,被农工党省委会评为宣传工作先进集体。

【基层组织建设】 市委会将基层组织考评工作贯穿于全年工作的始终,金华市中心医院支部等12个支部被评为2012年度金华市先进基层组织。金华市人民医院支部等11个支部被农工党省委会授予2010~2011年度先进基层组织称号。市委会坚持组织开展三八节、老人节和老党员上门慰问活动,年终召开党员大会总结一年工作,表彰先进。在当地中共统战部的指导帮助下,义乌总支、永康总支完成换届工作,东阳市委会届中增选一名副主委。认真贯彻《中共中央关于加强新形势下党外代表人士队伍建设的意见》,加强后备干部队伍建设。根据市委组织部对年轻干部挂职锻炼工作的安排,市委会选派1名机关干部赴金义都市新区挂职锻炼。

【参政议政】 傅路红、吴瑞银、何云芹、叶赏和等同志当选为农工党浙江省第十一届省委委员,傅路红连任省委常委。傅路红主委再次被推荐为省政协委员。各县(市、区)政协、人大换届后,农工党员担任新一届政协委员共46人,其中政协副主席2人,常委10人;人大代表5人,其中人大常委会副主任1人,常委2人。金华市“两会”期间,傅路红主委代表市委会作《加快金义都市区建设,推进赶超发展浙中崛起》大会发言;提交12件集体提案,其中“加强食品安全监管,保障人民生命健康”和“关于对我市乡镇卫生事业医疗改革的建议”被确定为市政协重点督办提案。“切实加强建筑施工管理,安全监管刻不容缓”被评为优秀提案。参与统战系统组织的婺(浙)商回归专题协商会,为优化企业发展环境提出建议。据统计,全市组织在各级政协会议上提交提案120件,其中集体提案26件,个人提案94件,大会发言3件。在人大会议上,提交建议28件。

【信息工作】 市委会聘请了21名特约信息员,以发挥他们联系广、业务精、意识强的优势,并出台相关奖励办法。全市党员报送市委会社情民意、信息33条,其中《建议加快建立国有企业信息公开披露制度》被全国政协办公厅采用。

【社会服务活动】 3月,配合市委统战部“思想大解放、作风大转变”主题实践活动,参加“五送”进农村活动。11月,积极参与市委统战部牵头组织的“喜迎十八大,同心谱辉煌”全市统一战线摄影展暨市级各民主党派大型广场社会服务活动。金华市中心医院支部从2007年至今,联合政协金东区孝顺镇工作委员会在金东区孝顺医院等地共举办7次公益医疗活动。金华市人民医院支部与金东区支部联合为源东乡村民开展“送医、送药、送知识”下乡活动。兰溪市委会加强和下方泉村的结对工作,帮助村集体引进帮扶资金2万元。义乌市总支部联合义乌市政协医卫界、义乌市医学会,在义乌市新法医院举办大型义诊活动。

市委会主动联系寺前皇社区,开展系列社会服务活动。6月,结合“中国环境与健康宣传周”活动,以“绿色经济与健康”为主题,在寺前皇社区举办环境与健康知识讲座。11月,在“联合国糖尿病日”,邀请专家为寺前皇社区居民讲授糖尿病防治知识。“国际科学与和平周”期间,联合政协金东区孝顺镇工作委员会在低田卫生院举办义诊活动。东阳市委会联合东阳义工协会积极参与到“温暖华阳”行列中,为华阳的受灾户和低保户进行免费体检和健康指导。据初步统计,市委会及各基层组织共开展义诊活动20余次,捐赠药品价值10万余元,赴单位、社区健康讲座6次。为新农村建设、贫困结对帮扶捐款84.3万元。

(陈梅娅)

九三学社金华市委员会

【概述】 截至2012年12月底,全市共有各级社组织16个,其中县市级地方组织2个(兰溪市委会与义乌市委会),县(市、区)级基层委员会2个(永康市基层委员会与婺城区基层委员会),金东区支社、浙师大委员会以及市直属10个支社。永康基层委员会顺利完成换届工作,产生了新一届领导班子。全年发展新社员20名,全市共有社员600名。邵增岳被评为学社中央先进个人,并荣获九三学社中央颁发的参政议政先进个人奖;九三学社金华市委会、义乌市委会被评为省级先进单位,九三学社金华市工业支社、金职院支社、婺城区一支社被评为省级先进集体,赵红英、吴彩霞被评为省级先进个人。张尚法社员荣获2012年金华市“赶超崛起”十大创业创新典型。

【学习宣传活动】 深入开展树立和践行社会主义核心价值体系活动。市政协副主席、市委会主委张跃进在金华市环保局生态文明讲坛宣讲“中国共产党领导的多党合作和政治协商制度”。全国两会后和中共十八大召开前后,社市委都多次组织进行学习贯彻会议精神。市委会积极协助筹办“喜迎十八大 同心谱辉煌——全市统一战线摄影作品展”。

【建言献策】 市委会根据中共金华市第六次党代会确定的战略任务和目标,动员组织广大社员围绕“赶超发展,浙中崛起”深入调查研究,积极建言献策。两会期间市委会共提交“齐心协力推进金义都市区的发展战略”“要采取紧急措施做好金义都市区核心区块的保护控制” 等5件团体提案,46件个人提案。其中“齐心协力推进金义都市区的发展战略”被评为优秀大会发言。有3件提案被列为重点提案。我社“关于整合市本级花卉苗木市场的建议”等3件优秀提案受到表彰。7月,市委会组织担任市人大代表、政协委员的社员和参政议政骨干开展实体经济发展专题调研。永康市基层委员会开展“金融体系如何更好服务中小微企业”调研活动。

【参政议政】 9月,市委会组织召开全市参政议政报告会。郑祥福、赵红英二位教授被市政府聘为决策咨询高级研究员。在2012年度金华市政府重大课题招标中,赵红英教授的“如何让义乌国际贸易综合配套改革试点惠及全市”课题中标。楼晓靖社员主持完成的“浙江省工业企业风险动态预警及全面管理研究”和“电子商务创业成功的关键因素及人才培养模式”分别是浙江省重大课题和金华市科协重点课题。孙祥和社员在政协义乌市委员会2012年“加快转型促发展,推进改革建特区”百名委员论坛上作“以数字企业建设为引领,促义乌产业转型提升”的主题发言,并被聘为浙江省统一战线理论研究会民族宗教工作理论义乌研究基地特聘研究员和金华市人民政府研究室特约研究员。

【社会服务活动】 5月,开展社省委统一组织的科技服务月暨“百名专家进乡村入学堂”活动。刘青青为三江街道培训10多名社区文艺骨干;与婺州讲坛共同推出贾素庆社员的讲座《夏季养生和保健药茶》。与浙江师范大学委员会和婺城区基层委员会上下内外联动,组织社内的医疗、教育、科技等方面的专家20余人到婺城区乾西乡开展义诊、支教、调研活动。九三学社相关科技人员就“长湖”治理的有关问题开展专题调研,通过实地考察和交流座谈认为政府重视、规划引领、“以湖养湖”、分段治理,充分调动各方积极性是治理好长湖的可行途径。

金华工业科技合作洽谈会专门设立九三学社专家组,社市委主动参与2012年第13届中国·金华工业科技合作洽谈会活动。2012年11月7日~8日,社省委组织5位专家分别参加了绿色化工技术、新能源汽车技术、高端数控机床技术、新材料技术和食品加工技术专场对接会议和洽谈活动。

在11月开展的第二十四届“国际科学与和平周”活动中,市委会先后组织婺城区基层委员会、医药卫生委员会到汤溪镇油麻车村送医送药;组织医药卫生委员会到磐安双峰乡送医送药。有15位医生参加了活动,为数百名村民义诊,送药价值4000元,发放宣传资料近200册。

【社员活动】 4月,市委会主办九三厨艺比赛,比赛由妇委会承办、城建支社协办。由市直各基层组织推荐16名选手共20个菜品参加评比,通过组织社员参加富有特色的集体活动。5月,青工委组织45名社员到临海括苍山考察采风。10月23日重阳节,市委会与政府对口联系单位市食品药品监督管理局联合举办了“欢聚重阳节、喜迎十八大”主题活动。

(刘桂英)

金华市工商业联合会

【概述】 2012年,市工商联把握促进“两个健康”工作主题,深入实施省工商联“223工作计划”,着力推进金华赶超崛起、加快“两富”现代化都市区建设。在全国工商联开展的2012年度工商联(商会)工作十大亮点系列评选活动中,金华市“创新领导班子队伍活力建设”荣获全国工商联(商会)十大创新工作。市工商联被省工商联评为“223工作计划”综合先进单位、2012年度上规模民营企业调研工作先进单位。

【参政议政】 制定出台《工商联参政议政委员会工作办法(试行)》,为拓宽非公经济人士参政议政渠道和提高建言献策水平提供了机制保障。《鼓干劲,优环境,聚人心,金华市“筑巢引凤”扎实推进浙(婺)商回归》被省政府办公厅《专报信息》1837期刊登,并得到了时任省长夏宝龙的批示肯定;《金义都市新区建设的一点建议》入选全市“赶超发展、加速崛起”金点子征集活动80个富有价值点子;《只有面对面,才能心连心——带着感情下基层》入选全市30篇优秀调研体会文章之一。全市工商联担任各级党代表、人大代表、政协委员的非公经济人士积极建言献策,共提交建议提案530件,团体提案48件,政协大会发言18个,被列为重点建议提案276件,评为优秀建议提案215件,评为政协大会优秀发言12个。

【服务非公经济】 收集省市有关支持非公经济发展的政策信息,向会员企业分发《扶持政策汇编》5980余份。共举办16次银企对接活动,协调落实信贷资金205.8亿元,提供各类担保资金11.6亿多元。帮助浙江今飞机械集团有限公司在泰国中国工业园落实项目用地9公顷。帮助企业协调解决用地84公顷。与有关部门联合举办“民营企业人才招聘周活动”等各类用工招聘活动26次,达成就业意向3869人。积极配合实施浙(婺)商回归工程,走访浙(婺)商企业262家、异地商会78个、行业商会(协会)56个,对口接待洽谈116批次浙(婺)商回归项目。积极助推企业“走出去”发展,先后组织26批次会员赴省外投资考察和项目对接,累计签约项目16个,协议投资总额达56亿元。以省工商联在义乌市召开全省工商联商会调解工作经验交流会为契机,总结推广义乌市工商联商会调解工作经验。全市共有62个商会建立了人民调解组织,其中36个商会建立了运作规范、绩效明显的调解室。共受理各类经济纠纷879余件,成功调解826件,调解金额2.9多亿元。深化仲裁法律服务机制,积极筹建市总商会仲裁中心,现有12名优秀民营企业家和2名工商联干部担任市仲裁委委员,共受理企业经济纠纷32起,涉案金额达2289万元,仲裁调解率达98.9%。市工商联成为市协调劳动关系三方会议成员单位,会员企业没有发生重大劳动关系矛盾纠纷,维护了社会和谐稳定。全市工商联累计举办专家辅导、研讨交流、经济论坛等培训活动76次,受训人数达6976人次。组织32名新一代创业者赴德国开展为期15天的家族企业传承与科技创新专题学习培训。深入开展“千企万人大型公益培训”活动,共完成8期2260多名企业高管学习培训任务。

【组织机构和队伍建设】 全市县(市、区)工商联实现机构独立设置。婺城区、金东区、磐安县工商联解决了建立党组、增加人员编制、改善办公条件等问题,共增加行政编制5名,在全省工商联系统率先全部理顺县级工商联建设体制问题。兰溪市、浦江县、金东区、婺城区工商联顺利完成换届,班子结构进一步优化。全市共有商会(协会)组织454个,其中乡镇(街道)商会组建率98.7%;新组建基层商会、异地商会32家。全市会员总数达30481个,会员数和增长率均居全省第三位。非公经济先进典型的社会影响力进一步扩大。全市工商联组织累计有82名非公经济人士被授予省市级“优秀中国特色社会主义事业建设者”“优秀企业家 (金牛奖)”“劳动模范”等荣誉称号,共有53名非公经济人士代表推荐参加省工商联第十次省工商联十届执委,其中常委17名。非公经济人士担任各级党代表的有122名、人大代表的有396名,政协委员的有494名。

【“两新”组织党建】 成立了市总商会党委。市总商会党委认真履行市委“两新”工委成员单位职责, 举办百名非公企业党员业主 “新型工业化论坛”;在全省率先成立新一代创业者商会党支部,理顺部分异地商会党组织隶属关系。全市36178家非公企业已组建党组织的有22092家, 党组织组建率81.06%;5个直属商会(协会)建立了党组织,工作覆盖率100%;41家市工商联执常委企业、11个直属商会被评为“发展强、党建强”示范单位。

【回报社会活动】 组织非公企业积极参与新农村建设、扶贫帮困和社会公益事业。全市共有1851家非公企业以不同形式与1923个行政村结对帮扶,实施帮扶项目1212个, 落实帮扶资金1.6多亿元,安置农村劳动力3.2万多人。走访慰问“三老”、“两户”1939户,送去慰问金721.23万元,资助贫困学生326名62.4万元。

(周启勇)

人民团体 社会团体

金华市总工会

【概述】 2012年, 召开了金华市工会第六次代表大会, 选举产生了市总工会新一届领导班子,明确今后五年工作目标。以助推赶超发展、构建和谐劳动关系为重点,以服务企业促发展、服务职工促和谐为主线,团结引领全市职工为赶超发展、浙中崛起建功立业。

【服务经济发展】 全面深化劳动竞赛活动,开展工人先锋号评选,动员职工围绕重点工程建设开展“五比一创”重点工程立功竞赛活动,全市共有2万多家企业、100多万职工参加各类劳动竞赛。根据“新型工业化”“创新自主化”要求,开展技术创新、技术协作和技术攻关活动,引导职工立足岗位比新产品开发、比技能提升。组织开展了数控车床、计算机、企业消防等11个项目的技术比武,评选省级高技能人才创新工作室6个,市级30个。通过组织职工围绕节能减排、转型升级提出的1.6万条合理化建议,为企业增效5亿多元。金华市总工会被省政府授予 “浙江省重点建设劳动竞赛优秀组织单位”称号。

【促进劳动和谐】 全市共有11835家企业、151个乡镇(街道)参与劳动关系和谐企业创建活动,劳动关系和谐企业创建面达到90%以上。举办集体合同师资培训班19期, 培养集体协商指导员683名。引导企业履行社会责任,劳动合同签订和工资协商工作稳步推进。全市共签订工资集体合同14377份,覆盖企业2.44万个,覆盖职工145.8万人;签订行业性工资集体合同为105份,覆盖企业数为7442个,覆盖职工人数为19.5万人,实现已建工会企业工资集体协商建制率95%的目标。大力推进工会主动参与安全生产工作,建立劳动保护监督检查委员会11083个,有10481家企业、74个镇街建立了“安康杯”竞赛组织,实现了乡镇、高危行业和规模企业“安康杯”竞赛全覆盖。全市签订安全卫生、女职工权益保护等集体合同1.5万个, 覆盖职工88.4万人,职工生产安全得到有效强化。深化义乌社会化维权经验, 加强职工维权帮扶中心服务的转型升级,开展工会送温暖20周年庆祝活动,进一步完善职工就业服务、医疗救助、生活帮扶、子女就学援助等帮扶体系,保障职工共享改革发展成果。2012年,全市各级工会筹集送温暖资金520万,帮助困难职工5668人;筹集金秋助学资金101.89万元,帮助困难职工子女556人;筹集爱心透析捐赠18.95万,帮助患病职工47人; 组织职工免费疗休养1600余人,成功介绍1946人实现就业。职工维权帮扶中心接待职工来信来访1411人次, 调处劳动争议案件169起,为职工追回损失368.9万元,取得较好的社会影响和效果。

【繁荣职工文化】 开展“当代金华职工精神”大讨论活动和金华市职工职业道德“双十佳”评选活动,评选表彰“金华市杰出职工(金锤奖)”10名,推荐磐安的山区邮递员朱国华为浙江省金锤奖。加强职业技能培训基地建设,深化职工学历教育和免费培训,首次推出一线职工参加法律大专教育减免70%学费的优惠措施,吸引一线职工在职参加学历教育。全年先后开展企业管理、劳动法、安全生产、英语、计算机、家政服务员等项目的职业技能培训10万人次,其中免费培训2万余名。在10688家企业开展“创建学习型组织、争当知识型职工”活动,努力提升职工素质,建设适应发展需求的新型职工队伍。举办了金华市第二届职工运动会,23个代表队2000多名运动员参加了排舞、气排球等8大类56个项目的角逐,承办了浙江省第五届职工运动会气排球比赛,金华代表队取得优异成绩。大力开展“职工书屋”和星级职工俱乐部建设,全市新建全国“职工书屋”示范点6家、省级示范职工书屋50家,农民工文化家园100家,送电影1000余场、送演出100余次、送书报1万多份,与金华广播电台联合开展“中秋节给爸妈的一封信”征文活动,充分体现了对外来务工人员的关怀。

【加强基层建设】 开展了“基层工会组织建设年”专项行动,全市新建工会3170个,新增工会会员25万人,工会组建率、职工入会率分别达到89%和86%以上,超额完成了推动企业普遍建会三年规划目标。按照“五好”要求加强基层工会组织规范化建设,深化“模范职工之家”创建和“双亮工程”,全市近70%的基层工会达到“五好”标准。继续加强乡镇(街道)总工会建设,举办了全市镇乡街道工会主席培训班,配齐配强乡镇工会主席,做到有人管事、有处议事、有钱办事。认真落实《浙江省企业民主管理条例》,加强职代会规范化建设,拓展厂务公开内容。全市国有企事业单位职代会建设和厂务公开率100%,规模以上非公有制企业职代会建制率、厂务公开率达到82%以上。

【提升服务水平】 深入开展“双服务”活动,建立完善工会干部联系职工、工会干部定期走访调研、工会干部信访维稳等工作机制,全市各级工会成立“双服务”工作组61个,走访企业1004家,召开座谈会513场,走访职工1.28万名,发放慰问款179.1万元,为职工办实事353件,受到企业和职工的欢迎和好评。

(章　颖)

共青团金华市委员会

【概述】 2012年,团市委深化“基层组织建设年”、“组织形象提升年”活动,抓教育引导,加强青少年思想道德建设。开展“喜迎十八大　共话新时代”主题宣教活动,以“六个一”活动为载体,有12万青少年参与开展系列活动2万余次,掀起学习十八大精神的热潮。开展“喜迎党的十八大、争做‘两富’生力军”青少年基本道德规范教育实践活动。以“做一个有道德的人”主题团队日、“知荣辱、讲道德、促文明、树新风”道德评议、“道德榜样面对面”、青年文明号“诚实守信,从我做起”主题实践活动为载体,帮助青少年树立良好道德规范。开展建团90周年系列活动,举行“国旗下的青春誓言”升旗仪式、“我们的青春”主题诗歌会、“我的青春我的团”微征文、团史知识竞赛、“寻找身边的青春榜样”等活动,其中,“寻找身边的青春榜样”活动共选树青少年典型126人,加强对青少年的正面引导。深化争当“四好少年”活动,通过党团队三旗传递、“红领巾心向党　学雷锋　争四好”统一队日等活动,参与少先队组织674个,参与活动56.5万人次,培养青少年对党、对社会主义祖国的朴素感情。开展大学生暑期“三下乡”活动,上千支暑期社会实践队5万余人,分赴各地开展形式多样的活动,锤炼学生的道德品质,提升了素质。建立团中央第一任书记施存统故居团史教育基地,加强对青少年团史教育。兰溪团市委引导“爱在兰溪”QQ群通过制作方言剧弘扬社会主义核心价值观,在优酷网上累计点击次数达3万余次,取得了较好的社会影响。磐安县团委指导制作微电影《第三十七封信》,作为全省唯有的2部作品之一,获得团中央“为了明天”关爱青少年彩虹行动微电影大奖赛三等奖。浦江县团委制作手机报,已发送21期,覆盖青年7万人,形成了新的工作品牌。全市共有280个团组织、1207名团干部开通微博,其中金华青年微博听众数达 52 万人,引起社会广泛关注。

【落实服务项目】 举办青年创业培训班,以成泰农村青年就业创业学院培训班为龙头,全市共培训创业青年 5326 名,新建见习基地 108 家,提供见习岗位 2000 个,发放创业小额贷款 11717.8 万元,完成年度目标的 292.5%。成立金华创业青年汇暨生意街商机汇金华中心,以此为阵地服务创业青年,展示创业项目资讯,接受创业咨询,提供创业全程指导,提高创业成功率。开展"赢在职场 共创未来"——2012 金华青年就业创业系列活动,通过新闻发布会、校园宣讲会、大型现场招聘会和"职场相亲会"等途径,共有 344 家企业提供 1.5 万个工作岗位,6700 余人达成就业意向。启动"奉献基层,助推赶超"大学生村官主题实践活动,以"百名村官现场访谈""大学生村官创业竞赛"活动为载体,激励大学生村官扎根基层创业创新。召开金华市青年就业创业大会,表彰金华市创业领军人才 50 名,优秀青年创业导师 30 名,优秀青年创业基地 40 个,积极引导青年想创业、能创业、会创业。举办金华市第八届校园社团文化节,以"党在我心中""高举团旗跟党走"和"永远感谢共产党"三个篇章,开展报告会、演讲赛、歌咏大赛等多种活动,提升团员的素质,服务学生成才成长。充分发挥青少年宫文化广场、青少年创新体验馆、金华共青团网站等青年文化教育阵地的引领作用,推进各类青少年文化社团、俱乐部建设,切实满足青少年不断增长的文化需求。大力推进"七彩幸福小屋"建设,筹集专项资金 100 万元、少儿图书价值 108 万元,目前已有 30 个点投入使用,整体计划利用两三年时间,在全市范围内筹建 100 个"七彩幸福小屋"、100 个光华科技爱心书柜。举行"爱心助跑·圆梦大学"行动 10 周年恳谈会暨 2012 年度捐赠仪式,10 年来,全市已累计筹集发放助学资金 2000.48 万元,资助贫困大学生 4150 名,今年筹资发放 200.08 万元助学金,资助贫困新生 415 名。开展了暑期公益夏令营活动,共开设夏令营 33 期,吸收学员 4410 名,共有 1292 名志愿者参与,推出"基地式""驻企式""组团式""流动式"四大公益夏令营模式,丰富农民工子女的暑期生活,帮助他们平安快乐过暑假。深化预防青少年犯罪工作,成立未成年人保护委员会,推广《网海生存训练营》教材 100 册,开展优秀"青少年维权岗"创建,启动省级 5 家、市级 25 家创建工作。继续深化"12355"青少年服务热线建设,市级服务台全年接听来电来访 1637 个,解决实际问题 1621 个,创建省级基层工作站 2 个。开展"共青团与人大代表、政协委员面对面"活动,来自一线的青年农民工代表和两会代表围绕"新生代农民工精神文化生活"议题展开了讨论,同时通过微博在网上互动交流,全市共开展活动 22 次。

【开展服务活动】 承办"中国青年企业家浙江行"行动,承办浙江青年网商创业行动,引领青年投身义乌国际国际贸易综合改革试点建设。实施"青年精英回乡创业工程",初步建立了在京、在沪金华青年人才库,引领青年加强区域合作,促进城乡统筹发展。开展"融入都市新区 投身浙中崛起——金华首届青年百里毅行"活动,组织青年团员 1000 余人用脚步丈量金义都市新区,引领青年了解新区,投身新区建设。开展"绿化婺州"青少年绿色行动。成立了金华市绿色生态志愿者服务队 20 支,建立金华市青少年绿色实践基地 10 家,组织市区团员青年于双龙风景区开展义务植树活动。深入推进"爱心家园"社区专项志愿服务行动,组建了一批流动便民服务队、一批邻里互助社、一批志愿服务共建单位,36 家机关、学校、企事业单位的百余名志愿者提供 43 项便民志愿者服务,进一步融入"网格化管理、组团式服务"的工作模式。发展各类志愿者组织 37 个,开展志愿服务 168 项,服务群众 27 万人。开展"学雷锋 树新风"主题教育实践活动,以关爱农民工子女、社区便民服务、帮扶留守儿童和留守老人为重点,全市共有 137 个志愿服务组织参与,服务超过 3.4 万人次,累计服务时间近 1.3 万小时。深入推进"农民工子女关爱行动",以"新金华子女""少年警校"暑期公益夏令营为载体,免费为农村留守儿童、新金华人子女开放活动场所,开展平安自护训练、科技创新体验、婺州文化寻访、兴趣爱好培养等活动,累计受益人数达 2 万人。开展以"惠民生 促和谐"为主题的青春送温暖活动,先后开展各类活动 20 余次,近 2000 位志愿者为 2.5 万困难群体提供志愿服务。扎实开展"三进三服务"大走访活动。全市各级团组织共走访联系点 1027 个(其中社区

324个、企业266个、学校113个)联系青年803名,其中包括闲散青年63名,梳理问题262个,现已解决问题81个,确定调研课题23个。

【团组织建设】 召开共青团金华市第六次代表大会。市四套班子主要领导和市委常委出席会议,市委书记陈一新作重要讲话,314名正式代表出席会议。会议总结五年来金华共青团所取得的工作成效,谋划未来五年金华共青团的工作思路,提出建设"六大工作体系"、着力构建"六化联动"新格局,大力实施"五大行动"的目标任务。大会期间,团市委以各种方式集中展示五年来金华共青团的亮点工作和突出成果,营造了党政支持、社会关注、青年欢迎的良好氛围。完成各类组织换届工作。召开金华市青年星火带头人协会第四次会员大会,选举产生了新一届青年星火带头人协会班子,组织农村青年创业人才参观考察农超对接超市和农村创业实践基地,为创业青年搭建学习交流的平台。召开金华市青年企业家协会第四次会员大会,选举产生协会会长1名、副会长23名、秘书长1名、副秘书7名、理事92名,举办"青春助推浙中崛起 携手共创精彩人生"主题论坛,市青企协向广大青年企业家发出"争做'两富'企业家 共建现代新金华"倡议。召开金华市青年联合会五届一次全委会,审议通过工作报告,选举产生青联主席1名,副主席8名,常委44名,举办"金蛇劲舞中国梦"2013金华青联迎新酒会,进一步展示金华青年的风采,凝聚了青年工作力量。稳步推进乡镇实体化"大团委"建设工作,新建乡镇直属团组织1023家,进一步扩大团组织的覆盖面。加强"两新"组织团建工作,联合市"两新"工委就工业园区团建工作进行了专项部署,共新建"两新"团组织714家,进一步提升了团组织的覆盖面和凝聚力。加强团的队伍建设。公开招考团市委副书记1名、团县(市、区)市委书记1名、副书记6名,各县市区乡镇都公开选拔团干部,一批德才兼备的优秀青年充实到团干部队伍中来,极大地增强了团的工作力量。举行乡镇(街道)团干部培训班,开展"魅力团干部"系列才艺展示歌咏比赛,进一步加强团干部的业务能力和服务能力。积极开展"十联十化"大走访活动,撰写调研报告12篇,解决实际问题25个,进一步密切了团干部与团员青年的联系,提升共青团工作的科学化水平。

(何瑛菲)

金华市妇女联合会

【概述】 2012年年底,全市有县(市、区)妇联9个,乡(镇、街道)妇联152个,村(居)妇代会5027个,党政机关、事业单位妇委会215个,专职妇联干部241人。市妇联被市委、市政府授予爱国拥军模范单位、禁毒工作先进集体、生态市建设优秀单位、2011年度目标考核表扬单位、2012年度社会主义新农村建设优秀单位、普法宣传教育工作考核优胜单位、全市信访工作目标管理考核被评为优秀单位,党支部被市委组织部授予"五星基层党组织"称号,市妇联离退休党支部被评为"五好"离退休干部党支部,妇女儿童温暖之家荣获2012年度市直机关党建工作优秀品牌,市妇联被评为2011~2012年度浙江省妇联系统信息网络工作优秀奖,2012年7月被国务院授予"全国就业先进工作单位",成为全国妇联系统8家之一,全省妇联系统唯一一家获此殊荣。

【金华市第六次妇女代表大会】 12月9日~11日召开金华市第六次妇女代表大会,市委书记陈一新、省妇联主席厉月姿到会作重要讲话,大会选举产生了市妇联第六届执行委员37名、常委9名、主席、副主席。新一届妇联班子专职妇女工作者19名,占总数的48%;各界妇女20名,占总数的52%。第六次妇代大会期间,按照"能合则合、能简则简"的原则,召开了妇代大会代表十八大精神报告会、全面推进"两新"组织建设座谈会。邀请出席十八大的婺剧团的陈美兰代表和市公交公司的金建婵代表为与会代表宣讲十八大精神。编印了《巾帼风采》画册、《金华市百年妇运百人百事集》、《金华市妇女联合会大事记(2007.05~2012.11)》和《金华市妇联组织沿革(1926.01~2012.11)》。

【推动妇女创业创新】 认真开展"进千村 帮万户"活动。6月21日,在武义县大田乡举行"进千村 帮万户"岗村结对活动推进会,全市70余名巾帼文明岗岗长参加,金华八达科技信息有限公司巾帼创新工作室等6个文明岗与武义县大田乡等6个村举行了结对签约仪式。在"进千村 帮万户"活动中,全市各级妇联共走访行政村(社区)1485个,走访农户75409户,结成岗村帮扶对子367对,开展活动647次,帮助解决问题481个,市县两级妇联共为430余户贫困户、低收入农户、残疾人家庭,捐资捐物39万余元。致力开展培训工作。选送3名具有一定创业能力的女性参加中国女性创业能力开发项目培训,选送3名优秀女性参加华东地区农产品女经纪人培训,选送4名优秀女企业家赴台培训。6月,在兰溪举办女能手创业发展能力提升班,220名从事水果蔬菜、畜牧等种养殖"双学双比"创业女能手、来料加工从业人员参加了培训。今年以来全市各级妇联共开展烹饪、编藤、电车、电脑、家政、电子商务等各类培训28期,培训妇女2600余人,妇女创业能力得到有效提升。致力开发家政服务、来料加工、休闲农家乐、电子商务等行业,不断开辟妇女就业渠道。3月,与市商务局、市人力社保局联合举办金华市首届家政技能大赛,历时两个月,通过层层选拔,来自婺城等地的15个家政公司196名服务人员参与笔试、现场操作比赛,评选表彰了28名优胜个人和6家优胜团体。举办"春风送岗位"活动,组织女性招聘专场行动19场,发放宣传资料3万余份,服务1750人,介绍就业773人,组织培训1698人。10月,举办了浙中购物节来料加工大比武活动,省妇联主席厉月姿、市委副书记陶诚华出席活动并讲话。组织参加第18届义博会,56名经纪人参加来料加工展洽活动,共设展位17个,达成成交意向569万元。一年内,全市来料加工总收入26.7亿元,参与来料加工总人数34.6万人,人均增收7716元,比去年同期增长9.2%。致力为金义都市新区建设建言献策。通过宣传栏及八婺女性大讲堂等广泛宣传金义都市新区;组织30余名市机关处级女干部考察调研金义都市新区;组织新光集团董事长周晓光、万里扬集团总裁吴月华等40余名女婺商召开座谈会等,凝聚妇女力量,服务新区发展。

【提升女性综合素养】 举办第三届妇女文化节,弘扬八婺文化。组织了"弘扬八婺文化 展示巾帼风采"文艺展演,以"婺之韵""婺之秀""婺之绚"三个篇章展示八婺女性卓越的艺术才华。其中由浦江县妇联、市女子中学、浙派秦筝艺术中心、市剪纸博物馆表演的《创意组合》集中展现了八婺女性深厚的文化底蕴;各县(市、区)举办的"文明礼仪风采展""广播体操木兰拳展演""妇女健身展演"等文化活动,有效地挖掘了全市深厚的文化底蕴。提炼培育核心价值观,践行社会主义核心价值体系。依托报纸、广播、电视、网络等新老媒体,以及在《金华晚报》"6138专版"开设讨论平台,在全市妇女中开展"婚恋观" 大讨论,引导全市女性树立正确的婚恋观,理性对待情感、婚姻;在全市各界妇女中广泛征集"我们的价值观"表述语、举办"价值观大家谈"征文比赛,共征集到"我们的价值观"表述语436条,征文57篇。开展女性素质提升系列培训活动。在机关女干部中举办"八婺女性大讲堂"三期,优化机关女干部知识结构,600余人参加。邀请全国著名心理学家、社会学专家、著名演讲大师宋克家教授做"解密爱情密码 爱在和谐家庭"等大型公益讲座。在农村妇女中开展维权知识宣讲,制作了《维护婚姻家庭权利构建和谐家庭》专题课件,组织市妇联维权干部走进基层,宣讲法律知识,提高妇女法律知识水平。加强未成年人思想道德建设,启动以"快乐成长,智慧引领"为主题的市首届十大智慧父母评选活动,举办"亲子沟通、快乐成长"家庭教育大讲堂。全年市(县)两级妇联共举办各类公益讲座100余场,受益群众近3万人(次)。

【维护妇女儿童合法权益】 推动市政府出台了《金华市妇女发展十二五规划和金华市儿童发展十二五规划》。3月,召开了全市妇女儿童工作会议,确定了今后五年要集中精力办好15项妇女儿童重点实事项目和主要牵头单位。牵头组织各妇儿工委成员单位开展"六一"儿童节系列庆祝活动。市残联等成员单位走访慰问了启明学校等部分在校儿童,送去价值9万余元的节日礼物。利用"三八"维权周、"禁毒宣传月"、"安全生产宣传月"等契机,联合司法局、公安局等单位举办了学习贯彻妇女权益保障法、婚姻法、预防和制止家庭暴力的若干意见等法律法规、禁毒知识专题讲座及培训班。8月,举办了妇女维权工作培训会,就农村妇女土地权益保障、婚姻家庭维护等知识进行了专题学习。广泛开展广场法律咨询、图片展览、发放资料等普法活动。重视对妇女发展和权益等问题调研,形成了《当前我市任职20年以上离任村妇代会主任群体迫切需要解决待遇问题》《当前非婚生子女日益增多维权面临“三难”》《建议在金义都市新区创办金华市芳草园》等意见建议报市委市政府,积极向市委市政府反映基层妇女呼声，争取从政策层面推动相关问题解决,为党委政府科学决策提供依据。积极组织大龄女青年开展交友活动。4月29日,组织300多名驻金部队官兵、机关、企事业单位青年男女,开展“我和春天有约—缘来是你”交友活动,搭建青年男女交流沟通平台。实施新一轮春蕾助学行动,举办“温暖的脚步——走进留守儿童”活动,筹集爱心款50余万元,结对300余人。9月,在磐安县、武义县分别举行了“蓝丝带”“幸福”两个春蕾班的签约授牌仪式,至此,全市已有9个春蕾班正式挂牌。做好妇女信访接待工作,共接待来信来访1683件(次),帮助妇女解疑释惑,做好各类矛盾纠纷化解工作。

【加强妇联自身建设】指导婺城、武义、磐安等县(市、区)妇联做好换届选举工作。9月,市妇联与金华市委新经济与新社会组织工作委员会联合下发了《关于加强和改进“两新”组织妇女组织建设工作的实施意见》,第六次妇女代表大会期间,组织召开了两新妇女组织建设座谈会,对两新妇女组织建设进行全面部署。全市共建立5285个两新组织。完善妇联干部人才信息库,适时向组织部门、各级党委推荐妇联干部,市妇联有7名干部得到提拔或交流,各县(市、区)妇联有19名干部得到交流提拔。全面开展“妇女之家”建设,全市建有“妇女之家”5147个,实现了“妇女之家”建设的全覆盖。12月14日，婺城区妇联在河盘桥社区成立“新居民妇女之家”,市政协主席郑金平、省妇联党组副书记、副主席劳红武亲自揭牌。

(江　丽)

金华市科学技术协会

【概述】 2012年年底，金华市科学技术协会下辖学会(协会、研究会)68个,有会员3万多人。金华市科协围绕中心,突出重点、开拓创新,为增强科技创新能力、提高全市全民科学素质、推动经济社会平稳较快发展、促进和谐社会建设进行工作。2012年被评为“金华市文明单位”和“学习型党组织”,被浙江省科协评为“科协工作先进单位”。

【院士专家工作站】 全市已“建站”27家(省属1家),其中省级站5家,共引进30位院士、163名专家,签定合作项目120项,获得专利177项,其中发明专利76项。在职进修267人，取得高级职称37人。就院士专家工作站建设与管理市科协深入已建站的企业调研,规范建站单位管理。了解掌握企业需求情况,帮助企业牵线搭桥,筹建新的院士专家工作站。指导市级院士专家工作站创建省级院士专家工作站。经过推荐与考核,浙江今飞机械集团、横店集团东磁股份有限公司已确定为省级工作站。召开了院士专家工作站建设座谈会,总结交流了院士专家工作站建站以来的工作经验和不足,推进院士专家工作站负责的规划和制度化。在市人才领导小组会议上通过并出台了院士专家工作站的管理办法和动态考评意见。在《金华日报》开辟“走进院士专家工作站系列报道”专栏，先后刊登15期报道。宣传院士专家工作站建设的成果。

【“院士博士金华行”活动】 7月,市科协与市委人才办、金义都市新区管理委员会、市政府驻沪联络处与上海金华博士联谊会联合举办了“院士博士金华行”活动。邀请了徐寿波、沈寅初、吴明红3位院士和朱世根、应望江等15位金华籍博士,围绕为金华赶超崛起提供科技及智力支撑,着眼于金义都市新区建设和金华区域经济综合竞争力的提升,安排了实地考察调研金义都市新区、“院士博士金华行”主旨报告会、金义都市新区建设发展座谈会、院士博士与企业院所对接四项主题活动,使本次院士博士金华行活动更有针对性和实效性。活动中,院士、博士对金义都市新区规划建设情况进行了深入的交流；吴明红院士和应望江博士分别作了题为《新时期城市转型发展中环境保护问题的思考》和《金义都市新区规划定位与投融资机制探讨》的主旨报告;博士们积极为金义都市新区建设发展建言献策;尔后,分别到金华市环境科学研究院、义乌工商职业技术学院、横店家园化工开展了对接活动。活动取得了预期的效果。在全市“解放思想大讨论、求真务实办实事”活动中形成了四个“金点子”,其中“金义都市新区建设要重视物流问题”的入选全市十大“金点子”。

【培养举荐人才】 着眼于科技人才的“育、引、荐、用”四个环节,营造人才成长环境。推荐了一名优秀科技工作者参加全国优秀科技工作者的评选;6 月底进行了全市青年科技奖的评定工作,9 月 27 日,市科协召集 12 位获奖者召开座谈会,倾听他们对科协工作意见。赴上海拜访中科院上海分院和上海金华籍博士联谊会有关院士专家,为企业做“红娘”,建立长效的联络机制,柔性引进院士专家团队为企业服务。

【继续教育培训】 2012 年初,市科协组织人员深入企事业单位进行问全卷调查,了解专业技术人员的需求,并结合当前经济社会发展的需要,在全市专业技术人员中开展了“目标与时间管理”继续教育培训。邀请了上海财经大学国际工商管理学院教授、博士生导师贺小刚作专题讲座。全市科协系统组织培训人数万余名。武义县科协结合科普工作,制作印有“弘扬科学精神,学习科学知识,提高科学素质”宣传语的宣传雨伞 1000 把,赠送参加培训的科技工作者。

【实施《全民科学素质纲要》】 2012 年,调整了《全民科学素质纲要》领导小组成员,制定下发了《纲要》工作要点;5 月,组织 26 个成员单位的领导召开了全民科学素质工作领导小组成员会议,对上年实施《全民科学素质行动计划纲要》情况进行了总结。谢春涛副市长对 2012 年《纲要》实施工作进行了部署。3 月,为推动《全民科学素质行动计划纲要》的实施,市科协与市委组织部、市委党校协调,邀请了浙江大学教授张立为市管干部和中青干部培训班作了《关于科学素养的几个问题》的科普讲座;10 月 8 日,又邀请了省科协科普部副部长季良纲为市管干部和中青干部培训班作了《科学素质建设及其若干思考》的科普讲座。

【全国科普日活动】 9 月 25 日,为纪念《中华人民共和国科普法》颁布十周年,市科协、市教育局在全国科普日之际,联合举办了主题为“启迪科学思想 普及科学知识”的“中国科学院老科学家科普演讲团走进金华”活动。副市长林丹军出席了在金华市宾虹小学举行的启动仪式。活动邀请了中国航天报高级记者、科普作家石磊,中国科学院老科学家科普演讲团团长、中国科学院微生物研究所研究员、博士生导师孙万儒,中国科学院空间科学与应用研究中心研究员、中国载人航天工程应用系统总指挥张厚英,空军指挥学院原作战指挥系情报外军教研室教授、空军大校陈洪 4 位老科学家到金华为在校学生进行航空航天类、医药生物类的科普报告会,使广大青少年能够零距离接触科学家,亲身聆听科学故事,感受科学的无穷魅力,对青少年树立讲科学、爱科学、学科学、用科学的理念必起到推动和促进作用。25 日~27 日,4 位老科学家又分别到婺城区、金东区、永康市、武义县、东阳市、兰溪市、义乌市等 19 所学校为大中小学生作了 20 场科普报告,受到了广大师生的热烈欢迎。市科协还与金华晚报联合举办了主题为“节约能源资源、保护生态环境、保障安全健康、促进创新创造”的 2012 年金华市科普知识竞赛,在《金华晚报》刊登竞赛试题,受到了社会的广泛关注,活动共收到有效答题卡 1600 余份,最终评出一等奖 20 名、二等奖 30 名、三等奖 50 名、鼓励奖 100 名、优秀组织奖 5 个。磐安县科协隆重举办了省科协“科技文化卫生”三下乡活动暨磐安县科技科普活动周活动,活动反响很大,浙江日报、浙江科技报派出多名记者专程采访,连续 3 天在《浙江日报》发表相关文章。

【科普兴村惠农】 积极做好农技协、农职称评定以及“金桥工程”的立项和验收工作。2012 年,全市共立市级“金桥工程”项目 14 项,完成验收 14 项。深入开展科普示范单位创建工作,通过考核,全市有 8 个单位被评为省级科普示范单位,有 14 个单位被评为市级科普示范单位。3 月,浦江县杭坪镇寺坪村高山蔬菜科技协会在浦江县科协的指导下被评为全国先进农村专业技术协会,8 月,成功申报由中国科协、财政部组织的“基层科普行动计划”项目,获得项目专项补助资金 20 万元。

【科普宣传】 2012 年,进一步加大对楼宇电视联播网科普宣传的力度,新增一些高级商业楼宇网点,播放时间在原来的基础上增加一倍,努力提高楼宇电视联播网科普宣传工作的实效;同时在《金华日报》开设科普直通车专栏,每周刊登一次科普知识,已经刊登 14 期;在移动公司开设科普短信发送平台;面向市区中小学生,与金华晚报联合,定期在科技馆开设了求证实验室,让孩子们在玩中学,学中做。5月,金东区科协与区委宣传部、区教育局、金东区实验小学联合开展了“让民工子弟学校师生走进‘金东区科普活动中心’,感受科技文化创新发展成果”活动,激发民工子学校学科学、爱科学的热情。婺城区科协在科普活动中心开展了3场科普讲座,活动中心阅览室坚持每天对外开放,有1000多人到阅览室查阅了各类资料。

市科协市教育局联合举办了第27届金华市青少年科技创新大赛,共征集到小发明、小论文、科技实践活动、少儿科幻画等参赛作品301件。

4月在金华市名茶推介暨“清茗酬知音”万人品茶大会上,开展了茶知识科普宣传,为市民发放《饮茶与健康科普知识》4000余册。5月,与市科技局、市委宣传部共同在市人民广场举行了2012年科技(科普)活动周活动,为市民发放了《科学素质丛书》等科普资料5000余册。与市政协经科委、市经信委联合,在市文化中心举办了“智慧浙江”巡回宣讲科普报告会。省科协信息中心研究员顾继红进行了宣讲。中国联通浙江分公司经理孙谦作了《智慧城市的知识要素和建设方法探索》科普报告。市机关及有关部门200余人参加了会议。6月,市科协与市安委办联合,在“安全生产月”活动期间,积极开展安全生产科普宣传活动。活动中,充分利用楼宇电视、科普画廊等平台,开展了安全生产科普知识专题展,为市民发放了《科学素质丛书》12000余册。5月,婺城区科协在罗店镇开展了以“携手建设创新型国家”为主题的科技活动周,发放各类科普资料5000多份,接受群众和农民咨询200余人,受到当地群众的欢迎。兰溪市科协进一步完善了科普短信发送平台,向相关人员发送科(技)普知识短信,目前,已累计发送25万条;编印了《2013年科普历书》、《科普节纪念邮折》科普资料向市民免费发放。义乌市科协在《义乌商报》上设立专栏,集中宣传工作在基层一线的优秀农村科技人员事迹。武义县科协也在武义广播电台冠名播出《生活新主张》栏目。

(陈航波)

金华市社会科学联合会

【概述】 2012年,市社科联紧紧围绕“推进赶超发展,加速浙中崛起”工作中心,服务大局,扎实开展理论宣传、应用研究、学术研讨、社科普及、队伍建设等工作,圆满完成了年初制订的各项目标任务。积极主动地承担市政府研究室五个重大招标课题攻关研究;配合市委宣传部承担了“我们的价值观”大讨论的策划和组织,开展了“我们的价值观”大讨论主题征文,共收到论文120余篇。全年开展理论宣讲200余场,立项课题400余项,组织科普报告和系列讲座256场。

【应用研究】 一是组织开展“赶超崛起与金华现代化”专题研究。征文活动中,共收到论文72篇,6月15日,联合市委党校举办了主题理论研讨会;经过层层推荐选拔,40余名社科专家被聘为金华市政府特约研究员,并按新区建设类、实体经济类、产业政策类、社会发展类进行了研究领域分工,每位特约研究员都承担了相应的应用对策研究任务。二是组织开展了课题的验收和申报工作。2012年,全市国家社科基金项目立项20余项,省规划课题立项30余项,义乌工商学院、广厦建设职业技术学院实现了省规划课题零的突破,横店影视职业技术学院实现了省社科联课题零的突破。对2011年立项的400余项课题进行了结题验收,其中优秀课题成果汇编成集,送相关部门决策参考。组织开展了本年度市本级课题申报项目671项立项工作,经评审,143项课题立为年度重点课题,190项课题立为一般课题。三是组织专家面向基层开展专题课题研究。10月组织浙江师范大学、金华职业技术学院、市委党校和市委政研室的社科专家在武义县工业重镇桐琴镇开展了一系列集中性的服务基层活动,实施了“加快新型城镇化,建设‘两富’现代化新桐琴”“桐琴产业转型发展对策研究”“文化桐琴建设规划”等6个专项课题研究。先后召开了“小城市培育与桐琴科学发展恳谈会”“人才兴镇与机制创新”等10余个座谈会,各课题组深入村、企、社区开展了深入细致的调研。12月下旬在桐琴镇组织专题论坛,并出版“小城市培育与桐琴科学发展”一书。11月份,联合市委党校在金义都市新区开展了10个专题调研,召开了调研成果汇报会。市法学会、市财税学会、市劳动保障学会、市市场营销学会等也都组织了形式各一的“送知识、送服务、送政策”社科专家下基层活动。

【学术研讨】 一是组织全市“我们的价值观”大讨论。,在金华日报推出了专栏,编辑了理论论文专刊。组建课题组,对“金华人的共同价值”进行了专题研究,提炼出了“金华人的共同价值”表述语。3月16日、6月26日联合省、市主要媒体分别举办了“孝顺镇里话孝顺”和“向善的力量——向吴连表学习”研讨会,挖掘提炼来自草根的感动因素。二是组织开展了“都市新区建设与浙中崛起”“弘扬法制文化,助推浙中崛起”“现代职业教育”为主题的“金华市社科界首届学术年会”活动。共收到征文150余篇,评出优秀论文43篇,联合市委党校于12月12日召开了金华市社科界首届学术年会;联合市普法办、市司法局于12月中旬举办了“法制文化与金华现代化”高层论坛。学术年会期间,各高校、各学会、各县(市、区)也都开展了学术研讨活动。三是指导金华职业技术学院建立了“现代职业教育研究中心”,5月31日召开了成立大会。该中心通过严格的评估考核后,成为浙江省高职院校首家省级重点研究基地。四是编辑出版了《金华历史文化研究(第四辑)》。

【科学普及】 一是开展“微型党课”比赛。在“市民大讲堂”有序运转、“爱妇儿快乐家庭教育俱乐部”开展“关注孩子的自我生存能力”百场公益讲座的基础上,创新科普方法,配合市委宣传部开展了“微型党课”征集活动,于6月中旬在市电视台演播厅进行了“微型党课”比赛。同时还开展了“微型讲堂”征集活动,使科普更加贴近有效。二是加强科普基地规范化建设。5月份对现有的省级科普示范基地进行了评估考核,进一步完善了各类科普基地的管理措施。启动了市、县(市、区)科普基地建设工程,命名表彰了25个市级和县级科普基地。三是组织浙江省暨金华2012社会科学普及周开幕式。省委宣传部常务副部长胡坚、金华市人民政府市长徐加爱分别作了重要讲话,表彰了浙江省优秀微型讲堂获得者,命名了浙江省第二批省级科普示范基地,并向6支社科普及走基层小分队授了队旗。开幕式现场还开辟社科知识展区,展出“金华市百名道德模范事迹”等展板200余块。四是开展大型科普咨询服务活动。省、市近400名社科专家和社科工作者,围绕市民关心的心理健康、家庭教育、法律知识、消费维权、金融理财、健康生活方式、开心旅游、传统民艺、语言艺术等各个方面的热点问题,开展了耐心细致的现场解答,咨询人次近万,免费书画一千余幅,现场办理金融保险业务300余份,代写法律文书近百份。五是开展以“金外杯金华市首届十大智慧父母”评选为载体的系列家庭教育科普活动。联合市教育局、市妇联、市家庭教育研究会、都市快报,于5月31日开始组织了为期半年的“金外杯金华市首届十大智慧父母”评选活动。对推选出的五十名“智慧父母”,其育子、教子个案全部都在《都市快报》刊载,并由6名专家组成专家评审团,对个案从学理上进行点评;组织力量编写《如何当智慧父母》一书(即将公开出版),选取了26个家庭教育典型个案,让更多的父母分享智慧父母的经验;先后组织了6场“智慧父母与家长面对面”活动,组织智慧父母与家长互动交流,交流现场由专家进行点评,活动情况由金华电视台转播。在活动现场免费发放5000册《如何当智慧父母》科普读物,现场还发放了《呵护心灵》等科普宣传读物、资料10万余份。在此次活动在市内引起强烈反响,也引起了“钱江晚报”、“都市快报”等省级媒体的高度关注,全国家庭教育研究会赵刚副理事长多次来金点评,对此予以了高度评价,认为是现代家庭教育的有益探索,是现代家庭教育理念和方法的全民普及,对于孩子的健康快乐成长和家庭的和谐稳定必将产生重要的作用。六是组织科普报告会。11月19日,邀请浙江大学黄奇珍教授作了“人力资源开发与企业转型发展”报告会,近400人听取了报告。11月23日,举办了“学习贯彻十八大,加快新型城镇化”主题报告会,中国科学院可持续发展研究中心主任樊杰为近千名干部作了精彩报告。11月30日,联合市委宣传部、浙江科贸职业技术学院、金华晚报举办了“2012商道·财富论坛”,邀请北京大学章政、周建波教授分别作了“现代市场经济与信用社会”“儒墨道与现代管理”报告。12月8日,举办了“周易·风水地理论坛”。与此同时,在金各高校、相关学会、各县(市、区)也都根据普及周活动的统一部署,结合各自实际,举办了内容不同的报告会。普及周期间共举办各类报告会、讲座或论坛50余场。中共十八大召开后,组织开展了"百镇千村万人宣讲中共十八大"活动,社科专家作辅导报告100余场。七是举办了社会科学知识竞赛。市社科联、金华晚报共同举办了社会科学知识竞赛,近万人参加了该次竞赛,有的农村山区的老农民为了寻找正确答案专程来市社科联咨询,有的家庭成员全部参加活动。八是组织"家园共育,促进孩子健康快乐成长"百场巡回报告。10月16日,指导市家庭教育研究会,启动了"家园共育,促进孩子健康快乐成长"百场报告,邀请"知心姐姐"、北京师范大学家教专家组成报告团,巡回一百所小学、幼儿园进行公益讲座,传播现代家庭教育理念和技巧。

【队伍建设】 4月13日,召开了金华市第十七届社会科学优秀成果表彰会暨市社科联三届四次理事会,表彰了优秀成果和一批先进集体、先进个人,极大地调动了社科工作者的创新积极性。为鼓励精品创作,7月份部署开展了金华市文化精品申报活动,对20余项文化精品进行了表彰。9月初,部署开展了"金华市第十八届社科优秀成果"申报活动。12月14日组织专家进行了评审,对一批精品力作进行了表彰。经过筹备,12月12日成立了"金华市党校系统社科联"。根据社团管理办法,对50余家市属社科团体依法进行了年检;指导教育学会、劳动保障学会、档案学会等学会进行了换届改选,学会建设进一步加强。

金华市文学艺术联合会

【概述】 2012年,金华市文联共有团体会员30个,其中县(市、区)文联9个、企业文联5个、市文联直属协会6个、市级文艺家协会11个,下属单位市级书画院1所;有会员近3700多人。

各团体会员围绕党的十八大召开,举办了喜迎"十八大"婺剧、越剧、摄影、书画展等10余项有各自特色的文艺活动;举办纪念毛泽东延安文艺讲话发表七十周年文艺工作座谈会;举办"赶超发展,浙中崛起"全市首届农民赛诗会,10月21日央视新闻联播进行了报道。组织召开三次文艺工作者座谈研讨会,面向文联系统和广大文艺工作者征集"我们的价值观"核心词和表述语。提炼出符合文艺界特点、体现文艺界特色的"崇德、尚艺、包容、奉献"核心价值观表述语,并在全市文艺界大力倡导实践。加强农村文艺阵地建设。分别举办了基层文艺创作座谈会和农村文艺创作骨干培训会、采风活动,邀请浙江省曲艺专家授课,其中农村文艺创作骨干培训会参会人数达150多人。5月,与市农办联合举办金华市首届"浙中休闲"农家乐征文大赛,历时7个多月,共收到来自全国各地的作品1500多件。《浙中农村文艺》杂志编辑发行工作顺利,通过调整发行方式,

金华市第十八届哲学社会科学优秀成果奖获奖名单

表4

成果名称	形式	作者
一等奖(5项)		
城市群与协同型市场产业网络的协动机理研究——以浙中城市群与"义乌商圈"协动发展为例	论文	郑小碧 陆立军
城乡一体图书馆社科信息服务平台的构建	论文	周立飞
中国文化的当代意义与世界走向	专著	章文君
大众传媒视阈下中国当代儿童文学转型研究	专著	胡丽娜
条约演化解释方法的最新实践及其反思	论文	吴卡

续表 4

成果名称	形式	作者
二等奖(8项)		
专业市场功能创新与中小企业集群转型升级的路径、机制及模式	论文	陈民利
推动文化产业跨越式发展——基于义乌市实践的研究	论文	吴百花
环境会计研究	专著	罗素清
金华民歌衬词衬腔研究	专著	倪淑萍
高职院校教师校本研修的特点、模式与管理	论文	邵建东 王振洪
PTA 量表:提升教师评价有效性	论文	李君玉
高职教育工学结合人才培养模式的价值判断、困境及对策	论文	成　军
社会管理创新在金华	著作	方雨辉 童彩根 王绍华
三等奖(12项)		
晒晒个人账户基金运营情况——依法做好基本养老保险个人账户基金保值增值	论文	卢纯佶
“新36条”出台后民间资本进入垄断行业(领域)的调查——以永康市为例	论文	吕春仁
内生性技术创新动力与效率研究	著作	林　云
农村劳动力培训中的政府失灵与矫正	论文	王彩芳
丁善德钢琴音乐的艺术特色	论文	龚航宇
畲族历史迁徙与文化认同理性——以景宁鹤溪镇“六保”畲族村落汤夫人崇拜为例	论文	王　逍
走近李渔	专著	李彩标
潘絜兹年谱	编著	王文政
家长视角的小学低段学生课外阅读习惯培养策略的研究	论文	陈丽群
论隐私权与知情权冲突中的利益衡量司法方法	论文	茅珠芳
涉诉民营企业困境的司法应对	论文	张　婷
幸福的演绎——义乌统筹城乡发展之路	专著	胡国富

杂志的发行质量、投递率得到提高。全市文艺工作者获省级以上奖项 60 余项。其中作家汤汤获浙江省优秀青年作品奖,8 名书法工作者获浙江省书法家协会授予的“荣誉奖”和“贡献奖”,3 人书法作品获全国最高奖。青春版《穆桂英》、男女声表演唱《花嫁娘》、童声表演唱《山窝窝飘来畲娃的歌》获浙江省“五个一”工程奖,在“新松计划”青年戏曲演员大奖赛中,金华市 8 人获奖,囊括前三名。浦江什锦《竞拍选票》在浙江省“第六届曲艺新作大赛”获得创作、表演两个金奖。“0579 油画部落”艺术活动,获“浙江省首批优秀视觉艺术创作群体”称号。

【会展活动】“永康杯”第九届全国刻字艺术展暨第十四届国际刻字艺术展、“明招杯”浙江省第六届“陆维钊奖”中青年书法篆刻展,“相约桃花源”浙江省摄影展等国家、省级高规格活动先后落户金华市,对扩大金华市影响,提升文艺水平和档次,培育文艺人才起到了重要作用。其中,全国刻字艺术展全市 10 人入展,省中青年书法篆刻展,金华市获得唯一大奖“陆钊维”奖,同时 1 人获金奖、4 人获银奖、4 人获铜奖,88 人入展入选。启动“黄宾虹艺术奖”首届金华市美术书法大展,努力打造成为官方主办的专业性、权威性的金华美术书法的精品展示平台。满足基层群众文艺需求,提升公共文化服务能力。组织市内部分知名书画家前往婺城区、金东区、开发区等地的乡镇农村社区,开展“三下乡”送春联活动,六次活动共写春联、书画作品 5000 余幅,受到了群众的热烈欢迎。走访慰问扶贫联系村沙畈乡周村,送去春节扶贫慰问金 5000 元,并为村民书写春联 1000 余幅。继续组织参与“千名文体人志愿者联千村”活动,动员和推荐艺术家下基层,开展文艺辅导,全年下乡辅导 10 余次,辅导基层文艺骨干 300 余人。各文艺家协会、金华书画院也积极参与文艺下乡活动。市剧协一年下乡演出达百余场,深受群众欢迎。市曲艺家协会也发挥自身优势,排演了大量群众喜闻乐见的曲艺节目,把欢乐带给了大家。开展与社区、企业、农村文艺结对共建活动,成立市戏剧家协会南苑戏曲分会,“社区戏苑”建设取得初步成果。在走转改活动中,各基层文联、各文艺家协会共有 20 批次、300 多人次参与“六进”活动。与各部门联合举办的活动十分频繁,成功举办了“寿生杯”少儿书画电视大赛,全市优秀法制文艺作品征集大赛等 10 多项文学艺术赛事。各团体会员举办各种类型的文艺活动有 30 余项,其中规模较大的有“清凉之境”书画展、张文龙书画艺术作品展、“传承与呼唤”画家作品展、“八咏墨畅”百名书家写名城书法展等 10 余项。市文联和各团体会员的积极作为,对活跃全市文艺氛围,扩大文联影响力产生了积极的作用。

【出版作品】 2012 年,全市出版长篇小说、长篇纪实小说、长篇报告文学、中短篇小说、诗歌、散文、儿童文学、影视戏剧文学、外国文学翻译作品、文学评论、理论专著以及各类文化读物 30 余部。

汤汤的作品获冰心儿童文学奖,其彩精灵童话系列《老树精婆婆的七彩头发》《六十楼的土土土》《暖暖莲》《姥姥躲在牙齿里》由人民文学出版社出版,浙江少年儿童出版社出版其《别去五厘米之外》《曾曾曾曾曾祖母的萝卜》《柿子柿子》《淩浔的鱼》《天堂的花》《只是偶尔哭》由新蕾出版社出版,《喜地的牙》《青草国的鹅》《一只蛤蟆叫太阳》由上海少年儿童出版社出版。同时童话《天子是条鱼》获得首届金近儿童文学奖,可谓硕果累累。李英的报告文学《忠诚在天》获“五个一”工程奖;《天长地久》发表后获得《中国作家》金秋笔会全国征文一等奖。《人生最美好的一步棋》入选石油工业出版社《不可不读的中国百年百篇经典小小说》,《短缺一厘米的爱情》入选长江文艺出版社《2011 年中国微型小说精选》;《爱的珍藏》入选百花洲文艺出版社《微型小说一千零一夜》(第 4 卷)。同时,小小说《五百万的诚信》发表于 2012 年 9 期的《参花》,《半个麦饼》和《不一样的电脑桌面》发表于《上海故事》。众多作品多次被《诗刊》《延河》《中篇小说选刊》《读者》《译林》《格言》《天津文学》《陕西文学》《巫山》《国酒诗刊》等刊物刊登和转载,并多次获得多种奖项。

(江少蓓)

金华市归国华侨联合会

【招商招才引资活动】 4 月 27 日,来自世界各地的 100 多名侨商汇聚金华,参加侨商投资环境推介会。中国侨联主席、党组书记林军,省侨联主席吴晶等领导出席会议并讲话，市委书记陈一新致欢迎辞并作主题报告。市侨联对“百名侨商金华行”后落地的部分科技含量高、产业关联度大、市场竞争力强的优势项目进行了跟踪贴紧服务。

【“侨企服务月”活动】 市侨联多次会同市人大教科文卫民侨委、市政协港澳台侨委到浙江高峰控股集团、浙江正业相框有限公司、金华市金禅特种铝材有限公司、金华市金大康动物保健品有限公司和东阳同力服装有限公司等侨企调研，探讨在欧债危机短期不能缓解出口受阻经济形势下企业生产经营、转型升级的策略。婺城、东阳、义乌、兰溪、永康、武义等县(市、区)侨联组织侨界政协委员考察了金华重点侨企，帮助企业解决实际困难。

【参与公益事业】 市侨联两名副主席，为金华七中庆祝建校100周年活动捐款8万元。一名侨联界市政协委员、市留学人员和家属联谊会副会长，投资40多万元开办暑期民工子女夏令营，与金华晚报联办暑期爱心驿站，浙江电视台影视频道《聚焦浙江》栏目进行了报道。暑期，为市区近千名一线环卫工人送上了价值8万余元的“清凉礼包”。兰溪、武义等侨联落实贫困结对学生100多名，发放各类慰问金10多万元。

【拓展联谊渠道】 10月份，东阳市侨联组织重点华侨华人家属和留学生家属到杭州海创园学习考察；11月，组织市侨联、留联会一行9人到浙江省重点侨乡宁波市侨联学习取经；12月初，组织部分县(市)侨联主席到经济特区的海南三亚市侨联学习考察。市侨联和各县(市、区)侨联充分发挥已建成的海外高层次人才资料库的作用，对重点海外侨商、人才定期联络，定时走访其在国内家属，年内全市各级侨联走访慰问300多人次，发放慰问金(品)30万元；全年全市共接待侨胞、留学人员900余人次。积极搭建交流合作平台。永康市侨联在德国法兰克福和美国洛杉矶分别成立了2家海外工作站；东阳市侨联建立了“海外专家顾问团”。为加强海外新生代“中国情”的培养，7月，全市各级侨联组织海外华裔青少年参加“中国寻根之旅”夏令营活动。

【宣传活动】 组织全国侨眷优秀知识分子、教育系统部委劳动模范李贤鹏教师走进校园和机关企事业单位进行“喜迎十八大，同党共奋进”巡回演讲60多场次，听众达1万5千多人次；市侨联组织20多位侨界人士参加了市委统战部开展的“喜迎十八大、同心谱辉煌”摄影展和广场服务活动；市侨联委员魏丽、侨眷李贤鹏同时被市委宣传部评为金华市优秀宣讲员。侨联自身建设迈出新步伐，义乌市、磐安县侨联顺利换届；7月10日，永康市留联会隆重成立，成为全省的第100个留联会组织。

【出台加强侨联工作意见】 为认真贯彻省委办〔2010〕103号文件精神，切实加强新时期侨联工作，市侨联调研撰拟了《加强新时期侨联工作的意见》，送经市政协办公室等15个部门单位征求意见，形成了市委办〔2012〕102号文件《中共金华市委办公室关于加强新时期侨联工作的意见》。这是金华市侨联史上经市委研究同意下发的第一个规范性文件，它将对我市侨联事业产生深远的积极影响。

【市侨联五届三次全委会议】 5月29日，召开了市侨联五届三次全委会议，省侨联主席吴晶，市委常委、市委宣传部部长钟关华出席会议并作重要讲话。会议审议通过了《市侨联工作报告》，对2011年全市侨联特色工作进行了表彰，传达学习省委103号文件精神，对“百名侨商金华行”投资环境项目跟踪服务工作进行了部署。

【荣誉】 2012年，金华市侨联重点围绕招商引资、招才引智、参政议政、维护侨益等方面扎实有序地推进侨联的各项工作，取得了显著成绩，被省侨联评为2012年度全省侨联系统先进单位。 (盛灶生)

金华市残疾人联合会

【概况】 2012年年底，全市有县(市、区)残联9个、乡镇(街道)残联155个、村(社区)残疾人协会5051个。共有持证残疾人约9.5万人。

【残疾人社会保障体系建设】 深入推进残疾人共享小康工程，全市共有12241名残疾人纳入基本生活保障工程，5241名重度残疾人享受托(安)养工程，3293名残疾人享受到康复工程服务，18994残疾人享受了养老保险补贴，401名贫困残疾儿童获得抢救性康复项目救助，无障碍设施进入359户家庭，“安居宜居”行动改造736户，各类残疾人获得各类辅助器具6000余件，4400余名贫困精神病人获得医疗救助。

【残疾人康复服务】 对654名社区康复协调员进行培训,开展了第二批"十佳"康复站评选活动。新建省级残疾人小康阳光庇护中心3家,各级庇护中心为509余名智力、精神残疾人提供服务。成立了金华市残联幼儿特教中心。扶残助残爱心城市创建工作有新进展,婺城区于9月份通过考核验收;磐安县积极开展创建工作,成效明显,等待省政府残工委验收。

【市残障人康复中心】 市发改委重新立项并批复了可行性研究报告;项目初步设计联审修改方案已基本完成,土地证已办结,工程建设项目招标代理单位和施工图设计单位已公开招标确定。

【残疾人教育就业与扶贫工作】 积极推行随班就读,投入137.72万元,对2182名残疾人进行职业和实用技术培训。全年共助学3354人,助学资金达185.77万元。建设省级残疾人扶贫基地5家,市级基地11家、县级基地15家。全市残疾人新增就业967人,就业创业帮扶1255人,危旧房改造584户,通过其他各种形式扶贫3200余人,金额790余万元。

【残疾人文化体育和维权活动】 举办了第三届残疾人文化艺术周活动。残疾人书法家张一文荣获全国"兰亭杯"书法大赛一等奖。成功承办了全国盲人阅读推广委员会浙江省分会成立大会暨全省首届盲协骨干培训班。开展残疾人事业好新闻评选工作,共选送七篇作品参加省级好新闻评选。继续组织开展残疾人人才评选活动,筛选出各类残疾人人才55名。举行全市第三届聋人运动会,并组团参加省第三届聋人运动会。游泳运动员杜剑平在伦敦举行的第十四届残奥会上,获得了2金1铜,并打破一项世界纪录和一项亚洲纪录。金华市人民政府、市残联被授予伦敦残奥会工作先进集体。宣传维权工作成效明显,全市各级残联全年处理来信来访300余件次,开展法律援助95人次。

【残疾人联合会自身建设】 市编委批准市残障人托养中心增加3名编制,增加副科级职数1名。市残联党总支被评为"四星支部",机关党支部被评为"五星支部"。市残疾人劳服处成功创建"学习型党组织"。换届工作有序推进,全面完成乡镇(街道)残联换届工作;婺城区、金东区、武义县、磐安县、兰溪市、永康市完成换届。选拔干部赴新疆阿克苏地区温宿县开展对口支援工作,向温宿县残联捐助23万元康复经费。

(翁　颖)

金华市台胞台属联谊会

【市台胞台属联谊会】 婺城、金东、兰溪、永康等台联会组织了由台联会会员参加的赴台旅游探亲参访团,与旅游台同乡会开展联谊活动;婺城、东阳、武义、磐安的党委或政府主要领导相继赴台考察交流。全年全市各级台联组织接待旅台同乡300余人次,与旅台同乡会有交流的团组26个,共273人,有效地加深了两地同胞的骨肉亲情。做好金台两地民众交流交往。台湾吕氏宗亲会总会访问团一行10人与浙师大进行明招文化学术交流。台中新闻局局长石静文考察了横店影视城,台北进出口商业同业公会一行32人考察义乌文化产业,在永康创业的台胞庄顺渊夫妇参加第四届海峡论坛,成为全省四对夫妇代表之一。6月,市台联会组织市台联会会长办公会议成员,各县(市、区)台联会会长到枣庄市台儿庄海峡两岸交流基地考察交流。做好接待台湾媒体来金采访。7月,台湾TVBS电视台专程来金华拍摄以避暑为主题宣传片。9月,台湾三立电视台摄制组一行六人来到兰溪诸葛八卦村、金华小老黄食品有限公司和浦江潘周家村取景拍摄电视专题片《浙江乡村之美》。深入做好对台资、台属企业服务工作。全市共有台属企业900多家,产值达100多亿元,解决就业人口近5万人次。积极助推公益事业。全年在台乡亲和广大台属公益捐款达300余万元,其中金华市台联会会长徐志辉带头捐助新农村建设资金达80余万元,捐助助学5万元;浦江县台联会会长洪其峰各项公益事业捐款达28万元。

(杨　华)

金华市关心下一代工作委员会

【概述】 2012年,金华市各级关工委按照"急党政所急,想青少年所需,尽关工委所能"的工作方针,深入开展"基层工作年"活动,以"三级联创"活动为抓手,进一步落实县级关工委"四优"、乡镇(街道)关工委“五好”和基层关工委“八有”创建标准。加强基层组织建设,特别是把非公企业关工委建设作为重中之重,深入兰溪嘉宝化工、金华市热镀锌厂、信华鞋业等企业调研企业关工委的创建和活动开展情况。全市已建非公企业关工委675家。加强调查研究来推动国学教育和校园文化建设、暑期未成年人培训特别是防溺水教育、农村青少年活动中心建设等工作。加强与政法部门的协作,深入开展“关爱明天,普法先行”、“法在心中”等主题教育活动,通过征信、普法歌曲传唱、法制讲座、未成年犯现身说法、模拟法庭等形式,加大《中华人民共和国未成年人保护法》《中华人民共和国预防未成年人犯罪法》等法律法规的宣传力度。全市共开展各类法制教育讲座677场,受教育人数达40.3万余人。

【思想道德教育】 组织开展专项活动，对青少年的教育寓活动中。市关工委联合市委宣传部、市教育局等部门在全市中小学开展“学雷锋、心向党、讲品德、见行动”主题教育活动,推出“学习雷锋,与爱同行”网上主题征文活动,引导青少年积极开展学雷锋实践活动、社会志愿服务活动,大力弘扬社会主义道德观。“3·5”学雷锋日期间,市关工委和雷锋文化馆一起印制了数万张学雷锋书签,免费发放给三万余人参观者,扩大学雷锋活动的影响面。开展清明祭扫英烈系列活动。全市各级关工委采取烈士碑前宣誓、火炬接力、报告会、故事会、观看影片、高唱革命歌曲等形式,在青少年中广泛开展革命传统教育和爱国主义教育。兰溪市组织7000余名中小学生、社会各界人士开展祭扫先烈活动。武义县组织了以老同志为主体的19个爱国主义宣讲团,开展了为期8天的宣讲教育，全县城乡有6万多名青少年接受教育。市关工委宣讲团的蔡其容、李贤鹏等老同志，自己动手编写适合青少年的宣讲材料、电子资料,深入各学校、社区、部队,为广大青少年进行爱国主义教育宣讲一百余场。开展“读国学经典,做道德少年”活动。全市各中小学校创新载体,组织国学读书节、国学诵读PK赛、讲国学故事等丰富多彩的活动,让青少年了解传统文化,从小养成良好的行为习惯,提升学生的道德品格和人文素养。金华职业技术学院也在大学生中开展“诵读经典、传承文化”活动,并建立活动开展的长效机制。

【优化成长环境】 继续扩大金华市青少年“快乐成长”教育实践基地。新命名了金华国际山茶物种园、兰溪市第三中学生物馆、东阳市博物馆等21家金华市青少年“快乐成长”教育实践基地,推动青少年校外教育工作的开展。拓展帮困助学活动。市关工委联系绿源集团出资30万元用于资助孤残儿童,联系慈善总会出资10万资助贫困学子。省关工委、省福彩中心在武义和磐安县分别举行了2012年“公益福彩 与你同行——残疾、贫困家庭少年儿童专项资助活动”资助活动,省福彩中心共出资20万元,资助了武义和磐安县的200名贫困学生。金华鼎龙工艺品有限公司志愿者牵头成立了金华市首家“爱心之家”助学课堂,专门为本企业和周边企业职工子女提供看护和学习辅导,不收取任何费用。全市各级关工委共筹集资金430余万元,资助了5410名学生。发挥“五老”优势关爱青少年成长。吸收扩充“五老”参加网吧义务监督队伍,全市“五老”网吧义务监督员已增至557名,通过组织“五老“投身网吧实地监督、协助文化部门做好业务、法规培训工作、召开市区“五老”网吧义务监督员座谈会交流监督经验和做法，来提升劝导未成年人远离不良网站,预防网络成瘾的工作成效。继续实施“春泥计划”,发动“五老”参加结对关爱农村青少年活动,全年共有13779名“五老”结对了12731名青少年。

(王杏蓓)

金华市红十字会

【概述】 2012年,全市九个县(市、区)红十字会,按“四有”目标,全面理顺管理体制。全市已建立红十字基层组织52个,有团体会员91个、个人会员11502名。市本级现有“人道救助志愿服务队”等6支志愿服务队伍,长期志愿者约200余人,全市志愿者合计近2000人。市红志工委先后荣获金华市第一届杰出志愿者服务集体、市十佳志愿服务团队等荣誉,志愿者郑方被中国红十字会总会评为“全国十大杰出红十字志愿者”。

【宣传传播】 积极创新宣传载体，努力构建红十字大宣传格局,全面提升红十字人道理念传播的力度和广度。全市在各类媒体共刊出报道150余篇

(次),发放宣传资料合计15万余份。为加强信息公开,市本级和永康等红十字会对网站进行了改版,所有接受捐赠款捐赠到账后隔日即可在网站上查询到相关信息。

【救灾救助】 市本级新推出8个人道救助项目,在市红会网站向全社会公开推介劝捐。在红十字博爱送万家活动中,筹募近90万元的款物并发放到1000多户困难群众手中。联合金华市旅游局推出第二届中国旅游日公益活动,向100名孤寡老人发放价值2万元的生活用品礼包。市本级全年募集捐赠资金54万余元;全年发放救灾物资价值60余万元;筹集助学金20万元,救助困难大学生400名。

【培训救护】 全市各级红十字会积极送救护培训进机关、进社区、进农村、进学校和进企业,全市共培训红十字救护员7470人,普及培训48214人。市本级在金华医学院和金华电业局设立应急救护培训基地,固定每周四开展救护员培训;市红十字志工委继续实施免费应急救护普及培训项目,全年培训2000余人。东阳、义乌、永康、浦江、武义、磐安等县(市)开展了由政府出资的应急救护培训项目,免费对市民培训救护技能。首次举办了市本级救护师资集体备课、课件评比活动。组织了全市红十字救护技能竞赛,并参加了浙江省第二届红十字应急救护技能大赛,荣获团体三等奖、1项二等奖、3项三等奖。

【造血干细胞】 市本级举办全市工作人员、志愿者近40人专题培训造血干细胞采样,不断提高造血干细胞采样入库的服务质量和服务水平。全市采样入库人数达到400余人次,库容率和使用率不断提高,流失率和反悔率不断降低。义乌、浦江各完成1例造血干细胞捐献。

【器官捐献】 人体器官捐献工作发展迅速,通过组织工作人员、志愿者系统培训、典型事例深度报道、红十字人道精神普及宣传等方式,全市共实现人体器官捐献12例,名列全省前茅,新增22名器官捐献志愿者。

(金宁红)

地方武装

人民武装

【党管武装、双拥共建工作】 金华军分区党委思想重视，科学筹划。春节前夕，在金华市委常委议军会上，军地领导结合专武干部和职工队伍建设、领导双向兼职制度落实、国防教育机构设置与人员编制等难题进行“集体会诊”、献言献策，顺利通过9个议题。8月1日，军分区协调召开全市武装工作座谈会，市委书记陈一新和9个县(市、区)的书记出席，集体学习全省武装工作会议精神和《两个规定》等政策法规。市县“第一书记”作了表态发言，进一步强化了学武装、管武装的责任意识。在贯彻落实《两个规定》中，结合省军区部署要求和自身工作实际，认真抓好当代革命军人核心价值观向民兵预备役延伸活动。军分区在巩固上年经验做法的基础上，坚持从军队与地方、宣传与教育、培育与实践、表彰与诫勉“四个联动”入手深化培育成果，不断增强活动实效。通过开展“市委议军会”、组织“武委会好主任”评选等活动，推动党管武装工作在基层的发展。突出把“军地共建文化示范村”作为双拥共建活动的重要内容，全区武装部门与10个中心村结为对子。军分区本级与“人民音乐家施光南故乡”金东区东叶村结为共建村。徐学清司令、周嘉爱政治委员带着机关同志现场办公，与源东乡政府、东叶村两委的同志在一起研究，围绕“文化育民、文化惠民、文化乐民、文化富民”总目标，依据地方所需，贡献部队所能，指导东叶村迅速展开基础设施改建新建，整修村办公楼，完善“民兵之家”“农村书屋”等场所，粉刷楼道房间，统一内部设施，在村口设立以军地共建文化示范村为内容的广告牌和LED屏幕。8月15日，军分区与东叶村隆重举行共建签约仪式，军地各级领导出席活动，现场捐赠资金22万元，进一步扩大共建村的影响力和辐射力。

【国防动员和后备力量建设】 坚持党管武装原则，“八一”召开县(市、区)人武部党委第一书记座谈会。抓住基层换届机遇，选准配强专武干部和预任干部，全面推广浦江县军地联合考核选拔专武干部的做法。扎实抓好民兵预备役部队组织整顿，提高快速动员，遂行多样化军事任务能力。调整建立军地一体指挥机构，健全完善反恐维稳，抗洪抢险、山林灭火等三大类27个行动方案。注重把地方专业队伍纳入后备力量体系，全市90%以上的民兵专业队伍编组在对口的企业或行业。圆满完成士官直招，新兵征集等任务。并统一组织新兵回访活动，市征兵办被省评为征兵工作先进单位。“抓住”四个基本，构建“五位一体”的“大国防”教育模式。以军民共建文化示范村为牵引，推动新形势下双拥共建转型升级，取得阶段性成果。武义县人武部开展“百连结百村，共建创两富”的民兵参建活动，取得良好的社会效应。

【民兵预备役部队质量建设】 在抓好组织整顿、基层建设等经常性基础性工作的同时，注重传承巩固和研究创新。认真组织全省民兵工作会议精神的传达学习。及时向市委、市政府主要领导汇报会议精神，组织所属人武部进行认真学习，研究贯彻落实会议精神的具体意见，在东阳市和永康市组织展开应急连规范化建设的试点先行。着眼提高应急应战能力，以《军事训练与考核大纲》为依据，强化演训活动和比武考核，重点突出专武干部、民兵干部骨干、兼职教练员、应急分队4个重点，采取“三个现地”实地训,区分层次分类训等方法,由军分区统一计划考核,全年落实了全区329名专武干部集训及基干民兵5860人、预备役工兵团预任军官和预编士兵547人的军事训练,共计落实114个训练日,消耗弹药24560发。考核合格率达100%。结合2012战役演练和战术作业,研究战时国防动员组织指挥、工作内容、基本程序和行动方法;结合“条令学习月”活动,组织两级首长机关体能强化训练和考核;针对省军区组织预任参谋集训,2月挑选10名年轻干部进行集训筛选,确立4名干部集训;结合预备役工兵团营快速动员演练,研究快速动员的程序、标准和组织实施方法,总结了经验做法。结合省军区跨区联训,选拔86名优秀民兵干部骨干参加11个专业的集训,完成全省工兵专业的承训任务。通过训练和比武考核,不但训练了战术,而且锤炼了作风,业务技能和指挥素质能力得到强化提升。

【民兵预备役部队组织整顿】 从4月开始,扎实开展了全市民兵预备役部队整组。4月13日,军分区专题召开了全市民兵预备役部队整组任务部署会,针对下步民兵规模缩小、组织范围拓宽、能力要求提高的实际,进一步明确了全年民兵预备役部队整组的步骤、方法、重点和质量指标等,全面展开了民兵预备役部队整组情况检查和抽查点验,指出了存在问题,及时进行了整改。整组后,基本达到了各类队伍编实建强的目的,有效提高了民兵预备役部队快速动员和遂行多样化军事任务的能力。

【快速动员演练】 为深入贯彻省军区“嘉兴会议”精神,进一步探索研究预备役营、连快速动员组织实施的方法路子,军分区按照体现信息化、实战化、野战化、规范化的要求,重点围绕“动员准备、动员实施、转服现役”三项内容,采取“全员额参与、全装备拉动、全要素设置、全过程推演”的方式,9月20~21日,在义乌地区组织了工兵团预备役道桥一营成建制快速动员演练。共动员官兵300余名,动用各类车辆机械100余台(部)、物资器材540件(顶、套)。通过演练,进一步增强预备役官兵国防观念,规范预备役营、连快速动员的工作机制,达到了熟悉组织指挥、规范动员程序、明确军地职责、提升动员能力的目的。演练形成的《预备役营(连)快速动员》成果,受到了省军区领导的高度肯定,演练课目也在中央七套播出。

【训练场地建设】 围绕“专业化、基地化、模拟化、网络化”要求,采取合理规划,整合资源,改旧建新,逐步完善的办法,展开跨区联训基地建设。义乌市人武部承担的“12.7”重机枪训练基地建设任务,能积极发展人武部与地方政府桥梁纽带作用,积极主动争取资金,计划周密,展开迅速,基本完成建设任务。其他两个基地建设也正在按计划稳步推进落实。

【士官直招工作】 5月至8月,军分区注重抓住士官直招宣传、报名、体检、政审和专业审定等环节,坚持标准条件和征兵质量。党员1人、团员18人,党团员比例100%。

【征兵工作规范】 9月26日,市政府、军分区召开金华市征兵工作领导小组会议,全市征兵工作会议,总结上年冬征兵工作,安排部署冬季全市征兵工作任务。10月22日前9个县(市、区)均召开了征兵工作会议。开展业务培训、征兵政审组、体检组采取以会代训的方法,分别落实2至3天的业务集训。10月19日,市本级召开各县(市、区)公安,卫生系统有关领导和具体负责人100余人进行为期一天征兵体检和政审业务培训,统一体检、政审的标准和方法,提高征兵工作人员的业务素质。10月30日,金华市在金东区体检站召开全市征兵规范化体检现场观摩会,各县(市、区)人武部部长、政治委员、副部长兼军事科科长、征兵参谋共40余人参加会议,会议重点推广金东区征兵体检“五个规范”的经验和做法,研究制定《金华市征兵规范化体检若干规定》,进一步规范了征兵体检的组织方法,体检流程,场地设置,体检标准和管理工作。11月1日,在武义县举行金华市征兵体检首检仪式,进一步明确体检站有关规定,提高了体检站设置的规范化程度。11月5日,市人大常委会,市政府分管秘书长,民政、公安等部门分管领导26人对义乌市、东阳市征兵体检站进行视察,并听取东阳市近年来征兵工作基本情况,提出了要进一步强化政府主导的意见,为浓厚征兵氛围,推动工作落实起到了很好的督导和促进作用。

(宋盛忠　蒋红阳)

武装警察金华市支队

【概述】2012年，支队21年执勤安全无事故，连续7年实现“三无”目标。依托主题教育和月课教育等载体，邀请市委讲师团来队授课，参加总队政工干部“四会”比赛，获士官组二等奖。开展规范经常性思想工作试点，创新开展了“四小”活动，这一做法在全总队进行推广。抓实警营文化建设，连续23年邀请雷锋生前连长来队宣讲雷锋精神，三中队代表总队在全省学雷锋活动启动仪式上作了典型发言，8个县市中队均与驻地团委开展“农民工子女进警营”活动，三中队副队长郭和建勇斗持刀歹徒，传承爱民本色的先进事迹在驻地产生较大反响，抓好“队魂队歌队史”提炼和《金华卫士之歌》的创作，多方征集资料建成了支队警史馆；出台《文化建设发展规划》，为基层配备了文化装备，完善了“三群、四巡、五红”文化载体，加强了六支特色文化分队和小合唱队建设。

【提高能力】做好应对防范工作，多次进行实兵拉练，严密组织了“卫士-12”网上演习，出色完成涉日游行维稳等临时勤务，首长机关组织指挥、部队应急处突及跨区执勤能力得到提升。推进“四防一体化”建设，完成支队新指挥中心信息化建设，为四个大队部安装监控，形成了三级网络管控。与监狱和公安部门分别召开联席会议，消除隐患多处，治理隐患的经验做法被总队转发。8月11日，武义中队成功处置一名在押犯脱逃事件。狠抓军事训练，组织了多期勤训轮换，机动大队进行了集中轮训，每季组织特勤排与公安特警开展对抗训练。

【正规化建设】按照“三分硬件、七分软件”的定位要求，投入专项经费用于改善部队的硬件设施，开展“条令法规知识竞赛、警容风纪专项整治、机关办公秩序规范等活动，规范部队的各项秩序。开展两期“百日安全”活动，结合“三查一除”和“迎盛会、严纪律、树形象、保安全”教育整顿活动，突出对重点问题、关键人群、要害部位和敏感时段的安全管理。制定《机关干部问责问效十条》，对4名机关干部进行问责处罚，严明部队纪律，与基层干部签订责任书，制定了奖惩规定和特殊时期部队管理“十条具体措施”。开展8次安全专题教育，制定完善了《在外人员管理规定》《官兵驾驶私家车管理规定》，落实每天由值班干部护送执勤武器弹药调整并由支队监控备案，抓好枪弹管控。

【基层建设】按照“帮两头、带中间”思路，制定《分片挂钩责任制》，对基层党支部进行分批帮建，先后有2个党支部和6名党员受到总队表彰，八中队党支部被总部表彰为“先进党支部”。转化总队三级主官纲要培训成果，组织副连以下干部集训和新干部岗前培训，宣扬不同层面先进典型，基层干部履职尽责动力和能力增强。开展“大倡议、大谈心、大讨论、大交流”活动，融洽内部关系，开通“首长信箱”、公布主官电话、召开民主恳谈会，解决官兵反映的实际问题。完善经常性基础性工作检查机制，采取实地检查、录像拍摄、交班讲评、回查验收等方法，盯住经常抓规范，基层“四个秩序”正规。

【后勤保障】建强后勤应急保障体系，及时完善后勤保障预案，各类保障任务完成圆满。组织56批次卫生医疗小组深入到基层中队巡诊，确保了官兵身心健康，制定出台《农副业生产实施细则》，在七、九中队召开农副业生产现场会，指导基层发展“田园文化”。加强基础设施建设，基层四项设施建设完善，10月底，新指挥中心顺利完成验收，机关办公条件明显改善，教导队征地工作顺利完成。

【班子建设】支队党委始终把“团结和谐、安全发展”作为抓建理念，工作指导上突出“求真务实”。认真搞好理论武装，坚持年初定课题、季度搞交流、半年有讲评，人均撰写笔记2万多字，16篇研讨经验文章被总队简报、武警政工网、《人民武警报》刊发。贯彻落实民主集中制，调整干部，选拔学员苗子，发展党员，群众满意、官兵信服。务实工作作风，常委挂钩条件相对艰苦、主官成分较新的单位，明确领导机关蹲队住班有关要求，完善经常性基础性工作检查机制。

【表彰“十佳军嫂”】3月3日，支队开展“喜迎妇女节暨表彰优秀军嫂活动”，共有102名家属参加了此次活动。活动表彰了在2011年度表现突出的10名优秀军嫂，并颁发了荣誉证书和奖品，使军嫂感受到组织的关心和温暖，强化了广大家属热爱警营的意识。

【“三共”联席会议】 6月7日下午,支队与金华监狱召开“三共”联席会。双方在完善执勤设施、严格制度管理、加强双方通联等方面达成了共识,进一步理清了抓好中心工作的具体思路,查找了当前的薄弱环节,为全面提升监管质量和高标准实现“两个确保”目标奠定了坚实的基础。

【反恐对抗比武】 7月2日下午,支队反恐分队与公安特警支队开展狙击步枪精度射击,手枪15米速射,400米等3个课目对抗比武,特警支队支队长傅明禄、政委路光跃,支队副支队长楼国伟、参谋长徐文龙参加观摩。此次对抗赛展示了反恐分队和公安特警的训练水平和良好技艺,为下步联合作战、共同处置突发性事件奠定了扎实基础。

【“四会”政治教员比武】 8月15日,支队举行“四会”政治教员比武竞赛,16名基层政工干部和5名士官参加。这次比武竞赛活动紧密结合“四会”政治教员要求,设置了现场授课、理论测试、模拟情况答辩三大项内容。经过一天的激烈角逐,最终义乌中队指导员陈文明以94.51的高分拔得头筹,四中队副队长陈聪、八中队排长何浩分获二、三名,四中队士官杨晋夺得士官组第一名,二大队获得团体第一名。

【推广“四小活动”】 9月,支队开展规范经常性思想工作试点,创新开展了“四小”活动,这一做法在全总队进行了推广。通过“小情况碰一碰”,及时掌握官兵思想动态;通过“小道理讲一讲”,使官兵懂得立身做人的基本道理;通过“小矛盾解一解”,随时随地开展思想帮教、心理疏导和行为纠偏;通过“小骨干训一训”,提高思想骨干解决棘手问题的能力。

【烟花节执勤】 10月13日,金华支队跨区增援杭州西湖烟花大会安全保卫任务。根据前指指示,官兵背对烟花一线展开,从上勤一直到烟花大会结束,4个多小时的时间里,没有一个战士叫苦叫累,更没有一个战士违反纪律,圆满完成了任务。

【指挥中心】 11月1日,支队机关举行新指挥中心进驻仪式,全体机关干部、直属队及部分基层中队官兵参加了仪式,其余官兵通过视频直播共同见证了这一喜庆时刻的到来。新指挥中心建设历时22个月,总建筑面积由过去的2500平方米扩容到现在的9865平方米,翻了近4倍,标志着支队建设发展从此将翻开新的一页,步入新的阶段。

【实战演习】 12月7日,根据省委、省政府的统一部署,支队出动多名兵力参与“浙江省扑救重大森林火灾实战演习”,浙江省副省长王建满、总队副司令员陈朝华等领导出席了演习现场。整个演习过程中,全体官兵不畏艰难、勇往直前,充分展示了浙江武警的良好形象。 (蒋纬飞)

人民防空

【概述】 2012年金华市人防工作坚持“融入发展、统筹发展、创新发展”的理念,突出指挥部演习、指挥场所建设、防护工程建设、人防依法行政、宣传教育等重点任务开展工作,取得良好成效,被国家人民防空办公室表彰为全国人民防空信息化建设先进单位、2012年度《中国人民防空》杂志通讯报道先进单位;被浙江省人民防空指挥部表彰为“浙江金盾-12”演习先进单位;被金华军分区表彰为军事志工作先进单位,被金华市国防教育委员会表彰为全民国防教育先进单位。

【人防应急应战核心能力建设】 开展各县(市)《信息化条件下人民防空行动方案》的评审,并组织对全市16个重要经济目标防护方案进行修订,有效保障信息化条件下人民防空行动。完成人防专业队的整组和训练任务,市本级新组建一支镇级民防应急救援队,并配备必要的物资、器材,落实应急物资储备库建设任务,为人防部门战时发挥作用提供队伍基础和物资准备。加快警报预警体系建设,修订完善警报管理制度,完成“5·12”警报试鸣任务。

【人防结建工程建设】 2012年11月底,全市已竣工“结建”防空地下室14.71万平方米(其中市本级8.92万平方米,同比增长70.8%),在建84.80万平方米(其中市本级26.51万平方米,同比增长20.9%),市区人均使用面积达到1.4平方米,继续保持全省中上水平。人防自建工程建设稳步推进。县级人防指挥场所建设全面动工,兰溪、东阳地面指挥中心已建成投入使用。严格人防工程质量管理。市县联动开展防护设备、设计审查、专业监理三项检查，编印了《金华市人防工程质量监督指导手册》，规范工作制度流程，明确技术标准，完善监管体系。全年累计受理监督项目42个，面积22.2万平方米。重视人防工程开发利用、维护管理及安全生产工作，对金华市区人民广场、人民东路原美迷舞厅、锦绣金华三个洞口进行电线路改造及避暑纳凉示范点改造工作，并如期对市民开放，纳凉人数达到3万人次，受到市民及媒体的一致好评；开展老坑道的线路改造工作，投资50万元的一期工程回溪街以西部分已完工；指导市人防实业公司顺利完成911工程人防小百货市场第八期招租；规范人防资产管理，市本级公共人防工程平时使用招租拍卖均已进入政府招租平台。

【地下空间开发利用】 积极参与地下空间开发利用工作，并将此作为推进人防融入新型城市化建设的有效切入点和抓手。在《金华市城市地下空间开发利用规划(2008~2020)》和《金华市城市人民防空控制性详细规划（2008~2020)》编制完成的基础上，以46号政府令形式颁布实施《金华市区城市地下空间开发利用管理办法》，与规划、建设部门联合制定《关于地下空间开发兼顾人防需要管理的通知》下发实施。同时，主动介入地下空间开发的相关建设项目，城市防灾公园地下5000平方米五级人防工程及3万余平方米兼顾人防工程已完工并投入使用。指导兰溪市人防办积极探索，在该市丹溪应急避灾公园建设项目实施中，采用“政府统一规划、设定建设条件、明晰优惠政策、公开有偿出让、企业投资经营”的模式，吸引社会资金投资人防工程和地下空间开发。该项目系全省首个通过招拍挂进行地下空间土地使用权有偿出让的城市地下空间开发利用项目，得到了省人防办的充分肯定，并在全省人防工程建设会议上作典型发言。

【基层人防规范化建设】 市区在东方前城社区进行规范化建设试点，在西关街道开展人防标示标牌设置工作，全市按标准完成8个重点镇(乡)的规范化建设。开展人防行政审批规范化建设，出台并实施了《关于市区民用建筑修建防空地下室有关规定的通知》及配套的面积审核实施细则。截至11月底，全市共办理人防行政审批事项1004项，新批结建工程面积22.29万平方米，依法征收人防工程易地建设费8976万元。市行政审批规范化建设工作做法和经验在全省民防局长读书会上作典型发言，得到省人防办的充分肯定。

【“5·12”防空防灾警报试鸣】 2012年5月12日是全国第四个“防灾减灾日”，金华市人防办于5月12日下午15时00分~16时04分组织了全市(含县市)防空防灾警报试鸣。共有二百余台警报器参加了此次试鸣，其中采用无线遥控发放警报占总数的80%以上，警报设备完好率达100%，覆盖率达98%以上，鸣响率达100%。市本级还采用广播、电视防空警报系统，在金华电视台和金华广播电台实时发放防空防灾警报信号。金华日报、金华晚报等新闻机构，进行现场跟踪报道，扩大社会影响。结合“5·12”防空防灾警报试鸣，积极组织部分街道社区和学校开展人员疏散演练活动，全市共有11个社区2480人，64所学校约56200人(其中市本级58所中小学校师生5万余人、2个社区300人）参加演练。通过疏散演练达到了“熟悉疏散方案、规范疏散行动、锻炼组织指挥、提高人防意识”的目的。各地在试鸣警报的同时，还开展广场宣传、图板巡展、资料发放、媒体专栏报道等系列活动，增强全民的国防观念，提高群众的人防意识。

【人民防空指挥部演习】 9月18日，金华市人民防空指挥部组织参加代号为“浙江金盾-12”的人民防空检验性演习。此次演习，以战争灾害和突发公共事件为背景，市在省人民防空指挥部演习的框架内，依托人防指挥信息系统，采取网上同步、异地同演、自导自演和导调兰溪市人民防空指挥部演习相结合的方式进行，重点演练了“组织人防临战准备”“组织筹划人防行动”“指挥控制人防行动”三个课题，旨在体现基于信息系统的人民防空“指挥链、信息链、协同链、行动链、保障链”等体系建设水平。通过演习，检验市、县人民防空指挥部联动机制和信息化链式反应水平，熟悉战时人防指挥部工作程序和方法，探索市、县、镇人民防空指挥部多级多层次联合训练模式。市人民防空指挥部35个成员单位的相关领导参加演练，市人民防空指挥部指挥长、常务副市长金中梁全程参加并主持各项演习活动。

【人民防空行动方案评审】 2012年11月22日至23日,金华市邀请了由省人防办、宁波市人防办、金华市人民政府办公室、金华军分区司令部、金华市人防办等人员组成专家评委，组织对所属各县(市)《信息化条件下人民防空行动方案》(以下简称《方案》)评审。评审中,评委听取各县(市)方案编制工作汇报,按国家人防办所制定的方案纲目编制要求对各县(市)《方案》进行科学、全面和缜密的审议。评审组认为:各县(市)《方案》能较好地体现信息化条件下人民防空行动的特点和规律，思路清晰、结构合理、要素齐全、数据准确,内容全面系统,具有一定的科学性、前瞻性,对信息化战争条件下组织开展人民防空斗争具有较强的指导性,可操作性。评审组有针对性地对各地《方案》提出具体可行的修改意见,各县(市)表示将根据评审会的意见做进一步的修改完善。

【"军事日"活动】 为进一步推进人防部门"准军事化"机关建设,培养良好的工作作风和令行禁止的行为规范,增强人防专业队队员的人防(民防)意识,金华市人防办于12月20日组织本级机关、下属单位和部分人防专业队开展"军事日"活动,进行队列动作、战术基础、轻武器实弹射击等军事技能训练。来自金华电业局、市住房保障处、新世纪集团、晟元集团、广福医院等单位的近百名人防专业队队员参加训练。

【人防宣传教育】 依托市人民广场人防坑道投资建成市区首个融"人员疏散点、避暑纳凉点、宣传教育点" 三位一体的 "人民防空宣传教育展示点",布设了人防发展历史、防空防灾知识、自然灾害预防等图板资料,供社会群众、机关团体、学校学生免费参观,并积极筹划"人防宣传教育展示馆"建设;充分利用社会媒介宣传人防工作,在《金华企业》杂志、《金华广播电视》周报开辟人防专刊,广泛宣传人防法律法规、人防建设成果、人防工作动态等内容;抓住"3·1国际民防日""5·12防灾减灾日"" 9·18国防日""10·31人民防空创立日""防空演习" 等重要时机,广泛开展广场宣传、社区巡展、学校互动、演讲比赛、有奖征文、知识竞赛等活动;继续开展党校人防教育工作，做好党校中青班与市管干部班的人防课程安排；在市区初中学校全面开展人防教育的基础上,选择金师附小、育才小学开展了人防教育进小学试点活动,融入发放防空警报、组织人员疏散、组织自救互救、评选优质人防课件等内容,取得良好的教育效果。

(姚永来)

政 法

综 述

【概述】2012年,全市政法部门把为党的“十八大”胜利召开营造和谐稳定的社会环境作为全年工作重点,全力推广落实“八个方面成功经验”,积极探索推进“五个重点项目”建设,妥善处置了“吴英二审”“万家购物”“涉日游行” 等重大涉稳事件,部署开展政法干警核心价值观大讨论,平安金华建设取得新进展。“110”社会应急联动工作在全省推广,各类违法犯罪得到有效打击,严重刑事犯罪、侵财性犯罪、安全生产事故“三下降”,人民群众的安全感、满意率进一步提升,连续四年获评全国30个最安全城市。

【中共“十八大”安保维稳工作】市委书记办公会、市委常委会多次召开会议,专题听取安保维稳工作情况报告,分析研判维稳工作形势,解决信访涉稳突出问题。在全市范围组织开展了“十八大”安保工作涉稳问题专项风险评估,对可能影响“十八大”安全的重点领域、重点行业、重点群体、重点人员等不安全、不稳定因素进行分析评估,及时研究对策意见,消除各类苗头隐患,得到了省、市领导的批示肯定。建立健全每周维稳要情专报、每半月维稳形势分析、特定时期每日维稳形势会商研判等制度,对全市安保维稳工作进行通报,多渠道、全方位健全预测预警工作机制, 牢牢把握工作的主动权。各地、各部门切实把安保维稳工作摆上突出位置,成立了党政主要领导挂帅的安保维稳工作领导小组,设立了情报信息研判、重点对象稳控、信访人员劝返等工作小组,统筹安排,周密部署,逐人、逐案(事)、逐时段落实教育稳控责任。县、乡两级党政主要领导率先垂范,带头包难案、破难题、解民忧,强力推进各项安保维稳工作的落实,成功实现了“十八大”期间的“零进京”上访。

【“两排查一促进” 专项活动】开展了4000名农村“两富”局级指导员“进村入户、解难维稳”活动, 先后对排查出来的两批166件和207件突出涉稳问题进行滚动交办督办, 并组建10个督查组,分别进驻各县(市、区)进行专项督导,87件涉稳突出问题得到有效化解。对全市23件矛盾纠纷和重大公共安全问题进行了交办。建立了市委政法委委员和市政法部门主要负责人“两排查一促进”专项活动联系点制度,先后集中组织开展了三次矛盾纠纷大排查活动,全市共排查出矛盾纠纷23308件,调处成功22496件,调处成功率达96.5%。共排查流动人口305.16万人、特殊人群2.47万人、各类安全隐患66656个,化解整治64678个。全市共排查发现治安重点地区73个, 完成整治38个, 破获刑事案件2507个,抓获犯罪嫌疑人1802人。

【“网格化管理、组团式服务”工作】推广了市经济技术开发区“网格化管理、组团式服务”试点工作模式,按照管理更精细、服务更直接的要求,在乡镇(街道)、社区(村)、网格等搭建多个层面的服务平台。充实社工队伍力量,整合各种有特长、专长人员及志愿者队伍,畅通信息渠道,建立健全条块对接转换、部门联系互动、群众共商共建等机制,有效搭建了“有群众就有网格、有网格就有平台、有需求就有服务”的基层服务管理格局,形成了有金华特色的基层社会管理新模式。全市共划分网格13181个,组建服务团队24956支,人数达113592人。

【矛盾纠纷“大调解“工作体系】着力完善矛盾

纠纷排查调处规程及诉调、检调、警调衔接机制,在婺城区召开了全市推进诉调衔接及司法确认工作现场会,加强诉讼调解与政府职能部门、基层行政部门、乡镇调解的对接,形成党委政府统一领导、政法综治牵头协调、职能部门共同参与、社会各界整体联动的诉调衔接大调解工作格局。在巩固完善医疗纠纷、交通事故等领域行业性、专业性调解组织的同时,全面总结推广永康市劳动争议联合调处工作机制建设经验,整合人力社保、司法、工会等部门职能,推进市、乡镇(街道)、村(社区、企业)调解组织建设,形成了部门相互配合、职能相互补充、流程相互衔接的劳动争议调处工作机制。

(郭文锦)

公　安

【概述】 2012年,金华各级公安机关以中共十八大安保为核心,以“五化三治”(即防范社会化、打击专业化、管理法制化、服务人性化、队伍正规化,科学治警、民主治警、依法治警)建设为主线,深化隐蔽战线斗争,抓获3名涉恐分子;捣毁一批邪教聚会窝点,抓获一批“实际神”邪教教徒;妥善处置“万家购物”网络传销案(事)件等引发的涉稳风险。年内,全市共接报警3117613起,处警853170起。共立刑事案件59217起,破27557起,破案率为46.54%;共立经济案件3408起,破2260起,破案率为66.32%。共发现受理治安案件101866起,查处81671起,查处率为80.18%;查处违法人员40322人次。共发交通事故1453起,死亡498人,受伤1389人,直接经济损失4288836元,同比分别下降4.4%、3.68%、13.78%、3.27%。共发火灾事故465起,死亡8人,受伤3人,直接经济损失571171元,同比分别下降2.72%、11.11%、25%、8.46%。“破案会战”综合战果居全省第一、全国“百城”竞赛第六,经侦“8·31”专案组、治安“10·21”专案组被公安部记集体一等功,打击多发性侵财犯罪专项行动综合成绩居全省二类地区第一。打黑除恶专项斗争战果居全省二类地区第二。省委省政府在金华召开110社会应急联动工作现场会,推广“金华样本”。义乌市公安局及东阳市公安局吴宁派出所分别被命名为“全国县级公安机关执法示范单位”“全国基层所队执法示范单位”,金华市局、婺城分局、义乌市局被评为“浙江省依法行政示范单位”,义乌、婺城、东阳等7个县市局(分局)被评为执法质量优秀单位。在省厅组织的7个警种比武中,夺得5个第一、2个第三,继2008~2011年连续4年获得年度比武团体总分第一之后,再度蝉联团体总分第一名。年度公安工作综合考评成绩列全省同类地区第一名。5月,金华市局刑侦支队连续第三届被公安部评为“全国优秀公安基层单位”。年初,根据浙江省人民政府依法行政领导小组下发《关于命名浙江省依法行政示范单位的决定》金华市公安局被命名为2012年度“浙江省依法行政示范单位”。6月25日,金华市公安局出入境管理局接待大厅被中共金华市委创先争优活动领导小组评为金华市“先锋服务窗口”。金华共有义乌、婺城、东阳、兰溪、磐安、金东、江南等7个县、市(区)公安局被评为2012年度全省执法质量优秀单位,排名位居全省第一。

【深化国保基层基础工作】 2011年开始,按照新时期国保工作的要求,金华市公安局组织开展县级公安国保规范化建设。通过功能区改造,搭建综合信息平台,建立健全工作机制,弘扬忠诚文化,开展专干培训等措施,打造专业化、信息化、实战化的县级公安国保工作体系,有效夯实国保工作基础。2012年6月14~15日,省厅在金华召开全省国保基层基础规范化建设现场会,推广金华经验。全市共有派出所109个,共有在编民警5978人(女警614人),占总人口的1.27‰。

【刑侦管辖案件侦破工作】 截至12月20日,全市共立刑侦管辖案件55464起,破案24937起,破案率为45%,同比上升4.1个百分点,其中,五类案件发174起,破174起,破案率为100%;共移送起诉12366人,同比增长32.68%。

【命案侦破工作】 截至12月20日,全市命案发102起,破101起,现行命案破案率为99.02%,同比上升0.14个百分点,连续4年创历史新高,全市除义乌外,9个县(市、区)命案破案率达100%;共攻克命案积案8起,抓获外省命案逃犯34人,会诊特审重大疑难复杂案件10起11人。

【“打黑除恶”工作】 2012年，金华各级公安刑侦部门以黄、赌、毒为重点，组织开展涉黑涉恶违法犯罪线索排摸、收集及打处工作。截至12月20日，共侦办有组织犯罪6个，判决1个；侦办恶势力团伙123个，同比上升18.27%；打处涉案人员850名，破获案件790起。

【打击多发性侵财型犯罪专项行动】 2012年3月~12月，金华市局以打击跨地市以上系列性、团伙性侵财犯罪为重点，组织全市公安机关开展此行动。截至12月20日，全市共开展专项督导4次，组织“春雷”集中抓捕行动5次，召开阶段性推进会6次。共接侵财警情124555起，共破侵财案件29177起，移送起诉侵财犯罪嫌疑人9396名，移送审查起诉系列性、团伙案件649串，专项行动成绩居全省同类地区第一名。

【刑事科学技术室达标工作】 12月，经公安部认定，金华各县、市公安局（分局）刑事科学技术室全部达到公安部二级以上标准，其中，婺城分局、义乌及东阳市局刑事科学技术室被公安部命名为一级示范技术室，永康市局、江南分局刑事科学技术室为一级技术室，兰溪、金东、武义、浦江、磐安刑事科学技术室为二级技术室。

【出租车治安管理】 2012年，金华市局刑侦支队在继续加强出租车治安管理工作，积极探索创新出租车治安管理工作新举措。依靠“一套班子，两块牌子”的职能优势，开展协辅警队伍集中教育整顿活动，优化队伍组合，提升协警综合素质。加强县际卡点建设，打造出租车治安管理点、线、面立体防控体系，巩固特色品牌。至年底，全市共设出租车出城登记站32个，其中新建县际卡点7个，基本形成点、线、面的防控体系，互查互管、协查布控、互通信息、交流合作等实战功能日渐显现。全年共抓获各类违法犯罪嫌疑人1197人，同比上升7.55%，其中全国在逃86人，同比上升19.44%，杀人犯罪嫌疑人3人，刑事拘留567人，同比上升24.89%，缴获毒品6818.27克，同比上升18.06%，缴获赃款赃物价值947.9万元，同比上升93.85%，破获刑事案件851起，治安案件349起。破获“2·29重大毒品案”“3·13”重大诈骗案”“4·27杀人案”等一批大要案，是年2月7日，金华市局刑侦支队出租车治安管理大队抓获公安部A级逃犯刘维宁，得到国务院总理温家宝的批示肯定。

【发挥专家引领作用】 2月，金华市局为进一步发挥专家人才和先进典型的引领作用，确保刑侦专业人才的阶梯式可持续发展，以“陈素青工作室”（陈素青，全国审讯办案专家，浙江省刑侦专家，全国打黑除恶先进个人、省模范人民警察、浙江省十大警界先锋，个人一等功两次、二等功一次）和“林文录工作室”（林文录，全国优秀人民警察、金华市劳动模范、金华市专业技术拔尖人才、自2005年开始连续四届被评为浙江省刑侦专家）为平台，从全市抽调人员，分攻坚型和培训型人才进行跟班学习。年内，两工作室共举办培训班3期共18人次。

【“破案会战”】 3月1日~8月31日，金华市公安机关开展“破案会战”专项行动。其间，全市共立经济案件3167起，为上年同期8倍，破案1627起，为上年同期4.5倍，移送起诉各类经济犯罪嫌疑人5708名，为上年同期17倍；发起集群战役27起，侦办部批案件1起、部督案件29起，自侦大要案件160起，人均打处数排名全省第一，整体工作绩效位居全省一类地区第一名，在全国“百城竞赛”中位居第六名。

【“打四黑除四害保民生”专项行动】 2012年，金华市公安机关继续开展该行动。截至11月，全市共破获治安管辖刑事案件2100起，其中省督、部督案件26起，黄赌犯罪团伙321个，移送起诉犯罪嫌疑人1860人，“5·6生产、销售假农药案”被公安部评为打击假农资十大经典案件之一，“5·22毒豆芽案”公安部、省厅专发贺电。

【食品安全百日整治大行动】 1~12月，金华市公安机关共破获食品药品案件1036起，战果位居全省第一。11月21日，金华市局作为全省公安机关唯一先进集体代表，在省政府召开的总结表彰会上作交流发言。

【市区节日武装巡逻】 2011年12月28日~2012年2月6日，金华市局特警支队在市区开展武警巡逻工作。其间，共出动警力558人次，抓获嫌疑人23人，其中刑事拘留10人，行政拘留2人；市区“两抢”警情同比下降25%。

【巡防协警队伍集中教育整顿】 5月17日~8月17日，金华市局巡特警部门组织全市3200余名巡防协警参加此活动。全市参加该活动。其间,共开展政治理论、法律、礼仪规范、警容风纪、内务条例等知识培训学习120余次,制定、完善、修订各类管理考核及奖励制度共计32份200余项,发现及整改队伍隐患40余处,清退问题人员20余名。

【交通安全活动】 3月15日~6月30日金华市局组织全市开展查控事故、扫黑点、预防交通事故百日竞赛活动。其间,共出动警力38796人次,查获道路交通违法行为662891起;其中不按规定安装号牌7323起,无证驾驶3498起。年内,金华市各级公安交警部门共确定省市级事故多发点段和临水临崖路段69处,开展交通安全隐患排查治理投入治理经费2337.03万元,治理完成67处,完成率97.10%。4月20日~12月31日,金华市公安机关开展深化交通秩序整治暨创建交通文明街区活动。在建立健全停车收费、交通安全设施维护养护及交通堵点节点挂牌治理机制的同时，重点对机动车不按规定掉头、停车,机动车违反禁令标志,机动车随意变更车道,机动车未按导向车道行驶,机动车逆向行驶,非机动车驶入机动车道,非机动车、行人不按交通信号灯指示通行,行人横过道路未走人行横道或过街设施八类10项严重影响拥堵的交通违法行为实行严管重罚,减少机非车辆、动静态交通互相干扰,实现城市交通通行有序。年内,全市共查处八类容易造成拥堵重点交通违法行为94.4万起,其中市本级16.9万起。

年内,金华市公安机关继续开展查禁“酒驾“工作,扩大整治区域,将整治重心由城区主街道向郊区、农村道路转移;城区与农村并重,加强对重点时段、重点部位及重点路段的检查力度,成效显著。截至12月底,全市共查处酒后驾驶12291起,其中醉酒1076起,拘留1156人。

【清剿火患战役】 2011年9月26日至2012年2月29日，金华市局消防部门组织全市开展清剿火患战役。其间,全市共发生火灾81起,无伤亡事故,直接财产损失47.8万元,同比上年,火灾起数下降73.7%,人员伤亡下降100%,直接财产损失下降94%。

【地震接援拉练】 8月16~17日,金华市局消防支队在武义举行跨区域地震接援实战拉练。救援队员随身携带地震救援包,并利用支队自主研发的地震救援携行车60余件救援设备，模拟条件最艰苦、环境最复杂的地震环境,开展徒步行进、水上横渡及野外宿营等科目的训练,较为真实地检验了地震救援队快速反应、力量集结、徒步跋涉能力,切实提升了官兵的实战经验。

【社会应急联动工作】 金华市公安局在“一号码、一站式、一体化”应急联动模式的基础上,以“集约化接处警、智能化指挥调度、一体化应急联动”为路径,将联动单位拓展至75家,统一联动标识车辆、发放联动标识制式背心，推动应急联动实体化、规范化运作。在全省首创联动指令短信派单模式,实现一线联动力量“点对点”高效指挥。开发“应急预案和应急资源管理平台”，实现应急预案和应急资源数字化管理，有效提高应急救援保障能力。2012年,全市共调度联动单位处警4.1万余次,同比增长7.16%。6月20日,省委、省政府在金华市局召开社会应急联动现场会,省委副书记、省长李强(时任省委副书记、政法委书记、省综治委主任),省委常委、公安厅长刘力伟，省人大常委会副主任厉志海、省政协副主席王永昌等省市领导共同出席会议,向全省推广应急联动工作“金华经验”。

【破获非法经营黄金期货案】 2011年8月31日,金华市公安局根据中国人民银行金华市支行反洗钱中心提供的线索,经前期调查,发现王志勇账户资金往来异常,据此依法对王志勇等人涉嫌非法经营黄金期货行为立案侦查,代号为“8·31专案”。经侦查发现,2008年2月以来，以郭建军等人为首的家族式涉案集团,未经国家主管部门批准,借“中天黄金交易中心有限公司”等名义,非法从事无实物交割的黄金、外汇期货等业务,先后在全国31个省、市、自治区、直辖市发展公司及个人代理商6000多个,招揽客户4.6万余人,涉案金额18.6亿元,累计交易额1.53万亿元。2月20日凌晨,根据公安部、省厅的统一部署,金华市局在多地公安机关的大力配合下,分别在金华、杭州、嘉兴、深圳等集中抓捕行动,先后抓获该涉案团伙主要犯罪嫌疑人23名。3月10日,在公安部经侦局、省公安厅经侦总队的统一下，全国涉案28个重点省(市、区)发起代号“铸金行动”集群战役，共摧毁分布涉案省市的公司及个人代理商600多个，打处犯罪嫌疑人468名。全国共抓获犯罪嫌疑人329名。该案是浙江省“破案会战”之中涉案金额最大、抓获人员最多的案件之一，9月，该案被公安部评为“破案会战”全国十大精品案件，10月，专案组被公安部记集体一等功。

【破获新型地沟油案】 2011年10月，金华市公安局江南分局民警在辖区桥儿头村走访过程中发现有收购各种废弃油脂、各类肉及肉制品加工废弃物等非食品原料炼制的地沟油嫌疑，随即向该局领导汇报。10月21日，介入调查，代号为“10·21”专案。经查，2005年，犯罪嫌疑人李卫坚向陈汝清、陈新海、倪晓峰等人收购各种废弃油脂、各类肉及肉制品加工废弃物等非食品原料炼制地沟油，在明知此地沟油为非食用油脂的情况下，将此销往上海仕明油脂公司、重庆坤兴食品公司、江苏连云港康润食品配料公司等食用油脂生产企业。而采购方在明知李卫坚炼制的地沟油为非食品原料的情形下，仍向李购买地沟油通过再加工后销往食品加工企业，进而流向餐桌供人食用。2012年3月21日，根据公安部、省厅统一部署，在多地公安机关的配合下，金华市局及江南分局抽调200余名警力，对“10·21”专案进行集中收网，共抓获犯罪嫌疑人13名，捣毁金华、宁波、嘉兴、安徽宿州、上海金山、江苏连云港、重庆江北等地生产、销售有毒、有害食品窝点13个，扣押废弃油脂、各类肉及肉制品加工废弃物等非食品原料和成品、半成品“食用油”3200余吨，涉案价值约1500余万元，此案告破。7月27日，金华市公安局“10·21”制售地沟油专案组被公安部记集体一等功。

【处置油罐爆炸事故】 11月15日下午17时43分，武义县白洋百花山工业园区荷花路12号捷达油脂公司油罐发生爆炸，接报后，金华市公安局消防支队迅速从支队特勤大队及武义、金东、永康、江南、义乌、东阳消防大队调集20辆消防车100余名警力赶往现场处置。23时，事故成功处置，此次事故造成1名群众死亡。

(张旭华)

检　察

【概述】 2012年，全市检察机关围绕经济社会发展大局，全面履行法律监督职责，着力提高执法办案综合效果，大力加强检察队伍和基层基础建设，各项工作取得了新的进展。全省市级检察院综合考评及所辖基层院综合考评均继续名列前三；市检察院获综合考评优胜奖、基层检察院建设组织奖，市检察院反渎局被授予“全国检察机关优秀反渎局”称号，公诉二处荣获“全国反假货币工作先进集体”称号。义乌市检察院、永康市检察院荣记集体一等功，5个集体、3名个人荣记二等功；义乌市检察院、永康市检察院、浦江县检察院被评为省级先进基层检察院，3个单位获得基层检察院建设进步奖，2个单位荣获省级文明接待示范窗口称号。

【打击严重刑事犯罪】 共受理提请批准逮捕案件7832件12495人，移送审查起诉案件13560件22704人，受案人数同比分别上升20.61%和63.04%。突出加强涉众型犯罪案件的办理，依法批捕非法集资类犯罪22人，起诉18人，涉案金额10亿余元；对“万家购物”网络传销、“中天黄金”非法经营黄金期货、“6·30”跨国电信诈骗等一批重大敏感案件，积极应对，依法妥善处置。严格审核把关，确保办案质量，共不批准逮捕991人，不起诉522人，提起公诉案件有罪判决率达100%。

【查办和预防职务犯罪】 共立案查办贪污贿赂犯罪案件101件126人，渎职侵权犯罪案件41件49人，为国家挽回直接经济损失1320余万元。集中力量查办贪污贿赂大案要案，大案比例达到96%，其中有31人被判处10年以上有期徒刑。积极查处行业性、领域性职务犯罪，依法查办医疗卫生、文化、金融等领域犯罪15人，工程建设领域28人，涉农惠民领域21人，重大食品药品安全事件背后案件5人。切实加大反渎职侵权工作力度，查处玩忽职守、滥用职权等行为造成国有资产损失100万元以上或者人员死亡的重特大案件13件，科级干部17人，依法查办工商、国土、林业等行政执法人员渎职犯罪16人。深入机关、学校、企业、乡镇开展预防警示教育78次;会同相关部门将预防警示教育列入党校教育培训的必修课程。加强警示教育基地建设,全市已投入使用3家;市检察院会同有关部门筹建的浙中预防警示教育基地于2013年建成并投入使用。围绕24个省、市级重点项目与建设单位及其主管部门开展预防共建活动,提供行贿犯罪档案查询2711批次。完成预防调查报告和年度预防报告83篇,有五个县(市、区)的党委、人大主要领导在有关报告上做出批示肯定。金东、磐安等地在非公经济组织和社会组织开展检察预防活动,拓展预防领域。

【诉讼监督】 共依法监督侦查机关立案154人,监督撤案41人;纠正漏捕64人,纠正漏诉150人;刑事抗诉56件,已改判39件;对认为确有错误的民事和行政裁判抗诉74件,已改判、发回重审或调解结案53件;开展民事督促起诉27件;监督纠正减刑、假释、暂予监外执行不当51人次。着力强化监督措施,会同市公安局制定刑事拘留监督工作规定,会同法院健全抗诉工作机制,会同有关部门实现看守所监管信息联网、监房安全监控联网以及社区矫正工作信息管理系统联网。围绕市人大常委会主任会议专题听取刑罚执行监督工作报告,在全市组织开展刑罚执行与监管活动专项检查。围绕执法不严、司法不公背后的问题,立案查处司法人员职务犯罪22人,有效增强监督的刚性。

【化解社会矛盾】 认真落实宽严相济的刑事政策,积极推进执法办案风险评估预警、刑事和解、检调对接等工作,对符合条件的轻微刑事案件、未成年人犯罪案件等依法从宽处理;成功调处民事行政申诉案件29件,4件被评为全省检察机关优秀调处案例。妥善处理各类来信来访1810件。对疑难复杂案件,采取领导包案、司法救助等措施妥善处理。对生活确有困难的被害人及其近亲属救助38人次,发放救助金28万余元。全市10个基层检察室积极对接"网格化管理、组团式服务"平台,认真开展矛盾纠纷调处、基层执法司法监督、涉农职务犯罪预防等工作,共办理轻微刑事案件140多件,查处职务犯罪3人,走访行政村130余个,接待群众来访700余人次,参与各类调处80余件次

【工作创新】 会同市法制办牵头召开了全市行政执法与刑事司法相衔接工作联席会议。全市共开展行政执法检察监督84件,其中市检察院针对金义都市区规划范围内乱搭乱建、金义都市区规划核心区域出现大量工业污泥等问题发出10件检察建议,均取得良好效果。检察建议促进行政执法的工作经验,被省检察院发文推广。积极推进侦查信息化建设,建立案件质量定期评查制度、外国人犯罪案件专门办理等工作机制,全年共有16项机制和经验做法被最高人民检察院、省检察院发文推广或各类会议交流。其中,婺城区检查院积极探索保障电子商务发展的做法得到高检院曹建明检察长批示,义乌市检察院关于跨国知识产权犯罪的调查报告获得省委、省政府主要领导的肯定,永康市检察院"检察办案智库建设"获评全省检察机关年度三项创新成果之一。着重加强案件集中管理工作,市检察院和两个基层院已经成立专门案件管理机构,初步构建了"统一受案、全程管理、动态监督、综合考评"的执法办案管理新机制。强化对不批捕、不起诉等案件的备案审查工作,从中发现并督促整改有瑕疵案件6件,有效提高案件质量。研究制定职务犯罪案件审查逮捕工作细则,坚决监督纠正不规范办案行为。围绕证据制度的新规定,对非法证据排除工作开展先行先试,引导规范执法向更高层次发展。市检察院研究制定关于服务和保障金义都市区建设的15条工作意见,促进两级检察院强化服务意识和工作措施,并通过报纸、电视等媒体加强宣传,得到市主要领导的批示肯定。

【自身建设】 学习贯彻中共十八大精神,组织开展政法干警核心价值观教育实践活动,举办全市检察机关践行政法干警核心价值观演讲比赛,选送人员参加全省检察系统演讲比赛获得一等奖。组织干警开展"我的检察故事"博客征文活动,从中挖掘感人事迹,增强教育活动的感染力。注重检察宣传工作,5篇作品获选第八届浙江省检察好新闻。围绕学习贯彻修改后的刑诉法、民诉法,组织干警参加电视电话培训16次,举办反贪、反渎、公诉等各类业务培训7次,参加上级院组织的培训230人次,邀请刑诉法专家、中国人民大学教授陈卫东作专题讲座,促进提高学习效果。大力开展岗位练兵与业务技能竞赛,举办全市优秀公诉人、十佳侦查监督检察官以及预防技能、公文写作等业务竞赛,涌现了

全国优秀、全省十佳、全省优秀等10人次，1人获评第三届全省检察业务专家，1人由省检察院推荐参评全国检察业务专家。成立市院机关青年联合会，为增进干警学习交流、强化自我教育和自我管理搭建平台。深入推进基层检察院建设，义乌市检察院被最高人民检察院确定为全省唯一的基层“四化”建设示范院，永康市检察院被最高人民检察院确定为检察文化建设示范院。推进科技强检工作，各业务条线网上办案系统全面运行，各类案件信息数据库建设统筹推进，电子证据分析、心理测试等侦查技术手段综合运用，全年共完成各类鉴定64件，心理测试16件，检察工作科技含量明显提升。

（张洪峰）

法　院

【概述】 2012年，金华两级法院扎实开展“三项推进”和“制度执行力落实年”活动，各项工作取得新的进展。共受理各类案件116396件，办结116592件，其中，中级人民法院（以下简称“中院”）受理案件14270件，办结14364件，同比分别上升13.7%、14.7%，未结403件，同比下降18.9%，呈现“两升一降”的良好审判态势。全市法院、中院人均办案数连续5年居全省之首。

【刑事审判】 宽严相济惩治刑事犯罪。共受理刑事案件19682件，审结19658件；共对1408名罪犯判处5年以上有期徒刑，挽回经济损失1478.4万元。继续扩大刑事案件指定辩护范围，共为2250名被告人指定辩护人，同比上升186.6%。重视保障刑事案件被害人权益，使520件刑事案件被害人获得5166.49万元民事赔偿。进一步规范减刑假释工作，共办理减刑假释案件8114件，收缴罚没款1500万元。调判结合化解民商事纠纷。

【民事审判】 受理民商事案件56960件，审结57076件。坚持调解优先，力促案结事了，调撤率达60.41%。注重涉案民生保障，妥善审结婚姻家庭、劳动报酬、教育医疗等涉民生案件6081件。强化中小企业知识产权的司法保护，开展知识产权“三审合一”工作，共审结案件2304件，为促进企业创业创新发展提供司法保障。注重协调化解行政争议。

【行政案件审理】 共受理行政案件572件，审结599件，同比分别下降9.4%、3.5%。加大行政协调力度，一审案件经协调后和解、撤诉178件，占41%。积极参与市政府对有关行政机关的依法行政考核，继续发送年度行政审判白皮书、司法建议，有效推进了法院与行政机关的良性互动。其中，中院向市政府报送的《行政诉讼成因与对策》的司法建议，受到党委政府的充分肯定。

【案件执行】 新收执行案件35878件，执结35950件，到位标的额42.08亿元。协助省高级人民法院（以下简称“省高院”）建立与银行的点对点查控机制，通过银行查控平台，查询被执行人38198人次，执行到位标的额2.65亿元；继续深化应急联动执行，执结案件148件，到位标的额550万元，主要做法受到省政法委、省高院充分肯定。扎实开展涉特殊主体案件的专项执行，累计实体执结33件，到位标的额2730万元。开展“春节前集中执行”等涉民生专项执行活动，执结案件2287件，到位标的额3593.74万元，确保困难群众及时实现权利。

【信访工作】 依法妥善处理群众诉求，认真做好释法明理工作。对于当事人申诉有理的，依法及时审查，共裁定或决定再审180件，其中维持40件，改判、发回66件，调解、撤诉等59件。妥善办结中央政法委交办的案件43件，其中实质化解30件，息诉罢访率为69.77%，居全省前列，受到省政法委的充分肯定。依法化解全国人大转办涉诉进京访案件，实质化解7件，息诉罢访率为70%，获“十八大信访维稳工作优秀奖”。

【司法保障服务】 制定中小企业司法帮扶实施意见，成立帮扶中心，联合市政府召开帮扶推进会，形成工作合力。共走访重点联系企业170余家，排查法律风险329项，提出法律建议182条，制订并发送法律风险提示手册3万余册，有效提升企业风险防范能力。依法妥善审理涉企纠纷，共处置涉企纠纷18756件，涉及金额78.98亿元，成功调处8598件企业债务危机，化解劳动争议案件670起，妥善审理了5件破产案件，取得良好的社会效果。及时与司法局出台实施意见，与人民调解组织、司法所、交警大队等建立对接平台,实现诉调衔接机制全覆盖。强化对人民调解员的培训,累计授课69场1500人次,组织庭审现场观摩171场,派员参与业务指导和案件协调1696人次。加强对基层法院的指导督查,定期通报进展情况,有力推进工作。全市法院均设有调解窗口,配有调解员46名,共委托调解案件12594件,成功调解10654件,占同期民商事收案总数的20.23%,司法确认案件5077件。主动与行政机关会商,制定《关于办理国有土地上房屋征收与补偿案件审判和执行工作的意见》;召开府院联席会议,对房屋征收与补偿案件形成"裁执分离"的共识,中院增设行政二庭,专项负责此类案件的审查、裁决,获省高院主要领导批示肯定。积极服务重点项目工作,参与政府重点工程建设协调工作,共计25项50余次,为党委政府决策提供法律意见,确保了城镇规划建设和金义都市新区建设的顺利进行。

【提升工作服务效能】 健全基层司法服务网络,推广远程立案、预约开庭、巡回审判,切实方便当事人诉讼;扩大简易程序适用范围,适用率达76.59%。探索网络拍卖方式,最大程度实现拍卖标的价值。加大司法救助力度,共缓、减、免交诉讼费134.13万元,确保困难群众打得起官司。建立健全案件质量评查体系,确立瑕疵案件评定体系,实行质量瑕疵责任倒查,切实提高办案质量。规范司法建议工作,发送司法建议154件,相关部门及时反馈意见,主要做法在全省法院院长会议作经验交流,并获最高法院充分肯定。规范立案信访窗口标准化建设,完善"一站式"服务功能,全市法院立案大厅实现省级"文明窗口"全达标。加强对基层法院的监督指导,建立发改案件的交流沟通机制,注重新类型、疑难案件的研讨,统一裁判尺度,提升司法权威。加大信息技术的应用服务,配备电子"办案助手"、裁判文书智能纠错等系统软件,方便法官办案。

【队伍建设】 深入开展政法干警核心价值观教育主题实践活动,开展了价值观大讨论、邀请市纪委领导讲授廉政课、举办演讲比赛等活动,深化干警对核心价值观内涵的认识。强化司法廉政建设。在春节后首个工作日,开展"廉洁司法教育日"活动,认真学习省高院《柔性处理,艺术拒绝——法院干警拒礼、拒请、拒托提示手册》,加大集中警示教育力度,坚持周末发送廉政短信,筑牢拒腐防变的思想防线。扎实开展司法巡查,出台实施意见,强化自查整改,受到省高院的充分肯定。中院已完成对3家基层法院的司法巡查,共走访人大、政协等部门18次,与相关代表谈话160多人次,及时反馈意见,提高巡查实效。深入开展审务督察、院风院貌巡查,成立专项督查组,实行交叉巡查,共巡查341次,通报102期,对4名干警予以通报、效能告诫等处理,有力促进了作风建设。扎实推进法院文化建设,举行书画笔会、法官授职典礼,加大法院荣誉园地建设,引领风清气正的法院新风尚。加强文体设施建设,丰富活动内容,成功举办了首届趣味运动会,积极参加市第八届运动会并获优异成绩,不断增强队伍的凝聚力、向心力。强化业务知识培训,共组织参加岗前培训、专项培训达668人次。加强审判实务调研,及时转化调研成果,共完成全国、省级重点调研课题8个,公开发表论文98篇。注重年轻干部的培养,共派出4名干警到不同部门挂职锻炼;坚持德才兼顾、以德为先的原则,新选拔了13名中层干部。继续抓好"办案能手""青年突击手"的评选工作,有力激发了干警的工作热情,共主动加班2702人次。加强对人民法庭工作的指导,6家法庭被评为"省级模范五好法庭"的好成绩。婺城婺北法庭、永康龙山法庭已完成建设选址。

(李　茜)

司法行政

【特殊人群教育管控】 依照2012年3月1日施行的《社区矫正实施办法》,出台《金华市司法行政系统社区矫正工作风险评估与处置办法(试行)》,增强社区矫正工作质量。实施《金华市社区矫正工作安全单位定级挂牌制度》,对各地社区矫正工作进行动态监察。开展社区矫正"基层组织队伍建设年"活动,与县(市、区)司法局签订了《金华市社区矫正监管安全责任书》,开展排查整治、重点管控、应急处置。省第十三次党代会和党的十八大召开期间,围绕"两控一无、二不发生"的目标,专题部署落实特殊时期安保工作措施，共排出重点社区矫正人员315名，建立了监管动态档案，实行重点教育、重点帮助、重点转化，确保实现“社区矫正人员在矫正期间不发生重大恶性案件、不发生影响社会稳定的重大问题”的安保目标，全力维护社会稳定。开展帮教安置工作，积极协调将符合最低生活保障条件的社区服刑和刑释解教人员纳入最低生活保障范围，解决好医保、劳保、落实责任田等问题，为其提供免费的技能培训和就业指导，努力提高就业谋生能力，帮助其顺利回归社会。

【人民调解】 开展矛盾纠纷“大排查、大调处”专项活动，为党的十八大的胜利召开营造和谐稳定的社会环境。完善人民调解多元化矛盾纠纷调处机制，全市已建人民调解委员会7522个，人民调解员25933名。进一步加大行业性专业调委会建设，在规范完善医调、交调组织的同时，积极推动劳动争议调委会建设，继续探索在市场、物流中心、异地商会、物业管理等开展人民调解组织建设。义乌、永康两地在快递物流行业协会和异地商会建立了人民调解委员会；浦江在乡镇建立流动调解室和调解主任兼任村级便民服务中心司法行政服务岗位；兰溪在老年协会成立调解组织；婺城与金华电视台新闻综合频道共同建立了“娘舅”调解工作室等，不断丰富人民调解组织网络。一年内，指导调处矛盾纠纷51389件，成功49617件，成功率达到96.55%。多元化人民调解机制建设获省厅2012年度工作“推进奖”。与市中级人民法院联合制定下发《关于深入推进诉调对接与司法确认工作的实施办法》，增强人民调解协议效力，积极引导和鼓励当事人依法选择人民调解等非诉讼方式解决纠纷。与市公安局联合下发了《关于人民调解调处治安纠纷的若干意见》，全市104家派出所已全部建立人民调解窗口，全市驻公安派出所人民调解窗口共调解各类矛盾纠纷21503件，调解成功21021件，调解成功率为97.8%。继续探索人民调解参与轻微刑事案件和解工作，婺城、永康、浦江、武义、兰溪、金东等地已经建立检调对接工作机制。医调会和交调会等行业性专业调委会职能作用日益显现，全市8个医调会共调解医患纠纷323件，调解成功率86.8%，其中死亡案件106件，索赔金额5239.61万，实际赔付1764.2万。全市10个交通事故调委会及33个人民调解工作室，共调解交通事故损害赔偿纠纷14625件，调解成功13781件，调解成功率94.23%。

【法律援助】 认真组织实施“法律援助为民服务创先争优年”主题活动，法律援助中心全部完成沿街落地建设。加强法律援助与司法鉴定的衔接，依法为犯罪嫌疑人、被告人和被害人等提供辩护和代理，促进司法公正。根据国家社会保障政策和本地实际，积极创造条件，进一步降低门槛，做好农民工、下岗失业人员、残疾人、妇女儿童等困难群众法律援助工作。拓展法律援助的覆盖面，继续完善“12348”舆情收集报告制度，围绕市委市政府的重点工作，组建专项法律援助专家顾问团，积极参与矛盾纠纷化解工作，逐步把信访案件纳入到法律援助范围，缓解政府部门的信访化解压力。深入实施“法律援助情暖农民工工程”“法律援助春苗工程”“法律援助夕阳红工程”等五大法律援助服务工程，认真组织“法律援助进军营”系列活动，提高法律援助工作的质量，提升法律援助的公信力。一年内，全市共受理法律援助案件5613件，接待来电来访法律咨询47990人次，同比分别增长29.99%与15.22%。

【法律服务】 将“帮扶企业、助推发展”作为法律服务最大的课题，开展“助推民营经济发展法律服务年”活动。全市法律援助中心设立了“民营经济发展法律服务窗口”，组建“民企法律服务团队”，服务中小企业转型升级。截至2012年年底，全市1090名执业律师办理各类案件24694件，业务收费2.5亿元。全市259名基层法律服务工作者办理各类案件3957件，业务收费1311万元。依法加强公证行业的监管力度，在义乌市公证处开展了ISO9000质量管理体系建设的试点工作，2012年全市办理公证案件26848件。认真开展司法鉴定机构认证认可工作，金华职技院司法鉴定所、金华精诚司法鉴定所和金华广福司法鉴定所已经通过省级资质认定，上年，全市司法鉴定机构办案鉴定案件6443件。

【法律顾问】 做好各级政府法律顾问工作。着力为市政府重大基础设施建设、重大项目投资起草相关法律文书，参与谈判及决策过程，保障项目的依法进行以及政府资金的安全。政府法律顾问参与处理政府涉法事务,以及涉及政府的行政纠纷和其他重大纠纷。已参与起草、审查规范性文件192份。实行律师信访值班制度,配合信访部门为依法处理疑难信访案件提供法律咨询意见,对上访群众提供法律援助。实现农村法律顾问全覆盖。金华市司法局于2008年启动"百名律师联百村"活动,到2012年年底,已为全市5128村(社区)免费配备了法律顾问,"一村一顾问"的工作目标圆满实现,农村法律服务资源匮乏、农民对市场化的法律服务承受能力差的突出矛盾得到有效缓解。试点以来,全市村(社区)法律顾问共为村(居)民提供法律咨询11.7余万人次,开展各类法律知识培训(讲座)2312场,帮助村(社区)起草修改规章制度、法律文书8937份,提供法律援助7411件,参与调解纠纷5466件,参与处置涉法信访757件。

【法制宣传】 会同市民政局制定出台《金华市市级"民主法治村(社区)"动态管理办法》,对现有及新申报命名的"民主法治村(社区)"实行动态管理。建立重点对象学法用法联席会议制度,深化"法律六进"活动。下发《关于开展"社会主义法治文化建设年"活动的实施意见》,成立媒体法律顾问团,办好《金华日报》的《专家说法》栏目,开通"金华普法"微博,推出对农广播《乡村法律》栏目,深入推进金华法治文化建设。

【自身建设】 根据《浙江省司法所建筑外观形象设计及标识规范》要求,加快司法所外观标识建设。部署开展"五好司法所"创建活动,三星级规范化司法所达14家、四星级规范化司法所达3家,整体提升司法所的履职能力。一年内,司法行政系统涌现出了一大批先进典型。厉一民等6人被评为全国人民调解能手;赵魏信等14名同志被评为全省人民调解能手;浙江国权明达等6家律师事务所被评为全省律师行业党建工作模范所;楼建航等7名律师被评为全省律师行业模范党员;永康市司法局古山司法所等3家司法所被评为四星级司法所;义乌市医疗纠纷人民调解委员会主任陈津颜被评为第三届最具影响力人物;廖新明等5名同志被评为百名优秀人物;磐安县司法局被评为全省司法行政系统信访工作先进集体。

(方延平)

仲　裁

【概述】 2012年,金华仲裁委员会共受理各类案件556件,涉案标的额8.9亿元,仲裁案件的调解和解率、快速结案率、自动履行率分别达到85%、80%、90%,案件裁决被人民法院撤销和不予执行率,均低于1%。案件审理重视处理群体性案件。建立了群体性及敏感案件的信访稳定机制,加强对仲裁员和当事人的思想动态的掌握,对突发事件能够及时反应并提前妥善处置,预防信访、上访事件的发生。对于重大疑难、复杂案件,制定了集体研究制度和专家咨询制度,以确保对此类案件的办理质量,妥善解决纠纷,避免矛盾激化,提高仲裁委公信力。在公交线路改革后部分车主就赔偿问题进行仲裁的群体性重点案件处置中,针对车主人数众多,行为偏激,出现了打、砸桌椅,威胁工作人员和当事人等行为,及时采取安抚措施,取得信访、政法委等有关部门的支持,控制了事态的进一步恶化,做好了中共十八大召开期间的维稳工作。拓展仲裁服务领域,健全联络机制。一是对历年内的案源分布情况进行分析摸底,形成分析材料,确定案源拓展大方向。二是与有关市本级政府部门、县市区政府、银行系统、国有企业等案源较多的单位建立联络员制度,加强仲裁工作联系。这一措施获得了各部门的大力支持,并取得一定效果。三是结合联络员制度,将案源拓展和走访联系任务分配给仲裁委员工,并建立专项考核制度和激励机制,确保案源拓展出成效。圆满完成换届工作。6月,金华仲裁委于顺利完成了换届工作,成立了第四届金华仲裁委员会。新一届仲裁委组成人员共有15名,由市政府常务副市长、法制办主任、及市级有关部门和行业的领导组成;聘有仲裁员190名,人员组成趋向年轻化和专业化;从职业律师、优秀仲裁员、法律专家及学者中公开选聘了咨询专家16名。采取网络化管理模式,规范仲裁员队伍管理,将所有仲裁员按照不同行业性质分成8个小组,每个小组由15~30名仲裁员组成,设组长和副组长各1名,负责落实传达仲裁委的仲裁工作指导意见及日常的仲裁员管理工作。抓好宣传工作，提升仲裁制度影响力。一是邀请市政协副主席刘净非、许章才带队的一行12名政协委员对金华仲裁工作进行视察，政协委员对仲裁工作提出建设性意见和仲裁委对仲裁法律制度的宣解形成互动。二是提升内部刊物《金华仲裁》的品质，从9月开始，通过与省、市新闻出版局积极沟通联系，已获得正式刊号，强化该刊物的宣传效果。同时，在新制作的法制办网页上开辟《仲裁天地》栏目，充分发挥好网络宣传的作用。

（吴韩君）

消　防

【概述】 2012年，坚决贯彻总队党委“三深化三提升三建设”工作部署，消防工作和部队建设健康发展。一年来，全市共发生火灾465起，直接经济损失571.18万元，死亡8人，伤3人，同比上年，分别下降2.72%、11.11%、25%、8.46%。成功承办全省建筑消防设施专项调查测试试点暨现场会、全省部队政治工作会议、跨区域拉动和战勤保障跨区域实战演练、训练塔改造试点以及5次浙西战区攻坚组队员、班长骨干集训等重要任务；获总队后勤岗位练兵比武竞赛第一名，实现三连冠；获总队“精品课件”评比第一名、乒乓球比赛团体和个人第2名；在全省基层指挥员比武竞赛中，历史性地取得了团体总分第3名和个人项目总分第1名；全年有3个党团组织、11名党团员受到总队以上表彰，1名战士荣立个人二等功，41名官兵荣立个人三等功。在全省消防部队党委扩大会议上，支队被表彰为“2012年度先进支队”“支队级党委建设好班子”“一对好主官”“正规化建设先进支队”“安全工作先进支队”“军事行政工作先进集体”“防火监督工作先进集体”等，取得了金华支队有史以来最好成绩。不断完善“三位一体”廉情预警和“干部考察、纪检调查、风险排查、回访监察、财务审查”廉政防控机制，坚决拒收涉企涉农慰问费，严格执行服务地方经济建设十条措施，确定每月9日为消防服务日，部队作风建设经验在全省政治工作会议上作了典型发言。一年内，实现了队伍零违纪、安全零事故、执法零诉讼，确保了部队纯洁稳定和集中统一。

【消防救援】 提请市、县两级政府分别出台了“地方消防经费保障标准”，全市共争取地方正常业务经费4034万元，同比增长17%；在全省率先争取到市本级“十八大安保”专项经费300万元。先后有4个消防站建成，2个主体竣工，4个立项。总价值7900万元的车辆装备陆续配备到位，11月，又招标采购了价值4900万元的17辆消防车和1万余件(套)器材装备。提请金华市政府出台了“进一步加强消防工作的实施意见”，召开“网格化”管理现场会并在全市推广，建立大、中、小网格近2万个；金华市政府与市本级15个行业主管部门、市公安局与各县(市、区)分局首次签订消防工作目标责任书；市区居住出租房整改合格率达97.4%，超额完成了年度任务；1362家重点单位完成了 “户籍化”管理三项备案。办理了2件消防伪劣产品案件，建立了防火门产业“四位一体”长效监管机制。推动各级政府、职能部门、公安机关齐抓共管，圆满实施“清剿火患”战役、十八大消防安保等活动。清剿火患战役期间，全市共发生火灾81起，无伤亡情况，直接财产损失47.8万元，与往年同期比，火灾起数下降73.7%，人员伤亡下降100%，直接财产损失下降94%。中共十八大保卫战期间全市公安机关和消防部门共检查单位75549家，发现火灾隐患132537处，整改火灾隐患117565处，罚款858万余元，临时查封305处，责令三停536家，拘留157人。开展建筑消防设施专项调查测试、化学品危险源专项调查和地震救援拉练等活动，熟悉掌握全市1183家危化品储存零售企业和1362家重点单位消防设施底数，建筑消防设施专项调查测试试点经验在全省推广。2012年，全市部队共接警出动6048次，抢救疏散1298人，保护财产价值9.03亿元，成功处置浙江捷达油脂有限公司油罐爆炸事故，金华消防支队先后调集武义、金东、永康、特勤、江南、义乌、东阳7个大队20辆消防车100余名警力前往现场处置。成功处置了兰溪女埠丰雪针纺厂等火灾和永康飞龙山游客被困等事故，参与了抗击超强台风“海葵”。

【宣传培训】 将消防宣传元素融入“十八蝴蝶”

“九狮图”、婺剧、道情等地方特色传统文化,组建了护士、腰鼓、夕阳红等107支特色消防志愿者服务队,开展消防志愿者“拍客团”、中小学生暑期消防安全实践等活动3726次,在全省清剿火患战役总结表彰会上,作为唯一的“宣传工作突出支队”作了经验交流。研发并运行“建(构)筑物消防员管理系统”,全年共培训建构筑物消防员1335人、消防安全管理人3118人、人员密集场所工作人员1.98万人。

(王跃武)

外事 侨务 台湾事务

外　事

【引资引智工作】 2012年6月，由副市长谢春涛率领的侨务引智代表团访问美国，分别参加了在旧金山和波士顿举行的“2012浙江民营资本与海外人才智力对接活动暨海外高层次人才洽谈会”，达成了40个人才引进项目意向，其中横店集团家园化工有限公司与美国李建民博士达成了医药中间体项目的长期合作协议。代表团在底特律召开了“金华市海外引才推介会”，向60多位华人华侨、留学生详细介绍了金华的总体情况、宣传了金华市海外引才的政策和举措。与美国大湖创新中心联手成立了金华市首家“海外引才工作站”。永康在德国法兰克福成立海外工作站；浙江今飞凯达轮毂股份有限公司投资500万美元在世界房车之都美国阿尔卡特郡设立物流中心；牵线青年汽车集团与美国房车公司洽谈房车合作项目，双方达成合作生产“12米级自行式陆地私人飞机”式房车意向；与以色列驻沪总领馆联系，推动青年汽车集团与以色列Feldman公司开展技术合作，青年汽车与以色列方面达成出口1000辆豪华大巴的意向；促成金华市佳乐乳业有限公司与以色列SCR技术服务公司签订了技术合作协议。积极参与“浙洽会”等重大涉外活动，配合市外国专家局，做好来自美国、法国、意大利、俄罗斯、日本等14个国家17个专家组织19名负责人的接待工作。努力做好海内外浙(婺)商回归工作。配合做好“侨商回家——海外浙商金华行”活动，来自美国、西班牙、意大利、法国、德国、荷兰、波兰、罗马尼亚、匈牙利、柬埔寨、秘鲁等20个国家的百余位海外浙商漂洋越海回国参加了此次活动。配合做好省侨办第十七届浙江旅外乡贤聚会有关工作，组织4家侨企在省人民大会堂展出《喜迎党的十八大，浙江侨商回归风采》展板。组织开展“海外侨领看金华–走进金义都市区”活动，邀请来自法国、德国、意大利、西班牙的21位海外知名侨领来到金义都市新区考察，召开项目推介恳谈会，引起了侨领浓厚的投资兴趣。参与接待了参加浙(婺)商回归创业创新大会的海外婺商代表。配合金义都市新区做好项目资金引进工作，先后组织12批110多名海外侨商考察金义都市新区，达成大的项目投资意向2个，意向投资金额200多亿人民币。

【外事管理】 出台了《关于进一步加强党政机关因公出国(境)管理的通知》。5、6月份先后实行了因公出国(境)和邀请外国人来华网上申报，组织了全市网上申报培训。2012年全市共审核审批因公出国(境)任务315批803人次(市本级280批688人次)，全市党政人员因公出国181批389人次，实现党政人员因公出国人数“零增长”的目标。全市邀请外国人抵华4779批5965人次（其中义乌邀请外国人来华4641批5764人次）。收回因公证照395本(含通行证5本)，收缴率达100%。上交省外办公务护照121本，整理过期护照246本。办理APEC商务旅行卡300张，使企业“走出国门”更加方便快捷，全年办理因私签证528批922人次，领事认证381件。妥善处置涉外事件，积极服务维稳大局，2012年金华市共发生各类涉外事件200多起，其中死亡5起，参与协调处理10多起。

【出访管理】 全年市领导团组12批54人次出访，推动了全市经贸、科技、教育、文化、农业等多领域多层次的对外交流与合作。

6月10日至6月18日，副市长谢春涛率由市委组织部、金华经济技术开发区等相关单位和部分重点民营企业的负责人组成的代表团,赴美国进行访问考察。代表团参加了在旧金山和波士顿举行的“对接活动”达成了人才引进意向40个;在底特律举行金华市海外引才推介会;与大湖创新中心签署金华市海外引才工作站建站合作协议;访问了马科姆郡,进一步了解马科姆郡的总体情况,拓展两市郡友好关系;访问韦恩郡,并探讨两市互结友城的可能性。

7月23日至8月1日,市人大常委会副主任钱世茂率团赴法国、土耳其进行访问考察。在法国,代表团拜会了威立雅交通巴黎地铁亚洲公司负责人,了解该公司在各国的城际轨道建设的情况,并实地考察巴黎T3轻轨线路，学习巴黎在城际轨道建设的先进经验。考察了威立雅交通巴黎地铁亚洲公司在尼斯的项目,了解该项目从规划到实际运行的详细情况。在土耳其,代表团访问了友城埃雷利市,拜会了埃雷利市市长,就两市未来两年的友好合作进行洽谈。此外还召开了城市道路交通建设专场座谈会,与当地的相关部门就城市道路交通建设方面问题进行了探讨交流。

10月8日至17日，市人大常委会副主任程子林率团赴南非、以色列进行访问考察。在南非,代表团访问了友城布法罗市，拜会了市长祖吉斯娃·维罗妮卡·妮萨女士以及其他相关部门的政府官员,并重新签署了金华—布法罗友好城市协议。代表团前往伊丽莎白港市参观了“南部非洲汽车展”。在以色列,代表团拜会了海法市政府食品安全局,听取了海法市食品处官员有关以色列食品立法方面的介绍，了解了以色列食品立法方面的先进经验,同时也介绍了中国食品安全现状。

10月9日至18日，市政协主席郑金平率政府代表团赴俄罗斯、保加利亚进行访问考察。在俄罗斯,郑金平一行分别拜会了中国驻俄罗斯大使馆和俄罗斯莫斯科工商联合会，代表团还考察了莫斯科—义乌国际商贸中心。在保加利亚,代表团访问了普罗夫迪夫市,考察了保加利亚保中商业发展协会、ASPI建筑设计集团公司、SIENIT投资集团和TODOROFF葡萄酒工厂。通过访问考察,双方达成了一些共识与合作意向。

10月26日至11月4日,副市长蔡健率市农业考察团对西班牙、匈牙利进行了访问考察。代表团实地考察了生猪屠宰加工企业、农场、村镇和农贸市场,与火腿、葡萄酒生产厂商进行了接洽,为开展与上述两国食品加工技术及贸易合作奠定了基础。

12月11日，市政协副主席王建平率经贸考察团访问了印度尼西亚、澳大利亚。代表团先后参观了印尼雅加达Cimory牧场、澳大利亚冰诺娃乳业公司、托卡尔牧场、城市牧场和MLA牛羊肉管理机构等。拜访了印度尼西亚印中中小企业商会、澳大利亚中国工商业委员会和当地奶牛养殖业人员。考察团一行还拜访了金华友好人士、前新南威尔士州议长办公厅主任曼宁斯先生和前戈斯福德市秘书长威尔逊先生。

2012年金华市部分出访团组

表5

序号	出访时间	团长职务、姓名	出访地点	出访任务	人数
1	2012年6月	金华市副市长谢春涛	美国	海外引才	6
2	2012年6月	金华市副市长朱福林	德国	建筑节能与低碳生态城市专题研究班	1
3	2012年7月	金华市人大常委会大副主任钱世茂	法国、土耳其	考察城际轻轨	6
4	2012年9月	金华市副市长黄小杭	日本	经贸交流	1
5	2012年10月	金华市政协主席郑金平	俄罗斯、保加利亚	生态城市建设交流	6

续表 5

序号	出访时间	团长职务、姓名	出访地点	出访任务	人数
6	2012 年 10 月	金华市人大常委会副主任程子林	南非、以色列	友好访问、卫生考察	6
7	2012 年 10 月	金华市副市长蔡健	西班牙、匈牙利	农业考察	6
8	2012 年 10 月	金华市市长徐加爱	澳大利亚、新西兰	专题培训	1
9	2012 年 10 月	金华市人大常委会副主任王国强	巴西、阿根廷	经贸考察、招商推介	4
10	2012 年 11 月	金华市副市长傅利常	巴西、智利	经贸考察	5
11	2012 年 12 月	金华市政协副主席王建平	印尼、澳大利亚	经贸考察	6
12	2012 年 12 月	金华市政协副主席刘净非	美国、加拿大	社会保障制度考察	6

【来访管理】 2012 年接待国（境）外重要来宾 13 批 111 人，接待使领馆官员 60 批 160 人次，接待市长访问团 7 批 35 人次。

2 月 21 日至 22 日，外交部部长助理乐玉成一行在省外办领导的陪同下来金华考察调研。实地考察了义乌国际商贸城、巨龙箱包集团、东阳横店影视城等地；了解各地对金融危机后经济形势的判断及应对措施，研究如何更好地发展中国外向型经济。

2 月 9 日至 10 日，莫桑比克共和国总理艾雷斯·阿里在中国外交部非洲司副司长孙保红、省外办副主任顾建新等陪同下访问金华。考察了义乌国际商贸城及非洲商品展销中心；到浙江师范大学参观了非洲博物馆和非洲研究院学术成果展厅，并与非洲研究院学者就中非交流的相关问题进行了座谈。

2 月 15 日至 17 日，德国驻上海总领事芮悟峰博士访问了金华。在金华期间，芮悟峰参观了义乌中国小商品城、太平天国侍王府、双龙洞景区、青年汽车集团和横店影视城等，详细了解了金华与德国在各个领域的交往情况。

3 月 3 日至 8 日，受迪恩市市长保尔·拉如委托，德国迪恩市政府外办主任海尔莫特·戈尔戴茨一行前来金华进行友好访问。3 月 4 日晚副市长傅利常会见了代表团，海尔莫特·戈尔戴茨展示了迪恩市计划向金华市回赠的两市结好 10 周年纪念礼物--友谊球的原材料。友谊球是一个用先进材料编织成的地球仪，友谊球上将标出迪恩市和金华市的距离，并用 LED 灯来回连接。访问期间，代表团的 10 名医生赴金华市中心医院各个科室进行交流；代表团中的教师代表赴金华市外国语学校、金东区实验中学、金华市第一职校、第四中学和南苑中学参观访问，并洽谈互结友好学校事宜。代表团还赴义乌国际商贸城和进口商品馆、横店影视城和中国木雕城参观。

3 月 27 日至 29 日，乌克兰波尔塔瓦市第一副市长杰尔卡其·奥克桑娜一行 4 人来金华市考察访问。副市长傅利常会见杰尔卡其·奥克桑娜一行，并与其签署缔结友好城市备忘录。在金期间，杰尔卡其·奥克桑娜考察了万里扬公司、今飞集团、婺南农业高新园区、加华种猪公司等企业。

5 月 15 日，澳大利亚戈斯福德市市长劳伦斯·约瑟夫·马赫率领的代表团一行来金华访问考察，市长徐加爱会见了代表团。戈斯福德市代表团参观了金华市佳乐乳业有限公司、金字火腿股份有限公司永康、义乌相关企业。

5 月 20 日，南非布法罗市市长祖吉斯娃·维罗妮卡·妮萨一行抵达金华市考察访问，常务副市长陶诚华会见代表团一行。布法罗市代表团参观了金华市青年汽车集团、今飞控股集团等企业，并与今飞控股集团达成初步合作意向；代表团还参观考察了兰溪。

7 月 19 日，保加利亚共和国驻上海总领事馆总领事白爱琳一行 3 人访问金华，金华市副市长傅利常会见该团。宾主双方就金华与保加利亚开展经贸、文化和旅游合作深入交换了意见。

8月22日，市长徐加爱会见了由郡长罗迪诺率领的美国印第安纳州阿尔卡特郡代表团一行。副市长傅利常参加了会见活动。罗迪诺率领代表团赴青年集团、今飞集团考察对接。随团来访的美国索尔房车公司，是美国历史最悠久、产品系列最齐全、研发制造能力最强的房车企业，房车产销量占全美的30%以上，是美国房车制造业的龙头企业。青年集团与索尔公司就合资合作等事宜进行深入对接与洽谈并达成意向。代表团还参观考察了金义都市新区。

8月27日，德国迪恩市常务副市长哈拉尔德·西佛斯一行10人访问金华，副市长傅利常会见了代表团。双方就加强友好往来，在更广泛的领域展开深入的合作与交流达成了共识。到访期间，迪恩市代表团出席了迪恩－金华友谊球揭幕仪式，与市外侨办就推动设立在金办事处等事宜进行了磋商，考察了金华市公交集团公司、万象花卉和古子城，参观了义乌市、婺城区的部分相关企业。

9月2日至3日，联合国教科文组织驻华代表处文化处主管卡贝丝女士访问金华，市长徐加爱会见了卡贝丝女士一行。联合国教科文组织驻华代表处与浙江省民营企业发展联合会是合作伙伴关系，此次卡贝丝女士等与浙江省民营企业发展联合会及有关方面组成联合考察团，来金华考察金华市工艺品市场发展和徽章项目认证中心落地以及其他项目框架内合作意向的洽谈对接。在金华期间，卡贝丝女士一行考察了金义都市新区，双方就徽章项目认证中心落地事宜进行了交流洽谈。考察了浦江具有代表性的工艺品企业。

10月21日至23日，加拿大皮克灵市市长大卫·约翰·瑞安率领的代表团一行访问金华，市长徐加爱会见了代表团。徐加爱代表市政府与皮克灵市长签署友好交流关系意向书。金华八中和加拿大天勤教育集团签署合作意向书，双方同意结成战略合作伙伴关系，就教师培训、学生互访等方面展开全面的友好合作。

10月24日，新加坡驻上海总领事王首毅一行访问金华，市长徐加爱会见了代表团。双方表示将在经贸、科技、教育、人文等领域展开交流与合作。期间，王首毅一行考察了义乌市青岩刘村、国际商贸城进口商品馆和浙江东晶电子、金华比奇网络有限公司等。

11月13日下午，市政协主席郑金平在市文化中心会见了保加利亚旅游投资发展促进局主席伊万·迪米洛夫·托多罗夫一行。论坛期间，曼达·斯托扬诺娃副议长等保方官员与邵国强一行进行会晤，就金华与保加利亚今后如何开展合作与交流进行了洽谈，双方签署了合作备忘录。

11月20日，新加坡总理公署部长兼环境及水源部第二部长、外交部第二部长、新加坡－浙江经济与贸易理事会联合主席傅海燕率领政府及企业代表团一行40余人访问金华。陪同来访的有新加坡教育部兼通讯及新闻部高级政务次长沈颖、新加坡驻上海总领事王首毅，以及由新加坡国际企业发展局组织的20余位新加坡知名企业负责人等。市长徐加爱会见了代表团一行。访金华期间，代表团一行参观了金字火腿有限公司、金华比奇网络技术有限公司，赴义乌市进行了考察访问。

【外事活动】 举办金华市第二届"涉阿"商贸活动。2012年9月20日在金华职业技术学院举行，由金华职业技术学院、市对外贸易经济合作局、市外侨办、中国国际贸易促进委员会金华市支会联合主办。埃及驻北京大使馆商务处参赞艾依曼·阿里·奥斯曼博士等120余人出席了研讨会。该次研讨会以"聚合政校企三方智慧，拓展涉阿商贸新领域"为主题，政府、学校、企业、专家精英汇聚一堂，深入交流，合作共享，共同搭建了解和投资阿拉伯国家、开展双边贸易的高端平台与沟通桥梁，进一步推动和促进金华开放型经济的转型升级。

组织企业团参加"保加利亚投资论坛"。2012年11月20日，金华市外侨办组织由市政协副主席邵国强率领的企业家代表团赴上海参加"保加利亚投资论坛"。来自保加利亚的政府高层决策者、公司高管、金融顾问等介绍了保加利亚高潜力行业的投资项目。保加利亚国会副议长曼达·斯托扬诺娃(Menda Stoyanova)女士和保加利亚经济、能源及旅游部部长德利安·多布雷夫(Delian Dobrev)先生等出席了此次论坛会。论坛期间，曼达·斯托扬诺娃副议长等保方官员专门与邵国强一行进行了会晤，就金华与保加利亚今后如何开展合作与交流进行洽

2012年金华市接待的部分来访团组

表6

序号	到访时间	团组名称(团长职务)	团长姓名	人数	会见(宴请)
1	2月9日	奥地利维也纳新城市长	米勒	3	朱福林
2	2月9日	莫桑比克共和国总理	艾雷斯·阿里	6	吴锋民
3	2月15日	德国驻上海总领事	芮悟峰	2	傅利常
4	3月3日	德国迪恩市政府外办主任	海尔莫特·戈尔戴茨	15	傅利常
5	3月27日	乌克兰波尔塔瓦市副市长	杰尔卡其·奥克桑娜	4	傅利常
6	3月29日	以色列总领事馆总领事	艾雅克	3	林一心
7	4月10日	全国政协副主席	何厚铧	17	徐加爱
8	5月15日	澳大利亚戈斯福德市市长	劳伦斯·约瑟夫·马赫	7	徐加爱
9	5月20日	南非布法罗市市长	祖吉斯娃·维罗妮卡·妮萨	9	陶诚华
10	6月8日	浙洽会外国专家组织	基多保格罗诺	19	黄小杭
11	7月19日	保加利亚驻沪总领事	白爱琳	3	傅利常
12	8月28日	德国迪恩市政府副市长	哈拉尔德·西佛斯	12	傅利常
13	9月2日	联合国教科文组织驻华代表处文化处主管	卡贝丝	2	徐加爱
14	9月24日	澳门特区妇女联合总会会长	贺定一	1	陈一新
15	10月22日	加拿大皮克灵市市长	大卫·约翰·瑞安	5	徐加爱
16	10月24日	新加坡驻沪总领事	王首毅	8	徐加爱
17	11月13日	保加利亚总统办公厅主任	伊万·托得罗夫	4	郑金平
18	11月20日	新加坡总理公署部长	傅海燕	40	徐加爱

谈。与会的金华企业家们还就葡萄酒进口等具体项目与保方进行了详细洽谈并达成了部分意向。

【友好城市交流】 2012年，全市新增友城7对(市本级2对，义乌3对，兰溪、浦江各1对)。市本级与乌克兰波尔塔瓦市签署缔结友好城市关系备忘录，与加拿大皮克灵市签署缔结友好交流关系意向书。填补了金华市在中欧、加拿大无友城的空白，友城布局进一步完善。

7月17日至26日，应友城美国印第安纳州阿尔卡特郡郡长罗迪诺的邀请，金华艺术学校组织文化交流代表团一行24人赴美过阿尔卡特郡进行访问演出。当地时间18日上午，代表团在孙虛华纳市进行首场演出，精彩的婺剧折子戏《断桥》《扈家庄》让现场观众大饱眼福。在阿期间，代表团相继赴高升市、拿伯尼市、阿米什人居住区等进行表演及书画展示。当地时间24日晚，代表团在阿尔卡特勒那剧院举行正式演出，演出前播放了10多分钟的金华宣传片，金华艺术学校师生表演了群舞《水墨八咏》，金华书画院常务副院长窦金庸现场作中国水墨画，充分展示了婺剧文化和中国书画的魅力。此次访问演出，增进双方的相互了解，进一步宣传了金华地方文化，提高了金华知名度。同时进一步增进了双方的友好关系。

7月由金师附小教育集团等三所学校的84名师生组成的金华市小学生代表团分两批赴日开展了为期一周的友好交流暨暑期游学活动。在枥木市政府的安排下,师生代表分别前往枥木市立枥木第三小学、枥木市立藤冈小学、枥木市立大平西小学开展了友好交流。师生们观摩了学校,与日本学生举行了联欢活动。并分组参加了日本学生的课堂教学。通过这次访问,金师附小教育集团与枥木市立枥木第三小学、兰溪市聚仁教育集团聚仁学校与枥木市立藤冈小学、兰溪市云山小学与枥木市立大平西小学分别签订了姐妹学校缔结协议书。

8月28日,由德国迪恩市政府赠送的"友谊球"落成揭幕仪式在市民广场举行。金华市副市长傅利常、迪恩市常务副市长哈拉尔德·西佛斯及迪恩市代表团全体成员出席此次活动。"友谊球"是迪恩市政府为纪念与金华市缔结友好城市关系10周年所赠礼物,寓意为两市人民友谊天长地久。该球由迪恩市设计师弗兰克·努尔柏克先生设计，直径为1.814米,总量610千克,球体用与北京国家大剧院相同的KIWI型合金材料编制成，由总部位于迪恩的著名建筑公司GKD公司制造。球上标出金华市和迪恩市的距离,并由LED连接。

8月17日至20日,"中日友好交流城市初中生乒乓球友谊比赛大会"在北京举行。市外侨办组织金华–枥木代表队参加了比赛并收获了优秀奖。

做好"千校结好"工作,全年完成结对学校37对。重视做好对外文化交流及外宣工作,共接待瑞典日报、法国电视二台、英国路透社、日本静冈县电视台等6家境外媒体机构的19名记者来金采访。在境外报纸、杂志、网站等刊发金华各种信息130次以上。完成"外国友人看金华"征文评选工作,获奖作品已编印出版。

侨　务

【海外联谊】 全年共接待海外华侨华人、港澳同胞82批570多人次。4月,接待全国政协副主席、澳门特别行政区行原政长官何厚铧率澳门代表团。在黄大仙祖宫,何厚铧等3人当场捐赠30万元。此次接待,进一步加深了双方的了解和友谊,提升了金华在港澳的知名度。先后3次接待了郭胜华、陈乃科等知名侨领带队的海外侨商代表团考察金华,视察了金义都市新区的规划和开发情况,并达成了在新区投资兴建"珠宝城"项目的意向。接待了联合国世界和平文化大使、世界华人华侨华商联合总会执行主席兼秘书长梁海洋博士一行访问金华,梁博士一行考察了金义都市新区,随行的中美低碳能源基金会副秘书长章文春与新区达成了总投资100多亿人民币的会展项目,并争取逐步将世界华侨华人论坛等多个以华侨华人为主体的品牌活动放在新区举办。接待了日本金华总商会、菲律宾中正学院校友总会及中国东盟中心秘书长马明强、坦桑尼亚中华总商会常务副会长黄再胜、俄罗斯浦江商会会长郑建成、美国加州华商总会会长张金龙等侨团和知名人士。

【侨商会工作】 组织召开侨商会一届二次常务理事会会议,审议通过"2011年度市侨商会财务收支报告",改选了侨商会秘书长,增补了部分常务理事。组织侨商会代表团一行23人赴安徽考察了黄山市经济开发区和歙县经济开发区及金马股份有限公司、奥龙集团、滕泰化纤纺纱有限公司等企业。组织侨商部分会长赴河南省平顶山市参加第四届"华侨华人中原经济合作论坛",期间赴洛阳、南阳等地进行了考察。组织侨商参加由国侨办、湖北省人民政府主办的"第十二届华创会"。配合做好"浙江中非经济文化交流中心"成立的有关工作。组织侨商会新春酒会和迎中秋酒会活动。推荐会员企业金华比德弗国际学校舞狮节目,赴杭州参加浙江广播电视集团主办的"春节晚会"演出。完成侨商会网站建设,做好日常维护更新工作,刊发侨商会《简报》4期,与金华市企业联合会、金华市企业家协会联合主办《金华企业》杂志,全年共在省市级侨务刊物、侨务宣传网站上刊发侨务宣传信息107条,较好地宣传了金华市创业的侨商和侨资企业。

【为侨服务】 配合省侨商会开展"访侨企送服务"活动,组织召开了金华市侨资企业座谈会,请省经贸、金融、法律等方面专家为侨资企业面对面解决困难和问题。配合全市“进千企促发展、一解两送五推进”大走访活动,走访调研侨资企业15家,收集汇总上报难题20条,上报加快发展建议13条。做好“三侨生”身份认定工作。共受理审核17份“三侨生”华侨身份认定材料,同意上报省侨办17份,开具华侨身份认定证明4份。重视侨法宣传,配合市人大赴婺城区、东阳市开展《中华人民共和国归侨侨眷权益保护法》执法调研。重视信访工作,维护侨胞权益,全市受理和办结来信来访50多件次。关心在金华侨身体健康,为出席市政协会议的17名侨商会委员、特邀委员安排免费体检。开展夏令营活动。7月中旬至8月初,在比德弗国际学校举办了“中国寻根之旅夏令营”金华分营活动,来自美国、巴西、俄罗斯、奥地利、南非等国家的24名华裔青少年参加了夏令营。其间,营员们学习了中华武术、婺剧、书法、舞蹈、网络等方面知识,游览了古子城、双龙洞、积道山等名胜。做好华文教育工作。5月份,省侨办陈安副主任一行到金华市华文教育基地金师附小,落实了2名优秀教师赴捷克为期两年的支教任务,12月初,2名教师赴捷克开展支教。认真开展侨务社区建设。与市民政局联合下发了《关于进一步加强社区侨务工作的实施细则》, 健全各项社区侨务工作制度。以社区侨务工作“明星社区”和“示范单位”的创建活动为载体,深入推进社区侨务工作阵地建设,重视创建和办好“侨法宣传角”,广泛宣传侨务法律法规、方针政策和侨情侨史,推动社区侨务文化建设,浓厚社区知侨、爱侨、护侨的氛围。兰溪、东阳各有一个社区被国侨办授予“侨法宣传角”,婺城区杨思岭社区被国侨办授予“全国侨务工作示范社区”称号。认真开展侨爱工程活动。春节期间,走访慰问了兰溪、浦江、婺城、金东等困难归侨、侨眷。重阳节前夕,走访慰问了婺城区兰溪市等归侨侨眷空巢老人,给他们送去慰问品、慰问金。做好捐赠助学工作,今年初,用著名侨领郭胜华捐赠助学资金慰问了金东区、婺城区贫困优秀学生35人,每人送去慰问金500元;赴东阳慰问了四胞胎,送上了由浙江海外交流协会副会长徐旭昶捐赠的1万元现金(共6万元,每年捐赠1万元)。

【荣誉】 2012年, 金华市外侨办被外交部评为“全国外事管理工作优异奖”,并授予“全国地级行政区外事工作先进集体”荣誉称号。首次被评为全省侨务系统先进集体。武义县桃溪镇泽村、婺城区塔石乡后塘村被评为省级侨爱新村。

(叶　峻)

台湾事务

【纪念活动】 台湾义勇队撤离金华70周年暨李友邦将军牺牲60周年纪念活动是国台办首个批复的2012年度重点交流项目,由浙江省台办、金华市人民政府共同主办。5月22日,来自海峡两岸的20多名原台湾义勇队、台湾少年团成员,以及他们的二三代人员赴金参加。台盟中央常务副主席汪毅夫、李友邦将军的儿子李立群、李建群,来自中国人民抗日战争纪念馆、浙江省党史研究室、厦门大学、浙江大学、福建省档案馆,台湾“中研院”、海洋大学、中国时报等有关专家学者近200人参加了活动。中新社、人民网、《联谊报》、《台湾旺报》等数十家两岸媒体对纪念活动进行了专题报道,文字和视频新闻报道被人民网、新浪网、搜狐网、凤凰网、中国评论网、网易新闻中心、台湾旺报、台湾中时报电子网站、东森新闻网等170余家平面和网络媒体进行了转载,引发了两岸对同仇敌忾、英勇抗日的历史回顾和热议,产生了较大影响。

【交流活动】 市台办联合市教育局、海峡两岸文化教育交流研究会主办了2012年两岸三地“中华小作家”青少年作文大赛金华赛区征文活动,促进两岸三地青少年文化和教育交流,增强中华文化的凝聚力和向心力;10月,在武义召开2012中华明招文化研讨会,以“传承明招文化精神,促进文化事业发展”为主题。台湾吕氏宗亲会总会访问团一行10人与浙师大进行明招文化学术交流,对明招文化进行了深入研讨;11月,第七届中国(东阳)木雕竹编工艺美术博览会在东阳中国木雕城举行,博览会设置了海峡两岸木雕现场创作表演赛环节,两岸木雕大师同台竞技求创新;11月, 义乌举办第5届国际森林产品博览会,共有500个台湾商品展位,规格突破史前。其中包含台北世界贸易中心组展的展位

140个,同时举办"台湾馆日"活动、海峡两岸林业产业合作座谈会等。赴台交流工作稳定有序推进。全年全市因公赴台交流团组26个共273人,团组数和人数都较去年有较大增长,考察内容涉及教育、环保、休闲农业、科技、建设等领域。全年全市赴台旅游16279人,较去年有大幅度增加。到金华来旅游探亲考察交流的台湾同胞达66853人次。金台文化教育交流交往频繁。金华职业技术学院与台湾南台科技大学、龙华科技大学、树德科技大学等高职院校交流日趋制度化,2012年金职院有两批15名学生赴台相关院校进行交流深造。组织23名师生赴台湾进行为期7天的参访交流,与台湾相关高职院校师生进行校际合作项目洽谈。上海财大浙江学院、东阳横店影视职业学院分别与台湾相关院校签署了友好合作协议书,就学生、教学、师资、科研等方面进行长期友好、互惠互利的合作往来达成协议。全市有14名学生赴台湾学习深造,其中就读本科7名、研究生7名。台中新闻局局长石静文考察了横店影视城。台北进出口商业联合会一行32人考察义乌的文化产业。8月,由75人组成的"台湾青少年海峡两岸和谐之旅"骑行单车队伍途经金华,历时三天途经浦江、义乌、金东、武义、永康五县市,期间正值台风"海葵"影响,各县(市)台办认真准备、严密组织,顺利完成护行任务。

【对台经贸工作】 2012年初,全省对台经济工作会议在金华市召开,全市贯彻会议精神,对台经贸取得新的进展。推动经贸团组赴台交流。2012年全市共报批48个经贸团,共95人赴台,考察内容涉及广泛,包括体育用品、机械化工、高新科技及汽车产业等方面。支持重点台资企业项目取得成效。台湾大润发超市自2012年初在永康开业以来,每天的营业额平均达70万人民币;市台办继续协助台湾百脑汇等公司进驻金华,初步规划方案已经完成;由全球著名的种猪养殖企业台湾福昌公司投资的婺城区福昌公司已初具规模,项目被列入"浙台农业交流示范基地",目前正在筹建研发中心;由台资企业南仁湖集团投资的高速公路金华服务区项目在国庆期间顺利开业;由台湾青年李英奇任总经理的银泰商务有限公司金华分公司年交易量居全国第二。大力拓展对台经贸交流合作空间。义乌市在国际商贸城、农贸城分别设立了台湾馆,在"文博会"首次设立"台湾馆"。义乌台商贸易大楼项目正在筹建。围绕汽车电子、精品农业、会展、木雕文化等方面进行有效的工作对接,协调金华市农科院等相关单位和台湾方面促成合作意向。继续推进"台湾电子公会"会员单位组团到金华考察,组织台商参加第14届浙洽会。金华市台办组织海关、商务局、公安出入境管理局、工商局、中级人民法院、公证处等部门,为30多家在金台资企业相关负责人作《海峡两岸投资保护和促进协议》及《海峡两岸海关合作协议》宣讲辅导,更好地维护台胞台商的合法权益。

【涉台宣传】 邀请原国台办副主任、现任海峡两岸关系协会副会长王在希来金华市作台海形势报告,市机关各部门、单位分管领导、全市台办系统干部和全市宣传文化系统副科以上干部以及驻金华部队共200多人听取了报告。二是利用各种平台加强涉台教育。利用市委党校市管干部培训班、中青年干部培训班、驻金武警部队、市老年大学等平台开展对台方针政策和两岸形势教育。全年全市举办了80多场次台海形势报告会。利用每个因公赴台考察团组行前教育的机会进行涉台方针政策的教育,严格规范各项考察交流。组织召开2012年金华籍学生赴台就读行前座谈会,并采取成立学生联谊会、家长联谊会、建立QQ群的方式加强赴台学生的跟踪辅导,形成长效跟踪机制。积极发挥台湾义勇队纪念馆开展宣传教育,全年参观台湾义勇队纪念馆人数将超过12000人。

【办理诉求】 全年共接待受理台胞台属来访30次,投诉求助事件18起,结案息诉17起,结案率94.4%,其中涉诉案7起。受理投诉求助电话32个,提供了周到的服务,满意率为100%。婺城、东阳、武义等县市委主要领导亲自走访台胞企业,听取意见,解决困难。义乌市台办充分发挥台商权益保障工作联席会议机制,今年共帮助台商解决各类信访投诉18起。

(李希文)

经济开发区

金义都市新区(金东经济开发区)

【概述】 2012年3月金义都市新区管委会成立,属金华市政府派出机构,主要负责金义都市新区的开发建设。规划建设金义都市新区,是贯彻落实国务院批准的《浙江省城镇体系规划(2011~2020年)》和省委、省政府加快推进浙中城市群发展战略部署的重大举措,是市委、市政府围绕"发展城市群、共建大金华"战略主线,实现"百姓富裕、浙中崛起"总目标,全面开创赶超发展、浙中崛起新局面的重要保证。新区位于浙江中部,地处长三角经济圈和海西协作区交汇点——金义黄金主轴节点,东接义乌,西连金华市区,距国际大都市上海3小时车程,杭州、宁波、温州一线城市都在2小时车程内。新区协调区范围涉及金东区的傅村、孝顺、曹宅、塘雅、澧浦5个镇,义乌市的上溪、义亭和佛堂等3个镇。

【规划编制】 新区成立后,立即组织开展新区总体规划的编制工作。先后组织5批考察组,到全国25个城市和新区,学习借鉴各地建设经验,委托省城规院和中科院编制《金义都市新区概念规划》,开展金义都市新区总体规划及重点地段城市设计方案国际公开招标。在总体规划编制过程中,通过市四套领导班子讨论,征求省级领导的意见,听取人大代表、政协委员的意见,最终提出要把新区打造成为高新产业集聚、金融商务繁荣、科教文卫发达、生态环境优美的"田园智城、都市新区"。新区总体规划协调区总面积305平方千米;总体规划区范围175平方千米。至年底,已完成新区总体规划编制,新区控规、核心区块城市设计以及新区人口、交通、旅游、水资源、生态环境等方面的规划编制也已进入尾声。

【工业经济】 按照"招大、引强、选优"的工作思路,积极参加央(省)企对接、浙(婺)商大会、侨商大会、浙洽会、海洽会、工科会等招商活动,制订出台《工业项目入区审核实施意见》《总部中心招商管理办法》《现代服务业招商管理办法》,明确产业培育要求,提高项目准入标准,重点引进一批高端制造业、高端服务业和高端文化产业。8月21日,签约了首批总投资142亿元的13个工业项目,涵盖汽车整车、装备制造、电子信息、新能源、新材料等领域;11月1日,签约了首批总投资177亿元的11个现代服务业项目,涉及电子商务、文化创意、休闲旅游、城市综合体等产业;12月1日,市政府与阿里巴巴集团签订战略合作协议,建设"中国·金义电子商务新城",打造中国智能物流骨干网关键节点的首个全国样板项目。在原有经济基础之上,积极抓清闲促产、转型升级,做大经济总量。2012年,实现工业总产值167.67亿元,同比增长20.6%;95家规上企业产值78.81亿元,同比增长24%;实现外贸出口交货值56.5亿元,同比增长57.25%;外贸自营出口额4.68亿美元,同比增长41.9%;规上工业企业实现利税4.46亿元,同比增长40.2%,实现利润2.33亿元,同比增长45.4%;实交增值税2.12亿元,同比增长36.1%。

【要素保障】 加强与各方面的沟通洽谈、对接联系,着力破解土地、资金等方面的瓶颈制约,确保新区开发建设的顺利推进。一方面,抓好土地保障。重点做好低丘缓坡综合开发利用试点工作。主要是抓好5项评估和1个方案,"5项评估",即水土保持评估、地质灾害评估、压覆矿产资源评估、环境保护评估和土地利用总体规划评估;“1个方案”,即编制低丘缓坡综合开发利用试点建设实施方案, 目前,低丘缓坡综合开发利用试点方案已经获批,确定一期开发面积为2514.33公顷。加大违章建筑拆除力度,拓展现有土地存量。2012年,共拆除各类违章建筑3.68万平方米, 有效遏制了违章建筑蔓延的势头。10月底启动的新区土地征收工作稳步推进。另一方面,抓好融资保障。加强与各大金融机构的洽谈合作,吸引各类社会资本投入新区开发建设。7月18日,市政府与省建行签订合作协议,省建行在未来三年安排专项信贷资金150亿元,支持金义都市新区开发建设。与中行、农行、工行的合作也取得积极进展。研究制定政府股份制合作平台搭建方案,筹建金华市金义都市新区开发建设股份有限公司,筹备设立金义都市新区发展基金, 首期规划为30亿元。

【基础配套】 根据新区的总体规划和功能布局,加快推进各项基础设施建设,完成基础设施投资10亿元。重点抓好“三路一园”改造工程,其中,金山大道、东华街和精品工业园,自6月12日开工以来,克服施工过程中诸多问题和困难,抓质量、保安全、赶进度。其中“两路”的征迁工作,只用两个半月时间,完成了117户4.8万平方米的房屋拆迁,创造了“新区速度”。金山大道改造工程,已完成大湖沿以北主路面及地下管网的施工;东华街已完成1.5千米的道路建设,占工程量的80%。精品工业园已完成景观及亮化工程; 金港大道自9月开工以来,工程建设顺利推进,已完成南半幅的道路改造。同时,孝川路续建工程、天山路、常春路、庙前路、鞋塘高速路口改建以及各项管网配套工程扎实推进。

【群众工作】 5月31日,根据市委、市政府的部署,结合加快推进新区建设若干意见的出台,召开了新区开发建设动员大会,进一步统一干部群众的思想,明确工作目标,为全面推进新区的开发建设奠定了良好的基础。同时,新区党工委、管委会结合市委、市政府部署的“思想大解放、作风大转变”主题实践活动,部署开展了“百日攻坚”“争当开发尖兵、争创攻坚团队”等活动,攻坚克难、扎实工作,为加快推进新区开发建设提供坚强的组织保障。建立管委会领导、各部(办)联系“两镇一办”制度,开展大调研、大走访活动,管委会和镇(办)广大干部深入基层、深入一线,排摸问题、分析原因、强化举措,妥善处理好了一批历史遗留问题。特别是在制订征迁政策过程中,充分征求和吸收新区老百姓的意见和建议,做到群众利益的最大化。根据都市新区的标准,启动集镇规划修编,做好村庄规划,留足农民建房用地,切实解决农村建房问题;留好新农村发展建设用地,增强村集体经济实力。通过这些政策的实施, 不仅让新区的群众得到了实实在在的实惠,同时新区的开发建设也得到了新区广大群众的大力支持和拥护。

【氛围营造】 对新区的开发建设, 省四套班子领导和省级老领导高度关注。新区成立不久,省委书记赵洪祝、省委副书记、省长夏宝龙、省委副书记李强及一批省级老领导亲临新区考察调研,指导工作, 并充分肯定新区建设的决策部署和推进成果。市委、市政府高度重视新区的开发建设,制定出台《关于加快推进金义都市新区建设的若干意见》,市委书记陈一新,市委副书记、市长徐加爱高度支持、随时关注,及时研究解决困难和问题,所有的市委常委、市政府副市长也都带领分管部门负责人来新区调研,支持新区建设各项工作。目前,市委、市政府已经同意将36个市级机关部门128项审批权限下放或授权给新区, 大大提高了新区的办事效率。同时,设立新区新闻中心,通过新区网站、报纸专版、电视新闻等,及时宣传报道新区开发建设的最新进展,营造全市上下合心合力合拍推进新区建设的良好氛围。

(吴丽娅)

金华新兴产业集聚区

【概述】 2012年,金华新兴产业集聚区确定“健全机制、完善机构、深化规划、制定政策、强化基础、优化招商”的工作思路,开发建设工作取得了积极成效。全年:完成规上工业总产值304.5亿元,增长11.1%;完成固定资产投资104.9亿元,增长49.6%;

工业投资85.3亿元，增长54.1%；实现财政总收入16.9亿元，增长19.4%；实到外资4400万美元，增长22.6%。

【完善规划体系】 积极开展创建省级高新技术产业园区总体方案编制，编制、申报金华交通运输设备高新技术产业园区创建省级高新园区总体方案。市政府常务会议审议通过产业功能分区规划。开展集聚区各功能分区的控制性详规和人口、交通、电力、旅游、水资源等各类专项规划的编制。根据集聚区总体规划的要求，进一步明确各分区的定位。金西分区：按照“打造先进制造业基地”的要求，加快培育产业亮点，扎实推进产城联动，促进人口集聚、产业集群、土地集约、服务集成，不断提高产出效益，努力建设“一二三产互动、山水田城相嵌、产业生态共融”的现代工业新城。金东分区：根据“一年打基础、三年求突破、五年见实效、十年立新城”的工作要求，努力打造高新产业集聚、金融商务繁荣、科教文卫发达、生态环境优美的组团型、田园型、智慧型“田园智城·都市新区”。兰溪分区：打造“新型棉纺织、新材料、先进装备制造业基地”，加快资源要素整合，完善配套功能，建设产城融合、城乡统筹、环境和谐、宜居宜业的现代工业新城。

【配套设施建设】 围绕产业集聚区的功能布局，加快推进农林水利、能源交通、基础设施、公共服务、节能环保等配套设施项目建设。全年，共完成基础设施投资27.7亿元，增长166.9%，完成年度任务的141.5%。金西分区：加快推进低丘缓坡综合开发项目一期180公顷建设和二期280公顷的水电路等基础配套建设，启动三期365公顷项目的前期工作。岭垅湖公园道路框架基本形成，医院、学校、消防站、派出所等生产、生活、服务等配套设施基本建成，金西的承载力、城市功能和人居环境不断得以提升，金西新城格局初现。金东分区：共投入资金10亿元，重点抓好金港大道改造提升、金山大道改造提升、东华街复建、孝川路建设和精品工业园景观改造工程等“四路一园”项目，全面完成年度目标任务。鞋塘高速路口改造以及天山路、常春路和庙前路等改建工程顺利完工。兰溪分区：完成首期53.3公顷招商平台的“七通一平”，开展二期100公顷土地平整；加快推进西环路南延、丹溪大道改造、兰花路延伸、宝龙路延伸等基础设施建设，大力实施企业服务中心、生活服务配套中心、总部经济大楼、纺织品市场、拆迁安置小区等功能配套项目建设，全面完成年度目标任务。

【招商引资】 按照“招大、引强、选优”原则，引进战略性新兴产业项目。共引进项目106个，协议投资额301.7亿元，增长105.7%，完成年度任务的167.6%。金西分区：引进项目40个，计划总投资63.7亿元，其中10亿元以上4家，5亿元以上5个，10亿以上2个。蒙牛、中国五矿、三一重工、佐源集团等一批大项目相继落户。金东分区：共引进项目34个，计划总投资200亿元，其中，工业项目22个，涵盖汽车整车、装备制造、电子信息、新能源、新材料等领域。现代服务业项目11个，涉及电子商务、文化创意、休闲旅游、城市综合体等产业。电子商务项目1个，即阿里巴巴“中国·金义电子商务新城”项目，打造中国智能物流骨干网关键节点的首个全国样本。兰溪分区：引进新型纺织、装备制造、铜铝新材料、新能源等产业项目32个，总投资38亿元。世界500强企业华润集团投资5亿元的华润五丰等大项目相继落户。8月举行了康恩贝金兰大健康产业带双百亿工程启动仪式。

【项目建设】 以“浙中崛起千亿投资系列工程”和“浙商回归金华千亿投资系列工程”为抓手，完善签约项目追踪落实责任制，加快推进入园项目建设。年内，新开工项目127个、完成投入120.9亿元，增长37.8%，完成年度任务的120.9%。金西分区：抓好已入园企业的开工、竣工、投产及提能促效计划。7月31日，举行百亿投资项目开工仪式，总投资110亿元。产业涉及现代食品、生物医药、服务物流、科技五金、新能源新材料等多个领域。金东分区：抓好签约项目的开工建设，目前已竣工34个、投产22个。其中，今飞轮毂一期已投产，今年产值可达10亿元；双泰电动车投产下线，年产纯电动汽车15万辆。兰溪分区：首期53.3公顷招商平台12个项目已经全部开工建设，松康机电、信联机械等9个项目进展顺利。7月31日，兰溪市举行了百亿产业项目集中开工，其中兰溪分区项目21个，总投资53.2亿元。

【要素保障】 出台扶持政策。制定出台市委、市政府《关于加快推进金华新兴产业集聚区建设的若干意见》,包括总体要求、用地保障、财税支持、投融资改革、科技人才支撑、统计监测评价、环境容量配置、组织领导等8个方面的内容。优先保障集聚区建设用地,每年安排新增建设用地总规模的50%以上用于集聚区的开发建设。设立集聚区建设专项资金,市财政每年安排1000万元用于产业集聚区的建设。建立五大监测评价指标体系,明确组织机构、工作职责、人员和经费等。加强集聚区开发运行模式创新,与金义都市新区管委会合署办公,使产业集聚区管委会职能由以统筹为主转向统筹与开发并重的职能转变。市政府已批复同意相关部门放权事项147项,基本实现了“一站式服务、办事不出区”。抓好建设用地储备。获得国土资源部低丘缓坡综合开发利用试点批复,争取到了今后5年2987.7公顷的用地规模。在征迁工作中探索实践“三三制工作法”,共完成征地1866.7公顷,实现农转用报批693.3公顷。抓好资金保障。搭建了融资平台,注册资本总额30亿元的金华市金义都市新区开发建设股份有限公司组建方案已经市委、市政府研究同意,即将成立。积极探索筹建首期规模为30亿元的城市发展基金。多渠道筹集资金,先后与10余家金融机构及投资公司、证券公司进行洽谈,启动实施了一批条件成熟的融资合作项目,获得授信审批资金22.8亿元,已到位资金19.5亿元。抓好人才保障。根据市委、市政府出台的关于加快引进创业创新领军团队和人才的若干意见和实施办法,启动实施引进科技创业创新团队和领军人才“双龙计划”。全年共引进国家“千人计划”2人、省“千人计划”2人和金华技术转移中心、浙江康恩贝制药有限公司国家级博士后工作站等国家级科研机构。

(任　魁)

金华经济技术经济开发区
(金华市高新技术产业园区)

【概述】 2012年,是金华开发区成立20周年,开发区全面贯彻“创业富民、创新强市”总战略,围绕“百姓富裕、浙中崛起”总目标,把握“稳中求进、赶超发展”总基调,抓经济促转型,抓城建促精品,抓科技促提升,抓民生促和谐,抓作风促攻坚,经济社会实现平稳较快发展。金华开发区被市委、市政府评为先进县(市、区)、荣获市级机关部门(单位)工作绩效综合考评第一名、市级机关效能民主评议群众满意度第一、市机关党风廉政建设责任制考核名列第一。

工业经济稳中求进。坚持“稳增长、促转型”,工业经济扎实平稳、难中求进。全年实现规上工业总产值420.6亿元,同比增长13.0%;完成全社会固定资产投资71.93亿元,同比增长35.4%,其中工业投资43.44亿元,同比增长31.5%;完成出口交货值47.4亿元,同比增长15.15%;实现税收收入28.46亿元,同比增长15.74%。汽车及配件产业实现工业产值170.88亿元,同比增长18.5%。金华开发区被评为“浙江省工业循环经济示范园区”,荣获全市工业经济目标责任制考核优胜单位一等奖、全市工业性投入先进单位一等奖、全市开发区(工业园区)建设先进单位一等奖。

招商引资量质齐升。坚持“三驾马车抓招商、党群合力抓经济”,加大浙(婺)商回归和央(省)企对接力度,着力引进一批大项目、好项目。全年引进总投资10亿元以上项目1个,5亿元以上项目2个,1000万美元以上项目6个。实际利用外资3760万美元,实到内资26.42亿元,浙商回归资金到位12.7亿元。

科技创新势头强劲。坚持创新驱动,加大培育力度,扎实推进产品升级和产业升级。新认定高新技术企业21家,高新技术研发中心16家;新认定省软件企业7家,省级工业新产品15项,省级新产品立项26项,省级技术中心1家,省企业研究院2家;实施省工业技术创新项目7项,开展科技合作项目28项;新增企业博士后科研工作站5家,新引进博士4名。电子信息产业实现技工贸总收入141.22亿元,同比增长12.23%。金华开发区被评为“浙江省现代服务业集聚示范区”,为市区被评为“首批国家电子商务示范基地”做出贡献。

项目推进富有成效。坚持“发展是硬道理、项目是实道理”,把扩大有效投入作为稳增长、增后劲的重中之重来抓，组织开展项目推进竞赛，狠抓园区项目推进。开发区百亿投资暨深圳莱宝电容式触摸屏模组等项目如期开工、竣工、投产，其中投产项目15个、竣工项目10个、开工项目10个。

节约集约处置有力。坚持节约集约，切实加大园区低效用地处置力度。盘活处置存量低效用地37公顷，收回闲置低效用地7.93公顷，消化转而未供土地66.47公顷，与17家低效企业签订转型升级协议。积极实施“退二进三”，探索传统产业向现代服务业转型之路，启动豪森电子商务产业园和浙江棒棒科技创业园建设，一期进驻电子商务企业13家。

征地拆迁稳步推进。坚持“依法、程序、规范”，组织征迁攻坚。完成湖海塘区块土地征用85.33公顷，签订农房拆迁协议462户；全面完成湖海塘区块企业、单位拆迁评估，签订拆迁协议5家；电子信息文化创意园一期进入开发实施阶段；完成一环线贯通工程涉及的15家单位、4万平方米的拆(搬)迁。

重点工程进展顺利。坚持“质量、安全、进度”并重，加快城市基础设施建设步伐。完成李渔路优化一期工程、双溪西路优化工程、创业大厦主体工程，实现李渔路优化二期工程主路面通车，打通金磐路、丹溪路等断头路；宾虹西路优化工程、一环路贯通工程进入全面实施阶段；完成梅花公园、双龙南街和新330国道入城口两侧绿地景观建设等绿化工程，新增绿地面积30万平方米；完成路灯安装工程15项，总长22千米。市政、园林绿化、城市管理水平不断提高，精品城市建设不断推进。

民生事业全面发展。坚持“民生优先”，扎实推进构建教育卫生网络、就业养老服务、文化体育设施、城乡社会事业“四个全覆盖”。基本完成西苑小学、十五中、丹溪小学改扩建工程，启动湖海塘九年一贯制学校筹建工作，中考成绩和教育均衡化水平走在前列。创建省“三优”服务示范点1个、“充分就业社区”27个，建成街道优生服务指导中心3个、城乡社区卫生服务站17家、城乡社区养老照料中心(站)4个、农民工幸福家园8家，实施5个农贸市场提升改造，完成10个农房改造项目，民生工程全面完成，幸福江南不断凸显。

社会管理扎实有效。坚持“打防管控”，命案和五类恶性案件连续九年保持全破。加强和创新社会管理，“网格化管理、组团式服务”推进工作成为全市试点示范工程，并在全省会议上作典型介绍。建立健全民情信息预警预报和调处机制，矛盾纠纷化解率97.7%，实现无去京集体访和非正常访、无赴省集体访、无中央和省挂牌交办未办结信访积案、无较大以上安全生产事故的目标，被市委、市政府授予十八大期间信访维稳工作“特别优秀奖”，被评为全省党的中共十八大期间信访工作先进集体。

党的建设不断加强。扎实开展“思想大解放、作风大转变、服务大提升”主题实践活动，坚持理论联系实际，党工委理论学习中心组被评为全省县(处)级以上党委(党组)理论学习中心组先进单位。开展“走企业、解难题”“进千村、帮万户”活动，解决难题134件。建立重点工作和公职人员效能“双问责制”，扎实开展重点工作督查和效能明察暗访。深入开展“党建工作先进单位”创建和基层党组织“五星争创”活动，选派机关38名副局级以上干部做好农村“两富”指导员工作。创新“五覆盖工作法”，实现非公企业党建全覆盖。实施“同等化”管理，探索流动党员管理新路子。招才引智工程实现突破，3人入选浙江省“千人计划”，1人入选国家“千人计划”。组织开展副局级岗位“公推比选”，坚持公开、公平、公正原则提拔任用干部，队伍结构进一步优化。

（洪世海）

金西经济开发区

【概述】 2012年，金西开发区依托“三万亩黄土丘陵，两亿方优质源头活水，一座名扬千年九峰山”的资源优势，按照“台地工业，缓坡乡村，创意九峰，浙中新城”以及“四大功能区联动，一二三产互动，山水田城相嵌，产业生态共融，把金西建设成金义黄金主轴线上的西部桥头堡和现代工业新城”的工作思路实施开发建设，同时，按照市委市政府在《市区重点建设与赶超发展三年行动计划（2013年~2015)》中明确“金西是市区新一轮工业发展的主平台和主战场，金华未来现代工业新城”的发展定位，提出今后三年的发展战略：工业主战场、旅游新亮点、生态立新城、原地形设计、原生态开发、AAAAA景区工业园。金西工业经济稳中有进,招商引资量质齐升,项目建设稳步推进,征地拆迁富有成效,旅游发展亮点纷呈,民生事业全面发展,自身建设不断加强,金西经济社会实现平稳较快协调发展。

2012年实现工业总产值804988万元,完成年计划105.95%,同比增长20.62%,增幅高于婺城区平均水平6.18个百分点;财政总收入29910万元,同比增长19.8%,增幅高于婺城区平均水平21.2个百分点;规上总产值465818万元,同比增长23.9%,增幅高于婺城区平均水平15.06个百分点;规上新产品产值87533万元,完成年计划160.32%,同比增长102.61%,增幅高于婺城区平均水平42.91个百分点;自营进出口20512.36万元,同比增长15.86%,增幅高于婺城区平均水平7.89个百分点;工业投入184648万元,完成年计划105.21%,同比增长45.51%,增幅高于婺城区平均水平9.33个百分点;引进内资182173万元,完成年计划113.86%,同比增长58.33%;实到外资1671.2万美元,同比增长398.87%。完成浙商回归引资81166万元,项目12个。金西的各项工业经济计划指标占婺城区的比重大幅提升,工业投入、招商引资内资及外资分别占婺城区的44.70%、46.39%和98.46%,金西已逐步跨入了市区重点经济增长序列。与全市其他12个开发区相比,金西工业总产值增幅高于平均水平6.52个百分点;出口交货值增幅高于平均水平10.17个百分点;规上新产品产值增幅高于平均水平76.73个百分点;基础设施投入增幅高于平均水平87.71个百分点;企业固定资产投入增幅高于平均水平1个百分点,主营业收入增幅高于平均水平3.68个百分点。企业发展的要素制约主要有:出口产品企业和非终端产品企业受经济和国家调控影响较大;国内贸易虽有小幅回升,但企业单个产品成本上升大于销售价格,造成销售疲软、库存产品多;招工难、用地紧、资金紧仍然是主要困难。

【基础建设】 围绕大平台建设战略和产业集聚区建设,全年完成基础设施投入7.3亿元(同比增长94.45%),新拉开平台框架3平方千米。其中低缓坡丘陵一期、二期基础设施配套建设基本完成;日处理5万吨的省重点项目金西污水处理厂一期实现收费运行,二期项目前期工作进行中;总投资约1.5亿元的峙垅湖公园已基本建成,相邻的100公顷植物园项目正在建设中,绿化面积已达32万平方米;金西小学、消防站已完工,法庭已投入使用,金西医院、公安派出所、消防训练基地、公交枢纽站主体已竣工,香岛大酒店和一批房产项目正在加紧建设。随着这一批基础设施、公建项目、生活配套设施的推进,金西的项目承载力、城市功能和人居环境不断得以提升,金西新城格局初现。

【招商引资】 通过进一步挖掘自身区域优势资源,以“五金科技园”“现代食品加工园”“现代生物制药园”“新能源新材料产业园”“现代服务物流园”等特色产业园为依托,突出产业链招商,发挥产业集聚效应,同时进一步创新完善招商机制与政策,通过对项目开工、竣工、投产及亩均税收、投资强度等硬性指标的设定,增量和提质得到了有效统筹平衡。全年共引进各类工业企业50家,计划总投资166亿元,产业涉及现代食品加工、现代物流、科技五金、新能源新材料等。其中,投资亿元以上企业有38家、3亿元以上有3家、5亿元以上有5家、10亿元以上有4家。蒙牛、中国五矿、尖峰药业、佐源集团、宁波热电、三一重工、中石油等一批国内外500强及行业龙头企业相继签约落户金西。可口可乐、康师傅等一批国内知名大企业,也纷纷明确投资意向。

【重点项目】 通过成立项目服务小组,开展重点项目攻坚克难抓落实活动,截至上年年底列入省、市、区重点建设的20个项目总投资88.28亿元,本年度计划投资7.84亿元,已完成投资11.17亿元,完成年度计划的142%。同时开发区还积极抓好79个工业项目的开工、竣工、投产和提能促效。其中大连佐源、中国五矿、尖峰药业等30个总投资100亿项目均已开工;鼎杰服饰、家宝实业等15个项目已竣工;佳宏电子、强奔汽配等13个项目已投产;伊利乳业、沣泰工贸等11个已试生产项目实现提能促效;万福染整、笑林食品等10家流转企业实现二次投产。随着这批企业的相继开工或建设投产,开发区的产业基础不断夯实,经济增长从存量增长为主向增量增长为主转变,经济发展呈现出一派后劲勃发的态势。

【试点征迁】 国土资源部金西低丘缓坡综合开发利用试点区块征迁工作是开发区2012年重点工作之一。继去年上半年启动该试点征迁相关前期准备工作后,9月14日,全面实施了该项目的征地拆迁工作。4个月里,涉及汤溪镇、蒋堂镇共14个村的征地协议签订率为100%,汤溪镇13个村征地款到村率100%,到户率92.3%,特殊青苗政策处理完成率87.8%,附着物政策处理完成率68.4%,坟墓搬迁完成率为46.8%;金华监狱、茶场征迁也基本完成特殊青苗、附着物清点登记工作。整项征迁工作呈现出整体推进速度快、面上征迁环境稳定的良好局面。

【旅游发展】 金西历史悠久、自然文化资源丰厚,为进一步做好旅游发展这篇文章,将金西打造成为长三角地区最具特色的旅游休闲目的地,开发区通过汤九公路等路网建设,加强与周边区域之间的连接与贯通,并通过对莘畈溪、厚大溪和莘畈、塔石两条垅的现代观光农业、山水资源开发建设和对九峰水库、西畈水库、峙垅水库和莘畈水库的整合开发,推动大金西生态休闲旅游产业的发展。据统计,2012年大金西山水生态游、农业观光游游客超15万人次,同比增长120%以上。通过对寺平、上镜等村的扶持,较好的实施了古村落等为主体的生态与民俗文化旅游资源开发,2012年共接待游客突破10万多人次,收入同比增长10%。通过创业富民等一批政策的实施,较好的扶持了农家乐发展,现有区级以上2星级农家乐24家,2012年新增2星级农家乐2家,3星级1家。同时投入巨资挖掘本地潜在旅游资源,2012年5月7日,在九峰山麓成功钻出温泉。可容纳400人的温泉体验馆已建成并投入试运营;总投资为25.18亿元人民币九峰水上文化互动体验园一期项目在6月15日建成运营,二期项目也在施工中。伊利乳业生产基地成功创建国家AA级旅游景区,九峰山景区通过AA级旅游区质量等级初检,景区2012年总共接待游客54040人次,同比增长12.68%;旅游收入同比增长7.6%。

【社会事业发展】 在开发建设过程中,开发区十分重视发展与反哺同步共建,并努力争取城乡均衡发展,发展成果普惠百姓,努力实现经济与社会协同发展。一是进一步健全政策统筹。2012年,相继完善出台了村集体发展用地、新农村建设示范村、融入开发优胜村和土地流转等一批新政策,实行开发区年度重点工作交办同财政超收兑现挂钩、同中心镇(集镇)建设捆绑考核机制,努力实现开发建设同中心镇改造提升互动协调发展。二是进一步强化党建工作。制定2012年度金西讲坛暨干部培训计划并组织实施,《社会转型及政府管理创新》等课开讲。继续开展班子换届工作,开发区及三镇共调整副科级以上干部78人次(含市区垂直管理干部)。抓好金西非公企业党支部组建,开展两新组织“双强争先”活动,其中今年新建立丁丁纸业、新强力机械、金通纸业、景扬工具4个非公企业支部,各非公企业支部围绕企业发展积极开展各项活动。三是进一步重视农村工作。在抓好三镇村级基层组织整顿的同时,做好“两富”局级指导员联村及走村访户有关工作;充分发挥开发区人力资源服务中心、企业人力资源部信息平台互动作用,促进农村劳动力向二、三产业就业转移;投入资金1200余万元用于三镇新型农村合作医疗、交通建设、新农村建设、农村旧房改造等社会事业重点项目支出;统筹调度资金936万,用于缴纳失地农民保障金,完成禾边程和戴家村的520人纳保工作,并及时做好被征地农民保障金代发工作。四是进一步重视民生事业。在保证政府机关正常运转的基础上,2012年安排专项资金5670万元(占年度支出预算的46.3%)重点保障教育、支农、交通、社会综治、医疗卫生、企业扶持奖励等事业的发展;加强外来人口规范化管理,通过召开协调会解决了60多名外来务工人员子女就学等问题。

(罗志军)

兰溪经济开发区

【概况】 2012年,兰溪开发区已建成面积共21.5平方千米,其中位于杭金衢高速兰溪互通口的江南片工业区1.6平方千米、城西的兰江片工业区10.26平方千米、兰江新城9.64平方千米。入园工业企业500家,已投产企业441家,其中规模以上企业

143 家。全年实现规模以上产值 218.34 亿元，同比增长 14.14%；税收 7.1 亿元，同比增长 20.33%；实现固定资产投入 31.83 亿元，同比增长 24.2%。2012 年获得金华市开发区(工业园区)建设先进单位、兰溪市工作目标责任制综合考核先进单位。

【招商选资】 全年共引进内资项目 26 只，总投资 33 亿元；外资项目 3 只，总投资 1950 万美元；浙商回归完成 6 亿元；引进总部税收 2897 万元。世界 500 强企业华润集团投资 5 亿元的华润五丰、总投资 6 亿元的金大机电、注册资本金 1 亿元的浙江兰溪汇丰贵金属电子商务公司等重大项目落户开发区。

【重点工程建设】 开展了包括重点基础设施项目、重点产业配套项目、重点园区功能配套项目及外延连接线前期项目在内的 10 项重点工程建设，全年基础建设累计投入 8.2 亿元。其中西环路南延、丹溪大道改造和二期新招商平台框架道路等 3 个重点基础设施建设项目已基本完成；兰花路延伸、宝龙路延伸等 2 个集聚区联系其他工业功能区前期项目完成了规划设计；兰溪经济开发区企业服务中心建设项目开工建设，该项目拟用地面积约 1.8 万平方米，总建筑面积约 9.98 万平方米，总投资约 4.4 亿元，工程建设期为 32 个月，建成后将成为集企业服务、为民办事、商业办公等为一体的综合性商务大楼，是兰江新城中心商务区核心组成部分；浙中纺织品市场开工建设，占地面积 10.67 公顷，总建筑面积 20.5 万平方米，总投资 7.5 亿元，项目计划工期 18 个月，建成后将打造成全国纺织品生产贸易集散地。

【科技创新】 强化重大科技项目申报。完成申报国家创新基金项目 3 项、国家火炬计划项目 4 项、省重点专项 4 项、省级新产品试制计划项目 17 项、金华市工业科技计划项目 6 项。2012 年被列入国家“产业振兴”重点项目 3 项、工信部“转型升级”重点项目 2 项、省“重点工程”1 项、省“双千工程”14 项、金华市重点技改项目 26 项。培育科技型企业。全年新增省级以上高新技术企业 1 家、复评 1 家，新增省级科技型企业 4 家、省级高新技术研发中心 1 家、金华市高新技术企业 4 家、金华市创新型企业 2 家、金华市高新技术研发中心 1 家。全年共完成专利申请授权 312 件，同比增长 132.8%，其中 2 家公司被评为金华市专利示范企业。全年完成商标注册 210 件，新增 5 个金华市著名商标。

（童　赟）

东阳经济开发区

【概述】 2012 年，东阳经济开发区紧紧围绕东阳市委市政府“强市名城”建设的战略目标，按照“工业东拓、商贸西进、城市北延”的总体发展战略，构建新平台，招引大项目，培育优势企业，着力构筑“442”现代产业体系，加快形成“一带两轴三区”总体发展格局，争当建设排头兵，努力争创省级一流开发区，全面完成年度目标任务。完成工业总产值 198.28 亿元，同比增长 4.89%，其中规模以上企业实现工业总产值 69.35 亿元，同比增长 10.49%。完成国地税收入 9.99 亿元，同比增长 6.4%，其中国税 4.47 亿元，地税 5.52 亿元，同比增长 22%。完成基础设施及配套设施投入 5 亿元。完成企业固定资产投入 35.63 亿元，同比增长 30.7%，其中完成工业企业固定资产投入 29.28 亿元，比上年同期增长 13.2%。新增规模以上企业 30 家。投产企业平均亩产税收 8.39 万元，其中税收贡献 30 万元/亩以上企业 19 家，经济密度达到每亩千万元以上企业 9 家。新增国家级高新技术企业 1 家，新增浙江名牌产品 1 家、省著名商标(商号)3 只、省级专利示范企业 1 家、当年通过省级高新技术企业 2 家，新增金华市级高新技术企业 2 家、创新型企业 1 家、金华市级专利示范企业 1 家、金华市级企业研发中心 1 家。

【城北工业新区】 该区位于东阳市区中北部，总面积 88 平方千米，规划开发面积 33 平方千米，是东阳市重点建设工业区块，处于杭州至永康、金华至宁波大通道的十字交叉口位置，北接金甬高速，东连诸永高速，距浙赣铁路和义乌机场 20 千米，区位优势明显。完成工业总产值 10.42 亿元(不含六石街道)，比上年增长 38.9%；完成(11 家)规模以上工业总产值 7.92 亿元，比上年增长 44.5%；规模以上工业销售产值 7.62 亿元，比上年增长 44.87%；规模以上企业用电量1508万千瓦时;完成出口产品交货值7436万元,比上年增长55.5%;完成工业性投入9.43亿元,比上年增长37.8%;引进内资4.7亿元,比上年增长20%;完成外贸出口总额1452万美元,比上年114.4%;固定资产投资额11.43亿元。2012年新增浙江思科国祥制冷设备有限公司亿元工业企业1家。新增浙江新东阳木雕有限公司、浙江尚品无纺布有限公司等2000万元规模工业企业7家,累计总数达到11家。新增浙江佳友生物科技有限公司、东阳市派对纸制品有限公司等8家500万元至2000万元企业。引进内资4.7亿元,其中浙商回归资金3.6亿元,引进投资总额亿元以上企业11家,其中投资2亿元以上工业项目4家(浙江飞天有色金属有限公司,浙江康恩贝养营堂食品有限公司,海南伊顺药业项目,浙江金象科技有限公司),4亿元以上项目2家(浙江飞天有色金属有限公司,浙江金象科技有限公司)。新创建金华市级著名商标2只(东阳华通暖通设备有限公司、浙江新东阳木雕有限公司),创建金华市级著名商标1只(浙江金多儿针织有限公司),创建金华市名牌1只(浙江新东阳木雕有限公司),创建东阳市名牌1只(浙江金多儿针织有限公司),创建东阳市级研发中心1家(浙江思科国祥制冷设备有限公司),获东阳市专利示范企业1家(新东阳木雕)。

【白云商贸园区】 该区地处东阳市西部,东邻吴宁街道,西接义乌市江东街道,南与南市街道相连,北濒东阳江,与江北街道隔江相望。是东阳市重要工业基地,基本形成了以生产经营电子机械类产品为主的西城工业园,以生产经营服装针织类产品为主的服装工业园,以生产经营工艺品类产品为主的小商品工业园。完成工业总产值143亿元,比上年增长10%,其中59家规模以上企业完成工业总产值39.11亿元,比上年增长1.72%;完成规模以上销售产值35.96亿元,比上年增长2.42%;完成内资2.84亿元;完成外资530万美元;完成固定资产投入14.98亿元,其中工业性投入9.85亿元,;完成重点技改项目3.71亿元。形成了木雕城、建材城、红木家具市场、缝配城、汽配城、采购中心和木雕文化博览城七大特色专业市场以及宝马、奔驰、奥迪等一批汽车4S店,其中木雕城2012年商品销售额超百亿元。

【江北高新产业园区】 该区地处东阳市西北部,东阳市政府所在地,东邻六石街道,南濒东阳江,与城东、吴宁、白云三街道隔江相望,西接义乌市廿三里镇、华溪镇,北壤诸暨市岭北乡。初步形成了以生物制药、纺织服装、塑料制品、工艺品等为主的工业体系。2012年工业总产值25亿元,比上年增长24%,其中23家规模以上企业实现工业总产值13亿元,比上年增长18%;完成税收收入2.61亿元,比上年增长27%;规模以上工业销售产值12.5亿元,比上年增长14.6%;规模以上企业用电量5141万千瓦时;完成工业性投入114630万元,比上年增长24%;完成外贸出口总额34363万美元,比上年增长42%;完成固定资产投资额138123万元;销售收入亿元以上企业4家。

(张道驰)

东阳横店电子产业园区

【概述】 浙江东阳横店电子产业园区位于横店镇区西侧,于2006年9月经国家发改委批准设立的省级工业园区,一期规划面积6平方千米,二期规划面积3平方千米。园区一期集聚“高、精、新、特”电子类企业,主要生产磁性材料、微型电机、照明电子、扬声器等,依托东磁公司、英洛华磁业、得邦照明等骨干企业,努力发展电子信息、绿色照明等产业,实行专业化配套生产,形成了产业集聚优势。园区二期已建成光伏产业基地和红木家具产业园,部分企业已竣工投产。

2012年全区完成工业总产值127.51亿元,同比增长14.44%;全区工业企业实现利税10.77亿元,同比增长-0.82%;磁性电子产业工业总产值达到105.53亿元,占园区工业总产值的82.7%;规模以上工业企业共实现产值121.44亿元,同比增长14.4%;规模以上企业实现新产品产值61.53亿元,同比增长7.1%;区内投产企业经济密度平均达到348万元/亩,比上年提高7万元/亩。实际到位内资达2.158亿元。

园区拥有企业190家,新增12家;拥有规上企业37家,新增7家;产值1亿元以上的企业15家,新增4家;产值10亿元以上的企业2家,新增1家。园区现有上市企业3家,正在培育上市企业3家,其中联宜电机、中元磁业等已进入上市冲刺阶段。新增中国驰名商标1个(兴成红木),浙江名牌产品2个(横店东磁和中元磁业),浙江省著名商标2个("联谊"和中元"ZY"),金华市质量管理先进企业1家(得邦工程塑料有限公司)。

全年工业性投入15.45亿元,其中重点技改项目23项并已全部如期完成,投资总额达到14.2亿元比上年增长10.9%,基础设施建设投入1.25亿元,同比增长13.6%。完成3.3公顷工业功能区和40公顷红木产业园的土地平整;完成了科兴路、济慈路、华夏大道等排水管网工程;完成兴业路的路面硬化和人行道铺设工程及江滨西路的景观带建设;完成了区内磁性企业炉窑燃煤烟气治理工程,44家磁性企业拆除烟囱55个,改造窑炉127条,铺设煤气管道5.26千米,被省评为第三批"工业循环经济示范园区";完成被誉为"金太阳"工程的20.709兆瓦用户侧屋顶光伏并网发电示范项目,开启园区太阳能发电的先河。

(徐永其)

义乌经济开发区

【概述】 2012年,经国务院批准,浙江省义乌经济开发区成功升级为国家级经济技术开发区,定名为义乌经济技术开发区(以下简称"开发区"),实行现行国家级经济技术开发区的政策。开发区抓住国际贸易综合改革试点这一重大机遇,围绕义乌"两区六城"建设,按照"三并重、二致力、一促进"发展要求,取得了一定成效。开发区(整合提升区)实现工业总产值817.6亿元,同比增长16.25%;规上工业总产值431.68亿元,同比增长11.8%;出口交货值118.9亿元,同比增长13%;实现财政收入35.26亿元。年内总投资20亿元的赵龙集团有限公司特种车及工程机械制造项目等一批重大产业项目相继开工建设;规划占地120公顷的义乌(中国)汽车零部件产业基地项目已举行奠基仪式;五金科技产业园项目、总部型试点年年红和森宇等重点项目稳步推进。开发区总部经济区荣获"2012(首届)浙商最佳总部基地",A组团已引进市外企业42家,B组团已有7家企业申请入驻,经过公开招标A组团工程项目的技术服务、前期物业及招商服务由绿城房地产集团有限公司中标,预计2015年投入使用;市文化广场、稠州商业银行等项目先后开工,星级酒店、购物中心、休闲商业街、道路交通网络等生产生活配套基础设施前期工作稳步推进,浙大义乌创业育成中心、科技产业集聚园等科技创新平台功能不断强化,博士后工作站、人才服务所各项工作逐步开展。开发区发展呈欣欣向荣之势,被市委市政府集体记功一次,同时被评为2012年度义乌市党政机关"十大创新典型"。

【义乌经济技术开发区管理委员会设立】 6月29日,浙江省机构编制委员会同意设立义乌经济技术开发区管理委员会,为义乌市政府派出机构,机构规格为副处级,由义乌市政府授权,负责开发区的开发、建设和管理工作。8月17日,义乌市政府同意浙江省义乌经济开发区管理委员会更名为义乌经济技术开发区管理委员会。

【开发区举行国家级授牌仪式】 8月8日,国家级义乌经济技术开发区授牌仪式暨建区20周年庆典活动在义乌幸福湖国际会议中心隆重举行。省委常委、常务副省长龚正出席仪式并为开发区授牌。参加仪式的还有商务部、中国开发区协会、省委省政府相关领导。会上还举行了浙商回归之总部经济项目、中国汽车零部件产业基地项目、总部型企业试点项目签约仪式。活动期间,举行了"辉煌20年"图文展板宣传。

(吴永建)

义乌工业园区

【概述】 2012年,完成工业总产值456.9亿元,同比增长14.8%,其中规模以上工业总产值150.9亿元，同比增长13.2%；完成销售产值434.3亿元，同比增长12.8%，其中规模以上工业销售产值141.2亿元，同比增长12.1%；园区全部企业实现利税36.6亿元，同比增长15.3%，其中规模以上企业实现利税14.2亿元，同比增长8.0%；完成固定资产实际投资32.4亿元；基础设施及配套设施投入2.86亿元。现有中小企业8641家，规模以上企业197家。初步形成了电子电器、衬衫、无缝内衣、针织、小商品制造、印刷为特色的优势产业，培育了欧意、华鼎、贝克曼、棒杰、博尼等优势行业领军企业。

【项目建设】 经市政府常务会议研究确定的博尼锦纶长丝、大唐高鸿电子信息园、英特来光电LED等三个重大项目已完成土地出让并陆续开工建设，其中，博尼锦纶项目加弹车间、纺丝车间等主厂房基建已完成第三层施工，4月初主体厂房结顶；宿舍楼完成第六层浇灌，10月份竣工投产。大唐电子信息产业园项目、英特来LED项目年内已开工建设。

【基础设施建设】 扎实推进基础设施配套建设，着力拉开路网框架。苏福路、高塘路、苏华街、龙祈路一标均已正常施工，其中苏福路完成总工程量的60%；高塘路、苏华街、龙祈路一标完成总工程量的10%。华阳路、龙祈路二标、规划一路完成工程招投标。

【储备项目】 扎实开展招商引资工作，储备了正电新能源、欧意智能整体厨卫电器、优纬紫外LED、瑞丰光电LED照明、圣东尼(上海)针织机器、麦格米特电气、伊利液态奶、慎福3D电视等重大项目，其中亿元以上项目44个，申请用地面积约245.3公顷，总投资额达144.8亿元，其中正电新能源电池、欧意智能整体厨房电器等总投资额5亿元以上的重大项目14个，申请用地130.7公顷，总投资额87亿元。

【社会事务管理】 深化“网格化管理、组团式服务”大网格工作机制，扎实开展辖区内民政、文化、计生、维稳、创建、安全生产、农、林、水、城乡一体化、社会治安综合治理、纠纷调处、基层党建等各项工作，维护了辖区内社会和谐稳定，为园区全面开发建设奠定了良好的社会环境。

（陈振华）

永康经济开发区

【概况】 2012年，实现工商税收38.925亿元，同比增长20.3%，进出口总额35.49亿美元，工业总产值739.66亿元，其中规模以上企业实现工业总产值585.6亿元，高新技术产业282.33亿元，外商投资企业31.99亿元，工业增加值162.72亿元。新能源汽车产业快速发展，“江南宝贝”获得国家新能源汽车产业目录，形成“三足鼎立”之势。

【工业性投入】 工业性投入85.3亿元，设备投入超过41.2亿元，新增技改项目65个，其中超亿元项目16个。其中，群升集团“20兆瓦屋顶光伏发电示范项目”列入国家2012年金太阳示范项目，海鹰塑料包装轻量化电动汽车车身一次成型技术项目列入2012年度国家火炬计划立项项目，恒耀公司钽电容封装用环保型环氧模复合材料项目列入2012年度浙江省重大科技专项计划项目。新增浙江省著名商标8个、浙江省知名商号2个、浙江名牌2个、省级企业技术中心4个、省级高新技术企业11家，众泰汽车工程研究院正式列入省级企业研究院建设计划。浙江省五金产业工业设计示范基地正式投入运行，五金科技创新平台成功举办第7届中国五金新产品工业设计大赛。

【重点项目】 引进道明反光功能性薄膜生产线、宏伟实业永康市仓储物流中心等重大项目，均属于新兴产业，对推进五金产业转型升级具有重要的意义。开展克难攻坚活动，8项重点项目建设列入金华市领导下园区联项目活动，13项省级重点技改项列入永康市领导联系项目，有力促进项目落地。抓好入园项目考核，2009年入园企业，哈尔斯、王力全面投产，步阳部分投产，炊大王、包氏完成总工程量的70%。2010年入园企业，恒耀投产、博宇部分投产，三立正在安装设备，宁帅、永压、飞月正在抓紧建设。2011年入园企业，巨力厂房投产，实德光电厂房结顶。格林凯腾、顶诚完成60%的总工程量，

【土地利用】 报批土地农转用2.67公顷、林地11.77万平方米、平整土地55万平方米。出让各类土地51.23万平方米，其中工业用地14.69万平方米、

商住用地1.58万平方米、返还地34.96万平方米。还重新报批了从河南二村收回的1.5万平方米土地，上报办理12家遗留企业边角地土地手续等工作。

【基础工程】 市重点工程芝英连接线（雅应东至车马何段），基本完成下余、车马何段路基工程。金山西路公铁立交及接线工程，年内基本完成主体工程。完成330国道至皇城路段道路工程、南山水厂地质灾害治理工程、四期西区交通标志标线工程、四期西区北地块垃圾中转站等工程。启用金山路、华夏路、文德路的垃圾中转站，全面修补九鼎路、皇城路路面，并在部分路口增设红绿灯。

【美丽乡村建设】 堰头村争创“美丽乡村”样板村，完成新区观景塘工程等工程，力争年底通过验收。10个村庄整治村，陈园村通过污水管道验收；杜山头污水管道等待验收；炉头村、夏溪、曹园、长恬、邵塘的工作进展还比较理想。农房改造工程初见成效。黄城里村实行整村搬迁，进入签订拆除协议阶段；为筹够资金还挂牌出让了一块国有土地。郑村、溪碧山、苏溪、西朱等8个村分期改造工作取得了一定的进展。

【文化建设】 完成农村文化繁荣工程1个，长城村成为文化示范村。完成7个村卫生室建设，城乡居民合作医疗参保率超过98%，城乡居民养老保险正常缴费人数超过1万人。土地承包经营权流转86.7公顷土地，流转率67.2%。完成杜山头村青年山塘扫尾工作、做好华溪河道治理以及堰头等村的融湖小溪疏浚工作。

【社会服务】 实行领导联系重点村制度，征收社会抚养费412万，整治性别鉴定对象6例，落实“四项手术”147例，计生指标达到考核要求。第一次三查率98.04%，第二次三查率98.01%，二孩全过程管理率99.41%，计生率88.01%，性别比为100∶133；兑现率81.70%。全天候动态巡查并处置“两违”现象，新“两违”占地面积同比下降83.5%。组织8次大规模拆违行动，拆除违法占地35宗2.1万多平方米，复耕复绿86043平方米。逐块逐宗检查辖区内85个遥感图斑，强制拆除26宗违法建筑。完成11个村村庄规划论证，定桩放样69户特困户屋基，并做好事后监管。

深入开展“两排查一促进”专项工作，深入排查整治社会治安和公共安全。扩大“安企强防”覆盖面，加强社会治安防控。每季排查整治重点地区，创新社会矛盾化解方法，矛盾纠纷调处成功率为95.31%。深化综治基层基础规范化建设，达到省市综治委要求。加强信访工作，重要信访件保结率100%，其他人民来信回复率95%以上。破解村级留用地等疑难问题，理清被征地村的征地面积及留用地面积。做好10次上级领导下访约访活动，民情接待日活动接待群众来访204批次315人次。全国“两会”、中共十七届七中全会、中共十八大等政治敏感时期，实现进京集体访、非访“零上访”。

开展进村入企走访调研活动，创建开发区行政服务中心，加强村级便民服务中心建设，扎实做好政府信息公开工作，不定期明察暗访工作纪律，做好基层站所属地评议工作。开展“基层组织年”活动，探索农村无职党员认领公益事项机制。成立永康市首家人才工作站，开展高层次人才调查摸底活动，并进行走访慰问。深化“两新”组织建设，完成金华、永康党建示范点标准化创建工作。浙江电视台专题介绍了众泰、先行的非公党建经验。哈尔斯、先行集团廉政防控机制建设得到了金华市领导的充分肯定。开发区党委被评为全省“创先争优”先进基层党组织。

（曹国梁）

浦江经济开发区

【概况】 2012年，浦江开发区完成工业生产总值206.16亿元，同比增长20.98%；其中规模以上企业完成工业总产值为180亿元，同比增长18.3%；完成工业性投入28亿元，同比增长40%；规模以上企业新产品产值27亿元，同比增长60.4%；全年自营出口4.55亿美元，增长17.1%。产业体系培育实现新跨越。着力培育“3+3+3”的特色产业体系，即以绗缝、制锁、水晶三大传统产业为引领，以LED、环保材料、节能装备制造三大新兴产业为支撑，以打造原材料生产供应、高端装备制造业和电子商务产业三大基地为发展方向。2012年，绗缝产品已打入欧美、东南亚等20余个国家和地区的高端市场并建立销售窗口；总投资2.9亿美元的浙中国际水晶生态产业基地项目已启动土地征用。同时，按照“核心企业—产业链—产业集群—产业基地”的发展思路，正式启动11.12平方千米的二期开发建设和土地征用工作。项目落地建设实现新突破。科技创业园建设项目已完成土地挂牌、清表平基和围墙施工工作，6个高新技术项目通过入园评审。在建工程和招商引资项目落地建设分六大区块，由班子领导作为具体牵头责任人领衔攻坚，已竣工投产项目有6个，包括艾杰斯生物科技、百川产业、金利家纺、盛达纺织、冠腾纺织、百炼化工，挂牌落地项目7个，包括航天神舟、百炼化工、冠益输送带、中能博瑞、科创中心、源捷化纤、鼎力达工贸。招商引资工作取得新进展。浦江开发区把“央企对接”和“浙商回归”项目作为招商引资工作的主旋律。一方面，主动对接央企项目。浦江开发区已有央企对接项目4个，其中：挂牌落地建设项目3个，成功对接并达成初步意向的央企项目1个。另一方面，积极引进“浙商回归”项目。浦江开发区已有“浙商回归”项目14个，协议总投资11.4亿元，其中省外投资5.1亿元，已累计到位2.8亿元。通过搭建回归工程平台，鼓励浙商回乡创业，累计接待山东胜利钢管有限公司和“在杭浦商”共2批11人次的回归投资考察。集约节约用地打开新局面。2012年，共消化批而未供土地28.2公顷，其中：已新挂牌土地5宗，共16.93公顷；盘活土地2宗，共7.36公顷；拟出让土地5宗，共3.91公顷。同时，加大对闲置用地开发建设力度，共盘活并开发廿亩山沿街商品房17间，金垒大道向南延伸段沿街商品房23间。2012年已整体流转和分割流转低效用地11宗，面积达13.3公顷。争取“点供”土地指标。中能博瑞“年产2000台高性能高压电机变频调速控制装置”项目被列入省重点项目，获得省下达土地指标3.33公顷，亚星纤维“年产6万吨功能性差别化纤维”项目和正丰电器“年产1500台静止无功发生器SVG和700套智能化高压开关设备GIS建设项目”被列为省重大产业项目，享受70%的土地指标奖励。服务企业推出新举措。浦江开发区完善了服务企业网格化管理体系，对网格区块进行了重新优化，开始实行定性评议和定量考核相结合的考核机制。累计走访企业达5350人次，解决企业各类难题400多个，提交合理化建议140项。优化了行政服务分中心办事环节，对涉企服务事项缩减为经办、审核、审批三个环节。同时，向区内企业发放了1000余份《服务指南》，全年为企业办理事项815次，24小时企业呼叫服务得到区内企业好评。整治了企业周边环境的治安乱点，全年共有14人被采取强制措施，拘留6人，化解涉企矛盾纠纷56起，调解劳资纠纷78起，化解涉企突发性事件不安定因素19起，为企业挽回直接经济损失300余万元。推行了安全生产分类等级动态管理公示牌制度，有178家规模以上企业推行该项制度。通过“三亮三化四统一”的工作举措，全区安全生产状况持续稳定好转。该项制度也得到了上级的充分肯定，为全县安全生产和消防工作规范化管理提供了一个成功的典范。

（张旭军）

武义经济开发区

【概述】 武义经济开发区(白洋街道)下辖4个社区、49个建制村。区域面积89.2平方千米，总人口40708人，其中：非农人口11330人，另有流动人口46007人。入区企业550家，其中规上企业145家，已成为五金机械、文旅休闲、汽摩配件三大行业集群区，经济总量已占武义全县的1/3以上，是武义工业经济发展的桥头堡。2012年，开发区实现工业总产值163.62亿元，同比增长15.1%，总产值超亿元企业50家；税收收入5.98亿元，纳税超千万元企业7家，纳税100万元以上企业150家。完成固定资产投资21.11亿元，实现新产品产值18.21亿元。低效企业实现总产值2.62亿元，税收992.64万元。年内引进内资项目46个，到位资金50723万元。引进回归投产项目2个，到位资金28920万元。

2012年开发区(白洋街道)，完成45个村的村庄整治、16个村生态村建设、38个村清泉工程，20多个村被评为省、市级绿化示范村和县级小康示范村。29个村集体经济收入达10万元以上，其中12

个村达百万元以上。农民年人均纯收入 7220 元。

【科技创新】 开发区多家企业通过与高校院所开展科技合作平台,提高了企业创新能力和产品科技含量。浙江福多纳汽车部件有限公司与上海理工大学合作的汽车底盘机器人焊接与模块化设计等项目列入省重大科技专项。恒友机电有限公司与西安交大合作实施的汽车发动机双螺杆机械增压泵开发成功,填补了国内同类产品空白。宇光铝材与南京航空航天大学合作开发高性能新型铝合金焊接材料研发项目已出成果。全年共完成固定资产投资 21 亿元,同比增长 32%。其中限额以上固定资产投资 19.4 亿元,同比增长 27.3%,较上半年回升 25 个百分点。企业技改项目共立项 18 项,计划总投资达 5.66 亿元,完成投资 2.14 亿元。

【关注低效企业】 关注低效企业的发展, 通过走访低效企业,调研企业发展中遇到的问题,帮助企业有效解决问题等举措,助推企业发展。2011 年度的 26 家低效企业,总产值同比增长 135.1%,税收同比增长 151.29%, 其中柯蓝工贸等 3 家企业达到规模以上标准。

【招商引资】 坚持“外引优质企业,内促企业科技创新”,加快产业结构的调整。2012 年,共引进内资项目 46 个,实际到位资金 50723 万元。浙商回归投资项目 2 个,实际到位资金 28920 万元,其中省重点领域项目一个,总投资额 3 亿元,实际到位资金 27600 万元。

【项目建设】 加快历史遗留政策处理问题和低丘缓坡地块等新增指标的征用,完成工业项目征地 44.63 万平方米,土地政策处理 13 万平方米,房屋拆迁 590 平方米, 出让工业用地 46844 平方米。2012 年,新开工项目 5 个,在建项目 25 个,多年未开工的新晨电器、金立科技建设进度加快,宝鑫薄板、汇宇二期已基本具备开工条件,为开发区下阶段的发展奠定了基础。

【环境优化】 围绕“环境生态化,产业现代化”发展目标,大力推进“经济快速发展、生态良性循环、环境质量优良、环境文化普及、环境优美洁净”的现代化生态新区建设。2012 年,投入基础设施建设资金 7100 万元,重点开展了排污管网、道路和主干道的绿化提档建设。落实分级管理、层层负责的管理机制,监督、检查、治理三管齐下,彻底清除卫生死角,着力解决脏乱差问题,园区环境卫生综合管理水平进一步提高。严格执行建设项目环境准入制度,新、改、扩建项目环评执行率达 100%。进一步完善企业“一厂一档”环保档案,规范企业内部环境管理制度。加大污染源头整治,全面落实转印纸集中处理,查封小冶炼点 15 个,全面实现村级垃圾集中处理。

【土地监管】 明确“五个一”工作思路,制定国土资源共同监管责任机制建设实施方案,充实辖区国土城建监察中队和专职协管员队伍,建立动态巡查、信息报告、及时查处机制,明确各层面的监管责任。启动违法用地专项整治行动,确保年度新发生违法行为的发现率、制止率、处理率均达到 100%。

【重点项目】 2012 年全县有 16 项县重点工程用地征迁任务落实在该辖区内,年底完成高速公路出口至萤乡路工程、客运北站、220 千伏莹乡输变电工程、白洋派出所迁建工程、官山后垅垃圾填埋场一期续建工程、武川路延伸工程、44 省道扩建工程汤村岭段、西气东输、金温铁路扩能改造等 14 个项目的政策处理工作并交付使用,其他 2 个项目正在加紧政策处理中。

【社会事业】 抓实美丽乡村建设, 完善农村卫生长效管理机制,全面实现村级垃圾集中处理。完成农村电气化建设 5 个村,规划、建立农村社区服务中心 1 个,完成公益性公墓建设 2 个村。投资 350 余万元, 分批对辖区内的 14 座中型水库、109 个重点塘库、沿溪地段等存在地质灾害的地方进行整理,对三个区块 166.7 公顷的松材线虫病进行防治,完成植树造林 23.3 公顷。民生保障、社会管理、平安建设等工作齐头并进, 富民工程建设步伐加快,村集体经济收入达到 100 万元以上的有 11 个村,其中 200 万元以上的有 7 个村,超过 600 万元的 1 个村。

【两新党建】 积极探索“五化”工作法,有力推进两新党组织建设。在规模以上企业、党员数三名以上企业覆盖率均达 100%的基础上,进一步创新组织活动方式,积极探索五化工作法(组织设置网格化、党务干部职业化、党员管理同等化、党群活动一体化、党建保障制度化),切实增强组织工作成效,充分发挥党组织的先锋模范带头作用,推动企业科学发展。

【明招文化园】 9月12日，县政府组织有关部门及白洋街道、下陈村负责人举行武义县明招文化园总体规划论证会。规划中的中华明招文化园以白洋街道明招山主峰为中心，包括周边的峰峦与岗岭，规划总面积1.89平方千米、总建筑占地面积28290平方米、总建筑面积47820平方米。园区内分布着明招寺、明招讲院、阮孚墓、吕氏家族墓等历史遗迹，以及下陈村及上陈自然村等集聚村落。明招文化园由明招文化核心区、农耕文化体验区、休闲养生度假区3大区块组成，将再现明招山麓世代聚居的农耕文化。

（李　霞）

金磐扶贫开发区

【概述】 2012年，金磐开发区实现工业销售产值26.49亿元，同比增长15%；规模以上企业工业销售产值16.58亿元，同比增长14%；外贸出口交货值13.02亿元，同比增长13.3%；国地税收入1.81亿元，同比增长20%，国税收入首次突破了亿元大关；引进内资1.88亿元，制造业投入1.95亿元，盘活闲置和低效用地28亩，完成基础设施投入6200万元，新培育亿元企业1家，新增规模以上企业2家。招商引资工作从工业经济为主向工业经济、楼宇经济并重转变。全年共引进各类企业41家，其中工业企业11家、楼宇经济企业10家，投资3000万以上企业2家，与1家投资亿元的企业签订了合作协议。

【闲置低效用地处置】 4家企业18676平方米闲置土地，以增加投入新建厂房的方式进行了盘活。博观生物公司2万平方米土地厂房以股份转让的形式，引进一家厨具生产企业实施盘活。富华帽业3335平方米闲置土地已开始建设厂房。圣通工贸公司利用部分闲置厂房引进了一家出口电动车生产企业。高原模具公司着手上环保纸制品项目来盘活6667平方米闲置土地。

【工程项目建设】 投资1.4亿元的金磐商务大楼通过质监和消防验收，年内装修工作接近尾声。区内金磐路、万苍路、仁川路、深泽路全部通过了竣工验收。加强对签约项目的管理，威邦机电、天下实业和博大测量公司的新厂区建设进度加快，威邦公司、博大测量公司二期厂房竣工投产，天下实业公司将于年内完成土建工程。完成新区6.93公顷商住用地围墙建设。基本完成了三期区块的土地征用、青苗处理、13.3公顷苗木迁移工作。春光橡塑公司原在环城南路厂房已全部拆除，并搬至相邻的原海川钢结构公司，各项生产活动正常进行，确保金华市重点工程建设的顺利实施。新区路口安装红绿灯工作得到市里重视，市人大、市政府办公室两次召集有关职能部门到新区路口进行了现场查勘，并相继召开了部门协调会。

【纳入省级开发区管理序列】 5月中旬，省人民政府办公厅发文，同意将金磐开发区纳入省级开发区管理序列。这是继金磐开发区2011年初被吸收为全省开发区协会会员单位、被省商务厅纳入全省开发区管理考核序列后，金磐开发区平台提升的又一突破，对金磐开发区的可持续发展产生深远的影响。

【非公党建】 金磐开发区单独组建企业党组织60个，联建党组织3个（联建党组织覆盖企业32家），组织关系在区内的党员和流动党员共有228人，全区205家企业全部实现了党建工作覆盖。娅茜内衣公司被评为金华市级“发展强、党建强”先进企业和县级创先争优群英谱先进党支部，铁路信号、恒泰皇冠两家企业党支部被评为县级党建示范点。

【标语口号评选】 在由浙江省商务厅、省开发区协会、浙江省文化馆主办的浙江省开发区“富阳开发杯”标语口号评选活动中，金磐开发区选送的标语作品“借一方之土 举两地之力 还一江清水 了八方夙愿”在此次评选活动中荣获二等奖，并另有三幅标语口号入选浙江省开发区标语口号作品集锦《号子》一书。

【企业管理】 开展“安全生产月”、“打非治违”等专项活动。邀请江南消防大队现役警官到开发区检查指导企业消防安全工作，对辖区内13家工业企业安全生产、20几家超市、批发部的食品安全、4个在建工程生产安全进行大检查，落实整改措施。对区内出租私房进行了消防整治，按要求给出租私房配备了消防“四小件”共36套。完成区内21家规上企业安全生产基础数据入库调查摸底和整理上报工作，对3家骨干企业的安全生产规范化建设做出指导。积极开展和谐企业创建，调处劳资纠纷54起，涉及民工工资50余万元。为34位企业职工开展了职称评定工作。推进企业文化建设，在省商务厅、省开发区协会举办的全省开发区文化建设现场会上作了区内企业文化建设经验交流，在磐安县企业文化建设工作交流会上作了典型发言。

（刘　卫）

磐安工业园区

【概述】 2012年底，浙江省磐安工业园区有进区企业128家，其中塑料制品58家、汽摩配35家、光伏电子4家，建成厂房面积57万平方米，协议总投资22亿元，固定资产总投资19.8亿元，形成了“塑料制品、汽摩配、光伏电子”三个主导产业。2012年完成工业总产值23亿元，同比增长24%；上缴国税地税合计6561.31万元，同比增长10%；引进内资2.972亿元，同比增长80%；完成制造业投入4.626亿元，同比增长38.9%。园区获2012年度磐安县部门年度目标考核一等奖(和尖山镇一并考核)。

全年引进投资2000万以上企业5家，其中投资亿元企业1家、磐商回归企业2家，分别是浙江盛士达汽车配件有限公司、山耐斯气动(磐安)有限公司、磐安县顶艺塑胶厂、浙江慧创工贸有限公司、磐安县宇翔工贸有限公司。在建企业32家，完成建筑面积12万平方米。完成闲置和低效工业用地清理4.47公顷。磐安工业园区中小企业孵化园建成投入使用，职工公寓项目基本完成主体工程。13个全县重点工业技改项目完成建设。区内企业被受理和授权专利51项，其中磐安县华龙橡塑有限公司17项、磐安县丰源工艺礼品厂16项、山耐斯气动(磐安)有限公司5项、浙江万里橡塑有限公司6项、磐安县科力软管厂2项、磐安县金龙橡塑2项、磐安县派克尔工艺礼品厂3项。浙江凯越塑胶有限公司在香港成功注册“MITCO”商标，金华市名仕化妆品有限公司成功颁布全国指甲油行业标准，浙江康之维节水科技有限公司参与全国公共厕所节水行业标准起草颁布。山耐斯气动液压(磐安)有限公司成为市级专利示范企业和国家级高新技术企业。

2012年，完成政府性投资6032万元。园区一期开发面积3.6平方千米，已形成“七横八纵”道路主框架，二期开发向玉山镇大比头方向推进，涉及玉山镇铁店村、向头村、大比头村。征收二期区块土地53.3公顷。完成东山洞地块土地平整17.3公顷。污水处理厂各项主体工程、三座泵站、厂区内各项附属设施和设备安装工程基本完成，已报批运行方案。完成里光洋防洪堤建设2360米。完成道路建设2.37平方米。三州路、卧龙桥和平安桥启动建设，完成大兴路延伸路基和卧龙街300米路基填挖，完成月牙路（鞍顶路以东段）150米排水排污管道铺设。完成环城南路等绿化建设5000多平方米。完成百称岗、平安路、月牙路等道路供电线路安装，配合企业安装变压器7台。

（陈新希）

农村 农业

农 村

农村经济

【概述】 2012年，全市农村经济总收入3780.6亿元,比上年增加475.2亿元,增长14.4%,增幅比上年增加4个百分点。金东区、兰溪市、东阳市义乌市、永康市、浦江县、磐安县增幅都在10%之上。农村经济总量最大的仍是永康市为1208.4亿元,占全市总量的32%; 全市农村经济总费用为3237.1亿元,比上年增加399.8亿元,增长14.1%,总费用占总收入的比重为85.6%,比上年减少0.2个百分点。农民人均所得9835元，比上年增加1032元，增长11.7%。农村集体总收入29.2亿元,比上年增加2.3亿元，增长8.7%。全市农村第一产业收入161.2亿元，比上年增长9.6%，增幅比上年增加3.5个百分点;占总收入的比重为4.2%,比上年下降0.2个百分点。农村第二产业收入3276.0亿元，比上年增长14.5%,增幅比上年增加4个百分点;占总收入的比重为86.6%,比上年增加0.1个百分点。农村第三产业收入343.4亿元,比上年增长15.1%,增幅比上年增加3.4个百分点;占总收入的比重为9.1%,比上年增加0.1个百分点。全市农业收入为95.3亿元,比上年增长9.6%,增幅比上年增加4个百分点;林业收入7.3亿元，比上年增长13.4%，增幅比上年增加13.2个百分点;牧业收入为49.4亿元,比上年增长9.3%,增幅比上年增加1个百分点;渔业收入9.1亿元，比上年增长8.7%，增幅比上年增加4.6个百分点。全市农民外出务工劳动力89.5万个,比上年减少0.4万个,其中:常年外出的70.9万个,比上年减少0.8万个。农民外出劳务收入88.3亿元,比上年增加12.8亿元,增长16.9%,增幅比上年增加1.9个百分点。劳均外出务工收入9866元,比上年的8412元增加1454元。

【农民人均所得】 2012年全市农民经营性人均所得 (以下简称农民人均所得)9835元，比上年的8803元增加1032元,增长11.7%,增幅比上年下降0.5个百分点。农民人均所得最高的仍是义乌市达到14435元,增长12.2%;农民人均所得最低的为兰溪市6786元,增长10.6%。县级最高最低农民人均所得相差7649元,比上年的6864元又增加785元。东阳市横店镇农民人均所得首次超两万元大关,为21035元，居全市之首。农民人均所得超万元的乡(镇、街道)达到38个,比上年增加了10个,占总乡(镇、街道)数的25.9%,比重比上年增加了6.2个百分点。全市农民人均所得6000元以下的乡 (镇、街道)从上年的47个减少到20个,占总数的比重从上年的32%下降贷13.6%。农民人均所得最低的乡(镇、街道)是兰溪市的柏社乡为4424元。

【农村集体经济】 2012年全市农村集体总收入29.2亿元,比上年增长8.7%,增幅比上年增加0.2个百分点。平均每村收入57.7万元。其中:经营收入6.3亿元,比上年增长9.0%;发包及上交收入5.9亿元,比上年下降9.6%;投资收益0.3亿元,比上年增长95.9%;补助收入8.5亿元,比上年增长6.8%;其他收入8.2亿元,比上年增长27.1%。全市农村集体总支出为12.0亿元,比上年增长13.7%,其中:管理费用支出4.4亿元,比上年增长14.5%。支出的增幅高于总收入的增幅。全市农村集体拥有资产总额为

252.3亿元,比上年的216.67亿元增加了35.6亿元,增长了16.4%;村均拥有资产498.6万元,比上年增加了70.4万元。其中:固定资产净值71.9亿元,比上年的56.4亿元增长27.5%; 在建工程65.2亿元,比上年的59.0亿元增长10.6%。全市村集体所有者权益210.0亿元,比上年的181.4亿元增加了28.6亿元,增长了15.8%;资产保值增值率为115.8%,比上年的116.2%下降0.4个百分点。农村集体资产收益率6.8%,比上年的7.5%下降0.7个百分点。当年无经营收益的村数2427个,比上年增加9个。全市年总收入在5万元以下的村有1934个,比上年减少197个。年总收入在50万元以上的村有1058个,比上年增加158个,占总村数的比从上年的17.8%上升到20.9%。其中:年总收入在500万元以上的村有81个,比上年增加16个;年总收入达到1000万元以上的32个,比上年增加了9个。根据市委《关于加强农村集体"三资"管理服务体系建设的意见》的文件精神,在磐安、东阳开展农村集体"三资"管理服务体系建设试点工作,之后全面推开。各县(市、区)都成立了领导小组、下发了政策文件、制定了配套的管理办法和实施方案,农村财务管理软件升级为农村集体"三资"监管系统,组建(变更)农村财务代理中心为农村集体"三资"服务中心,培训了乡、村两级人员的清产核资等技术操作规程,启动了全面清产核资工作。全市培训"三资"管理10534人次,完成清产核资的村数3474个,还有783个在进行中;完成"三资"数据进账入网的村数2591个。

【农民专业合作社】 2012年全市有农民专业合作社3689家,比上年增加557家,增长17.8%。入社社员16.0万人,比上年增长7.8%,其中:农民社员15.7万个;带动非社员农户47.7万户,比上年增长21.2%。建立农业生产记录的合作社753家,比上年增长15%;通过农产品质量认证的合作社346家,比上年增长26.7%; 组织实施农业标准化生产的合作社393家,比上年增长70.1%;建立农产品质量追溯制度和安全检测体系的合作社255家,比上年增长29.4%;拥有注册商标的合作社452家,比上年增长11.6%;注册商标个数481个,比上年增加45个。

全市农民专业合作社统一培训社员19.6万人次,比上年增长4.6%。实行统一组织购买农业投入品总值11.3亿元,统一采购比例达80%以上的有758家,分别比上年增长22.2%和28.9%。实行统一组织销售农产品总值37.0亿元,统一销售比例达80%以上的有835家,分别比上年增长14.5%和3.5%。当年销售额超过100万元的合作社817家,比上年增加175家,其中:销售额超过1000万元的合作社达97家,比上年增加了24家。全市新增市级规范化星级合作社91家,有548家合作社被市县农业部门认定为规范化合作社。新增市级示范性合作社13家,总数达104家,新增省级示范性农民专业合作社12家,总数达90家。浙江和丰禽业专业合作社、浙江义乌丰和生猪专业合作社、磐安县龙山银针茶专业合作社等3家被农业部授予"全国农民专业合作社示范社"光荣称号。金华市的浙江和丰禽业专业合作社、浙江义乌丰和生猪专业合作社、义乌市义和粮食机械化专业合作社等联合重组模式获得省、市领导的肯定,成为全省合作社提升发展现场推进会参观学习的典型示范点。

【农村土地承包】 2012年,全市实现新增土地流转面积4200公顷,超额完成省新增2666.7公顷的任务,总数达5.81万公顷,土地流转率达40.6%,比上年的37.7%增加了2.9个百分点。其中:通过土地流转服务组织成交流转的面积1.87万公顷,流转后用于种粮的土地面积2.49万公顷,分别比上年增长7.1%和11%。通过土地流转实行适度规模经营面积累计达3.79万公顷,比上年的3.51万公顷增加2800公顷,增长8.0%,占家庭承包耕地总面积的26.5%,比上年提高2个百分点。为依法妥善解决农村家庭经营承包中的土地承包和土地流转纠纷,全市9个县(市、区)都已成立了土地承包纠纷调处仲裁委员会。全年全市受理农村土地承包及流转纠纷92件,已调处纠纷76件,其中:调解纠纷71件,仲裁5件。兰溪市仲裁委员会日常工作机构工作正常开展,仲裁裁决纠纷5起,调解纠纷3起,依法维护了农民的土地权益。

【农民负担监管】 下发了《关于印发金华市农民负担监督管理阳光行动实施方案的通知》,并在浦江白马镇开展了阳光监督示范化创建试点。充分运用村务公开栏、电视、广播、网络等媒体,将各级出台的涉及农民、村经济合作社、农民专业合作社、种养大户、农业龙头企业等主体的惠农补贴政策予以公布,公开资金项目名称、补贴对象、补贴标准等内容,加强阳光监督,有效保障各项惠农政策落实到位。

【村级公益事业建设】 年初在充分调研的基础上,确定了各县(市、区)2012年度“一事一议”以资代劳价格。建立健全村级公益事业建设投入新机制,切实规范村级“一事一议”奖补项目申报审核、筹资筹劳、项目建设、资金拨付等环节,合理有序引导农民、村集体、工商资本、社会捐助资金投入村级公益事业建设。全年全市有9个县(市、区),443个村申请的一事一议筹资筹劳财政奖补项目获得立项,项目总投资额33293.5万元,其中:村内自筹金额11863.5万元,获得各级财政投入的一事一议奖补资金21430.0万元。项目的建设加快了村公益设施的改造,改善了农村生活环境。

(朱丽虹)

农村发展

【概述】 制定出台政策意见,市财政每年整合1.8亿元资金助推农业产业转型升级。加强农田水利设施建设,改善农业生产条件,提升旱涝保收水平。稳定发展粮食生产,完成播种面积15.49万公顷、总产量89.9万吨,超出省任务21.5%。扎实推进农业“两区”建设,全市共落实建设资金5.2亿元,建成省级粮食生产功能区16个,新增现代农业综合区1个、主导产业示范区6个、特色农业精品园20个,其他在建省级现代农业综合区、现代农业精品园数量列全省第一。加速推进农业规模经营和现代经营主体培育,全市新增土地流转面积3533公顷,发展市级以上农业龙头企业296家、农业专业合作社689家,农户参加农民专业合作经济组织比重达到9.82%。逐步完善农业科技支撑体系,完成农业类省区域科技创新服务中心和重点实验室建设8个,农业信息服务覆盖80%的乡镇和60%的村,农业科技贡献率达到54.4%,国家级婺南农业科技产业园区建设方案经省政府同意已向科技部申报。积极推进农产品流通体系建设,承办了全省供销社农产品现代流通体系建设现场会、全省农民专业合作社提升发展现场推进会、第10届中国苗木交易会等农业节会,取得了良好的经济效益和社会效益。2012年,实现农林牧渔业总产值213.42亿元,较上年度增长4.4%。

【农民创业就业】 深入实施百万农民素质提升工程,重点加强农村实用人才培训,开展农民大学生培养行动,筹建金华市农民学院,完成各类农民培训6.45万人,实现培训后新增转移就业2万人,积极培育与农业农村现代化相适应现代农民。大力实施农家乐发展提升行动,强化品质化、特色化、效益化的工作导向,累计发展各类农家乐特色村67个、特色点268个,全年实现营业收入6.66亿元,同比增长27.38%。加快实施来料加工转型升级计划,重点扶持来料加工基地和经纪人队伍建设,全年发放来料加工费26.7亿元,34.6万从业农民实现人均增收7717元。积极完善山区农民、困难群体增收机制,新启动的2个异地搬迁移民点惠及909户2625人,发放金融扶贫小额贷款5519万元、低收入农户集中村资金互助社借款1092万元,落实帮扶资金3000多万元。2012年,全市农村居民人均纯收入13286元,同比增长11.86%,其中低收入农户(“低保”农户除外)已有73.7%以上的家庭人均纯收入超过4000元。

【美丽乡村建设】 制定下发《金华市美丽乡村建设行动计划(2012—2016)》,召开“深化村庄整治、建设美丽乡村”现场会。全市三级财政共计投入美丽乡村建设专项经费7亿元,其中市本级财政6100万元。围绕打造精品,启动实施“12510”美丽乡村精品培育工程,今后五年每个县(市、区)每年启动1条美丽乡村风景线、2个优秀历史文化村落创建项目、5个美丽乡村精品村创建项目、10个绿化精品村创建项目建设,集中力量打造一批美丽乡村精品。目前,全市已启动第一批美丽乡村精品风景线建设11条、优秀历史文化村落创建项目27个、美丽乡村精品村创建项目57个、绿化精品村创建项目102个。围绕兼顾普惠,启动实施“千村洁美”工程,完成609个省待整治村建设任务,启动整乡整镇美丽乡村建设项目29个、洁美村建设项目853个,农村基础设施长效管理覆盖90%的行政村,累计完成村庄整治和生活污水治理行政村数达到全市行政村总数的93%和79%。围绕突出重点,实施历史文化村落保护利用工程，完成历史文化村落保护利用普查，召开全市现场会，组织开展“走读历史文化村落”活动，评选出“金华市十大优秀历史文化村落”。我市立项全省第一批历史文化村落重点建设项目 8 个，占总数的 20%。围绕强化辐射，推进中心村培育建设，完成 94 个省重点中心村基础设施提升建设，新启动 55 个省重点中心村基础设施提升建设。围绕整合资源，引导林业、水利、民政、气象等相关职能部门的资金、项目和服务向美丽乡村建设项目集中。2012 年，金华市被认定为省电气化市，并成功举办全省农房改造现场会

【统筹公共服务】 深入实施“基本公共服务均等化行动计划”，加快推进城乡公共服务一体化建设。全面落实新增教育经费主要用于发展农村教育政策，继续抓好“中小学校舍安全工程”扫尾工作，改善进城务工人员随迁子女就地接受义务教育的条件和环境，完善农村教师继续教育制度和城乡教师合理流动政策。启动百镇千村奔两富“六比一争”竞赛活动，全市 93%的行政村建有文化室和文体队伍，文化下乡活动受众面不断扩大。加快社会保险扩面提标，实现社会保障体系从制度全覆盖向人群全覆盖转变。建立了统一的城乡居民基本医疗保险制度，人均筹资水平达 448 元，政策范围内住院补偿率提高到 71.41%。健全最低生活保障制度，加大医疗、教育、住房、司法等专项救助，农村低保提标幅度在 18.15 以上。深化农村社区服务中心和新型社会养老服务体系建设，全市新建成 12 个乡镇社区服务中心、362 个村级社区服务中心，86 个乡级养老服务中心、85 个村级居家养老服务照料中心，并实现了便民服务行政村全覆盖。

【深化农村改革创新】 结合金义都市新区建设，推进征地制度改革，着力提高农民在土地增值收益中的分配比例，探索新区规划、基础设施、公共服务的城乡一体化体制机制建设。强化市级层面顶层设计，创新完善了一批体制机制，以强化基层基础为重点的基层党组织“五星争创”机制、“两富”局级指导员工作机制，以促进农村经济发展为重点的农市对接农产品流通机制、农民专业合作社金融助推机制，以统筹城乡公共服务为重点的电工协会模式农村用电服务机制、农村沼气设施长效管理机制。推动县一级开展城乡统筹综合配套改革课题研究，确定了 6 项改革课题，并积极组织新一轮省级农村改革试验区申报工作。倡导基层创新并加以总结推广，义乌实施了宅基地有偿使用试点，兰溪推行了村主职干部量化亮牌考核，磐安探索了异地物业帮扶“空壳村”做法。

(陈宏伟)

农村扶贫

【概述】 根据省委、省政府统一部署，从 2008 年起，全市开始全面实施“低收入群众增收行动计划”。根据调查核实，2007 年全市农村居民人均纯收入低于 2500 元的有 17.23 万户、36.35 万人(含已享受低保补助政策的 3.58 万户、5.07 万人)，分别占全市总户数的 11.94%和总人数的 8.29%，低收入农户增收工作任务艰巨。全市所有县(市、区)都存在相当数量的低收入农户，其中人数比例最多的是兰溪市，有 3.81 万户、9.07 万万人；人数比例最少的是义乌市，也有 0.85 万户、1.67 人，市本级婺城(含经济开发区)、金东区共有 2.76 万户、5.72 万人。自全面实施“低收入群众增收行动计划”以来，各级各部门紧紧围绕继续减少农村贫困人口和逐步缩小发展差距两项目标，不断加强工作领导、加大工作力度、落实工作责任，创新工作载体，各项工作顺利推进。到 2012 年年底，全市低收入农户家庭人均纯收入为 5993 元，比上年增长 19.0%，增幅高于全市农村居民 7.1 个百分点；人均生活消费支出为 4687 元，增长 14.8%，增幅高于全市农村居民 8.1 个百分点。家庭人均纯收入低于 2500 元的低收入农户家庭基本消除，其中有 73.7%的低收入农户(低保户除外)家庭人均纯收入超过 4000 元。顺利完成了省委省政府下达的五年工作任务。

【健全制度】 各级党委、政府高度重视扶贫工作，多次调研、召开专题会议，推进工作落实。市委市政府成立扶贫工作办公室(挂牌在市农办)，具体负责组织协调工作。将实施“低收入群众增收行动计划”列入对各级年度工作目标责任制的考核，每年对各县(市、区)的实施成效进行评估，在届末对五年目标任务的完成情况进行考核和评比，对工作

努力、成效显著的县(市、区)进行表彰和奖励。各县(市、区)也都专门成立了工作领导小组,由党政主要领导任组长,分管领导具体负责,并设立了专门的办公室,建立了层层负责的工作网络,建立健全考核督办等制度,对实施“低收入群众增收行动计划”工作情况进行定期、不定期的工作督查,扎实推进扶贫各项工作。

【主要做法】 各县(市、区)以各欠发达地区和低收入农户集中村为开展扶贫开发工作的重点区域,以广大低收入农户为重点工作对象,广泛建立“一户一策一干部”的帮扶机制,“互助合作”的开发机制和“分工协作”的工作机制,通过产业开发帮扶、培训就业帮扶、异地搬迁、基础设施建设、社会救助覆盖、区域协调行动、金融服务支持等方式,重点发展“农家乐”、来料加工等增收项目,努力促进低收入农户提高收入水平和发展能力,提高低收入群众的生活水平,推动欠发达地区经济社会快速发展。各地围绕低收入农户增收和提高自我发展能力,加大对农业特色产业、农家乐等方面的扶持力度,充分挖掘欠发达地区农业内部增收潜力,改造和提升一批能够有效带动低收入农户增收的农产品基地,扶持和培育一批带动力强的扶贫龙头企业和扶贫专业合作社。鼓励发展具有当地资源优势、适合市场需求的特色种养业和“短平快”项目,全面促进农户增产增收。各地以义乌市场为龙头,通过大力发展来料加工业来带动广大低收入农户增收致富,取得了良好的效果。2012 年,全市来料加工人数达 24.3 万人,发放加工费 20 亿元。每年都在义乌召开全省来料加工业务对接洽谈会暨发展来料加工工作会议。各地进一步提高财政补助标准,加大对高山远山、地质灾害隐患点等区域群众的迁移力度。2012 年全市完成投资额 1 亿多元,完成异地搬迁 4164 人。2013 年,把异地搬迁工作列为全市民生十件重点实事之一。四是切实改善农村人居环境。各地深入实施新农村建设,加强基础设施建设,推进欠发达乡村环境综合治理,还不断加大了对欠发达地区农村社会事业发展的支持力度,不断完善公共服务体系,使欠发达地区农民充分享受政府提供的教育、卫生、社会保障等各种服务。

【结对帮扶】 市委、市政府决定,从 2008 年起到 2012 年底止,在全市范围内开展新一轮结对帮扶活动,下发《关于开展新一轮结对帮扶活动的通知》进行部署。继续开展市域范围内相对发达的县(市、区)与发展相对滞后的县(市、区)结对,义乌市联婺城区,永康市联武义县,东阳市联磐安县。建立“市机关部门及有关企事业单位联系低收入农户集中村”制度。共组织了市本级 112 家机关部门或企事业单位与婺城、武义、磐安三县区的 56 个低收入农户集中村开展结对帮扶工作,要求各有关部门努力拓展帮扶思路,坚持“输血”与“造血”相结合,创新帮扶机制和政策,扩大帮扶成效。各县(市、区)也根据要求,结合实际,广泛开展了机关部门与贫困村的扶贫结对活动, 各地共组织了 721 家县级以上机关部门或企事业单位与有关行政村开展结对帮扶工作。据统计,五年内,全市共落实帮扶项目 1.9 万项,落实帮扶资金 2.8 亿元, 有力地促进了欠发达地区的经济社会发展。市委、市政府明确将“一户一策一干部”帮扶活动作为新一轮结对帮扶活动的重要内容,要求在市机关部门(单位)联系低收入农户集中村的基础上,结对帮扶部门(单位)党员干部与联系村内的低收入农户开展结对帮扶活动。市委农办与机关工委联合下文件,对深入实施“一户一策一干部”帮扶工作进行专门部署。各县(市、区)也根据实施,积极实施“一户一策一干部”帮扶活动,推进低收入农户脱贫致富。全市共有 3.14 万名党员干部与 6.38 万户低收入农户开展了“一户一策一干部”帮扶工作。为推动结对帮扶工作,市委、市政府还专门部署开展了 “市机关部门结对帮扶工作先进单位”评选推荐活动,共评选出 10 个部门(单位)为实施“欠发达乡镇奔小康工程” 结对帮扶工作先进市级单位,并由市委、市政府正式下文予以表彰。为广泛动员、组织企业和社会各界支持和参与扶贫开发工作,加快推进市新农村建设,市委市政府还在全市范围内开展了“社会主义新农村建设贡献行动”,专门下发了《关于实施社会主义新农村建设贡献行动的通知》,成立了“贡献行动”协调小组和工作办公室,部署开展“社会主义新农村建设贡献奖”评选活动,全社会关心、支持和参与社会主义新农村建设的氛围进一步形成。

(赵 宁)

农　业

【概述】 2012年，全市各级农业部门围绕“高产、优质、高效、生态、安全”现代农业发展目标，以发展生态循环农业为主线，以粮食生产功能区和现代农业园区建设为主抓手，大力实施经营规模化、装备设施化、主体企业化、产品品牌化、生产生态化战略，全面推动全市农业现代化建设，农业工作氛围良好，农业经济稳步发展。全市农林牧渔业总产值213.42亿元，可比增长4.4%；农村居民人均纯收入13286元，增长11.9%。全市粮食作物播种面积达到15.49万公顷，总产量89.9万吨。蔬菜生产量价齐增，播种面积4.32万公顷，产量93.9万吨。经济特产有升有降。全市茶园面积2.56万公顷，产量3万吨；水果种植面积4.55万公顷，产量51.8万吨。畜牧生产形势趋稳。全市肉类总产量25.1万吨，蛋类产量5.5万吨，鲜奶产量9.4万吨。全市农业“两区”建设继续走在全省前列。按照“聚合力、健体系、促进度、出成效”的要求，全市共启动建设粮食生产功能区项目159个，建成面积8120公顷。建成现代农业综合区2个，主导产业示范区21个，特色农业精品园43个。其中经省级验收认定的现代农业综合区1个，主导产业示范区9个，特色农业精品园23个。培育农业经营主体稳步发展。全市农民专业合作社689家，社员16万人，带动农户39万户，其中规范化合作社467家。市级以上龙头企业295家，其中省级31家，国家级6家，市级以上农业龙头企业实现年产值200多亿元，出口创汇3.3亿美元。生态循环农业稳步推进。出台了《金华市生态循环农业“十二五”规划》，生态循环农业示范创建工作逐步推开，种养结合的新型农作模式加快推广，农药、化肥减量控害工程深入实施。以星级评定为抓手，生态养殖场建设迈出新步伐。全市新建各种农村能源生态技术示范典型47处，清洁能源利用率达到68.3%。强农惠农富农政策不断优化。各县(市、区)支农政策力度不断加大，支农资金都有较大幅度增长。为鼓励大学生从事农业创业，专门出台了支持大学生从事现代农业创业的政策意见。市本级还制定了《关于加快市区农业转型升级若干政策的意见》，围绕农业生产领域的转型升级十个方面出台了30条力度空前的扶持政策。重大动植物疫病防控责任制全面落实，病死动物无害化处理和农作物病虫害统防统治工作进一步加强。“绿剑”执法行动成效明显。农产品质量安全大整治百日行动富有成效。全市2981家农产品生产企业和农民专业合作社的农产品质量安全告知率、培训率、承诺率等六个100%全部完成。耕地质量提升工程年度任务顺利完成，“两区一田”上图入库工作通过省级验收。国家农机购置补贴政策全面落实，农机化促进工程深入实施。“万村审计”工作和农村集体“三资”行动成效明显。农业信息化工程再上新台阶，农民信箱注册用户达到43.3万户，去年全市有4275个农产品参加网上农博会。百名高级专家千名农技人员进村入户活动、“五送”服务活动深入开展。为进一步优化为农服务，全市农业部门着力规范行为，提升审批效能，平均承诺时限由原先平均7个工作日压缩至平均4个工作日，为全省各地级市同类审批事项承诺的最低期限。全市建成基层农业公共服务中心74个，占浙江省总数的15.5%，居全省首位。农业科研工作取得硕果，一大批新品种新技术在农业生产上推广应用。成功举办了第三届新春大联展、万人品茶大会、精品水果展示展销会等一系列农业展会活动。

(曹继志)

行政执法

【法律宣传】 7月~9月，根据省农业厅《关于深入开展“农业法律进千企入千社”活动的通知》精神，组织开展农业法律进千企入千社宣传教育活动。全市共举办宣传活动39场次、3576人，发放宣传资料42050份，培训57场次、7076人，张贴标语4325张，悬挂横幅422条，进企入社588家。

【农资下乡进村】 3月，根据农业部和省农业厅工作部署，组织开展了“送放心农资下乡进村”宣传周活动。全市共出动农业执法和技术人员700余人，发放宣传资料近4万份，推介农资产品100余吨，金额31万余元，接受农民咨询7000余人次，电视、广播等新闻媒体报道近30次。其中，现场发放各种宣传资料4000余份,赠送放心农资货值近万元,咨询人数700余人次。

【百日整治与“绿剑”集中执法】 7~10月份,根据省、市农业部门的工作部署,组织开展农业投入品质量安全大整治百日行动,加强对农业投入品生产经营重点主体、重点品种、重点环节、重点区域的监管。全市共出动执法检查人员840余人次,检查单位415家,质量抽检1121批次(其中农产品581批次、其他540批次);查获违法单位15家,其中立案查处5起。其间,组织开展全省“绿剑”统一执法行动。9月24日~28日,全市共出动农业行政执法人员2000余人次,检查单位1300余家次,抽检农业投入品和农产品435批次;查获违法农资数量1560余千克,查处违规单位40余家次,其中立案查处33起;发放各类宣传资料3.8万余份。

【兽药经营清理和规范】 自2012年1月开始,开展对辖区内原有的74家兽药经营单位,按照兽药经营质量管理规范要求,逐一进行考核验收。经过多批次审核,至10底,市区有45家通过了考核验收,并重新核发了兽药经营许可证。对未达到兽药GSP要求的29家兽药经营单位,根据农业部和省农业厅有关规定,全部收回兽药经营许可证,取消其兽药经营资格。3月~5月组织指导全市各地农业部门开展兽药经营清理和规范行动,检查原有取得过兽药经营许可证的企业317家,经查:符合兽药GSP条件的企业206家,注销未通过兽药GSP验收的经营企业111家;取缔无证经营兽药的单位3家。

【无证无照经营专项整治】 根据金华市《关于开展全市无证无照经营专项整治月活动的通知》精神,为有效遏制无证经营农业投入品等行为,规范农业投入品市场秩序,9月份,组织开展了无证经营专项整治行动。全市共出动执法人员386人次,部门之间联合执法6次,查获无证经营单位46家,其中取缔3家,引导其办证43家。市区27家农药经营企业全部按规定办理了农药经营许可证。

【农资企业管理数据库】 6月,组织开展了农资生产和经营企业现状调查,完善农资企业管理数据库。主要对象是各县(市、区)范围内的农资生产经营单位,包括农资生产、批发和零售企业(店)。全市共调查农资生产经营企业1402家(其中金华市区调查农资生产经营企业121家),其中生产企业68家、经营企业1334家;调查了从业人员文化程度、连锁经营情况、信息化软件使用等15项内容,为推进农资监管与服务信息化建设打下了良好基础。

【约谈与纠纷处置】 召开了由市区部分主要农药经营单位、绿化苗木主产区农药店的负责人共20人约谈会,通报、分析因不当使用除草剂而造成女贞、红叶石楠、山栀花等绿化苗木产生药害案例,提出了5点警示和告诫意见;8月~9月,又分别组织市区兽药和饲料生产经营单位负责人进行集体约谈。强化行政管理相对人守法生产经营,促进农资违法行为防范机制建设。建立健全了以定形、定性、定责、定赔、定罚等“五定”为主要程序和内容的农资纠纷调处机制,加大农资纠纷调处力度,化解各类矛盾。全年,共接投诉16起,涉及人员100余人次,其中居中调解成功10起,协议赔偿8.3万元;“三农维权工作室”接待处理农村财务上访、信访17起,接访300余人次。

【荣誉】 2012年,农业法制宣传和农业执法工作取得较好成效,金华市农业行政执法支队被省农业厅授予“浙江省农业综合执法示范窗口”称号

(方康书)

粮油作物生产

【粮食总产】 2012年,全市粮食生产面积基本保持稳定,产量稳步提升。全年粮食播种面积15.48万公顷,比上年减少0.01万公顷,减0.06%;每公顷产量5806千克,比上年增加56千克,增0.97%;粮食总产量89.90万吨,比上年增加0.81万吨,增0.91%。全市水稻播种面积9.35万公顷,比上年减少0.12万公顷,减1.27%;每公顷产量6911千克,增1.36%;总产量64.65万吨,增0.08%。其中,早稻播种面积1.61万公顷,比上年减少0.07万公顷,减4.17%;每公顷产量5665千克,减0.82%;总产量9.11万吨,减4.97%。全市旱粮播种面积5.8万公顷,比上年增加0.11万公顷,增1.9%。玉米播种面积1.4万公顷,比上年增长3.7%;每公顷产量4906千克,减0.85%;总产量6.86万吨,增3.0%。大豆播种面积1.54万公顷,比上年增加0.98%;每公顷产量2897

千克,增 2.84%;总产量 4.45 万吨,增 3.77%。蚕豌豆播种面积 0.27 万公顷,比上年增加 2.31%;每公顷产量 2081 千克,减 1.28%;总产量 0.55 万吨,增 1.01%。马铃薯播种面积 7836 公顷,比上年减少 0.89%;每公顷产量 4964 千克,增 0.61%;总产量 3.89 万吨,减 0.26%。番薯播种面积 1.08 万公顷,比上年增长 3.85%;每公顷产量 5430 千克,增 2.41%;总产量 5.88 万吨,增 6.33%。

【粮食生产功能区】 全市共建成粮食生产功能区 159 个,建成面积 8120 公顷。全市共有 6 个粮食生产功能区通过省级认定,10 个粮食生产功能区被评定为市级示范性粮食生产功能区。全市完成已建成功能区上图入库 287 个,面积 1.65 公顷。

【粮食生产特点】 一是鲜食类旱粮作物比重增加。鲜食甜玉米套种毛豆、甜玉米—番薯、鲜食大豆—单季稻等新型种植模式得到推广应用。二是晚稻单产稳步提高,特别是单季晚稻高产田块不断增加,全市有 45 块高产攻关田亩产超过 800 千克,6 块攻关田超 900 千克,其中永康市石柱镇高产攻关田最高亩产达 938.6 千克,再创我市单季晚稻亩产新高。三是新型粮食生产经营主体逐步壮大,全市种粮面积 6.67 公顷以上的大户 656 户,粮食专业合作社 468 家,种粮大户和粮食专业合作社成为粮食生产的主力军。全市建成育秧中心 48 个、粮食烘干中心 56 个,水稻集中育秧、机械化插秧呈快速增长势头。

【油料生产】 2012 年,全市油料作物播种面积 2.59 万公顷,每公顷产量 1834 千克,总产量 4.75 万吨。其中,油菜籽种植面积 2.30 万公顷,减 2.13%;每公顷产量 1771 千克,减 1.94%;总产量 4.08 万吨,减 4%。花生种植面积 2025 公顷,比上年增 0.1%;每公顷产量 2600 千克,增 1.76%;总产量 5264 吨,增 1.86%。浙双 72、浙油 18 浙油 50 等高产、高油、品质优的“两高一优”油菜新品种得到逐步推广,油菜直播免耕栽培和机械化收割面积有所扩大,有效地提高了油菜生产的综合效益。

金华市 2012 年粮油生产情况表

表 7

作 物	面积(公顷)	产量(吨)	作 物	面积(公顷)	产量(吨)
一、粮食作物	154842	898969	③大麦	88	270
1 春粮	12732	46090	④玉米	13973	68553
2 秋粮	142110	852879	⑤其他谷物	3258	15318
①稻谷	93547	646532	二、油料作物	25901	47514
早稻	16083	91105	1 油菜子	23033	40789
晚稻及单季稻	77464	555427	2 花 生	2025	5264
②小麦	4068	12927	3 芝 麻	843	1461

(薛占奎)

经济作物生产

【棉花总产】 2012 年,第 11 号台风“海葵”对全市棉花生产造成严重影响,全市棉花总产量 11363 吨,是金华市棉花总产量连续八年增长后,首次出现较大幅度的回落。全市棉区子棉收购价持在 8.30 元/千克~8.70 元/千克低位徘徊,比去年收购价略有上涨,但未达到国家储备棉收储价格。全市棉花平均公顷产值 29850 元,比上年减少 11.2%,平均公顷生产总成本达到36075元，比上年略减，棉农公顷净收入为负6225元，比上年的亏损额有所扩大。棉农利益受损严重。对今后的棉花生产将造成长期不利影响

【棉花高产示范】 农业部棉花高产创建示范项目在我市已实施第四年，是浙江省唯一的项目示范实施市。2012年农业部棉花万亩高产创建示范方扩大到5个，其中游埠镇为整建制推进乡镇示范(含3个万亩示范方)，女埠街道、罗埠镇各1个万亩示范方，项目实施总面积3770公顷，经浙江省农业厅组织专家对示范方进行验收，项目区平均皮棉单产1915千克/公顷，比目标产量1800千克提高115千克，完成了项目建设任务。

(包立生)

【蚕茧生产】 由于2011年春茧丝行情冲高回落、各地用工荒而导致劳动力成本上升，蚕桑生产的比较效益受到冲击，去冬今春各地毁桑现象较多(特别是兰溪和磐安)。2012年，全年蚕饲养量39084张，比上年减少4225张；全年产茧量1825吨，比上年减少249吨；全年蚕茧产值7249万元，比上年减少1354万元。全年蚕茧平均收购价1986元/50千克，比上年下降89元/50千克；全年茧丝行情春茧低，夏秋回升迅速，晚秋茧价格创历史秋茧价新高，优质茧产区达2500元/50千克左右，接近去年春茧历史高价。金华市蚕桑生产分两个区域，一是以磐安、永康、武义为代表的优质茧生产区，二是以兰溪为代表的普通茧生产区；二个区域茧价落差较大，早中秋茧价兰溪为1450元/50千克，而磐安、永康为2200元/50千克。全市蚕桑生产经营主体状况为，国家和省级龙头企业1家、市级龙头企业2家、县市级龙头企业3家，有蚕农合作组织22家，参与收购的有10家，其中磐安县蚕桑专业合作社、兰溪梅江蚕桑专业合作社、永康市联农蚕桑专业合作社、东阳市方圆蚕桑专业合作社为省示范性专业合作社。全市蚕农合作组织入社社员数有6441户，带动农户数6285户。全市蚕桑生产主体状况为：普通农户(户均3亩以下)有9856户，占76.4%；适度规模户(户均3~5亩农户)有2254户，占17.5%；中等规模户(户均5亩~10亩)有544户，占4.2%；规模大户(户均10亩以上)有241户，占1.9%；另有种养科技示范基地12个，共2590亩。全市蚕桑综合利用产值达3989万元，为2012年蚕茧产值的79%。其中桑苗繁殖112万株，494万元；桑枝培养食用菌397万棒，产值1690万元；生产桑果1500吨，产值417万元；桑园养禽11.8万羽，产值851万元；桑园套种522万元；加工桑叶菜15万元。蚕丝被产业成为茧丝绸行业的一个新兴产业。全市蚕丝被生产企业有6家，年生产蚕丝被7000条左右（其中出口2000条)，产值430万元左右。

(陈乐阳)

【茶叶生产】 2012年，全市现有茶园面积2.56万公顷，与上年持平；全年茶叶产量3.04万吨，产值14.05亿元，分别比上年增长4.6%和8.6%。其中名优茶产量1.12万吨，产值11.98亿元，同比分别增长7.0 %和11.3%。无性系良种面积1.29万公顷，良种化率达50.2%，有机茶颁证面积0.32万公顷，同比下降6.8%。因去冬今春连续阴雨，气温偏低，今年春茶最早于3月11日开采(武义)，比去上年推迟7天，比一般年份推迟20天。前期受采制成本增加和上市产量少影响，早春茶单价增长20%。针形茶品牌包装销售价1200元/千克~2000元/千克，扁形茶市场销售价为600元/千克~1600元/千克；春茶后期茶园产量高，加工类型多样化，销售稳定。主要加工扁形茶、香茶、红茶等，鲜叶价格一直维持8元/千克~12元/千克，比往年增30%以上。全市春茶总产量10127.2吨，产值89184万元，分别与上年同比增加5.1%、11.9%；其中名优茶产量6814吨，与上年基本持平，产值84187.4万元，与上年同比增加10.5%。夏秋茶主要加工香茶、珠茶、炒青、砖茶、红茶等。主要有武义、婺城区等地生产夏秋茶，其他县市只有少量生产。从前几年生产针形(类金俊眉)红茶开始，武义中高档红茶生产量逐年提高。四月中旬，在金华市区人民广场举办第五届金华市名茶推介暨“清茗酬知音”万人品茶大会。展示了金华市近几年调整优化茶叶产业结构、扩大名优茶生产、发展有机茶生产所取得的成果。6月8日至10日，金华市组织21家企业参加，第七届浙江绿茶博览会在杭州隆重举行。设置18个展位，是展位最多的地市。在茶博会的名茶评比中，市内8只名茶获博览会金奖。实

施茶树良种化工程，全年完成发展无性系茶树良种近592.5公顷，良种面积1.29万公顷，良种率达到50.2%。推进初制茶厂优化改造工程,全年改造茶厂11家,到年底,已累计改造281家。同时积极建设名茶加工中心。通过推进茶叶加工企业QS认证进程,指导发展有机茶、无公害茶叶生产。至年底,全市QS认证企业达70家。推进建立与完善包括生产档案、产品追溯等制度在内的全程质量监控制度，开展茶叶质量安全百日行动,开展茶叶质量安全管理。配合开展市场整治行动,做好“龙井茶”证明商标使用申请及管理工作。全市浙江龙井茶三大产区获得证明商标准用证的茶企达200多家。其中磐安和东阳两产区已获得证明商标准用证的茶企达30多家。年内,还按照“省标准化名茶厂建设”标准,对浙江茗宇茶业有限公司进行了浙江省标准化名茶厂验收。

（罗文文）

【水果生产】2012年，全市水果总面积4.55万公顷,总产量51.7万吨,总产值20.6亿元。各类水果优质优价体现明显，优质大白桃售价6元/千克、优质梨售价4.8元/千克,均比2011年增20%;优质枇杷售价再创新高，兰溪软条白沙枇杷一级果售价110元/千克,平均售价50元/千克,普通果售价25元/千克；优质杨梅售价30元/千克，比上年增长25%。由于杨梅开花期、坐果期连续大雨和高温天气,雄花花期过迟,影响授粉质量,坐果率偏低,总产量1.8万吨,比2011年减22%;枇杷采收期连续强降雨和高温，严重影响枇杷产量和果品质量,枇杷裂果和日灼现象严重,优质果率低,枇杷总产量6035吨,比2011年减20%;葡萄面积0.54万公顷,产量10.8万吨,比2011年减6%。

完成水果标准化生产示范推广面积1.2万公顷。重点推广疏花疏果,增施有机肥,果实套袋,应用高效低毒农药,完熟采摘等技术。实施水果品质提升工程,完成水果园优化改造0.4万公顷。

通过推进钢架大棚、滴灌等果园设施建设和水果产业链项目的实施,在市区建立一批可看、可学,具有示范作用的高效生产基地。其中特色基地有：金华市土飘香果蔬专业合作社的火龙果基地、金华市汇鑫特色农业发展有限公司的优质高效葡萄生产基地、金华市婺州蜜梨专业合作社的优质高效梨生产基地、金华市金藤葡萄有限公司的新品种、新技术栽培示范基地。

积极开展水果食品安全生产工作。6月21日~22日,全市水果食品安全研讨会在兰溪召开,组织业务干部现场考察、观摩杨梅果品安全生产基地。会议后各县(市、区)业务干部开展了水果安全生产隐患大排查活动,对从事水果生产的农民专业合作社、生产企业、“三品一标”基地和规模种植大户,排查影响水果质量安全的潜在风险隐患和存在的各种问题，积极配合有关部门对投入品的安全检查,严查高毒高残留农药及一些违禁药物的使用;督促完善田间生产记录档案,对于一些申报项目或申请验收的单位,均提供了完整的田间生产记录档案。

积极开展技术培训和科技下乡活动。为普及果农科学种果的技术知识,提高广大果农的栽培技术水平，业务干部根据生产季节及生产中存在的问题,有针对性地开展技术培训,先后进行果树春季管理技术培训和杨梅现场技术观摩,并多次到果园进行技术指导,解决实际问题。

踊跃参加浙江省精品水果展示展销会和2012年浙江省农业吉尼斯葡萄、梨擂台赛。8月4日,组织16家生产企业、农民专业合作社,参加浙江省精品水果会,参加吉尼斯擂台赛评比企业18家。金华市农业局荣获“2012浙江省精品水果展销会最佳组织奖;义乌市丰园果业有限公司的“果群”牌翠冠梨、浦江蒋才文葡萄专业合作社的“江南第一家”葡萄、浙江大博金农业开发有限公司的“大博金”火龙果分别获得金奖。

8月8日，由浙江农业吉尼斯委员会办公室和浙江省葡萄产业协会、浙江省梨业协会联合在金华农展馆举办了“2012年浙江农业吉尼斯葡萄、梨擂台赛”。通过现场测定、公证部门公证,兰溪市欣馨葡萄农庄、金华市汇鑫特色农业发展有限公司,分别获2012年浙江农业吉尼斯葡萄擂台赛一、二等奖,武义县绿峰蜜梨专业合作社获2012年浙江农业吉尼斯梨擂台赛一等奖。为大力推广应用水果标准化种植技术,着力提升全市果品品质,推动金华市葡萄、梨产业发展奠定了基础。同日,在金华市农展馆二楼举办金华市精品水果展示展销会,设有展位

63个,参展企业120余家,参展样品300余个,根据各县(市、区)推荐,确认金华市金藤藤稔葡萄有限公司"金藤"牌黑巴拉多葡萄、金华市土飘香果蔬合作社"土飘香"牌红肉火龙果等31只水果产品,荣获2012年金华市精品水果展示展销会金奖。该届展示展销会,为优化农业结构、发展高效生态循环农业,展示宣传金华精品水果,推进水果产业品质,提高品牌知名度,搭建水果生产者与经营者对接平台,拓宽销售渠道,促进农业增效、农民增收,起了积极的作用。

(傅群英)

蔬菜生产

【概述】 2012年,全市蔬菜播种面积为4.35万公顷,总产量92.8万吨,总产值30.22亿元,分别比2011年增1.6%、0.8%和增长8.3%。山地蔬菜播种面积1.03万公顷,总产量27.2万吨,总产值5.7亿元,分别比2011年增2.0%、增3.8%和增9.6%。

【蔬菜产业示范区和重点基地】 2012年全市政府投入扶持资金2519万元,继续开展农业"两区"蔬菜产业示范区、蔬菜精品园基地的建设,至2012年底,获批全国蔬菜标准园建设项目2个,面积44公顷;获得省立项批准的蔬菜产业示范区10个、面积3143.93公顷,蔬菜精品园基地13个,面积766.7公顷。各县(市、区)财政也加大了对蔬菜产业的扶持力度,促进了大棚、微灌设施和道路、沟渠、分级场地等基础的建设。全市蔬菜钢架大棚面积1578.5公顷,新增钢架大棚265公顷;微灌面积2286公顷,其中蔬菜微灌面积1193.7公顷,西甜瓜微灌面积1092.3公顷。根据省农业厅《关于印发〈浙江省保障型蔬菜基地建设工作方案〉的通知》,到2014年全市将建成保障型蔬菜基地1767公顷,2012年已建成1375公顷。市本级2011年开始认证了23个市区重点蔬菜基地,2012年新认证了市区重点蔬菜基地4个,市农业局发文予以确认,合计面积1209.3公顷,经认证的重点基地可优先安排大棚、道路、排灌水渠、低毒生物农药补贴等项目建设财政扶持。

【推广多样化增效技术】 2012年全市引进蔬菜新品种50多个,通过试种观察、试验筛选,进行示范推广,增添了市场蔬菜的花色品种,加快了品种更新换代。推广蔬菜嫁接栽培技术,推广应用嫁接栽培番茄、苦瓜、黄瓜、西瓜面积1034.3公顷。推广穴盘育苗新技术,松花菜、黄瓜、大白菜、芹菜、番茄等应用穴盘育苗种植面积1580公顷。开展蔬菜有机化栽培的示范推广,推广萝卜、小白菜、豇豆有机化栽培面积38.7公顷。引进芽苗菜种植技术,种植的芽苗菜品种有油葵、松柳、萝卜、荞麦、香椿、豌豆等,产品供不应求,实现周年供应。

【蔬菜安全生产】 全市通过省级无公害基地认证的蔬菜基地95个,面积6127.8公顷;获得绿色农产品证书数34个。各县(市、区)印制了《蔬菜基地生产档案簿》发给重点基地菜农或规模生产业主用于记录农业投入品的购买和使用情况,以便于产品安全检查和质量问题追溯。继续推广使用低毒高效化学农药和生物农药,大力推广非农药防控措施。全市引进应用防虫网304.3公顷,应用频振式杀虫灯3577盏,应用诱虫色扳185.5公顷,应用性诱剂734.7公顷。磐安县在蔬菜生产中除了应用杀虫灯、性诱剂等害虫防控措施外,对茭白、甜玉米、茄子病虫害试行了病虫害统防统治,茭白病虫害统防统治546.7公顷,累计作业面积1859.3公顷,甜玉米、茄子病虫害统防统治实施144公顷,杜绝了高毒农药的使用和盲目用药,大大降低了农药的使用量,提高了产品的安全质量。

(程炳林)

植物保护

【病虫灾情】 2012年,金华市农作物病虫害总体中等偏重发生,其中水稻病虫害中等偏重发生,主要有稻飞虱、稻纵卷叶螟、二化螟、纹枯病、稻曲病、南方水稻黑条矮缩病等,其中褐飞虱大发生,稻曲病在甬优系列品种上偏重发生。麦类病虫害中等发生,主要有赤霉病、纹枯病和蚜虫。油菜病虫害中等发生,主要有菌核病、霜霉病和蚜虫。蔬菜病虫害中等偏重发生,主要有灰霉病、霜霉病、疫病、枯萎病、软腐病、斜纹夜蛾、小菜蛾、烟粉虱、跳甲、猿叶甲、黄守瓜、斑潜蝇和螨类。果树和棉花病虫害中等发生。稻飞虱迁入时间早,迁入量大,发生量高于去年和常年。二(1)代稻飞虱偏轻发生,以白背飞虱为主危害早稻;三(2)和四(3)代稻飞虱在早稻上中等发生,在单季稻上大发生,7月中旬全市单季稻稻飞虱平均百丛虫量是去年同期的4.8倍;五(4)代稻飞虱大发生,7月下旬单季稻田间出现褐飞虱短翅型成虫,比常年早20多天,同时大部分县(市、区)稻飞虱中褐飞虱的比例超过50%,其种群危害期提前,8月初全市稻飞虱平均百丛虫量836.6头,是上年同期的10倍,虫量之高历史罕见,到8月中旬全市稻飞虱平均百丛虫量高达1816.7头;六(5)代稻飞虱大发生,以褐飞虱为主危害单季稻和连作晚稻,田块之间虫量差异较大,一些失治、漏治和防效不好的田块每亩虫量高达到百万头以上,明显高于常年虫量,部分田块、出现“冒穿”、毁杆现象;七(6)代稻飞虱中等偏重发生,田间褐飞虱虫量偏高,主要危害甬优系列单季稻和连作晚稻。稻纵卷叶螟全年中等偏重发生,局部大发生。其中三(1)代迁入量多,中等发生,危害迟嫩早稻和早插单季稻;四(2)代大发生,危害单季稻;五(3)代稻纵卷叶螟中等偏重发生,局部大发生,危害单季稻和连作晚稻,田块间虫量差异非常大,局部偏嫩田块出现叶片吃白现象;六(4)代稻纵卷叶螟中等发生,主要危害连作晚稻和部分迟嫩单季稻,9月底随着气温下降和稻叶老化,田间虫量急剧下降。二化螟总体上中等偏重发生。其中一代二化螟呈中等偏重发生,发生期比去年早1~5天,其中婺城、永康、磐安大发生;二代二化螟中等发生,局部中等偏重发生,主要危害单季稻;三代二化螟中等发生,7下旬至8月上旬的降雨对二化螟化蛹羽化不利,加上气温偏低,三代二化螟发生量下降,发生期迟于常年,主要危害单季稻和连作晚稻;四代中等发生,发生不整齐,主要危害连作晚稻和迟嫩单季稻。近几年防治二化螟药剂以氯虫苯甲酰胺为主,不但防治效果好,而且对天敌安全。纹枯病是金华市水稻上常发性病害,发生程度与栽培制度和品种密切相关,今年总体中等偏重发生。早稻和单季稻纹枯病中等偏重发生,6月下旬早稻田纹枯病进入病情激增期,全市平均病株率16.9%,单季稻8月上中旬进入病情激增期,全市平均株病率为10.3%;连作晚稻纹枯病中等发生,部分直播田中等偏重发生。稻曲病中等发生,局部田块偏重发生。9月上中旬单季稻破口始穗期间阴雨天气较多,非常有利于稻曲病的发生,其中甬优系列水稻发生较重,少数田块重发,永康重病田块丛病率55%~85%,穗病率25%~40%。近几年金华市甬优系列水稻品种种植面积逐年扩大,但其易感稻曲病,特别是甬优12。南方水稻黑条矮缩病轻发生,虽然白背飞虱迁入量大,带毒率高,但预防措施得当,农户普遍采取种子拌种、带药移栽等预防措施,总体控制了该病的危害,但在白背飞虱迁入量大的兰溪、浦江两地,少数田块发病较重。其他病害轻发生。山区、半山区的中浙优1号、Y两优5867、Y两优689、6236、湘优1号、丰两优1号、新两优343、粤优938等水稻品种上稻瘟病零星发生;黑条矮缩病和条纹叶枯病零星发生。

【监测预警】 市本级、永康、兰溪已建成三个国家级农作物有害生物预警与控制区域站,东阳在建;其余县(市、区)建成省级农作物有害生物预警与控制区域站,全市水稻病虫测报站9个,开展灯诱工作8个,监测点30多个,形成完善的病虫监测网。在完善病虫监测体系、准确掌握病虫信息的基础上,强化病虫情报发布工作。一是开展农作物病虫害电视预报工作,现有六家电视台播放农作物病虫害电视预报栏目,全年发布90多期。二是开展农作物病虫情报有线广播工作,和金华市人民电台对农广播节目合作,全年广播41期病虫情报,对农广播直播2期。三是利用农民信箱和网络发布病虫情报,发布病虫情报短信2000多条,网络发布病虫情报70多期。通过多种途径和方式的信息传递,做到病虫信息进村入户,预报准确率在90%以上。5-10月份水稻病虫防控关键时期,建立病虫发生防治信息周报制度和值班制度。根据部、省要求,及时上报全市粮油作物病虫害的发生动态和防治情况,全年上报油菜、小麦病虫周报15期,水稻周报24期。由于晚稻稻飞虱大发生,从8月下旬开始按照农业部要求进行水稻病虫害发生防治日报,共上报21期,为上级业务部门和领导决策,提供了依据。

【培训指导】 8月10日组织召开了“晚稻中后期病虫害发生趋势会商会”,正确分析晚稻病虫害发生趋势,明确指出褐飞虱有大发生可能,要求各地密切关注褐飞虱发生动态,抓好水稻中后期病虫害防控工作，严防褐飞虱暴发成灾。8 月 30 日，市农业局组织召开全市晚稻病虫害防控工作现场会，参观了婺城区野猫畈万亩粮食生产功能区病虫害统防统治工作现场，部署了以褐飞虱为重点的水稻病虫害防控攻坚战。广大植保技术人员进村入户，深入田间地头，广泛开展多种形式的技术指导和宣传培训活动。全市举办各种技术培训咨询活动 100 多场，培训人数达 1 万余人次，发放技术资料 3 万余份，切实做到监测预警到位、信息传递到位、技术指导到位。防控攻坚活动使全市水稻病虫害危害损失率降为 2.86%，挽回水稻损失 22.4 万吨。

【统防统治】 2012 年的专业化统防统治工作，从水稻向茶叶、果树、蔬菜等经济作物上拓展。全市开展统防工作的合作社 323 家，比上年增加 77 家，机手 4390 人，比上年增加 653 人，机动喷雾器 4322 台，比上年增加 961 台；全市农作物统防统治实施总面积 24469.3 公顷，其中，水稻统防统治服务面积 21426.53 公顷，服务对象涉及 6.4667 万户，病虫防效理想，平均每亩增产 38.84 千克，每亩节约防治成本 76.46 元，亩增效 192.98 元，统防区平均每亩用药次数 5.11 次，平均减少使用次数 1.87 次，减少农药用量 176.44 克，减少农药用量 26.01%，增收经济效益 0.62 亿元，；经济作物统防面积 4082.8 公顷，其中茶叶 2209.67 公顷、果树 887.8 公顷、蔬菜 260 公顷、其他作物 725.3 公顷。由于减少农药用量，天敌数量明显增加，农业生态环境得到有效改善，农产品质量安全得到提升，经济、社会、生态效益显著。

【绿色植保】 贯彻落实《浙江省农作物病虫害防治条例》，一是实施农药减量控害增效工程，二是抓绿色防控示范区建设。全市建有水稻“农药减量控害增效治理工程”省级示范方 1 个，市级示范方 10 个，县级示范方 107 个，实施总面积 8.64 万公顷(省下达的计划任务 7.33 万公顷)，技术覆盖率占水稻总面积的 91.6%，示范方面积 6444.8 公顷，非化学防治技术应用面积达 8.7 万公顷次，高效低毒低残留农药和生物农药应用面积 35.43 万公顷次。全市建有二个省级绿色防控示范方，每个示范方得到省植保局 20 万经费支持，为今后进一步搞好绿色防控工作打下良好基础。

【植保调研】 围绕建设高效生态、优质安全、经营集约、发展持续的现代农业，开展植保领域的三个课题调研。一是通过对绿色防控技术发展和应用现状的调研，分析绿色防控技术推广的制约因素，研究寻求加快推进绿色防控技术推广应用的对策措施，完成了《金华市水稻绿色防控技术的现状与对策》调研报告；二是通过对当前金华市省、部级区域站建设现状的调查，结合现代植保发展的要求，提出与之相适应的区域站建设意见和建议，完成了《农作物病虫害区域站建设的现状、问题和对策》调研报告；三是通过对当前金华市植保系统机构、编制、人员、职能、经费等、以及社会化植保服务组织的现状调查，结合现代植保发展的要求，提出公共植保体系构建的设想，完成了《公共植保体系的构建》调研报告。

【农残检测】 2012 年例行监测植物性农产品 2072 批次，检测合格 2016 批次，整体合格率为 97.29%。其中 10 个县(市、区)共抽检农产品 191 批次，检测合格 186 批次，整体合格率为 97.38%；全市蔬菜生产基地检测蔬菜 1139 批次，检测合格 1107 批次，合格率为 97.19%；农产品批发市场共抽检蔬菜 416 批次，检测合格 408 批次，合格率为 98.08%；出口企业基地检测蔬菜 326 批次，检测合格 315 批次，合格率为 96.62%。8 月份对 10 个县(市、区)抽检蔬菜、水果、茶叶和食用菌共四大类农产品 74 批次，检测合格 72 批次，整体合格率为 97.30%；其中水果 21 批次，检测合格 20 批次，1 批次葡萄同时检出甲胺磷和乙酰甲胺磷，合格率为 95.24%；食用菌 8 批次，1 批次检出农药残留超标，合格率为 87.5%；茶叶 12 批次，蔬菜 33 批次，合格率均为 100%。11 月，对 10 个县(市、区)抽检农产品 117 批次，不合格的 3 批次均为蔬菜，合格率 97.44%；蔬菜共抽检 80 批次，检测合格 77 批次，合格率为 96.25%，1 批次生菜和 2 批次青菜均为毒死蜱超标。本次抽检共检出农药残留的农产品 18 批次，检出率为 15.38%，甲氰菊酯、毒死蜱、氯氰菊酯和百菌清的检出率较高。加强对农检机构的考核管理。10 月 19~20 日金华市质量技术监督局组织评审专家对金华市农药检定管理站实验室进行了资质认定中期评审，通过对现场盲样考核、检查试验现场和体系文件的评审，评审专家组给予了肯定。在对 26 项农药残留考核参数检测(其中有机磷类 16 项,拟除虫菊酯类 7 项,氨基甲酸酯类 3 项)的全省“植物性农产品农药残留检测能力验证”中,金华市农药检定管理站获优秀。

【植物检疫】 在全市粮食生产暨春耕备耕工作会议上,金华市人民政府与各县(市、区)签订了“2012~2013 度重大农业植物疫情防控工作责任书”。上半年市植防指办公室对各县(市、区)2011 年度重大农业植物疫情防控工作进行了考核,并经省重大农业植物疫情防控指挥部验收,武义、义乌、永康、磐安等 4 个县(市)荣获省考核优秀单位。做好产地检疫,强化调运检疫,严格按照《调运操作规程》办理种子种苗调运检疫手续。截至 11 月份底,今年全市共办理产地检疫证书 92 份, 检疫种子 371.4 公顷,苗木 163.81 公顷,植物产品 37870.3 公顷。签发调运检疫证书 902 份,调运种子 385 吨,调运种苗 565 万株,调运植物产品 7919 吨。

【疫情防控】 开展重大植物疫情防控工作。对加拿大一枝黄花采取以化学防治为主的防控措施,抓住 4 月~5 月苗期和 9 月~10 月开花期两个最佳防治时期,由植检站统一采购除草剂,按发生面积分发到各乡(镇、街道),按“二集中、三统一”,由各乡(镇、街道)专业清除队实行统一防治。经普查,全市加拿大一枝黄花春季发生面积为 371.1 公顷,比去年同期减少了 17.09%;秋季发生面积 196.5 公顷,比去年同期减少了 13.8%, 春秋季轻发生面积占总面积的90%以上; 据不完全统计, 全市全年共使用 5.95 吨除草剂, 投入人工 4225 工, 防除面积达 615.88 公顷,防除率达 100%。梨枯梢病普查抓住 4 日~5 月梨枯梢病高发和症状最明显时期,采取果农自查与专业人员实地踏查相结合, 全市共调查了 4367.05 公顷梨园共 361.6 万株梨树, 苗圃 16.83 公顷共 533.5 万株梨苗,普查率 100%,在浦江县岩头镇荷店村 1.33 公顷梨园内发现 147 株病树,株发病率 6.25%,比去年严重,对发现的病株采取重修剪并喷药保护的防控措施,发病特别严重的病树进行了挖除销毁处理。黄瓜绿斑驳花叶病毒以大棚西瓜尤其是从外地调入的嫁接苗西瓜为调查重点,经 2 个月时间的调查,掌握了全市西瓜种苗流向、种植面积、种植地点和病害发生等情况,全市西瓜种植面积为 3667 公顷,其中武义县 3 个乡镇发现了黄瓜绿

2012 年金华市农作物病虫草鼠发生与防治统计表

表 8

作物名称	发生面积(万公顷)	防治面积(万公顷)	挽回产量损失(万公顷次)	实际损失(吨)
水稻	89.79	130.79	381311.3	16232.4
麦类	0.6	0.76	1380.7	176.2
玉米	3	3.25	8754.9	977.6
番薯	1.56	2.30	6614.6	656.3
油菜	7.23	7.89	5228.2	684.8
棉花	4.53	6.34	2348.2	287.5
蔬菜	13.05	17.89	129681.5	13246.5
水果	9.55	14.37	35267.0	6047.5
茶叶	4.16	4.57	1573.5	213.8

(盛仙俏)

斑驳花叶病毒病,发生面积为 14 公顷,种苗均来自温岭。今年扶桑绵粉蚧在金华市经济开发区、金东区有发现,浦江未发现,全市发生面积为 3.17 公顷,各地对疫情发生地均采取了药剂防治手段。重点抓好木虱防治工作,按照"挖治管并重,综合防控"和"治虫防病"策略,设立监测点,及时了解柑橘木虱发生动态,抓住春、夏、秋季嫩梢期及时指导农户开展木虱防治,全市未发现柑橘木虱和柑橘黄龙病。

【检疫执法】 开展了全市农业"两区"产地检疫联合检查,对金东区、兰溪市两地的农业"两区"农作物进行了产地检疫,组织各县(市、区)植物检疫站站长开展了全市植物检疫联合执法检查,检查组对金华市种子种苗主要源头:金华市小码头种子市场、金东区东关种子市场及金华市石门农场种子繁育基地进行了重点检查,抽查了 7 家种子经营店和 1 家种苗繁育基地,查看了产品进出台账、产地检疫和调运检疫证书。省联合执法检查组抽查了我市兰溪、金东。2012 年全市共出动检疫人员 559 人次,出动车辆 123 次,检查种子市场 31 个,检查经营单位 647 个,立案 2 起,罚款金额 100 元。

【院士工作站】 2012 年制订了院士工作站管理办法及配套管理制度,筹措资金 153 万元,合作项目 9 项。3 次召开技术交流会和项目总结会议,分别是中国农科院茶叶研究所在杭州召开的"国家茶叶产业体系病虫害防治研究室年度工作会议",南京农业大学在金华召开的"稻纵卷叶螟和白背飞虱测报与防控技术研究"项目中期汇报暨防控现场会,国际水稻所、部中心、浙江农科院、浙江农业厅召开,金华市政府承办的"国际应用生态工程防治水稻害虫现场观摩和技术交流会"。

(盛仙俏)

农业机械管理

【概述】 2012 年,召开了金华市宣传贯彻《浙江省农业机械化促进条例》工作会议,市人民政府印发了《金华市人民政府办公室关于贯彻〈浙江省农业机械化促进条例〉提升发展农业机械化的通知》文件,开展"农机化服务深化年"活动,落实农机化扶持政策,积极推进我市农业机械化的发展。截至 2012 年底,全市农机总动力达到 260.66 万千瓦,推广水稻机插 1.37 万公顷,新建水稻育秧中心 10 个,粮食烘干中心 32 个,粮食烘干能力达到 12.54 万吨。累计发放农机购置补贴确认书 6719 份,补贴机具 8443 台套,受益农户 5344 户,补贴总资金 2793.936 万元(其中中央补贴资金 2347.036 万元,地方补贴资金 446.9 万元)。实施设施农业设备补贴项目 62 个,中央补贴资金 1261.1711 万元,共建设钢架大棚总面积 141 万平方米。首次将龟鳖养殖加温农机装备列入市本级补贴目录,由市财政拨付专项资金推广补贴畜牧机械 30 台、养蜂设备 55 台、生物质能源机械 38 台、水产养殖机械 83 台、设施机械 5 台、茶叶机械 9 台、挖掘机械 2 台,补贴资金 119.778 万元。创建省级农机化示范镇 3 个、省级农机化示范基地 3 个、省级"平安农机"示范镇 2 个。严格控制农机事故,全年未发生一次涉及拖拉机的重特大死亡农机事故,发生负同等责任以上农机事故 65 起,死亡 23 人(其中外省籍 9 人)。

【项目建设】 实施农机维修中心项目建设,由金华吉康农业机械设备有限公司在婺城区蒋堂镇投资建设一个区域性农机维修服务中心,总投入 52.53 万元(其中市本级财政补助 9 万元),建成的农机维修中心配备高性能农机维修设备、专用维修服务车、高级维修技工,维修中心具备二级农机维修资质,年维修能力达到 300 台套以上,能基本满足市本级区域内农机维修服务需要。引导汤溪的金华寺平稻米专业合作社、洋埠的金华市陈薇粮油机械化专业合作社、蒋堂的浙江绿巨人生物技术有限公司等 3 家进行了粮食烘干中心建设,共添置粮食烘干机 7 台、建成烘干机房 1918 平方米,投入资金 262.24 万元(其中市本级财政补助 36 万元),年烘干能力达到 0.42 万吨。

【农机安全监管】 签订《农机安全生产目标管理责任书》,落实到镇(乡)、片组、安全村、每名拖拉机驾驶人,全年累计签订农机安全生产责任书 18000 余份。开展"平安农机"创建和"安全宣传月"活动,全市共开展宣传教育活动 286 次,发放宣传资料 21700 份,新闻媒体、网络宣传 320 余次,悬挂横幅及张贴宣传标语 2611 张。共排查治理一般隐患 1081 项,整改 1079 项,整治率 99.8%。查处交通违法行为13718起（其中一般程序515起，简易程序13203起），其中非法载客32辆，超载9209辆，无牌无证59辆，醉酒驾驶43人，酒后驾驶97人，涉牌涉证209人，强制报废拖拉机30台。对23名拖拉机教练员进行复训、考试，通过规范、提升教练技术，全面提高新训拖拉机驾驶人的职业素质。实施拖拉机报废补偿工作。全市各级农机部门深入乡镇，做好报废拖拉机的解体回收、注销登记以及报废补偿申请受理、补偿对象审核、公示和建立档案等工作，共报废拖拉机914台，发放补贴资金185.9万元。创新警农合作新模式，编写《警农合作·共建平安农机》，为社会提供新型农机安全生产监督管理模式和方法的书面资料。落成"金华市公安局、金华市农业局外省籍车辆登记服务站""金华市公安驻农机警务联络室乾西执勤点"(又名"外省籍驾驶员之家")，于6月底开始正常运作，发放1600多张学习卡，建立2000多份拖拉机及驾驶人档案。11月26日，会同市公安交警支队、公安110接警中心、120急救中心在金华市郊二环西路黄碧塘村附近组织开展了一次以"外省籍拖拉机与轮式拖拉机相撞造成人员重伤"为案例的农机道路交通事故应急处置模拟演练，积累应急处置实战经验，提高农机管理部门对农机事故应急救援的指挥、协调、配合和处置能力。

（赵羽中）

农业产业化

【现代农业园区】 借鉴工业园区开发建设经验，积极探索推行农业"两区"招商引资专业化、项目运作法人化、生产经营工厂化等做法。建立了园区建设项目库和项目建设月报制度，实行建设项目法人化运作，确立政府抓管理服务、业主抓开发建设的互动机制。坚持一次规划、分步实施、逐年建设、滚动发展的原则，细分年度计划，排出重点任务，实行项目考核，确保"两区"建设投资到位、项目落地、见到成效。全市共实施现代农业园区建设项目113个，投入园区建设资金8.49亿元，其中统筹各级各类财政资金投入达3.6亿元（含省级财政）。截至2012年底，全市现代农业园区累计新建各类大棚1767公顷，喷滴灌设施2487公顷，蓄水池10.8万立方米，新修沟渠473.9千米，新建机耕路450.4千米，畜禽舍26.4万平方米，保鲜冷库2.28万立方米，培训农民11.4万人次。婺城区汤溪、浦江县盆地、东阳市城郊、金东区、兰溪市诸游线等省级现代农业综合区初具规模，整体形象逐步显现。婺城区汤溪省级现代农业综合区已通过省级验收，有16个主导产业示范区和30个特色农业精品园已基本建成(含综合区内)。现代农业园区内主导产业单位面积产量、产值比周边同类一般高出20%以上。兰溪市在粮食功能区内推广"鲜食春大豆—水稻—兰溪小萝卜"种植模式，复种指数达到217%，土地产出率高，成为我市"千斤粮、万元钱"高效生态种植模式示范基地；浦江县建成万亩设施葡萄产业示范区，经济效益持续提升；婺城区选育出通过国家审定的油茶良种9个，公顷产量达122.3千克，每公顷可新增效益9万元，是普通油茶的16倍以上。

【农业经营主体】 全市共有各类农业龙头企业761个，其中市级以上农业龙头企业295家、国家级6家、省级39家。农业种养大户6982户，其中种植业专业大户数2314户、养殖业专业大户4668户。农民专业合作社3000余家，其中种植业2002家、畜牧业494家、渔业117家、服务业128家。各类农业服务组织554个，其中农机化作业服务组织514个、植保服务组织36个、土肥服务组织2个、金融服务组织1个。农机专业户2.2万户，农产品购销专业户1610户。全市经市、县级认定的规范化合作社480家，占15.3%，市级示范性合作社95家，省级示范性合作社78家。建立农业生产记录的合作社655家，通过农产品质量认证的合作社273家，组织实施农业标准化生产的合作社231家，建立农产品质量追溯制度和安全检测体系的合作社197家，拥有注册商标的合作社405家。

（黄洪彬）

农村能源

【概述】 2012年，全市农村清洁能源利用率为69.79%。累计可再生能源开发能力达12.34万吨标煤/年，年减排二氧化硫0.27万吨、二氧化碳30.73万吨、氮氧化合物0.12万吨、烟尘0.21万吨。全市年内新建畜禽养殖场沼气工程282处，厌氧池容2.30万立方米，年产沼气251.5万立方米，折标煤0.18万吨；推广太阳能热水器8.85万平方米，折标煤1.06万吨。2012年全市农村能源建设资金投入共计14692.97万元，其中各级政府投入2999.80万元、用户自筹资金11693.17元。全年争取到中央项目10个，总投资2501万元，中央补助719万元。编制申报省级项目32个，总投资2323.9万元，省财政补贴799万元。

【生态循环农业基地建设】 2012年，市本级建成12个高效生态循环农业示范基地，涵盖了沼液、沼渣综合利用、纯沼气发电、整村沼气集中供气工程、太阳能在水产养殖上利用、秸秆能源利用、废弃稻草循环利用栽培秀珍菇的应用等内容，成为实现农业生产环保效应、质量效应、产量效应同步提高与综合发展的示范。全市新增“三沼”综合利用示范面积370公顷。

【生活污水净化沼气工程】 2012年，完成154个村的生活污水净化沼气工程，池容2.14万立方米，年可处理生活污水260.37万吨，年减排化学含氧量1041.5吨，受益农户3.62万户。

【太阳能开发利用】 2012年，全市共新增太阳能热水器4.53万台，计8.85万平方米，年替代电能2650万千瓦小时，折标煤1.06万吨。新增太阳能集中供热工程13个，2155.2平方米；新增太阳能路灯、杀虫灯195盏、15020瓦。

【沼气开发利用】 新建沼气集中供气村3个，受益农户292户。市本级沼气集中供气村累计11个、616户；全市沼气集中供气村累计35个、供气1705户。开展了沼气高值利用——纯沼气发电，新增纯沼气发电5处，455千瓦。全市累计建成沼气发电25处、1098千瓦，其中纯沼气发电14处、846千瓦。新建乡村农村沼气服务网点6个，累计76个，全市农村沼气用户覆盖率达80%。

【职业技术培训】 各县(市、区)分别开展了规模化畜禽养殖场污染治理专项、生态循环农业专项、沼气安全专项、农村能源设施管理专项、农村能源职业技能培训等5种不同内容的业务培训班。全年共培训1685人次，其中职业技能教育培训487人，沼气生产工、沼气物管员等职业技能鉴定55人次。

（朱飞虹）

农业环境保护

【农业面源污染控制】 2012年，全市共推广测土配方施肥技术20万公顷，建立各级测土配方施肥示范方305个，示范面积1.33万公顷，推广应用配方肥4.27万吨，应用面7.13万公顷，通过测土配方施肥技术推广，转变农民传统施肥观念，减少化肥用量5800(纯量)吨。投入各级财政资金260万元，通过招标采购紫云英、黑麦草等绿肥种子152吨，免费发放给农户，鼓励和引导农民种植绿肥，共发展专用、兼用绿肥2.43万公顷，每公顷鲜草还田量达到12750千克，减少化学肥料用量170千克/公顷。投入各级财政资金1150余万元，实施“增施有机肥”和“化肥减量增效”工程，推广政府补贴商品有机肥6.063万吨，应用面积2.02万公顷，带动全市推广商品有机肥料10.1万吨，应用面积2.77万公顷，减少化学肥料用量5050(纯量)吨。严格控制农药、地膜污染，鼓励农民使用生物农药或高效、低毒、低残留农药，积极推进“农药减量增效”和“统防统治”工作，2012年统防统治服务面积2.45万公顷，服务对象涉及6.5万农户，统防区比农户自防区亩农药平均使用次数减少1.87次，减少农药用量176.4克。积极推广喷滴灌、肥水同灌技术，大力发展节水农业。

【农田管理】 开展1.87万公顷标准农田质量提升工程。在项目区投入各级财政资金5547.5万元，完成种植冬绿肥1.05万公顷、秸秆还田1.1万公顷、使用商品有机肥1.52万公顷、强化耕作0.32公顷、因缺补缺0.96万公顷、酸化调整0.11万公顷、应用配方肥1.45万公顷，多途径提升农田质量。开展农田环境监测。全市已建立38个基本农田保护区环境定位监测点，作为环境监测、施肥效应、农药残留等长期定位监测点，形成网络，建立档案，并依据评价标准和监测结果，对基本农田生态环境做出评价。加强对主要农产品产地、污灌区、工矿废弃地等区域的土壤污染监测和修复示范。严格控制主要粮食产地和蔬菜基地的污水灌溉，确保农产品质量安全。全市调查处理基本农田污染事故2起，减少农民经济损失6.3万元。参与农田耕作层损毁鉴定11

起,开展污染土壤修复试点,建立农田污染修复示范区 9 个,对已经遭受污染的土壤根据污染物的种类等情况,分别采用化学改良、生物改良、调节土壤环境条件及排土、客土等治理办法,消除或减轻污染。启动农产品产地环境重金属污染普查与防治工作。在工矿企业周边农田、大中型城市郊区周边农田、基本农田、粮食生产功能区、现代农业示范园区和菜篮子基地开展土壤重金属污染状况及成因调查和评价,开展资料收集和全市监测单元的布点等基础工作。

【废弃物资源化利用】 大力开展以农作物秸秆、畜禽粪便为重点的农业废弃物的综合利用,发展生态循环农业,减少农业生产造成的污染。加快秸秆综合利用,扩大秸秆传统利用渠道,因地制宜推广秸秆覆盖还田、旋耕粉碎还田、堆腐还田等秸秆还田技术,全市推广秸秆还田面积 8.67 万公顷;探索物秸秆生产有机肥、秸秆养殖食用菌、秸秆“生物反应堆”、秸秆气化、秸秆发电等新技术。提高畜禽粪便资源化利用率,加快规模化养殖场、畜牧养殖小区畜禽粪便处理设施建设,通过建设大中型沼气工程、生产有机肥等多种方式,提高畜禽粪便的资源化利用率。

【污染治理】 因地制宜开展农村污水、垃圾污染治理。全市新建 154 个村级生活污水净化沼气工程、各类池容 2.14 万立方米,年处理生活污水 260.4 万吨,受益农户 3.62 万户。开展畜禽养殖污染防治。合理确定畜禽养殖规模,鼓励建设生态养殖和规模养殖,做好畜禽养殖污染防治规划,通过发展沼气、生产有机肥和无害化畜禽粪便还田等综合利用方式,重点治理规模化畜禽养殖污染,实现养殖废弃物的减量化、资源化、无害化,建立生态型农牧业循环经济发展模式。根据《金华市人民政府关于加快推进市区畜禽养殖业污染防治工作的实施意见》,加大对畜禽污染治理补贴力度。全市商品有机肥生产企业达到 17 家,年生产商品有机肥料 8 万吨,无害化处理畜禽养殖废弃物约 32 万吨。投入省市资金 808.5 万元,新增以“三沼”综合利用为主的生态循环农业示范基地 346 公顷,取得了良好的生态环境效益。

(傅丽青)

农业科研

【概述】 2012 年,全市农业科研工作围绕金华市农业农村和农业科技发展“十二五”规划,开展全市共组织申报各类农业、社发类科技项目 548 项,其中国家级 52 项、省级 116 项、市级 380 项。全市共争取国家及省级农社类科技项目 134 项,其中国家级项目 39 项;争取上级财政资金 2845.5 万元,比上年同期增加 1079.5 万元;市级农业类科研项目立项 78 项。全市获得立项国家级农业科技成果转化项目 4 项,立项数和争取国家财政经费数继续列全省各地市首位。省级重点科技创新团队项目中,由浙江绿巨人生物技术有限公司申报的“糖尿病专用优质高抗性淀粉水稻新品的选育与开发”等 5 个项目立项;浙江寿仙谷生物科技有限公司申报的浙江省食药用菌产业技术创新战略联盟获立项支持。由浙江加华种猪有限公司牵头,联合金华市畜牧兽医局、金华市农科院申报了首家农业类企业研究院“浙江省金华猪研究院”,将在金华猪遗传资源挖掘与种质创新、金华猪生殖生物工程技术研究与应用、金华猪健康养殖与标准化生产等方面加大研发力度。

【科研成果】 5 项成果获浙江省科学技术奖,11 项成果获市级科学技术奖,其中金华市农科院的“金丽衢地区桃品种优选及产业提升关键技术研究与示范”项目成果获省三等奖,“高产、抗病早籼金早 09 选育、示范与推广”项目成果获市一等奖。浙江森宇实业有限公司高级农技师俞巧仙获重大贡献奖。

【平台创新】 “国家农业科技园区建设申报书”和“浙江金华国家农业科技园区建设方案”文本于 5 月 20 日提请市政府常务会议审议并通过,8 月底以省政府名义向科技部报送,推荐金华市申报国家级农业科技园区。2012 年新获批省级农业科技企业 13 家、省级研发中心 9 家。11 家单位拟批准组建金华市农业科技研发中心;金华市汇鑫特色农业发展有限公司等 17 家企业拟认定为金华市农业科技企业。

【科技服务】 继续实施农村科技特派员制度和农技人员“联基地、联大户、联企业”制度,市农业局组织开展了“百名高级专家千名农技人员送服务进乡村”活动和助农增收送服务活动。协助开展了第

九、十批省科技特派员的轮换交接工作,完成轮换并启动第十批省派科技特派员和团队科技特派员项目申报工作。楼肖成等12人获评省优秀科技特派员,受省委、省政府下文表彰。 (孔向军)

农业机械科研

【概述】 2012年,浙江省农业机械研究院在研各类合作科技项目20项,其中自主研发的"南方薯类生产专用机械""粮食生产辅助作业机""旱地作物多功能节水灌溉设备"等6个项目成果在农业生产中广泛应用,降低生产成本、增加农民收入,成效显著。合作开发的"水稻智能型多功能插秧机""热风炉高效节能技术及干燥系统""大型单主轴数控双端车床""永磁同步注塑电机""刮板可调型周边传动刮泥机"等项目,取得国家专利10多件,投入生产并为市场所接受。2012年,省农机研究院与企业共同开发的科技项目成果为企业新增产值6.22多亿元。2012年,浙江省农业机械研究院与农业部南京农机化所建立了技术转移中心、与莱恩农业装备有限公司、武义周一机电集团、金华牛哥机械有限公司、浙江汤溪齿轮机床有限公司等单位建立了长期战略合作关系,通过优势互补、资源共享、合作研发、技术服务等措施,助推了农机科研和成果转化,取得显著成效。

2012年,该院派出科技特派员9人,分赴大市9个乡镇开展技术服务,完成技术服务项目9个,14名科技人员分赴14个乡镇开展"进村入户"帮扶活动,取得了良好的经济效益和社会效益。

(徐锦大)

畜牧生产

【概述】 2012年,全市畜牧业生产保持稳定发展态势,畜牧业总产值62.5亿元,同比减少2.95%。全市肉类总产量25.1万吨、蛋类总产量5.52万吨、奶类总产量9.43万吨。全市存栏奶牛30292头,与去年同期基本持平;生猪存栏182.39万头,出栏276.52万头,同比增加5.3%和4%,其中,能繁母猪存栏20.24万头,同比增加8.5%;家禽存栏1110.27万羽,同比减少8.2%,家禽出栏2326.24万羽,同比持平;蜜蜂饲养量28.36万群,同比增加2.6%。加强监督检查和行政执法力度,深入开展各项专项整治行动,在生产环节上没有发现三聚氰胺、"瘦肉精"等违禁药物添加行为,检测合格率达到100%,有效保证了全市畜产品质量安全。

【星级评定和标准化生产】 年初下发《关于开展2012年规模养殖场星级评定工作的通知》,组织专家对全市12家三星级以上规模养殖场进行了评审。完善规模奶牛场星级评分细则,根据去年规模奶牛场星级评定试点情况,结合全市奶牛生产实际,对规模奶牛场星级评分细则进行了修改完善,对2家奶牛场进行了评审,评为四星级奶牛场。将星级管理与2012年市财政支农项目相结合,加大政策扶持力度。2012年,全市5家规模场获得国家级标准化养殖示范场称号,7家被评为省级示范场。

【金华两头乌振兴计划】 根据新型畜牧产业体系建设目标和省、市领导要求,组织起草金华猪振兴行动计划。6月初完成初稿,并邀请市、县两级的专家进行研讨。组织申报金华两头乌猪地理标志产品。组织编写了金华两头乌猪地理标志产品申报所需要的人文历史、质量控制技术规范、生产管理标准及相关文史资料和相片收集等工作。分别于11月9日和11月18日,通过了省农场局组织的品质鉴评和农业部专家组的验收评审,12月3日,农业部张榜公示。申报金华猪研究院,开展了申报材料的编写,12月底上报省科技厅。开展成立金华两头乌猪专业合作社筹备工作。先后两次牵头组织两头乌猪生产和加工企业进行座谈,初步达成成立合作社意向,商定合作社注册资金额为500万元。开展标准化生产指导。组织技术人员多次到金华两头乌猪重点养殖场进行检查指导,与养殖场业主、技术人员进行座谈,仔细了解养殖生产、饲养管理、档案制度、经济效益等情况,就如何提高生态养殖、产品质量、规范化管理水平等方面给出指导意见。

【设施化建设】 通过政策引导、项目推动、学习培训等方式,提高先进设施设备使用率,缓解了用工难问题,降低了生产成本,提高了养殖效率。全市有16个奶牛养殖小区安装了管道挤奶机,其余购置了提桶式挤奶机,基本实现了机械挤奶;80%的规模生猪养殖场实现了设施养殖,20 个养殖场采用了自动喂料系统,130 个养殖场使用自动化消毒系统;几个大型的肉鸡场如浙江华统集团所属肉鸡场、武义梅福明肉鸡场采用了自动喂料系统、自动饮水系统。

【畜牧保险】 确定互保与共保合作开展奶牛保险的工作机制。全市奶牛保险数量突破 1.7 万头大关,超过预期 1.3 万头的目标,占总存栏数量的 56%,其中 20 头以上规模的占 77.3%。奶牛保险面的扩大,有效促进全市奶牛安全生产保障体系的构建。全市规模场能繁母猪参保 8.91 万头, 生猪参保 46.12 万头。此外,开展养蜂业风险救助工作,分别给予八位受灾蜂农发放风险救助金(包括省救助金)4.6 万元。

【重大动物疫病防控】 加强免疫环节。2012 年,全市共使用高致病性禽流感疫苗 2019.893 万毫升,完成全年 1654.75 万毫升计划免疫任务的 122.07%;使用猪 O 型口蹄疫疫苗 1474.80 万毫升 (合成肽疫苗的使用量按照 1∶1.5 的比例折合成高效苗),完成全年 941.92 万毫升计划免疫任务的 156.57%;使用牛羊 O-亚 I 型口蹄疫疫苗 29.34 万毫升,完成全年 44.981 万毫升计划免疫任务的 122.5%;使用高致病性蓝耳病疫苗 316.957 万头份, 完成全年 329.84 万头份计划免疫任务的 96.09%。加强疫情监测环节。进一步完善免疫密度评估制度,每季度开展一次重大动物疫病免疫密度风险评估。全年共完成家禽禽流感检测 13361 份, 合格率达 94.00%; 生猪、牛、羊口蹄疫检测 9620 份,合格率 91.39%;检测蓝耳病1830 份,合格率 92.08%;猪瘟 8890 份,合格率 90.01%。开展奶牛两病检测工作 28777 份。加强监督检查环节。春、秋防结束后,开展了免疫效果飞行检测,对各县(市、区)进行抽检,科学评估重大动物疫病防控工作。市级共派出 240 人次对各地的 370 个规模养殖场 (户)、32 个畜禽交易市场、34 个定点屠宰场以及部分散养畜禽防疫工作进行督查和指导,及时掌握防疫动态,查找防疫工作中存在的问题。

(王　巍)

农业综合开发

【概述】 2012 年, 金华市农业综合开发工作以项目管理为核心,坚持“专户存储、专账核算、专人管理”的资金管理理念,全面做好农业综合开发工作。全年农业综合开发项目总投资规模 2092 万元,其中: 中央财政资金 701 万元, 省财政资金 729 万元,市财政配套资金 217.2 万元,自筹资金 394.8 万元,银行贷款 50 万元。

【项目实施】 2012 年,实施土地治理项目 1 个,为“金华市琅琊镇大岩畈中低产田改造项目”,计划改造中低产田总任务为 0.8 万亩, 总投资 1105 万元,其中中央财政资金 425 万元,省财政资金 425 万元,市财政配套资金 170 万元,自筹资金 85 万元。该项目于 12 月 5 日在金华公共交易平台完成项目招投标工作,12 月 25 日与施工单位签定施工合同,建安工程中标金额共计 867.08 万元。实施并完成科技推广项目 1 个,为“农作物新品种及种苗技术服务与推广项目”,总投资 165 万元,其中中央财政资金 63 万元,省财政资金 63 万元,市财政配套资金 25.2 万元,自筹资金 13.8 万元。实施并完成产业化经营项目 2 个,分别为“245 亩桂花生产及示范基地建设项目”“婺城区千亩名优茶基地建设项目”, 总投资 350 万元,其中:中央财政资金 60 万元,省财政资金 48 万元,市财政配套 12 万元,企业自筹资金 180 万元,银行贷款 50 万元。实施并完成产业化经营中央财政贷款贴息项目 1 个,为“金华废弃木料综合利用项目”,中央财政贴息资金 103 万。实施并完成省财政贷款贴息项目 3 个,分别为“玉米、豆粕收购流动资金贷款贴息项目”“鲜腿流动资金贷款贴息项目”和“玉米、豆粕农产品收购流动资金贷款贴息项目”,省财政贴息资金 153 万元。实施并完成部门项目 1 个,为“金东区优质水果示范基地建设项目”,该项目系省供销合作社联合申报项目, 总投资 216 万元,其中:中央财政资金 50 万元,省财政资金 40 万元,市财政配套资金 10 万元,自筹资金116 万元。

(朱芝萍)

林　业

【概述】 2012 年末, 全市共有林业用地 69.93 公顷, 占土地总面积的 63.85%, 其中有林地面积

60.86 公顷。活立木蓄积量 2737.31 万立方米，森林面积 653.7 千公顷，森林保有量 658.9 千公顷，森林覆盖率 60.44%，湿地面积 39.2 千公顷。当年造林面积 4539 公顷，其中人工造林 2878 公顷，封山育林新封 1661 公顷；完成迹地更新 2601 公顷，平原造林 2798 公顷，重点生态公益林建设面积达到 27.76 公顷，优质林分面积达 18.8 公顷。全市林业总产值达 431.7 亿元，列全省市(地)第二位，比上年的 395.7 亿元增长了 9.1%。

【创建国家森林城市】 2012 年，全市启动创建“国家森林城市”的工作。1 月 17 日、18 日，市政府常务会、市委常委会先后听取了市林业局《关于我市创建国家森林城市的情况汇报》，市委、市政府提出了“力争市本级在 2013 年完成浙江省森林城市创建，金华市在 2015 年前申报创建国家森林城市”的目标。2 月 14 日，全市召开“国家森林城市”创建动员大会，对全市创建国家森林城市工作进行部署，市政府与各县(市、区)、金华开发区及机关部门签订了工作责任书，成立了金华市创建国家森林城市工作领导小组，在市林业局设立办公室。市创建森林城市领导小组办公室委托国家林业局华东林业调查规划设计院，联合编制了《金华市本级省级森林城市建设总体规划(2012~2020)》、《金华市国家森林城市建设总体规划(2012~2020)》，围绕省级、国家森林城市创建主要评价指标，在森林生态文明、森林生态建设、森林生态保护等方面提出了总体目标和具体的创建工作重点。规划于 2012 年 7 月通过了国家、省级专家组评审。11 月 26 日，市政府召开第 39 次常务会议审定了《金华市创建国家森林城市实施方案》《金华市本级创建省级森林城市实施方案》，批准了《金华市国家森林城市建设总体规划(2012-2020)》《金华市本级省级森林城市建设总体规划(2012-2020)》。全市实施“七大工程”(即“三江六岸”景观化工程、城市绿化提升工程、森林通道建设工程、森林村庄建设工程、森林提质建设工程、绿道建设工程、森林产业建设工程)，开展“九大行动”(即森林城市创建行动、森林城镇创建行动、千村绿化百村精品行动、园区绿化提档行动、万企千校绿化提升行动、千家万户庭院立体绿化行动、万里公路补植增绿行动、千里河堤植被绿化行动、万亩农田防护林带建设行动)，深入开展森林城市创建工作。市区长 19 千米、总绿化面积 211 公顷的“三江六岸”景观带改造提升工程已启动实施，梅花公园、燕尾洲公园、五百滩公园、体育公园及金华开发区工业园的绿化改造提升等一批重点绿化工程建设取得了成效。婺城区投资 700 万元，完成了二环路 3.1 千米共 10 公顷的绿化；金东区完成二环线、金港大道两侧绿化工程；金华开发区投入 1.59 亿元，新增公共绿地 30 多万平方米。各县(市、区)创建工作有序开展。3 月底，义乌市召开了创建“国家森林城市”动员大会，提出在 2015 年前创建“国家森林城市”的目标；磐安县、武义县、永康市分别在 4 月、6 月和 12 月召开创建“省级森林城市”动员大会，各县提出完成创建“省级森林城市”的目标时间表。全市共有婺城区白龙桥镇、金东区澧浦镇、义乌市佛堂镇、永康市象珠镇、东阳市巍山镇成功创建“省级森林城镇”；婺城区白龙桥镇龙蟠村、义乌市义亭镇早溪塘村等 24 个村成功创建“省级森林村庄”；浦江县白马镇嵩溪村则被授予“全国生态文化村”；金华茶花物种园、永康市盛旺达农业开发有限公司被授予“省级生态文化示范基地”；创建“市级森林村庄”73 个、“市级绿化示范村”254 个。年内市创森办(设在市林业局)共编发《创森简报》19 期计 4100 多份。通过做客金华电台行风热线，组织开展了新春植树、“3·12 植树节”、保护湿地、“保护母亲河”和“创建森林城市·绿化婺州”、“花卉园艺进社区”、“珍贵树种进万村”等主题活动，组织广大干部和群众积极参与创建工作。全市共有 328 万人次参加义务植树活动，完成植树 222 万株。市林业局被市政府授予 2012 年度创建国家森林城市先进单位。

【平原绿化】 全市认真贯彻落实省委、省政府“十二五”期间全面推进“1818”平原绿化行动的部署(即全省平原力争新增林木面积 12 万公顷以上，平原林木覆盖率提高到 18%以上)，深入开展平原绿化工作。全市共完成人工造林 2877.27 公顷，是计划数的 149%；完成封山育林 1662.6 公顷，是计划数的 101%；完成迹地更新 2600.8 公顷，是计划数的 104%；完成平原造林 2798.3 公顷，是计划数的 104%；完成优质林分面积 18.8 公顷，是计划数的 104%。实施重点防护林工程建设 877.93 公顷，是计划数的102%；实施阔叶林发展项目1043.67公顷，是计划数的101%;完成森林抚育2.21万公顷,新育苗面积134.13公顷。磐安、武义、永康、浦江、东阳等5个县(市)新增2.33公顷,实际建设面积达到29.6万公顷(含义乌1.86公顷县级生态公益林面积)。市林业局实施了婺南现代农业综合园区18.8千米的防护林建设,种植优良乔木银杏4860株、杜英365株、红叶石楠和春鹃等灌木5.6万株。

【四边绿化】 2012年，全市以创建国家森林城市为契机,扎实推进"四边三化"("四边三化"指在公路边、铁路边、河边、山边等区域开展洁化、绿化、美化行动)绿化行动。全市共投入"四边"绿化经费8.52亿元，绿化面积288.74公顷，建设森林通道420.49千米。其中,绿化高速公路3千米,面积4公顷;绿化国省道27.5千米,面积38.87公顷;绿化其他公路260.4千米,面积133.02公顷;绿化主要河道60.62千米,面积92.05公顷;绿化其他河道69.87千米,面积20.93公顷;建设森林村庄270个,通道沿线林相改造面积达3901.3公顷。

【现代林业产业发展】 林业产值稳中有升。2012年度全市林业总产值达431.7亿元，列全省市(地)第二位,比上年的395.7亿元增长了9.1%。其中,花卉苗木业产值达46.81亿元,生产面积达1.86公顷，销售额24.4亿元，分别比上年同期增长16.7%、15.8%、12.6%。兰溪、浦江、东阳、磐安等地重点发展以香榧为主的现代林业园区,全市香榧种植面积已达1.15万公顷,其中1333.33公顷已经投产,效益十分可观。义乌、东阳被命名为第一批"浙江省林业产业百亿强县"。

现代林业园区建设积极推进。全市共有44个林业园区创建点的建设任务。2012年全市申报的4个现代林业主导产业示范区、8个特色林业精品园全部通过了省里考评命名,新命名省级、市级林业龙头企业16家、23家,命名市级林业示范性专业合作社6家。林业展会持续活跃。10月24日~26日,在金东区仙桥花木城举办了第十届苗交会,浙江省人大常委会副主任程渭山宣布开幕。该届苗交会共设展位545个,吸引参观、洽谈人数6万余人,现场成交额达4100万元,比上一届增,加400万元,意向交易额4.2亿元。苗交会还首次在金东区澧浦镇金华苗木城设分会场。11月1日~4日,第五届森博会在义乌国际博览中心举办。全市组织了96家企业(不含义乌)参展,设展位129个,各类商品共成交193.2万元,订单及意向成交1350万元,金华市展团获得最佳组织奖。3月19日,第20届金华市茶花展暨婺城区第3届茶花节在婺城区竹马乡下张家村举办。9月28日,第四届中国仙源湖桂花节在婺城区安地镇举办。各县(市、区)举办特色林产品节,扩大了金华市特色林产品的影响，搭建了产销对接的新平台。金华国际山茶物种园被国际茶花协会命名为"世界杰出茶花公园"。

林业科技服务不断深化。5月16日,全国林业科技周暨浙江省第九届林业科技周活动启动仪式在浦江举行。中国绿化基金会副主席兼秘书长、国家林业局原总工程师卓榕生，省政协主席乔传秀，省林业厅厅长楼国华等领导出席。全市实施林业科技项目19项,总投资1565万元(其中财政投资617万元);共组织送科技下乡34场次,发放资料1.8万份,参加活动总人数6000多人次。食用林产品质量安全大整治百日行动有效开展。市林业局制定了《金华市食用林产品质量安全大整治百日行动实施方案》《金华市鲜笋农药残留专项整治方案》，把鲜笋农药残留问题列为食品安全隐患专项整治工作重点内容,明确整治的重点单位、重点环节和重点季节。全市共检查食用林产品生产企业(专业合作社)169家次、开展执法检查391人次,共落实乡镇(街道)监管员148个,约谈了全市139家食用林产品生产企业(专业合作社)的负责人,监管员到位率,企业约谈率、承诺率、建档率、培训率都达到100%,五个"百分百"全面完成。

【森林资源保护与管理】 集体林权制度主体改革全面完成。"三山"(即集体统管山、责任山、自留山)应发证到户414086户,实发证409736户,发证到户率达到98.95%。自留山、责任山林地应确权到户403013户,已确权到户400962户,确权率均达到98%以上。全市集体林地总面积63.85万公顷,已经承包（到户）面积46.47万公顷，家庭承包率达72.78%。2012年,全市新增林地流转面积2243.3公顷,新发放林权抵押贷款3.39亿元,27.76万公顷公益林100%进行了保险,林业综合保险投保面积4.84

万公顷,保额5.6亿元,保费96.4万元。全市林权管理平台建设窗口规模达到445平方米,工作人员29人,制订各项制度45个,流程35个,林权信息化管理上了新台阶。低丘缓坡综合开发利用试点涉林审批工作稳妥推进。全市林地审批严格执行森林采伐限额管理,按程序审批、凭证采伐。共通过审核同意长期征占用林地许可151个项目,项目总数列全省第二;获得建设占用林地面积878.13公顷,比上一年增加46.2%,总面积列全省第三;共发放采伐证1645份,发证蓄积112765.4立方米。其中,市本级25个项目,获得建设占用林地面积302.72公顷,占全市的41.79%。市、县(区)两级多层面积极争取省林业厅的关心支持,在有限的盘子中多争取定额,共向省林业厅争取并获批准追加林地定额指标232.81公顷,其中市本级187.21公顷,占获追加指标的80.42%。开展"绿盾护林"专项行动。全市以"检疫执法年"和"绿盾护林"执法专项活动为载体,以防止以松材线虫等为主的检疫性林业有害生物随染疫的森林植物及其产品人为传播为重点,严格林业植物检疫监管,积极开展检疫执法专项行动。全年共组织执法行动93次,检查涉木企业430家,发放宣传资料2600份。全市累计发生病虫害2541公顷,防治2554.87公顷;投入林业有害生物防控经费1625万元,比上一年增长了71%。开展野生动物保护宣传月暨爱鸟周活动。市林业局整理了浙江省野生动植物保护管理信息系统网络数据,实地走访了9个县(市、区)21家驯养繁殖企业(个人),完成了"金华市野生动物驯养繁殖产业发展现状及产业引导研究"重点调研课题。全市现有野生动物驯养繁殖企业(个人)117家,年产值1.36亿元;经营利用企业(个人)142家,年产值2.29亿元。全市共救助野生动物约35种1300余只(条),其中涉及国家重点保护野生动物有60只(条)、省重点保护野生动物13只(条)。

【"平安林区"建设】 开展林权纠纷积案排查工作。全市开展了为期4个月的山林纠纷积案排查工作。全年调处结案的山林纠纷有58起,完成省林业厅任务数的232%,调处纠纷面积5504亩。其中市际纠纷16起,面积182.8公顷;县内纠纷结案42起,面积184.13公顷。完成了《金华市重大山林纠纷应急处置预案》修订工作。严厉打击涉林违法犯罪。全市森林公安机关通过开展"铁拳一号"、侦破森林火灾案件大会战、"铁拳二号"等行动,共受理各类案件176起,查处171起,综合查处率为97.15%。其中,受理涉林刑事案件38起,已成功侦破35起,涉林刑事案件侦破率为92%。积极受理查处信访案件,大力推进和谐民警关系建设和"平安林区"创建。积极开展"三访三评"活动,共入户走访1600余户,发放相关资料3000余册,化解矛盾纠纷124起。严厉打击违法运输木材行为。全市木材运输巡查大队依法加强对木材运输和加工经营的监管,打击破坏森林资源的行为。全市共签发木材运输证3.4万张,折合原木材积43.8万立方米,毛竹143万株;共检查木材运输车辆7287辆,木材流量达到9.66万立方米,毛竹8.89万株,大树2850棵;巡查里程达到10.8万千米,查处违法运输车辆222辆,查处违章运输木材1264立方米,为国家挽回经济损失约126万元。森林消防态势平稳。全市积极探索森林消防新路子,组织各县(市、区)开展"以水治火"试点工作。12月7日,全省扑救重大森林火灾实战演习暨金华市森林消防技能比赛在永康举行。国家森林消防指挥部常务副总指挥杜永胜,浙江省副省长王建满,省林业厅厅长楼国华,金华市市长徐加爱、副市长蔡健等领导出席,全省各市、县人民政府分管领导、林业局局长观摩演习。实战演习后,在现场召开了全省森林消防工作会议,副省长王建满部署讲话。2012年全市共发生森林火灾17起(一般火灾3起,较大火灾14起),受害森林面积136.42公顷,森林火灾受害率0.22‰,每10万公顷林地火灾发生率2.70起,无重特大森林火灾和人员伤亡。所有指标均小于省林业厅的考核任务。。沙金兰水源涵养功能区建设有序推进。经沙金兰水源涵养生态功能区建设领导小组审定,2012年安排项目95个,落实资金1732.4万元。完成了对沙金兰水源涵养生态功能区、九峰水库、安地水库、莘畈水库等饮用水源地建设的课题调研,形成了水源地保护调研报告;完成了2010~2011年度沙金兰功能区项目实施绩效评估、《沙金兰生态功能区建设和保护规划(2012~2020年)》编制、《资金管理办法》和扶持政策修订工作。林业法制建设上了新台阶。市林业局启动了林业行政许可范本编制工作,下发了《关于印发金华市林业局行政许可范本(试行)的通知》文件,全面推进依法行政工作。该范本已于9月1日在全市范围内推广试用,这在全省林业系统属首创。市林业局被确定为市级依法行政示范单位创建点。 (王迦琳)

水　产

【概述】 2012年,全市水产品总量达73862吨,同比增长8.29%,渔业总产出143392万元,同比增长13.53%。其中鱼类产量59211吨,同比增长9.50%,甲壳类675吨,比上年略有增长,贝类615吨,比上年略有减少,其他(包括珍珠、甲鱼)产量8222吨,较上年同比增长7.73%。渔业总产出157189万元,较上年同比增长13.76%。生产鱼苗16.77亿尾,增长18.43%,生产鱼种5241吨,增长26.96%。

【主导产业培育】 2012年,积极培育珍珠、甲鱼两大优势特色主导产业,全市珍珠、甲鱼产量分别达到445吨、7269吨,产值分别约为0.89亿元、3.99亿元。其产值占全市渔业总产值的31%左右。以珍珠、甲鱼为特色的渔业产业被列入金华市八大农业主导产业。随着驯养繁殖技术的不断成熟和进步,全市大鲵繁殖工作稳定发展。目前全市共有珍稀濒危野生动物驯养系列场四家,其中浙江永强农业技术发展有限公司驯养娃娃鱼亲体2350尾,年内繁殖187326余尾;金华市鼎鑫驯养系列场驯养娃娃鱼亲体328尾,年内繁殖8500尾,驯养繁殖量列全国前茅。

【现代渔业园区】 到2012年底,全市共有40个项目列入省级现代渔业园区创建点,其中省级渔业主导产业示范区5个,省级特色渔业精品园35个,总建设规模1241.66公顷,计划投资2.5亿元。全市已启动省级渔业主导产业示范区5个、省级特色渔业精品园27个、省级现代渔业园区相关建设项目27个,完成建设总面积707.2公顷,共投入资金19665万元,其中省级资金1315万元、市地资金150万元、县级资金264万元、业主自筹17936万元。截至2012年底,已有5个省级现代渔业精品园通过省现场考核验收,其中2012年验收3个。2012年全市在建省级现代渔业园区面积共计240.6公顷,已实施标准鱼塘改造264.2公顷,流转土地503.93公顷,修建道路28959米、进排水渠道21040米,架设电力线路19550米,建成各类大棚设施7.47公顷,实施水净化处理设施13.6公顷,底增氧机械21套,引进新品种27个、新技术模式22个,推广实施标准化生产面积594.6公顷。

【水产品质量安全监管】 2012年,金华市在完成省下达的78批次养成品药残抽检和11批次渔业投入品抽样任务的基础上,还加抽了14批次的养成品和1批次的饲料,抽检合格率99%。针对非法添加孔雀石绿专项整治,还以鳜鱼、乌鳢、鮰鱼等品种为重点抽取了24批样品,其中14批为养殖企业样品,10批为市场样品。开展了初级水产品质量安全大整治“百日行动”工作,期间全市共检查生产经营企业924家(船)次,共出动2137人次,查处各类违法行为7起,整改书发出数6户,整改完成数6户,立案1起,实施无害化处理量1000千克,罚没款金额0.3万元,涉及总货值1万元。

【渔政管理】 2012年,金华市全面开展了“春潮2012”专项执法活动,与公安机关建立110联动机制,对电鱼、偷鱼等破坏渔业资源的违法行为给予坚决打击。春潮行动期间,全市共出动检查270次1124人次,查获电鱼及非法捕捞案件241起,收缴电瓶及偷捕工具309副、地笼网105只,放生鱼类150公斤,立案查处8起。全市共受理渔业污染案件45起,调处赔(补)偿金额237.3万元。在全市范围内开展江溪和水库增殖放流工作,提高了渔业资源量,改善鱼类生态环境,提高渔民收入。2012年共投入经费183.7万元,放养各类苗种943万尾(只),有效增加了金华市的渔业资源。 (贺文芳)

水　利

【概述】 2012年底,全市共建成水库821座(其中大型2座、中型27座),占全省总量1/5,蓄水总量19.5亿立方米。加固病险水库417座,占全省总量1/4。完成山塘整治600余座。建成水电站357

座，装机28.25万千瓦。新建加固城市堤防50千米，大部分城防防洪标准达50年一遇以上。解决改善3573个行政村280万农村人口的饮水安全问题，数量占全省1/5，农村饮水安全人口覆盖率达96%。建成万亩以上灌区41处，有效灌溉面积9.53万公顷。机电排灌装机容量10.28万千瓦。实施清水河道、河沟池塘整治3360千米，建成了一批生态景观型河沟池塘。2012年，全市水利系统全力推进防洪保安、旱涝保收、水资源保障、水环境保护等兴水惠民四保工程建设，加快推进水利工程管理体制和基层水利服务体系改革，有力地促进了经济发展和社会稳定，水利对经济社会发展的支撑和保障能力得到有效提升。全市被列入全省基层水利服务体系改革试点，在基本用好用足现有水利员编制和管理机构的基础上，推动各地以乡镇(流域)一级为重点，因地制宜地部署组建了流域管理站、区域管理站、乡镇水利站，开展了“一块牌子、一间房子、一套班子、一批设备、一套制度”等“五个一”标准化水利服务站建设，形成了县县水务一体化、乡乡成立服务站、村村都有水务员的“三位一体”基层水务管理模式，在全省率先完成基层水利服务体系改革试点任务，为全省创造了经验，得到了省有关部门和领导的充分肯定。金东、永康、东阳列入全国中小河流治理重点县(数量占全省近1/5，居全省第一)。武义、磐安列入第四批中央财政小型农田水利重点县。中央财政小型农田水利重点县启动三年来，全市共有7个县(市、区)被列为中央财政小型农田水利重点县。婺城列入中央财政高效节水灌溉项目县，金东、永康、兰溪等列入中央财政农村河塘清淤整治项目县。义乌市通过全国节水型社会建设试点专家评估，永康全国率先试点“最严格水资源管理制度”，兰溪、永康获2011年度全省农田水利标准化建设考核优秀单位。水利部陈雷部长、董力纪检组长先后视察金华市水利工作，省水利厅陈川厅长前后8次到金华检查指导，全省水库海塘管理工作会议、全省农村水利工作现场会在金华市召开。

【水利建设】 2012年，全市水利投资24.85亿元，完成年度投资计划的129%。全市共争取省以上资金6.6亿元，其中市本级1.3亿元。全市完成病险水库除险加固49座，钱塘江干堤加固9.17千米，小流域堤防加固36.43千米，整治山塘264座，万里清水河道建设190千米，实施河道保洁200千米，治理水土流失面积96平方千米。农田水利标准化建设完成新增旱涝保收面积3813.3公顷，扩大灌溉面积4253.33公顷，发展喷微灌面积1580公顷，农田渠道改造798千米。考核指标任务全部完成，部分指标任务超额完成。市本级水利工程建设助力“精品城市”成效明显，金华市区应急供水工程基本完成，市区洪坞桥至丹溪路段江堤加固及景观改造工程已经完成，东阳江左岸东关大桥至电大桥堤防加固工程开工建设，九峰水库库区改线公路通过竣工验收。列入市委市政府主要工作任务和市区有关水利的十方面重点实事的内容。省重点工程兰溪农防工程已累计完成21.8千米。好溪水利枢纽永康从磐安引水工程方案省、市、县三级达成共识，永康北部水库联网工程开工建设。兰溪钱塘垅水库、武义石峡水库、磐安花溪水库等骨干水源工程按计划推进，全市解决农村饮水不安全人口9.12万人。

【水政监察】 2012年，完成了市支队和婺城、兰溪、永康、义乌、东阳、武义等7支水政队伍“三百、六保障”达标工作。全市水政监察队伍组织开展了执法标识服的配备工作，共配备水政标识服178套，全部用于执法一线人员。组织开展了全市“清除河道障碍，改善生态环境”专项执法活动，同时各县(市、区)也结合自身工作，有针对性地开展了专项执法活动。市水政监察支队集中人员开展了对洗车场、洗浴场所、宾馆非法取用地下水专项取缔行动，拆除非法取用地下水设备71处；浦江县联合国土、环保、供电、工商等部门联合开展了全县违法洗砂场专项整治，立案查处洗砂场11家，行政处罚59.3万元；武义县开展“清网行动”，对违法在水库溢洪道设置的障碍物进行拆除。全市共组织巡查达2083余次，巡查人员6232人次，各级水政队伍处理案件400余起，下达责令停止违法通知书200余份，立案查处案件140余起，处理水事纠纷10余起，收缴罚没款人民币150余万元。市水政监察支队、婺城、金东、浦江、武义水政监察大队被评为全省水政监察先进单位。

【水土保持】 2012年，继去年金东等4个县(市、区)的水土保持监督管理能力建设通过验收后,年内义乌、兰溪、婺城、武义、磐安等5个县(市、区)全部通过了市级复核。全面开展开发建设项目水土保持监督检查,市级检查40余个项目,全市监督检查539项次。市级水土保持方案列入《金华市区政府投资项目联合审批办法》规定必备审批事项,全市审批水保方案131个。大力推进水土保持设施验收和监测工作,全市有34个项目通过水保设施验收,其中省立项的九峰水库、义乌污水处理厂项目通过省级验收。积极推进大中型建设项目水土保持监测工作,市本级武义江洪坞桥至丹溪路段堤防加固改造工程、兰溪钱塘垅水库、农防加固工程、东永高速公路工程都委托有资质的单位开展了水土保持监测工作。治理水土流失改善生态环境,全市治理水土流失96.71平方千米,乌云坑等四条小流域项目于10月底开工建设,永祥溪项目于11月开工建设,东阳市东白山水土保持综合治理项目通过验收,永康市太平水库水土保持综合治理项目全面完成。全市征收水土保持设施补偿费804万元,市本级征收水土保持设施补偿费94万元。

【河道管理】 全市河道总计3383条,总长度10855千米,其中省级河道5条,长度228千米;市级河道8条,长度228千米;县级河道67条,长度1097千米;县级以下河道3303条,长度9302公里。"强塘工程"(2008年至2012年)完成干堤加固54.2千米、小流域堤防加固142.4千米;完成清水河道建设222.4千米、中小河流治理20.3千米。金东、东阳、永康列入全国中小河流治理重点县综合整治试点,分31个项目区,预计总投资7.9亿元。新中国成立以来金华第一座水利枢纽工程——铁堰水闸进行安全鉴定,金东区杨卜山中型水闸实施除险加固,市直管的东阳江、武义江、梅溪组织堤防安全鉴定。市区城南桥至河盘桥段堤防加固工程获省河道生态建设优秀示范工程;金东区王坦溪生态护坡工程获河道生态建设示范工程。财政部绩效评价工作组对全国重点地区中小河流治理试点项目——金东区八仙溪治理一期工程进行的绩效评价,绩效考评结果为优秀。

【水资源管理】 2012年,全市总用水量18.9624亿立方米。对全市重点57个水功能区、70质监测断面实施动态监测,及时掌握水质动态,并发布每月一期的《金华市重点水功能区水资源质量通报》,有效保障水资源安全。市政府印发《金华市本级水利工程管理和保护范围的规定》为水利工程执法提供基础保障。为摸清市区地下水开发利用现状,组织编制了《金华市本级地下水调查与评价》报告。全市共完成开发建设项目水资源论证报告书评审4项。义乌市被水利部确定为国家级节水型社会建设试点,2012年4月通过省水利厅组织的试点建设终期专家评估和验收。永康市成为水利部首批实行最严格水资源管理制度试点县建设。（黄可谈）

防汛抗旱工作

【概述】 2012年3月初, 金华市发生了新中国成立以来第二严峻的"早春汛",梅雨期降雨集中,8月初相继遭遇两次台风强降雨袭击。面对严峻的防汛形势,全市以水利工程安全度汛为重点,全面落实各项防汛责任制,周密做好各项防汛工作。汛前组织开展了"百库千人"防汛大检查、在建水利工程安全度汛专项检查、重要河道徒步检查,进行了多种形式的防汛抢险和人员转移演练,召开了市、县、乡三级防汛视频工作会议、水库安全度汛工作会议、大中型水库调度研讨会,举办了乡镇分管领导、水库巡查员、农民水务员的防汛知识培训班。修订细化完善了《金华市防汛防台抗旱应急预案》等有关预案。汛期全力防御梅雨洪水和台风灾害,及时组织会商,分析雨水情,科学调度水库,适时启动应急响应,派出专家组赶赴抢险一线指导抗洪抢险,全市建立了市、县、乡三级防汛抢险队伍和物资储备仓库,增购了防汛抢险设备,成功排除了兰溪等地水库山塘险情, 完成了8个县山洪灾害防治县级非工程措施建设,基层防汛体系运行管理通过省考核组抽查考核。全市安全转移48344人,实现了"不死人、少伤人"的目标,最大限度地减轻了洪涝台灾害损失,全面完成防汛抗洪抢险救灾工作目标。（何旭东）

气象 水文

气　象

【发布预警信息】 市气象台全年发布《重要气

象情况汇报》9期、《气象信息内参》68期，决策服务短信223次，联防短信319次，气象灾害预警信号27次，共计34.1万条。

【公共气象服务】 完成全部乡镇、8个便民服务中心标准化试点社区和3个重点单位的气象信息接收系统建设，气象显示屏增至52个。开通金华气象服务新浪官方微博与市民开展互动，完成金华气象信息网、金华天气网的升级改造，建设了义乌商贸气象网，每日发布各类气象咨询和信息。与多部门联合开展农业气象服务，全年发布农气月报12期、农用天气预报72期、产量分析3期、作物生育期分析3期、灾情评估4期、农事气象电视节目稿件50期、连阴雨农事气象专题节目1期、气候评价17期，土壤水分监测公报7期。

【防灾减灾机制】 全市建成53个气象防灾减灾标准乡镇(街道)和11个示范社区(村)。召开部门联络员及气象协理员会议20余次，开展联合会商10余次。"3·23"、"5·12"开展多种多样的气象防灾减灾宣传活动，开展气象科普宣传进学校、进社区、进农村。编制《气象灾害防御避险指南》，发放到乡镇及部分社区(村)，东阳开展强对流气象灾害应急救援演练。

【气象现代化建设】 全市新建区域自动站34个，总数达到180个。义乌完成新型自动站安装并开展下垫面观测。全市观测业务3G备份链路和区域站APN专线接入，报文的及时率和到报率大大提高。监测业务预警平台和的micaps3.2(SWAN)在全市推广，中小河流洪水、山洪地质灾害预报和风险预警工作按步骤开展，预报预警能力得到有效提高。市县一体化业务平台正式运行，进行乡镇精细化客观预报业务试点，乡镇精细化预报项目完成网站发布。

【基层气象事业】 按照事业单位分类改革的部署，义乌、武义、兰溪等地由地方批准设立的防雷技术服务机构纳入公益二类事业单位。按照政事分开的原则，各县(市)局成立职能科室并到位。市下属的气象服务中心和防雷中心完成独立法人登记，兰溪市防雷中心、义乌防雷设施检测所完成独立法人登记。兰溪局成立了三江流域气象服务中心，全额拨款公益一类，争取编制2个；武义局已成立气象服务中心，公益二类差额拨款，争取编制2个。全市平均公共财政保障率为73.31%。

【气象社会管理体系】 年内全市共开展各类气象行政执法检查105次，立案查处案件6起。雷击风险评估项目纳入市政府投资项目并联审批程序，雷击风险评估工作进入制度化、常态化和规范化。简化审批项目，审批时效普遍提速，压缩行政许可承诺时限，并在窗口提供气象灾害证明等便民服务。全市1868个防雷用户114回访满意率达99%。深入开展防雷综合治理，开展雷电监测分析业务，积极开展农村防雷知识的宣传普及。

(钱华锋)

水　文

【水文情报预报】 入汛以后，全市水文系统坚持24小时全天候监测汛情，同时做好遥测系统管理维护和水雨情信息总结分析工作；市水文站根据汛情发展及时启动防汛应急预案响应，全力组织指导各地抢测水雨情信息。2012年，市水文站共接收处理48个市级报汛站3000多份报文及350多个水文遥测站120万条水雨情数据，编制发布《水情简报》12期，提供了大量统计分析材料、数据、图表，为防汛抗台工作起到了较好的参谋作用。应用948项目——实时洪水作业预报系统，在春汛及梅汛期间对金华水文站进行了滚动实时预报，预见期长，洪峰水位误差小，取得了精度为优秀的预报成果，为防汛调度指挥决策和抗台抢险提供了可靠的技术支撑。

【水文基础工作】 组织完成2011年度全市85站年大区水文资料及29座大中型水库水文资料整编、审查工作，水文资料质量获得全省二等奖。根据惯例，开展了三期2012年度全市水文资料整编审查会议，并完成基础水文数据库的更新。扎实做好全市水文测报汛前准备工作，严格执行《测验任务书》要求，全力做好测验记录。为进一步完善测流、测洪和测沙工作方案，及时商讨解决技术问题，确保测验的规范性和资料的正确性。加强水文站网管理，统筹考虑水情遥测站点的规划设置。加强水文资料管理，进一步完善水文资料汇交与审查制度。加大业务技术培训范围和力度,先后举办了全市水文勘测工技能培训、水情八位码报汛培训等各类培训班 6 期,参加培训人数达 150 多人次,取得了良好效果。

【水质监测工作】 积极开展水功能区和饮用水源地水质监测,支撑城乡供水安全。完成全市 92 个站点每月一次(金兰水库每月三次)水质监测评价任务,部分断面实现水质水量同步监测;积极开展水库藻类监测试点工作,强化突发事件现场应急监测和评价。加强和完善实验室质量管理工作,提高监测能力和水平。3 月通过了水利部实验室质量管理监督检查考评,5 月完成了年度精密度偏性试验考核,12 月通过了水利部计量认证复查换证, 实验室质量管理工作进一步提升。完善水资源监测评价服务成果,服务地方社会经济。各类水资源公报、质量通报等编制工作形成制度化, 实现当月监测、当月编制、当月分送;开展水资源调查评价评价、建设项目水资源论证等水文技术服务,为合理开发利用和保护水资源提供依据。

【水文设施建设】 市区水文测报站改建项目建设接近尾声。实验室改造工程通过验收,硬件水平跻身全省一流。对家地水文站完成改造,武义江洪水测验能力提高到 50 年一遇以上标准。金华水文测报站改造工程即将竣工,金华江测流精度和洪水预报能力进一步提高。全市中小河流水文监测系统建设进展顺利。市、县两级水文机构狠抓前期工作,加强建设管理,至 2012 年底,已完成建设水文站 1 个,雨量站 9 个,水文信息中心站 1 个,累计完成投资 400 余万元, 全市中小河流水文监测系统建设稳步推进。完善水情分中心功能建设,完成水文档案室管理规范化、制度化建设,确保防汛通信中心的稳定安全运行,水文信息化水平得到进一步提高。

(朱　琦)

工 业

综 述

【概述】 2012年，全市工业经济围绕“浙中崛起，赶超发展”目标，认真贯彻落实“工业强市”战略，以结构调整为主线，加大政策扶持力度，极力破解要素制约，努力优化工业发展环境，全力破解企业发展难题，全市工业经济形势总体较好，主要经济指标增幅在全省排位靠前。全市完成规模以上工业总产值3889.9亿元，同比增长11.6%，增幅高于全省平均5个百分点，列全省第三位；完成规模以上工业增加值784.5亿元，同比增长10.9%，增幅高于全省平均3.8个百分点，列全省第五位；完成规模以上工业新产品产值933.7亿元，同比增长36.1%；实现规上工业利税293.5亿元，同比增长2.3%，增幅高于全省平均4.4个百分点，列全省第四位；完成限额以上工业投资565.5亿元，同比增长22.9%，增幅高于全省平均6个百分点，列全省第三位；实际引进内资238.1亿元，同比增长49.5%，完成年度目标任务的114.5%；节能降耗和淘汰落后工作扎实推进。

【工业经济发展特点】 一是工业经济企稳向上。在经历了年初工业增速低位开局，一季度有所回稳，二季度企稳基础进一步巩固后，全市工业经济逐步进入回升向上通道。全市规模以上工业增加值增速从一季度的6%回升到10.9%；工业总产值增速从一季度的8.5%回升到11.6%；利税增幅从一季度的-6.8%回升到2.3%。二是赶超发展态势良好。全市规模以上工业总产值、增加值、利税和投资等增幅分别列全省第3、第5、第4和第3位。经济总量在全省占比进一步提高，全市规模以上工业增加值占全省的7.2%，比上年提高了0.8个百分点。赶超台州、追赶温州步伐加快，自2011年全市规模以上工业总产值赶超台州后，全市工业总产值、增加值、投资和利税等指标已分别超过台州291亿元、79亿元、66亿元和15亿元，与温州的工业增加值差距从218亿元缩小到了36亿元。三是转型升级步伐加快。从行业生产看：装备制造业和新兴产业保持较快增长，全市装备制造业实现产值1413.3亿元，占规上工业产值的36.3%，生物医药和电子信息等行业产值分别增长25.5%和17.7%，化工、有色金属等基础原材料和高耗能行业下行明显。从投资结构看：符合转型升级方向的如生物医药、专用设备、电子设备制造等项目投资基本都保持在60%以上的速度增长。从技术创新看：全市规模以上工业新产品产值同比增长36%，新产品产值率24%，同比提高了4.4个百分点。四是市区工业加快发展。市区完成规模以上工业总产值741.9亿元，同比增长11.3%，完成规模以上工业增加值147.9亿元，同比增长11.1%，增加值总量在全市的占比从2011年底的17.3%提高到18.8%；完成限额以上工业投资129.5亿元，同比增长31.4%，增幅高于全市平均8.5个百分点；实际引进内资103.7亿元，同比增长59.1%，增幅高于全市平均9.6个百分点。

【企业培育和帮扶】 切实加大政策扶持力度，出台了《关于培育发展战略性新兴产业加快推进新型工业化的意见》和《关于深入实施“工业强市”战略加快推进新型工业化的决定》等重大政策，并同步制订了加快开发区(园区)转型升级、推进工业有效投资等一系列配套政策，提出了促进工业经济健康有序发展一揽子措施。加大政策宣传解读力度，编写《扶工政策汇编简本》和《金华市工业经济政策指南》,向企业免费发放宣传,并通过走访企业、召开座谈会、行风热线、QQ群平台等多种形式宣讲政策,积极帮助企业应对宏观困难,这项工作得到了毛光烈副省长的批示肯定。完善重点企业和小微企业运行监测系统建设,加强工业经济运行监测分析,采取切实有效的对策措施,使全市工业经济在全省率先步入企稳向上通道。全市重点组织开展了"进千企、解难题"和"百名干部驻百企"专项行动,全市共走访企业1万多家,其中390余家市区规模以上企业由县处级以上领导带队进行了重点走访,共解决影响企业发展的重点难题167个,帮助企业解决一批融资、用工、企业各类负担132.24亿元。100名中青年干部下企业,也直接为企业解难题、办实事128件,为全市工业经济的平稳较快增长发挥了重要作用。加大扶优扶强力度,着力推进市区工业经济发展。制订了《金华市区优势工业企业重点培育实施办法》,推进市区"优势企业50强"优胜劣汰、滚动发展,淘汰企业3家,入围企业3家,总数仍然保持50家。认真贯彻落实国务院、省政府扶持小微企业发展精神,下发了《关于促进小型微型企业再创新优势的通知》,成立了市促进中小企微企业领导小组,市区设立了中小微企业发展专项资金,2012年新增规模以上工业416家。积极做好国家和省级中小企业发展专项资金申报工作,共向上争取资金1100万元,助推成长型中小微企业做强做大。出台《金华市区企业互助周转金管理暂行办法》,市区设立2亿元企业应急周转金,使用对象由原来的50家优势企业扩大到全部规模以上工业企业,已累计周转资金7.5亿元。积极向省申报小企业贷款风险补偿资金,获得风险补偿资金628万元,数额列全省第一。大力发展融资性担保行业,全年融资性担保机构共为1200家中小企业提供担保责任余额达16.8亿元,帮助企业有效缓解资金周转困难和融资难题。积极组织企业参加浙港企业合作周、新材料产业博览会、省中小企业名优新产品博览会、金华市新兴产业产品展等省内外各种对接洽谈活动,帮助企业拓展市场。引导企业实施"511"精细化管理工程,超额完成年度企业经营管理人才培训2万人次任务。

【项目推进和技术创新】 强化项目包装申报。今年全市共申报省技术改造"双千工程"项目169项,项目数列全省第一位,列入中央投资中小企业技术改造专项9项,列入中央投资重点产业振兴和技术改造专项8项。推进企业技术创新。全年成功申报和认定省级企业技术中心4家、市级企业技术中心26家(其中建筑行业7家),全市累计完成创新项目305项。积极帮助企业向上争取资金,累计争取中央和省级各类扶持资金近3亿元,包括技改与创新资金2.2亿元,康恩贝、青年、众泰各获研究院扶持资金1000万元等。全市下达技改资金2.77亿元,较上年增长23%。加快战略性新兴产业发展。2012年全市实施战略性新兴产业技改项目104项,占项目总数40.8%,全年共有12个项目获得省战略性新兴产业专项,获得扶持资金4210万元,投资结构进一步优化提升。项目推进积极有力。全市255项重点技改项目,243项已开工,136项竣工投产;市区110项重点技改项目已有105项开工建设,开工率达95.5%,一批重点技改项目已建成投产或部分建成投产。

【工业化和信息化融合】 信息化和工业化"两化"融合试点工作有序推进,全市汽车、五金、饰品和纺织等4个产业集群先后被列为省首批和第二批产业集群"两化"深度融合试验区,为全市工业经济注入新的推动力。加快企业提高信息化水平,全市已培育市级信息化示范企业97家,申报省级信息化示范企业12家,申报国家级"两化"融合示范企业5家。我市成功入选首批国家"智慧城市"建设试点,"智慧车联网"项目省级建设试点扎实推进。加大信息产业培育力度,完善产业政策,推进项目和平台建设,强化政策帮扶兑现,金华市区2012年兑现信息服务业政策资金1280万元,比上年翻番。据不完全统计,2012年全市实现电子信息产业产值和软件与信息服务业收入390亿元和200亿元,均保持两位数的增长,全市信息产业发展呈现强劲势头

【节能降耗】 2012年,全市节能降耗工作主动适应经济调整带来的变化,科学分解年度能源消耗"双控"目标任务,全年共对全市320多个项目进行节能审查,完成了省"万吨千家"年度节能目标任务,从源头上控制了高耗能、高污染项目的增长;积极开展合同能源管理服务,大力推进节能新技术新

产品的应用，全年全市有3款节能产品列入国家“节能产品惠民工程”。全年需淘汰水泥产能250万吨、印染产能1.73亿米、铅蓄电池产能197.4万千伏安时、黏土砖瓦窑31座，已全面超额完成省下达任务。“腾笼换鸟”工作顺利通过省考核组验收，为重点产业发展盘活存量土地3275亩，腾出用能18.6万吨标准煤。

【项目推进和技术创新】 全年成功申报和认定省级企业技术中心4家、市级企业技术中心26家（其中建筑行业7家），全市累计完成创新项目305项。强化项目包装申报。全市共申报省技术改造“双千工程”项目169项，项目数列全省第一位，列入中央投资中小企业技术改造专项9项，列入中央投资重点产业振兴和技术改造专项8项。积极帮助企业向上争取资金，累计争取中央和省级各类扶持资金近3亿元，包括技改与创新资金2.2亿元，康恩贝、青年、众泰各获研究院扶持资金1000万元等。全市下达技改资金2.77亿元，较上年增长23%。加快战略性新兴产业发展。2012年全市实施战略性新兴产业技改项目104项，占项目总数40.8%，全年共有12个项目获得省战略性新兴产业专项，获得扶持资金4210万元，投资结构进一步优化提升。项目推进积极有力。全市255项重点技改项目，243项已开工，136项竣工投产；市区110项重点技改项目已有105项开工建设，开工率达95.5%，一批重点技改项目已建成投产或部分建成投产。

【产业对接和生产性服务业】 强化项目对接服务，积极举办或参与省内外各种重大招商对接活动，全年全市实际引进内资238.1亿元，同比增长49.5%，市经信委8亿元内资任务超额完成，并被评为2012年度全市招商引资工作先进单位。蒙牛乳业、浙江南博电子科技、金华双泰车业等一批大项目先后招商成功，大连佐源集团公司浙江精制糖生产加工基地等一批重点项目进展顺利。加快总部经济发展和工业设计中心建设，出台了《金华市区总部企业实施办法》，市区已认定13家总部企业；推动义乌、永康两个省级特色工业设计基地建设，争取省级工业设计基地专项资金3300万元，制定《金华市工业设计管理办法》，开展市级特色工业设计基地（园）培育和对14家市级工业设计中心认定工作，举办了金华市首届工业设计大赛，加快推进生产性服务业和先进制造业联动发展。

【行业管理】 充分发挥行业管理职能优势，制定出台了金华市生物医药产业、水泥行业、淘汰落后产能“十二五”发展规划；强化行业准入管理服务，2012年组织了新能源汽车、农机产品、萤石、水泥、氢氟酸等一系列行业准入申报、产业确认核准工作；积极向上争取扶持政策和资金，争取到国家中药材种植加工扶持资金110万元、中药现代化专项105万元、抗流感药品生产能力储备专项38万元、民爆安全生产专项70万元、工艺美术15万元、省小化肥电价补贴1000多万元等。大力发展工艺美术产业，组织金华市第二届工艺美术大师评审，推荐国家级工艺美术大师评审，有3位成为国家级工艺美术大师，2人获工艺美术高级职称；强化军民结合产业培育，新增1家企业通过武器装备生产科研许可，2家企业纳入武器装备生产培育企业，20多家企业纳入军民结合企业培育。

（陈华飞）

纺织工业

【概述】 2012年，金华市纺织工业拥有规模以上企业737家，其中纺织业394家，纺织服装、鞋、帽制造业323家，化学纤维制造业20家。全市纺织服装行业主要代表企业有：浙江立马云山纺织股份有限公司、浙江金梭纺织有限公司、浙江佳而美纺织有限公司、浙江双灯家纺有限公司、义乌华鼎锦纶股份有限公司、浪莎集团。

义乌的无缝内衣、化纤原料成为该市工业经济新的增长点，针织行业成为优势行业。浦江的绗缝针织、服装产业已成为该县工业“五朵金花之一”。

2012年，全市纺织工业实现工业总产值753.31亿元，同比增长11.7%。其中纺织业468.26亿元，同比增长15.06%；服装、鞋、帽制造业241.75亿元，同比增长6.87%；化学纤维制造业43.3亿元，同比增长5.06%。全行业实现销售产值714.42亿元，同比增长9.8%；产销率94.84%；新产品产值160.97亿元，同比增长 34.93%;新产品产值率 21.37%;实现利税 49.79 亿元,同比增长 6.96%;其中实现利润 32.16 亿元,同比增长 2.35%;实现出口交货值 208.94 亿元,同比增长 0.17%。

2012 年,义乌华鼎锦纶股份有限公司成功上市,成为全市继浪莎之后第二家纺织行业上市公司。

(汪敏燕)

轻工业

【概述】 2012 年,金华市规模以上轻工业企业 1788 家,完成工业总产值 1769.35 亿元,同比增长 13.11%,占全市规模以上工业总产值的 45.49%;销售产值 1685.56 亿元,同比增长 11.54%,实现利税 141.17 亿元,同比增长 7.61%,其中利润 88.13 亿元,同比增长 4.17%。

在全市轻工业中,占主导地位的有木雕、竹编、纡缝、水晶、饰品、玩具等工艺美术品;沙滩车、滑板车、全地形车、越野车、健身器材及休闲旅游用品等五金制造的文教体育用品;造纸、印刷业、塑料制品等。工艺品制造业以义乌、浦江、东阳居前;文教体育用品总量是永康、武义居前;塑料制品、造纸和印刷业以义乌、市区居前;磐安的塑料制品业颇具特色;轻工业总量义乌、市区和永康居前三位。

2012 年,金华进行第二届金华市工艺美术大师评审,有 63 位木雕、婺州窑、玉雕、莹石雕、水晶雕、铜雕、锡雕、砖雕、根雕、竹根雕、面塑、竹编、剪纸、烙画、麦秆贴、制灯、家纺设计等工艺美术工作者晋升为金华市工艺美术大师。2012 年,市区工艺美术专项政策调整实施,兑现政策 180 余万元。

2012 年,轻工行业转型升级工作得到大力推进,启动造纸行业、制革行业、铅酸电池行业、水晶行业整治提升工作。全市 6 家印染企业淘汰 57 台(套)落后设备,淘汰落后产能 1.73 亿米,14 家铅酸电池企业淘汰 382 台(套、条)生产设备和生产线,落后产能 197.448 万千伏安时。

(汪敏燕)

食品工业

【概述】 2012 年,金华市规模以上食品工业企业 83 家,比上年增加 13 家;完成工业总产值 99.75 亿元,同比增长 15.85%,销售产值 95.47 亿元,同比增长 12.84%,全市有年销售收入超过 1 亿元企业 27 家,其中市区占 10 家、义乌 8 家、东阳 3 家。

金华的食品行业主要有农副食品加工业、食品制造业、饮料制造业 3 个子行业,2012 年,规模以上子行业中,农副食品加工企业 36 家,工业总产值 54.78 亿元,比上年增长 14.36%;销售产值 51.96 亿元,比上年增长 10.24%。全市食品制造业企业 32 家,工业总产值 32.32 亿元,比上年增长 18.11%;销售产值 30.6 亿元,比上年增长 15.79%。全市饮料制造企业 15 家,工业总产值 12.65 亿元,比上年增长 16.65%;销售产值 12.91 亿元,比上年增长 16.68%。饮料制造业企业主要集中在金华市区,主要产品是乳制品和饮料、酒。

2012 年,浙江稻花香食品有限公司的“稻花香”方便米线、浙江默香食品有限公司的“默香”酥饼被评为“长三角”名优食品。

(汪敏燕)

化学工业

【概述】 2012 年,全市规模以上化工原料及化学制品制造业企业 114 家;完成工业总产值 146.15 亿元,同比增长 2.4%,完成工业销售产值 134.98 亿元,同比增长-1.93%,完成新产品产值 23.15 亿元,同比增长 39.27%,实现出口交货值 33.98 亿元,同比增长-4.49%;产销率为 92.36%。全行业实现主营业务收入 130.65 亿元,同比增长-7.96%,实现利税 16.51 亿元,同比增长-14.98%,其中利润 11.2 亿元,同比增长-19.82%。

全市化工企业有销售收入超亿元企业 5 家,主要分布在金华市区、东阳、永康市和武义县。氟化工产品已成为金华化工行业主导产品。全市生产的氟化工产品达100多种，主要包括无水氟化氢、工业氢氟酸、氟化盐、含氟医药中间体、农药、化学品及其他含氟材料。2012年启动硫酸和明胶行业整治工作。

（汪敏燕）

建材工业

【概述】 2012年，全市建材行业共有规模以上企业106家，同比增长-46.07%，全年共实现工业总产值120.79亿元，同比增长-0.05%，销售产值110.47亿元，同比增长-3.66%；出口交货值8.8亿元，同比增长25.12%；产销率为91.45%。全年实现利税14.8亿元，增长-26.83%；其中利润8.68亿元，同比增长-37.7%。

2012年全市水泥总产量为1634万吨，比上年减少81万吨，同比增长-5.3%，水泥散装率达70.74%。2012年2家企业水泥产量占全市60%以上，它们是南方水泥和红狮水泥。进入水泥行业准入公告有4家企业，分别是红狮水泥、虎鹰水泥、金圆水泥、诸葛南方水泥。

2012年，建材行业转型升级工作得到大力推进，全市新墙材产量达到34亿标块。拆除黏土砖瓦窑34座，淘汰落后产能1.5亿标砖，拆除水泥磨机21条，淘汰落后产能250万吨。2012年进入首批萤石行业准入标准公告的全国只有10家企业，金华就占3家，它们分别是浙江武义神龙浮选有限公司、东阳矿业有限公司、金华市精选矿业有限公司。

（陈　江）

冶金工业

【概述】 2012年，全市冶金工业拥有规模以上企业151家，其中黑色金属冶炼及压延行业55家、有色金属冶炼及压延行业96家。全市冶金工业实现工业总产值387.18亿元，同比增长4.46%。其中：黑色金属冶炼及压延行业118.28亿元，同比增长11.49%；有色金属冶炼及压延行业268.9亿元，同比增长1.64%，全行业实现销售产值375.87亿元，同比增长2.28%；产销率97.08%，新产品产值65.88亿元，同比增长51.49%；实现利税12.82亿元，同比增长-5.74%；实现利润6.55亿元，同比增长-11.91%；实现出口交货值9.25亿元，同比增长-13.07%。

（姜　勃）

机械制造业

【概述】 2012年，全市规模以上机械工业共有561家，同比增长10.22%。完成总产值790.51亿元，同比增长12.31%，销售产值747亿元，同比增长9.95%；实现主营业务收入710.55亿元，同比增长5.76%；其中新产品产值334.78亿元，同比增长3.86%。出口交货值256.65亿元，同比增长9.38%。实现利税62.27亿元，同比增长8.49%；其中利润39.36亿元，同比增长7.55%

2012年，全市的汽摩配行业在培养做强做大、新能源汽车推广方面取得了较大发展。2012年，市区汽车产业专项政策开始实施，兑现政策550万元。2012年，全市共推广了334辆电动车，2011~2012年累计502辆。2012年，青年汽车和众泰控股两家企业被列为省纯电动汽车产业技术创新综合试点，开展纯电动汽车整车、电池、电机、电控以及充换电设备等关键零部件的技术研究攻关。2012年电镀行业转型升级工作得到大力推进，启动电镀行业整治提升工作。

（邵根洪）

信息产品制造业

【概述】 2012年，全市电子信息制造业规模以上企业187家，其中上市企业2家分别是东磁集团、东晶电子，其中东磁集团被列为全国电子百强企业。我市电子信息制造业全年实现规模以上工业总产值322.08亿元，同比增长13.3%；实现利税31.37亿元，同比增长12.6%；实现利润20.35亿元，同比增长4.2%，分别高于全省平均9.3、14和8.8个百分点，增幅列全省前茅；分别高于全市规模以上工业平均水平1.6、10.35和6.59个百分点。

2012年全市组织实施电子信息制造业省、市重点技改项目43项，总投资69.76亿元，其中列入国家级项目1项；组织实施浙江省电子信息产业重点项目14项，总投资2.5亿元，全年累计向上争取政策扶持资金超过3千万元。同时还引进一大批产业结构调整大项目，如东阳市引进中石化投资120亿元的北斗卫星导航系统遥感装置项目。

软件和信息服务业发展势头强劲，全市拥有“中国互联网百强企业”1家、“中国互联网最具成长性企业”1家、“国家规划布局内重点软件企业”1家、“中国商业网站百强企业”3家、“中国行业电子商务百强企业”9家；有三个信息产业园区(高新技术产业园、浙中信息产业园、金东区信息软件创业园)，金义都市新区也正在建设电子商务新城。2012年，全市软件和信息服务业实现营业收入200亿元，利税37亿元，同比分别增长35%和40%。“9158”“5173”等一批龙头企业带动作用明显。2012年，“9158”实现营收近10亿元，利税2.3亿元，“5173”实现营收6.5亿元，利税1.7亿元，亩产税收均超过1000万元。

(邵根洪)

医药工业

【概述】 2012年，全市规模以上医药工业企业有43家，完成工业总产值105.76亿元，同比增长10.83%。实现销售产值101.25亿元，同比增长9.93%。完成出口交货值18.20亿元，同比增长0.56%，其中新产品产值24.76亿元，同比增长35.85%。产销率95.74%。2012年全行业实现主营收入111.17亿元，同比增长14.78%，实现利税20.62亿元，同比增长33.76%；其中利润11.95亿元，同比增长29.57%。全年技改投入资金8.72亿元，同比增长52.71%。行业利税率是全市平均值的2.2倍，高于其他行业。2012年产值超10亿元的企业有2家，分别是浙江康恩贝制药股份有限公司、浙江金华康恩贝生物制药有限公司。其中浙江康恩贝制药股份有限公司2012年工业总产值达到27.01亿元，同比增长28.75%；利税总额7.58亿元，同比增长26.34%。产值超5亿元的企业是横店集团家园化工有限公司和浙江普洛康裕制药有限公司。

(汪敏燕)

电力工业

【概述】 2012年，金华市全社会用电量273.98亿千瓦时，同比增长5.25%。全网最高用电负荷491.48万千瓦，同比增长3.87%；网供最高负荷489.51万千瓦，同比增长3.90%；部属售电量262.51亿千瓦时，同比增长5.25%；网供电量258.23亿千瓦时，同比增长4.05%。电网发展实现新突破。±800千伏溪洛渡—浙西特高压直流工程开工建设，武义换流站场平开工，线路基础浇筑完成70%。1000千伏浙北—福州特高压交流工程通过可研评审，金华境内核准支持要件全部取齐。配合浙江省电力公司完成3项500千伏及以上项目核准，编制可研报告28项，核准批复22项。500千伏吴宁等工程按期开工，500千伏芝堰—信安、220千伏深泽等工程建成投运，实现全年项目有序开工、均衡投产。大力开展老旧变电站增容改造和线路静态增容，增加输送能力27万千瓦。建成新农村电气化镇23个、村1308个，实现新农村电气化县、乡镇、村全覆盖，金华市被授予“新农村电气市”称号。110千伏及以上工程优质工程率100%，官塘变电站工程荣获“钱江杯”。加快电动汽车充换电设施和服务网络建设，启动县(市)充换电设施布局专项规划，市区建成标准充换电站1座、电池配送站6座、简易换电站8座，义乌、永康、兰溪各建成3座电池配送站，形成“城区10分钟、郊县20分钟”服务圈，完成“杭嘉湖金绍”城际联网试运行和金华—永康“县际互联”运行测试。电力供应有序可靠。完成中共十八大、夏季高温等重大活动、重要时段的保供电任务。实施“一停多用”的停电计划“三全化”管理，推行状态检修、带电作业、联合检修、零点检修等作业方式。推广省地县一体化负荷预测系统，日均负荷预测准确率连续12年保持全省第一。全年推广智能电表60.6万只，累计应用112.7万只。提前完成直供直管用户用电采集系统全覆盖，日均采集成功率98.23%。全面实现部属用户“集抄集收”，抄表效率提高20倍，平均电费回收时间缩短6天。实施居民用电满意工程，完成新一轮4222户低电压用户整治，农网供电可靠率全省排名第一。拓展村邮站等电力缴费新渠道，城区形成十分钟缴费圈，农村实现村村有缴费点。实施农村用电安全强基固本工程，全省率先完成供电营业所台区经理制模式推广。持续开展优质服务无投诉竞赛，全年实现连续7个50天无投诉。安全生产保持平稳。率先完成县供电企业第三轮安全性评价复查评，31家新建单位全部取得安全认证。强化持卡检查和动态稽查，全年检查作业现场3.9万个，查纠违章1212起。创新安全稽查手段，全面推广3G视频监控和关键环节录像点评，对1.3万个作业现场实行动态监控。强化电力设施保护，市政府挂牌督办的30项电力设施隐患全部完成整改。全面修编各类应急预案，成立应急救援基干分队，成功开展500千伏线路直流融冰演练和迎峰度夏联合反事故演习。科学应对强台风、雨雪冰冻等自然灾害，在最短时间内完成抢修任务恢复供电，两次派出400和230余人抢修队伍驰援宁波电网，夺取了抗灾救灾的全面胜利。截至2012年年底，全局连续安全日达到2855天。建成配网运行抢修指挥中心，全省首家应用配网状态检修辅助决策系统，全年配网带电作业率72.74%，同比大幅提升21个百分点。首创集成“6+1”辅助系统的综合监控中心运行模式，接入站点127个。科技创新成果丰硕，获得专利授权48项、浙江省电力公司公司及以上科技成果奖励19项，专利效率创历史最好水平。

【创先争优】 7家单位被评为浙江省电力公司创先争优先进集体，金华供电营业厅被授予金华市“先锋服务窗口”和“文明示范窗口”称号。金华电业局党委被浙江省电力公司党组授予“基层党建工作示范点”称号。实施“95598”光明服务工程，组建93支共产党员服务队，在抗台风战冰雪等急难险重任务中发挥了先锋模范作用。加强廉政风险防控，完善协同监督机制，实施“企检联合”预防职务犯罪，全面推行廉洁从业违章记分管理。选拔队员代表浙江省电力公司参加全国电力行业高压线路带电检修技能竞赛摘得团体、个人双冠。深化劳模工作室创建，举办劳模工作室优秀成果展，获评浙江省电力公司“劳模管理工作先进单位”。畅通员工职业发展“四个通道”，1人入围国家电网公司专业领军人物培养对象，29人被浙江省电力公司聘为管理、技术、技能五级及以上人才，173人增补入选浙江省电力公司人才库，人才当量密度在地市供电局中排名第一。持续加强班组建设，90个班组被命名为“国家电网公司达标班组”，9个班组获评“浙江省电力公司先进班组(工人先锋号)”。在浙江省电力公司组织的2011年度客户满意度第三方测评中，金华电业局连续第三年排名位居全省第一，特别是在处理投诉时接待态度、答复速度和处理结果等方面评价较高，同时“95598”热线的接通难易度评价也领先平均水平。

【获新农村电气化市称号】 金华市新农村电气化工作自2006年全面启动以来，建立了完备的组织保障体系和制度保障体系，形成了“政府发动、电力推动、乡村主动、百姓互动”的良好工作格局，确保了新农村电气化建设的顺利开展。经过“十一五”时期的大力推动，金华市新农村电气化建设层层推进、节节跨越，年年取得新进展。金华市新农村电气化建设投入资金超过44亿元，建成500千伏变电站3座，220千伏变电站20座，110千伏变电站97座，35千伏变电所24座，总容量2336.46万千伏安。截至2012年12月底，全市新农村电气化县、新农村电气化乡(镇)、新农村电气化村的创建比率均达到了100%。12月18日，金华顺利通过“新农村电气化市”验收，成为了浙江省继嘉兴、宁波、绍兴之后第四个通过省级验收的城市。

【推广电动汽车】 自2011年10月，《金华市区新能源汽车推广应用实施方案》颁布实施以来，金华市区开始大力推广新能源电动汽车，市政府推出了“车电分离”销售模式：市民购买纯电动汽车可以买裸车不买电池,裸车由政府提供补贴,电池由运营服务商提供租赁,很大程度弥补了电动汽车充电难的不足。同时,金华电业局全面推进电动汽车充换电服务设施建设,已建成标准充换电站一座、市区换电站两座、电池配送站3座、交流充电桩110只,并按照市区内2.5千米×2.5千米公里的网格布局,在城市居民集中居住区域建成简易电池更换站8座。截至5月底,金华市区已超过400辆私人购买的纯电动汽车上路行驶,成为了全国个人拥有电动汽车最多的城市。8月,第一辆众泰锂电池电动汽车成功上牌,标志着具有诸多优点的锂电池电动汽车将进入寻常百姓人家,成为出行代步工具。

【代管县供电企业产权整体上划】 省政府改革指导意见出台后,金华电业局做了大量沟通协调和基础性工作,取得了地方党委政府对无偿划转方案的广泛支持,促成地方政府及时完成各项程序,提前完成所有7家代管县供电企业的产权无偿划转协议签署,2012年11月获得国务院国资委批复实现正式划转。

【春暖职工服务中心】 8月23日,浙江省电力公司系统首家春暖电力职工服务中心在金华电业局挂牌成立,该中心以服务企业内部员工和离退休职工为主,依托工会三级服务体系,建立“上下联动,部门联动,分类处理”的运行机制,实行“受理—派单(转单)—办理(处理)—督办—反馈—回访—归档”的工作流程,以“信息集中、服务集成”为原则,集困难救助、职工维权和服务职工为一体,志愿者们将提供生活服务、技能提升服务、心理援助服务、职工诉求服务、健康服务、综合服务、文体活动服务、应急服务等12大类服务,保证职工的每一个求助都能够得到响应和帮助,努力实现服务中心“有问必答、有求必应”,确保工会组织面对面、实打实、心贴心地服务职工,切实做到“有困难找工会”。该举措得到了浙江省电力公司工会和金华市总工会的高度评价。

【新型缴费方式】 4月10日起,金华市区各邮政网点以及58家邮政报刊亭全面开办电费现金代缴业务,市民可以选择就近的邮政网点及邮政报刊亭办理查询缴纳电费、明细打印、收据补打等用电业务。该举措拓展了用户缴费渠道,让市民切实享受到了供电服务品质提升所带来的方便和实惠。该局充分利用各种社会资源,针对不同客户群体的需求,在优化完善原有营业网点缴费功能的基础上,积极拓宽电费缴纳渠道,先后推出了银行代扣、网络支付、支付宝、自助缴费、POS机缴费、电费充值卡缴费等10余种缴费方式,全力打造“10分钟缴费圈”。

(姚　磊)

交通 邮政 信息业

铁 路

铁路金华车务段

【概述】 2012年，金华车务段辖沪昆线浙赣段湄池至新塘边以及金千线金华西至千岛湖、衢常线（委托管理）等37个车站，里程跨度398千米。其中沪昆线为湄池、诸暨东、诸暨、牌头、浦江、义乌、义乌西、塘雅、东孝、金华东、金华西、金华、白龙桥、蒋堂、汤溪、龙游东、龙游、樟树潭、衢州、后溪街、江山、上铺、贺村、新塘边等24个车站；金千线为竹马馆、功塘、兰溪、溪西、永昌、排塘、寿昌、更楼、新安江、朱家埠、千岛湖等11个车站；受托管理衢常线招贤和辉埠等2个车站。主要担负浙江省杭州、绍兴、金华、衢州等四市及周边地市经济吸引区内的客货运输任务，以及沪昆线、横南线、金温线、金千线、萧甬线列车解编任务。继续把春运、暑运以及各小长假期旅客运输作为客运营销组织、增运增收的重点，大力做好动车组、“Z”字头列车的营销宣传，深入发掘“席位复用”“席位共用”和“异地票”潜力。深化实施大客户战略，与管内重点企业客户建立更加密切的运输物流合作关系，增强重点货源组织能力。不断完善金华东站和中间站之间的协调配合机制，用好调小机车，强化卸车组织，提高运输效率。探索新安江地区多元化经营高度融合模式，大幅度提高农夫山泉装车量。2012年全段发送旅客1482万人，发送货物654万吨。其中金华西站发送旅客493.9万人，同比减少2.9%，旅客到达522.6万人；义乌站发送旅客611.3万人，同比增长1.2%，旅客到达634.8万人；金华站发送货物59.4万吨，同比减少15.7%，货物到达216.8万吨；义乌西站发送货物31.2万吨，同比减少27.8%，货物到达232.0万吨；金华东站日均办理9155辆，其中有调车数4602辆。

【安全生产】 全面推进安全风险管理。利用各种会议、办公网和手机短信平台等形式，开展事故案例分析，狠抓安全生产宣传教育，提高干部职工安全责任意识和风险意识。继续实行“领导包片，干部包站”制度，落实盯控关键岗位、关键作业，有效控制安全风险。强化专业技术管理，根据设备和作业变化及时修改《站细》，修订完善《接发列车一体化作业标准》等20多项办法制度。加强应急管理，重新修订应急处置预案21项，确保各类突发事件的正确及时处置。组织“遵章守纪、按标作业”主题竞赛活动，持续开展安全大检查，发现并消除安全隐患。积极开展标准化创建活动，大力推进作业标准化和环境标准化建设。根据季节变化，全面加强防暑降温和防寒过冬工作，强化劳动安全风险控制。加大施工现场监控、把关力度，确保全年1721次大小施工的安全。强化客货安全和消防安全管理，确保旅客和货物的绝对安全。如期实现四个安全百日和安全年的目标，到年底实现连续安全1519天。

【管内始发列车】 2012年，金华西站每日开行列车149列，义乌站开行133列。车务段管内各客运站始发列车情况：D5678次金华西站至合肥站；D5664次金华西站至上海虹桥站；快速K1182次金华西站至烟台站。D5654次义乌站至上海虹桥站；D5652次义乌站至上海虹桥站；T7786义乌站至泰州站。K8478次兰溪站至温州站。D5690次衢州站至上海虹桥站。D5692次江山站至南京站；D5682江山站至上海虹桥站；K8372次江山站至淮北站；K8458

次江山站至徐州站。最新的列车时刻情况可通过车务段网站查询,网址:http://www.jhtl.cn/。

【客票代售点】 至2012年底,车务段管内共设有62家客票代售点,其中金华市区设有金发广场、一百、骆家塘、通园、西关、汽车南站、回溪街、金山大道、白龙桥、丹溪路等10家客票代售点。一般情况下客票代售点的预售期为18天。

【铁路货运电子商务开通】 根据上海铁路局货运电子商务开通运行的有关通知,8月,金华车务段管内正式开通货运电子商务系统。该系统用户经铁路部门审核确认,客户可在本公司内部通过互联网提报铁路运输车辆日计划、月计划的需求,使申请铁路运输货物的手续简化、便捷,提高货主服务需求的准确性和兑现率。铁路货运电子商务服务对象为年发运量达到10万吨以上的客户。金华境内客户有:浙能兰溪电厂、浙江东晋弘物流有限公司、远成物流股份公司金华分公司、浙江铁道发展集团有限公司。

【金华—北仑港海铁联运国际集装箱快运班列首发】 在上海铁路局、中铁集装箱公司、金华市政府、宁波市政府的大力支持下,经过车务段与地方政府有关部门的共同努力,10月25日,金华—北仑港海铁联运国际集装箱快运班列在金华站首发,并将于每周二、四、六固定装运国际集装箱,固定编入快运货物列车,固定发到站时间,直达北仑站。

(马晓岚)

金温铁路金华南站

【概述】 2012年,金华南站水泥发送43万吨,运输收入912万元。车站加强安全运输管理,确保全年行车接发列车、调车作业安全,实现装卸作业安全,路外伤亡零事故,截至年底,实现安全生产5307天。

水泥运输是金华南站的主要经营收入,积极开展货运营销。车站以敞车装运水泥为主,自备棚车为辅,合理利用敞车车源,与码头电煤运输相结合,重来重去进一步优化敞车资源,提高经济效益。进一步推进水泥集装化运输,提高装载质量,减轻装卸劳力,提高运输效力,现基本实现了全托盘运输。根据金温铁路扩能改造需要,在上海铁路局关于金华南站至杭州艮山门樟“T”梁运输协调会后,车站制定了运输方案,明确检查签认制度,确保了“T梁”运输安全。

继续开展与金东区孝顺镇低田村“双千结对,共建文明”活动,通过2012年的金华市精神文明单位的复评工作。车站以“珍爱生命,安全通行”为主题,走进金东区东孝小学,开展铁路路外安全宣传,教育引导学校广大师生提高铁路安全意识,文明守法,安全出行。车站党政工团组织走访困难家庭、普通职工家庭,解决职工后顾之忧;组织员工参加运输部篮球队,参加集团公司红歌赛,取得优异成绩。

(叶　静)

公路 水路

公　路

【概述】 金华公路北通杭州、上海、西连衢州、东接宁波、台州港口,南达温州港。沪昆高速公路、甬金高速公路、长深高速公路、台金高速公路、诸永高速公路等8条高速公路贯穿金华。金华有三个汽车站,西站是跨省的汽车站,南站和东站主要发往周边市镇。2012年年底金华市公路总里程达到11861.727千米,比上年增加253.748千米。其中:国道345.083千米,省道729.163千米,县道3434.528千米,乡道3592.542千米,专用公路42.909千米,通村公路3717.502千米;高速公路309.784千米,一级公路565.063千米,二级公路1131.323千米,三级743.565千米,四级8545.862千米,准四级557.132千米,等外公路8.998千米。二级以上公路占公路总里程16.91%;全市公路密度108.43千米/百平方千米;高级次高级路面占公路总里程99.62%;桥梁3653座,140445.69延米;隧道108处,68101.8延米;乡镇公路通畅率为100%,行政村公路通达率99.93%、通畅率99.91%。

【交通基础设施】 2012年全市物流园区、中心等物流基础设施建设计划投资7.5亿元,截至2012

年6月底，金华国际物流园区、义乌内陆口岸等在建项目进展顺利，1月–6月，实际已完成投资5.08亿元。市区内主要设有7个公交场站，其中公交东站及公交南站为公交停保场兼城区重要的公交换乘枢纽站；公交一公司、双溪西路市公交集团、婺城工贸区公交三公司、凤山街城乡公交、驾校宾虹路等场站为公交停保场。火车西站公交站点是市区唯一的一个公交首末站和换乘枢纽站，建地面积4000平方米。城区公交站点300米覆盖率为51.8%，符合规范要求，公交站点500米覆盖率为86.1%，略低于规范要求。城市公交主要客运走廊为八一街、双龙街、宾虹路、李渔路、人民路、环城北路等。其中八一街公交线路分布最密集，最多公交线路达到28条。城乡公交客运走廊为金义东公路、03省道、白汤下公路等。根据跟车调查统计32条公交干线日客运量总计约10.7万人次，几乎占118条公交线路总客运量的70%。（姚晓欧）

水路

【水运】金华市境内现有航道六条，航道总里程198.6千米，其中五级航道(兰江，300吨级)22.7千米、六级航道(100吨级)4.7千米、七级航道(50吨级)28.0千米、等级外航道143.2千米，分别占航道总里程的11.43%、2.37%、14.1%和72.1%。沿兰江下行，可直达上海、江苏和长江内河。辖区内有港口一个(金华兰溪港)，现有货运作业区4处，泊位12个，其中300吨级泊位4个，客运码头一处。按照浙江省内河航运复兴计划，金华市正抓紧开展衢江、兰江的内河航运开发项目的前期工作。

（戚 峻）

民用航空

【概述】2012年，民航义乌机场安全保障航班8315架次，吞吐旅客93.68万人次，货邮(含行李)8850吨，同比分别增长23.4%、22.9%和–0.6%，在全国180个定期航班通航机场中排名分别为78位、59位和70位。至年末，共有国航、南航、昆航、天津航等四家航空公司在义乌运营，开通了义乌至北京、广州、深圳、厦门、长沙、重庆、成都、昆明、乌鲁木齐、郑州、揭阳、海口、香港等13个城市的航班，平均每周航班约90班。

【航线网络建设】2012年，义乌机场引进天津航空公司，开通新航线2条（义乌—乌鲁木齐、义乌—海口）。加密原有航线。义乌—北京航班加密至每天2班，义乌—广州航班加密至每天5~6班，义乌~揭阳航班加密至每天2~3班。航线网络的改善，进一步为广大中外客商进出义乌提供了方便。

【国际航站楼建设】2012年1月6日义乌机场国际航站楼项目正式开工建设。该项目总投资2.2亿元人民币，新建国际航站楼13436平方米，扩建停车场4687.5平方米，改建高架桥200.4米；改扩建站坪14157平方米，新建3个C类机位；新建货运仓库1879平方米，道口安检用房244平方米；新建道路1532.5平方米以及给排水、供电、绿化等配套工程。设计年旅客吞吐量30万人次。完成航站楼主体工程建设、建筑安装主管道铺设、强电穿线施工、基本完成幕墙玻璃大面安装，内装饰开始进行面板安装。工程计划于2013年底竣工。

（吴跃红）

城乡交通

【城市交通】坚持全面实施规划、建设、管理“三位一体”的发展理念，加快市区城市道路基础设施建设，创新道路交通管理，提升市民文明交通意识，有效缓解城市交通拥堵问题，为人民群众营造良好的出行和生活环境。确立了规划思路。基于金华市城市发展及居民出行特征，预测2020年金华市公交出行需求及构成，分析客流走廊特征，确定金华市公共交通发展模式——以轨道及BRT为骨架，常规公交为主体，出租车等为补充的层次清晰、结构合理、衔接顺畅的公共交通体系。在公交客流预测、客流走廊分析以及构成模式分析的基础上，规划轨道及BRT线网走向，同时进行常规公交骨干线网及公交专用道体系规划,提出常规公交线路设置长度、站间距及港湾站等设施设置的技术标准与要求。基于公交出行需求,预测公交运力,在明确公交场站功能及分类的提前下,提出各场站设置标准及分区规模需求,与现状场站进行对比分析,查找缺口,并拟定枢纽站、首末站及综合车场规划方案,基于现状提出建设和改造意见以及相关建议。针对体制、财政、建设及管理等方面,拟定保障措施及建议,保障公交优先发展战略的落实,公共交通的可持续发展。发展规划趋于成熟。年内已基本完成浙中城市群综合交通规划、金华市综合交通规划和浙中城市群轨道交通线网规划以及金华市区智慧交通建设规划等相关交通规划的编制和修订工作。金华市公共交通专项规划已列入议事日程,进入实施阶段。

【交通装备】 金华市公交集团有限公司由金华市公共交通总公司和金华市城乡公交有限公司合并。现有公交车辆819台,其中城市公交车辆537台;城乡公交车辆282台,市本级公交车辆万人拥有率为7.5标台/万人。公交线路118条,公交线路的总长度2303.8千米,公交线网总长度1119.6千米,其中城市公交线路57条,线路总长度846.2千米,线网长度278千米;城乡公交线路61条,线路总长度1457.6千米,线网长度842千米,已基本实现市本级城乡公交全覆盖。2012年,公交车年行驶里程为4294.72万千米,客运量为8337.72万人次,其中政策性免费乘车总人次1647.86万人次。公交平均运行速度17千米/小时,高峰时段平均运行速度低于12千米/小时。

(戚　峻)

邮　政

【概述】 2012年,全市邮政储蓄余额规模223.99亿元,全市金融业务收入、余额规模、市场占有率、点均余额、上亿元规模网点数量等均列全省第一。全市邮政累计实现业务收入7.76亿元,完成计划104.09%,同比增长15.76%,完成计划率和增长率均位居全省第二,总收入绝对值居全省第三。全市累计实现函件收入1.78亿元,同比增长38.91%,完成省公司计划的129.74%,同比增长及完成率均列全省第一位,函件收入规模列全省第二位。12月26日,金华全市邮政2013年度报刊大收订一次性流转额达18057万元,在全省率先超额完成计划目标。全市保险规模跃居全省第三位。义乌、东阳、永康、浦江四局进入全省县(市)局总收入绝对值十五强;义乌、浦江局业务总收入规模分列全省第三和二十三位;金华、浦江局两个创新实践项目荣获了第二届(2012年)浙江邮政企业创新成果三等奖。

【邮政金融网点转型】 6月5日,浙江邮政金融网点转型首个试点项目在金华八一南街邮政支局正式启动;随后,8月16日,兰溪局召开网点转型启动会;8月28日,东阳局召开试点网点转型动员大会;9月3日,武义局召开网点转型启动会;9月13日,磐安局召开试点网点转型启动会。

【便民服务】 6月25日,金华市邮政局出台新型报刊亭运营管理办法;7月23日,武义县邮政局完成全县首批新型报刊亭更换工作;7月23日,永康市邮政局5只新型报刊亭投入运行;9月30日,金华全市各局累计新装信报箱超10万只并投入使用,在全省率先完成信报箱补建工作,其中,武义、浦江、兰溪完成项目验收;11月30日,金华市信报箱补建工程通过验收。

【村邮站建设】 2月17日,永康村邮站、信报箱建设纳入市政府2012年工作重点;3月12日,金华市婺城区政府将村邮站建设列入2012年重点惠民实事安排表,计划2012年新建村邮站420个;3月27日,磐安县政府审议通过《磐安县加强邮政普遍服务推进村邮站和信报箱建设实施方案》;4月1日,磐安县邮政普遍服务建设项目列入磐安县2012年度重点政府投资项目计划;4月8日,武义俞源乡下杨一村二类村邮站正式揭牌成立;4月19日,永康方岩镇后山头村和大路任村两个三类“村邮站”开通电力缴费业务系统;5月4日,金华金东区政协委员先后参观金华金东区王坦、琐园、新叶店、下范村邮站,并在下范村召开座谈会;5月29日,浦江县杭坪镇基本实现村邮站全覆盖;6月8日,武义县茭道镇胡宅垅村三类村邮站正式开业;6月23日,兰溪县全面完成村邮站初验收工作；6 月 27 日，浦江县确定村邮员定额补助标准：一、二、三类站，分别补助每人每月 100 元、300 元、400 元；7 月 12 日，东阳市村邮站建设项目全部通过验收；7 月 13 日，浦江县完成全年 110 个便民服务站建设计划；7 月 19 日，磐安县 19 个乡镇 363 个村邮站建设全部通过验收；7 月 20 日，兰溪市 16 个镇乡、街道的 646 个村邮站及 2000 只信报箱全部通过验收；7 月 24 日，磐安县举行村邮站建成运营暨助推优质农产品进城仪式；7 月 25 日，武义县 8 个空白乡镇邮政局所、544 个村邮站、12000 个信报箱通过验收；7 月 26 日，浦江县村邮站基本建设项目通过初步验收；7 月 27 日，东阳市邮政局编印完成“东阳市村邮站信报箱建设项目验收书”；9 月 6 日，永康市邮政局出台《村邮站运行管理办法》；10 月 9 日，浦江县政府下发《关于做好村邮站启动运行工作的通知》，村邮站正式全面启动运行；11 月 22 日，金华市邮政局组织三类站村邮员业务交流并参观邮区中心局；12 月 11 日，金华金东区村邮站运行管理考核办法正式出台。

【访问考察】 1 月 30 日，浙江省邮政公司总经理鞠勇到东阳局调研；2 月 21 日，《中国邮政报》新闻专刊部主任助理宁国富到金华调研村邮站信报箱建设情况；2 月 9 日，新华社高级记者、浙江分社编委、机动采访部主任谢云挺到金华村邮站调研；3 月 22 日，浙江省邮政公司总经理鞠勇到浦江县邮政局调研；5 月 10 日，中国邮政集团公司网路运行部商务处处长何学军到金华市邮政局调研；5 月 31 日，中国邮政集团公司党群部康稚平到金华市邮政局调研；9 月 14 日，浙江省邮政公司总经理鞠勇陪同广东省邮政公司总经理李雄一行到义乌市邮政局考察；10 月 26 日~27 日，由高淑琼团长带领的台湾新竹邮政工会交流访问团一行 10 人到武义县邮政局参观访问。

【主要活动】 1 月 1 日，金华市邮政局与浙江通济交通运输股份有限公司签订全面合作协议；2 月 24 日，全省首个社会保险个人权益记录单邮寄工作布置片区会议在金华召开；5 月 3 日，金华市邮政局与电业局举行电力现金缴费专项服务合作签约仪式；5 月 22 日，第二届兰溪枇杷节暨浙江村邮助农产品进城“浙乡邮礼”全省配送活动首发仪式在兰溪举行；11 月 8 日，党的十八大在北京召开，当日，《中国共产党第十八次全国代表大会》纪念邮票及特种纪念信封正式发行销售。12 月 15 日，闽浙赣皖四省十地市集邮年度联谊会在江西景德镇举行，会上，金华市邮政局接过四省十地市集邮联谊接力棒，标志着 2013 年度会议将在金华举行。

（施　逸）

信息业

信息化建设

【工业化和信息化融合】 2012 年，信息化和工业化“两化”融合试点工作有序推进，汽车、五金、饰品和纺织等 4 个产业集群先后被列为省首批和第二批产业集群“两化”深度融合试验区，为全市工业经济注入新的推动力。加快企业提高信息化水平，已培育市级信息化示范企业 97 家，申报省级信息化示范企业 12 家，申报国家级“两化”融合示范企业 5 家。全市成功入选首批国家“智慧城市”建设试点，“智慧车联网”项目省级建设试点扎实推进。加大信息产业培育力度，完善产业政策，推进项目和平台建设，强化政策帮扶兑现，2012 年市区兑现信息服务业政策资金 1280 万元，比上年翻番。2012 年，全市实现电子信息产业产值和软件与信息服务业收入 390 亿元和 200 亿元，均保持两位数的增长，全市信息产业发展呈现强劲势头。

（陈　江）

信息企业

中国电信金华分公司

【概述】 2012 年，中国电信金华分公司累计投入近 2 亿元用于网络建设和改造工作。IP 城域网出口从 360G 达到 720G，iTV 平台能力从原有的 5 万户提升至15万户并发,IDC直挂省公司,带宽达到160G。FTTH接入能力超90万,城区光网覆盖率达75%,实装率达30.67%,居全省第一。宽带端口达标率98%,6M端口达标率提升至93%,在全省名列前茅。全力提升服务水平,围绕“八大行动”制订服务领先目标和管控举措,万用户投诉率、百万用户越级申诉、咨询投诉工单处理及时率,宽带服务、3G服务、电子渠道服务等各项服务指标全面达标。开展“服务竞赛”“天翼争先”“行风建设”“纠风行动”“用户信息安全检查”等活动,提升基础服务能力。公司利用自身的专业化优势服务于政府、服务于民众,由114号码百事通以流程外包BPO的方式承接96317食品安全投诉举报热线呼叫中心的建设与运营,6月11日,开通金华市“96317”食品安全投诉举报热线。公司被市政府评为金华市社会治安综合治理工作先进集体单位。公司客服部叶阳霞获得浙江省通信行业服务技能比武大赛个人奖第一名。

【签订合作协议】 1月12日,公司与浙江师范大学战略合作协议在浙师大签订。双方在未来五年内从校园行政网、教职工家属区网络、学生公寓有线宽带接入、校园监控等信息化建设方面等开展校企合作。1月18日,公司与上海财经大学浙江学院签订战略合作协议。双方通过包括在网络基础设施建设、校园信息化服务建设和推广、大学知识文化传播等领域展开全面产、学、研合作,实现上财浙院校园信息化水平大提升,促进上财浙院教育事业的发展。8月12日,省电信公司卢耀辉总经理在东阳出席“在浙东阳籍知名人士家乡行暨合作签约仪式”活动,并代表中国电信浙江公司与代表东阳市政府的朱建军市长签订“智慧东阳”战略合作协议。9月20日,兰溪电信分公司与上华街道马鞍徐村达成协议,签约兰溪首家“智慧村”。10月9日,电信东阳分公司与东阳民政局“居家养老”项目正式签约。“一键通”居家养老服务,为居家老年人提供如家政、卫生、亲情、紧急求助等一站式的生活信息服务及应急服务。12月11日,中国电信浙江公司卢耀辉总经理与金华市人民政府徐加爱市长正式签署浙中崛起智慧金华“十二五”期间信息化战略合作实施协议。同时,婺城区政府常务副区长潘云秋与公司总经理邹鹤海签署了中国电信浙江公司云计算金华分中心项目投资协议书。

【合作活动】 9月12日,以“智慧企业、智慧服务”为主题的“智慧中小企业”创建活动巡展在兰溪分公司举行。该次巡展活动由兰溪市经济和信息化局与兰溪分公司联合举办,五十多家在信息化应用中走在前列的企业参加了本次巡展发布会。9月中旬,公司领导与市纪委交流沟通了iTV便民服务中心合作事宜,市纪委确定苏孟乡溪口下村作为试点村。10月18日,金华市纪委副书记与各县市区纪委书记、分管农业副市长、便民服务中心推进组成员、镇村代表一行90多人,视察了婺城区苏孟乡溪口下村的中国电信助推“智慧农村”项目——溪口下村便民服务平台。10月10~11日,由金华市教育局主办、市教育信息中心和电信金华分公司承办的“金华市教育信息化应用推进会”召开,会议以推进“省教育骨干网”建设和部署全市“千校联网”为主题。

(陈　艺)

浙江移动金华分公司

【概述】 2012年,金华移动围绕“转型、服务、和谐”总体思路,坚持以客户感知的价值提升统领公司各项工作,围绕服务地方社会经济发展,服务人民群众对移动通信的美好需求,努力构建精品网络,不断提升服务水平,着力打造信息惠民应用,加快企业跨越转型,企业各项生产经营工作取得了较好的成绩。圆满完成各项生产运营指标。2012年公司累计实现运营收入超42亿元,实现利润超15亿元,上缴地方税收超1.8亿元(不包括国税),公司直接或间接提供就业机会近万人。通话用户规模超540万元,净增通话用户20万,继续引领移动市场发展。圆满完成市政府重点建设项目要求。顺利完成TD五期工程项目,新增基站600个,累计完成投资1.4亿元,实现对全区城区和主要乡镇3G网络的双优覆盖,3G用户发展达百万。金华生产调度中心和IDC机房楼项目顺利结顶,全年完成投资8000万元,目前大楼已经进入外墙和内墙装修阶段,预计2013年底将交付使用,该项目的建成将有力助推浙中信息枢纽和金华电子商务的发展,也将为金华市民提供更好的移动通信和信息化服务。积极参与

"智慧金华"基础设施建设。公司立足自身优势,以"移动改变生活"为愿景,以"强政、兴业、惠民"为切实点,加快物联网和移动互联网技术融合应用,积极介入金华地方"智慧城市"建设。2012年,公司分别和义乌市人民政府、东阳横店集团和磐安县人民政府签订了"智慧商城""智慧横店"和"智慧磐安"战略合作协议,根据合作协议内容,"十二五"期间,金华移动将对以上三项目完成不少于20亿元的投资,将更好地推动金华信息化城市、无线城市和智慧城市的建设。切实做好十八大信息安全保障工作。分别专项开展了"整治互联网与手机媒体传播淫秽色情及低俗信息专项行动""整治虚假违法广告专项行动""通信网络安全防护检查"和"端口类短信群发业务清理整顿专项行动"等工作,进一步提高了行业风险意识,明确了安全责任,完善了制度机制,落实防护措施,排查安全隐患,确保基础通信网络、重要业务系统等安全,为中共十八大胜利召开营造良好的网络环境。

【签订"无线城市 智慧义乌"战略合作协议】 2月8日,中国移动浙江公司与义乌市人民政府隆重举行"无线城市·智慧义乌"战略合作协议签约仪式。义乌市委书记黄志平、市长何美华,浙江公司总经理钟天华、副总经理庄国舟和义乌市委、市政府的相关领导出席了签约仪式。浙江公司副总经理庄国舟与义乌市市长何美华代表双方签署协议。

【签订"智慧横店"建设框架合作协议】 4月25日,中国移动浙江公司与横店集团控股有限公司隆重举行"智慧横店"建设框架合作签约仪式。中国移动浙江公司副总经理陶晨与横店集团总裁徐永安代表双方签署协议。"智慧横店"整合了最新的移动通信、移动互联网、物联网等一系列新兴技术,对于拉动东阳经济发展,打造横店文化产业园具有战略意义。公司集中优质资源、抽调技术骨干、加快项目实施。

【签订"无线山城 智慧磐安"建设战略合作框架协议】 2012年4月26日,磐安县人民政府与中国移动金华分公司在磐安举行"无线山城 智慧磐安"项目签约仪式。根据协议,磐安县政府与金华移动公司双方按照"政府主导、移动承建"和"发挥优势、相互促进、长期合作、互利共赢"的原则,加快培育和创新发展现代信息产业,积极推广社会经济领域的信息化应用,共同推进"无线山城 智慧磐安"建设。根据规划,第一期以旅游为突破口,重点发展"智慧旅游",计划投资5000万元,打响"山水磐安,休闲养生好地方"旅游品牌。第二、三期计划投资分别为6000万元、6500万元,结合电子政务、城市管理、安保监控类应用,搭建无线城市门户,逐步整合和共享公共信息资源,并向市民开放,协助实现"监督政府"向"服务政府"的转变,不断提高磐安县信息化应用水平,加快推动磐安建设和发展,全面促进磐安经济社会快速稳定发展。

【义乌稠州中路营业厅荣获"五星级现场"称号】 2012年全国现场星级评价暨全国质量信得过班组经验交流大会在安徽合肥举行,经过中国质量协会组织专家现场评审,最终授予义乌稠州中路营业厅服务业"全国现场管理星级评价五星级现场"的称号,五星级现场是全国现场星级的最高荣誉。

【"纠正电信领域侵害消费者权益问题专项检查组"赴金华分公司开展专项检查工作】 10月15日~18日,由省通管局、省物价局、省公安厅、省工商局、省纠风办等相关部门组成的"全省纠正电信领域侵害消费者权益问题专项检查组",在省客服部俞慧琴总经理的陪同下,赴金华分公司开展专项检查。检查组同时检查了电信、联通、铁通等另外3家运营商,听取了4大运营商针对"纠正电信领域侵害消费者权益问题专项行动"阶段性工作汇报,并实地走访了婺城分公司、磐安分公司相关营业厅及渠道,对业务办理规范、宣传执行规范、服务承诺公示、资费宣传告示、协议备案编号等情况做了详细的调研和检查,并提出多项指导意见。检查组对金华分公司营业厅无纸化电子工单受理系统、资费宣传有效性、切实做好服务承诺等工作给予了高度肯定。

(丁静波)

中国联通金华分公司

【上级领导调研指导】 4月20日,中国联通集团公司总经理陆益民一行在浙江联通总经理于英涛等陪同到义乌分公司进行调研指导。陆总一行与金华市分公司领导班子、县市及市本级部门负责人、一线员工代表进行了座谈。陆益民在听取了金华市分公司总经理徐国荣所作的经营情况汇报后说，联通发展的核心问题就聚焦在发展渠道方面，关键是如何走出业务发展的第一步——渠道的扩张。要充分发挥终端资源优势，建设高素质的人才队伍。座谈会后，陆益民一行前往三挺路营业厅、南门街社会渠道、义乌国际商贸城调研。

【营业网点】 开展“义乌分公司三挺路营业厅成立十周年”、“永康九铃营业厅成立六周年”等庆典活动，创新和提升服务内涵。新建婺州分公司解放东路营业厅、东阳分公司吴宁路营业厅。永康联通打造乡镇“3G样板店”初见成效，让更多的联通渠道走向3G规模化发展的道路，实现联通和渠道的双赢。

【营造和谐公司氛围】 金华分公司通过召开2011年入公司应届大学生座谈会鼓励大学生们尽可能早地建立自己的差异化优势；通过“三八”节俱乐部活动、“激情奉献成就事业”演讲比赛、职工男子篮球比赛等活动营造健康和谐的企业文化氛围；通过第二批3G玩家俱乐部高级专家选聘、零售事业部举办营业厅店长培训会等活动打造高素质售后服务团队，带动公司3G业务发展。

【合作项目】 武义联通与武义邮政签署战略合作框架协议；永康分公司成功与永康广播电视台签订业务拓展合作协议。

【拓展业务】 通过抢抓返城务工契机打响开年第一炮。通过3G智能总动员、游戏流量“‘沃’来送”、手机游戏竞技赛等促销活动，以及携手金华广播电台成功举办“IT总动员陪你玩转智能手机”3G体验活动，以流量经营为核心，最大化用户的应用体验，维系老客户，开发新客户。开展网格大赛占领市场份额；安排人员进行助销、路演，抓住晚上客户群进行营销；二级渠道建设初显规模，成功地扮演了产品宣传、便利型充值服务和销售的角色。开展联通3G课堂走进“金华成功学校”，为校园市场的开拓打下了良好的基础。

【提升服务】 金华联通重点推进落实转型、分级服务，并致力于网络的建设与优化，进一步提高网络覆盖率和服务能力，提升客户满意度。金华联通用心做好宽带接入网优化，全面提升网络质量；通过进一步优化网络结构，有效提升接入点带宽，宽带优化工作初显成效；多管齐下，全面提升固网修障满意度，打破金华市分公司宽带修障满意度指标无法超过9分的“规律”；顺利完成永康地区高考网上巡查系统建设项目竣工验收工作。

【促进信息化发展】 金华分公司履行国企社会责任，积极参与金华监狱出监教育培训；全力防御和抗击“海葵”强台风，维护网络稳定；成功中标“江南分局警用地理信息系统终端采购项目”，金华移动警务项目初显成效；献计义乌智慧城市，应邀主讲《智慧城市的知识要素与建设方案探讨》讲座。

【VIP客户俱乐部】 金华分公司为VIP客户提供特色化服务，组织丰富多彩的活动，如VIP客户手机专场促销活动、第三届“乒乓在沃”乒乓球赛浙江选拔赛（金华赛区）、3G玩家俱乐部亲子教育活动、蛋糕DIY活动等，进一步拉近了联通公司与VIP客户之间的距离，为VIP客户提供了一个良好的沟通平台，扩大了金华联通VIP俱乐部在用户心中的知名度，提高联通俱乐部的品牌价值。

（林静瑛）

商贸流通与服务业

商贸流通业

【概述】 2012年，全市商贸流通工作采取发展内贸保民生、促消费的方针，开拓创新，商贸流通工作有了新的发展。全年实现社会消费品零售额1260.41亿元，增长15.7%。城乡消费市场同步增长，其中城镇消费品零售额为1064.70亿元，增长15.7%；乡村消费品零售额为195.71亿元，增长15.8%。分行业看，批发零售业零售额1141.10亿元，增长15.8%；住宿餐饮业零售额119.31亿元，增长15.5%。

【消费市场】 名品市场得到拓展，全市已在北京、上海、杭州、厦门等地设立了12家金华名品店。金字火腿、新辰食品、汉邦食品等9家企业的主要产品打入沃尔玛、世纪联华、家乐福、福泰隆等大型超市。在限额以上批发零售业零售额中，服装鞋帽针纺织品类、日用品类、金银珠宝类、化妆品类零售额，分别为36.86、6.90、7.31、3.35亿元，分别增长36.3%、5.5%、22.9%、27.3%。中西药品类、通讯器材类零售额分别为24.41、1.64亿元，分别增长22.3%、27.4%。汽车类、石油及制品类增速较上年略有下降，汽车类零售额229.38亿元，增长5.8%；石油及制品类零售额126.33亿元，增长14.0%。

【商品市场】 2012年全市共有各类市场450个，商品交易市场年成交额1904.77亿元，比上年增长10.3%，其中年成交额超亿元的市场59个，总成交额1994亿元，比上年增长13.6%。义乌中国小商品城2012年成交额580亿元，连续22年居全国各类专业市场之首。永康中国科技五金城2012年成交额470亿元，居全国同类市场首位。

【农村网络建设】 推进“万村千乡市场工程”。全年增加农超对接农户2600户；全市新建村级便民连锁店395家，其中市区新增村级连锁店107家，全市行政村覆盖率达95%，连锁超市覆盖率100%。“家电下乡”工作有序开展。2012年全市销售家电下乡产品43.44万台，比上年增长31.08%，销售额11.4亿元，比上年增长32.3%。

【国家级试点】 开展国家级家政服务体系建设试点。1家网络服务中心、3家龙头企业、12家中小型企业通过验收。开展国家级现代农产品流通体系建设试点。金华市区12个列入试点的项目完成总投资2.67亿元，改造面积12.5万平方米，改造后市场环境、市场信息化水平有了明显提升，市场营业额增加20.7%。开展国家级再生资源回收体系建设试点。确定了再生资源交易市场的承办主体，5个分拣中心，188个回收网点的建设任务分解落实到位。开展国家级中小商贸流通企业服务体系建设试点。注册成立金华市中小商贸流通企业服务中心，20个服务联系点、100家专业服务机构和服务商的筛选和培育工作全面展开。

【市场监督管理】 在全市范围内开展生猪定点屠宰资格审核清理，共对51家生猪定点屠宰企业资格进行了审核清理。开展肉品安全专项整治和食品安全大整治百日行动工作。全年共出动执法1146次，参加执法4168人次，检查经营户8612户次，取缔私屠滥宰窝点1个，查处违法案件7件，立案3件，移送司法机关1件，收缴违法产品3712.9千克，销毁不合格产品1444千克。全市肉品质量保持稳定。

（刘　勇）

供销合作商业

【概述】 2012年,市供销系统紧扣调整结构、发展经济、服务"三农"等重点开展工作,取得显著成绩。全市系统年实现总经营收入126.8亿元,利润总额3672万元,上缴税收1.44亿元。其中市本级总经营收入62.9亿元,利润总额1655万元,上缴税收2189万元。

【工程项目建设】 全市系统在艰难改革过程中达成了以项目建设促进经济结构调整,完善为农服务体系,改革传统经营模式的共识,本年度努力实践并取得明显成果。金华农产品批发市场启动了迁建工程,新址经市政府第33次常务会议确定在环城北路以南、汽配城以西区块,前期规划面积40公顷,总投资10亿元。该工程列入市政府重点工程。市社与武义县社联合开发的武义农产品物流中心项目,武义县政府已下达了抄告单,前期准备工作有序推进。金华市第二土特产公司烟花爆竹仓库搬迁项目主体工程已完工。东阳市社浙中再生塑料集散加工中心一期工程占地4公顷,主体土建工程已通过竣工验收;横店供销社大楼主体工程已结顶。永康市社积极参与当地政府发展循环经济实质性工作有进展。兰溪市社废旧物资集散中心已被列入当地重点工程项目,金山湖生态农业项目已投入1000多万元。磐安县社新兴街蔬菜市场建设,以及特产城转型改造均取得重大进展,上大生物科技公司项目已投产。浦江县社正在积极筹划浦江农产品批发市场项目。义乌市社稳步推进后宅、义亭和大陈等三个集镇的中心社资产整合置换工作成效明显。市本级和各县(市、区)社有资产待明确的单位,年内全部完成了资产确权任务,较好地解决了全市系统困扰多年的历史遗留问题。《金华市供销合作社财政扶持资金使用管理暂行办法》出台实施后,全市系统项目申报和财政扶持资金使用得以规范。

【"新网工程"建设】 婺城区社和金东区社继续推进金华供销农超建设,年内进行了股份结构调整,现已开办连锁店5家,总经营面积达5万平方米,省、市领导多次现场指导,市民称赞为供销社"回归"。在金华农展馆和上海、北京农产品展示中心金华馆,各县(市、区)供销社举办了各种农产品展示活动,并承办了当地农博会、水果节的招商和农产品的推介任务。磐安县社改造建成了营业面积达3000多平方米的楼下宅村超市。义乌市社供销圣穗百货有限公司运营良好。全市供销社2012年新发展农资、农产品、日用消费品及再生资源回收利用连锁网点82家,连锁网点累计已达2805家。年度全市供销社农产品市场交易额54.9亿元,同比增长18.1%。其中金华农产品批发市场,发展势头强劲,经济总量保持省内农产品批发市场领先地位。年度全市供销社农业生产资料类总销售额5.07亿元,同比增长16.9%,市场占有率在75%以上。再生资源购进额8.6亿元、同比增长9.1%。永康市社和义乌市社的进出口业务有了新的发展。

【服务体系建设】 依照《全市供销社经营服务综合体建设三年发展规划》,落实了9个试点单位,比省社要求提前一年。年内改造重组新建基层社12家,建成村级综合服务社45家,超额完成省社下达的年度任务。推进农民专业合作社发展和规范化建设。年内新发展农民专业合作社36家,累计309家,入社农户2.77万户,同比新增3485户。开展了全市"十佳"农民专业合作社评定以及国家级农业标准化示范区建设,组织推荐全国、全省示范性农民专业合作社评比,被评为农业部示范性专业合作社1家、全国总社示范性专业合作社1家、全省供销社系统示范性专业合作社6家,推动了农民专业合作社规范化建设。培植农产品经纪人队伍。年内浦江县社、东阳市社成立了农产品纪纪人协会,永康市社、武义县社农产品经纪人协会相继成立。兰溪市社荣获首届浙江省优秀农产品经纪人协会特等奖。婺城区社、金东区社举办了农产品经纪人培训班。重视涉农培训。东阳市社举办了全市首期废旧物资培训班,全市供销社涉农培训达4000人次。积极推进农信担保服务。金东区社农信担保公司完成了增资工作。年度全市供销社农信担保额累计达3.13亿元,同比增长56%。

【队伍建设】 遵照省社《关于推进各级供销社完善基本制度实行"三会"领导管理体制的意见》,义乌市社率先行动,召开义乌市供销合作社联合社第七次代表大会,选举产生了新一届理事会和监事会,并完善了运作规程。东阳市吴宁供销社也召开了社员代表大会,并建立健全了各种规则。市社纪委于年初编发了《金华市供销社系统违纪违法案例选编》,收录了近十年内全市供销社系统查处的违纪违法案例,警示干部职工敬岗爱业、廉洁勤政。市社制定《社有企业采购招标管理办法》,以制度规范工作。重视人才队伍建设,新招员工超600人。东阳市社被人力资源与劳动保障部、全国总社评为先进集体。

(陈启新)

粮食流通业

【订单粮收购】 2012年全市早晚稻订单计划5.33万吨(其中代省收购3万吨),实际与3224户农户签订了订单早晚稻播种面积4140公顷、订单合同数量5.94万吨,实际收购订单早晚稻5.19万吨。储备粮源得到有效保障。2012年早稻收购价格和政府奖励均创历史新高。订单早稻收购价为每50千克128元,同比提高14.3%;政府奖励每50千克比上年提高5元。预购定金发放创历史新高。全市共发放预购定金117户,金额769.19万元,其中市区33户金额343万元。早晚籼谷收获质量较好。全市共抽取早籼稻原始样品378份,经混合制作村级质量调查样品90份,共扦取中晚籼稻样品884份,经检测早晚籼稻收获质量均较好。

【粮食储备】 县市储备粮食增加。全年共落实市县级储备粮23.22万吨,超过省政府下达计划(20.65万吨)任务2.57万吨。粮油仓储管理水平提升。开展2012年粮油仓储企业规范化管理水平评价,7家单位获评2012年粮油仓储规范化管理"优秀"企业。大力推广绿色储粮。开展了硅藻土粮面拌和防虫试验;普遍使用粮面压盖、薄膜覆盖、机械通风、计算机粮情测控、环流熏蒸、储备粮台账联网等技术。深化"星级粮库"创建活动。全市共创建"四星级粮库"1家、"三星级粮库"4家、"二星级粮库"3家。全市国有粮食购销企业全部实现了"一符四无"粮仓建设标准,确保了国家库存粮油数量真实、质量安全。

【产销合作】 积极引导市场多元主体推进产销合作。分别与黑龙江省、吉林省、河南省、江苏省、安徽省、江西省、湖南省、湖北省建立了多种形式的产销合作项目。金华市—长春市粮食产销合作签约暨主流粮仓电子商务平台正式启动。做好地方储备补库粮源的基地建设。全市已建立粮食订单基地1.7万公顷,建立粮食生产基地3566.7公顷,建立粮食收购加工基地5个。保障粮食市场正常供应,通过优化市场环境,保持粮食市场平稳有序运行。全市有4家专业性粮食批发市场,全年共成交各类粮油133万吨(原粮),比上年增长9.4%,成交金额34.6亿元;其中市区粮食批发市场成交量达到83.9万吨(原粮),成交金额21亿元。

【中心粮库建设】 加大中心粮库更新改造力度,切实改善仓储硬件设施。东阳市中心粮库规划仓容5万吨,一期工程3.1万吨完工验收投入使用;磐安中心粮库规划仓容2万吨,一期工程4500吨竣工;浦江中心粮库二期工程4000吨仓容建成。继续抓好老库改造。市粮食收储公司直属粮库2600吨的拆建工程完成,新建仓容9200吨,增加仓容6600吨;第二粮库投入300多万元的道路消防工程及日加工大米40吨能力的新米厂建设项目完工;永康投资300万元启动大徐粮库改造成品仓和中心粮库"包改散"项目。增加投入添置粮仓机械设备。浙中粮油交易中心项目稳步推进。

(刘　勇)

烟草专卖

【概述】 2012年底,全地区烟草专卖系统共有从业人员1148人,辖区内共有零售户33694户。全市系统卷烟销量实现25.63万箱,同比增长1.5%;卷烟销售收入679598.70万元,同比增长8.23%,卷烟税利18.8亿元,同比增长4.07%。三项费用率4.38%,同比下降10.61%;国有资产保值增值率达143.98%。开展专卖执法。全市系统共破获国标网络案件12起、省标网络案件7起,协助追究刑事责任142人,占全省1/5;破获互联网国标网络案件6起。全市共查获案件1532起,查获卷烟14.45万条,其中假冒卷烟5.39万条,市场净化率保持较高水平。

重新修订《卷烟零售点布局管理规定》，探索实践“四个三”许可证退出管理模式,得到省局、国家局认可。加强基础管理工作。推进体系建设一体化,修订一体化程序 70 个，构建市县两级管理评审模式。2012 年全市创新立项 12 个，有 3 项获省局创新三等奖。建立全市月度现金流执行预算编制、季度分析报告及预算协调工作机制。加强工程项目建设。新物流中心、东阳经营业务用房建设项目完成项目评审、报批和土地购置,永康香溢大厦项目完成土建结顶。加强内部管理。严格规范“两项工作”,建立“七统一”采购管理机制,规范运行五种采购流程模板,落实应招尽招,全市系统公开招标率 60.4%。开展全面审计回头看及预算、薪酬、合同管理专项审计,审计整改到位率达 100%。

（胡美丹）

盐类专卖

【主要经济指标】2012 年,金华市盐业有限公司共购进各类盐产品 24839 吨，完成年度购进计划 28400 的 87.5%;其中,小包装口食盐购进 4486 吨,完成全年计划 4500 吨的 99.7%。销售各类盐产品 28200 吨,比上年同期的 30393 吨,减少 2193 吨,降幅 7.2%;其中,小包装口食盐销售 4905 吨,同比上年 4934 吨基本持平,口食盐当中 400 克绿色盐销售 3678 吨,占口食盐销售比(不含调龙游 136 吨)为 77.1%,多品种盐销售 992 吨,同比增长 7.6%,占口食盐比为 20.8%。12 月底各类盐产品库存 2165 吨,其中食盐 1935 吨。

全年盐业公司非盐产品销售收入 939.04 万元,同比上年的 556.81 万元,增长 68.6%,其中:酒类产品(郎酒、红酒等)59.94 万元,奇强产品 14.52 万元,元明粉、纯碱 109.9 万元，白砂糖等其它非盐产品 754.68 万元。所有非盐产品实现毛利润 16.39 万元,同比上年的 28.72 万元,下降 42.9%。

全年盐业公司实现主营业务收入 3920.99 万元,同比增长 299.5 万元,增长 8.3%;完成年度计划 4162.95 万元的 94.2%。实现利润 163.2 万元(包括可视利润),同比增长 24.19 万元,增长 17.4%。应上缴税金 212.6 万元。十二月底公司资产总额 2053.67 万元,总资产报酬率为 4.9%;净资产收益率为 19.7%。

【推广低碘盐】通过客户经理跑市场,向超市零售经营户推广低碘盐,在巩固城区市场的基础上拓展农村市场。通过电视、报纸等媒体宣传科学食用碘盐和低碘盐产品知识。举办“倡导科学食用碘盐”盐业卫生座谈会暨新国标碘盐首发仪式。会上卫生部门的专家阐述了食盐加碘防治碘缺乏病的必要性、重要性和持续性。会后,《金华日报》对座谈会和首发仪式进行了专题报导,引导公众对“食盐加碘防治碘缺乏病”的认同。

【多品种盐销售】下半年,市盐业公司在稳定原有多品种盐销售工作的基础上,引进“颂康”竹盐系列、绿海(精制型)营养日晒盐、蓝海星精制食用粉洗盐等多品种盐应市。制定下发《金华市盐业开展(精制型)营养日晒盐推广促销活动方案》，于 8 月~10 月组织开展阶段性的营养日晒盐推广促销活动。全年共销多品种盐 992 吨,同比增长 7.6%,占口食盐比例 20.8%;销售 400 克绿色精制盐 3678 吨，占口食盐比例 77.1%;两项合计占比 97.9%,实现了较好的经济效益。

【拓展非盐经营业务】发挥食盐销售网络的资源优势,拓展渠道增值业务。在销售配送盐产品的同时,做好酒类、奇强洗涤品、白砂糖等非盐产品配送。完善激励约束机制,市盐业公司制定下发《郎酒系列产品销售考核方案》和《奥兹莱德系列葡萄酒销售奖励办法》,采取措施,加大激励力度,责任、任务到人,提高经营人员和全体员工的销售积极性。2012 年年初,赴广西糖产地实地考察确定供应商,建立直接的白砂糖进货渠道;同时加强与本地用糖客户合作,拓展销售渠道,找准突破点,逐步做大白砂糖经营业务。与山东菱花集团有限公司联系菱花调味品产品的代理经营。市盐业公司全年非盐产品销售收入 939.04 万元,同比增长 68.6%,其中白砂糖等非盐产品销售 754.68 万元,同比增长 422.29 万元,增长 127%。

【调整销售结构】制定《金华市盐业进一步推进多品种盐销售工作的意见》，要求全市各盐业单位在“统一思想、统一价格、统一主要销售品种”的原则基础上,争取盐产品销售结构调整工作实现新突破。采取区域联动、全市推动的销售策略。做到稳定基础，有节奏地推出新品种盐；粗细搭配，丰富品种，形成合理的商品梯队和层次；抬高底部，不断提高平均价格；逐步调整400克绿色精制盐销售量，增加其它高附加值多品种盐销售比例。

【处置食盐抢购】9月18日~20日，全市发生食盐抢购。市盐务局反应及时，应对得当，措施有效，抢购风潮很快得以平息，一周内盐业市场销售秩序复常。

【盐业市场管理】盐政管理的日常工作以规范食盐市场秩序为中心，突出重点区域、重点人群，将食盐零售市场作为监管的重点，提防假冒小包装碘盐、劣质盐流入口食盐市场，保障人民群众吃上合格碘盐。加强对生产加工用盐的市场管理，并采取了较为灵活的监管与服务并举的管理模式，同供应区生产用盐单位签订了专盐专用承诺书，并经常性地对其执行承诺书的情况作出监督检查，防止生产加工用盐外流口食盐市场。同时，强化工业副产盐监管，开展"农药废渣盐"专项整治行动。加强扎口管理工作，进一步做好行业自律，没有发生散装盐冲销周边市县市场的情况。9月初，针对永康某经营户通过工商部门注册取得工业盐经营资质情况，市盐务局积极采取行动，与工商部门进行沟通和协调，切实防止再度出现非盐业单位"注册取得工业盐资质"的问题，以确保盐业政策落实和工业盐经营资质的统一。9月份，开展无证无照经营专项整治月活动。三季度根据省局《关于开展全省食盐安全大检查的通知》要求，开展食盐安全大检查活动。充分利用公安、工商等行政管理部门的执法平台开展盐业案件的查处。市盐务局全年共出动盐政执法人员306人次检查盐业市场，检查生产经营单位3431个次，查处一家食盐零售户违规购盐行为，作责令退回处理。

【安全生产管理】持续改进和不断完善、建立健全安全生产管理的长效机制。针对企业实际，开展安全生产管理隐患排查治理行动，突出重点环节，加强重点设备、岗位的监管，做好预防工作。配合铁路部门开展铁路行车和设备安全大检查活动，投入相应资金对公司盐专线进行维护和修理；对到达食盐车皮实行线路看护接车制度，从而确保专用线行车和卸盐作业的安全。

【指导全市盐业工作】通过每个季度组织召开全市盐业系统局长(经理)会议，加强全市盐业系统内各公司间的工作沟通和交流，是全市盐业形成一盘棋的工作格局。市盐业局(公司)办公室建立全市盐业系统QQ群联络平台，制定信息收集处理规章流程予以执行。据此组织收集和掌握了解公司各部门的工作动态，及时上报全市盐业专营、市场开拓、经营管理等方面的亮点工作措施和办法经验，加强沟通和信息的传递。

【党建工作】抓好党建目标责任制的各项工作，深入开展"思想大解放、作风大转变"主题实践活动和"创先争优"活动，认真做好"基层组织建设年"和"五星达标"活动，进一步建立和完善新的工作机制，增强企业活力。组织开展主题为"公司发展我有责，建言献策赛点子"的赶超发展、加速崛起建言献策"金点子"征集活动，共收到三十余条"金点子"。评选出优秀"金点子"和部门组织奖，给予表扬和奖励。开展"四好班子建设"。市盐业公司被评为2011年度金华市思想政治工作先进单位，党支部获得"四星级党组织"的称号。

(市盐务局)

电子商务

【概述】2012年，全市实现网络零售额达299.4亿元，居全省第二位，占全省的14.8%。全市有"中"字号行业网站近20家、全球电子商务门户网站70多家、电子商务企业近300家、网店7万多家。2012年被商务部授予"国家电子商务示范基地"称号。

【政策扶持体系】2012年，市委、市政府陆续出台了《金华市电子商务"十二五"发展规划》和《关于扶持市区电子商务发展若干政策的意见》，明确了产业发展规划，加大了政策扶持力度；各县(市、区)结合当地实际，制订出台了发展规划及产业扶持政策，从土地、财政、税收、人才培育等方面多管齐下，在全市上下形成了强有力的电子商务政策支撑体系，推动了我市电子商务产业较快发展。

【龙头企业】在网上商品交易领域，永康五金城电子商务公司网上年交易额167亿元，同比增长50%以上，实体中国科技五金城经营户已全部入驻该网站；义乌市贸盛网络科技公司网上年交易额10

亿元；浙江搜富技术网络公司网上年交易额达1.6亿元，同比增长50%，企业会员数超200万家；浙江亦可电子商务公司网上年销售额7250万元；金字火腿股份公司网上销售额1000万元。在网上服务交易领域，金华比奇网络公司网上交易额86亿元；浙江天格网络科技公司网上销售额4.3亿元；金华市长风信息技术公司网上销售额9200万元。

【电子商务集聚】 全市逐步形成了以金华市区为核心，义乌、永康为两域的集聚发展格局。在市区已形成高新技术产业园、浙中信息产业园、金华电子商务创业园、金东信息软件创业园等四大园区，集聚电子商务企业已达120多家，拥有"中国商业网站100强"企业3家，"中国行业电子商务100强"企业9家；金义都市新区积极打造电子商务功能区，引进阿里巴巴等四大浙商联手建设金义电子商务新城；义乌市、永康等地积极推进国际电子商务城及电子商务园区建设，建成了江东淘源、义乌幸福里、真爱网商、五金网商等电子商务集聚区，引进了近130家电子商务企业。

（刘　勇）

市　场

2012年全市共有各类市场450家，其中商品交易市场434个(包括消费品品市场381个，生产资料市场52个，服务市场1个)；生产要素市场8个，网上交易市场8家。全市共有市场摊位数158327个，市场经营户140233户。商品交易市场年成交额1904.77亿元，与上年同期相比增长了10.34%，增长幅度比去年放缓了1个百分点；生产要素市场8个，成交额4.59亿元；网上交易市场8家，比上年增加一家，成交额245.09亿元，比上年同期增长了39.09%。

消费品市场成交额1215.21亿元，同比增长10.47%，；生产资料市场成交额689亿元，同比增长10.13%。中国小商品城市场成交额为580亿元、比上年同期增长了12.62%，增长幅度基本与上年持平；中国科技五金城成交金额470亿，与上年同期相比增长了7.3%。

全市有超亿元市场64个，今年又有5家新市场步入了1亿元大关。其中消费品市场42个、生产资料市场18个、要素市场1个、网上市场3个。超五亿元市场37个，超十亿元市场24个，超100亿元市场3个。超100亿元市场分别是义乌小商品城，永康五金城和永康五金商城。年成交额超亿元市场总成交额19947374亿元，占全市市场总成交额的92.73%。

2012年底，金华市本级(含婺城区、金东区、江南开发区)共有商品交易市场98个，商品交易市场年成交额275.78亿元。比上年同期下降7.68%。

（张小军）

对外经贸

对外贸易

【对外贸易】 2012年，金华实现外贸进出口额227.4亿美元，同比增长38.4%，增幅高于全国、全省32.2和37.5个百分点。其中出口213.1亿美元，同比增长40.7%，增幅高于全国、全省32.8和36.9个百分点。进出口、出口增幅跃居全省第一，出口总量赶超嘉兴、温州、台州位居全省第四位，实现了赶超发展。市场采购强劲增长。全市以“市场采购”方式出口52.7亿美元，占全市全年总出口额23.2%，拉动全省出口增幅提高2.4个百分点(全省增长3.8%)。其中义乌市场采购出口49.1亿美元，占全年金华市出口总额的23.04%。出口有效主体增加，出口企业规模明显扩大。全年新增备案企业1534家，全市有出口实绩企业5059家，比上年净增632家；其中出口超1000万美元企业481家，比上年净增132家。出口市场结构优化。全市与223个国家和地区建立了贸易关系，其中出口超1亿美元的国家和地区51个，比上年增加12个。机电产品出口稳定增长，小商品增势走强。2012年，全市机电产品出口91.4亿美元，同比增长30.88%，保持稳定增长。服装、纺织品出口增势继续走强，分别实现34.6、15.5亿美元出口，增幅达31.68%、31.56%。受刚性消费需求和“市场采购”贸易出口带动，小商品出口增长强劲，其中塑料制小雕塑品及其他装饰品出口3.31亿美元，增长228.25%；塑料或纺织材料作面的提箱、小手袋等出口2.38亿美元，同比增长122.64%。新兴市场出口比重提升，对日出口持续下降。在对美国、金砖国家等重要贸易伙伴出口保持稳定增长的基础上，对新兴市场出口比重提升。对非洲出口25.94亿美元，同比增长141.54%，占比提高5.08个百分点；对拉丁美洲出口24.98亿美元，同比增长64.74%，占比提高1.71个百分点。对日本出口出现持续下滑，全年仅出口5.16亿美元，同比下降21.16%，连续第12个月下降。进口增速保持稳定，中国台湾为最大进口市场。2012年，全市进口14.25亿美元，同比增长10.64%。中国台湾为金华市最大的进口市场，2012年累计进口2.60亿美元，同比增长18.12%，占全市进口总值的18.24%。其次分别为美国、越南。从进口产品看，初级形状的塑料(2.16亿美元)、铜及其制品(1.91亿美元)、棉纱(1.91亿美元)、铝及其制品(1.64亿美元)是全市的主要进口产品。从贸易方式看，进口仍以一般贸易为主。

【利用外资】 2012年，金华新批外商投资企业88家，合同利用外资3.49亿美元，同比增长7.73%，实际利用外资2.83亿美元，同比增长21.44%。工业制造业继续占主导地位。全年新批工业制造业外资项目26个，其中总投资超1000万美元工业项目10个，工业项目实到外资17184万美元，占全市实到外资总数的80.14%。新设立一批科技含量较高或新能源类的外资项目，其合同利用外资占全市新批工业制造业项目合同利用外资总额的42%，优化了全市利用外资的结构。外商投资大项目呈现主体作用。全市新设立总投资1000万美元以上项目12个，其中总投资3000万美元以上的项目3个，合计总投资33878万美元，合同利用外资13415万美元，合同利用外资占总数的62.56%。三产领域项目投资占比较高。全市新设立第三产业外资项目60个，占新批项目数的68.18%；累计合同利用外资5764万美元，占全市新批合同利用外资总额的26.88%。全市三产外资企业呈现“项目个数多、投资规模小、经营范围窄”的特点。独资企业成为主要投资类型。全年新批外商独资企业73个,合同利用外资16065万美元,占新批合同利用外资总额的74.92%;中外合资项目15个,合同利用外资5309万美元,占新批合同利用外资总额的24.76%。外商投资合伙企业异军突起。截至2012年年底,全市累计登记注册外商合伙企业1345家,外方认缴出资额6021.64万美元,占全市合同利用外资的17.24%,占全市实际利用外资总额的21.27%。其中义乌市1283家,外方认缴出资额为5773.94万美元,占全市外商合伙企业外方认缴额的95.89%。

【外经合作】 2012年金华审批核准境外投资企业(机构)46家,境外投资总额4.17亿美元,同比增长180.24%;中方投资2.72亿美元,同比增长171.40%,投资额列全省第三,增幅居全省第一。全市对外承包工程劳务合作完成营业额25774万美元,列全省第三,比上年同期增长8.98%。派出各类劳务人员1843人次,期末在外各类劳务人员2396人,雇佣项目所在国人员数量548人。境外营销网络建设扎实推进。2012年全市新批境外营销网络(贸易公司、办事处等)29家,占项目总数的63%。遍及美国、英国、加拿大、澳大利亚、俄罗斯、阿联酋等国家和中国香港地区,涉及汽摩配、电动工具及配件、旅游休闲用品、健身器材等多种行业。信达照明、亚太家纺、联山竹制品和天地运动器械、三叶富新机车等一批企业纷纷在境外设立营销网络(机构)。企业"走出去"与境外公司合作力度加大。浙江世丰投资有限公司与俄方合作投资设立"莫斯科—义乌国际商贸中心",累计投资总额达15800万美元,中方投资额3950万美元。青年汽车投资并购荷兰世爵股份有限公司,总投资额超过6427万美元。有10个超千万美元投(增)资项目直接做大金华市对外投资规模。以增资并购方式实施的境外投资大项目增多。2012年全市境外投资增资总额11220万美元,占中方投资额的41.25%。除世丰投资、青年汽车外,香港华谊兄弟国际有限公司增资6000万美元;温商科技集团增资5000万美元,在瑞典建设龙门旅游商贸城项目;美国绣锦实业股份有限公司增资830万美元;横店集团香港国际有限公司增资980万美元,香港康恩贝国际有限公司增资400万美元;郑泰工程机械有限公司投资1750万美元,在香港设立"东海(香港)国际控股集团有限公司",并购奥地利高斯控股有限公司全部股权。对外承包工程建设项目稳步发展。东三建在阿尔及利亚百套住宅工程稳步推进,完成工程营业额13563万美元,占全市对外承包工程总额的52.62%;中天集团实现了以总承包方式承接阿尔及利亚住宅项目;金轮机电在巴基斯坦开展包括大坝土建工程在内的水电站总承包EPC项目;中高动力科技股份有限公司在利比里亚承建23兆瓦重油发电项目、在巴基斯坦建设16兆瓦重油电站项目以及沙特电站项目,有力拉动了金华市对外承包工程营业额的增长。

【服务外包】 2012年,全市在商务部服务外包系统中注册登记的服务外包企业已达153家,从业人员超1.8万人。金华服务外包离岸合同签约额17016万美元,同比增长68%;离岸合同执行额13106.45万美元,创历史新高,同比增长39.1%。全年市区四个省级服务外包培训机构共开班60期,培训4029人。义乌市自主开发的第三方电子商务交易平台"义乌购"正式上线,与中科院签订国际电子商务城合作项目,5万平方米的国际商贸城电子商务专区、11万平方米的网商创业园投入使用。兰溪市积极扶持引导康恩贝公司以保健品官方旗舰店、元邦官方旗舰店的运作模式拓展电子商务销售。从事电子商务的企业数大幅增加,龙头骨干企业发展迅猛。有3家企业被评为省重点电子商务企业,有4个平台被评为省重点电子商务第三方平台。电子商务年交易额在850亿元以上。

(智玮伟)

出入境检验检疫

【概述】 2012年,金华出入境检验检疫全年共完成出入境货物检验检疫14.82万批、货值48.15亿美元,同比分别增长3.11%和2.84%。签发检验检疫证单14.86万份,原产地证书6.44万份,开展出入境人员健康体检和预防接种2825人次,发现病例589例。

【服务民营经济】 制定了《促进民营经济发展

提升工作方案》，帮扶20家出口企业从二类升为一类管理。落实免收四季度检验检疫费政策，全年累计直接减免企业费用1700万元。参与市政府组织的“进千企、解难题”活动，深入25家出口优势企业和小微困难企业，解答企业提出的政策咨询56条。召开市县两级外贸企业座谈会等各类专题会议、培训班15次，培训人数400余人，走访企业400多家，针对105家小微、困难企业制定了“一企一策”。积极推动地方政府设立出口质量奖，金华市、永康、兰溪市政府对出口免验企业实施奖励。

【重点敏感商品检验监管】 开展了“食品安全大整治百日行动”，制发了《出口服装生产企业外发加工场所管理办法》，重点对出口肉制品、与食品接触产品、敏感法检轻纺消费品等行业以及不如实申报等行为进行整治，吊(注)销企业资质证书8张，注销(暂停)注册(备案)企业6家，获得了金华市食品安全大整治百日行动先进单位称号。指导成立金华市化妆品行业协会，促进行业健康发展，实现辖区出口化妆品50%以上增长。召开会议宣贯危险化学品相关法规及检验监管要求，确保辖区21家企业、2万多吨目录内新增出口危险化学品的质量安全，参加全省系统统检的危险货物包装合格率达100%。

【维护公共安全】 狠抓进口机电检验，其中检出禁止进口压力容器、检出165万美元重大索赔案例、检出进口机床安全隐患并上报总局预警等案例在全省系统产生了较大影响。首次派员赴乌拉圭执行总局的出国预检任务。与市教育局建立了人员卫生检疫长效管理机制，与林业局联合开展了“绿盾护林二号”检疫执法专项行动。配合金华市工商行政管理局对44批非法进境肉类进行查处，进境有害生物截获率同比增长45.7%，有效维护了公共卫生安全。

【电子监管】 与武义县政府签署质量合作备忘录，推进大质量工作机制建设。实现了2609家企业、6291种产品全面实施电子监管全覆盖，实施电子监管批次占比达99%，推进电子监管工作在全省系统有关会议上作了经验交流。

【“飞单”稽查专项行动】 认真部署对外稽查，发现浦江一外贸企业涉嫌通过网络等渠道非法出售给240家外贸发货人或者代理人并从中牟利的“买单卖单”行为，案件涉及面广、涉案金额巨大，积极与公安磋商，在全省系统内首个尝试将重大案件移交公安机关，成功摧毁这一违法团伙，严厉打击了“买卖单证”非法行为，为全省系统稽查工作提供了借鉴。

【打击违法违规行为】 建成12365投诉举报热线，拓展非法行为投诉举报渠道。除飞单稽查外，加强了各类行政执法稽查工作，累计出动执法人员2641人次，全年累计立案42起，涉案金额达2284万元，罚没款金额111万元，对22件不如实申报案件进行立案处罚。首次针对一国外认证机构未经批准在境内开展认证的违法行为做出处罚决定。首次申请人民法院强制执行行政处罚决定，维护了法律的权威。

【公共服务平台建设】 积极参与浙江省省级中小企业共性技术服务中心等5个公共技术服务平台建设项目，成功申请外贸公共服务平台建设专项资金141万，开创了全省系统实验室建设的新渠道，在全省系统有关会议上作了经验介绍。围绕金华地区汽摩配产业集群的发展，积极申报“国家摩托车及零部件外贸转型升级基地摩托车及零部件检测公共服务平台”，预申报资金1.28亿元(其中500万已经预拨至地方财政部门)，国家非公路机动车检测重点实验室筹建项目得到了各级领导的重视，浙江省副省长毛光烈、金华市委书记陈一新、总局科技司副司长鲍俊凯、省科技厅副厅长邱飞章、中国机械工业联合会执行副会长杨学桐、省局领导及有关部门负责人先后到项目施工现场进行视察。国家非公路机动车检测重点实验室作为永康市重点项目，已完成道路工程施工方案评审、检测用房主体已结顶，新增用地1.3公顷(总用地20公顷)，项目总投资估算已达1.65亿元。

上报无纸化通关试点企业2家，创新实施口岸换单业务，办理口岸快速通关业务8243批，与上海局实现工作联系单无纸化。启动了4个窗口形象达标工作并通过了省局检查组验收。

【接轨义乌国际贸易综合改革试点】 对义乌国际贸易综合改革和金义都市新区发展的有关内容进行了专题研究，向市政府和省局报送《关于加强金义都市新区检验检疫工作的建议》，积极开展市场采购出口商品检验监管试点工作，全年共检验放行941批,2692.1万美元,与上年同期相比分别增加32.72%、139.76%。

【自身建设】 全面推行综合绩效管理，制定了新的《综合绩效考核管理实施细则》,涉及5件大事及71个大项、133个小项指标，并将金华市委市政府10项绩考工作目标及指标纳入绩效考核。加强廉政效能建设,汇编了《廉政风险防控手册》。省级文明单位评定进入省文明办公示阶段。以“文化建设年”为载体,确定了“把国门 兴八婺”的金华国检精神，首创了浙江检验检疫系统政工类电子杂志《政工广角》，首次举办了“喜迎十八大 翰墨映检徽”检企书画笔会,先后与温州、台州、嘉兴、衢州、丽水等分支局开展了“互学互比 创先争优”活动。在全省系统的满意度调查中，整体满意度为99.39%,高于全省系统平均值0.3个百分点。

（方 卉）

海 关

【概述】 2012年，累计通过海关实现外贸进出口总值227.4亿美元,同比增长38.4%,增速位于全省第一位;其中出口213.1亿美元,同比增长40.7%,增速位于全省第一位;进口14.3亿美元,同比增长10.6%,增速位于全省第二位;金华海关全年共完成关税和代征税征收4.07亿元,同比增长24%;受理进出口报关单13.27万份,同比增长31%;监管进出口集装箱25.25万标箱,同比增长28%;办理加工贸易备案2.58亿美元；审批减免税设备价值3159万美元,减免税款2710万元,同比增长47%;查获涉嫌侵权案件128起、危险品6起、涉证违禁等物品37起,行政案件立案查办3300起,走私案件9起。2012年金华海关被省政府授予“浙江省文明单位”荣誉称号,被杭州海关评为“四好”(把好国门、做好服务、防好风险、带好队伍)达标先进基层单位,永康办事处被省直机关工委列为“基层党建工作示范点”,报关大厅继续认定为“省级青年文明称号”。

【促外贸增长】 年内，金华海关出台了全力支持和促进全市外贸稳定增长的八项举措,全力助推市重点项目建设,积极支持义乌国际贸易综合改革试点工作,推动义乌“市场采购”贸易方式属地申报;积极投入金义都市新区建设,全力支持金东无水港发展,大力推动发展金东无水港集装箱甩挂业务试点，金东无水港的出口物流从年初日均100个标箱上升到日均400个标箱左右；积极发挥金东公共型保税仓库作用,努力缓解企业资金压力和降低企业经营成本,为广大中小企业开展进口业务提供便利。建立海关政策综合宣讲团、海关青年文明号窗口服务队,积极开展“进千企、解难题”专项行动,共走访企业150余家,政策宣讲11场次,帮助企业解决具体困难60多个;注重加强对上市企业、行业龙头企业等重点规模企业的个性化服务,特别是大力做好高资信企业培育工作,鼓励和支持守法企业申报海关A类及AA类管理类别,尽可能充分享受海关各项优惠政策以提高竞争力。全年，共新增A类企业143家,达668家,同比增长19%,占比位居浙江省(除宁波外)前列,海关管理类别最高的AA类企业培育取得零的突破,年内共5家企业经海关总署批准而适用AA类管理。

【发展国际物流】 成功实现了利用铁路通往中亚的“属地申报、口岸验放”的区域通关模式,在开通后的三个月内，金华海关已接受包括青年汽车、皇冠工具等我市重点企业48批次，货值2124万美元的属地货物经阿拉山口口岸出口至中亚。同时充分发挥铁路物流运输时间短、成本低、环境污染少等优势,10月,正式开通金华—宁波的“铁海联运”新模式,为金华市国际物流业的跨越式发展奠定了坚实的基础。

【“国门之盾”行动】 全年,刑事案件立案侦办9起，抓获犯罪嫌疑人9名，缴获德制制式气步枪1支、铅弹4000发以及30个制式气枪用配件和附属配件,毒品大麻8849.71克、可卡因197.02克,淫秽图片70余万张;行政案件立案3300起,案值11.25亿余元。被海关总署缉私局列为一级挂牌督办案件的“3·31”走私淫秽物品案成功侦破,得到公安部有关领导肯定。查获涉嫌侵犯知识产权货物总计310余万件,价值575余万元人民币。海关总署年内六次发来贺电,对金华海关查获的假冒香烟等案件给予充分肯定。

（王 展）

招商引资 援建 对外协作联络

招商引资

【概述】 2012年,金华市以浙(婺)商回归创业创新工作为主线,大力加强招商引资工作,全年共引进浙商回归项目243个,到位资金118.27亿元,完成市考核任务106亿元的111.58%,经省确认的浙商回归项目167个,到位资金93.22亿元,完成省考核任务85亿元的109.67%,引进公益项目64个,到位资金2.02亿元,超额完成省市考核目标任务。在省政府对市政府的年度考核中,金华市获优秀奖。

【机制建设】 成立以市长为组长的支持浙(婺)商创业创新促进赶超发展工作领导小组,各县(市、区)也都成立了相应领导小组,市、县两级召开多次领导小组会议专题研究工作,中共金华市委、金华市政府下发《关于支持浙婺商创业创新促进赶超发展的若干意见》文件,推动工作落实。完善市、县两级的机构设置和人员配备。市县两级全部成立了招商局,共核定编制81名,其中增加编制28名,有9名为副科级领导职数。为10个在外金华商会授予金华市浙(婺)商回归引进工作联络办公室牌子,并明确有关工作任务。同时,及时下发对县(市、区)的考核办法和实施细则,明确主要经济部门招商引资考核任务,并针对各部门(单位)分别制定了个性化的考核目标。浙(婺)商回归创业创新工作被纳入市委、市政府20大通报数据之中,按照"月度统计、季度督查"的方式,及时督查、通报各县(市、区)浙(婺)商回归创业创新的工作进度和机构设置情况。

【创新招商载体】 2012年,积极推进"浙中崛起千亿投资系列工程"和"浙商回归金华千亿投资系列工程",8月3日康恩贝金兰大健康产业带双百亿工程正式启动,至12月3日永康市浙商回归创业创新园开工,全市共举行开工或启动仪式15场,合计启动项目468个,投资额达2159.32亿元。举办了浙(婺)商回归创业创新大会、深圳(金华)投资招商会、第二届国际商贸大会签约仪式、海外侨商金华行、全球台州商会会长峰会、天下浙商家乡行,积极参与北京、杭州央(省)企对接会、浙洽会、绿创会等一系列重大招商活动,全面推介金华良好投资环境,累计签约项目162个,协议引进资金1078.37亿元,至年底共落地项目66个,占41%。东阳特种气体设备制造项目被列入全省24个浙商回归重大项目之一,获得项目土地指标奖励2.4公顷;引进金华万达城市综合体项目、婺城区蒙牛乳制品加工项目、义乌百联都市生活项目等一批500强项目和34个重大产业项目。为了推介金义都市新区、多湖、湖海塘等重点区块,共联系接待外地投资考察客商120余批,600多人次。制定了总部经济相关政策。各县(市、区)也创新了"东阳人经济回归工程"、永康"浙商回归创业创新园",义乌实施投资项目"三制"办理等举措,都取得了良好成效。

【项目服务】 把加快项目落地作为招商引资工作的重中之重。通过参与组织重大项目开工仪式、积极开展30个在谈项目的跟踪服务,全力加快重点项目建设。制定了27个重点项目市领导联系制度和退出现职领导干部招商助理员重点项目联系制度,供签约项目早落地、早建设、早投产;同时,持续开展为浙商"送政策、送服务"活动,发放各类政策汇编12000余册,利用报纸、电视、网络等媒体,大力宣传浙商创业创新的回归发展的优秀事例,加强与浙商和在外婺商的日常联系、沟通和服务,在全市营造了较为浓厚的亲商重商氛围。

(胡小刚)

对口支援新疆温宿县

【项目建设】 以温宿金华新城区小学、温宿金华社会福利中心和浙江金华新村3个建设项目为重点,引进竞争规划理念,邀请浙江和阿克苏当地规划设计单位进行方案设计,经指挥部与温宿县领导及相关职能部门评选后择优选用,确保了建设项目规划设计品位,设计得到了省指挥部和温宿县领导的充分肯定。2012年12月底,2011年3个续建项目温宿三中教学综合楼、沿格博依和交通路社区阵地建设已全部竣工交付使用,2012年计划实施14个项目(含统筹项目)已全部启动实施,除温宿新城区小学、社会福利中心和浙江金华新村三个跨年实施项目外,其余安居富民工程、安全饮用水改造工程、120急救指挥中心建设工程等11个项目已全部竣工;累计完成投资4.03亿元,占年度计划投资总额的101.5%。

【产业援疆】 以加快产业培育为重点,精心组织招商引资活动,根据温宿县资源禀赋,积极邀请婺商到温宿作投资考察,协助温宿县编制了招商项目册和招商宣传资料,在金华成功举办了温宿(金华)投资环境推介会暨项目签约仪式。食用菌产业推广营销项目进展顺利,引进磐安山之舟生态农业公司负责技术辅导和产品回购,50个示范大棚和生产车间建设已完成,首批试种菌棒已经成功,已落实种植户30多户;建立了温宿县驻金华招商联络处,协助温宿县到金华开展产业对接活动3次,在金华成功举办温宿投资环境推介会暨项目签约仪式;组织邀请婺商来温宿考察投资环境100多人次,全年共引进项目10个,协议总投资30.5亿元;做好签约项目跟踪服务,组织召开了产业援疆座谈会,2011年前签约5个项目已开工在建,其中立天集团、冠鑫棉业、新疆响铃枣业一期工程厂房已完工,托峰肥业已经投产。

【智力援助】 以普惠群众为重点,积极创新新智力援助方式,联合金华眼科医院、温宿县人民医院、残联等单位开展免费白内障复明工程,组织援疆教师开展同课异构教学课题调研,组织援疆医生举办了地区继续医学教育项目——无创辅助通气专题讲座,组织援疆教师医生利用休息时间开展为期一月的送教送医下乡活动,组织第二期援疆教师到学生家走访、与贫困生结对助学等活动,得到了广大群众的赞赏与欢迎。圆满完成温宿170名县乡村三级干部到金华学习培训或挂职锻炼,协助落实了温宿县110名未就业大学生在金华实习工作;集中轮训基层卫生人员420名;组织第七批第一期援疆教师医生开展了送教送医下乡月活动,举办各类讲座8个,第七批第二期援疆教师组织开展了"金温两地情、师生一家亲"爱师生活动,得到了群众的热烈欢迎;组织开展了白内障集中筛查和集中手术活动,普查病人1150例,成功复明150人。

【两地交流】 协调对接阿克苏地区浙洽会代表团、温宿县党政代表团、温宿县人大考察团、温宿县政协考察团等温宿赴金华考察活动70多人次,安排落实省供销社、省总工会、市政府核桃高峰论坛代表团、市纪委监察局等省市机关部门到温宿考察团队约70多个1500多人次,组织温宿金华两地20对青少年开展结对交流活动,并总结经验推广,现结对活动已扩大至1000对。

【计划外援疆】 金华市人民检察院、市残联、市教育局继去年捐赠之后,今年再次为温宿捐赠残疾人康复资金24万元、人民检察院项目建设资金15万元、第二小学舞蹈室建设资金5万元,义乌市公安局为温宿县公安局捐赠工作资金15万元,金华市科惠医疗器械公司为温宿县人民医院捐赠30万元医疗器械,义乌志愿者协会、东阳义工协会为温宿贫困群众送来价值80多万元衣服、运动鞋和书包等学习用品。

【队伍建设】 根据省指挥部部署,积极组织开展"四个年"活动和创先争优竞赛活动;结合省指挥部"干在实处、走在前列"工作要求,组织开展"三再三创"主题教育实践活动,制订了指挥部党建年度工作计划,发展吸收新党员2名,确定入党积极分子8名;健全干部人才学习日制度,狠抓干部人才思想政治教育,及时组织学习贯彻十八大、第三次全国对口援疆工作会议、浙江省第十三次党代会、自治区对口援疆工作暨产业援疆工作会议和金华市第六次党代会等重大会议精神和省市领导有关对口支援工作批示讲话;组织干部人才积极开展学习最美教师、优秀援疆干部欧阳栋、余文丽等先进事迹,增强干部责任意识、使命意识,教育干部安心边疆、建功立业;注重干部人文关怀,精心安排落实援疆专业技术人才轮换工作,实现了"走的平安开心、来的高兴愉快"的预期目标;利用多种形式开展谈心谈话活动,及时解决干部人才工作和生活困难,安排干部人才进行集中体检1次,组织参观考察活动6次,形成了心齐气顺、精神振奋、务实进取的良好工作氛围。

【组织协调】 围绕援疆项目建设"四个百分百"工作目标,不断完善工作落实机制。注重与受援地党政领导的沟通交流,强化工作合力,充分利用县常委会、四套班子联席会等平台,经常向温宿县主要领导汇报援疆工作开展情况和需要提请县领导协调解决问题,坚持每月组织召开一次项目联席会议,交流工作落实经验,查找困难与不足,明确下一阶段工作目标和责任分工,研究克难攻坚办法,加快项目推进,召开联席会议6次。注重责任分解,加快工作推进,进一步完善项目长职责,按照"责任提前明确、工作提前安排、资金提前到位"的要求,将项目建设责任提前明确到每个援疆干部,将项目建设任务在年初就分解安排到月,将项目资金申请提前到项目资金计划下达之后,每月召开一次项目长会议,通报项目进展,统筹兼顾,倒逼落实,确保援疆项目快速推进。注重现场管理,提高工作效率,各项目组长每天下工地,检查工程进展情况,积极推行现场办公制度,邀请温宿县分管领导和项目责任单位深入项目现场看问题、找原因、解难题,提高工作效率,召开现场办公会议10多次,有力促进项目快速推进。注重前后方工作联系,及时与后方市对口办通报工作情况,定期向后方对口办、财政和审计部门报送项目进展报表,积极协助市对口办做好两地党政机关部门工作交流组织协调工作,形成前后方协调一致的良性工作机制。

【平安援疆】 按照对口支援监督检查工作要求,着力完善对口援疆工作机制、指挥部内部管理制度和干部人才管理,确保廉洁援疆、平安援疆。积极做好岗位廉政风险防控机制建设,排查援疆指挥部干部岗位风险315个,制订预防措施385条,完成岗位廉政风险防控机制材料汇编。积极完善援疆监督检查体系,建立对口援疆社会监督制度,聘请11名温宿干部群众代表担任金华对口援疆工作社会监督员,进一步健全援疆工作内外监督体系。积极完善管理制度,完善了指挥部车辆管理制度、驾驶员管理办法、食堂管理制度、干部人才晚签到制度等内控管理制度,加强指挥部人、财、物管理,强化安全保障。发挥各种监督主体作用,强化监督检查,在加强指挥部日常自查自检的基础上,配合市对口援疆监督检查领导小组、市对口办和市财政局到温宿就2011年援建项目完成情况和2012年援建项目计划进行实地检查。配合自治区监察厅、自治区援疆工作监督检查组、地区援疆办等援疆监督检查5次,配合市审计局完成12个全额投资项目结算审计,联合温宿县纪委和社会监督员开展援疆项目联合检查2次,有力地推动了平安援疆、廉洁援疆。

【信息宣传工作】 按照省指挥部对口支援工作信息宣传工作会议要求,坚持一手抓援建、一手抓宣传,努力完善信息宣传工作机制,着力提高金华援疆工作形象。在市委组织部、宣传部的帮助下,从8月20日起,由金华日报、金华晚报、浙中新报和金华电视台轮流选派一名记者到援疆指挥部负责蹲点采访宣传,每三月轮换一次,极大地提高了金华援疆工作的宣传力度。制订信息宣传工作办法和驻地记者工作职责,在各办组建立了信息员制度,扩大信息渠道,提高信息时效性,编印援疆信息45期,在省级新闻媒体上刊发新闻30多篇,在地区和金华市级新闻上刊发援疆新闻70多篇。注重宣传窗平台建设,在金华日报开设了"援疆进行时"、金华晚报开设了"温宿传真"二个援疆宣传专版,定期刊出援疆信息新闻,同时利用宣传窗形式,在佳木镇万喀克吐曼村、托乎拉乡库如力村建立了2个安居富民工程宣传窗,宣传援疆政策和项目工作,编印了金华援疆风采画册、援疆项目挂历,全面展示2年来金华援疆工作。在用好指挥部、温宿电视台和各责任单位信息力量的同时,组织金华日报、金华晚报、金华电视台等市级新闻媒体专程到温宿进行集中采访,通过连续报道形式宣传援疆工作,较好的宣传介绍了温宿经济社会事业发展情况和金华援疆工作,促进了两地的交流与合作。

(马仕新)

对口扶贫

【概述】 2012 年,继续实施山海协作过程,开展区域产业合作。5 月,“义乌市—莲都区共建山海协作园区”签约仪式在义乌举行,双方签订了两地进一步加强区域合作的框架协议,积极推进两市在经贸、旅游、劳务、来料加工等方面合作。积极引导东阳、义乌、永康等地企业向相对欠发达的武义县和磐安县转移,全年共有 27 家市内企业落户武义,到位资金 6.51 亿元。有 15 家企业落户磐安,到位资金 3.45 亿元。发展来料加工。依托义乌国际商贸城的市场优势,在相对欠发达的婺城、金东、兰溪、武义、磐安等县(市、区)山区乡镇大力发展来料加工业务。11 月,举办了全市山海协作工程来料加工经纪人培训班,全市 200 名来料加工经纪人代表参加培训,会上表彰了一批山海协作工程来料加工优秀经纪人。开展结对帮扶新农村建设。把山海协作工程与社会主义新农村建设相结合。义乌市、东阳市、永康市与婺城区、武义县、磐安县签订了 2012 年度帮扶协议,落实专项扶持资金 270 万元。在 2012 年义博会期间,组织了 33 家相对欠发达区域企业进入义博会“山海协作专区”参展,共设展位 51 个,达成合作意向金额 1800 多万元。在开展人力资源培训和劳动力转移工作中,落实培训经费 60 万元,完成各类培训 40 多期次,培训总人数 4200 多人,转移就业 1800 多人。磐安县依托职业中学山海协作实训基地,加大对农民工的技能培训,义乌市在国际商贸城开办来料加工经纪人培训班,为全省欠发达地区来料加工经纪人进行业务培训。2012 年全市落实对口支援重庆山峡库区资金 121 万元,落实对口帮扶四川藏区资金 300 万元。

(胡小刚)

对外联络

【概述】 2012 年,先后组织县(市)经合(协作)办和有关企业随省经贸代表团参加了第二十三届“哈洽会”、第十三届成都“西博会”、第十六届“西洽会”。3 次展会共组织市区、义乌、东阳、武义、磐安等县(市、区)的 19 家企业 42 个展位参加产品的展示展销活动,共接待各类客商 8000 余人,达成产品购销合作意向 35 个,达成合同金额近 2600 多万元。

由金华市协作办(局)牵头的“基于“十二五”发展规划的长三角城市协同发展管理研究课题”,成功入选 2012 年长三角城市合作专课题。4 月 17 日,徐加爱市长出席在台州召开的长江三角洲城市经济协调会第十二次市长联席会议,并作“推动陆海联动,加快浙中崛起”的书面发言。22 个市长签署了《长江三角洲地区城市合作(台州)协议》。5 月中旬,组织部分汽车及设备制造企业与省经合办领导一起赴内蒙古兴安盟开展考察洽谈活动,副市长傅利常带领企业家实地考察了内蒙古兴安盟乌兰浩特市,参加“兴安盟—浙江经济合作座谈会”,并就“产业换资源”等问题进行了深入的洽谈交流。加强与闽浙赣皖九方经济区成员市间的经济协作,做好参加闽浙赣皖九方经济区三届八次联席会议的各项工作。

(胡小刚)

城乡建设

城乡规划

【实施浙中城市群规划】 在完成金义都市新区功能定位研究、产业发展战略研究两个专题研究及金义都市新区概念规划基础上,邀请了国际一流设计团队进行了方案征集,8月完成了金义都市新区总体规划初步方案,9月17日,在杭州召开了专家咨询会,10月30日,金义都市新区总体规划通过专家论证。11月2日,规划方案在《金华日报》和金华市政府网站、金华市规划局网站及市政府、金义都市新区管委会进行公示,征求社会公众意见,进一步修改完善。根据规划,金义都市新区将被打造成"田园智城、都市新区"。加快编制浙中城市群轨道交通线网规划、编制浙中城市群生态绿道及旅游一体化规划、浙中城市群综合交通规划、金华市城市综合交通规划四个专项规划,进一步优化城市群空间布局、资源配置和支撑体系。8月28日,浙中城市群生态绿道及旅游一体化规划通过专家评审,12月5日,浙中城市群轨道交通线网规划等三个专项规划通过专家评审,年底前将全面完成修改完善工作。同时,制定了以项目实施推进为重点的三个"三年行动计划",第一个"三年行动计划"拟先期启动实施38项同城化项目,并积极向省政府争取24项城市群重点建设项目的政策倾斜,加快实施浙中城市群规划建设的步伐。

【实施城市总体规划】 根据金华城市总体规划,开展了金华电网电力设施布局专业规划、金华市区电力设施布局专业规划、市区户外广告专项规划等专项规划的编制工作,金华市近期建设规划、金华市中心城区农贸市场专项规划、金华市区电动汽车充电设施布局专项规划、金华市区中心城区停车场(立体停车场)近期建设规划、金华市区照明专项规划等专项规划已完成编制并获市政府批准实施。按照控制性详细规划全覆盖要求,继续加强中心城区及金义都市新区、金西经济开发区等重点区块控制性详细规划编制工作,其中婺城新城区、乾西片区、金东、金西低丘缓坡综合开发利用区块、金华电子信息文化创意产业园等控规已完成方案评审,金华多湖片区北区块、罗店分区东区、西区,铁路南站货场区块、铁路竹马货场区块等控规已完成编制并获市政府批准实施。

【市重点工程项目规划】 根据市区重点区块建设要求,多湖中央商务区在完成燕尾洲地块城市设计的基础上,完成了多湖中心区城市设计和燕尾洲公园方案设计等工作,年内城市最大的商业综合体项目——金华万达广场已开工建设,建筑业企业总部已完成设计方案招标;湖海塘运动休闲区委托清华大学建筑学院开展了湖海塘地块城市设计及公园设计工作,9月14日,湖海塘城市设计等方案通过专家评审。市区高度重视三江六岸景观提升工作,8月23日,市区三江六岸核心区段景观亮化规划设计通过专家评审,11月1日,启动了三江六岸核心区段整体规划和景观优化提升方案设计的招标工作。铁路西客站在完成杭长客专选线的基础上,为进一步明确站房改造等相关问题,委托浙江省城乡规划设计研究院完成了金华铁路西客站站房改造相关问题研究,并委托中铁四院开展了西客站配套基础设施(站前广场)规划设计工作;积极推进其他重要区块、重要项目的规划设计工作。同时,积极配合相关部门做好五百滩公园、燕尾洲公园建设的规划服务工作。

【农村住房改造建设】 2012年,全市新增启动实施改造建设项目(村)212个(累计已启动1117个村);拆除破旧房占地面积140万平方米;已开工(完工和在建)改造建设农村住房27455户,是全年任务的109.82%,完成改造建设面积576.55万平方米,完成投资113.85亿元;已开工(完工和在建)农村困难家庭危房改造2169户,是全年任务1735户的125.01%,完成投资4332万元;整村推进和成片改造的农村住房改造建设项目,其配套建设基础设施、公共服务设施均同步开工建设。8月22日,全省农村住房改造建设工作现场会在金华召开,省委副书记李强、副省长陈加元到会并作重要讲话。

【城乡规划服务管理】 4月,制定出台了《金华市规划局服务"浙中崛起赶超发展"十项服务新举措》。全面开展"五个不让""七个办"活动。在全面落实现有各项服务举措的基础上,以"优质服务、基层满意"为目标,进一步加强规划窗口建设,着力推进"五个不让""七个办"活动。继续深入开展服务企业服务基层活动,进一步压缩审批时限,规划许可效率提升50%。做好农村、社区规划服务工作。积极征集优秀农房设计通用图,择优选定15种户型方案,出资邀请优秀的建筑设计单位设计出施工图,建立免费电子通用图库,群众可在家自行通过上网浏览打印通用图或到当地规划所查看选图,既减轻农民负担,又提高了通用图的使用率,规范了农民建房行为。

【村镇规划编制管理】 认真做好县(市、区)域村庄布局规划编制,全市9个县(市、区)均已完成村庄布局规划。继续做好建制镇总体规划修编工作,完成岭下镇总规调整、罗店镇控规修编,婺城区的汤溪镇、洋埠镇、罗埠镇及金东区的傅村镇、鞋塘镇、孝顺镇控规修编正在推进中。截至2012年11月,全市74个建制镇的总体规划编制已完成72个,总规覆盖率达97.29%(其中市本级16个建制镇已全部完成)。全市25个中心镇已完成总规编制24个,总规覆盖率达96%(其中市本级5个中心镇已全部完成总规编制)。全市35个乡(集镇)的总体规划编制已完28个,总规覆盖率达80%(其中市本级9个乡已全部完成总规编制)。全市3559保留村(行政村),已有3485个完成了村庄建设规划的编制工作,村庄建设规划覆盖率达97.92%(其中市本级834个保留村已完成村庄建设规划760个,村庄建设规划覆盖率达97.93%);全市新增完成中心村规划编制97个,全市500个中心村已完成规划编制476个,完成率达95.52%(其中市本级76个中心村已完成村庄规划编制74个,完成率达97.37%)。完成农村困难群众住房救助2169户,超额完成了省里下达的1735户任务目标。

【户外广告管理】 4月11日以市长令的形式印发实施《金华市区户外广告管理办法》。根据金华市区目前的实际情况,经市政府常务会议研究于3月9日印发实施《金华市区户外广告整治工作方案》,为市区开展户外广告整治工作奠定基础。编制完成了《市区户外广告设置技术导则》,进一步强化对户外广告景观控制,为日常规划管理提供技术支撑。《金华市区户外广告专项规划》经市区户外广告联席会议审议通过并实施。继续做好公共阵地大型户外广告的布局、选址和有偿使用有关工作。

【测绘市场管理】 进一步加强测绘行业监管,努力提高行业整体水平,建立测绘单位信用等级制度并完成了建库工作。严格实施测绘资质复审换证工作,开展了2012年度测绘质量监督检查工作,加强测绘资质日常监管。"数字金华"地理空间框架建设进入快车道。1月7日,国家测绘地理信息局批复将金华市列入数字城市地理空间框架建设试点城市。4月18日,数字金华地理空间框架建设项目设计书通过国家测绘地理信息局组织的评审。我市与国家、省测绘地理信息局签署了数字金华地理空间框架建设项目合作协议,标志着数字金华地理空间框架建设项目已全面启动。全面启动市区精化大地水准面、1::·2000航摄成图、基础空间数据获取工程、基础地理信息系统平台、天地图·金华项目、仿真三维地理信息系统等重大项目,其中天地图·金华已经建设完成并上线。数字永康、数字东阳已完成地理空间框架项目实施方案的编制,通过省测绘与地理信息局验收。

(吴箐晏)

勘察设计

【概述】 2012年年末,全市(包含义乌市)现有建筑、交通、水利、市政、电力、岩土勘察等专业勘察设计单位65家,其中甲级资质16家、乙级资质27家、丙级资质22家。有建筑装饰装修、消防设施、建筑智能化等工程设计与施工一体企业35家,其中一级资质10家、二级资质21家、三级资质4家。行业从业人员14193人,其中具有高级职称的795人、中级职称的2119人。行业注册执业人员853人,其中一级注册建筑师63人、二级注册建筑师80人,一级注册结构工程师79人、二级注册结构工程师28人、注册土木工程师(岩土)17人,注册城市规划工程师15人、注册公用设备工程师42人、注册电气工程师31人、一级注册建造工程师154人、二级注册建造工程师293人、其他注册工程师51人。全年行业营业收入25.42亿元,其中工程勘察收入1.39亿元、工程设计收入4.46亿元、工程承包收入16.55亿元、其他收入3.02亿元。利税总额2.82亿元。全年完成施工图设计建筑面积2160.45万平方米。

【大力推进建筑节能工作】 根据国家、省有关法律法规的规定和省建设厅统一部署。共完成了2个绿色建筑示范项目、1个建筑应用地源空调热泵示范工程、2个既有建筑节能改造示范工程、5个建筑用能监管节能示范工程,并获得省建筑节能专项补助资金60余万元。组织全市各建设行政主管部门和部分企业的有关人员参加了“第七届国际绿色建筑与建筑节能大会暨新技术与产品博览会”。

【加大勘察设计质量监管】 组织召开了全市建筑节能与科技设计工作会议。建立了金华市施工图审查管理信息系统网站,设立了施工图审查服务窗口,实施了网上审报受理、统一任务分配、统一审查标准、规范收费的施工图审查运作模式。全年共审查建设工程施工图设计项目910项,总建筑面积1148万平方米,市政投资额5.03亿元。根据省住房和城乡建设厅的统一部署,开展了全市建筑节能与勘察设计工作综合检查,共检查了54个在建项目(其中公建项目18个、房地产项目28个、工业厂房项目8个)。对4家存在违反强制性条文较多的勘察设计单位和5个存在建筑节能施工质量问题较突出的工程项目进行了通报和处理。

【开展工程勘察设计优秀作品评选活动】 2012年全市共评出建筑、市政、园林、勘察、交通、水利、电力等专业优秀勘察设计项目47项,其中一等奖15项,二等奖18项,三等奖14项。浙中地质工程勘察院的“金华万通世锦园(一期)”和核工业金华工程勘察院的“新洲·丽晶国际”项目获“钱江杯”优秀勘察二等奖;金华市建筑设计院有限公司的“金华市博物馆”、金华市市政设计院有限公司的“金华市双龙南街道路优化工程(双龙大桥至环城南路)”、金华电力设计院有限公司的“220KV丹溪—官塘输电线路工程”项目获“钱江杯”优秀设计三等奖。金华电力设计院有限公司的“改进变电站主控桌缆线工艺设计”QC小组获省二等奖;核工业金华工程勘察院的“提高岩溶地层野外钻探效率”QC小组和浙江省浙中地质工程勘察院的“如何合理确定软土地区基坑支护设计参数”QC小组获省三等奖。

(潘仲华)

建筑业

【概述】 2012年,全市共完成建筑业总产值2321.29亿元,比2011年增加了420.21亿元,同比增长22.10%;全市完成地方税收22.98亿元,同比增长21.19%,占全市税收收入的14.08%。市本级完成地方税收7.22亿元,同比增长21.20%,占市本级税收的17.38%;主要经济指标均列全市第四。全年完成省外产值1509.83亿元,占全市建筑业总产值的65.04%。其中建筑总产值超百亿的省外区域市场4个:安徽、陕西、广东、江苏;超50亿的省外区域市场8个:天津、河北、内蒙古、江西、山东、河南、湖北、青海。截至2012年年底,全市共有:建筑总承包企业385个,专业承包企业146个,劳务分包企业49家;特级企业5家,一级企业104家,二级企业186家。金华市建筑业企业,坚持质量第一,安全生产,积极参与创优评奖,取得了不俗的成就。全年27个工程获“双龙杯”,19 个工程获“钱江杯”,5 个工程获“鲁班杯”。15 个工程获省安全文明施工标准化示范工地。全市发生 4 起事故,死亡 4 人。

(李志余)

房地产及住宅产业

【概述】 2012 年,金华地价房价比为 29%,相较于 2011 年房价比为 28%,市场成交更显活跃;房价收入比为 7.6,在全省 11 个地级市中位列倒数第二,属于较低水平;房租收入比为 10.3%,在全省 11 个地级市中位列倒数第二;金华房价租金比为 531,处全省 11 个地级市平均水平之上,位列第五。在国家继续坚持房地产调控不动摇政策背景下,金华房地产市场保持稳定健康发展态势,投资、投机性购房得到有效的遏制。

【保障性住房】 2012 年,保障政策继续完善,出台了《金华市区经济适用住房上市交易操作办法(试行)》和《金华市区住房保障阳光工程建设实施办法》,进一步充实、完善了《金华市区公共租赁住房管理办法(送审稿)》。全市共落实新开工保障性安居工程项目 31 个,其中公共租赁住房项目 18 个、廉租住房项目 2 个、经济适用住房项目 3 个、城中村改造项目 8 个。筹集保障性安居工程建设资金 12.42 亿元,其中廉租住房保障资金 9208 万元。全市新开工保障性安居工程建设 6917 套,其中新开工(含购买)公共租赁住房 2963 套,新增廉租住房租赁补贴 537 户,基本建成保障性安居工程 4168 套,其中竣工 3431 套,超额完成年度目标任务。

【房地产开发】 2012 年,全市完成房地产开发投资 285.19 亿元,同比增长 40.1%;房屋施工面积 2101.31 万平方米,同比增长 16.2%;房屋竣工面积 257.64 万平方米,同比增长 20.1%;完成房地产税收 29.29 亿元,同比增长 12.49%,占比 17.9%。其中:市本级完成房地产开发投资 69.98 亿元,同比 35.7%;房屋施工面积 610.23 万平方米,同比增长 30.4%;房屋竣工面积 111.95 万平方米,同比增长 64.2%;完成房地产税收 9.09 亿元,同比增长 0.47%,占比 21.87%。截至 2012 年年末,全市共有房地产开发企业 490 家,其中:一级资质 6 家,二级资质 47 家,三级资质 137 家,四级资质 137 家,暂定资质 163 家。市本级共有房地产开发企业 179 家,其中:一级资质 2 家,二级资质 19 家,三级资质 42 家,四级资质 45 家,暂定资质 71 家。

【房地产交易】 2012 年,全市商品房销售面积 322.51 万平方米,同比增长 6%,销售额 315.93 亿元,同比增长 27.8%。其中:住宅销售面积 279.54 万平方米,同比增加 11.1%,销售额 264.19 万元,同比增加 31%。办公楼销售面积 3.8 万平方米,同比增长 10.4%,销售额 5.44 亿元,同比增长 21.8%。商业营业用房销售面积 26.53 万平方米,同比下降 0.2%,销售额 37.6 亿元,同比增长 15%。市本级商品房销售面积 111.35 万平方米,同比增长 19.4%;销售额 87.87 亿元,同比增长 50.1%。其中:住宅销售面积 95.45 万平方米,同比增长 23.9%,销售额 75.72 万元,同比增长 51%。办公楼销售面积 1.57 万平方米,同比增长 21.2%,销售额 1.85 亿元,同比增长 144.4%。商业营业用房销售面积 11.03 万平方米,同比下降 3.7%,销售额 9.17 亿元,同比增长 35.8%.

【物业管理】 2012 年年末,全市共有:物业服务企业 180 家,其中二级资质企业 6 家,三级资质企业 175 家;物业管理项目 428 个,其中住宅项目 310 个;管理房屋建筑面积 2042 万平方米,其中住宅1701 万平方米;企业从业人员总数 6662 人,其中管理处主任(项目经理)1018 人;物业服务企业营业收入 20178 万元,企业汇总亏损 637 万元;累计成立业主大会 181 个。市区共有物业服务企业 72 家,其中二级资质 5 家,三级资质 67 家;管理项目 258 个,其中住宅 138 个;管理建筑面积 1253 万平方米,其中住宅 1012 万平方米;企业从业人员 3628 人,其中管理处主任(项目经理)220 人;企业营业收入 11599 万元,企业汇总亏损 237 万元;年底累计归集物业维修资金 44475 万元。

(余方元)

住房公积金管理

【住房公积金建制扩面】 截至 2012 年年底,全市内参加住房公积金制度职工 37.12 万人，其中金华市区参加住房公积金制度职工 12.97 万人。2012 年，全市住房公积金缴交职工新增 45216 人，净增 15269 人。其中市区新增缴交职工 16834 人，净增 8145 人。金华市住房公积金管理工作围绕“稳归集、强个贷、提效率、保安全”稳步推进，荣获浙江省住房公积金管理工作先进单位和省级文明单位荣誉称号。

【住房公积金归集】 2012 年全市归集住房公积金 36.1 亿元，同比增长 14.6%。其中市区归集住房公积金 10.14 亿元，同比增长 17.5%。截至 2012 年年底，全市住房公积金归集余额 105.93 亿元，其中市区住房公积金归集余额 29.25 亿元。

【住房公积金提取】 2012 年全市提取住房公积金 20.14 亿元，同比增长 23.0%。其中：购建房提取 7.15 亿元，同比增长 41.9%；偿还购建房贷款提取 9.22 亿元，同比增长 11.0%；支付房租及其他提取 0.15 亿元，同比增长 36.4%；离退休提取 2.52 亿元，同比增长 24.1%；在职期间死亡、丧失劳动能力提取 0.70 亿元，同比增长 34.6%；户口迁出所在市、县或出境定居提取 0.40 亿元，同比增长 8.1%。市区 2012 年提取住房公积金 5.79 亿元。其中：购建房提取 2.29 亿元，同比增长 32.4%；偿还购建房贷款提取 2.44 亿元，同比增长 16.7%；支付房租及其他提取 129 万元，同比增加 62 倍；离退休提取 6633 万元，同比增长 32.9%；在职期间死亡、丧失劳动能力提取 2754 万元，同比增长 25.3%；户口迁出所在市、县或出境定居提取 1337 万元，同比下降 36.5%。截至 2012 年年底，全市累计提取住房公积金 97.53 亿元，市区累计提取住房公积金 31.27 亿元。

【住房公积金贷款】 2012 年全市共发放住房公积金贷款 6006 户，同比增长 56.8%，贷款额 21.47 亿元，同比增长 76.9%。其中市区共发放住房公积金贷款 2644 户，同比增长 113.6%，贷款额 8.28 亿元，同比增长 172.9%。截至 2012 年底，全市累计发放住房公积金贷款 75516 户，贷款总额 144.65 亿元，贷款余额 71.33 亿元，贷款余额占住房公积金余额比 71.85%，同比上升 0.8 个百分点。市区累计发放住房公积金贷款 28304 户，贷款总额 47.23 亿元，贷款余额 23.25 亿元，贷款余额占住房公积金余额比 81.95%，同比上升 6.8 个百分点。2012 年全市收回住房公积金个人贷款 9.78 亿元，同比增长 10.5%，年底贷款逾期率为万分之 0.14。市区 2012 年收回住房公积金个人贷款 3.02 亿元，同比下降 19.3%，年末贷款逾期率为百万分之一。

（张维波）

市政建设

【概述】 2012 年，金华市区市政建设根据市政府在市区开展“三化”环境综合整治要求，紧紧围绕“创建精品城市”这一主题，按照“全民动员、统一指挥，以块为主、条块结合，突出重点、分类整治，明确职责、整体推进，加强督查、长效管理”的要求，高标准抓好市政道路、桥梁、排水、交通安全设施的管理工作。

【道路维修养护】 巡查金华市区道路 39845 千米。挖落水井 63000 只次，挖检查井 31720 只次。修复沥青路面 47353 平方米，修补人行道花板约 22200 平方米、修补稳定层约 4749 平方米、水泥砼路面约 800 平方米、平侧石约 2500 余米。新建、修复各类管道约 400 余米，调换窨井框盖 152 只，疏通下水道约790 米，新建排水管道约 1856 米。完成新华街改造工程。完成新建二环北路(浙师大段)荷兰砖 7800 平方米、花岗岩 500 平方米。做好防台、防汛、抗冰雪灾害气候等及突发性事件应急处置工作，全年 110 出警 23 次。

【桥梁维修养护】 年度桥梁巡检 8760 次，发现巡检情况 320 次，处理突发事件 58 次。完成李渔大桥装饰板破损修复 95.5 平方米、桥头护墙压顶浇筑 0.4 平方米。完成芙峰街立交桥、西二环跨千金线立交、西二环小桥、后城里立交桥、婺江大桥、宏济桥、河盘桥等桥梁的栏杆维修工作约 224 米。完成李渔大桥、宏济桥、双龙大桥、婺江大桥、人民东路桥、等桥面人行道花岗岩侧石、道板、花板维修约 105 平方米。完成内环北路立交、芙峰街立交、长湖桥、东湄桥、西二环小桥 I、西二环小桥 II 等铁质栏杆除锈、油漆维修约 720 平方米。完成后城里立交桥、义济桥、李光渔等桥梁桥台桥身裂缝灌浆封闭维修约 28 米。完成西二环跨千金线立交、婺江大桥、后城里立交桥、河盘大桥、婺江大桥等桥梁柱头断裂更换维修约 20 个。完成李渔大桥、西二环小桥等桥梁水泥砼浇筑约 2 平方米。11 月完成健康档案招标工作。对河盘桥、宏济桥进行结构检测,委托设计部门对这两座桥梁存在隐患的部位的地方进行加固设计,已对维修加固工程的方案进行评审。桥梁的伸缩缝、泄水孔全部清理,并通过省建设厅组织的对桥梁的考核。

【城市排水许可管理】 对市区的宾馆、餐饮洗车场等符合条件的 48 家发放了排水许可证;21 家进行设施改进和排水检测;对无排水许可证或已过期的单位,下发了整改通知书。

【交通安全设施维护设置】 市区主要道路标线进行重新施划约 5 万平方米,护栏 1500 米,警示柱 21 根,护栏反光标志 300 个,减速带 55 米,除线 850 平方米。

【道路占用挖掘管理】 严格按市人民政府“关于加强市区城市道路挖掘管理的通知”,实行一审一核的审批项目制度,共审批基建项目占用 261 处计 16206 平方米,挖掘 60 处计 5887 平方米。

(孙文轩)

公用事业

【供水与节水】 2012 年,全市城市:自来水综合生产能力 145.96 万立方米/日;供水管道长度 6946.69 千米;供水总量 28845.28 万立方米,其中生产运营用水 11718.26 万立方米、公共服务用水 1536.7 万立方米、居民家庭用水 11085.78 万立方米、消防及其他用水 877.71 万立方米、免费供水量 245.36 万立方米;用水户数 653753 户,其中家庭用户 533766 户;用水人口 266.67 万人。市区:供水管道长度 1224.33 千米;供水总量 6889.85 万立方米,其中生产运营用水 2717.51 万立方米、公共服务用水 376.55 万立方米、居民家庭用水 2881.49 万立方米、消防及其他用水 57.07 万立方米、免费供水量 207.03 万立方米;用水户数 191442 户,其中家庭用户 164236 户;用水人口 59.48 万人。

2012 年,全市:计划用水户实际用水量 14684 万立方米,其中工业 9373 万立方米;工业重复利用量 5563 万立方米;节约用水量 3254 万立方米,其中工业节水 2118 万立方米;重复利用率 37.48%,工业用水重复利用率 54.44%。市区:计划用水户 851 户,其中工业 296 户;计划户实际用水量 5502 万立方米,其中工业 4039 万立方米;节约用水量 1442 万立方米,其中工业 1001 万立方米,工业用水重复利用率 80.81%。节水器具普及率达到 100%。

【污水处理】 2012 年全市新建投运了浦江第二污水处理厂(4 万吨/日)。金华市秋滨污水处理厂二期(8 万立方米/日)已于年底开工。全市 16 座已投运城市污水处理厂,合计设计规模 78.4 万立方米/日,实际日均处理能力 55.97 万立方米。从全年运行情况来看,除新增的婺城新城区污水处理厂外,各污水处理厂运行基本正常,年处理污水总量 20462 万立方米,比上年增加 1880 万立方米,增幅 10.1%。化学需氧量削减量 41931 吨,氨氮削减量 2856 吨。其中金华市区 4 座污水处理厂处理污水 4545 万立方米,化学需氧量削减量 9123 吨,氨氮去除量 463 吨。

【供气供热】 2012 年,全市液化石油气储气能力 5007 吨,供气管道长度 495 千米。供气总量 119255.2 吨,其中家庭用量 83224.27 吨;用气户数 900626 户,用气人口 235.46 万人,从业人数 915 人。市区液化石油气储气能力 1162 吨,供气管道长度 376.1 千米。供气总量 30481.18 吨,其中家庭用量 22013.27 吨;用气户数 218941 户,用气人口 49.88 万人,从业人数 268 人。全市液化天然气储气能力 72.8 万立方米,其中市区 20 万立方米;天然气供气总量 10105.89 万立方米,用户 76433 户,其中市区用气 1557.98 万立方米,市区用户 32023 户。全市涉民用供热企业就市区 1 家,其供热能力 200 吨/小时,供热总量 99.28 万吉焦,管道长度 31.2 千米,供热面积 109 万平方米,其中住宅 21 万平方米。

【环境卫生】 2012 年全市环卫负责道路清扫面积 4646.24 万平方米,其中:机械化清扫面积 1213.63 万平方米,机械化清扫率 26%;粪便清运量 4.7 万吨,无害化处理量 4.7 万吨,无害化处理率 100%;垃圾清运量 168.01 万吨,其中袋装收集量 49.39 万吨;垃圾无害化处理率 100%,其中:卫生填埋量 93.45 万吨,焚烧量 74.56 万吨。城市公厕拥有量 520 座,其中:一类公厕 60 座,二类公厕 394 座,三类公厕 66 座;大型贮粪池 1 座;粪便处理厂 1 座;垃圾处理场 13 座,其中:卫生填埋场 10 座,焚烧发电厂 3 座;垃圾转运站 150 座,其中:压缩式 139 座,机械吊装式 1 座,其他 11 座;环卫专用车 3681 辆,其中:洒水车 48 辆,高压清洗车 13 辆,扫地车 55 辆,吸粪车 21 辆,压缩垃圾车 172 辆,其他机动垃圾运输车 225 辆。环卫总人数 7474 人,其中:正式工 577 人,临时工 6897 人;全市财政拨款 50302.4 万元,年度支出 45319.14 万元。市环卫处负责清扫面积 564 万平方米(其中市区主要干道 394.2 万平方米,一环道路 119.3 万平方米,绿化 50.5 万平方米),其中:机械化清扫面积 155.8 万平方米,机械化清扫率 28%;粪便清运量 0.23 万吨,均通过沼气净化池处理,无害化处理 100%;垃圾清运量 32.12 万吨,垃圾无害化处理率 100%,其中,卫生填埋量 14.72 万吨,焚烧量 17.4 万吨。市区 96 条主要街道实行垃圾袋装化。城市公厕拥有量 177 座,其中:一类公厕 8 座,二类公厕 123 座,三类公厕 46 座。垃圾处理场 2 座,其中,卫生填埋场 1 座,焚烧发电厂 1 座。市区垃圾转运站 18 座,其中:压缩式 12 座,机械吊装式 1 座,其他 5 座。环卫处机动车 754 辆,其中:工作及检查用车 32 辆,洒水车 7 辆,高压清洗车 2 辆,扫地车 5 辆,洗扫车 4 辆,清洗车 2 辆,吸粪车 4 辆,路面养护车 2 辆,压缩垃圾收集车 27 辆,电动垃圾收集车 197 辆,人力三轮车 483 辆,铲车、推土机等其他机具 4 辆,其他环卫车辆 23 辆。环卫总人数 1033 人,其中,正式工 172 人,临时工 861 人。全市环卫系统继续开展第十轮"洁美杯"行业竞赛活动。开通 24 小时环境卫生举报电话。10 月 25 日,金华市环境卫生协会协同金华市住房和城乡建设局筹备并在金华召开了全市第十六个省环卫工人节庆祝会。

(徐　松)

园林绿化

【园林绿化工作】 2012 年,按创建"国家园林城市"目标开展园林绿化工作,全年共新种、补种行道树 400 余株;对主道路 336 只高树池内增种书带草;对 17 条道路 1300 余只花岗岩树池进行改造工作;青春公园园区西侧绿化提档改造 3000 平方米,迎宾大道广宁苑进行了绿化提档改造;通济桥隔离带绿化种植了云南黄馨 13000 株。

(孙文轩)

城市管理

【概述】 2012 年,城市管理部门全面把握城管执法工作面临的新形势新任务新要求,增强政治意识、责任意识和效能意识、质量意识,主动适应环境变化,把城管执法工作摆到经济社会发展全局中来谋划和推进,全面履行职责,推动市区城管执法工作全面发展进步。把市区城管执法工作融合到金义都市新区、精品城市、市区重点项目建设中,部署开展"六个年"活动(违法建设重点监管年、重点项目推进年、示范街区创建年、执法机制优化年、为民服务深化年、队伍建设规范年),全面加强城市管理,全心投入赶超发展,全力服务浙中崛起。

【队伍建设】 推行局机关人员下一线执勤制度。全局机关人员利用上下班错时、节假日、双休日走上街头,与一线执法队员联合执法管理,充实了一线管理力量。建立领导带队督查制度。每周明确一名局领导带队,就全局的队容风纪、机关效能以及执法业务等进行检查,定期通报,督促整改,有力地促进队伍面貌及执法效能的改善。丰富各类活动载体。以"思想大解放、作风大转变、争创人民满意城管"主题实践活动为主线,开展月度创先争优闪光言行评选、党员承诺、先锋论坛、中队业绩排名和"五进"、道德讲堂等系列活动,定期组织培训,加强工会建设,建立困难队员关爱制度,增强队伍凝聚力,努力建设政治优良、作风顽强、业务过硬、纪律严明、执法严格的城管执法队伍。

【市容市貌】 针对市区违章建筑泛滥状况,市城管局主动配合责任主体乡镇街道,推行每日一报制度,铁腕拆违,滚动跟踪市区违法建设动态,前移管理关口,强化监管婺城区城北街道、开发区苏孟乡、金东区铁路沿线(杭长高铁、金温铁路)等容易高发和反复的重点区块,做到违章建筑“早发现、早制止、早查处”。年内,下发相关法律文书3182份,出动执法人员37418人次,拆除及参与拆除各类违法建设(包括协助卫片执法拆除)423974.65平方米。

【交通治堵】 2月23日,启动人行道停车管理工作,采用“宣传一条街、成熟一条街、规范一条街”的模式,分阶段开展人行道车辆停放规范管理工作,由最初停车收费试点的明月街等5条开始,逐步推至当前江南、江北商业核心圈的宾虹路、八一北街等15条街路。通过宣传告知先行,坚持教育与处罚相结合等措施,达到“秩序好,违停少,反响好,投诉少”的管理目标。发放“温馨提示卡”近10万份、《给沿街商家店家的一封信》2万份,在市区100多处人行道竖立了“温馨提示牌”,先后出动执法队员4000多人次,劝离违法停放车辆17200多辆次。现已贴出违停罚单1万多张。

【专项整治】 7月1日出台《金华市区犬类管理办法》以后,市城管局与市物价、财政、公安、卫生等部门积极完善和落实相关管理细则和具体措施。10月底开始,对无主犬、流浪犬、病犬以及无束缚链犬开展专项整治,捕抓45只。11月6日,在各大媒体发布《市区犬类管理整治活动通告》,已部署开展犬患全面整治活动,整治范围为市区二环线以内,对流浪犬、野犬、病犬及违规的有主犬只,予以处罚、没收直至捕杀,捕抓128只。开展占道经营、建筑垃圾、个人乱扔乱倒、“静音护考”、“门前三包”、小区养鸡养鸭等10多个专项整治。同时,示范引路,开展西市街、人民广场、市民广场、兰溪街等城管执法示范街区创建活动。今年以来,受理“96310”热线5907个,其中夜间投诉2383个。取缔店外占道8299处,拆除乱搭棚230处,清理占道物品2277次,取缔夜市宠物摊点22个,取缔古子城、保集蓝郡的马路市场4个;联合相关部门整治西市街“黑车”12辆;发放餐厨废弃物规范台账30余本、相关宣传资料350份;清除占用绿化带及小区公共绿地种菜35处、400多平方米;印发《关于禁止饲养家禽家畜的通告》5000份,下发责令限期改正通知书327份,查处家禽家畜近百只;处罚个人乱丢乱倒行为679起;查处违规收购废弃油脂案件1起,封存油脂1.6吨;清理岸堤垃圾及江中漂浮物62船次、170多吨等。

(施俊帅)

双龙风景区建设

【概述】 2012年,双龙风景名胜区围绕市委、市政府关于建设市区旅游发展重地、待深度开发旅游宝地的新目标定位,全面提升管理、保护和规划建设工作,着力打造集道、释、儒一体的旅游休闲度假胜地。全年接待游客接近160万人次,实现门票经营收入2979万元,同比增长11.2%,被省住建厅评为浙江省风景名胜区工作先进集体。

【旅游市场营销】 举办活动营销。开展《龙年龙行天下·辰龙聚首双龙活动》的“百家网站走进双龙体验智能旅游”“唱游中国·伴着课本游双龙”“大手牵小手”亲子游主题旅游活动;会同金华日报社、金华市作家协会联合举办金华市第二届“论道金华山·笔底竞风流”90后文学创作大奖赛;会同省市体育部门共同举办2012年浙江自行车系列公开赛“赛神杯”金华双龙分站赛,扩大双龙景区的影响力。开展网络营销,通过“同程网”、“携程网”等知名媒体、网站,扩大景区门票的网络销售。相互协作营销。与杭州文广集团签订战略合作协议,与义乌、东阳的13家知名旅行社签订游线共组合作协议,强化与义乌购物游、横店影视游的对接。开辟新游线拓展新市场。着力挖掘温州、绍兴等周边地区的散客市场,组织接待温州、上海、福建、台州等地六个千人团;武汉、长沙等华中地区成为新的游客来源地。

【项目建设】 根据“漫步尖峰山、参禅智者寺、观景双龙洞、祈福黄大仙、避暑浙中凉都”景区发展新思路和《市区赶超发展三年行动计划》要求,提出《关于要求明确双龙风景名胜区有关重点项目建设的报告》。智者寺复建项目顺利推进。智者寺大雄宝殿、方丈院、五观堂已完成主体工程和盖瓦;智者寺的库房、云水堂、僧房主体工程已大部分完工盖瓦。徐霞客古道1期工程修复完成。依据徐霞客《浙东游记》文献记载,打造双龙景区登山休闲慢生活游的一个新亮点。启动了原尖峰水泥厂生活区块、尖峰山鹿村区块、智者寺复建二期建设、鹿田书院等重点地块的政策处理。完成了黄大仙景区小坪头区块的景观林种植、双龙洞售票房至朝真山庄段游步道绿化景观的优化美化提升工程。启动了洞前、鹿田、盘前、西旺等特色旅游发展村规划编制前期工作。启动景区游客服务中心、换乘中心和智者寺周边、前庄头特色旅游村的整体规划编制前期工作。以“大仙圣地”为重点的黄大仙景区详细规划已上报国家住建部审批。初步提出了尖峰山登山健身休闲公园建设方案。新建了黄大仙祖宫停车场旅游公厕,对冰壶洞、双龙洞周边的生态公厕进行了全面维修。双龙洞—冰壶洞的灯光改造提升工程已经专家论证。对罗电线公路仙瀑洞至西湖水库段的边坡进行了加固处理,消除了坍塌、落石等安全隐患。

【景区管理】 开展 AAAA 级景区迎检复评相关工作。对核心景区农家乐饭店户外广告进行了全面改造,更新农家乐招牌近 20 家。加强对景区核心村农房建设的监管,依法拆除违法违章建筑。开展停车场秩序整治,对 200 多个停车位重新进行了划线定位。开展了尖峰山景区综合整治、罗店集镇整治、金九公路改造运矿车监管等工作,对景区沿线废土及建筑废料、季节性水果摊进行了规范管理。加强安全生产工作。高度重视景区尤其是节假日的旅游安全工作;通过广告牌、横幅、广播、黑板报、标语等广泛宣传森林防火常识,充实护林员队伍,管好野外火源,切实做好辖区内的森林消防工作。全年,风景区未发生安全责任事故。

(冯　钢)

环境保护

【概述】2012 年全市环保工作紧紧围绕生态市建设目标,以重点行业整治、污染减排、创建国家级环保模范城市、“五城四边三化”等为抓手,着力解决突出环境问题,全力保障生态环境安全。全市饮用水质连续 9 年 100%达标;流域水质连续 8 年出境断面水质达标率在 90%以上,全市空气质量优良率平均为 91.5%,其中金华市区 93.7%;全市区域环境噪声平均值为 53.6 分贝,较 2011 年下降了 0.2 分贝。

环境整治

【金华江流域“531”工程】全面开展清洁水源行动,大力推进金华江流域“531”污染防治工程,统筹推进工业污染、城镇生活污染、农业农村污染整治,加强城乡污水处理设施建设,流域水质明显好转。2012 年,全市 37 个乡、镇控监测断面中,与 2011 年相比,全市Ⅱ~Ⅲ类水质断面增加 2 个、占比上升 5.4%,Ⅳ类水质断面增加 6 个、占比上升 16.2%,Ⅴ类断面减少 1 个、占比下降 2.7%,劣Ⅴ类水断面减少 7 个、占比下降 18.9%。全市所有县级饮用水源均为Ⅱ类水质。浦江、永康完成区域限批整治解禁,废塑行业整治经验在全国推广。

【大气复合污染防治】深化城区“高污染燃料禁烧区”和“烟控区”建设。全面实施干洗业和印染行业定型机废气污染整治。扎实推进医化行业有机废气治理试点工程建设,开展 11 个挥发性有机物排放重点行业整治。东阳整治磁性行业燃煤炉窑 247 个、拆除烟囱 116 根,“中国磁都”告别“烟囱时代”。落实市政府出台《关于机动车排气污染防治的实施方案》,推进机动车排气检测体系建设。新注册及转入车辆全面执行国Ⅳ排放标准。加快淘汰、报废黄标车和低速载货车,加强机动车减排量核定。市机动车排气污染防治监督管理中心启动运营,检测场站建设加快推进,环保标志管理逐步实施。全市共注销黄标车 15700 余辆。市区加油站储油库油罐车油气回收治理工作基本完成。

【重污染高耗能行业整治】出台《金华市重污染高耗能行业整治提升方案》,落实配套政策。深入实施重金属污染防治规划,积极推进 5 大涉重金属重点防控行业污染整治,全面开展省级重点防控区武义县、省级重点企业的整治。开展电镀行业整治提升百日攻坚战,全市共有注册电镀企业 137 家,拟关停 35 家、搬迁入园 73 家、整治提升 29 家,2012 年关停 19 家、占拟关停总数 54.3%,搬迁入园 55 家、占拟搬迁入园总数的 75.3%,整治提升 25 家、占拟整治提升总数的 86.2%;依法取缔 45 家;全市共有 70 家电镀企业(车间)通过验收,占完成整治企业总数的 87.5%。组织开展电镀行业整治“零点行动”,对未通过整治验收的 67 家电镀企业于 2013 年 1 月 1 日零时起全部停产整治(搬迁)。同时,有序推进印染、造纸、化工、制革和浦江水晶等行业整治工作。

【固废和辐射等工作】完成危险废物产生和经营单位“双达标”创建 33 家。开展多氯联苯污染场地整治工作,加强污泥规范化处置和持久性有机污染物污染防治,落实重点行业二噁英排放治理设施。巩固提高“放心放射源和熔炼企业”创建成果,辐射工作单位持证运营率达到 100%。积极开展“绿色电磁”创建。核与辐射应急能力建设进一步加强。全市区域噪声低于 55 分贝,是全省低噪声区。

环境监测

【机动车检测】 4月12日、13日，省环保厅分别对东阳市汽车综合性能检测站、义乌环境监测站两家机动车环保检测机构进行现场评审考核，经专家评审组现场评审，东阳市汽车综合性能检测站通过环保定期检验机构B类升A类的评审，义乌环境监测站通过了A类的评审。至此，全市拥有7家机动车环保定期检验机构，其中A类4家。

【环境监测】 及时编报城市空气质量日报、城市环境质量月(季、年)报、金华江流域水质月报、环境异常情况报告等九大类环境质量报告。每周一次组织开展秋滨污水处理厂及各县(市)12个污水处理厂定期监督监测；每月一次组织开展饮用水源监测、地表水和交接断面监测；每季一次组织开展城市空气质量、10个功能区噪声点、辐射环境质量监测及110千瓦、220千瓦、550千瓦变压线和变电站辐射环境监测，开展5家国(省)控废气重点源、12家国(省)控废水重点源、4家国控重金属重点监控企业废水、废气定期监督监测等监测；每年一次组织开展市区201个区域环境噪声点、84个交通噪声点监测。利用纪念“6·5”世界环境日活动契机，从6月5日开始公开发布细颗粒物(PM2.5)研究性监测数据，比省政府要求发布时间提前6个月。同时，认真组织开展各类专项监测和委托监测工作。2012年，市中心监测站共获取常规监测数据28.7万个，共完成了各类委托及专项监测企业639家，为环境管理部门及服务对象提供了良好的环境监测技术服务。

组织进行计量认证复评审和扩项评审工作，向省质量技术监督局申报计量认证复评审，申报项目涉及水、气、声、土壤、生物、辐射、油气、煤质等11个领域，并于7月通过了浙江省计量认证/审查认可评审组的计量认证复查评审和扩项现场评审，监测项目从原来的190项扩展为356项。经过浙江省质量技术监督局的资质认定，市环境监测中心站已具备GB 3838~2002《地表水环境质量标准》中109项标准项目的监测能力；争取资金700万元，组织实施了金华市区空气质量自动监测系统改造工程，在金华十五中、金华四中及环保大楼3个空气自动监测站点增加细颗粒物(PM2.5)、大气臭氧、一氧化碳、有机污染物、大气能见度等指标的自动监测仪器，形成大气特殊污染因子的监测能力和空气质量评价指标体系，该项目于2013年1月1日正式向社会公布AQI结果；启动开展区域大气复合污染立体监测超级站建设，该超级站是浙中区域环境空气污染状况、变化趋势及相互影响的多污染物综合观测平台，由省里投资2000万元，地点选在金东区。

【成饮用水源地自动监测系统】 2012年3月，完成了沙金兰水库饮用水源地水质自动监测系统建设工程，并通过了省中心对固定站、浮标站技术单点验收。6月，东阳、永康、兰溪、武义、浦江、磐安6个县(市)饮用水源地水质自动监测系统通过省专家组单点验收。至此，全市9个固定站、6个浮标站饮用水源地水质自动监测系统均完成单点验收。6月完成了监测信息管理系统一期项目建设，2012年该系统已基本实现包括工作流程管理、合同管理、检测管理、样品管理、检测报告编制、网上审批、设备管理、质量体系管理等诸多实验室信息及办公管理的自动化，实现了环境监测基础数据统一有效管理，为环境管理和决策提供信息支持。

环保项目

【推进生态市建设】 全面推进“811”生态文明建设推进行动，进一步完善生态文明建设指标体系，出台实施“清洁空气”“清洁水源”“绿色城镇”“清洁土壤”“美丽乡村”等行动实施方案，扎实推进“四边三化”行动。积极开展生态市县、环保模范城市和绿色细胞等系列创建活动，兰溪三中被评为“浙江省生态文明教育基地”，婺城区莘畈乡荣获“我心目中最美生态乡镇”称号。2012年，全市创建省级生态乡镇(街道)13个、市级生态乡镇(街道)14个、市级生态村1303个。截至2012年底，全市已建成：国家级生态县(市)2个(义乌市、磐安县)，省级生态县1个(武义县)；国家级生态乡镇26个，省级生态乡镇(街道)92个，市级生态乡镇(街道)119

个，市级生态村 2153 个；全国环保模范城市 1 个(义乌市)。

【农村环境整治】 2010 年至 2012 年全市主要对钱塘江流域的磐安县、浦江县、东阳市、义乌市、金东区等 5 个县(市、区)共计 426 个村实行连片整治，受益人口约 60.67 万人，项目总投资约 4.24 亿元，其中中央专项补助 1.3618 亿元，地方财政配套 2.1565 亿元。共建成集中式饮用水水源地污染防治设施 75 套，农村生活污水处理设施 513 套，农村生活垃圾收集处理设施 42821 套，畜禽养殖污染防治设施 11 套。经整治，水质达标的集中式饮用水水源地 73 个，农村生活污水年处理量 1476 万吨，农村生活垃圾年处理量 51 万吨，农村畜禽粪便、污水综合利用和处理量 5.11 万吨。全市县以上城市污水处理率达到 83%。预计形成年化学需氧量减排量 2209 吨，预计形成年氨氮减排量 308 吨。

【把好项目准入关】 建立规划环评和项目环评审批联动机制，严格把好项目准入、"三同时"执行和规划环评关，强化总量、区域、项目"三位一体"的项目准入管理，做到增产不增污、增产减污。2012 年，全市环保部门共审批项目 1332 个，其中市本级 167 个，建设项目环评执行率达到 100%，共否决了选址不符合要求、污染严重、不符合国家产业政策等方面项目 84 个，有效控制了新污染产生。

【完成主要污染物减排任务】 根据省厅目标和"十二五"期间进度安排，制定《金华市 2012 年主要污染物总量减排工作计划》，确定涉水项目 34 个、涉气项目 37 个、农业减排项目 53 个。通过采取预警通报、诫勉约谈等问责措施，狠抓重督减排重点项目实施，2012 年完成了浦江县白马污水厂、郑家坞污水厂设备安装，并进水调试；完成了义乌市苏溪、赤岸、义亭、佛堂二期等污水厂主体工程建设；建成了 180 公里管网；开工建设市本级秋滨二期、永康污水厂二期、武义二期等工程建设。建成了婺城区金圆水泥 1 条回转窑，完成浙能兰溪 4 号机组脱硝技改项目并投入使用。金华市财政安排 2000 万元，用于脱硫脱硝的资金补助。2012 年，全市集中式污水处理厂出水水质达标率 74.4%。狠抓排污许可证管理发放工作，市本级共受理申领排污许可证企业 221 家，发放排污许可证 196 家。全市化学需氧量、氨氮、二氧化硫、氮氧化物同比分别下降 3.99%、2.55%、4.45%和 4.57%，完成了省下达的年度减排任务

【环保宣传推介与服务】 出台《金华市环保局服务"赶超崛起"12 条举措》，审批提速，收费减免，服务优化。召开纪念"6·5"世界环境日新闻通报会，拍摄制作"金华市创建环保模范城市巡礼"电视宣传片，举办全市生态文明建设征文大赛，组织开展全市首个"无车日"活动，召开全市环保科学产业联合会第五届会员代表大会。注册登记了全市首家民间环保机构——金华市绿色生态文化服务中心。在金华电台、《金华日报》分别开设"环保之窗"栏目和"环保特刊"，强化环保宣传引导。积极组织参加广州绿色创新展览会和第八届环境与发展论坛、第五届中国(国际)建设环境友好型社会成果展览会暨 2012 中国国际环保设备及节能产品展览会(义乌)，研究推广磷化替代等环保关键共性技术，努力提升环保基础能力。

环保执法

【概述】 在全省率先推行环保重点排污企业公开承诺、环境违法企业公开曝光和典型违法排污企业公开道歉等"三公开"制度，先后组织开展金华江沿江涉氮涉磷企业大排查、金华经济技术开发区污染企业排查、"砺剑斩污"交叉执法、电镀企业专项执法检查、印染等工业污泥专项执法、公安环保联动执法等活动。2012 年，全市共出动执法人员 39429 人次，检查企业 14195 家，依法取缔关闭违法排污企业 243 家、挂牌督办 10 家、立案处罚 684 家，处罚金额 3616 万元，平均个案处罚 5.28 万元；市、县两级环保部门与公安开展联动执法 343 次，向公安机关移交案件 49 件，行政拘留了 42 人、刑事拘留了 4 人；曝光环境违法企业 84 家，行政约谈了 31 家违法企业的法人代表，有 28 家违法企业通过新闻媒体向全社会进行了公开道歉。全市共受理各类信访案件 4485 件次，同比下降 2%，信访处理率 98.3%。全年未发生重大环境安全事故。在永康市开展环境监察网格化精细化试点，获省市领导批示肯定。

(王建华)

旅 游 业

综　述

2012年,全市共接待游客4182.84万人次,同比增长16.05%,实现旅游收入399.59亿元,同比增长16.07%。截至2012年年底,金华市星级饭店共72家(含义乌),其中,五星级1家,四星级18家,三星级27家,二星级25家,一星级1家。全市有旅行社146家,其中市区55家,兰溪7家,东阳15家,义乌17家,永康16家,浦江7家,武义20家,磐安9家,其中,出境游组团社5家,浙江省五星级品质旅行社1家,四星级品质旅行社17家,三星级品质旅行社10家。全市共有23个A级景区,比上年增加2个。其中,AAAAA旅游景区1个(横店影视城),AAAA旅游景区9个(双龙、仙华山、诸葛村、义乌国际商贸城、东阳木雕城、磐安百杖潭、横店红色旅游城、明清民居博览城、华夏文化园、东阳花园村),AAA旅游景区6个(兰溪六洞山、武义郭洞、寿仙谷、磐安花溪、夹溪、水下孔、金华动物园),AA旅游景区5个(兰溪黄大仙赤松园、婺城九峰山、万象花卉、金华伊利乳业有限公司、武义石鹅湖)。

【旅游惠民】 深化旅游民生工程,开展送旅游活动。把公益旅游和旅游形象、旅游营销融合一体,互动促进,将"帮扶他人活动与旅游资源结合"上升到对弱势群体、外来民工的关爱,真正在"底层社会"中体现旅游"愉悦生活、丰富人生"的意义,从而让旅游、让环境、让生活步入和谐社会。"5·19"中国旅游日期间除举办各类宣传活动外还为社会公众出游提供优惠措施。活动当天全市14个旅游景区面向所有游客实行免门票,36个旅游景区面向金华市民实行优惠,门票予以优惠打折,统一印制1万份旅游优惠券。5月20日,组织百名低保市民游览寺平古村,并向这批市民赠送了100份旅游用品;组织各个行业的50名劳模畅游全国文保单位——兰溪诸葛八卦村。在"六一"儿童节来临之机,开展"关爱新金华人(外来民工)子女"畅游金华公益活动,向各县(市、区)的8所民工子弟学校赠送了2000张价值11万元的国防科技园和红军长征博览城景区门票。以旅游惠民弘扬尊师重教的社会风尚,组织开展"百名优秀教师自驾游金华"活动;为活跃学生修学旅游市场,组织开展"金华旅游进高校"活动。

国内旅游

2012年,全市共接待国内旅游者4105.14万人次,同比增长16.25%,实现国内旅游收入372.77亿元,同比增长17.52%,旅游收入增长速度略高于接待人次增长速度,国内游客平均消费略有增加。金华市客源地仍主要集中在浙江省及华东地区,随着交通通讯设施的不断改进,自驾游等自助出游方式不断普及,以及客源地旅行社与金华市各大景区之间的长期紧密合作,金华地旅行社接待长三角地区的游客有所下降。

入境旅游

2012年,接待入境旅游者77.70万人次,同比增长 6.84%,实现旅游外汇收入 42451.32 万美元,同比增长 1.9%,考虑今年美元兑人民币汇率较去年平均贬值 2.32%,全市旅游外汇收入实际增长为负,收入表现不佳。全市旅游的外国人客源市场以亚洲为主,25.46 万人次,全市入境前 5 名的客源国为韩国、马来西亚、西班牙、美国和日本。

假日旅游

2012 年"春节黄金周",受雨雪天气影响,各地旅游出行和接待出现不同程度的下滑,"春节黄金周"期间全市接待游客 97.81 万人次(其中过夜旅游者 61.45 万人次,一日游游客 36.36 万人次),同比下降 15%,实现旅游总收入 8.86 亿元,同比下降 12.49%。"十一"黄金周期间全市共接待游客 303.33 万人次,实现旅游收入 22.75 亿元,分别比上年同期增长 35.63%和 41.30%(按同比口径计算与上年同期相比,分别增长 18.67%和 23.62%)。

旅游行业管理

【旅行社】 截至 2012 年底,全市共有旅行社 146 家,其中 2012 年新设立 16 家,取消 4 家。依据浙江省《旅行社品质等级划分》,2012 年评定省四星级品质旅行社 5 家,三星级品质旅行社 4 家。一是强化规范,组织编印《旅行社行业管理法规政策汇编(二)》,开展旅行社文件资料归档规范化建设试点工作,促进旅行社行业明码标价。二是提升品质,扩大星级旅行社的覆盖面和影响力,严格标准提升行业服务品质,组织全市导游大赛,金华市选手在全省导游大赛中获得第一、第三、第四的佳绩。三是构建行业监管区域合作、部门合作、社会合作机制,提高行业监管有效性。

【星级饭店管理】 截至 2012 年年底,全市共有旅行社 146 家,其中 2012 年新设立 16 家,取消 4 家。依据浙江省《旅行社品质等级划分》,2012 年评定省四星级品质旅行社 5 家、三星级品质旅行社 4 家。全市共有旅游星级饭店 72 家,其中,1 家星级饭店升星,取消星级饭店 8 家。

【质量监督】 2012 年,共出动检查组 7 个,出动检查 26 人次,检查旅游企业达 100 多家次,旅游团队导游 70 多人次。办理了 4 起行政处罚案件。及时受理并妥善处理游客投诉咨询案件,全年共受理旅游投诉案件 55 起,已结案 55 起,理赔 14774 元,反馈满意率达到 100%,有力地维护了旅游消费者的合法权益。全年未发生申诉和复议案件,未发生重大旅游服务质量投诉及质保金赔偿案件。

【监督管理】 强化规范,组织编印《旅行社行业管理法规政策汇编》,开展旅行社文件资料归档规范化建设试点工作,促进旅行社行业明码标价。加强与公安、工商、物价、运管等部门的相互配合,依法开展旅游市场的监督、检查工作。共出动检查组 7 个,出动检查 26 人次,检查旅游企业达 100 多家次,旅游团队导游 70 多人次。办理了 4 起行政处罚案件。及时受理并妥善处理游客投诉咨询案件,全年共受理旅游投诉案件 55 起,结案 55 起,理赔 14774 元,反馈满意率达到 100%,有力地维护了旅游消费者的合法权益。全年未发生申诉和复议案件,未发生重大旅游服务质量投诉及质保金赔偿案件。

【旅游安全管理】 2012 年,分别与各县(市、区)旅游局、市直旅游企业全面签订了旅游安全责任书,落实旅游行政主管部门的监管责任和企业安全生产主体责任,。修订应急预案,开展安全演练,加强安全培训。开展了旅游行业安全生产领域"打非治违"专项行动、全市旅游安全大检查大整治活动,着力整治安全隐患。

旅游规划与产品建设

【旅游开发】 全市列入统计范围内的 34 个在建旅游项目(总投资 262.05 亿元)到年底实际完成投资 19.9 亿元,涉及度假区开发、基础设施建设、新景区开发、老景区提升、旅游酒店等方向。浙中崛起千亿投资系列工程的东阳市"上海滩、横店通用机场、万花园”项目、双龙风景区智者寺复建、仙源湖度假区喜曼安地度假酒店、武义温泉度假区百泉谷温泉大酒店、磐安云山度假区养生不夜城等一批项目进展顺利。东阳中国木雕文化博览城项目、金东金满湖文化产业园项目、婺城仙源湖度假区高星级度假酒店项目、婺城长山乡森林旅游区开发项目等均已签订投资意向。

【宣传促销】 积极参加省旅游局组织的央视宣传;由市旅游局、县(市、区)旅游局和旅游企业共同筹措资金, 在浙江电视台进行全年的形象宣传;在金华晚报、江南游报、金华广电报开办金华旅游宣传专版(栏)。完成了《春游金华》《夏游金华》《秋游金华》、《冬游金华》和《金华自驾游攻略》等新版宣传资料的编印工作,及旅游年画、旅游台历的设计制作,深受市民和游客的好评。构建了近 50 家市区星级饭店、旅游推荐饭店、旅行社门市部组成的资料发放网络,全年累计发放金华旅游宣传资料 10 万余份。组织参加国际旅游交易会、国内旅游交易会、省旅游交易会和中国旅游商品博览会等专业旅游展会,充分展示了“美丽金华”的旅游形象。精心策划开展了浙中首届旅游与休闲商品展系列推广活动。在全年不同季节赴客源市场,举办“四季游”旅游推介会,制定了旅行社组团的奖励政策和优惠措施。“5·19”中国旅游日,组织开展了“2012 欢乐健康游”系列主题活动。联合市体育局、武义县人民政府在武义赛车主题公园举办武义休闲绿道启用开游仪式。组织全市导游大赛,金华市选手在全省导游大赛中获得第一、第三、第四的佳绩。

【区域旅游合作】 发挥县(市、区)旅游主管部门、旅游景区、旅行社的促销主动性,重点围绕金台、甬金、金丽温等高速公路,加强与沿线周边城市的深层次合作, 通过 “缤纷金丽温”“江南仙境游”“浙中逍遥游”等区域旅游合作体,积极开展市场共推,客源互送,加强区域旅游合作。

(徐柳筱)

财政 税务 审计

财　政

【概述】 2012年，全市财政总收入376.47亿元,比上年增长14.7%,其中地方财政收入214.89亿元,增长15.7%;市区财政总收入86.11亿元,增长11.4%,其中地方财政收入52.59亿元,增长12.2%。全市公共财政预算支出271.95亿元,增长15.7%;市区公共财政预算支出67.72亿元,增长13.8%。全市各级财政收支平衡。全市税收收入(构成地方财政收入部分)占地方财政收入的比重为92.1%;全市地方财政收入占财政总收入的比重为57.1%，比上年提高0.5个百分点。全市非税收入155.87亿元,下降55.5%。其中国有土地使用权出让收入100.21亿元。市财政局获年度市机关部门考核第二名,市机关党风廉政建设责任制考核先进单位第二名,市财政局党组理论学习中心组被评为全省先进单位。

【扶持企业】 2012年,全市落实积极财政政策,为企业减负11.60亿元,比上年增加1.86亿元,市本级兑现涉企扶持资金3.90亿元,比上年增加1.06亿元。扶持主导产业发展。清理整合市区现有产业扶持专项资金，设立5亿元规模转型升级专项资金,形成“三农稳市”“工业强市”“商贸富市”三大政策扶持体系。扶持企业自主创新。全市财政科技投入10.42亿元,增长24.9%。市本级设立自主创新专项资金，每年按高于本级财政经常性收入1.5个百分点的比例保持稳定增长。对经审核确认年研发投入300万元以上的企业,财政给予4%的资助。支持浙(婺)商回归。开展“进千企促发展,一解两送五推进”活动,加强“浙(婺)商回归”202个项目的对接和政策帮扶。成立金义都市新区城市建设发展股份有限公司,引导民间投资参与新区建设。推进产业转型升级。市财政设立生态建设专项资金1.42亿元,促进产业结构调整和转型升级,扶持大气污染监测网络改造,加强油气污染控制。

【民生支出】 2012年全市民生支出207.92亿元,增长19.2%。支持服务“三农”发展。全市农林水支出27.90亿元,增长17.1%。市本级安排“三农”资金2.53亿元支持“三农”发展,将农业类有关专项资金整合为扶持粮食生产发展资金和现代农业生产发展资金。投入1850万元用于加快农业设施建设,提高农业综合生产能力。投入1050万元,支持农业“两区”建设。推进农家书屋工程建设,验收农家书屋1065个。加快教育文化事业发展。全市教育支出72.38亿元,增长22.3%。治理义务教育阶段择校乱收费现象，推行义务教育阶段中小学生“阳光招生”。安排资金2070万元保障学生免费使用教辅资源,市本级投入1.84亿元用于体育中心、文化艺术中心等文化体育设施建设。完善社会保障体系。全市社会保障和就业支出22.58亿元,增长18.7%。医疗卫生支出25.67亿元,增长23.6%,城乡居民基本医疗保障财政人均补助标准提高到320元。加快保障住房建设。投入2.64亿元,支持廉租房和公租房等保障性住房建设。通过公共资源交易平台公开采购高端人才用房200套,节约采购资金3250万元。

【财政管理】 强化行政事业资产管理。全面核查市本级326家行政事业单位资产，制定资产配置管理办法和配置标准。创新行政事业单位公房出租管理,采取公开竞拍的方式成交51个标的,年租金平均增长29.2%。加强预算绩效管理。建立部门(单位)绩效目标管理机制,预算绩效管理列入政府对部门的考核。健全基本支出定额体系管理，编制单位资产配置预算。对50万元以上发展建设类项目试行预算绩效目标申报，涉及财政资金7.02亿元。市本级133个民生和社会关注度高的项目开展绩效自评，涉及财政资金3.60亿元。优化财政资金审批流程。精简财政资金审批流程，资金支出实行预算指标化管理。部门(单位)预算人员经费追加、公用经费追加均减少2个审核环节；部门基本支出拨付、专项支出拨付均减少4个审核环节。完善乡镇财政管理体制。健全乡镇财政管理机制，赋予乡镇财政预算编制、收支管理、债务管理、财务管理和资金监管等职责。以信息管财为主要手段，强化乡镇财政资金监管。2012年全市共培训乡镇财政人员26批840人次。

（陈玲颖）

国家税务

【概述】 2012年，全市国税部门共组织入库税收收入199.64亿元，完成年度收入计划195.61亿元的102.06%，同比增收17.01亿元，同比增长9.31%。其中：增值税累计入库134.37亿元，同比增长5.93%；消费税累计入库4.13亿元，同比下降3.77%；企业所得税累计入库37.83亿元，同比增长21.70%；车辆购置税累计入库23.30亿元，同比增长14.38%。市本级国税共组织税收收入44.21亿元，完成年度收入计划43.66亿元的101.27%，同比增收4.52亿元，同比增长11.39%。

【落实税收政策】 积极推进"营改增"试点工作，在全市设立21个"营改增"延伸服务点，为广大货运纳税人及时提供增值税专用发票代开服务。统一实施"零点行动"，12月1日起全市"营改增"试点工作顺利启动并平稳运行，全市共有8383户纳税人纳入"营改增"试点范围，其中：增值税一般纳税人582户，小规模纳税人7801户。积极发挥税收职能作用，全年共落实各项税收优惠9.72亿元。积极推进企业加快技术改造和设备更新，全年共办理固定资产申报抵扣税额11.15亿元。落实小微企业免收发票工本费政策，共计免收415万元。加快出口退税进度，大力支持外贸经济发展，全年共办理出口退免税133.43亿元，同比增长14.92%。深入开展税收调研，关于新能源汽车产业发展的调研报告被中共中央办公厅采用，为上级党和政府决策部署提供了参考。

【税收征管】 按照"科学分类、优化配置、清晰岗责、合理调整"的管理思路，深入开展管理创新工作，共向省国税局推荐管理创新项目7个，入库率达100%，其中优秀项目3个。做好网络发票综合运用工作，加强对开具网络发票纳税人的指导、服务、监督，积极试点无线网络开票。加大"以电控税"管理力度，全年共完成3.80万户年用电量3万度以上企业用电号匹配工作。将纳税评估与纳税服务有机结合，促使企业规范纳税行为，全年共评估入库税款4653万元。做好金税三期推行的相关准备工作，提升核心软件的应用水平。加强非居民企业股权转让税收管理，完成涉外税务审计任务，做好税收协定执行和情报交换工作。组织实施工业用地零纳税情况的调查核实。加强个体市场税收管理，依法科学核定定额，规范委托代征。完善企业所得税重点税源监控制度，加强企业所得税汇算清缴工作，全年共入库汇算清缴税款8.85亿元，同比增长32.85%。认真贯彻落实《车辆购置税征收管理办法》，推行车购税电子档案管理系统，进一步完善车购税管理。

【依法治税】 组织开展税收执法考核系统运行工作，全年执法准确率达到99.99%。落实税收执法责任制，严格过错责任追究。做好重大税务案件二级审理和行政复议工作，全年共完成26件案件的审理工作，保证了重大税务案件审理质量。扎实开展内部专项审计工作，认真贯彻落实"两权"监督制约规定，实现常规审计与重点审计相结合。加大税收违法案件的查处力度，全年共检查涉税案件934件(含自查696户)，累计查补入库总额2.85亿元，充分发挥了税务稽查"以查促收、以查促管"的作用。深入开展"六五"普法工作，制定"六五"普法工作规划和依法行政工作规划，确保依法行政各项工作落到实处。依法推进政务信息公开，全年共公开内容涉及政策法规、办税指南和温馨提醒等信息1000余条,进一步拓展公开领域和事项,保障纳税人的知情权,打造阳光国税。

【纳税服务】 创新推出每月一次县市联动、税企在线互动的“网络问税”活动,构建税企沟通快速通道。全年共举办了9期网络问税活动,参与网友达到21000多名,共交流解决各类涉税问题799个,活动被评为金华市政风建设争优奖。建立健全办税服务厅激励机制,积极推进办税服务厅标准化规范化建设。市国税局办税服务厅被市文明委命名为“文明示范窗口”,在全市窗口单位和服务行业“先锋服务窗口”创建中总成绩排名第一。浦江国税、磐安国税办税服务厅被授予全省百佳优质服务窗口荣誉称号。切实做好12366热线运维工作,共转办12366问题工单210份,按期回复率达到100%。广泛开展第21个税收宣传月活动,开展纳税人需求调查分析。组建“金华国税纳税服务志愿者青年总队”,组织社会志愿者开展为期一个月的“办税服务厅一日”体察体验活动,进一步扩大税收宣传,增进税企理解,融洽税企关系。

【队伍建设】 认真贯彻落实“三书两报告”制度,深入开展党风廉政建设责任制落实情况和履行“一岗两责”情况的检查考核,市国税局连续第3年被评为金华市党风廉政建设责任制考核先进单位。深入开展基层组织建设年活动和创先争优活动,加强基层党建工作,市国税局稽查局党支部“阳光稽查,优质服务”服务品牌被评为2012年度市直机关党建“知名品牌”。进一步优化县(市)局中层干部队伍结构,全年共组织了7次科(股)级干部竞争上岗和民主推荐工作,共选拔配备正股级干部6人、副股级干部11人。加强干部教育培训,提高队伍整体素质,全市国税部门人均培训达到9.4天。以贯彻落实《税收违法违纪行为处分规定》为契机,突出对干部的规则意识、程序意识和法理知识教育。廉政文化品牌建设不断深入推进,全市国税系统共有2家省级、7家市级廉政文化示范点。在市级机关部门(单位)2012年度工作绩效考评和效能建设民主评议中,市国税局都分别名列金融单位和垂直管理部门第1名,在市委、市政府开展的涉企科级岗位群众评议中,9个参评单位中有3个单位进入了前10名,分别获得了第1、第3和第8名的佳绩。

金华市2012年国税收入

表9　　单位:万元

县(市)	税收收入		
	累计入库	与年度计划相比(%)	与上年同期相比(%)
总计	1996416	102.06	109.31
市本级	442095	101.27	111.39
兰溪市	190377	101.23	101.23
义乌市	523928	103.93	108.72
东阳市	242044	105.97	116.56
永康市	321083	97.95	107.75
浦江县	99569	93.93	98.30
武义县	134641	105.58	116.13
磐安县	42679	113.28	116.68

地方税务

【概述】2012年,金华市各级地税部门坚持“聚财惠民、依法公正、务实创新、廉洁高效”的核心价值观,充分发挥地税职能作用,扎实开展各项工作。全市地税部门共组织各项收入291.84亿元,增长8.6%。其中:税收收入182.54亿元,增长11.6%;社保基金收入91.17亿元,同比增长3.2%。市本级地税部门共组织各项收入74.80亿元,增长15.4%。其中:税收收入47.66亿元,增长10.9%;社会保险费收入22.96亿元,增长27.3%。2012年全年全市为企业减轻税费6.9亿元。全市享受新技术、新产品、新工艺研发费用加计扣除政策减免4.02亿元,为高新技术企业减免税额8201万元。全市共有258户个体工商户转型升级为企业。“营改增”试点改革中,全市8383户(市区2980户)纳税人顺利移交国税局。开展支持浙(婺)商创业创新促进金华发展专项行动,做好项目对接和政策宣传。市本级完善选拔用人机制,开展科级领导干部竞争上岗,顺利完成人事调整。创新年轻干部教育培训方式,建立“传帮带”制度。在《税友龙版》推广应用中,市地税局和义乌市地税局分别被省地税局授予集体二等功和三等功,并被市委、市政府评为2012年金华市“赶超崛起”十大党政工作创新典范。市地税局江南分局、稽查局、直属分局三个单位在涉企科级岗位群众评议中排名前十名。

【征收管理】2012年,全年税收申报率、社保费申报率分别达到98.8%和93.5%,同比提高7.38和7.36个百分点。税费入库率、滞纳金加收率分别为95.2%和100%,同比提高2.49和0.98个百分点。市区应用房地产评估技术加强存量房交易税收征管,实现房产交易“先税后证”无缝化控管,调增计税价格房屋3990套,增加税收3928万元。实施营业税差额征税管理办法,在旅游行业全面推广应用营业税差额税收管理软件。进一步加强印花税、车船使用税等税种的委托代征,实行源头控管。开展区域专项整治,打击制售假发票违法犯罪活动,全年全市共检查企业1029户,发现有问题户数896户,查补金额2.02亿元,其中市本级5610万元。市本级清理多年遗留疑难案件33件,入库税款1031万元。

【深化部门协作】深化与国税部门协作,编印《2012年国地税联席会议纪要》,下发《关于加强在注销环节协作控管的意见》,完成国税临时开票联合征收税费业务。加强与区政府、乡镇、街道协作,完善市区出租房税收管理。推进与公安出入境管理局协作,全年共对三批32家欠税企业的法定代表人实施了法定不准出境备案,并对其中已持有出入境证件的14人实施边控,共追回欠税1464.3万元。深化与工商部门协作,加强股权转让信息管理,联合签发《关于进一步加强地税部门与工商行政管理部门协作的意见》,全市入库股权转让税款1.95亿元。与国土局、建设局深化合作,建立数据共享机制,补征房土两税7400万元。与城建建设监察支队开展合作,为市区装饰、装修行业的纳税评估提供了数据资料。强化与人民法院协作,探讨协作事项。

【纳税服务】2012年,市地税局新成立纳税服务处,为纳税服务管理工作提供组织保障和人力资源保障。新设立直属分局,将市区存量房(二手房)以及契税、耕地占用税的征收管理集中到一个地方。市地税局江南税务分局搬出市政府大楼,进一步方便广大纳税人。全面整合办税服务厅,开通“网上税校”,拓展纳税服务时限,增强公众税法知晓度和政策受益度。结合民主评议行风“回头看”和纳税满意度调查活动,进一步完善管理制度和服务机制。全市系统内连续开展第十六个“优质服务月”活动,重点打响“财税政策咨询日”活动品牌。发挥《税友龙版》办税服务模块功能,加强预约服务、定制服务等功能应用。整合办税服务窗口,调整涉税业务处理程序,构建“窗口受理、内部流转、即时(限时)办结、后续监管”的一站式涉税事项办理模式。提升审批速度,实现即时办结事项92项,限时办结事项57项,共提速办税事项44项,提速30%。扩大免填单范围,对50项涉税事项的主表实行免填单,减轻纳税人负担。继续开展“金点子”“纳税服务之星”、“十佳服务窗口”评比,延伸财税窗口服务时限,创新纳税服务载体,建立服务之星激励机制。

(魏　锋)

审　计

【概述】 2012 年,金华市审计局在编 37 人。设办公室、法规处、财政金融审计处、行政事业与社会保障审计处、经贸与外资审计处、农业与资源环保审计处、固定资产投资审计处、经济责任审计处(经济责任审计联席会议办公室与其合署)、监察室。下设金华市经济责任和投资审计中心, 事业编制 10 人,在编 5 人。2012 年,金华市审计局共完成审计(调查)项目 74 个,查出违规金额 367 万元,管理不规范金额 633549 万元, 减少财政拨款或补贴 6443 万元,上交财政 224 万元,移送纪检监察部门处理案件 2 起,相关报告或信息被省领导批示 1 次、市领导批示 64 次,提出审计建议 170 条,被采纳 129 条,推动出台相关制度规定 10 个,较好地完成党委政府和省审计厅交办的各项任务。

【财政金融审计】 开展财政预算执行审计与全部政府性资金专项审计调查,关注财政预算执行结果, 评价全部政府性资金收支结构的变动趋势,分析影响收支结构变化的内在因素。突出省拨专款、专项账户资金管理使用情况监督,促进省拨专项补助资金使用绩效;关注房产税、土地使用税的减免、征收管理情况, 着力推动财政税收政策的规范落实。开展小额贷款公司经营状况审计调查,反映的《四大问题制约小额贷款公司进一步发展需引起关注》,被省府办专报信息采用,省领导作了批示,并被省府办报国办信息采用。

【行政事业与社会保障审计】 整合全市审计力量,扎实开展社保资金审计,查处 6254 人次违规享受最低生活保障待遇 122.58 万元,维护社会救助体系的公平、公正。关注廉租房管理准入和退出机制、市区公共厕所配套管理情况,相关专报得到市领导的多次批示。关注中小学校舍安全,连续三年开展专项审计调查。把残保金、民政专项资金、住房公积金、慈善资金、福彩公益金的管理使用纳入审计监督,延伸揭示长期滞留流浪人员安置保障、居家养老服务中心设备购置等民生领域存在的问题。

【固定资产投资审计】 全年共完成投资项目审计 17 个,送审投资额 59479 万元、净核减工程价款 6439 万元。注重前移关口,扎实开展重大投资项目跟踪审计,促进政府投资绩效。加强对工程招投标审计,组织对市区 15 个在建政府投资项目招投标情况进行专项审计调查, 及时揭示暂定价设置过多、暂定价设定偏低、结算方式模糊等问题。加强对工程变更签证审计,组织开展了市区工程施工协议中结算条款设定情况审计调查, 对工程变更的合理性、经济性、效果性进行审计,关注对新增项目和暂定价签证,防止权力滥用。《市区政府投资项目施工合同结算条款中材料调差原则有待统一》审计专报,得到市长、常务副市长、分管副市长的批示。加强援疆项目跟踪审计,注重审计监督与审计服务相结合,远程审计与现场审计相结合,自身力量与社会力量相结合, 定期审计与不定期跟进相结合,提高审计效率,降低审计成本。

【经济责任审计】 全年共完成市管领导干部经济责任审计项目 31 个,规范领导干部履行经济责任年度报告工作制度,推动落实《金华市关于贯彻落实党政主要领导干部和国有企业领导人员经济责任审计规定的实施意见》, 积极履行联席会议办公室工作职责。完成市直 80 余家单位部门领导干部年度经责报告填报归集工作。探索拓展 "两责联审",2012 年 3 月,组织、审计机关首次对所属 8 个县(市、区)检察院检察长进行异地交叉同步"两责联审"。

(李　颖)

全市审计工作统计表(2012年)

表10

审计机关	完成审计项目(个)	查出违规金额(万元)	应上缴财政(万元)	应减少财政拨款或补贴(万元)	应归还原渠道资金(万元)	应调账处理金额(万元)	移送司法、纪检、监察部门处理(件)	建议有关部门处理(件)	出具审计报告和审计调查报告(篇)	提出审计建议(条)	撰写审计信息(篇)
金华市审计局	74	367	224	6443	6	315	2	0	98	170	231
婺城区审计局	24	6.25	7.41	0	0.75	2729.61	1	0	17	50	34
金东区审计局	28	3.3	3.3	0	0	1169	0	0	28	41	21
兰溪市审计局	40	97.87	53.67	1397.28	8	29829.34	0	0	38	100	105
东阳市审计局	96	9.1	105.39	4151.28	8.84	111.95	3	0	105	68	53
义乌市审计局	49	2294.91	0	25.45	0	1377	0	1	49	160	84
永康市审计局	29	39.36	19.83	71.63	15884.77	71939.88	0	0	29	65	28
武义县审计局	20	5.91	5.91	0	75	83.64	0	4	27	63	30
磐安县审计局	20	199.4	82.33	0	55	429	0	0	20	29	24
浦江县审计局	63	55.49	0	3734.88	0	0	1	0	84	107	121

金融 保险

金融业

中国人民银行金华中心支行

【概述】 2012年,全市人民银行系统牢牢把握"固本求新、稳中求进"的工作基调,执行稳健货币政策,采取了三项工作措施。一是优化货币政策传导。分层次解读稳健货币政策,出台货币信贷工作、金融支持实体经济发展等指导意见,明确工作目标和导向要求。开展"金融服务实体经济发展"主题活动,促成11家省级金融机构与市政府签订5年新增3100亿元贷款授信协议。二是完善窗口指导机制。实施稳健性参数动态调整方案,对法人金融机构稳健性状况和信贷政策执行情况进行等级评定。对等级评定高的,定向调增信贷规模;对等级评定低的,通过"一谈两书"进行针对性窗口指导。三是加大中小企业扶持。按照"扩面、增量、让利"的工作思路,开展"走企业,解难题"活动,治理信贷领域不规范经营行为,分解落实"无贷款"小微企业客户拓展和减负让利任务。截至2012年年底,全市中小微企业新增贷款417.59亿元,贷款覆盖率提高7.2个百分点,累计减少贷款利息支出1.74亿元;全市地方法人金融机构新增贷款158.44亿元,符合政策要求;全市各项贷款余额4346.85亿元,比上年增加667.97亿元,同比增长18.16%。

【金融改革创新】 积极支持义乌国贸改革试点。研究提出个人贸易外汇管理政策建议,争取政策支持,适当放宽"市场采购"贸易方式出口货款结汇限制、允许外资合伙企业开立外汇结算账户。个人跨境贸易人民币结算试点获人民银行总行批准。引导金融机构创新供应链信贷产品支持改革试点。推动金融市场业务发展。向市政府提交加快发展区域集优债务融资项目的政策建议,支持企业发行债务融资工具70.5亿元。指导3家农村合作金融机构加入全国银行间同业拆借市场。助推跨境人民币业务实现"扩面增量"。2012年,全市新增477家企业参与跨境人民币结算,发生业务笔数、金额分别同比增长2.06倍和1.76倍。着力构建特色市场监测体系。对义乌小商品市场指数进行重点监测、综合分析,为前瞻性判断经济运行走势提供参考。积极推进义乌小商品、永康五金、东阳横店影视、"浙五味"中药材等为基础的特色市场监测体系建设,及时掌握市场动态和相关产业发展状况。

【金融风险管理】 加强金融机构管理。2012年,全市办理新设金融机构开业申报13件,完成11家银行综合执法检查,对全市银行开展了综合评价。出台《金华市金融消费者权益保护工作指导意见》,开展个人金融信息保护专项调查。防范化解金融风险。按照"区别对待"原则,组织金融机构积极处置突发信贷风险事件。部署规范商品房预售资金监管措施,对6家银行开展专项检查。制订金融信息安全评价办法,组织信息安全检查,有效处置2家法人机构系统故障突发事件。强化征信监督管理。组织对8家金融机构开展专项检查,完成11家新设金融机构接入征信系统,组织1500人参加征信从业资格考试。提前完成机构信用代码证发放。

【外汇管理改革】 实施货物贸易外汇改革。探索新的非现场核查手段,加大现场核查力度,强化对企业货物贸易外汇收支管理。组织对近3000家企业开展货物贸易外汇管理改革政策业务培训,引导和帮助企业适应新的管理要求，全市 99.84%的进出口企业充分享受到改革带来的便利。优化外汇服务措施。制定实施外汇管理支持金华对外贸易发展的 11 项措施，组织开展外汇指定银行支持实体经济发展竞赛活动，帮助解决企业对外贸易、“走出去”过程中遇到的实际困难。在未设外汇支局的武义县、磐安县设立外汇业务代办处，延伸外汇管理与服务。规范外汇市场秩序。采取情况通报、约见谈话、现场核查、合规性检查和业务培训等措施，进一步加大外汇市场经营秩序整治力度，2012 年，全辖累计查处外汇违法案件 70 起。

【民生金融服务】 推进农村地区银行卡市场建设和电子支付业务应用。2012 年年底，全市助农取款服务点达 3381 个，实现有需求行政村全覆盖。组织对 2971 个助农取款服务点进行回访。“刷卡无障碍”示范街区创建取得积极成效，全年创建完成“刷卡无障碍”示范县 2 个、示范中心镇 3 个、示范街区 21 条。构建城乡国债服务体系，破解国债收款单兑付历史遗留难题。优化流通中人民币券别结构，完成全省 60%的残损券清分联机销毁任务。开展误付假币专项治理，举办银企洽谈会，提高 A 类验钞机普及率。

（周妙燕）

中国银行业监督管理委员会金华监管分局

【整顿规范市场秩序】 根据中国银监会统一部署，在全市银行业开展“整顿规范市场秩序”专项治理活动。明确“七大规范”监管要求和监管问责的时间节点；拟定“金华市银行业规范经营承诺书”并在各网点张贴公示；联合金华市物价局开展明察暗访并引入媒体进行全程现场监督；开展银行系统民主评议行风活动。通过“整顿规范市场秩序”专项治理活动，进一步完善了银行业考核制度，从源头上杜绝不规范经营行为；梳理了管理流程，纠正贷款附加不合理条件问题；规范了服务收费，减免各项费用主动让利于企业 7 亿多元；加强了员工管理，深化银行从业人员的合规意识。

【风险防控】 加强监管联动，高质量完成 19 个现场检查项目，根据现场检查发现的违法违规问题，对部分银行业机构依法进行行政处罚，提高了监管威慑性。建立风险事件报送机制，及时开展风险提示，协助各级政府稳妥处置企业资金链、担保链风险事件。2012 年共参加各类企业风险协调会 40 次，督促各银行业机构不随意抽贷、压贷。据统计，通过监管协调帮扶 20 多家企业维持了 7 亿多元的信贷余额，促使企业在暂时性困难下渡过了危机，维护了区域金融稳定。加强票据业务风险监管，深化监管承诺制，促使全市中小商业银行保证金类存款得到有效压缩。积极开展融资平台贷款现场检查，协调政府和融资平台逐户落实还款方案，实现了平台贷款的风险缓释。加强房地产贷款风险监测和检查，严格落实房地产信贷政策，对金华银行和磐安联社违规发放个人住房贷款问题进行行政处罚。严格案件防控，通过签订案防目标责任书、构建安保例会和监管沙龙平台、开展案件风险大排查等举措，保持了全市银行业无案件的安全稳健运行态势。至 2012 年年底，全市银行业不良贷款率 0.78%，比年初下降 0.07 个百分点。在严峻的经济金融形势下未出现波及面广、蔓延性强的重大风险事件，信贷资产质量保持全省各市领先水平。

【金融机构建设】 深化农村中小金融机构股份制改革，推动义乌农村合作银行改制为股份制农村商业银行，指导其他农合机构取消资格股并通过增资扩股调整股权结构，为推进股份制改革打好了基础。积极指导推进信贷产品创新，支持义乌国际贸易综合试点改革，加大对企业走出去和“市场采购”新型贸易的融资支持，得到了省政府的充分肯定。以《浙江稠州商业银行辅导式监管方案》为模板，创新城商行法人机构辅导式监管模式，制定中长期辅导式监管方案并进行深度落地对接，推动城商行法人机构加强公司治理、发展模式、内部管控、人力资源等全方位的管理，在全省城商行监管中推广应用。积极宣传金华市“浙中崛起、赶超发展”重大战略措施，加大机构引进力度，丰富银行组织体系。永康农银村镇银行、光大银行金华分行、民生银行金华分行分别组(筹)建开业。

【引导信贷投放】 全市银行业牵头组织开展

“服务实体经济”主题活动,引领增强信贷有效投入支持地方经济发展。大力深化小微企业金融服务,搭建对接签约平台、推进还款方式创新、推广信用贷款试点,得到了省政府等领导的重要批示。2012年年底全市小微企业贷款余额1434亿元,比年初增加300亿元,增长26.41%,高于各项贷款增速8.25个百分点,实现了两个高于的目标。扎实推进“三大工程”建设,引导加大信贷倾斜、延伸支农触角,持续扩大金融支农覆盖面。2012年年底全市涉农贷款余额1320亿元,比上年增加200亿元,增幅17.91%,高于涉农银行业机构各项贷款增速1.69个百分点,在前两年基数较高的情况下仍然实现了涉农贷款两个不低于的目标。截至2012年年底,全市各项贷款余额4347亿元,比上年增加668亿元,增长18.16%,新增贷款绝对额创下历史新高居全省各市第一(不含杭州、宁波),贷款增速位列全省各市第一。

【荣誉】 2012年,金华银监以“服务实体经济”为主题,强化监管引领、规范市场秩序、完善金融服务、推进改革创新、严守风险底线,支持金华实体经济发展。金华银监被评为全国金融系统职工代表大会示范单位、全省系统新闻信息先进单位。

(陈兆水 吴少佳)

中国农业发展银行金华市分行

【概述】 2012年年底,农发行金华市分行各项贷款余额485863万元,比上年增加61502万元,增幅14.49%。其中:政策性贷款余额324968万元,占比66.88%,比上年增加41507万元,增幅14.64%;准政策性贷款余额4400万元,占比0.91%;商业性贷款余额156495万元,占比32.21%,比上年增加15595万元,增幅11.07%。正常贷款占贷款总额的99.45%,不良贷款率0.55%,比上年上升0.6个百分点。各项存款余额为117493万元(不含同业存款),比上年增加5585万元,增幅4.9%。实现中间业务收入317.96万元,其中咨询顾问类收入257.14万元。全年实现账面利润11179万元,同比增加1866.36万元,增幅为20.04%。

政策性业务稳中求进。一是确保粮棉油收购和其他储备贷款的及时足额投放。全年累计发放储备贷款、调控粮油贷款共60140万元,支持收购粮食66130吨,为稳定本地粮食市场价格发挥了积极作用。二是积极支持政府性中长期项目。全年新投放中长期贷款43816万元,支持农业农村基础设施建设项目及大中型水利工程项目等10个项目的建设,有力推动了城乡一体化发展。商业性业务发展迅速。一是商业性流动资金短期贷款有效增长。在防控风险的前提下,全力支持涉农企业合理的流动资金需求,稳健地吸收了一批新客户。共计营销新客户10户贷款金额20500万元,老客户增贷8户贷款金额16745万元,合计新增其他短期流动资金贷款18户贷款金额37245万元。2012年年底商业性短期贷款余额达141815万元,比上年增加27495万元,增幅24.05%,在全省农发行系统独树一帜。二是农业科技贷款余额将近倍增。认真贯彻落实2012年中央一号文件精神,切实加大了涉及农机制造、饲料加工、色素制造等农业科技项目的支持。2012年底年农业科技短期贷款余额达23400万元,比上年增长10400万元,增幅80%。

内部管理更加规范。出台了《资金计划专业考核办法》、《优秀柜员评选办法》等管理办法,为业务的持续健康发展提供了制度保障。开展了贷款担保风险大排查,实施了联动风险预警处置,开展了法律咨询、非业务合同审查等法律服务工作,推进了依法合规经营。开展了“星级柜员”“优秀客户经理”评比,用客户反馈评价员工服务指数;继续推进贷款“绿色通道”建设,简化业务流程,提高办贷效率。加强了队伍建设。完成部分支行领导干部任职到期交流调整,完成部分空缺岗位竞争性选拔。实施“素质提升工程”,全年共举办信贷、财会、信息宣传报道等专业的培训11期,参训219人次。圆满承办了全省农发行系统“放歌新农村杯”书法与摄影艺术比赛。全年获总行级“窗口和服务单位优秀共产党员”荣誉称号1个,省分行青年文明号、省分行青年岗位能手、省分行优秀共青团员荣誉称号3个。

(程圣韬)

中国工商银行金华市分行

【概述】 2012年，全行上下咬定“重返全省前三”目标，拓展市场、防风险、强管理、促转型，呈现出赶超发展的良好态势。全行本外币全部存款新增33亿元，同业第2位；各项贷款新增61.55亿元，增量同业第一，全省第4位，增幅全省第一；考虑表外融资和信用卡分期付款业务，实际新增66.35亿元；中间业务收入8.09亿元，同业占比第一；实现拨备后、净利润18.16亿元和13.63亿元，分别增长18.92%和19.89%；不良贷款余额和不良贷款率为1.96亿元和0.44%，实现低位“双降”。经营绩效综合考评名列全省第一、全国第二位。

【存款市场】 创新营销模式，改“坐商”为“行商”，加快客户扩面，组织企业行、乡镇行、省外行575场次，抓源头开拓各类存款新的增长点。全年新开人民币对公结算账户8007户，四行占比第一；现金管理客户净增2472户；新增个人有效客户9.94万户，其中中高端客户1.58万户；净增信用卡5.22万张，卡总量达37.48万张。加快网点渠道科学布局，重点向城乡接合部、农村集镇渗透，增设集镇网点2家，扩大营销服务辐射面；加快自助设备投放，新增离行式自助银行33家、自助设备219台；加强网点人员优化配置，调整高低柜业务设置，整合分离出人员充实客户经理队伍，全年增配个人客户经理达22人；实施网点竞争力提升项目，聘请行外专业机构开展网点员工业务培训，共组织面授培训18场、1400人次，大大提升中高端客户营销服务能力；外聘大堂引导员，较好地解决人员结构与业务快速发展的矛盾；实施电子银行渗透与提升战略，加快网上银行、手机银行营销拓展，形成自助服务规模化效应，存款市场竞争力大幅提升。全部存款增量同业占比43.54%，其中，对公存款增量同业占比47.75%，列第一；储蓄存款同业占比40.63%。全部存款、对公存款(含同业)、储蓄存款余额同业市场份额均有提升。

【信贷市场】 牢牢把握“支持实体经济”这一基点，推进新兴行业信贷布局，大力发展先进制造业和现代服务业金融业务，新增贷款22.1亿元，占表内新增的52.83%。大力发展小企业金融业务，批量营销专业市场、产业集群、上下游供应链三大目标市场的优质小企业客户，净增小企业98户，2012年年底小企业贷款余额166.17亿元，客户数达1689户。大力发展个人金融业务，个人贷款余额137亿元、新增19.7亿元。积极推进表外业务发展，2012年年底表外融资余额157.56亿元，有力推进了优质信贷市场的拓展。一是开展客户储备，灵活运用产品开展扩面。开辟分销渠道，利用表外业务缓解规模压力。全年累计分销各类公司贷款37.54亿元，表外分销贷款余额达62.65亿元，比上年增加29.48亿元；积极开展国内贸易融资代付业务，累计代付和代理租赁分销6.11亿元。二是对症下药，积极推动重点业务发展。以重点业务试点为契机，形成案例向全行进行复制推广，尤其是代理中小企业设备租赁业务，2012年年底余额达6.4亿元，列全省第1。三是多策并举，大力推动大项目营销。加强与政府相关部门的沟通走访，了解项目信息，深入大型集团客户掌握其融资需求和投资方向，充分利用表内外信贷政策，做好项目营销。全年共审批表内项目13个，融资金额达24.33亿元，表外项目10个，融资金额达25.2亿元。

【中间业务】 一是挖掘结算、理财、代理等传统中间业务潜力。加强同业、地区间的项目分析，取长补短；积极引导全行调整中间业务收入结构，做大理财、代理、结算类基础中间业务收入；按月通报利润、中间业务收入等经营计划进度情况，按季开展支行绩效沟通。二是加快新兴中间业务发展。抓住金华产业结构调整升级，企业间境内外兼并重组的机遇，挖掘客户“商行+投行”的业务需求，积极发展并购重组、个性化理财融资等品牌类投行业务，成功实施东阳金罗马商用房信托计划项目，募集资金近2亿元，收取投行顾问费1000万元；完成的金西经济开发区低丘缓坡综合开发利用试点项目收益权信托，带来超千万元的中间业务收入；积极开展养老金、薪酬福利顾问费等业务的营销，带动了中间业务收入稳步发展；推进信用卡分期付款业务，信用卡收入2.56亿元，增长93.94%。三是做大“表表外”业务。加快金融资产服务型“表表外”业务发展，获取更广泛的收益，努力由持有资产大行向管理资产大行转变。全行其中业务收入同比多增1.13亿元,增长率达16.27%,四行占比35.7%,稳居第一。其中结算、理财、代理类三项收入4.22亿元,占中间业务收入总量的52.16%,同比增长32.32%,同业占比31.1%,同样稳居第一。

【防控风险】 着力“三个抓”强化信贷风险防控。抓重点,针对浦江行信贷风险增大新情况,加大防控与处置力度,成功将2家企业5996万元不良贷款债权转让,为处置不良信贷闯出一条新路子,受到省行肯定。抓排查,在开展春节后企业开工情况走访排查基础上,国庆“双节”期间又组织“贷款企业大走访、担保风险大排查”,273人分成8个小组对1300多户有贷户进行走访,发现被保证人存在潜在风险28家。抓清收,多措并举加快清收转化,累计清收、处置、转化风险贷款2.72亿元。资产质量保持优良,6家支行获得全省“信贷资产质量管理优秀支行”称号。实施“四化管理”加强内控案防。内控案防管理网络化,在武义支行试点的基础上全面推行内控案防网络化管理。防案主题教育全员化,开展“深化风险防控 从我做起”案防主题教育,层层发动、人人参与,内控防案网络知识竞赛参与率100%,平均成绩名列全省前茅。各类风险排查全面化,组织全员风险隐患分析排查,确定并下发《工行金华分行22个业务重要风险点防控治理措施》,落实防控治理责任和措施。监督检查方式多样化,通过现场与非现场结合、专项与全面结合的方式,对员工与企业资金往来、员工异常操作等50个指标,每季监测和发布风险提示;对个人经营性贷款合规性等12个项目开展专项检查,组织落实整顿规范银行业市场秩序专项活动,提高了风险预防预警能力。

【自身建设】 抓好协同发展,市分行组建帮扶工作小组对困难支行指导帮扶,促进各行协同发展,提升全行整体竞争发展能力。抓好行风建设,以开展民主评议行风活动为抓手,开展“大倾听、大走访、大体验、大改进、大讨论、大征求、大监督”一系列的“惠企便民”活动,同时统筹抓好文明服务、党建、队伍建设以及科技运行和安全保卫等工作,客户满意度明显提升。被市委市政府授予“政风行风建设争优奖”,成为全市金融系统中唯一获此荣誉的单位。

(盛 炜)

中国农业银行金华市分行

【概述】 2012年,农行金华分行认真贯彻落实上级各项工作部署,深入推进“12345”战略,围绕“保增长、谋转型、控风险”主线,坚持稳中求进,严控经营风险,提升经营品质,各项工作取得较好成绩。截至2012年年底,各项存款余额551亿元,比上年增加53亿元,存款余额和增量均居四行第一;连续四个季度,各项存款余额、存款增量、贷款余额、贷款增量、中间业务收入、拨备前利润6项核心指标全省系统占比全部提升;贷款余额系统份额8.22%,提升0.39个百分点;贷款增量系统占比12.17%,提升3.66个百分点。不良贷款率比年初下降0.05个百分点,首次低于全省平均水平;总资产回报率2.06%,资本回报率34.5%,成本收入比28.81%,存款付息率1.78%,贷款收息率6.91%。经营转型成效显著。全行A-级及以上法人客户户数占比73.76%,提升5.27个百分点,贷款抵质押率74.01%,提高0.79个百分点,高于全省平均水平5.1个百分点。完成人工网点建设项目16个,离行式自助银行建设项目30个,新增自助设备258台;电子渠道金融性交易占比85.37%,比上年提高5.52个百分点。基础管理顺利推进。率先完成“三大集中”,作业的标准化、规范化程度提升,积极开展“三化三铁”创建工作,全行“三铁”单位达到6家;“平安农行”创建取得新成效,总行级“平安农行”单位达到3家,省分行级9家,所有营业网点均达到“三化三达标”合格以上标准。在2012年浙江小微企业金融创新评选活动中,金华农行获得全省农行唯一“最佳服务专营机构”荣誉称号。在2012年农总行综合经营管理等级行评价中居全国315家二级分行第二位,先后获得全国农行文明单位、浙江省农行“四好”领导班子、浙江省思想政治工作先进单位等荣誉称号,内控建设连续6年获省分行内控综合评价一类行。

【主体业务】 加强财政性存款的营销,新增财政性存款4亿元,新增社保医保存款3亿元;全行所有县域支行及金华城区行都取得了社保卡的发行资格,发行社保卡数量达到22万张;积极对接政府重点项目、“婺商回归”工程和园区招商项目;积极开展“两户”营销，扩大资本金账户、基本账户、一般账户和代发工资等账户的开户量，新营销代发工资客户3.32万户，新增储蓄存款2.8亿元；重视IC社保卡发行，发行量全省排名第二，发卡量占比26.8%；深入推进与战略联盟客户合作，增加了部队、烟草、广电集团存款；加强私人银行客户管理，私人银行签约客户新增计划完成率124%；积极营销“存外贷外”“跨境组合产品”，带动外币存款上升5500万美元。抓资产业务坚持金融服务实体经济这一本质要求，加强优质资产项目和客户的营销，牵头落实省分行与金华市政府的战略合作签约，完成了婺商回归工程签约，为争取婺商回归项目和资金落户赢得主动；积极营销优质中小企业、优质小微企业和优质个人客户，为促进信贷业务可持续发展夯实了基础；积极推广应收账款池融资业务、跨境结汇通、外汇期权等产品，做好客户维护和营销，抢占优良客户的市场份额。抓中间业务做大国际业务、电子银行、信用卡、黄金租赁等业务规模，加快了融资租赁、国际贸易结算、电子网商等新兴中间业务的发展。抓三农业务，以实施“121工程”与“千百工程”为主线，创新支农举措，较好地履行了社会责任。对金华辖内28家省级以上农业龙头企业实现金融服务全覆盖，其中授信覆盖率达82%，对省级以上农业科技企业的服务覆盖率达到70%，对省级以上农业科技企业的服务覆盖率也达到90%以上。

【市场竞争】 年内，始终将提升市场竞争力贯穿于整个工作之中，并作为一项重要工作来抓。专题调研、积极探索集镇网点竞争力和城区网点竞争力提升的有效途径，进一步提升了县域行竞争力。网点“软转”取得阶段性成果，试点网点通过了总行网点转型验收及服务交叉检查组的实地验收，在浙江分行各网点软转检查中得分最高；进一步提升了前台标准化、规范化运作效率，减轻网点劳动强度，缩短管理链条，优化员工劳动组合，促进业务竞争力提升。从战略视角加快自助银行建设。制定并实施网点建设规划，出台《全市网点建设工作专项考评办法》，促进网点建设有序推进；举办电子渠道交易擂台赛，从支行、网点两个层面开展排名比赛，营造争先氛围；加强自助服务渠道建设，加大自助服务区、电子银行服务区建设和离行式自助银行建设力度；加快电子银行产品推广，提高电子银行产品的客户渗透率。以民主评议行风活动为契机，召开千人大会；组织了十佳员工评选活动，参加全省第十四届业务技术比赛，取得团体第二、3个单项第一的历史最好成绩；通过加强服务实体经济、服务“三农”等新闻宣传，改进窗口服务等，进一步提升了农行的品牌认知度和社会形象。

【经营品质】 市农行从多个维度提升了价值创造能力，实现有后劲、有潜力的发展。抓“资本节约、价值创造”的导向引导。对一级支行下达经济资本管理目标和政策指引，要求对每一笔信贷业务，按照经济资本计量方案测算经济资本占用、经济增加值、以及经济资本回报率，确保经济资本回报不低于经济资本回报的最低要求，积极引导支行和网点运用好经济资本计量方法，促进信贷结构调整，使经济资本向回报率高、风险相对较低、价值创造力强的区域、客户和业务聚集。抓全额资金管理。将全额资金管理的理念传导到二级支行，推动全行以FTP价格为导向，积极优化资金结构，扩大各类资金的FTP利差，进一步优化业务和收益结构。根据市场走势，合理制定同业融资业务资金价格，努力扩大市场化产品的内外部利差水平。以合作性存放同业业务、票据业务等为突破，进一步做大金融市场业务规模，多渠道增加资金收益。抓承诺业务管理。将经济资本压降的重点放在不可撤销表外承诺、闲置固定资产、高风险行业贷款等方面。实现“闲置信用”和不合理占用的大幅度减少。加大对“两高一剩”、平台贷款和房地产贷款等高拨备占用、高经济资本成本的贷款退出力度。

【管控风险】 以“风险大防控”为主线，信用风险、操作风险、案件风险等方面的具体措施得到了较好的落实，有效地控制了各类风险。推行风险评价的“五查十看”和授信用信的“十不进”，严格把握信贷准入，从源头上控制了信贷风险；加强高风险行业防控，实行名单制管理，实施差异化信贷管理，严格控制重点风险领域信用总额；坚持前瞻主动的信贷压退政策，以加快退出潜在风险客户为重点，通过持续不断的“吐故纳新”，形成抗风险、高质量的资产组合结构。重点落实三项措施：提高了员工行为分析的广度和深度；严格落实“一岗双责”，认真开展“员工行为守则”和“双四十禁令”双学教活动,强化了监督检查工作。以精细化为目标,通过开展全方位的运营监管检查等措施,不断提高风险管控水平;以营业机构“三化三铁”创建和“平安农行”创建为载体,落实具体措施,防止各类操作风险,并确保网点安全无事故。紧跟舆情热点,提前把握形势,积极主动应对,防范声誉风险。。

【班子整体合力】 开展“四好班子”建设,坚持民主集中制原则,发挥班子成员表率作用,进一步提高了班子的凝聚力和战斗力;按照“恪尽职守、忠诚奉献、廉洁诚信、依法经营”的要求,树立清正廉洁的价值取向。严格落实领导党风廉政建设责任制,班子成员保持清正廉洁的同时,按照责任分工,抓好分管部门和人员以及业务条线反腐倡廉工作组织、督查和指导,并自觉接受全员监督。层层签订“党风廉政建设责任书”“防范案件责任书”等,重视并加强日常教育与监督,着力构建教育、制度、监督并重的惩防体系。通过开展《中国共产党党员领导干部廉洁从政若干准则》的专题讲座、纪委书记“领导干部反腐倡廉教育”专题授课、组织网点负责人等前往监狱接受警示教育、典型案例通报会等措施,不断巩固反腐倡廉的思想防线,提高干部的拒腐防变能力。汇总上一年度的合规风险提示,重视并加强合规管理。在全省率先开展针对性和实用性强的巡回宣讲,进一步提升了检查指导工作的质量,突出抓好屡查屡犯问题和各种薄弱环节的检查整改。

(陈土发)

中国银行金华市分行

【概述】 2012年,中国银行金华市分行围绕“服务实体经济、助推赶超崛起”主线,将更多信贷资金投向实体经济,较好地推动了地方经济转型升级,也实现了自身的发展壮大,在2012年度绩效考核中列全省中行系统第一。截至2012年年底,本外币各项贷款余额达335.79亿元,新增31.08亿元,增量居全省中行系统第一。其中人民币贷款新增30.72亿元,外币贷款新增582万美元。本外币账面不良授信余额1.62亿元,比上年减少2175万元;综合不良率0.48%,比上年下降0.12个百分点。

【信贷结构调整】 在信贷投放总量受到调控的背景下,中国银行金华市分行积极调整资产结构,努力腾挪信贷规模,与市政府签订“银政战略合作协议”,承诺5年内向金华市各类企业提供总金额达450亿元的新增融资和授信支持;围绕金义都市新区和金华市大平台大产业大项目大企业“四大建设”,加强对重点投资、重大项目的资金保障,全年投向“制造业”的授信余额达173亿元,授信支持中长期技改项目11个,国家级高新技术企业54家。同时,充分发挥中银海内外一体化经营优势,创新叙做了全省金融系统首笔大宗商品保值业务、首笔高额工程保函等业务组合产品,从境外引进资金25.5亿元,办理跨境人民币结算业务40.54亿元,推荐发行短期融资券9亿元,切实满足企业多样化融资需求,全力助推实体经济转型升级。2012年,中国银行金华市分行被授予“金华市跨境人民币业务竞赛”先进集体奖和业务创新优秀奖,成为全市同获两个奖项的两家金融机构之一。

【中小企业金融服务】 针对金华产业集群、专业市场不同客户的不同金融需求,该行精雕细琢“影视通宝”“永康通宝”等“通宝”系列中小企业专属信贷产品,并在2012年创新推出“网络通宝”“税务通宝”“中小企业循环贷”等一系列手续简便、易借易还的新型融资产品,实现小微企业业务的快速发展。截至2012年年底,该行国标口径小微企业贷款客户突破800家,当年贷款新增21.59亿元,增速59.70%,高于全部企业贷款增速51.3个百分点。其中,“网络通宝”产品依托互联网平台,向在第三方电子商务平台(如阿里巴巴、淘宝网、全球网等)注册会员的小微企业提供融资对接,实现了“全流程网上操作,纯信用高效运作”,一经推出便取得良好社会反响。截至2012年底,“网络通宝”已为全市237家小微型企业发放流动资金贷款近4亿元,荣获中国银行总行“中银创新奖”一等奖。《金融时报》《中国产经新闻报》等中央媒体再次以大篇幅对中国银行金华市分行扶持小微企业成长所取得的成效进行报道,社会影响力持续扩大。

【内部控制管理】 针对2012年温州“跑路”事件、担保链蔓延等企业风险事件对银行资产安全的冲击,中国银行金华市分行从重点地区、敏感行业、专项产品和高风险客户群着手，开展民间借贷、担保链、集团客户识别、关联企业交易等专项风险排查,及时发现风险并落实整改,以实际行动维护区域金融稳定。同时,持续推进“平安中行”创建活动,不断强化“安全发展”理念,围绕案防风险领域和账户开户、印鉴卡、重要空白凭证、重要业务章管理等关键环节,健全完善以“防范为先、处置及时、整改有效”为核心的案防长效机制,全年实现零发案、零事故、无得逞“四类案件”,在全省中行系统安保工作绩效考核中被评定为A，保障了严峻形势下的安全运营。

【企业文化建设】 该行以百年行庆活动为契机,持续推进员工关爱工程和家园文化建设,大力弘扬追求卓越的核心价值观和以“爱国爱民、诚信至上、改革创新、以人为本”为核心的百年中行精神财富,进一步激发全行员工的荣誉感和归属感。开展民主评议行风活动,在全行深入倡导“服务为善”理念,不断提升服务质效,全行涌现出一批服务领先、业绩突出的先进集体。其中,分行营业部荣获全国金融系统“女职工文明示范岗”和“浙江省银行业文明规范服务示范单位”称号,梅欢同志被评为“中国银行业文明规范服务明星大堂经理”；童燕萍同志被授予“全国五一劳动奖章”和“浙江省劳动模范”称号。在全市银行系统民主评议行风活动中,中国银行金华市分行荣获全市十二家银行群众满意度调查第一名,擦亮了百年老店的金字招牌。

（吕玉峰）

中国建设银行金华市分行

【概述】 截至12月底,一般性存款余额458亿元、新增17.56亿元。其中:对公存款新增13.26亿元,个人存款新增4.3亿元。一般性存款、对公存款新增居全省系统第一、个人存款新增居第三位。全行实现中间业务收入5.96亿元,完成计划102%。总收入排名居全省第3位,居同业第2位。其中衍生收入比例大幅下降,占中间业务收入比重由去年同期的47%下降到15%。16项重点产品收入4.44亿元,增幅25.93%,高于全省平均增幅18.23个百分点。全行客户拓展较好完成省分行下达计划，居系统前列。其中基本与非基本公司机构客户增长1698户,完成计划的114.42%，对公结算账户增长2304户,完成计划的116.25%。一般个人客户增长超额完成省分行下达计划数。不良贷款率实现双降。截至12月底,总计化解不良贷款3.12亿元,不良贷款额为4.39亿元，比上年下降9552万元。不良贷款率0.88%，比上年下降0.33个百分点。系统贡献度提升。截至2012年年底,一般性存款系统贡献度提升0.74个百分点;中间业务系统占比提升1.24个百分点;各项贷款系统贡献度提升0.61个百分点;全行实现拨备前考核利润18.9亿元,居全省二级分行第2位,系统占比提升1.72个百分点。金华分行关键业绩指标考核、等级行排名均居全省系统第一位,系统贡献度持续提升,全面风险管理有效推进,全年实现安全运营。共有22家网点获得总行星级称号,获电子银行综合竞争力先进单位、渠道分流先进单位、电子银行中间业务收入3项第一。

【项目贷款】 支持当地重点项目达41个,全年大型客户贷款新增33.99亿元，占全部对公新增64.87%。优化信贷区域结构，推进一体两翼发展布局,着眼先进制造业基地、东阳文化产业、永康五金行业等,全年贷款投向东阳、永康、武义区域占新增比重的59%。支持中小企业发展,成为建行系统唯一一家获省政府“小微企业最佳服务专营机构”单位。支持新农村建设,为金西、磐安、武义等新农村建设新增投入4.77亿元。个贷结构进一步优化,全年助业贷款新增9.11亿元。

【业务拓展】 加强物理网点和电子银行渠道建设,全行共建设物理网点7个,新成立1家支行,新增投放自助设备102台。新型财务顾问业务、人民币风险逆转期权组合、汇贷赢、小微企业信用贷、小企业固定资产购置贷款等产品有效满足客户的需求,多项业务为位居全省前茅。

【风险防控】 有效开展“全面风险排查活动”,通过远程监控、会计督导、整改专项治理、轻微违规积分等手段,有效提升操作风险防控能力和防控管理,成功堵截案件41起,当场或协助公安机关抓获罪嫌疑人19名,堵截涉案资金253.68万元。

【队伍建设】 完善各层面员工薪酬分配体系、

各层级管理者准年薪制管理办法、各层级职等和薪酬晋升体系。选拔出各层面岗位后备人员68人,启用24人。着力素质提升,共组织244期培训项目,人均参训为10天。开展员工心理援助和成长伙伴计划,进一步落实"四能四不要",减轻一线员工压力。

(王竹江)

金华银行

【概述】 2012年年底,金华银行资产总额344.45亿元,增幅21.09%;存款余额295.59亿元,增幅20.13%;贷款余额211.09亿元,增幅为17.26%。实现经营利润5.8亿元,增幅为15.40%。2012年度,在金华市政府机关部门(单位)工作绩效考评中位列金融单位和垂直管理部门第二名、在全市"千企万人双评"活动中位列第三名。

【贷款投放】 2012年,金华银行继续坚持"中小企业主办银行"的市场定位,组织开展"服务实体经济"主题活动,贷款新增量的99%投向制造业、租赁和商业服务业、农业。优先支持融资敞口1500万元以下的小企业客户群体,重点拓展融资总量500万元(含)以下的小微企业,并对融资总额在500万元以下的小微企业实行授信审批"合二为一"。同时,下放小微企业审批权限,扩大"小贷中心"职能。截至12月底,小微企业贷款余额比年初增加21.46亿元,其中单户敞口500万元以下小微企业贷款余额比上年增加14.98亿元,分别实现人民银行和银监部门要求的"两个不低于"目标。2012年,全行共投入帮扶专项贷款近1.4亿元,全年共让利企业各项费用3700多万元。

【创新产品】 先后开办国内保理代付业务、国内信用证代付业务、国内信用证偿付业务、并购贷款业务、银团贷款业务、零保证金票据业务,并依托"小贷中心"推广"百信通""百富通""百易通""百惠通"等个人信贷产品。开通了银行卡银联无卡支付与支付宝快捷支付业务;金融IC卡改造与发行,实现一卡多用;11月份正式发行社会保障卡,至年末已发卡2万多张;推出进口T/T押汇业务、进口项下融资代付业务等贸易融资产品。

【监督管理】 开展民主评议行风活动。制定服务承诺,公布监督投诉电话,统一制作民主评议行风活动意见箱(意见簿),并落实专人处理。聘请行风监督员154人,多次组织明察暗访。

【跨区域网点拓展】 4月,分行下辖第一家支行衢州开化支行获准开业,10月衢州龙游支行开业。

(黄杰伟)

交通银行金华分行

【概述】 2012年,交通银行金华分行开创了"资产过百亿,盈利创新高,不良创新低;创新大突破,形象大提升,系统进两强"新局面,"三年倍增计划"提前一年全面达成。各项存款时点余额85.03亿元,人民币贷款余额60.97亿元,存贷款市场份额分别增加了0.7%、0.3%,存款年均复合增长率达50%以上,成为交行系统同期新建省辖行中发展最快的一家交行。实现经营利润18678万元,实现中间业务收入5933万元,经营利润年均复合增长率达66%。从2009年初开始,新增授信客户未发生一笔不良贷款,不良贷款余额已下降至3000万元,创分行不良贷款历史最低,不良率控制在0.5%以内,资产质量优于当地同业和系统内平均水平。2012年在交行浙江省分行对11家辖属分行包含经营绩效、综合竞争力、提升服务、内控评价等的"1+3"考核评价排名中,交行金华分行均排名前两位,并荣获2012年度浙江省分行先进集体和服务提升、资产质量、最佳创新优胜奖。连续被评为"金华市纳税超千万大户"、"浙江省小微企业最佳服务专营机构"、"浙江省银行文明规范服务示范单位"等称号。在系统内也亮出了"金华品牌",先后荣获总行级"先进基层党组织""青年文明号""优秀服务网点"等荣誉,涌现出了总行级"优秀行员""十佳保全经理""优秀大堂经理"等一批先进个人。

【优化结构】 按照浙江省分行建设"财富管理银行"的部署,推进"城市成功路线图计划",实施"清零提升",对公对私客户群体迅速扩大,中高端客户快速提升,对公有效客户达1213户,净增417户,增长率52.38%。加快全融资业务发展,调整资产结构,突出抓好电子商票、国内保理等重点特色产品的运用,大力发展贸易融资、楼盘按揭贷款和高收益贷款。完成2.5亿元的资产池业务、2亿元的并购贷款业务，办理了出口风险参与、福费廷、保票通等多种表外融资业务。

【优化网点转型】 从2008年开始，交行金华分行每年设立一家支行，现已有5个经营网点，筹建中1家，其中义乌支行于2012年5月升格为省辖分行，基本实现了金华地区县域机构的全覆盖。全面推进综合型网点建设，将县域业务确定为加快发展的重要增长点，集中资源支持县市支行建设和发展。共有3家网点入围总行综合型网点建设单位，其中永康支行、东阳支行分别是同年总行新设县域支行中的网均存款第一名，也是全省十大县域支行的第一、第二名，成为交总行系统内同期开业发展最快的县域支行。

【优化服务】 大力推进电子银行建设力度，持续深化"三位一体"渠道布局，以人力网点为支点，电子化全覆盖的一体化服务网络逐步形成。大力推进离行式自助银行建设，配齐、配好公司、个金两支客户经理队伍，2012年年底，客户经理占比达32%，电银业务整体分流率提高至73.14%，手机银行和电子商户获得飞跃性增长，持续保持系统先进。大力推进"服务示范网点"建设，引进外服培训公司，优化客户体验，提高整体服务水平，在省分行服务质量考评中连续名列第一，辖属支行在全省排名中也名列前茅。金华分行营业部2012年通过银行业协会验收被评为"中国银行业文明规范服务千佳示范单位"，成为金华市区首家入围该项目的金融单位，目前正在积极争创"百佳示范单位"。

（王 芬）

招商银行金华分行

【概述】 2012年年底，招商银行金华分行资产总额86亿元，各项存款余额59亿元，各项贷款余额83亿元，累计发行"一卡通"8万多张，信用卡发卡量3万多张。分行下辖营业部、江北支行、义乌支行、永康支行4个营业网点和11家自助银行，共有在册员工150余人。分行营业部被评为金华市"文明窗口"，分行荣获2012年度"市级治安安全单位"称号。

招商银行金华分行认真落实金融服务实体经济要求，积极优化信贷结构，加大对小企业、小微企业的支持力度，提升金融服务水平。一是大力发展小企业业务。针对中小企业的经营特点，先后推出"国内信用证业务""订单贷""应收账款质押贷款""联保贷""存货抵质押贷款管理办法""股权质押贷款""中小企业经营性物业贷款"等多种适合不同主体需要的信贷产品，帮助中小企业解决融资难问题。截至12月底，招商银行金华分行小企业贷款余额33亿元，比上年增加4亿元，小企业贷款余额占比在招商银行杭州分行系统排名第一。二是加快发展小微企业业务。针对金华地区个体民营经济发达，专业市场繁荣的特点，重点推出了"生意贷"全面升级的创新产品：全新小微企业贷款产品——"生意一卡通"。"生意一卡通"是国内首创，集融资、结算和生活于一体的小微企业专属金融服务工具，将小微企业贷款与"收付易"、超级网银、"周转易"等配套金融服务相结合，具有"额度充足 可免抵押""按日计息 随借随还""转账汇款 全国免费""跨行自动收款免费""POS配套免抵押贷款" 五大特色，实现借款、还款网上自主办理，金融增值服务的一站式体验，为小微企业经营者搭建了一个全面、便捷的金融服务平台。截至12月底，招商银行金华分行小微企业贷款余额达26亿元，比上年增加8亿元，惠及1100余家小微企业、个体工商户，小微企业贷款余额占比列居招商银行杭州分行系统首位。

（郑 瑜）

省农村信用联社金华办事处

【概述】 2012年，省农信联社金华办事处实施"三个全面、二个突破、一个提升"的工作思路，全面推进小微企业贷款服务中心建设、农村基础金融服务建设和合规文化建设，努力在社保卡业务合作、新农村建设产品创新上取得新突破，各项业务呈现出持续健康发展的良好局面。2012年年底，各项贷款中涉农贷款余额567.28亿元，占各项贷款余额的85.63%，小微企业贷款余额547.65亿元，占各项贷款的82.67%。涉农贷款和小微企业贷款增速分别为16.53%和16.34%，分别高于各项贷款平均增速。上缴各项税收8.48亿元，比上年增长18.46%；全市农信系统通过降低“三农”、中小微企业贷款利率,减少收费项目、降低收费标准等方式,支持“三农”和企业发展生产,直接让利1.96亿元,有效提升了金华农信系统对地方经济的贡献度。资产结构得到优化。成本收入同比下降2.04个百分点,战略性投入同比增加,其中业务类收入增加2926万元,资产结构和财务资源投入结构更趋合理。存贷款规模快速增长。在支持金华经济快速发展的同时,金华农信的实力也不断增强。截至年底,全市农信系统各项存款余额917.81亿元, 比上年增加121.85亿元,各项贷款余额662.43亿元,比年初增加82.06亿元,存贷款余额连续3年位居金华同业首位。

【支农支小服务实体】 制定出台了《支农支小工作指导意见》,明确支农支小定位和增量扩面的目标。9月13日,金华市政府签订了重点项目(企业)融资协议,明确了未来五年,金华农信系统至少要新投放信贷资金400亿元支持金华经济发展的目标。在人行信贷规模的支持下,全系统坚持支农支小。一是农房贷款增量扩面打响品牌。制定下发了《“美丽家园”农村住房贷款指导意见》,按照统一品牌、统一操作、统一宣传推广的做法,推出“美丽家园”农村住房贷款。全市农信系统发放该项贷款10.04亿元,新增受惠农户4389户。金华农信的农房贷款工作受到了省委、省政府领导的高度关注并多次批示,《浙江日报》副主编带队到金华进行了专题采访。二是“进村入企”实事实办注重实效。走访行政村(社区)12556个,农户67004户,企业12556家,召开座谈会2764次,发放业务宣传参与办理农户和小微企业贷款18762笔, 帮助办成实事8189件,解决难题8331个。其中支持农民专业合作社工作引起王建满副省长的关注,批示要求农业厅、商业厅研究,同时中国银监会也在《工作动态与研究》刊物上全文刊发。由省农业厅牵头,专门在金华召开支持农民专业合作社现场会,参观考察金华农信支持的部分农民专业合作社。三是社保项目实现首发。把解决农民办理新农保的方便性放在心头,不遗余力地争取社会保障卡的发行权。10月30日,首张社保卡成功在成泰农合行发行。办事处主任祝晓平荣获全国新型农村社会养老保险和城镇居民社会养老保险工作先进个人。四是优化服务普惠金融实现全覆盖。推进金融服务进驻村级便民服务中心工作。农信金融服务点进驻村级便民服务中心4887家,实现农信金融服务100%进驻村级便民服务中心。布放小额取款POS机1878台,累计取款金额2397.01万元,累计笔数101033笔。推进客户经理定期驻点制。在每个村级便民服务站设立客户经理驻点村级便民服务站登记薄和村民服务咨询情况登记薄,做到“形象有牌,服务有度,事项上墙,资料上架”。五是加大创新服务能力得到提升。要求各行社至少开发一个信贷产品,成泰推出“商易通”商铺租金按揭贷款,兰溪农合行发放首笔林权抵押贷款,永康农合行推出“网商贷”,武义农合行推出“税银通”信用贷款, 东阳农合行推出个人创业循环贷款和 “组合贷”,磐安农合行推出“阳光成长”中长期流动资金贷款,义乌农合行开发排污权抵押贷款。发放各类新产品贷款1398笔,金额4.94亿元。其中“税银通”贷款首发后,半年时间就向115家企业发放6400余万元资金,被评为“全省银行系统20项惠企便民新举措”,受到《浙江日报》、新华网的广泛关注。新兴业务全面开花。辖内8家行社全部开通了网银、理财、贷记卡业务,6家行社开通了手机银行。全系统销售理财产品30期,募集理财资金10.73亿元。丰收创业卡实现首发。发放丰收创业卡89张,贷款金额3522万元。增值服务形式多样。积极开展各项营销活动,共开展21次大规模的宣传营销活动,借记卡活卡率为71.95%, 比上年提高2.69个百分点,实现传统POS消费额达251.87亿元,同比增加110.86亿元,增幅达78.61%。国际业务量质齐升。辖内开办国际业务的行社扩大到5家,同时在外贸负增长的形势下,积极探索外汇业务新模式。累计实现国际结算量17.28亿美元, 提前超额完成全年综合发展计划。六是“三大工程”引导“三农”关系更加紧密。活动设立“六大目标”“八项重点”,明确强农惠农目标。义乌实施“金融服务入商铺工程”,永康开展“金融服务上下游产业链工程”,成泰、兰溪、武义推进“金融服务农民专业合作社工程”。通过活动,新增助农取款服务点582家,新设自助银行63家,ATM机150台,POS机2113台,特惠商户132家。阳光信贷求透明。实行信贷公示制度,公开操作流程,实行限时办贷制。发放征求意见函2.7万份,召开座谈会

181次，并聘任714名行风监督员。金融产品求创新，重点引进微贷技术，成泰进入实质操作阶段；大批自助设备和品牌广告在各乡村小店、便民服务中心呈现。积极开展社会公益事业。永康农合行出资2000万元设立“小微企业创业扶助金”，首期无偿向17家企业发放了270万元的扶助金；东阳联社向社会公益事业捐款60万元，被金华团市委授予“金华市希望工程实施20周年和‘爱心助跑·圆梦大学’实施10周年杰出公益伙伴”荣誉称号。

【风险防控保障安全】 一是把好三条防线，不良率保持稳定。把好风险教育防线。8家行社各自组织开展风险主题教育活动，永康开展“以一警百”风险教育警示会，义乌组织典型案例分析、投诉案例通报分析。把好风险排查防线。从案发重点领域入手，开展大额存款、票据业务等检查，从关键环节入手，开展资金链、担保链融、民间借贷排查，从新兴业务入手，开展理财、网银业务检查，从重点行业入手，检查房地产、钢贸、光伏等行业风险。把好风险监测防线。进行重点行业监测，加强流动性、单户超比例贷款监测。2012年年底五级不良贷款占比为1.27%，资产质量名列全省第一。二是加大安保科技投入，保障实力提升。召开2次全辖保卫工作研讨会，出台了五本全市统一的监控中心登记簿，安保工作电子台账被金华市公安局作为典型推广，全辖投入安防经费1.03亿元，开展安全检查313次，组织培训42期，演练40次，成功防范案件46起。办事处及兰溪、义乌农合行被评为第二轮安全评估先进集体。注重硬件环境提档升级，全年改造中心机房4个，新建灾备机房3个，完成金华清算中心机房全面改造和双电源供电改造，使全辖机房达到B级标准。向社会成功引进科技人才10名。东阳自助回单系统在省内几个试点单位推广。永康丰收E网批量制单工具开发系统、义乌信用卡积分管理系统、兰溪IP管理系统，均取得了较好效果。三是围绕风险控制重点，内审有效转型。审计突出风险和案防重点，对义乌、成泰农合行开展贷款管理责任制度执行情况审计，起到良好效果。借助外部审计对银行卡、网上银行、信息科技评价等新业务进行审计，掌握新兴审计业务的审计重点。内审采取了审计项目统一运作、审计方案统一确定、审计流程统一规范、审计结果统一报告的“四统一”运作机制。创新技术应用，提出计算机审计需求48个，建立新审计模型12个。充实办事处审计力量，以培训促转型，参训人数达154人，提升队伍的履职能力。全系统共组织完成审计项目83个，全市7个审计项目获得了省、市内审协会奖项，其中省内审协会优秀奖2个。

【加强内部管理深化农信文化】 强化高级管理团队建设。按照平稳有序原则，顺利完成6家行社班子换届和新一轮后备干部的选拔。制定了人才建设三年规划。向内挖潜，与对外经贸大学合作开办硕士研究生班，已有成泰、兰溪、义乌等三个行的126名人员参加学习。向外招贤，年内引进投行、国业、计算机、文秘、市场营销等专业人才37名。强化行风和廉政建设。组织开展行风评议，设立行风效能监督牌2614块，设置“行风评议箱”349只，开通“评议热线”电话和“投诉电话”，组织明察暗访35次，召开座谈会181次，收到意见建议526条，内部员工风险交易审计达1710人次，参加述廉评议的网点负责人335名、客户经理723名。东阳联社、武义合行荣获县域参评单位群众满意度综合测评第一名，永康合行受到省减轻企业负担督查组的充分肯定和高度评价，并在总结大会上作典型发言，兰溪合行受到点名表扬，磐安联社荣获县域同业第二名，浦江联社被授予最佳金融机构。开展了廉政故事大奖赛，组织全体高管现场旁听庭审。提质创优优化管理模式。义乌、东阳、永康等3家行社开展流程银行建设，取得初步成效。积极推进网点转型，年度规划的20家网点全部完成转型。认真开展文明规范示范单位创建。辖内东阳吴宁信用社和永康古丽支行获得省银协文明规范示范单位殊荣，4家网点获省农信联社文明规范服务示范单位。强化会计规范。新增一级会计基础工作达标单位8家，二级会计基础工作达标单位5家，除新设网点外，全市所有考核单位均达到会计规范化标准之上。东阳联社编制的《图形版操作规程》，提高了临柜规范化操作水平。稳妥推进体制改革。义乌农商行7月份正式挂牌开业，成泰、永康两家行社改制步伐加快。加强档案规范管理，办事处档案室率先在全省各办事处中取得省二级达标，同时获得2012年度金华市档案工作先进单位。出台金华农信文化建设2012~

2014三年行动计划,围绕庆浙江农信60周年,组织开展了“三百一千”活动。有50多名优秀青年创业学院学员参加了农信文化之旅,400多名老农金和数以万计的金华百姓观看了60周年图片巡回展,吸引了全市3561位客户参加了农信知识竞赛,收到了反映浙江农信60周年的DV作品44件。永康选手获得全省“欢庆60周年十佳歌手”比赛和浙江省直属机关第二届十佳歌手大赛第一名。东阳、永康编排的节目参加省联社“庆60周年文艺汇演”获得好成绩。实施抱团合力,在浙江日报、金华日报设立金华农信系统宣传专栏,开展10个主题宣传19次。建立金华农信内网宣传平台,组建了三级通讯员网络。在《人民日报》、《经济日报》等国家级媒体发表5篇,省部级媒体发表332篇,省级以上政务类信息10篇,全年信息报道量同比增长58%。

(孙　展)

上海浦东发展银行金华分行

【概述】2012年,浦发银行金华分行稳健增长势头继续保持,提前实现分行三年行动计划,走出了一条“大投放、快增长、优服务、高质量”的发展道路,为金华赶超崛起增添了动力。负债业务增长迅速。各项存款余额72.89亿元(含义乌为157.52亿元),比年初增加34.83亿元、增长91.53%(含义乌为57.21亿元、增长57.04%)。信贷业务稳健增长。各项贷款余额51.79亿元(含义乌为118.79亿元),比年初增加27.54亿元、增长113.56%(含义乌为55.09亿元、增长86.48%);余额贷存比(含义乌)75.41%,新增贷存比(含义乌)96.29%。资产质量保持优良。授信资产不良率为零,为系统内5家“零不良”机构之一,资产质量处于同业领先水平。盈利能力稳步提升。全年完成中间业务收入4846万元,其中国际结算领域进步明显,实现结算量5.78亿美元,增长270%。

【争先进位】总行层面,该行等级从原C类二级分行跻身A类行序列,位列12家上榜机构第9位;竞争力排名升至第13名,较上年末前移11位;连续2年进入总行个人银行业务“百强网点”竞赛前十强,荣获总行“十佳”二级分行评选第3名。在杭州分行系统内,该行公司银行、个人银行和运营科技服务三大条线首次全部进入前十,综合排名居系统内第一,取得历史最好水平。是年,该行党总支获评“上海金融系统创先争优先进基层党组织”;荣获杭州分行系统 “综合治理优胜单位”、“年度先进工会组织”以及金华市市、区两级“治安安全单位”称号。此外,全市浦发银行的存款余额、新增额及贷款余额、新增额等4项核心指标均居同类股份制银行首位,实现业务规模和发展增速的良好匹配,区域影响力、美誉度得到提升。

【支持小微企业】该行将服务地方实体经济作为工作主线,确立了“主攻中小企业市场、主推贸易融资产品”的发展策略,着力探索破解企业“融资难、融资贵”问题。特别设立中小企业经营分中心,搭建中小企业业务专营机构,并优化中小企业授信业务的审贷机制和审批流程,实行差异化的额度管控模式和审批流程,提高审批效率,满足客户更高的服务需求。立足“二区一链”和“信贷工厂”特色,推出深化中小企业金融服务的系列帮扶举措,重点培育一批潜力巨大、节能环保、高新技术型的转型升级企业。年末,该行中小企业贷款余额占比65%;新发放小微企业贷款客户323户,小微企业占该行授信客户总数的72%。小微企业本外币贷款增幅170.88%,比全部贷款增幅高出50.45个百分点,小微企业本外币贷款新增18.25亿元,比上年增量多增11.88亿元,实现“两个不低于”目标。

【金融创新】针对金华市块状经济特点,该行创新推出适用于交易市场、开发园区和供应链领域的“吉祥三宝”业务,批量拓展小微企业授信30户,累计发放贷款1.83亿元。结合企业发展实际,推出存货、股权、应收账款质押贷款业务和应收账款保理融资业务以及“合力贷”“易贷多”等特色业务,降低融资准入门槛。小企业信用贷款试点工作获得突破,全年累计投放信用贷款金额700万元。加快跨境人民币结算和贸易融资业务进程,先后开办信用证代付、跨境人民币信用证融资、人民币海外代付、离在岸联动保理等业务,累计开立跨境人民币信用证3.02亿元、外汇信用证9434万美元,办理贸易融资业务金额1.50亿美元。创新还款方式,对符合条件的小微企业,适度延长贷款期限,实现小微企业贷款到期和续贷的无缝对接,减轻企业财务压力。

【规范稳健经营】 开展全面风险排查、贷款和服务收费领域问题专项治理以及整顿不规范经营、整顿金融市场秩序等活动,严格把关贷款融资各环节,杜绝以贷转存、存贷挂钩、以贷收费等问题,主动让利客户,接受社会监督,自觉维护银行业市场秩序。该行中小企业贷款和个人经营性贷款等授信业务定价水平下降5个百分点,小微企业特别是签约的中小企业成长性培育客户享有优惠利率;贷款平均利率低于同类银行平均水平0.16个百分点,低于全市银行业平均水平1.06个百分点。

【民主评议行风】 该行坚持专业优质的服务理念和高效务实的工作作风,以优越硬件为依托,以规范网点窗口建设为目标,以6S现场管理为重点,规范服务行为,创新服务方式,提高服务效率,通过开展岗位练兵、技能竞赛等活动,积极创建"群众满意服务窗口",着力培育服务软实力。在全市银行系统民主评议行风活动群众满意度调查中,该行金融服务工作获得客户充分认可,整体满意率居12家参评银行第一,分行营业部被评选为金华市"文明窗口"。

【浦发银行金华永康支行】 该行以客户为中心,积极构建布局合理、功能完善、服务优良的金融服务体系,渠道建设成效显著,显现出对经济发展和民生服务的支撑作用。2012年5月,浦发银行金华永康支行对外营业,开业后各项业务发展良好;12月,该行东阳分支机构设立规划获得监管部门批复同意。自助、电子渠道建设加快推进,分行设立首家离行式自助银行,新投放自助设备5台,电子渠道交易量占比25.32%,比上年上升16.69个百分点。

(梅　佳)

邮政储蓄银行金华市分行

【概述】 至2012年年底,邮政储蓄银行金华市分行蓄余额规模达到62.09亿元,实现净增15.06亿元。年底对公余额达到22.69亿元,累计日均余额为19.2亿元。累计发放贷款83.76亿元,年底结余规模86.78亿元,同比增长10.4%。不断加大对小微企业、涉农贷款的政策倾斜,经营性贷款的投放净增占整体贷款净增的84.6%。加强资产保全工作,严控逾期贷款新增,派驻专员下支行开展多渠道清收,清收不良贷款2007万元,逾期、不良的年末结余量分别下降493万元、529万元,逾期率、不良率分别为下降0.36%、0.31%。金华市分行被省政府评为"浙江省城乡居民社会养老保险工作先进单位",辖内义乌市支行营业部获得2012年度浙江省银行业文明规范服务示范单位、全国"千佳"示范单位两项荣誉。

【渠道建设】 着力营销城乡居保、社保、财政涉农资金以及土地补偿资金等重点项目。完成金华、义乌、东阳等地的3个二类支行改革工作、永康市二类支行改革网点的招投标、兰溪市横溪支行的迁址装修以及永康市支行营业部的装修改造工作。新增ATM 37台,存取款一体机83台,自助汇款机26台,安装自助机具防护舱73个。在23个自营网点配置了登折机,在22个自营网点配置了网银终端机,在13个自营网点新增了手机银行体验机,进一步拓宽服务渠道。

【安全防控管理】 落实网点安防管理和培训,确保网点安全生产、员工安全操作。2012年5月,市本级票据中心成功堵截了两张变造的银行承兑汇票,面值共计380万元。同期,邮政代理网点站前支行堵截了一张假存单,金额达80万元。

(胡　佳)

金华成泰农村合作银行

【概述】 截至2012年年底,金华成泰农村合作银行各项存款余额868478万元,比上年增加151187万元,增幅21.08%;各项贷款余额605492万元,比年初增加93965万元,增幅18.37%;五级不良贷款余额14487万元,不良贷款占比2.39%,比上年下降0.2个百分点。实现账面利润15794万元,比上年同期增加1414万元,增长9.83%。

【业务工作】 深入推进"金融服务进村入社区工程、阳光信贷工程、富民惠农金融创新"三大工程,持续加大支农信贷投放力度;开展服务实体经济与进村入企专项活动,积极培育新的信贷增长点。全年累计走访调研中小企业1159家,召开农户及企业现场座谈会232次,新增小企业贷款77304万元,增幅18.80%;办理农户贷款888笔、企业贷款249笔,帮助解决难题372个、帮助办成实事325

件;严格遵守“合规收费、以质定价、公开透明、减费让利”原则,对小微企业继续让利,抵押贷款利率定价在原基础上少上浮 5%, 年内累计优惠贷款利息 2570 万元;加快构建助农平台,新增了 113 个银行卡助农取款服务点,总数达到 453 个,新安装 2 台便农自助金融服务终端,同时积极开展金融服务点进驻村级便民服务中心工作,覆盖面达 100%。

【金融创新】 创新信贷产品,开办了保函业务、推出了大学生就(创)业贷款、股权质押贷款、“商易通”贷款等信贷产品;创新中间业务,抓住中秋国庆双节销售时机,与工行合作,推出了贵金属销售代理业务;发行理财产品,发行了“丰收信福 2012 年第一期人民币理财产品”;创新国业产品,推出了打包放款、出口商票融资、信保项下短期融资、出口押汇、福费廷等贸易融资产品。同时,引进微贷技术,成立了金华农信系统首家小微贷款中心,为小微企业提供全方位金融服务;创新服务机制,推行贷款还款和续贷“无缝对接”模式,针对生产型企业流动资金特点,推出了资金适配法与应急周转金合作法两种试行方案;代理发行社保卡,10 月成立金华市社会保障卡成泰合行办理中心,该中心是金华农信系统首家社保卡办理中心,截至 2012 年年底已发行社保卡 20632 张;拓宽服务渠道,对外开办了网上银行、贷记卡等业务,年底网上银行客户开户数 4590 户, 交易金额累计 361196 万元, 发行贷记卡 3958 张,透支余额 1349 万元;开办国际业务,年内实现结算量2020 万美元,结售汇量 1693 万美元,开立对公外汇账户 63 个, 实现中间业务收入 15 万元, 已与 41 家境内外银行建立代理行关系。

【企业文化】 围绕浙江农信成立 60 周年,组织百名农村青年创业学院学员参加农信文化之旅,进一步打响了成泰农村青年创业学院品牌;开展巡礼活动,与《金华日报》联合举办“成泰银行巡礼”栏目, 通过记者与信息员深入基层实地走访调研,听民声、解民意,提升成泰农村合作银行社会知名度;持续开展标杆网点固化工作,对 21 家网点、自助银行实施改造,从软硬件上提升了网点形象。创新推出了“5+3+1”廉洁合规风险防控模式。即五项监督机制(行风效能监督牌、行风评议监督箱、效能与行风监督员、内部员工风险交易审计、家庭助廉机制)、三项监督制度(自述廉洁合规、员工评议廉洁合规、机关对基层评议)、一条文化走廊。此风险防控模式获得了省农信联社领导和市纪委领导的充分肯定。关爱困难员工,关心员工生活,开展了“生日送真情”、女员工特殊权益保护、“住院探视”、退休人员节日慰问等形式多样的送温暖活动。

(吴旭妍)

保险业

【概述】 2012 年, 金华市保险业务平稳健康发展。全年实现保费收入 106.52 亿元, 同比增长 13.98%。其中,财产险保费收入 44.77 亿元,同比增长 16.18%; 人身险保费收入 61.75 亿元, 同比增长 12.44%。保险深度 3.93%,同比增加 0.25 个百分点。保险密度 1927.96 元,同比增加 253.99 元。保险保障功能有效发挥。累计支付赔款和给付 32.95 亿元,同比增长 33.45%。其中,财产险公司赔付 24.24 亿元,同比增长 33.77%;人身险公司赔(给)付 8.71 亿元,同比增长 32.57%。险种结构合理调整。车险业务良好发展,同比增长 15.55%;人身险新单期交保费同比增长 9.19%; 关系国计民生和社会和谐稳定的政策性“三农”保险保费同比增长 71.02%。市场主体理性增长。2012 年年底,共有财、寿险主体 49 家(比上一年度增加 4 家),其中财产险主体 26 家、人身险主体 23 家;中资主体 48 家,外资主体 1 家。共有财、寿险机构 179 家,其中市(地)级机构 49 家,县级(及以下)机构 130 家。共有保险从业人员 14860 人,其中营销员 10530 人,营销员整体素质有所提高。

行业自律不断深化,市场秩序日趋完善。各县域行业自律协调小组继续加强交流沟通,积极履行职能,促进各县域保险市场的稳步和谐发展。各保险机构积极配合各项自律检查工作,认真开展自查自纠, 各财险公司积极参与车险理赔服务测试,加快理赔速度,提高理赔结案率;3 家寿险公司组织开展银保自律检查;人身险公司开展培训费用支出情况检查,银保市场秩序得到进一步完善。经个人营销专业委员会讨论后,形成 2012 版《金华市保险营销员业内流动管理自律公约》，保持了营销队伍稳定性及保险营销市场规范有序。

宣传沟通渠道不断扩大，保险环境得到优化。为进一步发挥保险消费者维权监督站的作用，协会与市消保委召开三次座谈会，聘请了保险维权义工，加大保险社会监督力度，督促行业依法合规发展。在市公安局和各保险公司的支持下，协会“防保险诈骗系统”顺利建成，并发挥了较好作用。由金华交通警察支队、保险行业协会、金华移动公司联合建立的“交通事故处理彩信平台”，促进了路面交通畅通及保险理赔速度提高。保险业在加快发展的同时，加强与市政府相关部门沟通交流，主动汇报发展情况，并继续就火灾公众责任保险等利民生、保民生的险种发展与有关部门进行沟通。《金华市人民政府关于进一步加强消防工作的实施意见》中明确提出，2012 年年底前，在火灾高危单位试行投保火灾公众责任险。金华保险业不断加强宣传交流，通过与金华日报社、金华晚报社等媒体的合作，宣传全市保险业的行业新闻、各大保险公司服务理念、理赔知识、先进事迹和企业特色等，使老百姓更进一步了解保险，提高了对商业保险的认知度。同时保险公司领导定期做客金华广电中心行风热线直播间，解答听众投诉咨询，宣传商业保险知识，维护了保险人和客户双方的合法权益。

（孙　静）

中国人民财产保险股份有限公司金华市分公司

【概述】 2012 年，实现毛保费收入 10.609 亿元（以下数据均不含义乌），同比增长 19.47%，保费规模历史性突破 10 亿元大关，共处理赔案 101417 件，直接赔款支出 5.74 亿元，市场份额为 34.58%，居全市财产险市场行业第一位，充分发挥了保险这一“社会稳定器”的保障功能。在保持市（地）级文明单位“满堂红”的同时，先后获得获评人保集团公司创先争优活动先进集体、离退休工作先进集体，被总公司评为学习先锋团队、地市级分公司经营业绩 50 强，理赔中心被评为全国理赔百强单位，并被市委宣传部评为诚信经营企业，在全省人保财险系统非车险、理赔、出单、电子商务技能四项大赛中全部进入前三名，实现“满堂红”，武义理赔分部、浦江出单分中心获评全省人保财险系统为民服务先进窗口单位，兰溪支公司党支部获评全省人保财险系统创先争优活动先进集体，所属东阳支公司被总公司评为金牌服务示范窗口，浦江支公司被总公司评为“县域学泊头”先进单位，赢得了一系列的荣誉。

【提升服务水平】 以保监会“解决车险理赔难”和省保监局“一切为了消费者”这一工作重点，组织召开 2012“服务标准化深化年”动员大会，强力推动“服务制胜”战略，切实增强分公司的核心竞争力和可持续发展能力。同时，积极开展未决赔款大清理，推行小额赔案快赔处理，并在公司内网实时公布结案排名情况，督促理赔人员提高结案速度。在此基础上，相继在金华市本级和东阳举办二期标准化服务强化训练和测试，通过五天的强化训练，进一步提升了服务窗口的服务水准。先后对武义、磐安、婺城及市本级营业场所进行装修，按新 VI 标准重新布置职场，市分公司还将一楼原本出租的营业大厅收回自用，新设出单中心大厅，并于 8 月 18 日投入使用，使分公司的整体职场环境旧貌换新颜，全面提升了服务水准。此外，在客户节推出理赔无忧、四海通行、“10+2”服务承诺的基础上，结合金华实际，推出了“人保之友菁华卡”会员服务，并推行理赔联络专员服务，为客户提供全方位的理赔服务，着力解决车险理赔难，切实提高客户满意度，截至 12 月底，菁华卡会员客户已达 2386 名，使用会员卡服务达 559 次。同时，对俱乐部成员提供一系列特色服务，9 月 22 日，专门组织 30 余名客户开展了“迎中秋、庆国庆”磐安百仗潭自驾游活动，得到了广大客户的一致好评。其中车险万元以下案件理赔周期为 15.42 天，同比提速 50.98%，万元以下 1 小时通知支付率达 99.29%，案件的处理效率得到了大幅度的提升，位居全国理赔百强第 48 位。同时，在省公司 95518 客户回访服务举措落实和客户满意度上，公司均列前三位，并在总公司上半年、下半年神秘人检查中分别位居第一位、第二位，得到了广大客户的一致认可。此外，还开通了开通电话车险，家用车客户只要拨打“4001234567”投保专用电话，足不出户就能享受免费送单上门等一条龙服务，还开通了电子商务平台(www.e-picc.com.cn),通过互联网就能购买保险产品。

【农业保险】 公司作为政策性农业保险共保体首席承保人，共承保政策性农业保险105026户,承担风险61.05亿元,相继开办了能繁母猪、生猪、水稻、林木火灾、鸡、鸭、鹅、蔬菜大棚、淡水养殖、油菜等9个品种,已赔付1012.47万元。同时,作为政策性农村住房保险独家承保人,公司共承保农房101.1万户,承担风险30.24亿元,截至12月底,共支付赔款795.69万元,由于赔款支付及时,让农户在第一时间领取赔款,恢复生产生活,受到了广大农户的一致好评。此外,结合金华的实际,为保障奶牛养殖安全,提高养殖户抵押风险的能力,公司今年还积极与市畜牧兽医局合作开办了政策性奶牛保险,自5月24日签发第一单以来，经过一个多月的时间,共承保奶牛24500头,185户,提供风险保障1.47亿元,其中中央、省、市财政补贴85%,奶牛养殖户仅需承担15%的费用,将其饲养的奶牛向公司投保后,当参保奶牛因疾病、自然灾害、意外事故等造成死亡时,就可享受保险赔偿,截至12月底,已支付赔款100.8万元。

【关注“平安金华”建设】 公司积极关注“平安金华”建设,相继推出校方责任险、医疗责任险、出口产品责任险、董事责任险、公共娱乐场所责任险、公众火灾责任险、自然灾害公众责任险一系列涉及公众场合风险保障的保险产品。为有效解决医患纠纷,构建和谐社会,公司以占60%的份额作为首席承保人,联合当地6家保险公司成立了政策性医疗责任保险共保体,自2010年起已连续三年为当地医疗机构提供医疗责任险（含附加医疗意外责任保险）保障,实行封顶赔付。同时,公司积极抽调人员,与相关部门组建医疗纠纷人民调解委员会和医疗责任保险理赔中心,引入第三方开展医疗纠纷调解理赔,及时支付医疗责任险赔款,稳定了患者家属的情绪,受到了卫生部门和有关医院的好评,充分发挥了保险的保障功能,有效缓解了医疗纠纷这一顽症,得到了副省长郑继伟的批示肯定。此外,公司进一步密切与金华市道协的联系,签订了农村班线承责险和危货承责险业务合作协议,为农村班级运营和危险货物运输系上了保险“安全带”;加强与燃气协会的合作,在全市率先开办燃气经营单位安全生产责任险,为燃气经营单位提供6000万元的风险责任。此外,永康、浦江开办了社保超赔,积极参与医疗保险制度改革,永康、磐安分别承担了自然灾害公众责任险,为当地居民提供保险保障。

【防范风险】 以“举措落实年”为契机,强化执行力建设,将监管部门的政策和上级公司的文件作为基础管理的底线,全面做好省公司规范市场秩序推进依法合规经营检查整改工作,认真组织开展中介业务自查自纠，进一步增强了合规经营意识,有效防范违规经营风险,在广州监察稽核中心的检查中,也获得了充分肯定。同时,充分发挥人保财险的带头示范作用,进一步推动依法合规经营向纵深发展,切实加强了行业内部沟通和监督,营造了健康有序的行业发展环境,在12月举行的金华保险行业协会理事会上再次高票当选为会长单位。此外,针对客户信息真实性问题,出台客户电话信息真实性考核办法,从源头上控制客户信息质量,每月进行通报，力争客户电话信息考核月平均优良率达到90%(含)以上,并强化重要单证、数据质量管理,开展考核和通报,加强重要项目和环节监控,使单证管理和数据质量得到有效改善。进一步强化出单中心管理,深入基层开展调研,推进出单速度治理工作,每周通报出单速度,并督促整改,不断提高出单质量和效率。

【构建和谐企业】 以第四期星火训练营为载体,多层次、多方位开展员工教育培训,提高了员工的综合素质和业务技能。同时,组建组训队伍,利用晨夕会等形式,强化营销团队管理,并召开第四届销售精英峰会，对40余名展业精英进行隆重表彰,进一步激发了团队士气,提升团队产能。此外,7月份召开二届三次职代会，听取员工的意见和建议,并层层制定了提升员工幸福感工作方案,落实员工关爱工程,开展员工幸福指数测评,还相继举办了迎新团拜会、离退休员工座谈会、羽毛球、游泳比赛、登山比赛等文体娱乐活动,并在磐安举办了第三届职工趣味运动会,组建了篮球队和“人保之光”摄影俱乐部,在本部推广工间操,2012年1月7日,又在本部举行青年员工新年歌会,广大青年员工欢聚一堂,共庆新年,从而有效提升了员工幸福感,员工幸福感指数提升了7个百分点，幸福指数满意度居全省第三位，深入践行“分担与共享”的企业文化，营造了“以人为本，和谐奋进”的文化氛围。

【共建活动】 对结对扶贫单位一武义县新宅镇沿溪村认真做好帮扶工作，帮助扶贫村出谋划策，每年建军节前夕，我们都对共建部队进行慰问，送去慰问品和慰问金，并与西市街道、北苑社区开展社区共建活动。此外，建立志愿者组织，积极参与“3·15”消费者咨询活动、安全生产月宣传活动、“破两难”保险宣传咨询等活动，并深入社区、企事业单位，为广大客户提供上门办理保险等一条龙服务，得到了广大客户的一致好评。7月4日，还积极协办“中国人保文明出行”全省巡回宣传活动(金华站)，为高温季节坚守一线的交警同志送上了矿泉水、饮料和防暑用品，向他们的辛勤工作表示感谢，并到金华交警支队进行了参观、座谈。随后，在八一南街体育馆路口，举行了“文明示范街”揭牌仪式，公司志愿者和其他志愿者及值班交警一起组成“拔塞子”小分队，分组在各路口进行“你不是塞子”劝导活动，队员们举着劝导牌，对超线、闯红灯等违章行为进行劝导，并向过往市民发放“文明出行”倡议书、“十大交通事故警示案例”光盘。当天晚上还在金发广场举行了名为“改变陋习，珍爱生命”的“文明出行”主题巡演晚会，以《马路四重奏》情景剧表演贯穿而成，包括“狭路相逢”“红绿灯下”“堵车”“公交车上”四个既有关联又各自独立的小品故事，寓教于乐，将安全行车、文明出行的理念传递给观众，公司理赔中心查勘员接受了主持人的现场采访，向市民介绍了金华人保财险的车险承保理赔情况、常见的交通事故并呼吁广大市民要遵守交通规则，珍惜生命。

(章周松)

中国人寿保险股份有限公司金华分公司

【概述】 2012年，公司实现股份业务保费收入17.74亿元(不含义乌)，同比增长7.16%，市场份额为42.22%，继续保持寿险市场领头羊地位。公司被评为金华市“诚信经营企业”，公司班子被评为中国人寿系统第四届“模范集体”，在省公司系统年度绩效考核评比中再次荣膺A级分公司。

公司注重品牌内涵的丰富与多元化。举办了多场大型客户服务活动，服务客户达到了一万多人次。积极推进柜面服务标准化建设，提升柜面服务品质。着力防范销售风险，开展了第五届“诚信我为先”活动，把风险消除在萌芽状态。深入开展内控标准知识的普及和推广，组织内控标准知识培训和考试。严格执行“小金库”治理，加强反洗钱培训，认真做好数据真实性自查等工作。加强理赔、调查业务知识的学习培训，提高理赔管理的能力。加强理赔审核，有效预防保险诈骗案件发生。全年组织了21期新人岗前培训班。组织开展员工与销售人员的学历教育。开展了保险知识咨询、进社区活动。积极推进“创先争优”活动，组织了主题演讲比赛。保持组建篮球、气排球、乒乓球、垂钓、瑜伽和太极拳等六个专项俱乐部，组织钓鱼比赛、乒乓球比赛、篮球联赛等，丰富职工的业余生活。认真落实职工书屋建设三年规划，各县支公司职工书屋建设成效显著。组织员工开展了慈善捐款、无偿献血、捐赠棉衣活动，坚持开展结对扶贫工作，营造关爱社会、奉献爱心的良好氛围。

(滕春生)

中国太平洋人寿保险股份有限公司金华中心支公司

【概述】 2012年，中国太平洋人寿保险股份有限公司金华中心支公司(简称太平洋寿险金华中心支公司)加大业务拓展及结构调整力度，实现业务规模和结构优化双提升。全年实现保费收入6.02亿元，同比增长12.3%，市场份额9.74%。其中，个险保费3.54亿元，同比增长23.6%，占总保费的57.2%。个险首年期缴保费8438万元，同比增长15.8%，占个险首年保费的96%。团险保费6012万元，同比增长7.4%。银保代理保费1.88亿元，同比增长12.2%。续期保费4.23亿元，占总保费的67.2%，同比提高4.2%。至2012年年底，共有7个县(市、区)支公司及3个营销服务部。共有从业人员1170余名。其中员工180人；个险营销员990人，同比增长4.3%。金华中心支公司深入开展创先争优活动;党委开展重走红色革命道路活动,重温入党誓言;党员干部认真贯彻《国有企业领导人员廉洁从业若干规定》,组织签订党风廉政建设目标管理责任书;不断加强政治理论学习;加强工会、共青团工作,营造和谐向上氛围。

【经营管理】 2012年,通过管理体系改革,优化客户服务,全面提升专业化管理水平、风险防范能力和客户满意度。同时开展优化人力资源配置工作,实施竞争上岗、双向选择;加强资金、资产、业务的集中管理;深入开展诚信经营活动;加强客户回访管理,实现新单100%回访;创新增值服务项目;实行风险预警及分级管理;全面推行关键岗位检查机制;加强巡视和效能监察;规范单证、印章管理与使用流程;妥善做好信访投诉和案件查处工作,内控能力显著增强。积极发挥经济补偿功能,截至2012年底,累计为5.4万人次的长期险客户提供保额20亿元的风险保障,为3.6万人次短险客户提供保额7.5亿元的风险保障。全年共赔(给)付2909万元,同比增长14.3%;上缴税款近2057万元。助推城乡保障体系建设,与永康市政府签订大病医保合作项目。

(朱若天)

综合管理

计划发展管理

【经济运行分析】 进一步健全经济监测预警和分析机制,高质量地做好季度经济形势分析和工业企业监测分析。不断提升有效投资、重点建设、服务业发展、价格监测等专题分析报告质量。

【“十二五”规划落实】 科学编制年度预期目标和年度计划报告。完成市“十二五”规划纲要2011年度实施情况监测评估报告。参与编制完成《金华市质量技术监督事业发展十二五规划》《金华市药品安全十二五规划》《金华市电子商务十二五发展规划》等各类重点和一般专项规划22项。其中10项市重点专项规划由市政府印发,11项一般专项规划已由我委和相关部门联合印发。完成了市“十二五”规划汇编。

【课题研究】 围绕市委市政府年度重点工作任务,拟定了2012年度重点调研课题计划,提出了23项重大课题研究,涵盖了金义都市新区建设、重大项目前期研究、重点建设项目融资和管理、产业发展研究、节约集约用地和价格管理方式创新等方面。全年共完成课题27项,大量课题获得了市委市政府领导的批示,部分课题在各级刊物上公开发表。

【项目谋划和储备】 全年,共安排市区政府年度计划投资项目161项,计划总投资284.7亿元,年度计划投资47.4亿元。全市共安排重大项目前期工作推进计划77项,总投资1396.8亿元,分别增长156%和72%。全市列入省重点建设项目计划95项,其中新增28项,增长55.6%,为历年之最。全市安排实施各类重点项目239项,增长49.4%,项目总投资1574.2亿元,今年计划投资222.7亿元,增长31.2%。认真开展今后五年重大项目规划编制和申报工作,筛选上报了234项具有战略意义的重大项目。围绕市委、市政府关于加快市区重点建设和赶超发展的重大决策,牵头编制了市区重点建设和赶超发展三年行动计划实施项目。

【推进项目建设】 出台《金华市重大建设项目前期工作管理暂行办法》,从项目储备、前期计划、推进管理、经费保障等几个方面进行了规范。成立了重大项目前期办,主任高配为副处级,确定行政编制5名。各县(市、区)也相应成立前期办,前期办主任级别也实行相应的高配,人员也已基本到位。全市共列入省重点建设项目115项,其中年初新增28项、下半年增补20项,增补项目数居全省第一;全年省重点项目完成投资76.4亿元,为年度计划的149%,投资进度一直位列全省第一;市重点项目完成投资278.4亿元,为年度计划的125%,建设进度明显好于往年。重点项目建设工作得到了省领导的批示肯定。紧抓国家扩大投资的政策机遇,加强工作联动,积极向上争取各类扶持资金。上年,全市共159个项目获中央预算内资金5.54亿元。成功发行“2012金华市国有资产经营有限公司债券”,募集了10亿元债券资金,所募集的资金全部用于省、市重点项目建设。制定并由市政府出台《金华市区政府投资项目初步设计和概算管理暂行办法》,进一步规范项目管理,严格概算控制,提高政府投资效益。建立政府投资项目、重大前期项目进展情况月报和分析制度,加大重点项目督查推进、稽查监管、协调服务力度。及时协调解决园区发展和项目建设过程中的困难和问题,加快推进项目实施。制定出台《关于2012年扩大有效投资促进经济平稳较快增长的实施意见》、《省市重点建设项目目标任务考核办法》等意见和办法，分解落实了固定资产投资目标任务，对各县(市、区)的省、市重点建设项目投资完成率、固定资产投资、招商引资等情况，每月在《金华日报》上排序公告，加大项目工作的考核力度。全市实现固定资产投资额1133.2亿元，首次突破千亿元大关，同比增长31.3%，增速位列全省第三。

【结构调整与转型升级】 2012年，有6个项目列入全省央企签约项目、58个项目列入全省民营经济大会公布项目。选定101个重点项目编制《2012年金华市重点招商项目》向外推介。浙(婺)商回归创业创新大会上有38个浙(婺)商回归项目签约，合作投资总金额188亿；第十四届浙洽会上有34个项目签约，总投资135.6亿元；金华市(深圳)投资招商会上有18个合作项目签约，合作资金100多亿元。完成市里下达的5亿元内资引进考核任务。牵头制定并由市政府印发《金华市区推进节约集约用地专项行动工作方案》《关于进一步提高市区节约集约用地水平的实施意见》，明确专项行动的工作步骤、工作任务和处置政策。会同相关部门完成市区转而未供土地和存量工业项目用地情况调查摸底，推进“四个一批”集中处置工作，切实提高土地利用效率，为经济转型发展腾出空间。全市列入省重大工业项目计划项目25个，总投资192.1亿元，2012年计划投资50.1亿元，项目数和资金总额为历年之最；列入省服务业重大项目计划项目21个；列入省循环经济“991行动计划”重点项目21个，总投资31.2亿元，今年计划投资6.6亿元。

【推进服务业发展】 制定出台《关于加快推进服务业发展的实施意见》，明确放宽市场准入、加大税收优惠和财政资金扶持力度、改善融资环境、加强用地和人才保障等一系列扶持政策，市区服务业引导资金从4000万元提高到7000万元。制定出台《金华市服务业重大项目计划管理暂行办法》，加强全市重大项目管理，确保项目顺利实施。起草了《金华市区服务业引导资金暂行管理办法》和《金华市服务业重点企业认定办法和扶持政策》。制定《金华市现代服务业发展综合配套改革试点工作2012年重点任务分解方案》和《2012年金华市服务业工作要点及责任分工》，分解落实工作任务，全面推进服务业改革试点工作。金华高新园区软件与服务外包基地和浙江八味特产市场被列入第二批省级现代服务业集聚示范区。重点推进浙中信息产业园、义乌国际物流中心等5个首批省级现代服务业集聚示范区建设。制定出台全市服务业重大项目计划，共安排重大项目59个，总投资575亿元，年度计划投资108亿元。研究谋划了湖海塘商贸综合体、南山旅游集散中心、湖海塘生态休闲公园等一批重大项目。分离发展一批，2012年全市新增主辅分离企业20家，累计达到185家，实现营业收入30多亿元，税收5.3亿元。招商引进一批，积极引进服务业重大项目和知名企业，充分发挥大企业大项目引领带动作用。培育提升一批，加快培育利诚信息、银泰购物、中外运物流等一批服务业重点企业。全市实现服务业增加值1221亿元，同比增长10.9%，增速位列全省第一。

【强化民生保障事业】 印发金华市基本公共服务均等化2012年度实施计划，全市共76个项目列入年度实施计划。大力实施基本公共服务均等化行动计划，促进城市基础设施向农村延伸、公共服务向农村覆盖。建成村邮站信报箱4846个，基本完成了行政村全覆盖的目标任务。惠民设施建设方面，城南桥—河盘桥干堤加固工程基本完工，钱塘江干堤加固工程进展顺利，兰溪钱塘垅水库、武义石硖水库等已开工建设。加强生态建设和环境保护，金华市列入全国第二批餐厨废弃物资源化利用和无害化处理试点城市。编制完成《金华市循环经济发展“十二五”规划》和节能、农村能源等专项规划。组织实施省循环经济“991行动计划”重点项目。加快推进循环经济省级试点基地建设，万里扬汽车变速器再制造中央预算内投资项目和国家汽车零部件再制造试点企业通过省发改委验收。制定《金华市对口支援工作要点》和年度项目计划安排，2012年全市共安排援疆资金9700万元，实施援建项目15项，总投资4.3亿元，今年计划投资3.9亿元。至年底，援疆项目已全部启动实施，累计完成投资6.8亿元，16个项目(含续建项目)已竣工。

(陈鑫伟)

国土资源管理

【概述】 2012年,全市国土资源系统以"双保双服务"行动为主线,以改进工作作风为抓手,破难题、保发展、守红线、挖潜力,着力做好保障发展和保护资源两篇文章,各项工作扎实推进,取得明显成效。全年争取用地追加指标1199.13公顷,为年初计划数的220%;全市上报省政府审批农用地转用土地3049.4公顷,新增建设用地2642.60公顷,上报农转用面积和新增建设用地面积总量同比分别增长104%和121%;全市消化批而未供土地1153.3公顷(市区5372.13公顷),盘活存量建设用地215.4公顷(市区45.53公顷);累计形成3049.53公顷的有效土地供应,为全市经济社会发展提供了有力的国土资源支撑。

【土地资源保障管理】 一是加大指标争取力度。受土地调控因素影响,2012年分配给全市的新增建设用地计划指标只有545.07公顷,通过破解资源约束难题,全年争取各类用地指标1199.13公顷,指标总量同比增长25.8%,较好地保障了全市经济社会发展用地需求。其中:通过包装地质灾害避让和欠发达地区异地搬迁等项目,先后追加各类新增建设用地计划指标12次,面积523.27公顷;通过整合、策划包装能源、交通、水利等建设项目争取省重点工程用地带帽指标675.87公顷,涉及各类项目14个。二是科学合理分配指标。按照"突出重点、优先工业、统筹兼顾"的原则,优化指标分配,实行差别化用地政策,坚持用地指标有保有压有空,重点支持重点基础设施、民生工程、战略性新兴产业项目用地需求。全市完成项目预审161个,面积519.93公顷;上报省政府审批农用地转用土地面积3049.4公顷(含低丘缓坡专项审批),新增建设用地面积2642.6公顷,其中:上报农用地转用计划批次76个,总用地面积1165公顷,新增建设用地面积978.13公顷;上报单独选址项目14个,总用地面积847.73公顷,新增建设用地667.33公顷。三是加快土地供应速度。开展"服务基层、服务企业"行动,完善重点项目用地服务保障机制,加快报批速度。全市土地供应结构不断优化,医疗卫生、保障性住房、教育等民生领域项目用地比重有所增加,一大批重大急需项目用地得到有效保障。全市供应国有土地932宗(市区111宗),面积1203.93公顷(市区319.93公顷),合同出让金80.08亿元(市区24.75亿元)。其中:经营性用地221宗(市区21宗),面积195.33公顷(市区79.53公顷),合同出让金58.99亿元(市区22.08亿元);工业用地378宗(市区44宗),面积532.47公顷(市区101.87公顷),合同出让金21.08亿元(市区2.67亿元)。全市落实保障性安居工程用地43.38公顷,完成省下达工作任务。

【拓展和优化发展空间】 一是积极推进低丘缓坡综合开发试点。精心做好全市低丘缓坡试点方案的调整编制和上报审批工作,实施方案顺利通过省国土资源厅专家评审。全面开展试点区土地利用总体规划的实施评估和规划修改工作,试点区规划实施评估全面完成,规划修改工作已同步展开。低丘缓坡专项指标的农转用报批速度不断加快,义乌、永康等8个地区的24个农转用专项批次已上报省国土厅,总用地面积1036.67公顷,新增建设用地997.13公顷(其中耕地315.53公顷)。二是做好规划修改落实。按照全市产业布局和项目需求,积极推进土地利用总体规划局部修改和落实工作,优化土地利用布局,为全市经济社会发展进一步腾挪空间。全年完成规划修改乡镇173个,调整有条件建设区面积1793.3公顷,调整复垦区面积151.27公顷;完成规划落实项目171个,涉及预留新增建设用地指标1500公顷,预留基本农田指标609.07公顷。三是开展农村土地综合整治。坚持"计划指标保重点、一般用地靠挖潜、农村建设靠增减"的思路,结合中心镇、中心村和美丽乡村建设,稳妥推进农村土地综合整治,城乡建设用地空间布局进一步优化。全市落实农村综合整治项目增减挂钩指标项目57个164公顷。

【土地资源利用整治】 一是深入推进节约集约用地工作。认真开展了"365节约集约用地活动",加强顶层设计和总体筹划,市政府将节约集约用地3项指标纳入考核督查,实行排序通报,全市节约集约用地工作经验得到王建满副省长的批示推广。各县(市、区)围绕节约集约用地工作积极探索、大胆实践,创造了不少成功经验和有效做法。义乌市创新推出工业用地分阶段出让制度在全省得到了总结推广，永康市以税收贡献率安排新增建设用地，兰溪实行工业项目预发证制度等,都取得了比较好的效果。二是加快批而未用土地利用工作。以“集约促转型”专项活动为抓手,实施多部门联动、地毯式排查、多领域推进,批而未供土地消化利用和低效闲置用地处置力度不断加大,低效利用土地退出机制和工业企业节地挖潜激励机制进一步完善。全市消化批而未供土地 1153.3 公顷（市区 372.13 公顷),占土地供应总量的 96.1%,占比上年同期上升了 22.5 个百分点,年度批而未供土地总量同比下降 570.67 公顷；盘活存量建设用地 215.4 公顷（市区 45.53 公顷);闲置土地处置率达 91%。三是开展市区节约集约用地专项行动。3 月,市政府专题部署节约集约用地专项行动,对工业用地开发建设及经济产出情况进行全面排查。同时,下发了《关于进一步提高市区节约集约用地水平的实施意见》，提出了加快建立破解用地供需矛盾的长效机制的具体举措。通过摸清家底、落实责任、分类处置、督查推动等措施,市区收回空闲低效土地 44.4 公顷,盘活利用低效土地 54 公顷,141 个延期开竣工项目中已有 118 个项目实施开竣工，市区土地利用水平取得显著提升。

【土地垦造和耕地保护】 一是继续实施“百万”造地保障工程。在耕地垦造后备资源匮乏的背景下,立足实际、自我加压、深挖潜力,进一步加强耕地规划管理、项目管理、质量管理和资金管理,扎实推进垦造耕地工作。全市立项垦造耕地项目 199 个,规划新增耕地面积 1647 公顷,其中经市级验收项目 130 个,新增耕地面积 1027 公顷,完成市政府下达任务数的 117%。二是不断完善耕地保护责任机制。及时分解落实省政府部署的耕地保护目标,明确县(市、区)耕地保有量、基本农田保护和标准农田保有面积任务。严格实施耕地保护目标责任制,根据耕地保护的目标任务和责任要求，认真开展了县(市、区)耕地保护目标责任考核工作。开展高标准基本农田建设潜力调查,新一轮基本农田划区定界工作全面完成。全市连续 15 年实现耕地占补平衡。三是全力以赴做好卫片执法检查。全面落实卫片执法检查工作责任,层层签订责任书,落实分解任务,强化工作考核。加大卫片执法推进力度,对工作落后地区开展排序约谈,组织了各部门共同参与的联合督查,保质高效完成违法用地查处整改任务。卫片执法期间全市立案查处违法用地 847 宗，涉及土地面积 217 公顷,其中耕地 119.73 公顷;非立案拆除复耕 271 宗；拆除违法建筑物面积 110.3 万平方米,提出党政纪处分建议 37 人,涉嫌犯罪移送公安机关追究刑事责任 8 人。全市违法占用耕地面积占新增建设用地占用耕地总面积的比例为 6.05%,实现了“个位数,零问责”。

【民生保障和服务】 一是稳步推进征地制度改革试点。推进征地管理规范化建设,进一步改进征地工作,在全省率先开展规范化征地联创齐争和征地拆迁阳光建设工程的活动,按照“健全制度、统一流程、规范操作、民主公开”对当前的征地拆迁工作进行了规范,召开了全省征地拆迁阳光建设工程现场推进会，为全省征地拆迁阳光工程建设奠定基础。进一步完善被征地农民基本生活保障工作,失地农民补贴资金的筹集渠道不断拓宽,被征地农民安置问题得到多途径解决,全市参加基本生活保障人数 47.6 万人,发放养老金和生活补助人数 13.5 万人,发放养老金和生活补助金额 18.9 亿元。二是重视加强国土资源信访工作。深入开展矛盾纠纷排查化解和重信重访专项治理活动,坚持强化责任抓领导、强化措施抓源头、强化工作抓化解,不断完善信访会议分析、领导接待、应急预案、信访积分排名、信访考核管理等制度,涉土“三访”(集体访、重复访、越级访)的调处力度进一步加大。全市受理信访 1421 件,同比下降 10.83%;市局直接受理信访事项 474 件,同比下降 10.28%。全市 2008 年至 2010 年国土资源积案全部化解,未出现复访情况。三是切实抓好地质灾害防治。编制下发了《金华市地质灾害防治“十二五”规划》和年度地质灾害防治方案,地质灾害群测群防“十有县”建设全面完成,国土资源所地质灾害防治“五到位”建设进一步推进,83 个易发区国土所完成创建,创建率 98.8%。市、县两级地质灾害防治共同责任机制已基本建立,地质灾害防治应急机制建设不断完善,地质灾害勘查、应急排险、工程治理项目顺利实施,全市先后启动治理项目118个，投入治理经费3466万元，减少威胁人口1526人；申报新搬迁治理项目19个，争取部、省补助资金1821万元。突发性地质灾害得到快速有效处置，汛期、台风期间派出800多个检查组、2300多人次，对隐患及重点区域进行巡查、检查，有效处置灾(险)情55处，全市未发生因灾人员伤亡情况。

（蒋琪清）

工商行政管理

【对接经济发展战略】 2012年，围绕全市“赶超发展”战略布局，助推经济转型升级，促进民营经济提升发展。市工商管理局出台了《服务民营经济、助推赶超崛起十八项举措》，得到陈一新书记、徐加爱市长批示肯定。市场主体首次突破40万户大关，达到43.3万户，同比增长10%，其中企业增幅居全省第二，私营企业总数全省第四，个体户总量全省第三。个转企工作全面推进，建立重点培育库4116户，上年累计转企357户。全市注册商标累计突破10万件，注册量列全省第三，新增行政认定驰名商标11件，再创历史新高。免征小微企业行政性收费849万元，通过股权债权出资、动产抵押登记等方式，盘活企业资金75.9亿元。个民协会搭建银企对接平台，为小微企业授信30亿元。全市投资3.3亿元，开展了58家农贸市场改造提升，创建省文明示范市场21家。全市商品市场成交额1904.77亿元，同比增长10.3%，居全省第四。在全省市场提升发展大会上，陈一新书记代表金华作了典型经验发言。

【监管维序】 构建执法监管新格局，维护市场秩序，促进履职到位。完善无证无照监管机制，出台了企业集中上网经营场所监管意见，取缔无证无照经营户3120户，疏导办理执照9782户。建立跨部门协作机制，企业信用信息的社会化应用得到了有效探索。竞争执法领域继续突破，查结商业贿赂案件20件。食品安全百日行动取得阶段性成果，以辣椒粉、食用油等为重点领域的整治取得成效，立案查处食品违法案件420件，移送50件。全面推行食品经营者始业教育，完成培训4.2万人次，签订承诺书4.3万户。推进食品安全诚信示范单位创建，落实商超现场制售食品、临期食品管理制度。12315综合体系的运作更加规范，“三位一体”的维权体系更加完备，全年受理消费者申诉8318件，为消费者挽回经济损失1013.9万元，申诉处理解决率99.3%，回访满意率在95%以上，比上年有稳步提升。全市创新义工队伍管理，打响义工品牌，开展了“义工有话说”“义工服务进万家”活动，社会效应明显。特别是进口红酒价格调查，揭开了红酒市场整治的序幕。问题红酒、冻品整治战果显著，查扣问题红酒2.7万瓶，案值近300万，查处冻品案件24件，涉案冻肉制品153余吨，啤酒瓶使用调查得到央视报道，受到了省局的表彰和肯定。全年共办结各类案件4793件，大要案2168件。

【自身建设】 干部教育培训实施“一月一百题”和“一季一考”网络学习考试制度，搭建能手竞赛、业务沙龙、中青年干部轮训班、岗位特训等载体，加强工商所长和业务骨干的培养。开展依法行政示范单位创建，推行“项目+事例”行政指导模式，实施重大行政指导项目98项，开展一般行政指导3373项。开展行政许可自由裁量、非处行政行为监督试点，拓展监督范围。开展了行风评议“回头看”“赶超发展，红盾闪光”主题实践活动，组织全市作风效能检查5次，对罚没物资处理等情况进行了实地核查。深入开展“三评”、工商所述职述廉和“工商开放日”活动，发放调查问卷3698份，收集意见建议262条，60个工商所261名干部参加了述职述廉。

（杨武军）

统计管理

【概述】 2012年，金华市各级统计部门和广大统计工作者紧紧围绕“百姓富裕、浙中崛起”总目标、“稳中求进、赶超发展”总基调和金华市“十二五”时期“12345”统计工作总思路，深入开展“双创双提”主题实践活动，全力推进统计改革，全面反映“赶超发展”，积极服务“浙中崛起”，各项统计工作取得新进展。一是完成日常性统计调查任务。全面完成农业、工业、交通运输、投资(房地产、建筑业)、批零贸易餐饮业、能源、科技、劳动工资、服务业、综合、核算等10多个专业的2011年年报和2012年的定期报表任务。统计数据基本反映了金华经济社会发展的客观实际,并利用相关资料进行分析,横向比较,纵向衔接,对重要数据的科学性和客观性进行认真评估,提高了数据质量的可靠性。二是完成服务业统计工作。落实服务业重点企业"一套表"工作。对中科平台直报报表进行更改、调整和完善,解决了全市97家重点服务业企业一套表的上报和同步问题,一套表联网直报工作逐步趋于完善。完成限下调查样本更新轮换工作。按照样本“代表性、连续性、便利性”原则,对全市1700多家限额以下服务业企业及2000多家个体户和1063家限下贸易抽样调查样本进行了部分更新轮换。努力抓新增单位入库工作。为提高数据质量、确保“应统尽统”,从2011年年报算起,共新增入库单位410家。进一步健全服务业统计监测体系,积极开展聚集区服务业统计监测、物流产业统计监测试点、文化产业增加值核算。开展服务业统计执法检查工作。三是完成2012年度人口变动、劳动力调查和群众安全感调查(简称“三项调查”)。此次“三项调查”样本点共涉及全市9个县(市、区),110个乡镇街道的110个样本区。经过样本核实替换、地图绘制(包含电子地图)、调查摸底、住户列表编制、入户登记、审核编码及市级群众安全感报表会审、省级人口变动数据会审、劳动力调查数据上报等步骤,“三项调查”取得完成。四是开展社情民意调查。设立金华市社情民意调查中心,设置“12340”金华市社情民意调查热线。利用“12340”社情民意调查热线在全省率先开展银行业行风满意度调查工作。以此来了解企业和群众对当前金华市银行系统行风的意见和建议,以及当前行风民主评议的工作成效,掌握企业和群众反映的突出问题。调查工作受到了市领导的好评,也为社情民意调查中心工作开了好头。

【统计方法创新】 一是推进部门统计规范化建设。经市政府常务会议审议并通过,下发《金华市部门统计工作规范化管理试行办法》。二是积极推进服务业统计改革创新。经市政府常务会议审议并通过,下发《关于进一步加强和完善服务业统计工作的意见》。三是进一步完善GDP统一核算制度。制定出台《金华市GDP及主要专业数据质量评估办法》。四是扎实推进“企业一套表”制度。印发《金华市“一套表”技术支持工作制度》,从制度层面确保全市“一套表”技术支持工作在各方面的落实。

【统计服务】 编发《金华统计视窗》216期,发布《2011年国民经济和社会发展统计公报》,为两会提供《2011年金华市经济社会发展报告》。为金华市领导提供统计快报24期,及时完成市领导交办的专题材料和市两办的约稿,向“两办”信息刊物提供信息稿件264篇。编印《金华经济月报》12期,印发《2012年金华发展概览》。围绕金义都市新区建设和增长方式转变,强化课题研究,确定18个研究课题,并上报市社科联立项。完成《金华市主要经济指标》;按月向市委市政府提供其他相关城市主要经济指标对比分析;不定期向市委提供县(市)主要经济指标排序及变动情况;不定期向市委市政府提供全市及各县(市)经济运行情况和主要经济指标的变动。做好企业申报国家、省级名牌数据核实工作,核准统计数据,及时为申报企业出具书面证明材料。

【统计法制建设】 一是深入开展“六五”统计普法宣传教育。制订切实可行的年度工作计划,利用短信平台、领导干部学习网、知识竞赛和普法培训班等多种形式,广泛深入地进行统计法制宣传教育。二是加强统计执法队伍建设。举办两期全市统计执法人员培训班。三是加强统计稽查。发现统计违法行为单位数9家,立案查处7起。四是组织开展固定资产数据质量专项核查,对50个工业投资项目的统计数据质量进行了全面核查。五是组织开展能源统计专项执法检查。对5家能源数据异常的企业进行专项统计执法检查。六是开展专项统计巡查。对各县(市、区)统计局、13个中心镇、3个市级部门及50家企业进行了专项统计巡查。

【统计基础建设】 一是加强乡镇统计建设。截至2012年底,全市有97个乡镇(街道)设立乡镇统计中心(站),占全市151个乡镇(街道)的64%,5个县(市、区)成立了统计中介机构。二是加强部门统计建设。市政府下发《金华市部门统计工作规范化管理试行办法》,逐步健全部门统计工作网络。市政府各部门均明确了统计工作分管领导和统计负责人，配备专(兼)职统计人员。负有服务业行业管理职能的部门(单位)，统计基础工作逐步达到“五有”标准，即“有一名分管领导、有一个责任处室、有一支统计队伍、有一个健全网络、有一套全行业统计制度”。三是加强市机关部门建设。开展新一轮机关中层领导干部竞争上岗和一般干部双向选择工作，共有3名副科级干部晋升为正科级干部，3名年轻干部新晋为中层领导干部。四是开展首届全市统计系统“双十佳”(即“十佳统计业务能手”和“十佳统计分析能手”)评比活动。五是认真组织开展统计教育和统计从业资格认定工作。2012年全市有240人报名参加统计高级、中级、初级职称考试；2116人报名参加统计从业资格认定培训考试；2000余人参加了统计人员继续教育培训；组织开展了全市房地产企业统计业务培训，共有260余家房地产企业的统计人员参加了培训。通过抓统计教育培训，着力提高基层统计人员业务素质，从而进一步提高统计数据源头的质量。六是不断推进统计信息化建设。做好全省统计系统三级主干网扩建工作，全面完成市到县的专网连接工作。通过主干网的扩建，县级统计部门连接统计内网的速度和稳定性以及数据交换的速度明显提高。

(周志刚)

国有资产管理

【概述】 2012年，全市监管企业资产总额945.8亿元，同比增长12.6%；所有者权益290.8亿元，同比增长9.0%；营业收入142.5亿元，同比增长9.6%；利润总额20亿元，同比增长2.0%。其中市国资委监管企业总资产415.9亿元，所有者权益61.7亿元，营业收入54.4亿元，利润总额9.7亿元，上交税收4.5亿元。截至2012年年底，市政府授权市国资委履行出资人职责，实行监管的企业共18家：金华市通济国有资产投资有限公司、金华市资产管理有限公司、金华市国有资产经营有限公司、金华市南山建设发展有限公司、金华市公交集团有限公司、金华市市场发展集团有限公司、金华市国信粮油交易市场经营管理有限公司、金华市婺舟航运开发建设有限公司、金华市铁路建设投资有限公司、金华市物资再生综合利用公司、金华三才种业公司、金华银行股份有限公司、浙江尖峰集团股份有限公司、浙江通济交通运输股份有限公司、浙江中联股份有限公司、金华日报报业传媒集团、金华市保安服务公司、金华市浙中教育集团有限公司。

【国有监管机制】 一是规范产权管理。完善国有产权交易制度，规范国有产权转让、受让、操作等各个环节的程序。2012年，全市完成了国有企业的产权重新登记和国有产权转让规范工作。二是加强财务监管。制定《市属国有企业财务工作考核办法》、《金华市属企业工资总额预算管理暂行办法(试行)》，建立全市国有企业财务营运情况报告制度、季度财务分析例会制度，开展企业财务数据监测，强化年报审计、政府审计、经济责任审计，构建完善企业风险防范长效机制。市国资委开展市属企业对外投资和重大资金往来专项检查，对企业重大投资项目实行事先审核、事中跟踪、事后考评全过程监控。三是完善业绩考核制度。市国资委委托中介机构对市属企业负责人经营业绩暨薪酬进行了专项审计，修订完善了企业综合考核办法、企业负责人经营管理业绩暨薪酬考核办法等制度。四是深化监事会监督机制。制定《金华市属国有企业监事会工作报告制度》《金华市属国有企业向监事会提供主要经济信息事项》等制度，充分发挥监事会和财务总监“双轨”监管作用，及时跟踪企业重大事项，初步实现了事前、事中、事后的全程监督。

根据市委市政府统一部署，市国资委发挥国资优势，多方推进民生事业发展。推进市区国有市场发展。金华市国信粮油交易市场经营管理有限公司正式开工建设省、市重点工程——浙中粮油交易中心；金华市市场发展集团有限公司对兰溪门、四牌楼等国有菜市场进行提升改造，并启动惠家菜篮子工程建设，完成3个蔬菜基地建设；金华市国通二手车交易市场有限责任公司启动二手车改扩建工程。推进公交事业发展。金华市公交集团有限公司完成公交金西场站配套工程建设，更新公交车160辆，其中100辆为天然气LNG公交车；全年，全市启动公交发展专项规划修编，开展市区快速公交

(BRT)项目建设的前期调研论证工作。推进国有民办教育发展。金华市浙中教育集团有限公司积极开展上海财经大学浙江学院治理结构调整工作,完成对学院一期工程的验收;上海财经大学浙江学院获得学士学位授予权。加强国资队伍建设。以"基层组织建设年"工作为抓手,推进国资国企党建工作。市国资委被评为"市级党建工作考核先进单位",7家国有企业分别获市级党建知名品牌和优秀品牌等荣誉;金华市公交集团有限公司1名职工当选为党的十八大代表,金华三才种业公司1名职工被评为"省创先争优闪光言行之星",入选省创先争优群英谱。制定《金华市市属企业"十二五"人才发展规划》,建立与转型发展相适应的人才资源结构,切实深化人才强企战略。完善对企业领导人员的管理。制定《金华市市属国有企业领导人员个人重大事项报告制度》《企业领导干部外出审批报告制度》《金华市属国有企业领导人员因公因私出国(境)管理暂行办法》《金华市市属企业负责人经济责任审计管理暂行办法》和选拔任用企业领导人员流程等制度,加强对企业领导人员的管理,并通过公开选拔、挂职锻炼、"国资大讲堂"等形式开展人才培养和引进工作。2012年,市国资委面向全市公开选拔3名一级企业副总,并对部分企业领导干部进行了交流轮岗。推进廉政风险防范试点工作,规范国企领导人员从业行为,切实把反腐倡廉融入企业内部风险控制和管理体系之中。

【国有企业改革】 市国资委以资源整合为中心,帮助市属企业做大做强。整合金华市公共交通公司和金华市城乡公共交通有限公司,组建成立金华市公交集团有限公司;整合国有市场资源组建成立金华市市场发展集团;成立南山建设发展有限公司,推进石门农场区域保护和建设,筹资2300多万元为561名农场退休职工办理了社保手续;市国资委配合宣传、新闻部门组建金华广播电视、金华日报报业传媒集团。

【推动战略合作】 市国资委分别在杭州、北京牵头组织召开"金华市与省企央企驻浙机构对接座谈会""中央企业·金华市战略合作恳谈会"。两次会议共有400多亿元的合作项目成功签约,浙江省国资委与金华市政府签定战略合作协议,成为全省第一个与省国资委签署战略合作协议的地级市。

【开展资本运作】 市国资委积极推进资源资产化、资产资本化、资本证券化,增强国有资产的流动性,强化资产动态配置和市场流动,挖掘和提升国有资本价值。其中浙江加华种猪有限公司启动了上市前期筹备工作;2012年,金华市国有资产经营有限公司成功发行市区首次城投类企业债券——2012年金华市国有资产经营有限公司债券(以下简称"12金华国资债"),募集资金10亿元;市国资委完成了金义都市新区融资平台建设和新城投公司组建等课题调研。

【市场发展集团】 该集团是市属国资"十二五"期间规划组建的七大集团之一。新组建的市场发展集团资产总额达15亿元,下设5家子公司,经营管理市本级新农贸市场、兰溪门菜市场、四牌楼菜市场、花鸟市场、牲畜市场、木材市场等19家国有专业市场和集贸市场,拥有摊位7000多个,经营户12000多人,年成交额达40多亿元,是市区最大的市场群体。

【浙中粮油交易中心项目】 该项目是省、市两级重点建设工程,位于婺城区罗店镇,占地面积17.7公顷,设计建筑面积6万多平方米,总投资预计5.6亿元。项目建成后预计年粮油交易量120万吨,年交易额60亿元以上,将与区域内13万吨中央直属储备粮库、5万吨地方储备粮库等,组成浙江中西部地区最大的集粮食储运中转、加工、批发、电子商务和粮油商品质量检验"五位一体"的现代化区域性粮食物流中心。该项目的开工建设,对做大做强市区粮油市场,保障粮食安全具有十分重要的意义。

(王　健)

物价管理

【主要价格指标】 2012年,积极贯彻落实国家宏观调控政策,加快推进结构调整和发展方式转变,经济实现平稳运行,全年价格形势总体运行平稳,基本达到年初省、市政府确定的价格调控总目标,全市CPI累计同比上涨2.2%,总体呈明显向下行趋势。

【日常监测】 对农副产品、生产资料、粮食等七大类55个监测点的479种商品和服务价格实行每周1~2次的日常监测，每月完成24类常规报表报送任务，全年共报送1081张报表，采集和报送商品和服务价格数据共计14895笔。没有发生误报、漏报、延报事件。

【民生价格信息发布】 对5个集贸市场的猪肉、水产品、蔬菜等三大类14个品种70个价格进行采集并每周在《金华日报》发布；每月对3家超市、4家连锁药店、5家农贸市场的72个商品、269个价格进行采集，并在《金华日报》、省局和市发改委网站定期发布；每周在市府网发布生猪价格和“猪粮比”等信息，得到上级肯定。全年共发布民生商品价格监测信息120次。同时在认真做好春节、“十一”节日期间重要居民生活必需品价格监测外，还积极开展液化石油气经营情况调查、生猪价格月报、“海葵”台风期间临时应急监测和分析等专项和应急监测工作。在市场出现异动苗头时快速有效开展临时监测，对重要城乡居民生活必需品价格的涨跌幅制订警戒线，对成品粮、食用油、肉禽蛋、蔬菜、食糖等商品的市场价格趋势进行及时研判。

【成本调查工作】 开展农产品成本常规调查。对油菜籽、早籼稻、晚籼稻、棉花等种植类品种和每年两次大规模生猪等养殖类品种进行常规调查工作，并及时通过相关渠道发布信息，指导农民生产活动，稳定农产品价格。定期开展“农户种植意向”“农户农资购买情况”“农户存售粮情况” 等三大项目专项调查。上半年开展了“农业生产机械作业及用工情况专项调查”。建立了生猪调查户“生产及成本情况调查”的月报制度。编印《农本调查信息通报》，为农民提供其最关心的信息为其生产服务。完成农本调查常规数据调整及年度分析工作。定期开展业务培训工作，每年定期开展农调户业务培训活动。

【价格动态分析】 认真开展重要商品价格动态快速报告和跟踪调查分析工作，针对倾向性、苗头性问题适时开展调查，深入分析市场价格变动情况及具体原因，重点在分析工作的深度、精度、广度方面下功夫，取得良好效果。全年共开展了价格动态分析12期，上报动态信息篇数12篇、定期价格动态分析22篇、专题调研分析2篇，共计上报35篇；向当地党委、政府上报信息25篇，被采用的17篇。其中《关于早籼稻生产和价格情况报告》《金华市区生猪价格走势及对策分析》等多篇调查报告被上级采用，为省、市领导及时把握市场价格脉动及科学决策提供了充分依据。

【价格调控和成本监审工作】 注重控制好价格调整的时机、节奏和力度，充分考虑社会承受能力，从严控制调价项目出台，为重要商品和服务价格调整把好关。科学制定金华市2012年度政府调价项目计划。有序推进成本监审标准化，提高政府定价科学性。开展了市区出租车运营成本监审工作，引入第三方财务公司参与成本监审，提高了成本监审工作的科学性。对“金华市自来水公司”城市供水价格成本、“金华秋滨污水处理厂”污水处理成本和“浙江广厦建设职业技术学院”2010~2011年教育成本的定期监审等工作，全年共审核成本总金额3.32亿元，核减成本0.46亿元，核定成本2.86亿元，为科学调整政府定价项目，落实物价调控政策打好基础。

【创新监测和监管手段】 从优化监测点分布、增设临时监测点、建立重点经营户定期走访制度等着手，创新价格监测方法，优化民生价格信息发布内容。修订《金华市市场价格异常上涨事件应急预案》，完善了市场价格异常上涨应急处置机制。出台市本级价格调节基金方案，丰富了政策调控价格的手段。

【清费减负工作】 认真贯彻执行上级清费减负政策，取消部分涉企行政事业性收费项目。自2012年2月1日起，取消船名牌工本费、医疗仪器质量检测费、政府采购招标文件制作工本费、棉花品级实物标准收费、药品包装材料检验费、渔港费等6项行政事业性收费项目；取消运营车辆二级维护检测收费、运营车辆综合性能技术等级评定（检测）收费等涉企经营服务性收费项目；为促进小型微型企业健康发展，对小型微型企业免征企业注册登记费、组织机构代码证书工本费等41项行政事业性收费。切实减轻了企业和社会负担，优化了企业生产经营环境。

【医药价格改革】 贯彻浙江省县级医院综合改

革试点意见，按照提升县级公立医院服务能力，缓解“看病难、看病贵”问题，逐步破除“以药养医”机制，对县级公立医院实行药品零差率，适当提高诊查费、护理费、医疗费床位费、治疗费、手术费等体现医护人员技术劳务价值的医疗服务收费标准的要求，积极做好县市公立医院改革价格调整方案审核工作。完成东阳市县级公立医院综合改革医疗服务价格调整方案的审核，并上报省物价局审批，目前东阳医药改革方案得以实施。公布国家基本药物的集中采购零售价、零售指导价以及非基本药物目录药品最高零售价格。县及县以上医疗机构国家基本药物和省增补非基本药物目录药品集中采购零售价格1148剂型规格。

【制定公用型服务价格】 在公开征集社会公众意见的基础上，修改完善定价方案，出台收费标准。根据成本监审结果，制定市区出租汽车运价调整方案，多方征求出租车从业者、消费者的意见，并召开了听证会，经过反复多次修改完善，通过市政府常务会议审议，科学有序组织实施了新的运价方案。根据市交通秩序整治工作方案的要求和市政府的统一部署，对市区城市道路机动车停车收费进行专题调研和成本测算工作，完成市区机动车道路停车收费标准制定工作。分别向有关部门和社会公开征求意见后，经市政府常务会议审议通过，上半年，由市府办转发我局提出的停车收费标准方案，出台了市区道路停车收费标准。按照停车场收费管理办法规定，在成本测算基础上制定市民广场地下停车库停车收费定价方案。针对同类医疗机构床位价格明显偏低，运行成本逐年增加的现状，制订了《金华市非营利性医疗机构普通床位价格管理办法》，经广泛征求意见后，会同卫生、人力资源社会保障部门印发实施，进一步完善医疗机构床位价格管理。

【教育和培训收费管理】 按照国家、省相关部门对治理工作的统一部署，开展治理义务教育阶段择校乱收费工作。义务教育阶段除城市住宿费外，不得收取其他任何行政事业性收费；多余学额一律通过公开摇号的办法确定。会同教育、纠风、财政等部门，深入调查研究，正确把握政策界限，把治理工作政策贯彻落实到位，做到招生工作的平稳过渡。严格执行省物价局关于“各级各类公办学校学费、住宿费仍按国家规定执行，不得调整”的政策规定，除民办教育外，对其他公办学校学费、住宿费一律维持现行收费标准。经过办学成本审核，深入学校调查研究，调整了开发区3所民工子弟学校收费标准。制定新办学校(班级)收费标准，如艾青中学与方格外国语学校中外合作办班的收费标准。加强培训班收费管理。按照严格办班程序规定、严格控制办班课时、严格审核培训成本的要求，共审核批准17个单位、75个培训项目的培训收费标准。遏制部分行政事业单位利用培训盈利的不良现象，减轻企业和社会负担。

【收费验审】 6月底，完成市本级155家行政事业单位2011年度收费年审工作，年审率达100%。据统计，全市事业性收费总额28亿元，其中行政性收费11.8亿元，事业性收费16.2亿元，分别占收费总额的42.2%、57.82%。其中，市本级行政事业性收费总额10.9亿元，其中行政性收费1.7亿元，事业性收费9.3亿元，分别占收费总额的15.2%、84.82%。通过年审，发现违规案件4件，其中移交检查分局立案查处4件。通过年审，基本达到摸清底数、纠正违规、规范行为、完善管理的目的。

【水电价格调整】 根据省物价局文件精神，以及金华市水力发电企业的实际情况，开展地方公用水力发电企业上网价格调整工作，调整除义乌市外的8个市、县、区的138家水电企业的上网电价。完成省市重点工程九峰水库并网发电的电价审核上报工作，并已得到省局的批复。完成各县(市)上报水电价格的审批工作。水电价格的调整，缓解水电企业经营困难、连年亏损的局面，促进清洁能源的发展。

【制定管道燃气预埋费价格】 根据省局的要求，对市区燃气经营企业2011年度的管道燃气预埋和改造成本进行调查核审，制定规范管道燃气预埋和改造收费的方案，方案在考虑成本的同时，更加注重前后政策的衔接，以及燃气销售对象“居民用户多、工商用户少”的特点，在分摊成本上，更多地考虑居民对天然气价格的承受能力，为天然气进入金华后的价格制定预留空间。

【帮助企业用活电价政策】 在领导干部下园区、访企业活动中，有企业向领导反映“商业电价高，不利于现代服务业的健康发展”的问题，局领导对此十分关注，高度重视，安排相关处室开展调研，并要求提出政策解读。根据测算，用户仅仅因为用电类别选择错误，就会使得用电成本提高10%以上，大型企业往往一年就可能多付上百万元电费。物价局及时转变思路、转变角色、转变服务，自觉承担起为企业解读政策、为企业降低用电成本出谋划策的工作，专门撰写了“用好电价政策降低服务业经营成本的对策建议”，公布在金华市发改委政府网站上，分析归纳出可供企业用来设计用电方案的两组变量、四个组合和三条建议，引导企业应该根据自身情况、针对政策导向，设计好本企业的用电方案和用电计划，以降低用电成本获取政策红利。为了扩大影响，积极做好宣传工作，主动约见新闻单位。2月28日《金华日报》在《今日焦点》栏目用半个版面向社会发布有关内容，并公布了政府网站网址和联系电话。这引起社会关注，福泰隆等大型商业企业纷纷电话、上门咨询有关政策，国贸景澜大饭店、魅丽银座餐饮娱乐会所、电信、网通、联通等第三产业企业闻讯后及时更改用电合同以合理用电。

【执法检查】 开展涉农涉企收费专项检查，明确“梯田”的判断标准，解决多年来无法认定所谓的“梯田”是否为“耕地”的问题。开展节日市场价格专项检查、农机销售价格、停车场收费、银行收费、校园超市商品等明码标价工作检查，进一步落实明码标价工作，维护市场价格秩序。2012年，全市共查处价格违法案件49件，涉嫌违法金额937.4万元，没收违法所得843.8万，罚款54.4万元，退还98.3万元，经济制裁总额8996.4万元；受理举报2486件，办结2486件，协调办结146件，查处违法案件53件，退还12.3万元，没收152.4万元，经济制裁总额180万元。

【推进重点行业明码标价】 组织市旅游局、市旅游质量监督所、市旅游行业协会、市区主要旅行社旅游，召开明码标价研讨会。和市旅游局联合下发《关于规范旅行社明码标价的通知》（金价检〔2012〕11号），明确旅行社明码标价公示牌内容、旅游行程安排单（表）应标明的内容、常规旅游线路应公示内容为旅游市场有序发展提供有力保障。稳步推行农贸市场明码标价。6月初，通过深入调查研究，反复沟通协调，8月底试点成功。在此基础上，又继续推进县（市）的明码标价工作，其中兰溪市区已经全面落实。11月28日，省物价局冯海军副局长等领导到金华调研，认为金华的农贸市场工作扎实，成效显著。

【提升执法能力】 制定执法能力提升工作实施方案，做到年初工作计划有安排，平时工作有督促，每月例会有讲评，通过一系列举措狠抓能力提升工作。制定处室每月学习汇报制度、每季全市价检案例分析交流制度。根据需要分期举办全市价格行政执法业务骨干培训、价格投诉举报业务骨干培训和价格监督检查机构负责人研讨会等形式，提升价格执法人员的业务水平。组织价检干部参加价格行政诉讼案件，组织价检干部参加价格执法知识竞赛，组织学习考察外地的先进做法和经验，做好价格监督检查人才培养工作。及时组织开展全市价格行政执法督查活动，重点围绕重大工作部署落实、违法案件查处、信访举报调处、执法行为规范、举报机构建设、社会价格监督组织建设、社会价格监督组织开展活动等情况，对各县（市）开展价格执法督查，并适时开展价格监督检查案卷评查活动。

【社会价格监督组织建设】 5月，对各分站人员及时进行调整。根据市委、市府的重心工作和价格监督员兼职的特殊性，安排了12项工作，做到季季有活动，月月有工作。通过检查分局的科室与各分站对接，根据区域和行业特点组织培训和指导。开展药品零售价格监督服务分站人员现场指导和培训。进一步加强与有关县市分管领导和物价局领导交流和沟通，推动县（市）社会价格监督组织的建设和工作开展。

【价格认证】 9月，与衢州联合组织价格认证业务培训，在全省开创了先河，共有79人参加培训。加强基层指导工作，共组织召开3次全市价格认证中心主任工作会议，探讨交流工作经验，提高价格鉴定水平。全年，完成公安、检察机关委托的刑事案件价格鉴定365件，鉴定价值408.4万元；法院委托案件46件，鉴定价值1.14亿元，其中主要办理江苏连云港灌南大酒店整体资产的价格鉴定案件，鉴定价值达1亿元左右。规定了存量房交易计税价格争议处理的业务流程，开展金华市区存量房交易价格的认定工作。共办理存量房涉税价格认定案件4件,认定价值267.9万元;涉纪检财物价格认定案件4件,认定价值3.7万元。加强与事故当事人的沟通,主动与保险公司、高速公路等单位联系,谋求共同合作,真正有效地发挥价格认证中心在协调处理价格矛盾及纠纷、维护司法及执法公正、保护当事人的合法权益中的作用,努力做好交通事故车物损和二手车交易价格鉴定(评估)工作。全年共受理车损案件1631件,鉴定价值1376.6万元;办理二手车交易价格评估19123件,评估价值7.1亿元。

(陈鑫伟)

质量技术监督管理

【质量强市建设】 制订完善《质量强市工作目标责任制考核办法》,"政府主导、企业主体、部门主动、领导小组主推"的质量工作机制进一步形成。深入实施名牌战略和标准化战略,全市新获得省级工业名牌17个、农业名牌3个、服务业名牌1个、区域名牌1个,名牌创建水平继续保持全省前列。制定发布9项市级地方标准,企业为主制修订国家标准和行业标准7个。拟订《快递业服务安全管理规范》,是全国首个快递业市级地方标准。17个项目通过省级农业标准化试点验收,约占全省总数的15%,新建农业标准化推广示范项目39个。制订"三强"示范创建"12+X"评价细则。加快推进质量管理"五百"工程,举办各类质量培训200余个,培训人员2万多人次。累计导入卓越绩效模式企业200余家,实施精细化管理企业175家,3家企业获得市政府质量奖。武义获批国家有机产品认证示范区,永康成功争创"中国五金之都"和"中国电动工具之都"等国家级金字招牌,磐安成功申报"省级农业标准化综合示范试点县"。

【科技质监建设】 扎实推进国家汽车传动系统零部件产品质量监督检测中心前期筹建,8月底在市政府第33次常务会议上正式通过,11月初,通过了省局组织的专家组项目论证,12月初向总局提出申报。项目用地2.33公顷、总投资1.03亿元。项目建设工作机构已经成立,管理规定和制度基本形成,可行性报告、项目建设书、环评报告等前期工作都已完成,各项工作进展总体顺利。省级质检中心取得较大突破,兰溪棉纺织中心、东阳红木家具质检中心已通过验收,技术支撑能力不断加强。加大基础建设投入,全年科技装备投入2500万元,为前三年总和,检验检测能力进一步提升。质检院组织召开了全市首次技术机构发展研讨座谈会,抱团发展合力进一步形成,特检中心参加全国技能比武取得优异成绩。

【"三个安全"监管】 完善食品安全"54321"长效监管机制,省政府《专报国办信息》详细介绍了这一做法。探索建立全省首个电梯安装改造维修单位分级管理办法,企业主体责任进一步落实。加强电子台案秤、絮用纤维制品等重点关注产品的动态分类监管,扎实推进基层站所建设,共设立基层站所30个,3个单位获省级文明规范基层站所称号,网格化监管模式进一步夯实。加大专项整治力度,认真开展打非治违、蓝箭护农、强制性认证产品等专项整治行动,共出动执法人员11881人次,检查企业和个体工商户5390家次,查处案件335起,移送公安8起。举全局之力开展食品安全大整治百日行动,共排查企业1015家次,发现并排查隐患问题1487个,立案27起,注销生产许可证33张,查处了金华市近年来涉案货值最大的制售假冒酒品案件。市本级、东阳局、金东分局和质检院被省局评为百日行动先进单位。开展"规范检测管理,提升检测质量"活动。建立完善网络舆情信息监管机制和收集机制,成功应对"火腿误检""不设防的防火门"等媒体突发事件。产品质量监督抽查批次合格率达到93.2%,综合合格率达到98.5%,与上年同期相比,分别提高1.1和2.5个百分点。其中食品批次合格率为95.78%,比上年提高2.67个百分点,全市产品质量形势总体稳定。

【队伍建设】 认真落实党委中心组理论学习制度,在全市机关部门中率先邀请宣讲团成员作十八大报告专题辅导。开设北大培训班,71名副科以上领导干部参加培训,市局党委被评为全市"二十佳学习型领导班子"。开展"三查三送三提升"主题实践活动,出台"助推赶超发展加速浙中崛起"15条举措。深入开展“计量保安全”“计量保健康”“质监邀您看企业,食品安全大家行”等质量帮扶和服务活动,共帮助企业333家次,解决技术难题561个。加强行政执法工作,被评为全市依法行政优秀单位。推进高耗能特种设备和能源计量节能减排工作,节约标煤9万吨,减少二氧化硫排放1295吨。深入开展质量安全风险排查整治和道德领域突出问题专项教育治理行动,建立服务对象跟踪回访制度,被评为政风行风建设争优奖并推荐上报为全省争优奖。对市本级15个单位开展内部财务专项审计检查,出台了《进一步加强财务管理的意见》,签订了财务管理责任书,财务管理进一步规范。稳妥开展干部选拔任用和调配工作,队伍活力进一步激发。加强质监文化建设,局工会被评为“金华市模范职工之家”,党建工作名列全市前茅。组队参加全省质监系统第三届运动会,获得团体总分第二名。加强档案达标工作,市本级通过了省一级档案验收,在全省系统内率先实现省级档案达标全覆盖。在全市民主评议行风和涉企岗位评议中总体成绩稳中有升。

(徐俊慧)

安全生产监察管理

【概述】 2012年,市政府与各县(市、区)政府、市有关部门,各县(市、区)与乡镇(街道),市有关部门与直属各单位,层层签订2012年度安全生产目标管理责任书,明确考核任务要求,层层落实安全生产工作责任。市政府常务会议、市长办公会议多次研究安全生产工作,市政府领导分别带队开展重大节假日安全生产大检查。继续设立2012年度安全生产年度考核奖励资金,先后召开市安委会全体成员会议、全市安全监管工作会议以及全市危化、矿山、执法、培训、信息等专题工作会议,全面部署落实年度安全生产工作。全市共发生各类生产安全事故1967起,死亡560人,受伤1392人,直接经济损失2670万元,与上年同期相比,事故起数减少84起、下降4.1%,死亡人数减少19人、下降3.3%,受伤人数减少226人、下降14%,直接经济损失减少101.9万元、下降3.7%,已连续八年实现了三个零增长。特别是矿山领域全年未发生生产安全事故,实现了全市安全生产监管工作的历史性突破。

【整治工作】 制订下发《关于集中开展安全生产领域“打非治违”专项行动的通知》和《关于组织开展安全生产大检查大整治活动的通知》,扎实推进以危险化学品、烟花爆竹、交通运输、建筑施工、矿山、消防、机械制造、民用爆破物品、冶金等行业和领域为重点的“打非治违”各项工作。8月7日全省安全生产工作电视电话会议后,由市政府领导带队组成7个督查组,对各县(市、区)和市重点部门开展“打非治违”专项行动情况进行专项督查。截至11月底,全市共成立“打非治违”检查组4126个,出动检查人员18225人次,检查企业21319家,打击非法违法、治理纠正违规违章行为16185起,责令改正、限期整改、停止违法行为6306起,责令停产、停业、停止建设463家,没收违法所得、非法生产设备100起,关闭非法违法企业68家,关闭烟花爆竹二级批发仓储点46个,彻底解决了历史遗留的老大难问题,行政拘留108人,移送追究刑事责任97人,罚款1803.25万元。下发《关于继续开展安全生产专项整治工作的通知》,针对道路及水上交通、危险物品、消防、矿山、建设施工、企业用电安全及电力设施保护等六个重点行业领域,深入开展全市性的安全生产专项整治。建立隐患登记和销号制度,完善隐患治理数据库,制订隐患整治方案和整治验收标准,形成隐患排查上报、限期治理、验收销号、检查考评的常态机制。1~11月,全市工矿商贸和交通运输等重点行业领域累计排查单位44172家,查出一般隐患66776项,完成整改63572项,整改率达95.2%。列入今年省、市政府挂牌整治的道路交通事故多发点段及临水临崖高危路段、工矿商贸、火灾和用电及电力设施保护等重点隐患123处(其中省级挂牌10处),均已完成整改,累计投入整改资金6000余万元(其中省级挂牌隐患点投入整改资金近800万元),隐患治理工作取得了明显成效。

【安生监管】 年内下发《关于进一步深化安全生产“两化一体”监管工作的实施意见》和《金华市工贸企业安全生产标准化建设实施方案》,在全市冶金、有色、建材、机械、轻工、造纸、纺织、电力等工业企业和大中型商场超市、三星级以上饭店、道路交通运输企业等行业领域2000多家企业,开展安全生产标准化规范化创建工作。部分企业已通过国一、国二级标准化评审验收。开展以电镀行业为重点的生产安全事故防范创新体系建设试点工作。基本摸清全市电镀企业底数和安全状况,建立"一企一档",初步形成了部门联合监管、企业规范管理、园区统一管理、协会指导服务和社会化应急救援等五位一体的安全防范机制。有60家企业通过市级安全管理规范化评审验收,15家企业达到国三级标准化企业要求。组建了电镀行业专业清污队,为全市电镀企业提供专业清污服务。加强安全生产应急体系建设。举办信息化知识培训班,完善安全监管信息平台,推进乡镇安全生产信息化和安全生产企业基础数据库建设。针对东阳市金罗马公司"6·9"中毒事故、永和氟化工"9·11"爆炸事故,专门召开现场会,总结经验教训,开展危险化学品中毒及应急救援知识技能培训。举行浙江省道路运输行业突发事故应急演练、星级饭店消防应急演练、矿山事故救援应急演练,不断提高应急救援能力。出台《关于进一步加强乡镇街道安全监管工作的意见》和《关于进一步加强矿山安全生产工作的意见》,对乡镇安监机构设立、经费保障、人员配备、车辆装备等作了明确。各县(市、区)也相继出台相关政策,不断加强基层安全监管力量。制定《金华市企业安全生产诚信机制建设实施意见(试行)》,开展了诚信机制建设试点。

【宣传培训】 制订《2012年金华市安全生产培训工作方案》,规范培训机构,建立培训例会和教考分离制度,全市培训特种作业人员、企业主要负责人和安全生产管理人员34192人次,农民工371666人次,企业班组长40430人次,超额完成省里下达的培训考核指标。做好《重大节假日免收小型客车通行费实施方案》颁布后的第1个中秋国庆节假日群众安全出行宣传引导工作。结合"打非治违"专项行动、"安全生产月"活动,通过媒体宣传、户外大型公益广告、楼宇电视、LED滚动字幕、公交车(站)及出租车电子屏幕、宾馆饭店提示卡等形式,开展形式多样的社会安全宣传。在安全生产宣传咨询日活动期间,共接待咨询21900多人,发放宣传资料47000余份,悬挂横幅13条,展出宣传图板179块,赠送安全生产宣传书法作品136幅。积极组织参加全省摄影比赛、"杭钢杯"安全生产知识竞赛和安全生产图版展评,取得较好成绩。

(方小丹)

食品药品监管

【概述】 2012年,市食品药品监管局经历了新一轮机构改革和职能调整,增加了餐饮食品和保健食品、化妆品监管新职能。食品药品诚信体系建设和示范创建工作取得实效,全面完成省局和市政府下达的目标任务。餐饮服务食品安全"321工程顺利实施"。药品、医疗器械安全风险管控机制不断完善,案件稽查力度空前。食品药品安全实现了平稳可控,全市没有发生一起重大食品药品安全事故。

【职能调整】 5月31日完成与市卫生局的职能交接,开始全面履行餐饮服务食品、保健食品、化妆品监管新的职能。市食品药品监管局全面承担"四品一械"(餐饮食品、药品、保健食品、化妆品和医疗器械)监管职能。全市各县(市、区)局机构改革和职能调整工作除婺城、金东两区已基本到位。实施"每月一讲"(业务学习)、"每周一信"(廉政警示)制度,组织全体干部学习新职能、新业务,让干部职工紧绷反腐倡廉底线。以职能调整为契机,单设行政审批处,进一步规范行政许可审批行为,实现"环节减少、时限缩短、效率提高、领证便捷"的工作目标。受理各类审批事项758项,现场检查1056家(次),办结747项,受理执业药师注册事项72项,接受书面预约服务900多家(次),接受其他(来人、来电)各类咨询服务2200余次,平均每个工作日办理39.5项(其中办理事项19.5项,咨询服务22项)。

【食品医械管理】 继续倡导诚信经营,在1000余家食品企业中开展食品安全诚信体系建设,助推企业诚信规范发展。制定出台了加快药品零售企业转型发展的意见和关于药品零售连锁企业(总部)设置的细则,积极引导药品经营企业转型发展,降低药品经营质量风险。推进《医疗器械生产质量管理规范》实施，帮扶指导全市4家医疗器械生产企业通过了省级GMP考核。为保护金华市特色产业健康有序发展，专门针对磐安“浙八味”特产城中药材市场建立了监督检查制度，定期进行督查，推动中药材、中药饮片企业的规范经营。建立了政企联合“打假保名牌”长效机制，深入全市药械年销售额4亿元以上或单品种年销售额5000万元以上的康恩贝生物制药、亚峰药厂、尖峰药业等8家企业走访调研，有效加强了监管部门与企业之间的沟通与合作。根据市委“思想大解放、作风大转变”主题实践活动的工作要求，确定了11家企业21个帮扶项目，梳理企业困难20余条，撰写发展建议意见16篇，报送“浙中崛起我有责，超越发展赛点子”活动“金点子”18个，其中入选全市50大“金点子”3个。加强执法工作。全市共出动执法人员2.7万人次，检查单位1万余家次，查处药械违法案件393件(一般程序278件，假劣药案件占60%)，涉案金额1.18亿元，其中案值4万元以上的大要案35件。加强与公安、海关等部门间的协作配合，开展联合行动，成功查获了一批社会影响大、性质恶劣的大要案，移送公安机关案件21件，其中两起生产销售假药案被列为国家局、公安部重点督办案件。“3·31”生产销售假药案，共抓获涉嫌生产、销售假药犯罪嫌疑人19名，打掉生产、销售团伙3个，捣毁生产工厂1个、销售窝点2个，查获添加化学药物成分的壮阳产品320余万粒，涉案金额1亿余元。“4·26”生产销售假药案，共抓获犯罪嫌疑人9人，捣毁生产、储存、销售窝点共6个，查获添加化学药物的假冒保健食品等总计1000余万粒，涉案金额1500余万元。针对4月15日央视“每周质量报告”节目曝光了浙江省个别药用胶囊生产企业违规制售“问题胶囊”情况后，全市食品药品监管系统集中时间、集中精力开展了与“空心胶囊”事件相关的应对、检查和处置工作，建立24小时值班和信息日报制度，加班加点对全市药用空心胶囊生产、经营、使用单位进行专项检查。全市共排查抽检明胶空心胶囊、明胶248批，敦促企业委托检测明胶空心胶囊（含胶囊剂药品的空心胶囊)315批，避免了胶囊问题对金华市药品和保健食品安全造成大的危害。

【百日行动】 牵头抓好食品安全大整治百日行动工作。组织召开各类协调会、工作例会、信息培训会8次，徐加爱市长、各相关副市长视察、督查百日行动16次，市领导关于食品安全工作批示11次。全面完成了食品安全整治“六个百分百”工作要求。建立基层食品安全工作责任网格11137个，落实专(兼)职管理人员；组织企业负责人进行培训、约谈和承诺书签订，全市45997家食品生产经营企业的主体责任得到强化和落实；设立投诉举报电话“96317”和奖励资金；全市共排查出食品安全隐患43项106专项，下发方案着手整治；行政部门立案的38起涉嫌犯罪行为，全部移送公安机关。金华市政府被省政府授予百日行动先进单位称号（全省4个市政府)。以食品安全百日整治行动为契机，大力推动餐饮食品安全各项工作内容和任务的贯彻落实。全市共出动执法人员6600余人次，检查餐饮单位1.25万家次，发现各类违法行为212起，立案查处46起，取缔无证无照147家，发出整改通知书1016份，敦促进行整改。对直接监管的市区一环以内的餐饮服务单位组织开展了排查摸底工作，摸清了市区2468家餐饮单位的底数。在市区创新开展“看脸选饭馆”量化分级管理活动，完成对1150余家餐饮服务单位的等级评定，动态登记以“脸谱”的卡通形象进行公示。

【示范创建】 大力推动食品药品示范创建工作。东阳、永康顺利通过省级食品安全示范县的复评，兰溪、浦江和武义新创省级食品安全示范县。遴选了东阳市为示范县创建单位，市区八一南街、东阳市张府前巷和永康市紫微南路为示范街创建单位，全市共36家餐饮单位为示范单位，充分发挥示范效应。全面推进药品安全示范创建工作。东阳市、武义县顺利通过了省级药品安全示范县验收，全市148个乡镇(街道)100%开展创建工作，并有61个乡镇（街道）通过市级药品安全示范创建验收，占41.2%，全面完成省局和市政府下达的目标任务。

【安全知识宣传】 先后组织开展了“千名药师进村居送服务”“科学饮食、安全用药”和“全国安全用药月”等大型主题宣传活动，提高群众安全意识和自我保护能力。集中精力开展了学校中高考餐饮食品安全专项整治、酒吧餐饮安全专项整治、夏秋季食物中毒、高速公路服务区餐饮食品安全专项整治、小龙虾食用安全、秋季校园食品安全专项检查、中秋国庆餐饮安全专项整治、餐饮食品安全量化分级管理等10余次活动的新闻宣传，做到广播有声音，电视有画面，报刊有文字的全方位宣传，让行政相对人和广大市民百姓尽快了解食品药品监管系统履行餐饮食品监管新职能情况。充分利用《百姓零距离》《行风热线》等栏目，9次组织市食安办、百日办、食品安全各监管部门领导和专家上线直播，解答百姓食品安全问题，通报百日行动情况，普及食品安全常识等。百日行动期间，及时掌握和收集各地开展情况，先后编发了简报56期，通报9期，内参3期，全市报道各类文章、视频、声频210多篇。撰写的各类新闻宣传稿件，被国家、省、市各类党报和业务报刊采用80余篇，其中省级以上20余篇。《我市食品安全大整治百日行动取得明显成效》被省政府办公厅专报采用。

（俞海燕）

无线电管理

【无线电台站核查】 2012年，金华市无线电管理部门现场检查卫星、雷达设置使用单位8家，台站14台，用于公众通信链路传输的微波站使用单位3家，台站40台；结合电台执照核验，对84家单位的台站设置使用情况进行了书面检查，涉及台站数合计1052台；协调公安、安全、武警、人防等部门，做好无线电台站数据报送工作；完成对台站数据未入库的公安、人防系统台站数据的登记、录入工作。根据台站数据的完整性、准确性要求，比对“全国无线电台站核查检查评比方案”进行查漏补缺，对数据库进行重新梳理，补充、完善A、B库的相关数据。全年共组织执法检查63次，出动248人次，检查单位59家，设备225套；办结行政处罚案件1起，罚款2000元。

【监测检测】 按时完成监测月报工作和铁路专项监测工作，掌握辖区内频谱使用情况；完成拟设台站的电磁环境比对测试工作，重点区域88MHz~137MHz频段实测信号与台站数据系统中注册台站的比对工作；配合频率台站管理工作，做好相关设备的检测。全年累计完成固定站开机监测时间9786小时，移动监测506小时，行车里程6193千米，检测固定台260台，对讲机928台。

【行政许可】 全年共完成办理行政许可事项134项(含业务)，其中准予许可133项，不予许可1项。指配频率80个，核、换发执照1913本。收缴频率占用费29.879万元(包括代省收部分)，完成应收缴数的100%。

【无线电干扰查处】 组织人员对铁路兰溪龚塘站货运调度频率受到干扰、双龙风景区管委会的森林防火通讯网受到对讲机干扰等开展排查工作，力求消除干扰，排除安全隐患。全年共受理干扰投诉18件，发现并查明干扰信号32个。

【无线电管理宣传】 通过电视台、楼宇液晶电视联播网点播发无线电管理宣传片15天，通过三大移动通信运营商集中发送无线电管理宣传短信120万余条，通过邮政投递网点向单位、企业、学校、市民投送刊发无线电管理知识问答邮政广告专刊8万余份，通过市本级57个报刊亭LED、主干道上60个宣传广告灯箱播放宣传口号，在江北商业中心设立100余平方米大型户外宣传广告牌1块。在市人民广场设点开展现场宣传咨询，分发宣传品和科普手册1800余份，展示宣传展板4块，接受现场咨询17人次。广播电台对胡滨局长进行了近30分钟的无线电管理专题访谈，金华电视台各频道对期间开展的应急演练活动进行了报道。单位网站进行了重新设计，更好地反映了单位的工作内容。全年报送的文章被《中国无线电》《上海信息化》杂志刊用3篇，信息稿件被无线电管理工作通讯、经信委要讯、市政府每日要讯等网站采用43条（不含图片）。经广播、电视媒体宣传报道5次。

（范凌峰）

科学技术

综　述

【概述】2012年，全市科技深入实施自主创新能力提升行动计划和国家技术创新工程浙江省试点工作,促进主导产业转型升级,加快经济结构调整。区域自主创新能力进一步提升。全市全社会研究与发展实验经费(以下简称R&D)占GDP比重1.56%，规上企业R&D投入占主营业务收入比重1.13%,R&D人员1.65万人年,规上企业R&D人员2.13万人年,发明专利申请量1946件、授权量423件,规上工业企业新产品产值934.87亿元,新产品产值率24.65%,高新技术产业产值731.8亿元,高新技术产业增加值占工业增加值比重22.72%,顺利完成省分解任务,进一步推动了浙中城市群经济社会的赶超发展。科技支撑经济发展作用进一步发挥。全市新立市级以上科技项目786项,其中国家、省级项目首次超过500项,争取上级资金首次突破亿元。获2012年省科学技术奖20项，评选市科技重大贡献奖2项、科技合作奖3项、科学技术奖60项。新培育认定各类科技型企业253家、研发及中介服务机构92家。成功举办第13届金华工科会,引进集聚优质创新资源,培育组建创新团队,推动主导产业转型提升。创业创新环境进一步优化。出台“金华创新九条”,显著加大了对科技创新的扶持力度,设立自主创新专项资金,每年按高于本级财政经常性收入1.5个百分点的比例增长。2012年,全市财政科技投入10.42亿元、增长24.9%;其中市本级财政科技支出1.58亿元、增长26.40%，占财政经常性支出的4.50%。认真落实企业研发经费加计抵扣、高新技术企业税收优惠等政策，积极引进科技风险投资,为企业提供资金支持。深入实施知识产权战略,全市年专利申请量、授权量分居全省第五、第三位,知识产权创造、运用、保护、管理能力持续增强,为经济社会发展提供了良好环境和发展动力。

【创新主体】新认定国家级高新技术企业49家、有52家通过复审,新认定省级创新型企业8家、科技型中小企业36家、农业科技企业13家,市级创新型企业19家、高新技术企业53家、农业科技企业17家,县(市、区)级创新型企业63家。高新园区国家级科技孵化器新引进科技孵化企业53家,累计达到453家;新孵化毕业16家,累计达到150家。

【高新技术产业】金华高新技术产业园区实现工业总产值393.91亿元、同比增长17.8%,增速比全市规模以上工业企业高出8个百分点。在婺南省级农业高科技园区建设基础上,组织申报金华国家农业科技园区。全市高新技术产业产值达到731.8亿元。

【重大科技专项】全市共新列市级以上科技项目786项,其中国家级90项,创新基金项目23项,火炬计划项目25项,星火计划项目29项,农业科技成果转化项目4项,重点新产品项目4项,有3家企业及单位参与“863”等国家重大专项子项目实施工作。省级项目413项:厅市会商及块状经济转型升级项目25项,重大重点科技专项9项,农业科技成果转化项目17项,公益类项目23项,高技能人才、软科学、钱江人才等项目17项,武义县、磐安县分获浙江省十县五十万亩茶产业升级转化工程立项支持。共争取国家、省级科技资金10630万元、比2011年的7235万元增长46.9%,其中国家级3345万元。在市级科技计划立项方面,按照减少数量、突出重点、择优支持的原则,新立科研计划项目 267 项、农业科技成果转化项目 5 项。

科技活动

【科技活动】 11 月 7 日~8 日举办了第 13 届工科会,在工科会上,邀请全国 88 家高校院所的 376 名专家参会,签订科技合作项目 135 项,协议总金额 4.89 亿元;其中会上签约 50 项,协议总金额 2.09 亿元; 举办的 5 个专场科技对接活动共组织 147 家院校所的 279 位专家教授、全市 375 家企业参加,提供院校所技术成果 701 项、其中现场发布 150 项,企业技术需求 205 项,达成合作意向 36 项;"院校所专家企业行"活动共邀请 86 位专家教授深入 7 个县(市)的 52 家企业考察洽谈,正式签约 13 项,达成合作意向 27 项。积极引进大院名校,解放军军事交通学院等 7 家大院名校新设立金华技术转移中心,全市累计达到 31 家次,2012 年共达成为企业服务项目 178 项、合同总金额 7200 多万元。各县(市、区)也积极做好产学研工作,如东阳市大力推进"东阳人智力回归工程",永康市组织赴哈尔滨开展"科技架桥"活动,武义县、磐安县重点加强与上海高校的科技合作等。

科技成果

【省科学技术奖成果】2012 年, 全市获省科学技术奖成果 20 项,其中一等奖 2 项,二等奖 5 项,三等奖 12 项,科技成果转化二等奖 1 项。

获 2012 年度省科学技术奖成果

表 11

一等奖	非线性波方程研究的动力系统方法和微分方程定性理论	浙江师范大学 昆明理工大学
	鸭三大传染病病原特性及防治新技术研究与应用	浙江省农业科学院畜牧兽医研究所 浙江金大康动物保健品有限公司
二等奖	茭白、莲藕品种选育及其高效栽培技术集成示范	金华市农业科学研究院 浙江大学蔬菜研究所 丽水市农业科学研究院 衢州市农业科学研究所 磐安县蔬菜技术推广站 武义县粮油技术推广站
	"十一五"我省重大技装行业关键、共性技术调查及"十二五"技术预见	浙江师范大学 中共浙江省委党校
	陶瓷增强环保型摩擦材料的关键技术开发及产业化	中国计量学院 浦江万赛摩擦材料有限公司 杭州安耐特实业有限公司
	山茶花新品种选育及产业化关键技术研究	中国林业科学研究院亚热带林业研究所 宁波大学 金华市国际山茶物种园 宁波市北仑佳禾园艺有限公司 温州市云峰山茶属植物研究所 金华市林业种苗管理站
	水旱轮作稻田氮素归趋及氮肥可持续利用技术	浙江省农业科学院环境资源与土壤肥料研究所 浙江省土肥站 金华市土壤肥料工作站 衢州市土肥与农村能源技术推广站 富阳市农业技术推广中心 义乌市种植业管理总站

续表 11

三等奖	新能源城市客车整车产品研发及产业化	金华青年汽车制造有限公司 浙江大学
	野马追颗粒	浙江康恩贝制药股份有限公司
	舒适分段压力无缝内衣生产关键技术研究及其产品开发	浙江棒杰数码针织品股份有限公司 浙江理工大学 浙江省纺织测试中心
	JNJ6400EVL 电动轻型客车开发	众泰控股集团有限公司 纽贝尔汽车(杭州)有限公司 浙江众泰汽车制造有限公司 浙江大学 湖南江南汽车制造有限公司
	超薄硅片太阳能电池板	浙江鑫顺光伏科技有限公司
	棘胸蛙遗传多样性和杂交选育	浙江师范大学 兰溪山宝石蛙繁育场
	Zjfh 环保节能系列产品开发与应用	浙江芳华园管理处 浙江德嘉建设有限公司 浙江芳华文化艺术有限公司 中国建设文化艺术基地 浙江大学
	提升冬季农田综合生产能力集成技术研究与示范	浙江省农业厅农作物管理局 浙江省农科院作核所 温州市农业站 台州市农科院 嘉兴市秀洲区粮油技术推广站 参加单位:兰溪市农技推广中心
	500 千伏智能化变电站关键技术应用研究	浙江省电力公司 金华电业局 浙江省电力试验研究院 浙江省电力设计院
	名优珍稀食用菌新品种选育及其工厂化生产关键技术研创	浙江省农业科学院园艺研究所 浙江双益菇业有限公司 浙江龙泉市农业局经作站 浙江省农业厅农作物管理局 武义海兴菇业有限公司
	科研创新载体绩效评价技术研究及其系统开发	浙江省农业科学院 浙江大学城市学院 温州市工业科学研究院 浙江师范大学 中国农业科学院茶叶研究所
	嫁接西瓜“枯萎”成因及关键治理技术研究	浙江省农业科学院植物保护与微生物研究所 温岭市农业技术推广站 浙江省农业厅农作物管理局 宁波市农业技术推广总站 宁波市农业科学研究院 参加单位:金华市植保站
科技成果转化二等奖	化学合成麻黄素系列原料成果转化项目	浙江普洛康裕制药有限公司

【市科学技术奖成果】 全市获市科学技术奖成果60项,其中一等奖5项、二等奖15项、三等奖40项。

获2012年度金华市科学技术奖成果

表12

一等奖	高产、抗病早籼金早09选育、示范与推广	金华市农业科学研究院 金华市农业技术推广站 衢州市种子管理站 金华市种子管理站 东阳市种子管理站 金华市婺城区农业技术推广站
	新型多功能针织纺织品的纺丝织造染整关键技术研究和产业化	义乌华鼎锦纶股份有限公司 浙江理工大学 浪莎针织有限公司 义乌市姗娥针织有限公司 浙江棒杰数码针织品股份有限公司
	WLY6G120高档汽车变速器	浙江万里扬变速器股份有限公司
	不稳定骨盆后环骨折微创固定方式的研究	义乌市中心医院 温州医学院数字化医学研究所 浙江大学医学院附属第二医院 温州医学院第二附属医院 丽水市中心医院
	绿色网络视频娱乐平台关键技术研发与应用示范	金华就约我吧网络科技有限公司 杭州电子科技大学 天格科技(杭州)有限公司 上海视速信息技术有限公司
二等奖	复方野马追颗粒	浙江康恩贝制药股份有限公司
	大型竖井贯流式水轮发电机组研发	浙江金轮机电实业有限公司
	双面多头多功能刺绣机	东阳市佳轮电子机械有限公司
	春雨一号、春雨二号茶树新品种选育与推广	武义县经济特产技术推广站 浙江乡雨茶业有限公司 武义县嘉木茶叶良种场
	微创锁定弹性接骨板的研究与开发	浙江科惠医疗器械有限公司 浙江省台州医院 浙江大学航空航天学院
	高性能宝马730i制动衬片	浦江万赛摩擦材料有限公司 中国计量学院
	纳米特种超硬合金材料的开发与应用	浙江恒成硬质合金有限公司
	RWS柔版凹版组合式程控双面印刷机	武义华东印刷机械有限公司
	新型高效大功率超薄硅片太阳能电池组件	浙江鑫顺光伏科技有限公司
	亚光搪瓷釉料	浙江开尔新材料股份有限公司
	优质甜玉米超甜4号、浙甜6号的选育与推广	浙江省东阳玉米研究所
	水稻病虫害诊断与防控自助式智能咨询系统开发与推广应用	永康市农业技术推广中心 浙江省农科院数字农业研究所 武义县粮油技术推广站 婺城区植保测报土肥站 浦江县农业技术推广中心

续表 12-1

二等奖	三孔法腹腔镜下直肠癌根治的临床研究	金华市中心医院
	脑钠肽对首次急性心肌梗死后左室重构的预测价值	义乌市中心医院 浙江大学医学院附属第一医院 中国医学科学院阜外心血管病医院
	金华市并殖吸虫分布调查及分类研究	金华职业技术学院 福建省疾病预防控制中心 金华市疾病预防控制中心 金华市中心医院
三等奖	基于 TFT 显示的 CAN 总线数字仪表	浙江中科正方电子技术有限公司
	3 件式组合汽车铝合金车轮的研发	浙江今飞凯达轮毂股份有限公司
	重型汽车半轴 DZ9112340221	浙江省永康市鸿运实业有限公司
	单缸液压圆锥破碎机的研发	浙江武精机器制造有限公司
	WCB 材质 10ZP9 高磅级加氢阀门铸件	中核苏阀横店机械有限公司
	水雾化低松装密度纯铜粉	浦江汇凯粉体科技有限公司
	大型单主轴数控双端车床	浙江汤溪齿轮机床有限公司 浙江省农业机械研究院 上海交通大学材料与工程学院
	矿用隔爆兼本质安全型高压软起动器	浙江恒泰科技有限公司
	履带自走式联合收割机变速控制系统设计研制	金华玉马机械制造有限公司 浙江省农业机械研究院
	基于 SAAS 模式的企业在线管理系统	金华快服科技有限公司
	直流盘形悬式玻璃绝缘子 LXZY-160-300	浙江金利华电气股份有限公司
	BS-C336HDi 双向互动型高清数字有线电视接收机	浙江博尚电子有限公司
	空冷变频配电柜 KBK-III	浙江中能博瑞控制技术有限公司 华北电力大学
	全节能大功率 LED 路灯 ZX-R4000	浙江浦江中星有限公司
	左乙拉西坦及其中间体的绿色合成技术开发	浙江华义医药有限公司 浙江省环境工程技术评估中心
	连续化高温气相氯化生产 3,4,5,6-四氯吡啶甲酸技术及产业化开发	横店集团东阳英洛华绿色电化学有限公司
	西洛他唑原料及片剂的研发	浙江迪耳药业有限公司 上海永康医药科技有限公司
	无碳黑抗静电塑料承载带材料	浙江三和塑料有限公司

续表 12-2

三等奖	袜品小浴比染色新技术的研发及应用	浙江宝娜斯袜业有限公司 浙江理工大学 浙江省纺织测试中心
	恒定式飞行光路激光切割机	东阳市双燕设备有限公司
	常温常压易染涤纶地毯纱	浙江义乌金汇化纤有限公司 浙江理工大学
	鲜食籽莲新品种引选及其配套栽培技术研究	金华市农业科学研究院 武义县科技创新服务中心 武义县柳城畲族镇农业综合服务站
	金丽衢地区桃品种优化及配套栽培技术集成应用	金华市农业科学研究院 金华职业技术学院 金华市经济特产技术推广站
	耐高温 β -葡聚糖酶发酵技术研究及酶制剂开发	金华市金帆饲料有限公司 浙江大学 金华市农业科学研究院
	第三代金华火腿深加工关键技术开发与产业化示范	金字火腿股份有限公司 浙江工商大学 金华市畜牧兽医局
	中药制剂防治猪高热综合征的研究与开发	浙江金大康动物保健品有限公司
	花菇免割袋栽培技术的研究与应用	武义县食用菌技术推广站
	间歇性外斜视双眼视功能临床检测与治疗的推广应用	金华市中心医院
	Opticin 及其基因表达在糖尿病视网膜病变玻璃体收缩中的作用	金华市中医院 浙江大学医学院附属第二医院
	全腹腔镜全子宫切除同时行阴道穹隆骶骨固定术临床研究	金华市中心医院
	膝下血管病变的介入治疗	金华市中心医院
	益气逐瘀方对糖尿病肾病干预作用的临床与实验研究	金华市中医院
	首发抑郁症自杀行为的脑电生理整夜监测研究	金华市第二医院
	极低体重儿血胃泌素、胃动素水平变化研究	金华市中心医院
	诱导痰中炎性标志物白介素-8 和可溶性细胞间黏附分子-1 与 COPD 气道炎症相关性研究	金华市中心医院

续表 12-3

三等奖	神经精神量表（NPI）在脑卒中后精神异常评价中的应用研究	金华市中心医院
	猪缺血再灌注损伤无复流心肌中 β3 整合素的表达	义乌市中心医院 浙江大学医学院细胞生物学研究所
	转化生长因子 β1 T869C 基因多态性与脑梗死易感性的关系	金华职业技术学院 金华市人民医院
	平均脉压与老年高血压患者冠状动脉病变严重程度的相关性研究	金华市中心医院
	油条无铝配方技术优化与应用研究	金华市卫生监督所

知识产权

【概述】 金东区通过省知识产权示范创建区验收，成为省知识产权工作示范区。9家全国企事业知识产权试点单位通过省局试点验收，新认定省级自主知识产权优势中小企业8家、专利示范企业16家、市级专利示范企业42家。全市共申请专利21491件，居全省第五位，同比增长30.4%，其中发明专利1946件，同比增长30.1%；授权专利17634件，居全省第三位，同比增长49.1%，其中发明专利423件，同比增长19.5%。加大知识产权保护力度，知识产权维权援助工作深入开展，全年受理来电23人次，其中维权援助类18个，举报投诉类5人次，都解答询问，或提供参考意见，告知解决途径。

【示范单位】 新认定省级自主知识产权优势中小企业8家：东阳富仕特磁业有限公司、东阳市凯捷高尔夫有限公司、浙江科惠医疗器械有限公司、浙江火山机械有限公司、浙江高峰控股集团有限公司、浙江三和塑料有限公司、浦江万赛摩擦材料有限公司、金华万得福日用品有限公司。省级专利示范企业16家：浙江金磐机电实业有限公司、浙江梦娜袜业股份有限公司、浙江普莱得电器有限公司、浙江一帆日用品有限公司、浙江金轮机电实业有限公司、巨龙箱包有限公司、金华市精工工具制造有限公司、浙江恒成硬质合金有限公司、浙江金华康恩贝生物制药有限公司、浙江佰耐钢带有限公司、浙江博尚电子有限公司、横店集团浙江得邦公共照明有限公司、永康市正大实业有限公司、浦江宏泰工艺有限公司、浙江真爱毯业科技有限公司、浙江浩博运动器械有限公司。市级专利示范企业42家：莱恩(中国)动力有限公司、横店集团浙江得邦公共照明有限公司、华市龙达塑胶助剂有限公司、东阳市明堂红木家具有限公司、金华市天启工具厂、东阳市新明红木家具有限公司、金华市金丰塑料厂、浙江凯文磁钢有限公司、浙江开尔新材料股份有限公司、浙江金路达皮具有限公司、浙江真爱时尚家居有限公司、浙江森兰德包装科技有限公司、金华美戈尔机电科技有限公司、浙江中信厨具有限公司、金华市融昌工具有限公司、浙江道明光学股份有限公司、浙江今飞摩轮有限公司、浙江飞神车业有限公司、浙江金大电动车有限公司、浙江得伟工贸有限公司、金华辉煌三联工具实业有限公司、浙江天鑫运动器材有限公司、金华凯力特自动化科技有限公司、浙江浦江齿轮有限公司、浙江迪耳化工有限公司、浙江省浦江县百川产业有限公司、浙江尖峰药业有限公司、武义日天工具有限公司、金华市宏昌电器有限公司、武义机床制造有限公司、金华市三环焊接材料有限公司、浙江更香有机茶业开发有限公司、浙江博阳压缩机有限公司、浙江曙光实业有限公司、兰溪市鸿香生物科技有限公司、浙江武义万达干燥设备制造有限公司、浙江兰溪山野机械有限公司、武义县东达电器有限公司、浙江华源制药科技开发有限公司、浙江汉力士船用推进系统股份有限公司、浙江东阳木雕集团有限公司、山耐斯气动液压(磐安)有限公司。

【获奖企业】 17家企业获金华市专利实施奖，其中特等奖1家：浙江万里扬变压器股份有限公司；一等奖3家:浙江皇冠电动工具制造有限公司、浙江派尼尔机电有限公司、浙江美佳机电科技有限公司;二等奖5家:浙江开尔新材料股份有限公司、浙江金轮机电实业有限公司、青年汽车集团有限公司、浙江华丰电动工具有限公司、金华长弓清洁用品有限公司;三等奖8家:浙江普莱得电器有限公司、浙江百隆塑材制品有限公司、金华市精工工具制造有限公司、浙江通达电器有限公司、金华市赛格五金注塑有限公司、浙江汤溪齿轮机床有限公司、浙江金利华电气股份有限公司、金华真爱时尚家居有限公司。

2012年全市专利申请量与授权量

表13 单位:人

县(市、区)	申请量	其中发明专利申请量	授权量	其中发明专利授权量
全　市	21491	1946	17634	423
婺城区	2902	512	2427	108
金东区	912	65	939	26
兰溪市	988	112	897	31
东阳市	2460	382	2423	83
义乌市	6568	432	5117	84
永康市	4767	191	3866	43
浦江县	798	91	619	29
武义县	1053	83	757	16
磐安县	1043	78	589	3

地震监测

【概述】 继续认真抓好地震台站建设,“浙中地震监测中心” 项目被列入2012年政府投资项目,落实了建设用地,完成了婺城区、永康市、浦江县、磐安县的省防震减灾“十二五”规划要求建设台站选址工作，兰溪地磁台确定落户兰溪市马涧乡大唐村,并开展了征地等前期工作。防震减灾管理体系进一步健全,武义县科技局增挂地震局牌子,设立防震减灾科。重大工程的地震安全性评价工作得到推进,义乌市制订《工程建设项目地震安全性评价管理办法》,东阳市有6家房地产企业、10幢高楼办理了地震安全评估。利用“防灾减灾日”“科技活动周”“科技三下乡”“安全生产月”等科技、防灾、安全生产宣传平台,积极宣传地震知识。妥善处置2月底东阳市佐村镇上村村水库发生的蟾蜍异常事件,请专家实地勘察,向社会做好解释工作,消除恐慌情绪。

(来　怡)

教 育

综 述

【概述】2012年，金华市共有各级各类学校2323所(不含技工学校,下同),在校生102.59万人,教职工71266人，专任教师55300人。其中：小学445所,在校学生39.64万人;初中170所,在校学生14.88万人;普通高中66所,在校学生9.54万人;中等职业学校44所,在校生6.41万人;特殊教育学校8所,在校学生1635人;全日制高校7所,在校生7.88万人;成人高校2所,在校生2890人;全日制在校研究生3638人。全市幼儿园1581所，在园幼儿23.79万人,学前三年幼儿入园率98.92%;省等级幼儿园750所，省等级幼儿园招生覆盖面71.76%;全市112个乡镇已有98个建有中心幼儿园。十五年教育普及率99.43%。小学入学率、巩固率100%;初中入学率、巩固率100%;初中毕业生升入高中段学校比例98.38%,升入优质高中比例83.17%。初中毕业生升入普通高中与中等职业学校的比例为1:0.92,普通高中教育与中等职业教育协调发展。高等教育规模不断扩大,结构更趋合理,高等教育毛入学率49.7%。市教育局获得了浙江省全民科学素质行动计划纲要实施工作先进集体、浙江省中小学艺术节活动优秀组织奖、全省教育宣传工作先进集体、金华市爱国拥军模范单位、全市"清剿火患"战役先进单位、金华市2011年度食品安全工作先进集体、金华市妇女儿童工作先进集体、金华市老干部工作先进集体、2011年度全民国防教育先进单位、2011年度派驻纪检监察机构工作目标考核表扬单位等荣誉称号。

2012年金华市各级各类学校概况

表14　　单位:所、个、人

类别	学校数	班级数	毕业生数	招生数	在校生数	毕业班学生数	教职工数	
							总计	其中:专任教师
一、高等院校	9	2003	24668	27539	81735	23969	6266	4240
二、普通中等专业学校	4	140	1791	1698	5944	2078	411	314
三、成人中等专业学校	7	13	107	262	706	225	170	131
四、普通中学	236	5383	83041	83033	244159	79393	22491	18570
1.初中	170	3411	52461	52983	148757	46825	–	11558
2.高中	66	1972	30580	30050	95402	32568	–	7012

续表 14

类别	学校数	班级数	毕业生数	招生数	在校生数	毕业班学生数	教职工数	
							总计	其中:专任教师
五、职业高中	33	1306	19624	18694	57487	19302	3341	2863
六、小学	445	8825	57400	71087	396366	59182	17008	16034
七、特殊教育学校	8	76	198	333	1635	–	193	168
八、幼儿园	1581	9072	73507	70814	237897	–	21386	13010

【目标责任制考核】 按照党政领导教育发展目标责任制考核办法,连续十一次开展县(市、区)党政领导教育发展目标责任制考核,金东区、武义县、东阳市、兰溪市等4个考核先进县(市、区)获得通报表彰。严格执行《金华市县(市、区)教育改革与发展情况年度公报制度》,编印了《教育督导公报》,连续第九年在《金华日报》发布教育改革发展公报。

【创建工作】 开展义务教育发展均衡县(市、区)创建。根据市政府与省教育厅签订的"义务教育均衡发展备忘录"及市政府与各县(市、区)政府签订的"推进义务教育均衡发展责任书",下发了《关于做好义务教育发展均衡县(市、区)创建申报工作的通知》,要求各地对照标准,积极创造条件,努力争创全国义务教育发展均衡县(市、区)。义乌市、东阳市已通过督导评估组的评估,按程序报批全国义务教育基本均衡县(市、区)。开展教育现代化县(市、区)创建工作。下发《关于做好教育现代化县(市、区)创建工作的通知》,要求各地对照省评估标准,开展调研,查找差距,理清思路,制定本地教育现代化县(市、区)创建规划,合理设计创建时间表和路线图,有计划有步骤地开展创建工作。县(市、区)创建规划已上报省教育厅。

【教育财政投入】 2012年,全市共投入教育经费100.23亿元,比上年增长15.18%。配合市财政局制定《金华市本级核定中等职业学校学生均经费标准方案》,建立健全中职教育经费投入机制。召开全市中小学校安工程推进会,建立重点项目每月督查制度,加强对工程建设进度和质量的督查。校安工程三年规划任务全面完成,全市竣工项目1414个,竣工校舍面积133万平方米,累计完成投资14亿元,16.8万平方米D级危房已全部消除。基本建设投入进一步加大,实施了义务教育标准化学校建设、乡镇中心幼儿园建设和民工子弟学校项目建设,认定30所学校为义务教育标准化学校,新建15所乡镇中心幼儿园,完成6个民工子弟学校建设项目。直属学校项目建设进展顺利,确定市特教中心选址并开工建设,金华一职校实训中心项目年底主体结顶。金华六中迁建工程获2011年度金华市区重点建设项目考核一等奖。

【教育合作交流】 会同市外办召开了全市"千校结好"推进会,新增结对学校37对,艾青中学获得国家教育部和浙江省教育厅批准,正式与美国布莱弗中学合作举办高中课程教育项目。有序推进教育对口支援工作,共派出第七批援疆轮换教师10名、双语教师4名,安排15万元资金帮助温宿二中、温宿二小改善教育设施设备,组织开展金华温宿两地青少年爱心交流活动,艾青中学等4所学校与温宿二中结为友好合作学校。

【信息化建设】 出台了《金华市教育信息化"十二五"发展规划》实现义务教育段学校班级多媒体普及率100%,配合省教育厅完成了市到县的教育计算机骨干网建设,与电信公司签定了金华市千校联网工程协议,在全省率先启动了千校联网工程建设。

【校园安全和信访维稳】 加强十八大期间维稳力度,突出抓好民师、"两案"人员及其他信访维稳工作。开展第十七个全国中小学生安全教育日活动、"平安出行"专题教育活动、防溺水活动、"5·12"

防空防灾演练和“119”消防安全宣传教育活动,进一步提高中小学生安全意识和风险防范能力，实现2012年学生死亡人数大幅度下降。继续加大“三防”建设力度,累计投入建设资金7654万元,安装CK报警器1681个,视频监控摄像头8045个,聘请保安2274人。建立学校安全月查制度,加强校园安全责任事故的防范,创新学校安全管理新模式,会同市公安局、财政局下发了《关于在市直学校由保安公司直接派驻保安的通知》。认真贯彻落实国务院、省校车安全管理条例,配合有关部门加强学生接送车安全管理,代拟了《金华市中小学交通安全保障工程实施办法(初稿)》。制定下发了《金华市学校食品安全大整治百日行动实施方案》，成立了市教育系统食品安全大整治百日行动领导小组,开展全市中小学食品安全大整治百日行动,进一步落实学校食品安全主体责任，提高学校食堂食品安全管理水平。完善了学生平安保险和医疗保险办法,公办学校、幼儿园及职业院校实习责任险的参保率均为100%,民办学校达99%,民办幼儿园达96%以上。

【学生资助政策】 大力开展学生资助政策宣传和咨询活动。从2012年春季学期开始,农村义务教育学校学生的爱心营养餐标准从每人每年350元提高至每人每年750元。2012年全市共资助中小学生13.81万人次,发放资助金额2亿元。

【依法行政】 认真做好规范性文件清理，完成行政规范性文件年度计划上报和备案工作,保留继续有效文件7个。依法实施行政许可，审批事项8件,准予8件,认定高中教师资格证书2365件。办理建议、提案106件,其中主办65件。依法审核、报送并办理了3728名原辞退民办教师、6610名代课教师社会养老保险。

【教育审计轮审】 根据省教育厅审计轮审制度有关要求,召开全市教育审计工作会议,对存在的问题进行通报,并分别印发《金华市教育审计科学和谐考核》《审计年报2011年情况分析和2012年工作建议》。8月,兰溪市、浦江县教育局分别建立了三至五年一轮的轮审制度文件,实现教育审计轮审制度建设全覆盖。全市实施财务收支审计85个,经济责任审计102个,两项审计187个,审计覆盖面为23%。

学前教育

【概述】 2012年底，全市共有幼儿园1581所，在园幼儿237897人,学前三年幼儿入园率98.92%。全市共有省级以上幼儿园750所，其中省一级幼儿园39所,二级幼儿园131所。全市省等级幼儿园招生覆盖面为71.76%,全市112个乡镇中建有中心幼儿园的有98个。专任教师中拥有教师资格证的比例为55.18%,学历合格率为98.19%,具有大专及以上学历的比例为53.71%，具有幼教职称的比例为22.52%。2012年安排86名园长、17名骨干教师参加国家级培训,安排68名园长、30名骨干教师参加省级培训。市区2714名幼儿教师参加了市学前教育师资培训中心、金华教育学院及市教研室、市教科所举办的13个不同专题的培训。

【三年行动计划】 推进金华市学前教育三年行动计划取得新成效。新创建省三级以上幼儿园300所,11个乡镇通过金华市学前教育先进乡镇(街道)评估,12个乡镇通过金华市学前教育达标乡镇（街道)评估。加强幼儿教师队伍建设,配备公办幼儿教师124人，完成750名农村幼儿园园长和骨干教师培训,821名教师取得幼儿教师资格证,幼儿教师整体素质逐步提升。金华市人民政府教育督导室、市教育局组织9个督导检查组对全市学前教育三年行动计划实施情况进行了专项督查。12月12日,召开全市学前教育三年行动计划推进会。金华市副市长林丹军要求抓管理突出政府的主导地位,抓质量突出科学规范,抓队伍突出师资队伍建设,抓典型突出示范引领。市财政局、东阳市政府、兰溪游埠镇政府在会上作经验介绍。各县(市、区)政府分管领导、教育局局长和分管局长,市教育局主要负责人及市编委办、市综治办等有关部门负责人共100多人参加了会议。

【推进等级幼儿园建设】 4月,接受舟山市教育局代表省检查组对金华进行了为期一周的检查,抽查了省三级园42所,准办园95所,乡镇中心幼儿园22所;市人民政府教育督导室、市教育局组织9个督导检查组对全市学前教育三年行动计划实施情况进行了专项督查。通过检查和督查后的整改工作来加强等级幼儿园建设。11 月,确定金华市婺城区站前幼儿园等 35 所为浙江省二级幼儿园,通过婺城区爱妇儿婴幼早教中心等 5 所幼儿园的省二级幼儿园预评估,通过金东区曹宅镇中心小学附属幼儿园省二级幼儿园重新审核。全市新创建省三级以上幼儿园 300 所,11 个乡镇通过金华市学前教育先进乡镇(街道)评估,12 个乡镇通过金华市学前教育达标乡镇(街道)评估。教研室组织省一级幼儿园教学展示活动、市优化幼儿园一日活动专题研讨会、幼儿园集体教学优质课评比活动、幼儿园优质课观摩活动等系列活动,通过典型经验分享、专家讲座、幼儿园半日活动观摩等方式,充分发挥省等级幼儿园的示范辐射功能。加强幼儿教师队伍建设,配备公办幼儿教师 124 人, 完成 750 名农村幼儿园园长和骨干教师培训,821 名教师取得幼儿教师资格证,幼儿教师整体素质逐步提升。

【规范学前保育教育】 2 月,组织幼儿园教职工和小学校长认真学习幼儿园规范办学相关文件,对幼儿园教育“小学化”现象进行自查和整改,进一步规范幼儿园保育教育工作。5 月至 6 月, 开展了以“快乐生活,健康成长”为主题的“学前教育宣传月”活动。11 月,举办金华市学前教育学术报告会,邀请台湾树德科技大学儿童与家庭服务系张翠娥、胡秀妁教授作专题报告。

义务教育

【概述】 2012 年底,全市共有:小学 445 所,在校生 396366 人,校均规模 891 人,教职工 17008 人,其中专任教师 16034 人; 初中 170 所, 在校生 148757 人,校均规模 875 人,专任教师 11558 人。九年义务教育入学率 100%、巩固率 100%。

【中小学招生】 根据国家、省关于治理义务教育阶段中小学择校乱收费的通知要求,会同市人民政府纠风办、市财政局、市物价局等部门下发了《关于治理义务教育阶段中小学择校乱收费的通知》,对治理义务教育阶段择校乱收费、促进教育均衡发展工作提出了明确要求。5 月 30 日,下发了《关于做好 2012 年市区义务教育学校招生工作的指导意见》, 对 2012 年市区义务教育学校招生工作做出明确规定。婺城区教育局、金东区教育局、开发区教育分局均出台了实施意见。全市实现了义务教育“零择校”,受到省教育厅领导表扬。坚持以“两个为主”和就近入学的原则,妥善解决外来务工人员随迁子女入学问题,对符合省政府规定条件的外来务工人员随迁子女全部予以安排,全市共安排外来务工人员随迁子女 4 万多人,80%以上在公办学校就读。

【教学改革】 召开了全市中小学教学模式改革推进会,下发了《金华市教育局关于推进中小学教学模式改革的意见》, 加快推进中小学课堂教学模式改革。各学科骨干教师组成教学研究小组,开展专题研究,形成《课堂教学模式汇编》,针对学科特点组织开展主题教研活动。

【“减负”专项整治】 市、县相继召开“减负”工作专题会议,研究部署“减负”工作。下发了《关于进一步做好市区中小学减负工作的通知》,强调从“提高认识, 把减轻学生过重课业负担作为自觉行动; 从严管理,着力解决导致学生课业负担过重的关键问题;健全制度,完善减轻学生过重课业负担的机制;加强督查,确保减轻学生过重课业负担各项规定的落实”四个方面落实省、市教育行政部门的有关要求,并组织人员进行定期、突击检查,对检查中发现的违规行为及时做出了严肃处理。积极探索“疏导结合”的策略,下发了《关于推进中小学教学模式改革的意见》,在义乌后宅中学召开现场会,全市 200 多名校长参加。发挥特级教师、名师名校长、教坛新秀、学科带头人等教育专家的专业优势,在金华电视台教育科技频道开播“快乐课堂”,每周邀请一名金华市国家级、省级优秀教师给全市中小学生上课,共录制、播出了市区 25 位优秀老师的 46 堂课,活动收到了广大学生和家长的欢迎。

【德育养成】 开展“一校一书读国学”主题教育活动,全市试点学校从 33 家发展到 300 多家,“一校一书读国学网”登录浏览量急速攀升,举办了市区中小学国学经典诵读大赛。开展“做一个有道德的人”主题实践活动,确定市级联系点 42 个、省级联系点 20 个、国家级联系点 2 个,开展了“万人诵读经典”活动。组织开展“向国旗敬礼,做一个有道德的人”网上签名寄语活动。探索未成年人假期道德实践活动,构建“三位一体”的德育网络。近500所学校、20万学生、5万家长参加了第三届暑期亲子读书活动,撰写读后感十万余篇,评选出一等奖31篇、二等奖63篇、三等奖98篇、优秀指导老师奖30名、最佳组织奖28个。开展中小学文明礼仪教育工作,400所学校1062名少先队员获得文明礼仪雏鹰奖章,315所学校2.1万名学生参与了中小学文明礼仪公益广告画评比大赛,共评选出60幅获奖作品并汇集成册,举行了全市文明礼仪操大赛

【体育运动】 举行了主题为“阳光体育与全民健身同行”的第六届金华市学生阳光体育冬季长跑活动启动仪式,大力推进金华市学生阳光体育冬季长跑活动。举办省一级重点中学的篮球比赛、ZSBL“中国移动校讯通”第六届金华市中学生篮球联赛、ZSTL第四届金华市中小学生乒乓球联赛、ZSFL“特步杯”第四届金华市中小学生校园足球联赛等活动。

普通高中教育

【概述】 2012年底,全市有普通高中学校66所,在校生95402人,校均规模1445人,专任教师7012人,初中毕业生升高中段比例98.38%,其中升各类省等级重点中学比例83.17%。全市高考继续保持全省领先,第一批上线人数达5151人,占全省12.6%,上线率为16.59%,高于全省平均水平2个百分点。普通高中数理化、生物、信息技术等竞赛成绩继续保持领先优势,17人获全国一等奖。

【课程改革】 下发了《关于推进深化普通高中课程改革工作的指导意见》(金市教基〔2012〕37号),组织普通高中教师新课改全员培训,在全市正式启动普通高中新课改。2月,对全市的近20所普通高中进行走访调研。11月,分三个组赴县(市)开展深化普通高中课程改革专题调研,内容包括各县(市)的工作部署及制度、措施、活动等,各普通高中学校课程规划与实施方案制定情况、必修课程安排和选修课程开发开设情况及文理分班、学业水平考试安排等情况。8月,组织开展普通高中课程改革学科全员培训,全市2000多名教师参加。

【特色示范校创建】 积极开展普通高中特色示范校创建工作,全市推荐申报省一级特色示范学校5所、二级特色示范学校2所。同时,以普通高中特色示范校创建为契机,积极推进选修课程建设,学校自主开发的5门选修课程入选浙江省第一批普通高中推荐选修课程。

省一级重点普通高中分校基本情况

表 15

学校名称	班级数(个)	毕业生数(人)	招生数(人)	在校学生				专任教师数					办学条件							
				总计	一年级	二年级	三年级	总计	其中：中学高级		其中：本科以上学		学校占地面积(平方	校舍建筑面积(平方	计算机(台)	图书(册)	固定资产总值		是否建立校园网	校舍面积中当年新
									人	(%)	人	(%)					总计	其中：仪器设备		
金华一中	57	873	795	2586	795	900	891	197	92	46.70	197	100.00	26004	12002	530	12108	33000.0	1637.0	是	0
金华二中	62	963	921	2789	921	898	970	223	116	52.02	222	99.55	22450	81288	566	12282	3303.00	712.00	是	4188
汤溪中学	51	718	642	2077	642	720	715	189	65	34.39	189	100.00	14916	77131	595	11124	7372.00	493.00	是	6633
艾青中学	40	602	637	1903	637	646	620	157	57	36.31	156	99.36	14541	52379	401	10200	13316.0	374.00	是	0
兰溪一中	38	669	679	2037	679	687	671	142	70	49.30	142	100.00	11979	45668	426	99399	6426.00	805.00	是	0
义乌中学	48	764	790	2429	792	802	835	177	82	46.33	177	100.00	27931	12327	420	13878	19821.0	1821.1	是	0
义乌二中	42	719	709	2198	709	722	767	172	46	26.74	172	100.00	71026	55426	411	94748	4340.10	931.10	是	0
东阳中学	49	804	728	2349	728	810	811	173	63	36.42	172	99.42	18426	82004	530	13563	14927.0	406.00	是	0
永康一中	36	606	620	1818	620	606	592	148	75	50.68	144	97.30	13631	55098	659	10000	7298.70	534.50	是	0
武义一中	42	700	601	1958	601	668	689	157	68	43.31	152	96.82	11988	33538	612	10485	5334.00	561.00	是	0
浦江中学	42	704	672	2115	672	726	717	165	63	38.18	164	99.39	17067	95469	615	11231	18731	783	是	0
磐安中学	30	542	551	1629	552	541	536	113	47	41.59	111	98.23	81920	34457	393	86300	3888.00	530.00	是	0

中等职业教育

【概述】 2012年年底，全市各类中职学校44所，教职工数3922人，专任教师3308人，招生20654人，在校生64137人，连续11年达到省政府规定高中段招生宏观调控目标。全市现有国家级重点中职学校15所、省级重点中职学校2所、国家级教育改革发展示范校4所、省级教育改革发展示范校4所。共有国家级实训基地7个、省级实训基地27个(其中省劳动保障厅评2个)、省级示范专业40个(其中省劳动保障厅评3个)、市级示范专业40个。

【教育创建】 积极开展国家级、省级中职改革发展示范校等项目创建工作，成功创建国家级示范校1所、省级示范校4所、国家级实训基地1个、省级实训基地2个、省级产学研联合体2个、省级骨干专业4个、省级特色专业4个、省级德育实验基地学校2所、省级创业基地学校1所、省级开放实训中心2个、省级校外实训基地1个、省级企业职工培训基地2个，荣获2011年中职教育质量绩效考核三等奖2个，中央财政和省级财政奖励经费累计4350万元。全市中职学校社会培训达9万多人次。全市共有11所学校通过省一级中等职业学校考核评估，1所通过省二级中等职业学校评估。全市共有558人参加了省级、国家级的高技能培训，3人出国培训。参加市级专业技能培训600多人。

【专业结构调整】 根据《金华市中等职业教育专业结构调整规划》《金华市区中等职业学校专业结构调整规划》及实施方案，开展全市中职教育专业结构调整工作。浙江贸易学校与金华商业学校合并成立浙江商贸学校；义乌市撤并2所职校，由5所减少为3所；全市共撤销专业20项，进一步优化专业结构，提升中职内涵建设水平。

【师生技能大赛】 举办金华市第八届中等职业学校师生技能比武，共有1123名选手参加比赛。举办2012年金华市中职学校师生技能比赛暨浙江省中职学校师生技能大赛选拔赛，选派127人参加省技能大赛，共获一等奖7人、二等奖27人、三等奖50人；其中8位选手代表浙江省参加全国中职学生技能大赛，共获得一等奖1人、二等奖3人、三等奖2人。在省专业课教师大赛中，获得一等奖2人、二等奖5人、三等奖6人，获得省技术能手3人、技师4人、高级工4人。

成人教育

【概述】 截至2012年年底，全市共建成地市级社区大学1个、县级社区学院9个、国家级社区教育实验区1个、省级社区教育实验区2个、省级示范成技校22所、省一级成技校53所、市级社区教育实验区8个，新建成标准化成技校23所，省级社区教育示范校1所，新型农民素质培训示范基地4个。积极推进成人继续教育推进工程，共推荐申报2012年度浙江省标准化乡镇成校29个，经省教育厅认定23个；推荐省社区教育示范学校(乡镇)3个，经省教育厅认定1个；推荐省新型农民素质培训示范基地4个，经省教育厅认定4个。组织开展成人双证制教育，共计4950人。组织开展预备劳动力培训，共计3032人。

9月，成立了以林丹军副市长为组长、市委宣传部等17家部门单位分管领导为成员的金华市社区教育工作领导小组，下设办公室(设在市教育局)，徐志坚兼任办公室主任。

高等教育

【概述】 2012年，全市共有：省、市属高校9所，在校学生81735人，其中普通高校2所，在校学生32956人；高职院校5所，在校学生45889人；成人高校2所，在校学生2890人。高等教育毛入学率49.7%。开展金华市第三批市属高校市级重点学科评审，认定金华职业技术学院职业技术教育学、金华职业技术学院环境科学与工程学、义乌工商职业技术学院社会学、浙江广厦建设职业技术学院工程管理、金华教育学院成人教育学(教师教育)等5个学

金华市 2012 年高等院校基本概况

表 16

学校名称	班数	毕业生数	招生数	在校生数	毕业班学生数	教职工数	
						共计	其中:专任教师
普通高校	844	8640	9872	32956	8128	2935	1907
1.浙江师范大学	755	7908	8312	29196	7958	2690	1727
研究生	-	1119	1284	3638	1253	-	-
本科	726	6207	6458	24311	6138	-	-
专科	29	582	570	1247	567	-	-
2.上海财经大学浙江学院	89	732	1560	3760	170	245	180
本科	89	732	1560	3760	170	245	180
成人高校	72	1343	1065	2890	1024	392	299
1.金华教育学院	31	422	507	1258	397	184	140
其中:普通班	17	255	240	711	236	-	-
2.金华广播电视大学	41	921	558	1632	627	208	159
其中:普通班							
高职院校	1087	14685	16602	45889	14817	2939	2034
1.金华职业技术学院	570	7885	8218	24004	7902	1449	982
2.浙江广厦建设职业技术学院	241	3569	4246	10926	3634	735	468
3.义乌工商职业技术学院	187	2463	2752	7740	2492	415	374
4.浙江横店影视职业学院	83	768	1186	3019	789	243	134
5.浙江科贸职业技术学院(筹)	6	-	200	200	-	97	76

科为金华市第三批市属高校市级重点学科。根据省教育厅办公室《关于开展现代远程教育校外学习中心 2010、2011 年度年检工作的通知》要求,采取书面材料审核、实地察看等形式,对金华市范围内的校外学习中心进行了检查,41 家现代远程教育校外学习中心在基本条件建设、辅导教师、管理及技术人员、招生、考试、收费等方面基本符合规定要求。

【浙江师范大学】 2012 年,各项事业均取得较好成绩,连续三年在全国有影响力的大学排名中进入百强。学科建设扎实稳步推进。全力推进申博工程,教育学、中国语言文学、数学 3 个学科全票通过国务院学位委员会学科评议组评审,学校顺利通过立项建设博士授予单位整体验收。2 个省级重中之重学科和 3 个省级人文社科重点研究基地通过验收,获得"十二五"期间省级重点学科 15 个。教育教学改革不断深化。2012 年,出台提升本科教学质量若干意见,本科教学业绩名列省属高校第一。1 门课程获教育部精品视频公开课建设项目立项,1 本教材入选国家级规划教材,学生获国家级、省级竞赛奖项 178 项。学校获浙江省就业先进工作单位。科研工作保持良好势头。获教育部人文社科基金项目 41 项;获国家自然科学基金和社会科学基金项目共 75 项,其中重点 1 项。获省科学技术奖一等奖 1 项、二等奖 1 项,省高校科研成果奖 7 项,省自然科学基金优秀成果奖11项。人才队伍建设成效明显。出台人才队伍建设尖峰计划、致远计划和砺新计划，引进“外专千人计划”专家1人、“高端外国专家”3人、省“千人计划”专家2人，学校成为“浙江省海外高层次人才创业创新基地”；3人入选151第一层次，1人入选教育部新世纪优秀人才支持计划，4人入选浙江省高校优秀教师。对外合作交流继续拓展。新增合作院校13所，签订校际合作协议24个。承办对发展中国家教育援外第十次工作会议，在非洲成功举办中非智库论坛第二次会议。与蒙德拉内大学合作创建当地首家孔子学院，学校被评为2012年孔子学院先进中方合作院校。公共服务体系更趋完备。新增纸质图书近12万册、期刊3000余种。2个国家级实验教学示范中心顺利通过验收。正式运行校园一卡通、办公自动化项目。完成部分学生公寓首轮标准化改造，启用综合化、一站式、标准化服务的后勤服务大厅。和谐校园建设稳步推进。重点实施民生工程十件实事，深入开展绩效工资改革，教职工生活条件进一步改善。完善校院二级教代会制度，进一步发挥教职员工作用。扎实推进党务公开、校务公开、信息公开体系建设。党建和思想政治工作切实加强。组织开展学习贯彻党的十八大和省第十三次党代会精神活动。认真筹备校第五次党代会，扎实推进“创先争优”和“基层组织工作建设年”活动，高校党建工作考核取得优秀成绩。开展“厉行节约，提升效能”专项活动，取得较好成效。发展性学生工作体系进一步完善，研究生思想教育引领工作进一步强化。

【上海财经大学浙江学院】 2012年，学院在自身建设、教学、对外交流与合作、服务社会等都取得了较大的发展。3月，经教育部批准，新增设“统计学”专业和“经济学”专业，会计系申报的会计学(国际会计ACCA)也获得了教育厅批准备案，上述两个专业和一个专业方向将从2012年起开始招生，至此，学院共开设了15个专业。4月，经浙江省学位委员会发文批准学院具有了学士学位授予权，学士学位授予从2008年秋季入学的学生开始执行，学院实现了“六个独立”(独立法人资格、独立校园、独立财务核算、独立招生、独立教育管理、独立颁发学历和学位证书)办学。2012年，学院共录取新生1704人，其中招收上海考生100名，浙江省1201人，超额完成招生计划。做好毕业生就业工作，2012届毕业生就业率达91.66%。学院组织参加大型活动与竞赛取得好成绩，分别获得第八届全国大学生“用友杯”ERP沙盘模拟经营大赛浙江赛区总决赛本科组二等奖；浙江省“民生民意杯”首届大学生统计调查方案设计大赛本科组决赛中1人获二等奖、2人获三等奖。积极开展学术研讨与学术考察。与台湾辅仁大学、浙江师范大学、义乌工商学院联合，举办了2012年海峡两岸经济与管理金华学术研讨会；与上海市数量经济学联合，举办了2012中国数量经济学高级学术研讨会；参加了在江西财经大学现代经济管理学院举办的全国财经独立学院专业协作委员会暨全国财经独立学院发展研究中心第二次全体会议；组团到台湾辅仁大学等知名学府进行学术考察。加强与高校及企业的交流与合作，学院与上海财经大学国际教育学院落实了“国际硕士留学预科项目”签约；召开了与台湾辅仁大学交换生座谈会；与金蝶软件(中国)有限公司金华分公司落实了实习基地签约；与中国外包世界(香港)有限公司就全国高等院校服务外包人才培训工程及服务外包岗位专业考试项目进行了洽谈。开展社会服务，学院对2012年第三季度金华市消费者信心指数进行了调查，调查范围涉及金华市各县市20岁以上的现有居民，样本容量3246人。有浙江省教育厅课题、浙江省社科联课题、金华市社科联课题等20余项课题立项，并有4篇学术论文获金华市首届学术年会优秀论文；做到每月都有精品讲座和论坛，较为大型的有2012年海峡两岸经济与管理金华学术研讨会、全国第四届计量经济学学术年会。师资队伍建设进展明显。共引进各类人才40余人(其中：海外高校教授1名、国内高校教授2名、高工1名、博士3名)；通过柔性聘用专家、学者的方式，聘请了3位专业负责人、9位特聘教授、17位兼职教授。继续开拓创新项目。启动了“辅仁大学交换生”项目，开展的第一期交换生工作获得双方认可；在2012级新生中开办了“经济学—管理学”实验班；在2012级新生中试行了多机会、多渠道灵活自主选择专业制度；开展了国际硕士预科班的相关工作；图书电子资源建设推进明显。学院图书馆新增了30多万种电子图书的数据库以及包含 1.9 万多种中文全文电子期刊、30 多万篇学位论文的电子期刊数据库，以及一批事实数据库。

【金华职业技术学院】 2012 年，学校占地 148 公顷，建筑面积 60 万平方米，固定资产 11 亿元；教仪设备总值 1.54 亿元，各类藏书近 150 万册；教职工 1281 人，其中教师 824 人，有正高职称 90 余人、副高职称 350 余人、硕士以上学位 484 人，双师素质占 74.6%；有省级教学团队 4 个、省教学名师 6 人、省级专业带头人 8 人；聘请兼职教师 858 人；学校面向全国 20 余个省(区)招生，全日制在校生 2.4 万余人。现有 11 个二级学院和 1 家附属医院(医院职工 1062 人)，有专业 79 个，其中国家重点支持建设的示范专业 3 个，省优势专业 3 个，省特色专业 11 个；省级重点学科 1 个，国家精品课程 15 门，省级精品课程 30 门，国家规划教材 19 门、省重点教材 50 余门。近年来，学校承担国家级科研项目 4 项，其中国家社科基金项目 1 项；国家自然科学基金项目 1 项，国家星火计划项目 2 项，省部级立项课题 162 项，其中省自然科学基金项目 30 项，省科技厅总资助额达 240 万元的重大科技专项项目 3 项、其他省科技计划项目 62 项；获国家教学成果二等奖 1 项，全国教育科学研究优秀成果二等奖 1 项，省教学成果一等奖 1 项、二等奖 3 项，省科学技术二等奖 1 项，省哲学社会科学优秀成果三等奖和优秀奖各 1 项，获授权专利 260 项，其中发明专利 15 项；获软件著作权 17 项；年科技服务到款超千万元，年社会培训 4 万余人次。学校以职业能力培养为重点，开创了基地、招生、教学、科研、就业"五位一体"育人模式。学校在深化该模式过程中提出"校内基地生产化，校外基地教学化"，通过引进企业生产线或操作规范、产品工艺、生产流程等，使学生在真实或仿真的生产环境中得到锻炼；通过在校外建立具有稳定教学车间、规范生产流程、承担批量学生实训的教学工厂，确保实践任务落到实处，年内，校内实训场所总面积达 13 万平方米，逐步具备"教学实训、科技研发、技能考证、社会培训、成果展示"功能；校外紧密型基地 248 家、"教学化"的示范基地 73 家。学校积极探索校企深度合作的新途径，实施校企利益共同体建设。现已建有"众泰汽车学院""皇冠学院""高新 IT 学院""现代农业技术培训学院""浙中建筑装饰技术联盟""创业学院" 等 8 个校企利益共同体，以"资源共享、优势互补、责任共担、互惠双赢"为共建原则，实现"合作办学、合作育人、合作就业、合作发展"。学校积极开展国际教育合作和校际合作。已与美国、英国、加拿大、澳大利亚、德国、新加坡、法国、芬兰等 10 多个国家的高校和教育机构建立了长期合作关系；有中澳护理专业、中美会计专业、中加酒店管理专业、中澳建筑设计专业、中美体育服务与管理专业 5 个中外合作办学项目；招收有美国、巴勒斯坦等 8 个国家的留学生。学校还与新疆乌鲁木齐职业大学、四川乐山职业技术学院、贵州铜仁职业技术学院等 8 所中西部地区院校开展对口交流合作。学校注重培养学生的专业能力和综合素质，在课程体系中融入职业道德和职业精神的培养，学生学科竞赛获国家级奖 50 项、省部级奖 460 余项。毕业生初次就业率超过 97%，专业对口率达 70%，并入选 2010~2011 全国高校毕业生就业典型经验 50 强院校。学校办学经验在《求是》杂志刊发专文，评价学校"探索出了一条具有中国特色的高职教育教学、科研改革之路"。

【义乌工商职业技术学院】 2012 年，学院下设 6 个分院 29 个专业及国际教育学院、自考学院、浙师大 MBA 教育义乌中心、远程教育中心和成人教育函授点。有正式在编教师 388 人，全日制中外学生 8800 人，其中有来自 66 个国家的留学生 618 人。2 专业入选教育部、财政部的"高等职业学校提升专业服务产业发展能力"项目，获中央财政 400 万元专项资金支持，1 专业被评为省优势专业。接待各级领导、兄弟院校、媒体记者到访 200 余批次，接待国外高校来访 22 批次，与国内 20 余个高校、企事业单位建立合作关系。2012 届毕业生初次就业率 95.66%，新生报到率 96.8%，其中 47 名学生达本科分数线。中央电视台、东方卫视、浙江卫视、香港有线台、台湾中天电视台等电视媒体对学院特色教育进行专题报道。创意服务上。2012 年，义乌市创意园入驻企业实现创意产值 1.4 亿元，带动生产产值 22 亿元。年内组织 350 余家优秀企业参加义乌各大展会，与 3000 余家本地企业进行项目对接，达成意向订单 1500 余笔，带动社会生产产值、销售产值 8 亿元。义乌市创意园二期环湖创意产业带项目获立项，建成后实现入驻机构600家、常驻创意人才4000人的目标。创业园被命名为金华市社会科学普及示范基地。2012年，创业园区规模从2008年的2600平方米扩展至1.21万平方米。有从事专职科普工作人员5人，兼职20人。在全国大学生数学建模竞赛中获奖率100%。10月10日，全国大学生数学建模竞赛中，学院4支代表队12名学生参加比赛，获奖率100%，创历史最好成绩。

【浙江广厦建设职业技术学院】 2012年，在总结高职办学十周年经验和特色的基础上，进一步理清了高职素质教育的概念和思路。出台了《学生素质教育实施规划》。坚持"以技能立身，靠素质发展"的校训，深化"五化"教学，加强专业建设，打造特色专业。工程造价专业成为省级优势专业，工程管理学科被立项为金华市第三批市属高校市级重点学科；木雕设计与制作专业成为第二批浙江省非物质文化遗产传承教学基地。对13门院级精品课程和20门院级精品课程分别进行终结验收中期检查。依托浙江广厦职业教育集团，以一体化培养方案的制订为核心，以中高职课程体系衔接为重点，启动"中高职一体化"人才培养模式改革。形成了建筑工程技术、木雕设计与制作、工程造价、数控技术四个专业的中高职一体化培养方案。信控学院与电梯行业著名企业——日立电梯杭州工程有限公司合作开办了机电专业电梯维保技师班。进一步加强校内外实训基地建设。学生"双证书"获取率达83.53%，其中有20个专业达到90%以上，有12个专业达到100%。在院外省级以上的各类技能竞赛项目中，共获128个奖项，国家级获奖项目44个，奖项数量比上年同期增长30%。通过内培外引，师资队伍结构进一步优化，师生比达到高职院校评估要求。6人晋升为副高职称，13人晋升为中级职称。开展"十大育人标兵"评选，蒋晓燕获首届"浙江省高校优秀教师"称号，王春福等10位教师为学院"十大育人标兵"。申报各级课题389项，其中，厅局级及以上课题立项数总计52项，比上年同期增长15.4%。被授予为"国家教师科研基金'十二五'规划全国重点课题科研单位"、金华市"社科工作先进集体"称号。

【浙江横店影视职业学院】 2012年，学院占地36万平方米，建筑面积11万余平方米。各种教学仪器设备总值1630万元。图书馆适用图书18.54万册，各类期刊资料423种。学院建有63个校内实训室和74个校实训基地。引进教师53人，其中副高以上8人、硕士16人。24名教师晋升高校讲师职称，23名教师初定助教职称。现有教职工243人，其中专任教师134人，副高以上职称39人，硕士以上学位70人，双师素质教师56人。全日制高职学生3019人。新获批设立表演艺术、艺术设计、电视节目制作三个专业。现有2个省级特色专业。开展"教风学风建设年"活动，对教学进行质量评价，反映学生的意见和建议。组织师生参与《血刃》《女相》《狙击部队》等多部影视剧拍摄。成立了演艺事业中心。学院获商贸行业人才培训基地和全国外经贸行业从业人员培训基地授牌。开展了首届院级教学成果奖申报和评审。成立了社会科学联合会。《浙江横店影视职业学院学报》(影视艺术与产业研究)创刊并出版发行。组织学生参加多场省、市人才招聘会。截至年底，毕业生就业率98.76%。组织人员到上海戏剧学院、中国计量学院、浙江旅游职业学院、浙江艺术职业学院、金华职业技术学院、宁波职业技术学院等高校参观学习，增进交流合作。与英国考文垂大学、日本京都信息大学院大学、韩国光州女子大学签订了合作协议。组织了11名学生赴台湾高校短期研修。成功申请并获得国家外国专家局颁发的"聘请外国专家单位资格认可证书"，从美国聘请外教2名。

【浙江科贸职业技术学院(筹)】 2012年，学院提出"培养高智能的一流应用型专门人才"的办学目标，按照"设施精致、课程务实、管理周密、生活文明"的模式认真开展相关办学工作。1月6日，《金华市人民政府关于要求正式建立浙江科贸职业技术学院的请示》，上报省政府，提出正式建校申请；2月23日，省教育厅派专家组来金华对学院筹建工作进行了检查验收；3月5日，省教育厅同意学院2012年挂靠金华职业技术学院招生200人。9月16日，200名新生入学，分为6个专业，学院安排了专职辅导员，并为每班安排了班主任。积极开展对外交流与合作。11月28日，学院主办了"首届中国经济社会发展管理论坛"，来自高等院校及企业界的14位嘉宾发表演讲。11月30日,“北京大学经济学院浙江金华教学研究基地”的揭牌仪式在学院隆重举行,学院成为全国民办高校中第一家与北京大学进行教学合作的高职院校。

【金华教育学院】 2012年,学院坚持“以文化强校,以文化育人”办学,各项事业得到稳定、健康、持续的发展。加大投入改善办学条件。学院改建了400米标准田径场;创建了幼儿教师的实训基地;加强周边环境治理,注重校园环境“净化、美化、绿化”,校园环境大为改观。拓宽办学渠道提升办学层次。与杭州方格投资管理有限公司达成了合作办学协议,创办了金华市方格外国语学校。学院继续和北京语言大学、华东师大、浙师大和宁波大学等高校合作办学,各项工作开展正常有序。自考、成教招生录取1172名。自考助学通过率继续保持良好态势,超全省平均通过率。完成了两期教师资格认定考试的教育学、心理学1000余人次的培训任务。积极备战省第十五届运动会,共派出14支代表队参加省级体育比赛,获得金牌40枚,银牌46枚,铜牌70枚。向上级输送3名优秀后备体育人才;7名运动员赴杭州参加了浙江省“奥基”人才集训。加强培训管理提升培训质量。共举办各类培训班139期,实际参训人数共计10671人,满意和非常满意率达90.29%,培训及管理质量综合得分为96.24分。学院首次承担了3个省级培训项目。承担了中小学校长、中小学教务主任、教研员、教科室主任培训等培训任务。加强师资队伍建设提高科研水平。继续实行全员聘用合同制,完善和强化教师职务评聘制度,培养骨干教师及学科带头人。鼓励教职工进修学习,一年中,共派出100余人次外出培训与进修。2012年学院教师有省市课题立项19项,其中省级课题立项6项,市级课题立项13项。

【金华广播电视大学】 金华广播电视大学(浙江商贸学校)是一所集大专、中专、成人教育、开放教育、职业培训等为一体的综合性成人高等院校。学校现有清照路校区、芙苑路校区和人民东路校区3个校区,占地面积15公顷,建筑面积达15万平方米。年初,学校成立了“金华市社区大学婺城学院”和“金华市社区大学金东学院”,实现了金华市9个县(市、区)级社区教育机构完成全覆盖,创新了社区教育发展的新模式。8月,市委市政府决定,浙江贸易学校与金华商业学校合并成立浙江商贸学校。金华广播电视大学(浙江商贸学校)在传承30多年办学历史的基础上,整合资源,优势互补,实行“一套班子、两块牌子”的运作模式。学校被评为全省电大系统先进办学单位。开展了系列创建活动。永康电大通过了省级示范基层电大评估验收;召开全市电大校长工作会议,总结交流工作经验,研讨示范基层电大建设;选举产生了金华市现代远程教育学会新一届理事会,并对荣获2011年度金华市现代远程教育学会优秀科研成果进行了表彰奖励。

特殊教育

【概述】 2012年年底,全市共有特殊教育学校8所,学校教职工193人,专任教师168人,在校学生数1635人。三残儿童入学率为98.20%。市特殊教育中心项目进行了选址。该项目用地面积4.67公顷,学校按照48个班、480名在校生的规模设计建设,建筑面积约2.3万平方米,总投资约9950万元。金华市特教中心项目将建设成为满足听障、智障儿童少年接受15年教育需求,集教育、康复为一体的高规格、现代化、有特色的特殊教育学校。举行了由金华市特教分会主办、金华市启明学校承办的“金华市特殊教育学校课堂教学研讨暨师德报告”,来自全市特殊学校的150多名特教教师参加会议。会上,全国教书育人楷模、浙江省特级教师、宁波市达敏学校校长刘佳芬作了师德报告;宁波市达敏学校两位教坛新秀展示了生活数学和生活语文两堂精彩的观摩课。在启明学校举办了第九届野风特殊教育基金捐赠仪式暨第六届社区特奥运动会,共有114位学生获得了野风奖学金和家庭困难补助;被评为“金华市优秀社会工作专业人才”的吴彰敏等一批优秀教师也获得野风集团的嘉奖;启明学校同学和八咏社区的残障人士开展了丰富多彩的特奥运动。东阳市成立特殊教育指导中心,配备两位特教专长教师担任巡回指导师。

2012 年金华市特殊教育学校分校情况

表 17

学校名称	班级数	毕业生数	招生数	在校生数													
				合计	小学阶段						初中阶段				高中阶段		
					一年级	二年级	三年级	四年级	五年级	六年级	一年级	二年级	三年级	四年级	一年级	二年级	三年级及以上
金华市启明学校	11	22	19	136	16	23	14		15	15	–	28	25	–	–	–	–
金华市启圣学校	8	–	14	68	7	11	8	8	7	–	7	7	13	–	–	–	–
武义县芳华学校	2	–	4	15	4	11	–	–	–	–	–	–	–	–	–	–	–
兰溪市黄大仙聋哑培智学校	5	–	–	37	–	–	5	4	5	11	12	–	–	–	–	–	–
义乌市星光实验学校	8	10	17	87	17	21	–	7	5	25	–	–	12	–	–	–	–
东阳市聋哑学校	12	25	20	136	17	12	11	5	–	–	35	11	19	–	–	19	7
永康市腾龙学校	18	48	179	676	179	118	130	93	79	77	–	–	–	–	–	–	–
永康市特殊学校	12	17	10	152	10	11	29	14	17	22	15	23	11	–	–	–	–

民办教育

【概述】 2012 年年底，全市共有各类民办教育机构 2145 家，共有资产 46.99 亿元。当年招生 246682 人，在校生 352088 人，专职教师 18676 人。其中：高校 4 所，在校生 17829 人，占全市高校在校生的 22.6%；普通高中 14 所，职业高中 18 所，综合高中 5 所，高中段在校生 33880 人，占全市高中段在校生 21.3%；初中 9 所，在校生 6620 人，占全市初中在校生的 4.5%；小学 32 所，在校生 31356 人，占全市小学在校生的 7.9%，九年一贯制学校 12 所，在校生 17928 人；幼儿园 1454 所，在园幼儿人数为 222714 人，占全市在园幼儿 93.6%；文化补习学校 10 所，年内招生 3828 人；文化教育培训机构 585 家；培训 142569 人。

【民办教育考察调研】 为贯彻落实《国家中长期教育改革和发展规划纲要（2010~2020）》，推进民办教育体制机制创新，加快教育改革与发展，市政府林丹军副市长带队赴杭州、温州实地考察学习先进经验。并多次召开协调会，专题研究民办教育发展。

【民办教育机构招生广告监管】 为规范招生广告市场秩序，6 月，会同市工商局联合开展全市招生培训广告专项治理行动，对民办学校实施了有效监管，对检查中发现存在问题的学校进行处罚，并下达整改通知书，督促其及时整改。

【民办教育行政审批】 规范民办教育行政审批，严格执行审批标准，认真落实现场察看、专家评审等程序，做到公开、公正、合法、合理。2012 年，共受理审批事项 8 件，审批 8 件，其中新设立 4 件，完成案卷收录 4 件，通过省案卷评查 3 件。同时，及时做好来人、来电、来信答复和举报信件查处工作，共接待来人来电咨询 70 多人次，查处违规办学 6 件，答复信访件 9 件，答复网上咨询 12 件，为群众提供了方便有效的教育服务。

教育科研

【概述】2012年,教育科研以《金华市“十二五”教育事业发展规划(2011~2015)》(以下简称《规划》)为统领,以“群体科研,教师科研,课堂科研”为发展方向,坚持为各级政府、教育行政部门和学校的决策服务,取得了良好成效。教科规划课题立项在层次和数量上实现了“双突破”,确立了620项应用性强、研究价值高的教育科研规划课题,其中有省重点教育科学规划课题15项, 省教育科学规划课题47项,省农村青年教师专项课题9项,省体卫艺专项课题9项; 金华市教育科学重点研究课题52项,一般课题488项。在浙江省2011年度教育科学研究优秀成果评比中,金华市选送14项,获奖13项,其中磐安县教育局局长吕为苗、浦江县浦阳二小校长徐双莲等2项成果获省一等奖,永康市实验学校倪静川老师等1项成果获省二等奖,艾青中学校长方家鸿等10项成果获省三等奖。在2012年度 “黄浦杯”长三角征文评比中,全市选送20篇论文,金东区实验小学张蕾的论文被评为一等奖 (一等奖共14篇),武义县熟溪小学汤晓霞、金华市南苑小学郑小龙的论文被评为二等奖;另有近10篇论文被评为三等奖和鼓励奖。

教　师

【概述】2012年年底, 全市中小学在职教职工42840人, 其中专任教师38839人, 具体为小学17406人、初中11558人、普高7012人、职高2863人,专任教师人数与在校生之比(师生比)小学1:23、初中1:13、普高1:14、职高1:20。全市小学、初中专任教师学历高标率分别是90.30%、83.50%;普高、职高专任教师学历合格率分别为98.26%、90.74%。全市幼儿专任教师学历高标率为50.58%。全市初中、普高和职高中级职称比例, 分别为47.98%、34.11%、37.83%, 高级职称比例分别为14.49%、24.32%、14.39%。全市职业高中 “双师型” 教师比例为66.98%。全市有在职省特级教师64人,市名师名校长139人。

【师德师风建设】开展“师德规范年”活动,印发了《金华市中小学“师德规范年”活动实施方案》《金华市中小学教师职业行为十条禁令》《金华市中小学教师师德建设考核办法》,开展师德典型评选,与金华日报联合开展“我心目中的好老师”主题征文活动,进一步完善教育、导向、监督、规范四位一体的师德建设体系, 教师队伍整体道德素质明显提升。

【教师培训】组织开展中小学教师专业发展培训工作,全市教师专业发展培训管理平台注册教师数达3.49万人。组织中职教师参加各级培训,国家级培训58名,省级培训486名,市级培训600多人;推荐13名中职校长参加教育部组织的高级研修班学习。组织中小学教师参加国家级和省级培训,国家级示范性集中培训97名, 国家级远程培训350名,省级培训551名。组织金华市名师名校长培训,55名金华市名校长赴浙江大学培训,97名金华市第五批小学名师培养人选赴华东师范大学培训,65名省特级教师、市第四批名师赴西南大学培训。

【教师队伍管理】2012年全市共招聘新教师1340名。完成专业技术人员首次岗位设定工作。完成非义务教育事业单位绩效工资补发工作。开展代理教师清理,共清退775名代课教师,占2011年代课教师总数的50%。启动“名师名校长工作室”计划,设立首批“名师工作室”10个、“名校长工作室”6个,招收“名师工作室”学员53人,“名校长工作室”学员148人。组织参加省第二十四届“春蚕奖”、第二十二届“绿叶奖”、省中小学师德楷模评选,荣获“春蚕奖”24人、“绿叶奖”10人、师德楷模12人。组织开展金华市第十届中小学“教坛新秀”评选,确定中小学“教坛新秀”98名。制定专业技术职务职评方案,完善职评考核办法, 确定中学高级教师任职资格260人,中学一级教师任职资格74人,讲师任职资格24人,小学挂靠中学高级65人,高级讲师12人,副教授3人。

高校、中专招生

【概述】根据教育部的统一要求,实施普通高校招生“阳光工程”,完善招生制度,狠抓薄弱环节,全面公开信息,进一步增加招生录取全程透明度,使高考在“阳光”下透明操作,确保招生工作的公平公正。2012年全市37586人报名参加普通高校招生考试(其中文科8072人、理科22981人、艺术类2709人、体育类377人、单考单招高职3447人),共有31452人上线(其中文科7163人,理科19182人,艺术类2333人,体育类336人,单考单招高职2438人)。全市30008人被录取(其中文科7122人、理科18818人、艺术类1854人、体育类98人、单考单招高职2116人)。全市16371人报名参加成人高校招生考试(其中专升本3979人、高中起点12392人),13309人被各类成人高校录取(其中专升本3074人、高中起点10239人)。全市共有3288人报名参加研究生招生考试。空军和国航招飞方面,全市共有14人被录取(其中空军12人、国航2人)。全市57117名初中毕业生参加升学考试报名,55260人进入高中段学校学习[其中普通高中31666人,职业高中、技校20923人,普通中专(含五年制)2671人]。

(刘大波)

广播电视 新闻传媒

综 述

2012年,广电、新闻出版工作严格执行安全检查制度、值班制度、“零报告”制度,确保了元旦、春节、全国和省市“两会”、党的十八大等10个重要保障期广播电视的安全播出,全市没有发生一起广播电视安全播出事故。广电惠民工程深入实施,“广电低保”数字化工程提前完成。市本级全年投入165万元,7428户低保户均按规定减免了初装费和数字电视收视维护费。深入推进“2131”电影放映工程,电影惠民服务辐射圈进一步扩大。农家书屋工程建设实现全覆盖。全市共建成书屋总面积约12.75万平方米,藏书753余万册,并成功探索建立了一套切合农村实际的农家书屋运行管理模式。全市共4个农家书屋、3名农家书屋管理员被评为全国示范农家书屋和全国优秀农家书屋管理员,位居全省前列。行业管理和版权保护工作扎实开展。完成了2012年全市印刷企业和出版物经营单位和正式出版报刊年检工作,开展了全市记者站年检和评估等工作,建立印刷企业网格化管理模式,强化对印刷复制企业的日常监管;积极推进全市党群等部门软件正版化工作。

广播 电视

【概述】 2012年,《金华广电总台深化体制机制改革方案》,获得金华市政府常务会议和市委常委会议讨论通过,10月11日举行金华广播电视传媒集团成立大会。传媒集团的成立标志着金华广电总台从原来单纯的事业向事业和产业协同发展转变,从传统广电媒体向现代传媒产业转变;从传统事业管理向现代企业管理转变。2012年,金华广电总台全年总收入接近3亿元(包括金华华数数字电视有限公司的收入)。全台全年的广告创收在全省地市台全面下滑的背景下,实现增幅6.85%。电视三个频道全年市场份额40.3%,比上年(为36.3%)提高了4个百分点,在全省各地市台中位居前茅。金华广电总台荣获了“中国品牌传播力创新传媒机构”“浙江省广电惠民服务工作示范单位”“浙江省广播电视安全播出平安单位奖”等荣誉。

【主题报道】 为宣传好市第六次党代会,推出“科学发展的金华实践”“喜迎十八大喜看新变化”系列报道、“记忆中的金华”“我们这十年” 等多个系列报道。党的十八大召开期间,《金华新闻联播》通过与浙江卫视的合作,与出席大会的党代表联系,及时传递大会声音,使十八大报道立体丰富。“赶超发展”主题。按照金华市第六次党代会提出“赶超发展 浙中崛起”的总目标,推出《赶超路上》大型系列主题报道,统筹广播、电视和网络媒体等宣传资源,实现多部门、多媒介的联动作战,形成一段时期人们持续关注的话题。在《金华新闻联播》开设了《金义都市新区周报》专版,及时报道金义都市新区建设的新成就。经济转型升级主题。推出了“发现企业活力”等多个系列报道,宣传各地转型升级的新举措和节约集约生产的好典型。紧扣“典型宣传”主题。最美交警吴连表、爱心老人楼小英、孝义典型陈斌强、“篮球奶奶”朱淑媚等一批正面典型在荧屏闪耀。“磐安孝子”陈斌强,教育科技频道率先报道,随后又联合中央电视台记者,从10月14日到23日,央视《新闻联播》等栏目连续播出，在全社会产生巨大反响。

【民生报道】 探索时政新闻民生化之路，《金华新闻联播》开设“于琪快跑”版块，关注市区十件实事完成情况、医保一卡通等热点问题，赢得了较好口碑。增强民生新闻互动性，《新闻节节棒》“叮当姐妹现场留言板”广开言路，每周五在闹市区街头与观众互动；《天天三句半》成立娘舅工作室，8位热心老娘舅共调解纠纷近千起，成功率超过80%；新闻综合频道新推出《市民问政》栏目，成功解决了金兰班线公交、公园设施优化、双龙大桥修复等一批市民关注的问题，相关工作经验被省政府办公室汇编成专报信息供省领导传阅。增强民生新闻公益性，《百姓直播间》《百姓零距离》栏目开展了一系列“新闻助农”惠民活动。第四届“赢在职场”共吸引10000多名各类人才参加，有1700多人现场达成协议或意向。

【外宣工作】 总台出台《对外宣传奖励的实施意见》，设立50万元专项奖励基金，发挥现有外宣网络优势，整合各县(市)台的外宣力量，外宣工作取得历史最好成绩，在浙江广电集团各频道(频率)的用稿量，电视全省排名第三，广播全省排名第四。在央视的用稿量也大幅提升，仅10月就有4条新闻在央视《新闻联播》中播出。吴连表和陈斌强均入选浙江骄傲年度人物，陈斌强入选感动中国2012年度人物(系浙江唯一)。浙师大“篮球奶奶”朱淑媚的影响甚至扩大到国际，美国《时代》杂志专门撰文报道了她的故事，英国BBC对她进行专访并拍摄了专题片。

【“走转改”主题实践活动】 总台在婺城区和金东区建立了8个农村基层联系点和6家企业基层联系点，在婺城区莘畈乡和箬阳乡设立“走转改”活动基地，帮助莘畈乡举办油菜花节，促成了箬阳乡停工6年的琴南公路重新开工。开展“百名记者进百村入百企”活动，全年有2000多人次进村入企，还选派7名骨干记者分别到婺城区、金东区的6个村和开发区1个社区担任主任助理，共为社区群众和村民办实事解难题达30多件。创新“走转改”报道方式，推出了“走基层·看三农”“追赶春天的脚步”“走进小微企业”等专题。《省“走转改”活动简报》刊登文章《进村入企问民情 助农帮企暖人心——金华广电总台“走转改”活动彰显实效》，介绍金华台“走转改”的做法和成效。

【数字电视整体转换】 2012年数字电视整体转换继续被列入市区十大实事，总台在完成城区整转的基础上，启动农村整转，农村整转和城市一样采用高清技术。到2012年底，金华市本级数字电视整体转换工作累计完成30.48万户。市本级已基本停止模拟电视信号的传输。总台同步实施“数字电视低保工程”，为低保家庭免费安装数字电视，市本级核定的7666户低保户做到“应保尽保”，合计减免有线电视基本收视维护费近200万元。

【广播电视安全播出】 为了迎接党的十八大顺利召开，确保广播电视安全播出，上半年扎实做好自查工作；9月21日市广电集团与市文广新局、市委610办公室、市公安局、市无线电管理局等联合举行了以防干扰、防插播为主要内容的广播电视安全播出实战联合演练，提高了应急处置水平；围绕安全播出和高清制播加大技术改造与升级的力度，全年共投入各项技术改造资金1165万元。

【组建广电传媒集团】 投资成立5家全资公司，与国内唯一拥有影片进口权的中国电影集团签约合作，共同在浙江中西部地区共同建设最先进的电影院线。抓好广告经营的运作，注重模块化开拓金融业广告，新闻宣传与广告经营相互配合，理财业务与广告拓展有机融合，实现了金融业广告的重大突破。加强对广告经营的监管，及时整改、停播有问题广告，全年信用指数平均分位居全省第六，比上年有大幅提升。

（梅　展）

报　纸

【概述】 2012年，是金华日报报业传媒集团成立之年，也是金华日报复刊30周年，新闻宣传工作和集团自身事业保持了良好的发展势头，多项工作取得了历史性突破。日报主创的《多彩QQ群 和谐新空间》栏目，获得全国新闻作品最高奖——中国新闻奖一等奖，这是金华市新闻发展史上首次突破，也是浙江省在本届中国新闻奖评选中唯一获得一等奖的报纸作品。2012年度中国新闻奖评选中，金华日报再次获得中国新闻奖，通讯《陈斌强：背着妈妈去教书》被评为三等奖。在浙江新闻奖评比中，金报集团共有29件作品获奖,其中一等奖6件(日报获一等奖5件,晚报1件),一等奖获奖数在全省地市党报社(集团)中与宁、温并列名列第一,获奖数量和等级继续在全省地市党报社(集团)中领先。金华晚报一件作品获赵构新闻奖特稿奖,一件作品赵构新闻奖一等奖。日报、晚报各有一件作品获得中国新闻奖得复评副刊作品银奖。在《2012年浙江省互联网发展研究报告》中,金华新闻网再次名列最受浙江网民喜爱的十大新闻门户网站。保持全国地市党报十强、全国地市晚报十强等荣誉和地位。主营业务也取得较大增幅,在全省地市报社(集团)中名列前茅。集团有1位同志入选金华市321人才工程第一层次培养人员,3位同志入选第二层次培养人员。集团有2位同志被评为金华市拔尖人才,4位同志获评主任编辑、主任记者副高职称。

【重大主题报道】 围绕迎接党的十八大和宣传贯彻十八大精神,日报开设了"崛起之路——金华创新样本""重点工程巡礼""十八大代表风采录""科学发展在金华 赶超崛起看浙中"等专栏,精心组织编排稿件,全面深入地宣传十六大以来全市科学发展取得的辉煌成就,以金华的科学发展实践生动诠释十八大精神,鼓舞全市人民向全面建成"两富"现代化新金华和全面小康社会迈进的信心。

【中心工作报道】 "赶超发展 浙中崛起"是市第六次党代会提出的宏伟目标,日报紧密配合市委、市政府中心工作,紧紧围绕"六大战略"重点,除专门开设每周一个版的金义都市新区专版外,还开辟了《共谋赶超发展 加快浙中崛起》《加快市区建设 打造核心城市》《"金义都市新区建设" 大家谈》《鉴他山之石 建都市新区》等专栏,编发了《解放思想 转变作风 凝心聚力 赶超崛起》等多个专版,刊发了《市委书记十问部门"一把手"》《群策群力谋发展 合心合力求崛起》《金义都市新区:浙中城市群未来发展新引擎》等100多篇稿件,为赶超发展营造浓厚的舆论氛围,受到领导和读者的充分肯定。

【典型报道】 日报以8个整版的篇幅推出特别报道《善美金华——"一城四人感动中国"引发的城市道德解读》,引发了全城热议,市民、网友纷纷通过各种渠道表示对这组报道的赞赏和肯定。省委常委、宣传部长葛慧君,市委书记陈一新,市委常委、宣传部长何杏仁均对报道做出批示。其中陈一新书记的批示是:"很好。有创意,有新意,有意义。善发现,善概括,善提炼。望再有新系列,再多方运用,再扩大影响。"上年以来,日报、晚报、新报先后推出了最美交警吴连表、五里亭爱心老人楼小英以及磐安孝子陈斌强等重大人物报道。这三个典型均由日报首发,然后走向全国。其中吴连表和陈斌强均入选"感动浙江人物",陈斌强还成为感动中国人物。

【民生服务报道】 日报及各子报的民生服务新闻一个重要特点就是紧密结合"走转改"活动,力所能及地为群众解决问题。日报、晚报、新报、导报及金华新闻网新推出了10多组(个)"走转改"报道(栏目)。日报和金华市农办联合开展了"走转改"新闻帮扶边村行活动。晚报"走转改"活动突出"大蹲点""大调查""大帮办"主线,帮助蹲点村、街道、企业解决实际问题。日报记者傅俊拍摄的一幅作品入选中央宣传部等主办的"新闻战线'走转改'活动图片展",这也是全省地市党报中唯一入选的摄影作品。

【舆论监督】 在"万家购物"报道上,集团各报特别是晚报发挥了主流媒体在引领舆论方面的主导作用,对于金华市委、市政府妥善、果断处理"万家购物" 传销案, 起到了有力的推动作用。5月11日,晚报以"万家迷局"为主题推出四个整版的报道。报道从该网站的发家史、董事长其人、返利的计算方法、返利不靠谱等不同角度,对"万家购物"作了客观的分析和解读。文章刊发后,社会反响强烈。时任浙江省委书记赵洪祝等省、市领导先后作出批示。6月11日,浙江亿家电子商务有限公司及其旗下的"万家购物"网站因涉嫌组织领导传销活动罪,被相关部门查处关闭,解除了一个社会毒瘤。

【报网融合】 金报集团根据市委办、市府办下发的《关于开展领导干部定期与网民在线交流工作的实施意见》,推出政府领导与市民网友互动的《市民问政》栏目。该专栏结合市委、市政府的中心工作,每周就市政府的重大决策部署和市民关注的热点难点问题设置议题,开展政府部门与市民百姓之间的互动对话。《市民问政》专栏将金华新闻网在线视频、论坛互动、日报官方微博、日报热线以及报纸版面全面融合,以全媒体播报的方式营造专栏影响力,其中在线交流活动在金华新闻网开设的专题网页上直播，在新媒体格局中，抢占了新的舆论宣传平台，增强了舆论引导能力和信息传播能力。10月18日上午，市委副书记、市长徐加爱带领市有关部门负责人，来到金华新闻网演播室《市民问政》互动交流的直播现场，就三江六岸优化提升工程，实时回答网民提问。徐加爱在活动现场寄语《市民问政》栏目：说真事、讲真话、真监督、真批评、真鼓励，架起政府与百姓的连心桥，拉近政府与百姓的距离，共同推动金华赶超发展、早日崛起、走在前列。

【承办中国地市报研究会六届二次理事大会】 中国地市报研究会理事大会每两年召开一次。六届二次理事大会由金华日报报业传媒集团承办，6月30日至7月1日在金华举行。全国各地的200多位地市报社长总编参加研讨。国家新闻出版总署、中国记协、省新闻出版局、浙江日报社、浙江省记协、浙江省报协的领导专家出席会议。市委书记陈一新代表市委、市人大、市政府、市政协，到会祝贺并作重要讲话。该会是金华日报社成立60多年来承办规格最高、参加人员最多的一次盛会。会议各项组织工作获得了全国各地市报社长总编的肯定，很好地宣传、展示了金华的形象。

【试水文化创意产业投拍电视剧】 文化创意产业是市区着力培育的八大支柱产业之一。作为党报传媒集团，发展文化创意产业有着自身的优势。10月初，由金报集团与横店影视制作有限公司共同投资拍摄人40集电视剧《遥远的婚约》在黑龙江开机。《遥远的婚约》是一部知青爱情戏，时间跨度达30年，除了讲述知青在时代命运下坚守的爱情婚约，也重点描述了新中国从“文革”后期至新世纪的30年岁月变迁。《遥远的婚约》的制作团队实力不凡。担纲编剧的薛立业是国家一级编剧、吉林省有突出贡献的专业技术人才。最知名的作品就是赵本山主演的《刘老根》，并因此夺得飞天奖和“五个一工程奖”。著名女导演顾晶执导该剧，著名摄像师粟栗担任摄影指导，并汇集刘威葳、邵峰、刘欣、肖光奕、姬晨牧、赵雅莉等实力派演员，东北表演艺术家董连海、杨娟也在剧中出演重要角色。《遥远的婚约》经过三个月的拍摄，于2012年12月底在杭州杀青，进入后期制作。《遥远的婚约》已入选浙江省文化精品工程，并有望在中央电视台八套节目播出。

（陈建飞）

新闻出版管理

【概述】 2012年，全市有正式出版的报纸9家，总发行量达51.88万份(《义乌商报》除外)；正式出版的期刊5家，总发行量达6.4万册；另外有连续型内部资料期刊35家、企业报86家，报刊的数量和总发行量在全省名列第四。年内新批内部资料图书21家单位，企业报和内刊呈现良好的发展势头。全市共有各类印刷企业1346家(义乌市除外)，其中出版物印刷企业21家，包装装潢印刷企业525家，其他印刷品印刷企业555家。全市印刷总产值64.3536亿元，固定资产总值58.2019亿元，从业人员2.1563万人。印刷业成为金华市部分县市的主要产业之一，是全省三大印刷基地之一。全市共有324家出版物发行单位，有3家出版物发行单位缓期年度核验，16家出版物发行单位未通过年度核验。全市出版物发行业销售总额15805.11万元人民币，从业人员661余人，网点数量154个。受到新兴媒体的影响，全市出版物发行行业业绩出现全面下滑，书店数量逐年减少。平稳有序地开展多项“扫黄打非”行动，共检查各类文化娱乐、出版物经营单位9159家次，收缴非法图书190583张(册)，其中非法音像制品169250张，取缔无证经营摊点123个，关闭无证印刷厂18家，关闭非法网站10个。受理举报220件次，行政处罚400起，罚没款144万元。版权企业自我保护意识增强，全市实现著作权登记作品892件，比往年有明显增长。

【软件正版化】 政府软件正版化工作始于2011年初，至2012年3月底为止，全市共采购安装了金山办公软件3979套，采购微软办公软件1520套，落实采购金额381.8万元，完成了政府软件正版化目标任务。10月开始，开展新一轮机关软件正版化工作。

【农家书屋】 争取财政专项资金1160万，开展农家书屋和村邮站整合建设，形成了“一个公章，两块牌子，三项制度，四个本子”的系统化制度规则。全市建成农家书屋总面积约12.75万平方米，藏书753余万册，顺利实现了农家书屋工程建设全覆盖。

（李瑞龙）

文化 艺术

综 述

【概述】 2012年,在全市范围开展了文化产业调研,提出了12条加快文化服务业发展的政策意见供市政府决策。根据全市文化产业发展的重点门类,确定一批重点文化产业企业和重点项目供金融部门作为重点扶持对象。12月,与市建行等金融机构签署了战略合作协议。开展了全市重点文化企业评选和文化新婺商评选工作,评选出了20家重点文化企业和10家文化新婺商。实施东阳文化产业全域化发展。义乌文博会等文化会展业成果丰硕。武义顺利通过"中国文教用品、扑克牌生产基地"考评验收,获得"中国文教用品生产基地(二针二钉、扑克牌)"荣誉称号。新创办了乾湖艺术区,共有14个各类工作室以及金华市美协艺术委员会、"0579"油画部落、艾青文学院等多家单位入驻园区,开展文化创新生产。开展各类节庆文化活动。成功举办了金华市春节团拜会暨文艺联欢会、2012年庆元宵系列文化活动、金华市第八届未成年人读书节活动、"纪念建党91周年暨'创先争优'活动"总结表彰大会文艺演出等活动。开展喜迎党的"十八大"文化活动。市本级举行了"喜迎十八大"文化系列活动暨金华市第十届文化艺术节;婺城区举行了"喜迎十八大"大型民俗文化踩街秀活动;武义县组织开展100多场以"喜迎十八大,唱响新武义"为主题的文化下乡活动等。文艺精品创作成果丰硕。青春版婺剧《穆桂英》等3部作品入选省"五个一"工程,婺剧《昆仑女》入选省第二批优秀保留剧目,婺剧新剧目创作团队获"浙江省重点创新团队(文化创新奖)"称号,《花嫁娘》《山窝里飞出畲娃的歌》荣获省第十一届"五个一工程"歌曲创作奖,并有舞蹈、音乐、小品等30个作品获省级以上创作金奖。公共文化设施网络进一步完善。市文化艺术中心、中国婺剧院等重点文化设施加快推进,市非遗展示馆确定了建设地址,完成了设计方案和招标工作。婺城区文化图书馆完成装修投入使用。东阳加强农民工文化阵地建设,基本实现了农民工文化活动中心全覆盖。市本级新建11个乡镇文化站通过验收,全市所有文化站全面开展评估定级工作。完成了1个省级文化强镇、13个省级、35个市级文化示范村(社区)的创建工作。实现了全市4805个行政村农家书屋全覆盖。

(李晓华)

文 学

【文学】 2012年,金华市文学创作队伍不断壮大,佳作不断在各类文学刊物上公开发表并获奖。出版长篇小说、长篇纪实小说、长篇报告文学、中短篇小说、诗歌、散文、儿童文学、影视戏剧文学、外国文学翻译作品、文学评论、理论专著以及各类文化读物30余部。

汤汤的作品获冰心儿童文学奖,其彩精灵童话系列《老树精婆婆的七彩头发》《六十楼的土土土》《暖暖莲》《姥姥躲在牙齿里》由人民文学出版社出版,浙江少年儿童出版社出版其《别去五厘米之外》《曾曾曾曾曾祖母的萝卜》《柿子柿子》《淩浔的鱼》《天堂的花》《只是偶尔哭》由新蕾出版社出版,《喜地的牙》《青草国的鹅》《一只蛤蟆叫太阳》由上海少年儿童出版社出版。同时童话《天子是条鱼》获得首届金近儿童文学奖,可谓硕果累累。李英的报告文学《忠诚在天》获“五个一”工程奖;《天长地久》发表后获得《中国作家》金秋笔会全国征文一等奖。《人生最美好的一步棋》入选石油工业出版社《不可不读的中国百年百篇经典小小说》,《短缺一厘米的爱情》入选长江文艺出版社《2011 年中国微型小说精选》;《爱的珍藏》入选百花洲文艺出版社《微型小说一千零一夜》(第 4 卷)。同时,小小说《五百万的诚信》发表于 2012 年 9 期的《参花》,《半个麦饼》和《不一样的电脑桌面》发表于《上海故事》。众多作品多次被《诗刊》《延河》《中篇小说选刊》《读者》《译林》《格言》《天津文学》《陕西文学》《巫山》《国酒诗刊》等刊物刊登和转载,并多次获得多种奖项。

(江少蓓)

音乐、舞蹈、曲艺

【音乐】 5 月, 在金东区赤松镇山口冯村启动“唱响美丽乡村”金华市首届村歌大赛。该次比赛历时 6 个月,通过初评、复评以及开通短信、网络平台进行观众投票方式,最终采取现场比赛形式评出村歌金奖、银奖、铜奖。被评选出的优秀村歌被整理、编辑成《金华市首届村歌大赛优秀作品集》,并推荐优秀村歌参加全国第三届中国村歌文化节暨中国村歌之星评选。5 月 16 日组织“金华市第二届少儿器乐大赛”报名工作,参赛以县(市、区)为单位,整个比赛历时两个月,初赛、复赛均以海选方式进行,最终评出金、银、铜奖。5 月 20 日,中国邓丽君歌友会金华分会正式成立。各种赛事,成绩斐然。歌曲男女声组合《花嫁娘》、少儿表演唱《山窝里飞出畲娃的歌》双双荣获省第十一届“五个一工程”歌曲创作奖项;儿童歌曲《弯弯歌》和《shilili,哦啦哩》获省第二届少儿组创作表演双金奖,《採呀採》获创作金奖、表演银奖,取得了 5 金 1 银的好成绩;《山口逢春》《现代农业龙抬头》双双获得省首届村歌创作演唱大赛创作表演金奖,《十八蝴蝶飞起的地方》等 3 首村歌分获创作表演银奖和铜奖;女声独唱《等待》和鼓乐合奏《金华斗牛》入选浙江省第十一届音乐新作决赛,其中歌曲《等待》荣获创作、表演双金奖,《金华斗牛》获创作、表演银奖;浙师大合唱团、“华之杰”合唱团、金东农民合唱团及金师附小少儿合唱团参加浙江省省合唱大赛,获 1 金 2 铜。

【舞蹈】 7 月 28 日、29 日举办了“中国舞蹈家协会第 171 届少儿舞蹈展演”即“第七届《小荷风采》全国少儿舞蹈展演”(教学成果专场)的选拔;8 月统一组织各考点进行了少儿舞蹈表演(业余)考级和国标舞考级;11 月 3 日, 在金华体育馆举办了一场全国国际标准舞公开赛。完成 2012 年金华市第十届文化艺术节暨喜迎十八大——“唱响美丽乡村”大型主题晚会及系列活动;完成金华市委宣传部举办的“盛世龙腾”闹元宵系列活动;积极参与金华市“美丽乡村,幸福故事”大型宣传活动颁奖晚会、“国策三十年,幸福千万家”金华市纪念计划生育基本国策确立 30 周年文艺汇演和第四届排舞大赛等系列活动。群舞《婺韵》获浙江省“群星奖”舞台舞蹈比赛创作金奖、表演金奖;论文《关于乡村舞蹈的创作和队伍建设的若干思考——以金华市乡村舞蹈的创作和队伍建设为例》《立体架构五成舞蹈队伍——长期有效推动婺城区舞蹈文化发展》和《浅议我市群众舞蹈的现状和对策》获浙江省文化厅举办的论文比赛银奖。

【曲艺】 1 月 9 日~11 日,曲艺下乡活动走进琅琊、鞋塘地区,为当地老百姓送去欢乐。12 月 7 日,由金华市政府主办的《文化大讲堂》上,讲述了《曲艺小品的基础知识》。赴萧山参加第七届中国曲艺牡丹奖浙江节目的选拔赛获得专家一致好评;浦江乱弹《谁说女子不如男》在金华市计划生育主题晚会的演出中获得第一名的成绩。

(江少蓓)

美术、书法、摄影

【美术】 2012 年,举办和参加美术展览及赛事达 30 余次,参加各类国家级,省级比赛共计 50 余人次,作品在中国画展、全国第三届线描展、第十届全国水彩粉画展以及全国农民画大赛中均多次获得奖项。2012年,在省级举办的科普漫画大赛,第二届群星视觉艺术大展,第五届青年美术作品展,“最前线”——基层美术家千岛湖写生作品展、80、90后省美术作品展等各类比赛中也取得不错的成绩。其中,郑世有的作品在中国(东阳)浙江省根雕艺术精品博览会上获得金奖;在第六届中国(东阳)木雕竹编工艺美术博览会上获得金奖;在中国(海宁)根雕艺术论坛暨2011浙江根雕精品博览会上获得银奖。在2012年浙江漆画展中共有7人获优秀奖,2人入选。在2012年嘉兴时代田园、全国农民画大赛中1人获优秀奖,1人入选。在2012年日照农民画艺术节中,4人获佳作奖。在浙江省“寰创杯”中国画大奖赛获得获三等奖,4人入选获优秀奖。

【摄影】 积极组织摄影创作和组件工作,在浙江省第十四届摄影艺术展览中取得好成绩。同时,4幅(组)作品入选第24届全国摄影艺术展。各类摄影展和赛事频频:举办第五届“万象花卉杯”摄影艺术大赛;举办磐安“农村特色文化”建设摄影大赛;3月,举办“相约桃花源”全国摄影大赛;3月,为迎接宣传党的十八大胜利召开,举办“天安保险杯”金华市“百姓富裕 浙中崛起”摄影艺术大赛;3月18日,为纪念金华市被国务院列为国家历史文化名城五周年,举办“百幅照片忆名城”展览;4月,展开第一期“瑞城杯”影像五百滩摄影赛,用图片的形式对比五百滩的前后变化,为金华城市会客厅建设留下珍贵的影像资料;举办“华美杯”金华市最美女人人像摄影大赛;举行“秀美琅琊,幸福家园”摄影比赛;5月举办全市“法在心中”法制摄影大赛;9月举办“寻芳仙源、人间醉美”仙源湖四季风光摄影艺术大赛;11月举办“天安保险杯”金华市“助力两富—大昌风采”主题摄影艺术大赛。

【书法】 2012年,张雄华、胡中福、喻世才等4人次获奖,68人次入国展,其中中国书协会员优秀作品展8人入展,全国第三届青年书法篆刻展11人入展,全国第二届行草展6人入展,全国第五届妇女展7人入展。3月1日,“兰心蕙质”首届女书协书法作品展在东阳举行;3月18日,举办“八咏墨畅”——百名书家写名城书展;5月11日,青年书协举办“秦风汉韵”篆隶书法展和作品集首发式;5月27日,市书协举办金华市首届刻字艺术展,展出刻字作品81件。12月7日,“明招杯”浙江省第六届“陆维钊奖”中青年书法篆刻展在金华举行,市蔡礼礼获“陆维钊奖”,另有9人获奖,共82人入展,获奖与入展数位居全省前茅。相继参与组织金衢丽的三地书法联展和“枣庄·金华”青年书法联展,加强与各市书协的合作交流和对外宣传。在市书协倡导下,各县市书协开展了一系列特色书法活动和外出展览,如永康书协承办全国第九届刻字展,兰溪书协举办 “李渔诞辰400周年名家邀请展”,“寿建刚、何志刚书法展”,浦江书协举办“方钢军书法展”,东阳书协举办“郑和新书法展”,武义书协举办“首届农民书法大赛”,义乌书协举办中国书法之乡—平湖·义乌书法联展。

(江少蓓)

戏 剧

【婺剧】 2012年,金华市共有演出经纪机构3家、国办专业婺剧表演团体4个,民营婺剧表演团体近30个。传统婺剧再创佳绩。在浙江省“新松计划”青年戏曲演员大赛上,浙江婺剧团的杨霞云、楼胜和义乌婺剧团的季灵萃表现突出,囊括了前三名。以著名婺剧表演艺术家陈美兰为带头人的新剧目创作团队获得“浙江省重点创新团队(文化创新类)”荣誉称号,陈美兰当选党的十八大代表。《昆仑女》入选浙江省第二批优秀保留剧目。浙江婺剧艺术研究院青春版婺剧《穆桂英》入选浙江省“五个一”工程精品剧目,参加了文化部在北京举办的迎接党的十八大全国优秀剧目展演和浙江省迎“十八大”献礼演出。婺剧推广有新突破。开展了以“传承婺剧经典、挖掘婺剧特色”为主题的“婺剧大讲堂”活动,邀请徐如英、葛素云等12位婺剧老艺术家根据各自特点开设专题讲座。邀请朱元昊、张建敏、许永芳等11位著名婺剧表演艺术家进行教唱活动,同时进行《婺剧名家教唱》拍摄工作,利用视听媒体为广大婺剧爱好者创建婺剧学习平台。深入开展“婺剧进校园”活动,举办了金华市第二届中小学婺剧汇演,共吸引各县(市、区)39所学校800多名师生的热情参与。成功举办了浙江省“新松计划”青年戏曲演员大赛金华赛区初赛暨第二届“婺星争辉”婺剧青年演员挑战赛初赛。举办了“婺迷争辉”首届婺剧戏迷擂台赛,吸引了金华、杭州、丽水和衢州四个地区的200多位婺剧戏迷参加比赛,并与央视戏曲频道合作,总决赛实况在《过把瘾》栏目中播出。婺剧文化交流成果丰硕。2月底,浙江婺剧团连续第五次受文化部委派,历时半月赴南美阿根廷、厄瓜多尔参加“中阿建交40周年庆祝活动”和厄瓜多尔艺术盛会的巡游展演活动,省委书记赵洪祝、省长夏宝龙分别做出重要批示,给予充分肯定。9月15~23日,应新加坡牛车水人民剧场基金管委会的邀请,浙江婺剧艺术研究院(浙江婺剧团)参加了2012新加坡华族文化节,受到了新加坡总统等政府官员和新加坡观众的热捧。

(徐一鸣)

电　影

【电影】 2012年,全市共有数字电影院16家,其中,市本级4家,共21个厅,2534个座位。全市农村电影“2131”工程共放映电影46593场次,市本级放映影片9223场,超额完成23场,观众人数达1241222人次。全市城市影院放映电影场次89896场,观众人数达314.91万人次,其中,市本级城市影院放映19659场,观众人数为68.62万人次。6月初,组织开展“展映经典影片,关爱企业职工”电影放映活动,并且根据实际需求确定了13个一类放映点,80个二类放映点,并在开发区原有7个电影放映点的基础上,再增设假日公园、市民广场、兴学社区、阳光社区4个固定放映点。为满足偏远山区村民对看电影的需求,组织了为期三天的“送电影进山区”活动,共放映电影18场,累计观影人数达1100余人次。

(方旭升)

图书馆事业

【图书】 2012年,金华市图书馆、金华市少儿图书馆在实现免费开放的基础上,积极探索延伸馆外服务,拓展服务范围。金华市图书馆全年购置新书19115种,41498册,总价值1363256.17元;全年借阅部共接待读者182712人次,书籍流通425387余册,办理及延续社会读者证7882个;阅览部共接待15683人次,期刊外借1431册次,咨询85人次,装订册数2224册;地方文献接待读者1031人次,解答专题咨询92次,征集地方文献708种1372册,接收捐赠41种271册;图书馆网站访问量达18余万次。共享工程支中心完成了金华市图书馆免费无线网络全覆盖工程及数据库的安装。同时,完成新建金华监狱七监区图书流通站、金华电业局送电工区图书流通站、金华公安局图书流通站和武警支队二中队图书流通站等4个图书流通站。金华市少儿图书馆全年共接待读者111655人次,图书流通176119册次,同比上年增长40%,新办图书证2883个。采购入库图书8238种,17030册,总价值614975元。回访、配送金华市少儿图书馆“图书流通站”21个,全年共配送图书20904册,价值492023元,定期上门服务35次,图书流通服务点服务读者37600人次。围绕“第八届未成年人读书节”“第24届公共图书馆服务宣传周”“纪念雷锋牺牲50周年”“图书馆进两会”等主题,开展图书馆宣传教育系列活动。

(傅建军　许苗苗)

群众文化

【群众文化】 2012年群众文化成果主要有:《花嫁娘》、《山窝里飞出畲娃的歌》荣获省第十一届“五个一工程”歌曲创作奖;女声小组唱《山口逢春》、男声独唱《现代农业龙抬头》在省首届村歌创作演唱大赛上获创作、表演双金奖;歌曲《等待》在省第三届社区文化艺术节暨第十一届音乐新作演唱(演奏)大赛中获创作、表演双金奖;《弯弯歌》《shilili 哦啦哩》和《採呀採》等 3 个少儿声乐作品获得了 3 个创作金奖和 2 金 1 银表演奖。浦江乱弹《竞拍选票》参加全国"群星奖"评比。舞蹈节目《婺韵》获浙江省舞台舞蹈大赛创作金奖和音乐创作银奖。群众文化活动主要有:成功举办了《春色满金华》2012 金华市春节团拜会暨文艺联欢会文艺演出、2012 年庆元宵系列文化活动;5 月,举办了"美丽乡村,幸福故事"大型宣传活动启动仪式和"响美丽乡村"金华市首届村歌大赛;6 月,举办"迎风飘扬的旗"金华市纪念中国共产党建党 91 周年暨创先争优群英大会文艺演出和金华市第八届未成年人读书节系列活动;7 月,举办金华市第二届少儿器乐大赛;8 月份,浦江民间艺术团作为我国唯一一支受邀参加演出的团队参加了第 62 届法国第戎国际民间艺术节,浦江乱弹《花头台》等 11 个节目在国际民间艺术节亮相,获得了很好的反响;9 月,举办喜迎十八大"唱响美丽乡村"金华市首届村歌大赛暨"美丽乡村 幸福故事"大型宣传活动颁奖晚会;10 月,组织开展喜迎党的"十八大"—金华市第十届文化艺术节,协助市体育局举办金华市第八届体育运动会开幕式文艺演出。

(徐一鸣)

文化市场管理

【文化市场管理】 2012 年,全市共有:网吧 616 家,歌舞娱乐场所 338 家,各类演出团体 101 家,演出场所 7 家,文化经纪人 1 家;各类印刷企业 1223 家(义乌市除外),其中出版物印刷企业 23 家、包装装潢印刷企业 895 家、其他印刷品印刷企业 296 家,专项制排版 9 家。规范行政审批。积极完善审批制度,简化程序,通过开展当场办结制、一审一核制、告知承诺制,提高办事效率,方便群众。市本级共受理行政许可事项 308 件,非行政许可服务类 21 件,备案类 100 余件,年检、换证 600 余件,受理咨询 1035 起。加强市场监管。开展了十八大专项保障行动、"扫黄打非"专项行动、打击非法出版物专项行动以及网吧市场、电子游戏室专项行动等;累计共出动执法人员 10654 人次,检查文化经营单位 13853 家次,举报受理 294 件,立案 382 件,警告 254 家,罚款 200 余万元。

(陶　冶)

非物质文化遗产保护

【非物质文化遗产保护】 全市现有国家级名录 28 项,省级名录 122 项,省级以上名录总数列全省第二;建立了国家级生产性保护基地 1 个、省级生产性保护基地 7 个,省级传承基地 3 个,省级教学基地 5 个,省级宣传展示基地 7 个,省级传统节日保护基地 4 个,省级非遗生态保护区 1 个,省级非遗经典景区 2 个;全市现有国家级非遗项目代表性传承人 14 人,省级代表性传承人 80 人。非遗名录体系和保护载体建设取得新成效。全市 22 个项目入选省级第四批非遗名录,累计省级名录达 122 项,省遗项目数位居全省第二;婺剧代表性传承人陈美兰、张建敏,东阳木雕代表性传承人吴初伟入选第四批国家级非遗代表性传承人公示名单,公布首批金华市非物质文化遗产项目代表性传承人共 183 名;公布了 17 家第二批市级非物质文化遗产传承基地,8 所学校被列为第二批省非遗传承教学基地。制定了"以奖代补"的传承补助金发放办法,激发传承人开展传承工作的积极性。非物质文化遗产数字化保护建设全面展开,加快完善非遗数据库建设,开通了"金华市非遗保护中心"官方微博。大力开展非遗宣传展示活动。举办了以"百艺相约兴名城"为主题等系列宣传活动;永康"九狮图"作为浙江省唯一代表队参加了中国非物质文化遗产生产性保护成果非遗精粹广场展演;组织 22 个非遗精品项目参加 2012 中国(浙江)非遗博览会,获金奖 3 个。东阳市花园村、永康市厚吴村、磐安县榉溪村入选第二批浙江省非物质文化遗产旅游景区(民俗文化旅游村)。10 月,金华市文化广电新闻出版局被省人民政府授予浙江省申报人类非物质文化遗产和国家级非物质文化遗产工作先进单位。

(汪　欣)

文物 博物 档案

文物 博物

【名城文物保护宣传工作】 全力举办以“百艺相约兴名城”为主题的金华市第三个“3·18”名城日纪念活动。组织了百姓歌舞颂名城、百名艺人秀名城、百名书家写名城、百幅照片忆名城、百名义工靓名城“五个百”系列活动；同时成立古子城志愿者服务队，将志愿者宣传服务活动常态化。紧扣“文化遗产与文化繁荣”主题，开展第七个中国文化遗产日活动。全市各地有效结合三普成果展，举办了富有特色的文化遗产宣传活动，其中磐安借助“送戏下乡”的平台，在演出过程中穿插有关文物知识的有奖问答；永康举办第三次全国文物普查成果巡回展，利用半年的时间覆盖各个乡镇。充分运用各类媒体，加大名城文物工作宣传力度。金华市文物局领导班子成员多次参加由电台、报社等新闻媒体组织的舆情访谈节目，就金华市博物馆建设和名城文物保护利用等方面问题，宣传相关政策法规和工作进展情况，接受群众的监督，解答市民疑问，收效良好。建立全市文物系统信息员队伍，创办《金华名城文物工作》简报，出版5期简报，刊登各类信息和文章共计21篇。重视局门户网站建设，推进网站升级改版，上传信息数32篇次，与上年同期相比增加21篇次，增长率为191%，省局网站刊登信息9篇。

【古子城保护与整治】 2012年，“中德合作·金华历史文化名城保护整治改造项目”重点完成了三项工作。一是加强古子城核心区的日常管理。联合工商、街道、行政执法等部门加强对古子城农贸市场的监管，收效良好；重视公房的日常管理及矛盾处理，通过法律程序收回租赁到期公房一处；做好自管房的产权证补办工作，已完成三宗土地确认；做好历史街区道路及历史建筑的维修维护工作，共维修道路200多平方米，翻修建筑面积逾450平方米；完成古子城核心区域地形测绘，为下步办理完善土地权证打好基础。二是推进各项工程项目的设计、报批及实施工作。完成古子城二期迁建环境整治工程设计论证和工程招标、路面硬化与挡墙施工，年底前基本全面完工；完成八咏路步行街提档改造方案设计并通过评审，并进行施工图设计；完成酒坊巷72号、121号以及东市街76号（福音医院）的维修工程。三是探索历史建筑保护与利用新方式。针对古子城历史街区内历史建筑产权的复杂性，按照街区业态布局，在酒坊巷72、78号院落引进古婺酒艺项目，以贴近市民的方式，将其打造成展示和宣传金华酒文化的场所；采取合作办馆方式，对八咏路192号黄宾虹故居进行保护与利用，解决了多年来该处“铁将军把门”的局面，已完成前期装修，布展工作正在紧张有序地进行，通过引入第三方修缮保护的方式，较好地解决了酒坊巷121号院落内公房、私房混杂，无法正常修缮的问题，已基本完成修缮工程；采用军地合作保护方式，积极推进市级文保单位将军楼的保护修缮工程，并计划将其作为金华地方革命武装斗争史的展示与宣传场所对公众开放。

【博物馆建设和展陈】 2012年，金华市各地的博物馆建设继续稳步推进，文化遗产宣传基地作用进一步增强。金华市本级全力推进博物馆二期展陈建设。邀请浙江省文物局领导及全省各大博物馆专家来金调研展陈工作，召开专家恳谈会，征求对基本陈列的意见建议。根据省文物局建议，经金华市政府同意,按照现代博物馆展陈设计理念,对博物馆一期工程进行全面改造提升完善,对基本陈列方案进行重新设计,已委托省内著名专业设计团队进行策划和设计。夯实各项硬件设施。完成金华市博物馆周边环境整治,景观绿化工程已验收结算;文物库房藏品的清理工作有序进行;排查博物馆建筑及设备状况,对出现问题的设备组织维修,确保正常运行;基本完善了办公设施配置,完成了固定资产清查。积极举办临时展览。市本级今年共举办、协办"八咏墨畅"——百名书家写名城书法展、"传承与呼唤"——金华市老一辈中国画展、著名书画家张文龙画展、"文化走亲"金华、湖州美术联展等10次临时展览,参观人数逾9万人。各县(市)博物馆的建设进展顺利,展览各具特色。其中义乌博物馆的前期准备工作有序开展,基本确定以商贸文化主题为建设目标。磐安玉山古茶场陈列馆(浙中茶文化博物馆)工程顺利动工,已完成主体工程的70%。东阳博物馆积极开展对外合作,与日本福井县立恐龙博物馆合作举办"翼龙之谜"特别展览。浦江博物馆多次吸引国外官方及民间团体前来参观。

【文保单位保护修缮】 全力推进文保单位修缮利用工作。市本级主要开展了五方面的工作:一是投资550万元,实施国保单位太平天国侍王府整体维修工程,目前已完成西院维修工程,进入东院维修阶段。同时,委托省有关单位进行展陈更新和环境整治设计,力争尽快以新的面貌重新开放。二是省保单位滕氏宗祠维修方案已通过审批,进入组织实施阶段,委托维修工程招标代理,预计总投资190万元。三是编制完成省保单位邵飘萍旧居和李友邦将军办公旧址维修方案,并通过省文物局审批,正在委托建设工程招标代理。四是市保单位鼓楼里将军楼修缮工程基本完成,进入陈列设计阶段。五是市区全年共向上争取文物保护各类专项补助资金240万元,比2011年增加172.8万元。各县市文保单位修缮工作也有序开展。兰溪两处国保单位金大宗祠、光裕堂的维修保护工程实施顺利。永康湖西遗址保护规划工作稳步推进。积极开展文保单位维护保养工作。组织实施省保单位徐氏宗祠临时加固工程;完成省保单位八咏楼、鹿田书院、永康考寓及市保单位何氏三杰陈列馆的屋面翻漏工程;指导完成省保单位汤溪城隍庙围墙修复及基础加固,对省保单位孝顺镇严氏宗祠屋面维修给予技术指导和资金补助。

【历史文化村落保护】 金华市各级文物部门按照要求和分工,认真发挥职能作用,积极配合有关部门做好历史文化村落保护和利用工作。各地积极科学地开展古村落、古民居保护工作,使古村落基本格局、风貌和特色得到保护和延续。同时,以历史文化遗存为依托,在保护的前提下适度发展旅游产业,实现了对历史文化资源的有效保护和合理利用,出现了一批保护与开发相结合的成功典型。

【文物"三普"工作】 金华市的"三普"工作取得丰硕成果,普查登录不可移动文物12663处,占全省总数的17.1%,新发现10428处,占全省总数的16.9%,各项数据均位居全省前列。6月7日召开了金华市第三次全国文物普查工作成果展及总结表彰大会,对12家市级普查先进集体和20位市级普查先进个人进行表彰。

【文物安全检查和行政执法检查】 严格执行文物安全责任制度,定期组织开展文博单位消防安全检查,清除安全隐患。市本级全年共组织开展各类安全大检查九次。配套完善文保单位、文保点的消防设备,更换、新增消防设备115件。10月,市文物监察支队积极配合省文物监察总队、湖州市文物监察支队,对市本级及四个县(市、区)开展交叉执法检查,总体情况良好。认真配合有关部门做好绿城御园项目建设工地考古调查和王柏墓迁建保护工作。重点加强文保单位周边建设工程的管理监督和文物安全事件的处置。依法制止文保单位建设控制地带违法建设行为,配合公安部门严肃查处文物偷窃案件。其中武义县破获的徐谓礼墓案件中被盗掘的国家一级珍贵文物17卷徐谓礼文书已全部追回。金东区积极配合公安机关,对5起文物安全举报案件立案查处。

【国家一级珍贵文物徐谓礼文书】 4月,在省考古所主持、配合下,完成了对徐谓礼墓葬清理工作,采购专门"恒温恒湿展柜"用于徐谓礼文书的保护保管。11月8日,由省文物局和武义县政府主办,武义县博物馆协办的徐谓礼文书学术研讨会暨《武义南宁徐谓礼文书》首发座谈会顺利召开。《中国文物报》《东方博物》《中国书法》杂志、《浙江日报》《钱江晚报》等多家媒体参加报道。

【湖西遗址试掘】 自2010年3月发现了湖西遗址以来,经过两年多的调查工作和专家试掘,湖西遗址的历史价值和文物价值已经得到了肯定。2012年4月,湖西遗址正式开展试掘工作,已初步试掘2次,出土陶器、石器、有机文物若干,特别是试掘出土的一些炭黑状谷物, 省文物考古研究所研究员蒋乐平表示, 这是人类历史最早的人工栽种稻谷。2012年10月,"钱塘江早期新石器时代文化学术研讨会"召开后,"湖西遗址"的重要发现成了关注的焦点,北京大学、厦门大学、上海博物馆等各地文物考古专家纷至沓来, 参与到湖西遗址的研究中来。

【长乐金氏大宗祠二期保护工程】 兰溪市诸葛镇长乐村金氏大宗祠是全国重点文物保护单位"诸葛、长乐村民居"中的重要保护建筑。金氏大宗祠建于明万历至清康熙年间,平面布局呈"回"字形,占地2015平方米,建筑面积1320平方米,由门厅、享堂、神寝、显扬祠、崇德祠和东西厢房组成,建筑用材硕大,制作考究,雕刻精湛,是江浙一带宗祠建筑中的典型代表。1953年至1990年曾作为长乐村小学使用,期间神寝及门厅被拆除。1989年公布为省级文物保护单位后,1993年对享堂实施了维修保护。2008年经报国家文物局批准立项和省文物局批准方案,实施了二期保护,工程内容为除享堂以外所有建筑的修缮和部分被拆毁建筑的复原,工程于2012年年底实施完工, 本期共投入修缮保护资金220余万元。

【省级文保单位昌文塔实施整体维修】 昌文塔位于磐安县安文镇北的马鞍山腰,始建于明万历三十五年(1607),为六面七层楼阁式空心砖塔,塔高41.68米,是磐安县城标志性历史建筑,属第五批省级文物保护单位。由于2012年初雨水较多,冰冻天气严重,昌文塔的菱角牙子破损冻裂,掉落情况时有发生。磐安县文物办于2月暂停昌文塔对外开放,并在塔四周设置了护栏。8月由浙江匀碧文物古建筑工程有限公司进塔实施维修,于11月底修缮完工,共投资修缮经费18.1万元。

【黄绍竑别墅维修】 黄绍竑别墅位于金华市婺城区罗店镇罗店村,始建于1937年,该建筑坐南朝北,建筑面积234平方米。砖木结构,五开间,硬山四坡顶,小青瓦屋面。1995年12月11日,黄绍竑别墅公布为金华市文物保护单位。黄绍竑别墅因长年闲置,年久失修,现已多处坍塌,急需抢修。金华市中心医院委托临海鼎源建筑设计有限公司设计了《金华黄绍竑别墅修缮工程设计方案》,11月完成《黄绍竑别墅修缮工程施工方案》。

【古方洞山塔维修保护】 洞山塔建于明万历二十三年(1595年),为楼阁式空心砖塔,平面六角形,七层, 高二十余米, 是金华市区唯一的一座古塔。1982年公布为市级文物保护单位。洞山塔因年久失修,塔身已微向西南倾斜,东北角有五条纵向裂缝,其中三条宽约2厘米~3厘米。西北角也有一条宽约2厘米左右纵向裂缝伸至第三级。塔刹木已无存,石质砌体松动,一半已经坍塌。一至四级东北角腰檐已塌,五、六两级稍完整,至第七级,六个翘角已严重损坏。南面有一条20余厘米的裂缝,塔顶也已破坏。经过婺城区文物部门的努力,得到省、区、镇各级财政的资金补助,维修工程于2011年7月开始进行,至2012年年底,洞山塔维修工程已全部完成。

【东阳市尊经阁修缮】 尊经阁是东阳市第三批文物保护单位和省级历史文化名城规划保护的重要建筑之一,位于东阳市中心黉门前原工人文化宫北面,为孔庙(县学)重要建筑,是东阳市老城区的六大坐标性古建筑之一,对于研究东阳古城的格局和东阳崇文重教的历史等都具有重要的价值。现存尊经阁建筑为清晚期重建,为一座五开间重檐歇山顶阁楼式建筑,坐北朝南,总面宽19.35米,纵进深13.15米, 占地210.8平方米, 建筑面积310.5平方米。2012年6月~9月,尊经阁由杭州文物建筑工程有限公司实施维修,工程历时3个多月,进行了全面修缮,使建筑恢复了原貌。

【金店狮子炉维修保护】 金店狮子炉位于金华市婺城区罗埠镇西金店村,建筑年代不详。该建筑形状似塔,平面四边形,分上、下两层,残高约2米。炉身逐层内收,下层底宽1.1米、高1.1米;上层底宽0.85米、高0.68米,每层青瓦腰檐。炉身用平砖错缝叠砌。下层西面开拱券门,南北各开长方形孔;下层西面开拱券门,南北各设壶门。该建筑年久失修与自然侵蚀,导致炉顶部及东北角已局部坍塌,炉身粉刷层脱落、砌体裸露,腰檐多处坍塌,炉内残物堵塞。9月,金店狮子炉开始维修保护。10月,维修工程完成。

【磐安茶文化博物馆开工建设】 磐安茶文化博物馆为全国重点文保单位玉山古茶场配套服务设施,包含原玉山古茶场建筑及新建区块两部分,新建占地面积1400平方米,总建筑面积为1200平方米,项目总投资1300万元。工程于2012年8月10日开工,截至年底,完成了主体工程90%的工程量,并与中国茶叶博物馆签订了茶文化博物馆陈列内容策划设计合同,组织召开了园林绿化评审会。该馆的开工建设填补了磐安县内没有博物馆的空白。

【东阳市蔡宅村史馆陈列布展】 蔡宅村是东阳市首批历史文化名村、金华市文物保护示范村。8月蔡宅村开始筹建村史馆,历时3个多月,村史馆陈列布展工程顺利完工。蔡宅村史馆设在文物保护点——涵玉堂内,总投资约20万元,展馆面积143平方米,展览根据蔡宅村貌特色和历史人文特色,以体现蔡宅特色的古村与古建风貌、名人与故居、传统教育、非物质文化遗产等内容作为陈列的重点,通过文字、图片、表格、数据等形式,辅以史籍著述等实物,以及适当的灯光营造,全面而直观地反映村史、展示村貌,使展览起到传承文化、教育后人和激励后人的作用。

【明招文化保护研究】 “明招文化园规划”由浙江省古建筑院编制,9月12日,武义县组织“明招文化园总体规划初稿论证会”。10月25日,“中华明招文化研究院”在武义县成立。

【上山遗址出土文物拍摄】 2月24日,为配合《上山遗址考古发掘报告》的出版发行,由浙江省考古所、浦江博物馆联合开展的为期五天的上山遗址出土文物拍摄工作已顺利完成。浦江博物馆参与负责了文物的提取和文字登记等工作。

【“3·18历史文化名城日”系列活动】 3月18日,以“百艺相约兴名城”为主题的金华市第三个“3·18历史文化名城日”系列活动在古子城保宁门广场隆重开幕。此次名城日活动以百姓歌舞颂名城、百名艺人秀名城、百名书家写名城、百幅照片忆名城、百名义工靓名城“五个百”系列活动,庆贺金华市成功创建国家历史文化名城五周年。

【“5·18”国际博物馆日暨沙孟海书法主题展】 2012年5月18日上午,由兰溪市文化局主办、兰溪市博物馆承办的庆祝“5·18”国际博物馆日暨沙孟海书法主题展活动隆重开幕。该次展览展示了由浙江省博物馆收藏的沙孟海书法作品40余件,包含了大量的书法、篆刻、文稿等内容,在庆祝“5·18”国际博物馆日的同时,为兰溪市民提供一次名家书法鉴赏和学习的机会。

【刻字艺术展】 5月27日,由中国书法家协会、中国书协刻字研究会、浙江省书法家协会主办,永康市人民政府、浙江省书协刻字委员会承办的“永康杯”第九届全国刻字艺术展暨第十四届国际刻字艺术展在永康市正式启动。经过为期一年的广泛作品征集后,截至2012年6月评审会召开,共收到投稿作品6000多件,初评入选783件刻字作品,9月23日,“永康杯”第九届全国刻字艺术展暨第十四届全国刻字艺术展在永康市博物馆开幕。展出667件作品。

【美国马里恩市代表团参观范氏宗祠】 6月3日,美国印第安纳州马里恩市友好代表团共19人参观考察了金东区市级文物保护单位下范村范氏宗祠。代表团饶有兴趣地参观了宗祠内陈展的五六十年代的农耕器具,并欣赏了孝顺镇“和风书社”现场表演的道琴、婺剧、武术、快板等金华传统非遗节目。

【联合国官员考察浦江竹编工艺】 9月7日,联合国教科文组织驻华代表处文化项目官员卡贝丝、李江萍一行专程到浦江博物馆考察竹编工艺,卡贝丝对设计精美、历史久远、保存完整的竹编工艺品赞赏有加。

【《金东区文物古建筑精粹》出版】 4月26日,由金东区教育文化体育局主编的文物普查成果专著《金东区文物古建筑精粹》一书正式出版。该书利用金东区第三次全国文物普查成果,从中选取一部分文物价值较高的文物点进行编辑出版,共收录金东区的文物点268处,共计520页,1915张照片,30余万字,并以图文并茂的形式展现金东区文物古建筑的最精华部分。书中收录的不可移动文物按古道路亭、老街店铺、古建筑群、古民居、名人故居、古墓、宗祠、古戏台、牌坊、古井、古桥、古堰、古寺庙、摩崖石刻、古遗址窑址、学校、圆仓、其他、消逝的繁华等，共分为十九卷，依次进行编排，并尽可能全面系统地反映金东区文物古建筑特色。《金东区文物古建筑精粹》全部采用精装大16开内芯520页157克铜版纸全彩印刷。

【《磐安县文物地图集》出版】 磐安县文物地图集是对历次文物调查所获大量资料进行科学概括，综合反映磐安县文物工作中已有的成果和新的重大发现，全面记录磐安境内已知现存的不可移动文物状况。该图集共收录了687处文物登记点，涵盖了古遗址、古墓葬、古建筑、石窟寺及石刻、近现代史迹及代表性建筑五大类，由概述、图例、序图、乡镇文物分布图、重点文物图、文物单位简介、磐安县各级文物保护单位一览表、磐安县文物保护点一览表及后记九个部分组成。

金华市直属文博单位一览表

表18

全 称	地 址	邮政编码	负责人姓名
金华市文物局(金华市国家历史文化名城工作委员会办公室)	将军路51号	321000	蓝跃军
古子城历史文化区管委会办公室	飘萍路138号	321000	蓝跃军
太平天国侍王府纪念馆	将军路鼓楼里	321000	施冠荣
金华市博物馆	东市街128号	321000	施冠荣
金华府城隍庙民俗馆	马路里116号	321000	卢 萍
金华汤溪城隍庙	汤溪镇中山路60号	321075	谢光浚
天宁寺文保所(筹)	飘萍路100号	321000	王 伟
八咏楼文保所(筹)	八咏路228号	210000	王 伟

(谢 锐)

档 案

【概述】 2012年，金华市档案局开展“比作风、树形象，强效能、创一流”主题实践活动，提炼出“记录历史、传承文明，服务社会、资政为民，敬业奉献、自律严谨，求实创新、团结奋进”的档案人核心价值观，以“到基层找办法、靠创新解难题”为目标，集中开展“进村入企下基层”大走访活动，同时，开展新一轮中层干部竞争上岗和一般干部双向选择，以此推动全市档案事业服务经济、服务民生上一个新的台阶。市档案局五强化开展“比树强创”的做法，先后在《省档案工作》、市作风建设简报上刊载。《“比树强创”：“精气神”加“服务力”——金华市档案局主题实践活动有声有色成效显著》被省档案局评为创新破难十佳案例。

【服务金义都市新区建设】 开展“如何围绕中心、围绕金义都市区建设，优化档案服务工作”的主题交流活动，为金义都市新区建设献言献策；下发《关于加强金义都市新区档案管理工作的通知》，构建档案指导和监管工作框架，组建新区档案工作指导和监管领导小组，研究制定新区档案管理办法和有关业务规范，明确工作重点，在决策规划、区块建设、村落保护、村务民生等方面，加大档案征集保护力度。建立档案服务绿色通道，利用馆藏资源为新区建设政策处理服务。

【服务基层档案工作】 加强对国有企业和重点民营企业档案规范化指导管理，强化对改制、破产企业的档案监管和接收。加强重点建设项目档案工作,制订《金华市市级政府投资重点建设项目档案专项验收办法》。推进农村档案信息资源共享工程建设,做好社会主义新农村建设档案工作示范县、示范乡镇和行政村示范档案室的创建。开展“以乡村记忆”为主要内容的村级档案馆建设,磐安县玉山镇林宅村、岭口村被省档案局确定为“乡村记忆示范基地”试点单位。

【档案登记备份】 市委及时调整档案登记备份工作领导小组,召开领导小组成员会议,就进一步做好档案登记备份工作,增强档案服务能力提出新任务、新要求。分别在磐安、武义召开现场会,推动档案登记备份工作开展。加强档案登记备份规范化和保障机制建设。调整充实登记备份中心和信息科技处工作人员,下发《关于进一步规范档案与电子文件登记备份工作的通知》。为保障信息安全,实施“省备市、市备县”为主导的异地数据容灾备份。登记备份各项业务成效显著。全年全市建成规范化、示范性数字档案室共51家,市档案登记备份中心和数字档案馆建设一期项目建设进展顺利,完成项目资金投入210万元。完成市本级住房公积金、残联等13家重点民生领域单位的业务数据备份;市本级二甲以上医院的有关业务数据实施备份;各县、市完成年度涉民领域电子业务数据登记备份任务。重点建设项目档案登记备份工作有新举措,将全市27个重点建设项目列为市第二批档案登记备份范围,先后有8家水库除险加固工程和2家技改项目通过档案专项验收,重点建设项目档案登记备份率达到80%以上。进馆单位档案登记备份工作进展有序,市档案馆接收78家机关单位的数字化成果。在“平安浙江”建设考核中,东阳市、武义县档案局被评为全省档案系统推进“平安浙江”建设先进单位。

【查档利用】 全市共接待查档人员10.02万人次,利用档案21.57万卷次,复印11.85万张,其中市档案馆接待查档人员3.16万人次,利用档案8.73万卷次,复印4.41万张。为党和政府各项惠民政策的落实提供了大量的凭证性材料,为社会和谐稳定起到积极作用。同时,还做好现行文件的收集、整理和条目录入等政府信息公开查阅点的工作,供社会查阅利用,满足社会各界及时准确了解各项方针政策、法规等方面的信息需求。

【档案资源征集】 全市各级档案馆共接收档案3.33万卷、10.5万件,其中市档案馆接收档案1.3万卷,3.2万件,馆藏档案已达37.3万卷(件)。同时,征集到部分地方特色档案资料,如金华历史上第一部《双龙风景名胜区志》《金华非物质文化遗产大观》和修编于民国三十五年的《藕湖金氏宗谱》等。兰溪接收了一批诸葛八卦村档案,内容十分丰富。东阳围绕筹备“东阳人文精神主题展”,开展特色档案资料征集,征集到著名雕塑家朱惟精先生67件珍贵档案。浦江向社会征集历史档案材料3万余件。磐安开展抗美援朝档案资料的征集,对健在的80余名抗美援朝老战士逐户上门征集。在做好档案资源征集的同时,民国档案、鱼鳞册档案等抢救保护也取得很大的成效。

【档案文化建设】 精心打造以“三婺文化征创工程”为重点的档案文化精品项目。制定“婺剧、婺窑、婺学”文化征创工作规划,与市委宣传部联合下发了《关于做好“婺剧、婺窑、婺学”档案史料征集工作的通知》,明确征集范围、内容,力争用三年左右的时间完成“三婺”文化征集和编创工作。开展方言语音建档工作。在东阳试点的基础上,通过努力,先后完成市区、东阳、义乌、永康、武义、浦江等地的方言语音建档工作,此项工作受到了媒体和社会各界的广泛关注,《钱江晚报》《金华日报》和金华电视台等多次作了报道,东阳市档案局被省局评为“浙江方言建档示范单位”。开展家庭档案试点工作,市档案局举办家庭档案业务辅导讲座,武义、磐安等均开展了建档试点。积极开展名镇(村)记忆工程试点,磐安县乡村记忆馆建设规模和数量不断扩大,得到省档案局领导的充分肯定。

【档案文化阵地建设】 市档案馆通过市级爱国主义教育基地复评,省级爱国主义教育基地创建工作通过验收,举办《金华籍“两院”院士图片展》。义乌大力发展档案展览文化,设置“传奇义乌”展厅,是该市唯一展现两千多年发展历程的综合性展厅。浦江县设立“历史记忆藏品展示馆”和“兰台玉石馆”,被命名为县级爱国主义教育基地,举办中国浦江档案文化节,被评为全省档案文化建设创新奖。金华市档案馆和义乌市档案馆均成为省、市科普示范基地。开展档案文化“进村入企”活动。注重档案网站建设,市档案网和武义县档案网被评为全省优秀档案网站。东阳开展“石器文化”建设,打造“石器博物馆”。

【档案文化编研】 市档案局编辑了《八婺金名片》画册,市委书记陈一新为《八婺金名片》画册题写书名,并作了“展示八婺风采,抒写浙中辉煌”的题词。义乌拍摄了《义乌四大名人》和《档案见证义乌传奇》两个专题片。武义出版《潘絜兹年谱》。浦江通过4年多的征集,编成《浦江宗谱文献集成》。圆满完成省档案局部署的《浙江通志·档案卷》编纂任务。在全省档案部门第十一次优秀编研成果评比中, 共有3项编研成果荣获二等奖,5项荣获三等奖。

【金华市档案学会】 6月1日,金华市档案学会第五届会员代表大会召开。选举产生市档案学会第五届理事会理事、常务理事会理事;聘请市委常委、市委秘书长金中梁为理事会名誉会长。

(黄镇东)

医疗 卫生

综 述

2012年,全市卫生工作围绕“发展城市群、共建大金华”的战略部署,以确保完成三年医改任务为主动力,以建设“卫生强市”和省内第三个医疗副中心、第四个医学中心为总目标,推动医疗卫生事业持续快速发展。以“党员志愿服务队”品牌创建为载体,深入社区开展健康知识宣传教育、健康体检和医疗服务,并与社区低保户、特困户开展“结对帮扶”“医疗救助”活动,为基层群众和孤寡老人送医、送药,免费义诊万余人。积极开展医药回扣专项治理工作,实施了廉洁从医承诺制度,全市共有16061名医务人员签订了廉洁从医承诺书。设立公开举报电话、廉政账户,深入开展了自查自纠。截至2012年年底,全市共有:各级各类医疗卫生机构3989个,其中医院79家,包括综合性医院45家、中医医院11家、专科医院22家、护理院1家;基层医疗卫生机构3862家,包括社区卫生服务中心(乡镇、街道卫生院)155家,新建规范化社区卫生服务站(村卫生室)2617家;疾病预防控制中心10家,专科疾病防治院(所、站)6家,妇幼保健机构10家,急救中心2家,采供血机构2家,卫生监督所10家等。全市医疗卫生机构共有职工36766人,其中卫生技术人员29993人,包括执业医师10365人、执业助理医师2118人、注册护士10433人。全市医疗床位数20229张。每千人医生数2.65人,每千人护士数2.22人,每千人床位数4.2。全市医疗机构门诊总人次4220万人次,同比增长10.5%,出院人次63.1万人次,同比增长18.83%。全市传染病报告发病率633.47/10万,孕产妇死亡率4.87/10万,5岁以下婴幼儿死亡率5.57‰,人员期望寿命78.71岁,其中男性76.47岁,女性81.49岁。

医药卫生体制改革

【概述】 2012年,基本药物制度初步建立,群众用药负担明显减轻。9个县(市、区)的基层医疗机构,其中包括155家乡镇卫生院(社区卫生服务中心)、2355个村卫生室(社区服务站)全部实施基本药物零差率,覆盖常住人口497万。统计数据表明:药品价格显著下降,基层医疗卫生机构药品销售价格平均降幅41.86%;门急诊均次药费下降25.78%,全市累计为群众药品支出让利1.76亿元。

加快推进县、乡、村三级医疗卫生服务体系建设。县级层面,各县(市)均有了二级甲等综合性以上等次医院;乡镇层面,全市155个乡镇(街道)都建有一家卫生院(或社区卫生服务中心),达到省级规范化标准的117家,达标率达75.5%。村级层面,全市建成村卫生室(社区卫生服务站、巡回医疗点)3509家,居民每1200多人就有了一家标准化的村卫生室(服务站),达到了出行20分钟可及的目标要求。按照“保基本、强基础、建机制”的要求,深入推进基层医疗卫生机构综合改革,全市政府举办的乡镇卫生院和社区卫生服务中心均已定性为公益性事业单位,按照省定的标准核定了人员编制,比原有编制数增加了3.5倍。初步建立了长效性的多渠道补偿机制,全面实施了基层医疗卫生机构绩效工资制度,加快推进了人、财、物统一的紧密型一体化管理,紧密型一体化管理的2063家,比例达78.9%。基层医疗卫生服务机构综合保障能力稳步增强。

公共卫生服务质量不断提高,群众健康意识不断增强。各县(市、区)城乡基本公共卫生服务经费由原来的每人每年20元提高到25元以上,金华市区外来人口的基本公共卫生服务项目经费标准也提高到了人均25元。扎实开展基本公共卫生服务项目,健康体检和建档工作有序开展,第三轮参合农民健康体检231.77万人,健康体检率69.9%;完成城乡居民规范化电子建档数297.4万份,建档率73.4%,均超过了省医改指标60%的要求。积极实施妇女健康工程,加强对适龄儿童的计划免疫工作,大力推进健康教育进社区工作,开展重点疾病、重点对象定期随访服务,老年人、残疾人、困难群体管理率达90%以上;进一步强化高血压、糖尿病等慢性病管理,加强综合防治,重点人群保健水平稳步提高。认真完成重大公共卫生服务项目,农村妇女免费增补叶酸、农村妇女住院分娩补助、宫颈癌、乳腺癌筛查等项目均超额完成了医改任务要求。提前完成了1.7万座中央农村改厕项目任务,为促进新农村建设发挥了积极作用。

公立医院改革探索有序推进。以药品零差率为主要抓手,全市所有县级公立医院全部实施了综合改革,通过降低药品采购价格,调整医疗服务收费标准,实行医保总额预付制,加强医院内部管理节约成本,逐步破除"以药养医"机制。进一步优化公立医院结构布局,市区重点加强了市中心医院、中医院、人民医院的龙头建设,加大了儿科、妇产、精神卫生、老年护理、康复等薄弱领域服务能力的建设,着力扩大优质资源,缓解群众看病难。巩固完善了市级医院、县级医院与基层医疗卫生机构长期对口协作、帮扶机制,基层首诊、分级医疗、双向转诊的医疗服务模式得以逐步完善。推进大型设备检查检验结果医院互认、病理诊断资源整合等工作,成立金华市医学检查诊疗中心影像诊断分中心和病理分中心,完善医疗卫生机构用药管理、处方审核制度,促进了公立医院形成控制费用的内在机制,确保了公立医院门诊、住院均次费用零增长。建立以电子病历建设和医院管理为重点的医院信息化网络,促进了医院管理科学化、精细化,提高各级医院服务能力和水平。

疾病防控

【概述】 2012年,全力抓好重大疾病防控。坚持以疾病预防控制体系建设为依托,大力开展健康教育促进工作,扎实推进重点传染病、重点疾病预防控制工作,全市传染病报告发病率比去年略有下降。着眼于实现2012年消除麻疹和防控输入性脊灰疫情、保障无脊灰状态,深入实施免疫规范工作,全面完成了麻疹和脊灰疫苗查漏补种任务。加强血吸虫病防控,全面开展了春季查灭螺工作,钉螺密度大幅度下降,未发现阳性钉螺。加强艾滋病防控,开展了医院手术前病人、孕产妇产前等重点人群HIV抗体检测工作,着力提升艾滋病免费咨询检测能力;狠抓高危行为干预工作,累计干预高危人群7.5万多人次;开展艾滋病免费抗病毒治疗,全市累计治疗病人259人。加强结核病防治,加强甲流、手足口病等其他传染病防控,积极转变诊治模式,强化疫情实时监测管理,及时、规范处置疫情,全面促进重点传染病防控工作上新台阶。

医疗医学

【学科建设】 加大科研培训力度,举办了两期医药卫生科研项目管理培训班及提升班,全市科研项目的质量和科技创新水平不断提高。科研成果显著,市直卫生系统获得省医药卫生科技创新奖二等奖1项,三等奖8项;市科学技术奖二等奖2项,三等奖6项;列入市级重点科研项目11项;省医药卫生平台重点资助计划1项;省中医药科研计划项目1项。启动了住院医师规范化培训试点工作,2012年共有116名新录用临床医学本科生进入新模式轮转方案,其中:市本级65人,永康市51人;经过双向选择,统筹安排,共有76人进入市直医院培训,40人进入永康市医院培训。22个学科确定为新一轮市级优先发展重点学科。

【人才培养】 把人才培育工作纳入了卫生系统院(站、所)长目标责任制考核,进行量化评分,努力形成人才工作合力。加强日常跟踪培养,定期进行评估检查,使人才的育、管、用相结合,促进人才尽快成长。坚持人才工作向基层倾斜,采取巡回讲座形式,培训在岗全科医生240人和乡村医生1750人,培训率达98%。全市安排全科医生骨干师资培训35名,培训基层复合型公共卫生骨干12名,培训城乡社区公共卫生人才51名,带动了基层卫技人员整体素质的提高。全市在前三年定向招生农村社区医生320名的基础上,2012年再招生128名。

【医学合作】 市中心医院与浙江大学建立了合作关系,设立了医学合作基金,增挂浙江大学金华医院牌子,在科研人才等方面全面合作。市中医医院、市人民医院、市第二医院、广福医院、文荣医院、市妇保院、东阳市人民医院、永康市人民医院分别与上海各大知名医院建立了医学协作关系。

【提升医疗服务水平】 着眼于实现"服务好",进一步优化服务流程,方便群众看病就医。全市二甲以上医院全部加入省预约诊疗服务平台,充实双休日及节假日门诊力量,有效地改善了群众看病就医感受。深化了优质护理服务示范工程,积极探索优化护理模式、充实一线队伍,为患者提供安全、优质、满意的护理服务。着眼于实现"质量好",严格落实各项核心制度,规范诊疗服务行为。开展了临床用药专项检查和抗菌药物专项整治活动,加强麻醉药品和精神药品的管理,保证医疗质量和医疗安全。实施了病种路径规范诊疗,继续做好单病种质量控制工作,探索建立单病种管理制度,促进了医疗质量科学管理。进一步建立健全市、县二级医疗质控中心网络,目前已有市质控(指导)中心17家。着眼于实现"医德好",加强医德考核力度,医德考核不合格的,医师定期考核定为不合格。明确医师定期考核不合格者,必须先接受3~6个月培训,培训完并考核合格,才能再次执业。

【中医药】 开展中医医院管理年活动。通过近两年来的努力,全市各中医院着力发挥中医药特色优势,在临床业务考核、人才培养上向中医药倾斜,取得了较好的成效。进一步加强对省中医药科技计划项目的管理,对全市2007~2009年度的8个省中医药科技计划各类在研项目进行一次检查和清理。受省中医药管理局的委托,对全市5个省级中医重点专科进行了实地验收。严格传统医学传承工作,组织14名考生参加了传统医学确有专长考核。市中心医院被评为省综合医院中医药工作示范单位,并作为全省4家医院之一进行国家级先进创建。

【重点项目建设】 市本级三级医院工程建设进展顺利,市中心医院新病房大楼、医技楼工程已投入使用;市中医院病房大楼顺利竣工投入使用,启动了老病房楼改造工程;市第二医院精神科病房大楼建设项目已完工并投入使用。同时,积极推进医疗卫生机构信息化建设,加强大型医用设备的配置管理,提高了采购效率和资金使用效益。

【监督管理】 以开展新一轮医院等级评审为契机,加强对医疗单位规范化管理督查力度,着力提升医疗行业整体诊疗水平,共完成了1家三甲中医院、4家三乙综合医院、2家三乙中医院、10家二甲综合医院等级评审迎检。加强了对医疗机构的年度校验管理,并把医疗机构基本标准、依法执业行为、年度工作情况作为校验重点,切实规范了诊疗科目。启动了第二周期的医师定期考核工作,将所有不设床位的医疗机构的医师定期考核结果作为年度校验审核的重要依据。健全医疗质量管理组织,筹建金华市医疗质量管理委员会,健全规章制度,落实人员岗位责任制,促使各级医院规范执业行为,提高医疗服务质量。

(李图强)

妇幼卫生

【概述】 2012年,全面完成重大公共卫生妇幼项目。全市农村孕产妇增补叶酸27921人,完成任务数107.5%;农村孕产妇住院分娩补助24537人,完成任务数132.1%;宫颈癌筛查50135例,完成年度计划数100.3%;完成乳腺癌筛查13575人,完成年度计划数226.3%。继续做好婚前医学检查工作。全市全年登记结婚61096人,婚检人数59894人,婚检率 98.03%,保持全省第一。加强新生儿疾病筛查工作,全年共筛查 69036 人,筛查率 99.84%;认真开展产前筛查,预防出生缺陷,全市共筛查 32389 人。不断提高危孕产妇救治能力。成功救治危重孕产妇 546 例,孕产妇死亡率 6.4/10 万。全市孕产妇建卡率 99.3%,产前检查率 98.33%,系统管理率 98.10%,住院分娩率 99.98%;3 岁以下儿童系统管理率 98.03%,婴儿和 5 岁以下儿童死亡率为 5.57‰,达到历史最好水平。（李图强）

采供血工作

【概述】 认真贯彻《浙江省医疗机构临床用血管理考核细则(试行)》,组织有关专家对各县(市、区)第一人民医院、市直各医疗单位临床用血管理情况进行了检查, 并通过了卫生部血液安全督导检查, 确保患者输血安全。全市临床用血继续保持 100%来自无偿献血。献血总人数达 39050 人次,采血量12331 升, 保障稀有血型及机采成分血 100%来自无偿献血,捐献机采血小板 1733 人次,临床用血量 12329.43 升,成分输血率达 99.94%;无偿献血还血报销 446 人次,报销金额 380216.5 元。成立了应急献血队伍,应对突发事件的血液紧急供应,血液供应保持平稳态势。（李图强）

卫生监督执法

【概述】 2012 年,全力强化卫生监管职能。以粉尘与高毒物品为重点,加大源头治理力度,深入开展职业卫生危害治理, 完成了 880 家涉及职业病危害企业治理任务。开展"依法执业 守护健康"专项行动,加强医疗服务市场监督检查,对 3143 家中小医疗机构开展了分级监管,监管率达到 100%。组织开展了全市餐饮具集中消毒专项整治,对全市 70 多家消毒企业规范整合为 14 家具有一定规模、上档次的消毒企业, 工作成效受到省食安委的高度评价,加强了公共场所卫生监督,率先开展了商场、超市、车站等场所空气质量监测监督, 并定期公示监测信息。顺利完成食品卫生监管职能划转。规范行政行为,严格依法行政,推进依法行政示范单位创建,市卫生局被市政府评为首批依法行政示范单位。

（李图强）

爱国卫生

【谋划国家卫生城市复审工作】 2012 年, 为做好国卫复审准备,提早谋划开展调查研究,赴湖州、嘉兴等复审城市学习考察,结合实际草拟《金华市国家卫生城市复审实施意见》《金华市迎接国家卫生城市复审工作目标任务分解》等文件。11 月 26 日市政府第 39 次常务会议听取了关于进一步加强国家卫生城市管理工作有关情况的汇报,徐加爱市长对国家卫生城市复审工作提出了具体要求。

【爱国卫生月活动】 4 月,组织开展第 24 个爱国卫生月活动。利用广播、电视、报刊、网络等大众媒体,以及广场、专栏、墙报等社区宣传阵地,大力开展爱国卫生科普宣传, 全市共开展各种宣传活动 579 次,宣传活动受教育群众 283569 人次。组织开展环境卫生大整治活动,集中整治城乡环境脏乱差问题,清除各类垃圾 4147 吨,清除乱张贴 338594 张。

【完成灭鼠先进城区复查任务】 为巩固除四害先进城区创建成果,认真组织开展城区病媒生物防制工作,通过层层宣传发动,组织技术培训,开展滋生场所的清理整治,完善"三防"设施配备,开展四害密度监测, 组织专家对消杀药物进行效果评价,病媒生物防制工作取得了良好效果。4 月和 10 月,分别组织开展大规模的春秋季灭鼠活动,对城区公共外环境进行集中灭鼠,加大对重点公共场所防鼠设施的配备。组织对市区各街道、社区范围内的灭鼠效果进行了自查考核。11 月 26~28 日,省爱卫办组织专家对金华市巩固灭鼠先进城区工作进行了复查考核,各项指标全部符合全国爱卫会规定的相关标准。8~10 月,组织开展夏秋季的灭蚊灭蝇灭蟑活动,投放灭蟑药物 20 万余份。

【健康促进活动】 按照《浙江省爱国卫生促进条例》和《金华市全民健康促进行动工作方案(2011-2015)》要求,认真组织实施以"全民健康、品质生活"为主题的全民健康促进行动。在社区、学校和大型企业等场所开展健康知识巡回宣讲,举办第三届金华市健康教育讲师演讲技能比赛活动,选拔出一批优秀讲师代表参加全省比赛,在11月27日举行的全省比赛中获得优异成绩。联合市教育局、卫生局制定下发《关于加强健康促进学校建设的通知》,6所健康促进金奖学校顺利通过省级考核验收。与金华市卫生局联合下发《关于开展第25个世界无烟日活动积极推进无烟医疗卫生机构创建工作的通知》,5月29日,组织市卫生监督所、疾控中心有关人员对市区10家公立医疗卫生机构控烟情况进行暗访检查,检查结果进行公开通报。与教育部门联合开展中小学校控烟宣传,现场发放控烟宣传资料2800余份,接受戒烟咨询350余人次。

【农村改水改厕和城乡环境整洁行动】 积极实施中央农村改厕项目,争取到中央农村改厕项目任务14930座。开展2011年度金华市农村改厕工作先进集体和先进个人评选活动,对获得先进的24家单位和30名个人予以通报表彰和物质奖励。8月9日,组织召开全市农村改厕会议,同时举办改厕技术培训班,8月和11月,对各中央农村改厕项目县工作完成情况分别进行督导和市级核查,提出整改意见和建议。指导兰溪市争创浙江省农村饮用水示范县。9月17日,省爱卫会督导对全市城乡环境卫生整洁三年行动推进情况进行了考核验收。

【推进卫生强乡镇创建】 在金华市区范围内选聘100名爱国卫生义务监督员,进行技术培训。3月,市政府出台《金华市卫生强镇(乡、街道)考核办法和考核标准》。2012年年底,完成对永康市6个乡镇(街道)的创建金华市卫生强乡镇(街道)考核。

【指导县市卫生创建】 指导东阳市横店镇做好国家卫生镇的复查准备和迎检工作。对浦江县巩固国家卫生县城工作进行调研、现场指导和明察暗访。指导东阳市、永康市建立完善各项创卫长效管理措施。指导兰溪市完成省卫生城市的复查。对磐安县巩固灭蟑先进城区进行复查。完成6个市级卫生镇的复查。2012年,新创建浙江省卫生先进单位和卫生村12个,市卫生先进单位和卫生村20个。完成2010年命名的47个省卫生先进单位和19个省卫生村的复查任务。举办纪念爱国卫生运动60周年征文和书画摄影作品征集活动,编印爱国卫生60周年宣传板画,编印《金华爱国卫生运动信息》6期。

(吴功卫)

金华市区主要医疗机构

金华市中心医院

【概述】 金华市中心医院是由建于1910年的金华福音医院和1946年的省立金华医院合并发展而来的百年老院,是浙江中西部地区集医疗、科研、教学、康复、预防为一体的综合性三级甲等医院,国家级爱婴医院, 浙江省高等医学院校教学医院,浙江大学医学院教学医院,浙江大学医学院硕士研究生培养基地, 浙江省自然科学基金项目依托单位,浙江省示范文明医院,金华市文明单位,金华市首批诚信医院,是本地区医疗、科研、教学、预防保健指导中心。医院占地面积86168平方米,医疗用房面积12万余平方米, 实际开放床位1800余张, 分设35个病区。全年医院门急诊量121.18万人次,比上年同期增加20.8%;出院4.74万余人次,比上年同期增加19.3%; 医院业务收入10亿余元。现有职工1830余人,其中高级职称350人。骨科、神经外科、肝胆胰外科是省医学扶植重点学科,中医科是省中医名科,有市首批优先发展医学重点学科10个。拥有医用直线加速器、西门子MRI、飞利浦DSA等先进医疗设备。医院正在实施"东扩工程",全面完成后将新增建筑面积11万余平方米, 床位达到2000张,绿化率33%以上,成为集数字化、智能化于一体,功能齐全、布局合理的现代化园林式医院。

金华市中医医院

【概述】 金华市中医医院创建于1958年7月,是全国示范中医院、三级甲等中医医院、浙江中医药大学附属医院、浙江省首批"名院"建设单位。医院核定床位600张，开放床位500张，医院现有在职职工897人、卫技人员746人，其中正高职称37人、副高职称139人、中级职称223人。病区14个，一级临床学科18个，二级临床学科20个，专科30个。金华市中医院新病房大楼建设项目是"全国200家重点中医院建设项目""国家发改委2009年第四批扩大内需中央预算内投资计划项目"，也是市委市政府重点工程建设项目。该项目建筑面积2.7万平方米，地上16层，地下1层，设置床位500张，总投资1.5亿元，分两期建设。其中：一期(土建)工程计算8768万元；二期(室内装潢及附属设施)工程概计算3981万元，另配套医疗设备投入2150万元，已投入使用。

金华市人民医院

【概述】 金华市人民医院创建于1958年，是一所集医疗、预防、科研、教学、康复为一体的综合性三级乙等医院，浙江省首批高等医学院校教学医院，金华职业技术学院紧密型附属医院。医院占地面积3.4万平方米，建筑面积7.2万平方米，核定床位800张，设有17个病区。现有职工1054名，其中高级职称182名、中级职称291名、硕士研究生53名、博士研究生1名、市专业技术拔尖人才3名、市级名医20名。形成了以妇产科(包括生殖中心)、超声科为重点的市级重点学科。医院先后购置了飞利浦公司大平板数字DSA机，超导双梯度高场1.5T磁共振、西门子Acuson S2000高档彩色多普勒超声诊断仪、超声胃镜等先进设备。医院先后涌现了全国卫生先进工作者、全国"三八"红旗手、全国"五一"劳动奖章获得者、党的十五大代表、全国百名优秀医生沈云华同志；全国卫生先进工作者、全国"五一"劳动奖章获得者、全国工会十四、十五大代表、省劳动模范刘志聪同志二位全国劳模；涌现了全国卫生系统先进工作者、全国"三八"红旗手、全国妇女"巾帼建功"标兵、省优秀医生费小阳；党建优秀品牌"匡式亲情服务法"创始人血液科主任匡跃敏等为代表的一批学科人才和梯队骨干。

金华市第二医院

【概述】 金华市第二医院创建于1958年，根据医院"一体两翼"发展战略，如今已发展成为以精神科、心理科、老年科为特色的三级乙等精神病专科医院。是金华市精神卫生中心，金华市精神病防治康复技术指导中心，金华市心理卫生协会挂靠单位，浙江省政府指定精神病医学鉴定医院。医院占地6.13万平方米，建筑面积为3.60万平方米，核定床位500张，实际开放床位650张。现有职工344名(正式在编人员255人)，其中卫技人员280名，含高级职称29名、中级职称87名、初级职称164名。2012年完成门诊人次84253人次，同比增长12.44%；出院人次2684人次。

金华市第五医院

【概述】 金华市第五医院创建于1982年，前身为金华铁路医院，现为市直属二级乙等综合性公立医院，金华市120急救网络成员，"浙江省文明单位""浙江省平安医院""金华市文明单位""金华诚信医院"，浙江省高等医学专科学院、金华职业技术学院医学院等大专院校的临床教学医院。医院设有呼吸内科、心血管内科、消化内科、内分泌科、神经内科、肾病内科、重症监护室(ICU)、血透中心、普外科、骨科、脑外科、泌尿外科、肛肠科、妇产科、皮肤性病科、医学美容科、急诊科、五官科、口腔科、儿科、中医科、理疗科、放射科、检验科、麻醉手术科、特检科、体检中心等临床、医技科室，并开设高血压、糖尿病、白癜风、性病等37个专科专病门诊，下辖通圆、义乌铁西、金西等3个社区卫生服务站。皮肤科是金华市医学重点学科，其诊疗水平在浙江中西部处于领先地位。皮肤科开展自体表皮游离移植治疗白癜风、骨科开展关节镜治疗关节疾病，创金华之先。医学美容中心与上海康奥激光美容中心实行强强联合，在金华首创美容项目，开展8大类四十余种医学美容诊疗项目，是浙江中西部地区技术、设备最为雄厚的医疗中心。全年完成门急诊28万人次，同比增长11%，出院人次3420人次，同比增长19%。

金华广福医院

【概述】金华广福医院由中国广厦集团投资创办,是浙中西部规模最大的,集医疗、科研、教学、预防、康复为一体的,以诊治肿瘤为特色的三级乙等专科医院,是非营利性医疗机构、医保定点医院,是全国劳动模范疗休养基地健康体检定点单位、浙江大学医学院附属邵逸夫医院友好医院。获全国民办非企业单位自律与诚信建设先进单位、AAAAA级民办非企业单位、省级文明单位、省价格计量信得过单位、省级绿色医院、省级平安医院、省级治安安全示范单位、省抗癌爱心单位、省创安先进集体、省卫生先进单位、省卫生系统思想政治工作先进单位、金华市首批"诚信医院"等市级以上荣誉称号50余项。经省卫生厅批准增挂"浙中肿瘤诊治中心"院牌。2010年,与浙江省肿瘤医院建立了紧密型合作关系,经省卫生厅批准,成为"浙江省肿瘤医院金华分院"。医院建设总投资5.15亿,占地10万平方米,总建筑面积8.65万平方米,开放床位1000张。现有员工1038名,其中专业技术人员851名,高级职称人员106名,中级专业人员167名,硕士学位21人,市级名医18人。医院设有肿瘤科、呼吸科等二十八个临床科室,二十一个病区,二十个医技科室,同时成立了"金华市微创治疗中心""金华市放射治疗中心""金华市癌症疼痛治疗中心""病理诊断中心""介入治疗中心""肿瘤综合治疗会诊中心" 等国家和省内独具特色的专业技术中心。医院引进了三维适形调强放疗计划系统、直线加速器、ECT(单光子计算机断层扫描仪)、1.5T超导型磁共振、r-刀、肿瘤热疗系统、高能聚焦超声治疗系统、16排CT、DSA、高档彩超、PAC8000病理图像分析系统、运动心肺功能测试仪等高精尖诊治设备。医院实现了高科技人才与高精尖设备的有机结合,形成了以手术、放疗、化疗、介入、生物、中医药为主体,凝固治疗、肿瘤热疗、术中放疗、微创体内放射粒子治疗等十多种先进技术相互配合的综合治疗优势,极大地提高了肿瘤的治疗效果。同时,医院本着"强科做大,小科做强,全面提高"的发展思路,在呼吸科、心血管科、骨伤科、神经外科、微创外科、消化科、肾内科、120急救等学科建设上也成效卓著。

文荣医院

【概述】文荣医院由横店集团投资创办,为非营利性、二级甲等综合性医院,占地面积49961平方米,建筑面积37628平方米,设置床位400张,开放床位280张,现设有29个业务科室。职工总数381名,其中,卫技人员数325名,卫技人员中有高级职称33名,中级职称82名;本科及以上学历178名。医院通过"浙江省二级甲等综合医院"评审;通过了浙江省档案目标管理二级认定;骨科人工关节置换技术临床应用通过浙江省卫生厅评价;与上海仁济医院风湿免疫科合作成立了协作中心;医院被列为金华市级儿童先天性心脏病救治定点医院,并举办了"金华心希望"先天性心脏病大型公益活动;经金华市卫生局批准设立"金华文荣市民健康促进学校"。

金华眼科医院

【概述】金华眼科医院是浙中西部首家集医疗、预防、保健、教学、科研于一体的非营利性医院,核定床位80张,是国家卫生部视光学研究中心、温州医学院眼视光学院临床教学实习基地,金华市低视力康复定点医院,同时也是金华市红十字眼科医院,金华市慈善眼科医院,金华慈善光明工程指定实施医院。医院拥有世界上一流的飞秒激光、鹰视酷眼等激光近视治疗系统,眼底照相荧光造影及分析系统、眼底OCT、眼内激光、博士伦超声乳化波切一体机、蔡司高级手术显微镜、眼电生理、眼科A/B超、瑞士OCTOPUS101视野机,角膜地形分析仪,非接触眼压计、综合验光仪等一大批高精眼科医疗设备。医院有一大批眼科专业技术人员,设有白内障专科、青光眼专科、眼底病专科、角膜病专科、眼外伤专科、视光学专科、小儿眼科、斜弱视专科、眼整形专科和屈光(近视激光)手术专科。医院先后荣获了中共浙江省委、浙江省人民政府颁发的"残疾人工作先进集体"、浙江省人民政府残工委颁发的 "扶残助残先进集体"、金华市委、市政府颁发的"文明单位"、"金华慈善奖”等荣誉，是金华市(县、区)城镇医疗保险和新型农村合作医疗定点医院。

艾克医院

【概述】 艾克医院是中医治疗肿瘤的特色非营利专科医院，是中国服务质量十佳诚信单位、中华医魂全国大会特色医疗单位、中华中医药学会“中医名院”、民政部 AAAAA 级民办非企业单位、浙江省抗癌协会团体会员单位、浙江省中医药学会团体会员单位、浙江省重质量、守承诺单位、金华市红十字协会团体会员单位、浙江省、金华市医保定点医疗机构。艾克医院治疗肿瘤、肝硬化外还兼治中风、肝病、肾病、糖尿病、心血管病、心房室传导阻滞等。艾克医院占地面积 17000 平方米，建筑面积 5200 平方米，引进最新一代的荷兰飞利浦 CT 设备、美国 GE 高分辨率彩超等先进设备。艾克医院在武汉创立建筑面积5000 平方米的武汉艾克中医院，在杭州开设建筑面积2000 平方米的杭州艾克中医肿瘤门诊部。金华艾克医院在中医药深度开发上下功夫，投资在上海设立新药研究所，开办上海艾克药业现代化制药厂，在金华董村和长山建立近千亩中药材基地，在金华双龙洞脚创办现代化中药饮片厂。

（李图强）

体　育

综　述

【概述】 2012年，扎实推进浙江省第二届体育大会各项筹备工作。召开了省二体会动员会，对办赛、参赛、组织等工作进行全面动员部署，并签订了目标任务责任书；下发了省二体会竞赛规程总则、各单项竞赛规程，明确了开、闭幕式的具体日期；下发了省二体会资源开发公告、省二体会体育摄影展征稿启事等，启动了开闭幕式、产业开发等工作；成立了筹委会办公室，抽调相关人员进行集中办公，并制订了各部工作计划；对各参赛项目进行研究落实，明确了参赛项目布局；加强新闻宣传工作，会徽、会歌、吉祥物和主题口号征集工作顺利结束。举办了金华市第八届运动会。历时半年，分大众体育部和竞技体育部两个部，共有8000多名运动员参加了43个项目的比赛，有6名运动员破7项市最高纪录，不仅推动了全民健身，锻炼和选拔了一批体育后备人才，同时为筹备省二体会进行了练兵和动员。市政府下发了《金华市全民健身实施计划(2011-2015年)》。各地以“喜迎省二体、健身动起来”为主题，群众体育活动此起彼伏，体育强县创建、小康体育村建设取得实效，群众体育组织网络不断健全。体育设施建设得到推进。市体育中心工程建设已进入尾声，开放前的项目招商、人员招聘、经营项目安排等各项筹备工作取得成效。成立市网球中心建设办公室，启动网球中心建设相关工作。各县(市、区)体育设施建设进展较快，永康新建成网球中心，浦江体育活动中心一期工程已奠基，东阳、武义、磐安体育馆已列入政府投资重点项目，正在做前期规划工作。竞技体育着力抓好体育后备人才培养，积极备战2014年省运会。体育产业逐步繁荣，继续抓好品牌赛事的培育，第五届全国桥牌混双公开赛和八婺杯篮球锦标赛的影响力进一步提升；积极打造户外休闲体育品牌；体育彩票发行取得新突破，全年全市销量首次突破6亿元；对民间资本投资体育产业进行了研究。干部队伍和作风建设全面加强，体育队伍素质不断提升。

【群众体育】 金华市政府下发了《金华市全民健身实施计划(2011-2015年)》，推进群众体育的持续发展。体育强县创建、小康体育村建设取得实效。永康、武义两地成功创建为省级体育强县(市)；全年共创建省级体育强乡(镇)10个、先进社区13个，创建村级体育俱乐部30个、社区体育俱乐部10个、老年体育俱乐部8个、星级职工体育俱乐部3个，新建省级小康体育村690个，名额列全省之首。参加全省群众体育比赛并取得佳绩。组队参加了省首届女子体育节的体育舞蹈、太极拳、健身球操等9个项目的比赛；组队参加省第七届农运会的全部7个项目比赛。群众体育组织网络不断健全。加强以市体育总会为龙头、以市单项体育协会为主线、以体育俱乐部为基础的组织建设。新成立了体育舞蹈协会、运动休闲协会自行车分会等组织。开展了丰富多彩的群众体育活动。与总工会联合举办市第二届职工运动会，举办了拔河、乒乓球、羽毛球等8个项目的比赛，参赛人数近3000人；市各单项体育协会举办了桥牌联赛、体育舞蹈锦标赛、棋类名人赛、段位赛等赛事；婺城区、金东区举办了中小学生运动会；兰溪举办了首届浙江龙舟邀请赛；东阳举行了第六届市运会；义乌举办了CBA、WCBA等大型体育赛事；武义举办全国摩托车越野锦标赛暨国际邀请赛；磐安举办了全国象棋锦标赛。

【竞技体育】 围绕备战2014年省运会，优化项目布局，狠抓训练管理，健全保障机制，抓好体育后备人才培养。指导帮助金华体校、金东体校和浦江少体校开展省级高水平体育后备人才基地评选工作；先后组织近百名基层业余训练教练员和管理人员参加培训。参加国家级、省级体育赛事取得佳绩。兰溪籍运动员徐小梅在全国帆船锦标赛、帆板冠军赛中夺得女子470级冠军，这是金华市取得的首个全国帆船冠军；婺城区籍运动员赵一帆夺得全国田径大奖赛4×100米比赛的冠军。做好新一轮运动员注册工作。完成15个项目、593名运动员的注册工作。进一步调整优化了竞技项目布局。抓好田径、游泳等传统优势项目，努力打造精品，对具有发展潜力和一定基础的项目，积极走市场化运作的路子。举办了全省少年儿童艺术体操锦标赛，全省各地150多名运动员参赛。

【体育产业】 举办品牌赛事，推动了体育旅游业的发展。举办了金华"武义温泉杯"第五届全国桥牌混双公开赛、第五届八婺杯篮球锦标赛，两个赛事都已坚持了五年，赛事产业链不断延伸。与武义县政府联合在北京钓鱼台国宾馆举办了"寿仙谷杯"桥牌邀请赛，李岚清、王汉斌等原国家领导人参加了比赛。全国桥牌混双公开赛、义乌CBA稠州银行主场、武义全国摩托车越野锦标赛等4项赛事荣获2012年省级优秀体育赛事，宣传了金华城市和金华体育。积极打造户外休闲体育品牌，加快运动休闲业的发展。举办了首届中国浙江自行车系列公开赛"赛神杯"金华分站赛以及金华首届山地自行车赛等。武义建成浙江省第一条田园休闲绿道，并举行金华"欢乐健康游"暨休闲绿道开游仪式。与市旅游局联合主办浙中首届旅游休闲商品展，全市50多家运动休闲企业、旅游景区等企业参加展会。体育彩票发行取得突破。新上市"11选5"新彩种。2012年全市体彩销量达6.45亿元（含义乌），首次突破6亿元，同比增长30.47%，列全省第四位。提取体育彩票公益金约5500万元。对民间资本投资体育产业进行研究，初步出台了投资目录。

（王国旗）

社会民生

居民生活

【城市居民收入】 根据对市区150户城市居民家庭收支抽样调查:2012年，市区城市居民家庭人均总收入为36008元,增长12.3%。其中,人均可支配收入为32280元,首次突破三万元,增长12.9%,增速比上年同期回落1.3个百分点，城市居民收入呈高位回落,但仍保持较快的增长态势。四大类收入呈“三升一降”的特点。一是工资性收入继续保持稳步增长的态势。2012年,市区城市居民人均工资性收入为21619元,增长8.4%,增速比上年同期提高1.4个百分点,拉动居民家庭总收入增长5.2个百分点。工资性收入占居民家庭总收入的比重达到60.0%,仍是居民家庭生活的主要经济来源。工资性收入增长主要得益于:政府就业措施确保了居民家庭就业人数的增加。2012年,户均就业人口为1.33人,同比增长0.8%;物价上涨与局部“用工荒”导致劳动力成本上涨;受“绩效工资”政策影响,部分事业单位工作人员的月均工资收入得到提高;四是居民兼职收入增加,从事兼职获得的其他劳动收入有48元,增长2倍。二是经营净收入低开高走。2012年，市区城市居民人均经营净收入4436元，增长10.8%,拉动居民家庭总收入增长1.3个百分点。从各季度经营净收入增速看,一季度为-5.0%、二季度为2.6%、三季度为32.1%、四季度为27.1%,呈低开高走的特点。上半年,受经济下行、物价上涨及阴雨天气影响,经营净收入出现一定幅度的下降,但随着下半年天气转好及国家稳增长政策的不断出台,尤其“金义都市新区”建设和低丘缓坡开发投资力度的加大,大大刺激了居民经营净收入的增长。另外,网购的快速发展,市区一些网店与物流业业主经营净收入也得到提升。三是转移性收入“止跌”转正。2012年，市区城市居民人均转移性收入9314元,增长25.4%,扭转了上年下跌的趋势,拉动居民家庭总收入增长5.9个百分点，对居民增收贡献最大。转移性收入高增长的主要原因:养老金收入高增长带动。随着企事业单位离退休人员养老金与节假日补贴标准的提高、社保覆盖面的扩大、部分离退休人员一次性增补离退休金以及离退休人数增加等综合因素影响，人均养老金或离退休金收入8113元，增长28.5%，对转移性收入增长贡献率为95.2%;受房地产市场回暖,居民提取住房公积金收入增加带动。人均提取住房公积金449元,增长近4倍,对转移性收入增长的贡献率为18.9%。四是财产性收入下降。2012年,市区城市居民人均财产性收入为639元,下降5.9%,拉低居民家庭总收入0.1个百分点。财产性收入下降主要原因:受股市低迷、房价涨幅趋缓以及企业分红下滑等因素影响,居民的股息与红利收入、其他投资收入出现较大幅度下降;受利率下调影响,利息收入出现小幅下降,人均利息收入为122元,下降3.2%。在财产性收入中,居民的出租房屋收入小幅增长,人均出租房屋收入为517元,增长4.6%。

居民高低收入差距继续缩小。根据收支调查资料:2012年，市区城市居民低收入家庭收入增幅明显快于高收入户家庭。20%低收入户家庭人均可支配收入为15298元,增长22.1%,增幅高于市区城市居民平均水平9.2个百分点;20%高收入家庭户人均可支配收入为59560元,增长7.5%,增幅低于市区平均水平5.4个百分点，高低收入户收入差距连续三年缩小。居民收入差距缩小有利于社会的稳定，但不利于居民收入水平的整体提升。

居民可支配收入增幅超过总收入增幅。2012年，金华市区城市居民人均可支配收入增幅为12.9%，高出总收入增幅0.6个百分点；人均可支配收入占总收入的比重为89.6%，比上年度提高0.4个百分点。居民收入的这种变化说明居民个人税负和社会保障负担减轻，其支出增幅落后于收入增幅，居民得到实实在在可支配的收入比上年度有所提高。

【城市居民消费】 2012年，受汽车消费“拖累”，城市居民生活消费支出没有延续上年高增长的态势，消费增幅冲高回落。调查资料显示：上年，市区城市居民人均消费支出22198元，增长6.7%，增速比上年同期大幅回落13.0个百分点。

受食品价格涨幅趋缓影响食品消费支出平稳增长。2012年，食品价格涨幅由上年的11.5%回落至4.5%，受其影响，人均食品消费支出7263元，增幅比上年的17.8%回落至8.7%，回归到平稳增长。2012年，食品支出拉动居民消费2.8个百分点，对居民消费增长贡献最大；恩格尔系数为32.7，比上年提高0.6。在食品消费支出中，水产品、蔬菜类、在外饮食和干鲜瓜果类支出增幅居前，人均分别支出346元、508元、2770元和860元，增幅分别为22.3%、15.3%、14.4%和13.9%；糖烟酒饮料类支出624元，下降9.1%，是食品中唯一下降的类别；其他食品支出有不同程度的增长。

房地产市场回暖带动居住类和耐用品消费。2012年，市区受拆迁安置、刚性需求以及调控预期效果等因素综合影响，房地产市场回暖，由此带动居住类与耐用品消费也是可圈可点。调查显示：2012年，市区装修房屋家庭增多，人均住房支出662元，增长14.4%；耐用消费品支出580元，增长61.4%；居住服务费支出96元，增长22.1%。

教育文化娱乐服务消费提速。随着居民收入的不断提高，城市居民更加注重生活品质，健身、休闲、旅游等文化娱乐成为消费的增长点，尤其上年“高速”免费通行对此的拉动作用非常明显。随着社会就业压力与驾考人数增加，城市居民不断加大对子女教育和提高自身素质的教育投入，居民教育消费支出也得到提速。2012年，市区城市居民人均教育文化娱乐服务支出2930元，增长18.7%。其中人均文化娱乐用品支出612元，增长12.3%；文化娱乐服务支出993元，增长33.7%；教育支出1324元，增长12.2%。

“奢侈品”消费继续增长。随着居民生活品质的提高，越来越多的市民加入到“奢侈品”消费行列，居民消费追求高档化、时尚化。2012年，居民“奢侈品”消费继续增长，金银饰品支出396元、增长37.3%；手表支出93元，增长10.5%；以苹果、三星等智能手机消费为代表的通讯工具支出202元，增长61.2%；美容费支出186元，增长34.9%。

汽车消费“拖累大盘”。汽车消费在经历前几年的“爆发式”增长之后，消费开始趋于“理性”。2012年，人均家庭交通工具支出1287元，下降51.4%，拉低居民总消费6.5个百分点，成为拖累居民消费高增长的障碍。但受汽车保有量增加、汽油以及汽车服务类价格上涨等因素影响，车用燃料及零配件类和交通工具服务支出类消费大幅度增长，人均分别支出1069元和330元，分别增长33.2%和20.5%。

【城市居民非消费性支出】 2012年，金华市区城市居民非消费性支出10662元，增长42.2%，增幅远高于消费性支出，主要受市民购房支出大幅增长影响。调查显示：2012年，居民家庭人均总支出为32860元，增长16.1%。其中财产性支出为568元，增长39.6%；转移性支出为3639元，增长6.2%；社会保障支出3154元，增长11.1%；购房与建房支出为3300元，增长3倍。另外，转移性支出中个人所得税人均支出344元，下降12.2%。

【农村居民收入】 农村居民收入增长主要有三个特点。收入稳定增长但增速有所回落。2012年金华市农村居民人均纯收入13286元，增长11.9%，增速比上年回落4.5个百分点。增速高于2001~2011年年均增速0.3个百分点，因此，尽管2012年收入增速比2011年有较大幅度回落，但总体上仍处于较为稳定的增长区间。

城乡收入比缩小但内部收入差距仍然较大。全年农村居民纯收入增速快于城镇居民可支配收入0.3个百分点。全市城乡居民收入之比从2011年的2.5031:1缩小到2012年的2.4962:1。分县(市、区)看，9个县(市、区)的农村居民收入均保持了平稳增长,从绝对额看,义乌市、东阳市、永康市、金东区、婺城区、浦江县的农村居民人均纯收入在万元以上,其中义乌市最高,达到19147元,高出全市平均5861元,最低的磐安县为7878元,最高是最低的2.43倍,差距比上年有所缩小。从增收速度看,9个县(市、区)增速均比上年有所回落,但增收速度仍在10%以上,保持了稳定增长的态势,其中永康市的增幅达到12.4%,增收速度最快。

各类收入全面增长但收入结构变化明显。一是工资性收入是推动农村居民收入增长的主动力。2012年我市农村居民在各类企事业单位中从业或从事其他各种劳务活动获得的工资性收入人均6303元,比上年增加788元,增长14.3%,占全部纯收入的比重为47.4%。工资性收入对纯收入的增长贡献率为56.0%,工资性收入增长拉动全部纯收入增长6.6个百分点。工资性收入已经成为我市农村居民收入的主要来源,更是收入增长的主动力。工资性收入的主体仍是在本乡地域内从业的收入,但外出从业收入对工资性收入增长的拉动作用却十分明显。2012年农村居民在本乡地域内劳动得到收入人均4810元,增长11.1%,占工资性收入的76.3%,比重比上年有所下降。农村居民在本地企业中劳动得到收入人均3463元,增长20.2%。外出务工收入是全市农村居民增收的重要途径,2010年农村居民外出务工(本乡地域以外)收入人均1283元,比上年增长30.8%,占工资性收入的20.3%。二是家庭经营纯收入在全部收入中的占比有所减少。2012年农村居民人均经营性纯收入5115元,比上年增加381元,增长8.0%,占全部纯收入的比重为38.5%,占比比上年下降1.9个百分点,家庭经营纯收入对纯收入增长贡献率为27.0%,拉动全部纯收入增长3.2个百分点。2012年金华市农村居民来自家庭经营的农林牧渔业第一产业纯收入人均1646元,与上年持平,其中农业和渔业收入有不同程度减少,林业和牧业收入有所增加。2012年上半年的持续阴雨及低温天气对种植业的生产影响较大,使部分农产品产量减少,再加上主要农副产品价格走低,致使2012年农村居民从事农林牧渔业产品经营得到的收益难以增长。2012年,农村居民来自家庭经营的二、三产业收入人均3469元,增长12.3%。2012年年初,宏观经济延续了2011年下半年以来的下行趋势,工业增速明显回落,受此影响,以配套经营为主的农村家庭工业影响较大,二季度开始,金华经济止跌趋稳、小幅回升,家庭经营工业状况有所好转,得到的收入增长也有所加快。2012年农村居民从事工业得到的收入人均957元,增长17.3%。由于人工费、服务费等价格上涨,农村居民从事建筑业、交通运输邮电业、批零贸易餐饮业的收入均保持了较快的增长。三是非经营性收入较快增长。2012年金华农村居民获得的非经营性纯收入人均1868元,增加240元,增长14.7%。其中,财产性纯收入778元,增长16.2%;转移性纯收入1090元,增长13.7%。从增收的来源看,租金收入成为城乡结合部村民收入的重要来源,增长15.5%,租金收入占全部财产性收入七成以上;随着农村社会保障面的扩大和保障水平的不断提高,农村居民的离退休金养老金收入人均459元,增长35.8%;农村居民得到的政府性转移支付大幅增长,如粮食直补、生产资料补贴等众多的扶农支农补贴收入人均达207元,增长32.8%。

【农村居民生活消费】 2012年,全市农村居民人均生活消费支出9272元,增长6.7%,增速比上年回落6.2个百分点。八大类消费呈“五升三降”格局,在农村居民消费水平提高的同时,消费结构也发生了新的变化。一是人均食品类支出3246元,增长2.4%。食品支出占消费支出的比重继续下降,恩格尔系数为35.0,比上年下降1.4。二是人均衣着类支出719元,增长5.8%。其中购买服装支出717元,增长6.0%;衣着消费服务性支出2元,下降44.2%。三是人均居住类支出1594元,增长20.3%。人均居住面积64.6平方米,比上年增加0.5平方米,增长0.7%,其中钢筋混凝土与砖木结构的面积达62.5平方米,比上年增加0.8平方米,增长1.3%,占各类住房总面积96.7%,比重比上年提高0.6个百分点。四是人均家庭设备用品类支出585元,下降0.3%。随着农村居民收入的增加和消费观念的更新,农村居民家庭耐用消费品拥有量不断提高并部分趋于饱和,导致消费支出增长放缓。2012年年底农村居民每百户拥有:空调62.9台,增长7.9%;电冰箱92.4台,增长4.0%;洗衣机54.2台,增长9.8%;热水器60.8台,增长6.5%;微波炉23.8台,增长13.5%;抽油烟机 47.2 台，增长 4.8%；家用计算机35.4 台，增长 18.8%。五是人均交通通信类支出 1128 元，增长 7.9%。其中，购买交通和通信工具支出 773 元，增长 8.1%。2012 年年底农村居民每百户拥有汽车 13.8 辆，增长 23.8%；手机 176.4 部，增长 4.3%。交通服务支出 161 元，增长 9.7%；通讯服务支出 193 元，增长 5.9%。六是人均文教娱乐类支出 803 元，下降 2.0%。其中：购买文教娱乐用品支出 205 元，下降 5.2%；以学杂费为主的教育服务类支出 392 元，下降 11.1%；旅游等文体娱乐服务类消费支出 207 元，增长 27.1%。七是人均医疗保健类支出 977 元，增长 17.4%。其中：购买药品支出 216 元，增长 2.6%；医疗费支出 665 元，增长 17.3%。八是人均用于购买首饰、化妆品和美容美发等其他商品及服务支出 221 元，下降 3.8%。其中：购买首饰支出 38 元，增长 76.0%；购买化妆品支出 13 元，下降 3.5%；美容美发消费支出 20 元，增长 21.5%。

（黄丽燕）

人口与计划生育

【概述】 2012 年，全市当年出生 46070 人，计生率为 92.17%；出生人口性别比为 115.45，同比下降 3.41 个比值，降幅居全省第三；婚检率为 98.50%，优生检测率为 91.64%。全年社会抚养费征收到位 2.39 亿元，征收率为 69.23%，处理违法生育党员干部 209 名，开除党籍 201 名，全市审核先进集体和先进个人候选 3951 个，否决 166 个，低生育水平保持稳定。武义县被评为“全国首批人口计生阳光统计示范单位”。磐安县被评为全国第二批“阳光计生”示范单位(全国仅六家)。

【出生人口性别比治理】 积极探索建立“严打+严管”机制，加强与公安、卫生、药监等部门协作配合，深挖“两非”(非法胎儿性别鉴定和非法性别选择终止妊娠，以下简称“两非”)案源，深入开展出生人口性别比重点治理年活动，性别比偏高势头得到一定遏制。兰溪、东阳、义乌、永康、浦江等五县(市)继续完善打击“两非”办案机构，采取三固定(即有固定的办案场所，有固定的办案人员，有固定的办案经费)工作模式，做到打击“两非”机构不撤、人员不散、经费不少、力度不减，取得了阶段性成果。2012 年全市出生人口性别比降幅位居全省第三，其中永康、浦江降幅在全省 18 个重点管理县中居前两名。全市共查处“两非”案件 202 件，处理“两非”违法人员 91 人，吊销医生执业资格 3 人，追究刑事责任 27 人，没收 B 超机 24 台，罚款 271.8 万元。查处的案件数居全省第二，占全省查案数的 22.5%。金华市性别比整治有关做法得到了国家整治“两非”专项行动联合督查组组长卫生部副部长刘谦和副省长郑继伟的肯定。

【人口信息化建设】 全市人口计生信息化初步建成了“三网一库”(内网、外网、专网和育龄妇女信息库)，实现了信息化网络的国家、省、市、县(市、区)、乡镇(街道)、部分村(居)六级联网。构建人口计生信息专网。初步建成涵盖 600 多万人口信息(包含流动人口)的全员人口数据库，基础信息掌握率达 97.21%。完善了金华市网络版育龄妇女信息(WIS)系统，全市已婚育龄妇女覆盖率达 100%，主要数据项完整率达到 98%以上，信息准确率达到 98%以上。积极探索建立“实名登记、网络申报、资源共享”管理模式，在全省率先开发推广出生实名制信息平台，全市接生点联网运用，实现人口计生、卫生等部门出生信息的实时交换，大大提高了工作效率和信息的准确性。形成了全方位、立体式的人口计生信息系统。武义县被评为“全国首批人口计生阳光统计示范单位”。构建人口计生信息内网。人口计生办公网，成为全市人口计生系统干部交流工作动态、学习工作经验、上报材料的平台。部分县(市、区)还依托内网建成政务协同办公系统，实行无纸化网络化办公，实现再生育网上审批，行政处罚网上流转，效能监管网上完成。构建人口计生信息外网。设置“部门概况、政务公开、政策法规、问题咨询、优生优育”等专题栏目，有效扩大了人口计生工作的宣传领域，同时方便群众的监督。

【计生宣传教育】 加强主流媒体宣传。与金华广电总台、金华日报社签订了战略合作协议，每天在金华电视台三个频道滚动播放宣传公益广告，每周在广播电台《人口与家庭》栏目宣传计生工作，每月在《金华日报》刊登专版,深入推进人口计生工作宣传。加强社会化宣传。全市制作大型计划生育宣传牌127块,创建计划生育宣传街100多条,90%以上的村(居)设立了计生宣传栏。举行了金华市纪念计划生育国策确立30年文艺汇演。对30年无超生的计划生育先进村进行公开表彰授牌,给予每个村3万元的奖励。积极开展最美计生人、幸福家庭评选和幸福女儿家庭寻访等活动,1个家庭被评为省十佳幸福女儿家庭。

【流动人口管理】 进一步健全流动人口管理服务网络。全市9个县(市、区)人口计生局都单设了流动人口管理站(办),建立流动人口协会123个。加强流动人口服务管理综合平台网络,做到"人来登记、人在管理、人走注销",实现流动人口育龄妇女信息实时传输和交换,全市向外省市提供流动人口信息10.7万条,全市流入已婚育龄妇女登记管理率、流出已婚育龄妇女信息掌握率均达到85%以上。扎实推进流动人口计划生育均等化服务,采取定点服务和上门服务相结合的办法,免费开展生殖健康服务进社区、进市场、进工地活动,积极为流动人口育龄妇女提供计划生育基本项目技术服务。建立流动人口避孕药具免费发放点199个,为流动人口育龄妇女提供三查服务17.5万人次。积极开展流动人口计划生育规范化服务中心创建活动,武义县桐琴镇流动人口规范化服务中心得到了省人口计生委的充分肯定,兰溪市横溪镇、东阳市南马镇、浦江县仙华街道等服务中心正在有序创建中。

【计划生育利益导向】 全市初步建立了"奖励、优惠、扶持、救助、保障"五位一体的奖励与保障机制。全市实行了农村部分计划生育家庭奖励扶助制度,对年满60周岁的,现存一个子女或子女死亡现无子女,没有违反计生政策的农村计划生育夫妻,每人每年给予不低于720元的奖励扶助金。从2012年起,计划生育夫妻一方是农村户籍的也可享受奖励扶助金,奖励扶助标准提高到960元。子女伤、病残后未再生育或收养子女等生活困难家庭实行政府扶助金提高到160元~200元。全市累计发放奖扶金7300多万元、奖励扶助9.83万人次;发放特扶金750多万元、特别扶助4273人次;发放计生公益金1472.6万元、救助2.39万人次。出台了经济适用房和农村宅基地审批独生子女按两人计算、农村独女和双女中考加分等政策,累计受益女生7893人。兰溪、东阳、永康把农村二女户纳入了奖励扶助范围;义乌在全省率先出台计生协会会员奖励政策,对上年度无违法生育村年满60周岁的计生协会会员给予每月10元~30元的奖励,累计奖励6.8万人次。

【"阳光计生"便民服务】 深入开展"阳光计生行动"。全市5127个村(社区)便民服务中心配备了9364名计生代办员,为育龄群众提供一孩生殖健康服务证等8个项目的全程免费代办业务,开展"三优"咨询等服务。积极推进行政审批制度改革,把特殊情况生育审批权下放到各县(市、区)人口计生局。病残儿医学鉴定由一年改为半年组织鉴定一次,鉴定结果严格坚持集体研究决定,经过市、县、乡(镇街)、村(居)四级公示7天后,再给予办理审批手续。在所有行政村(社区)都设立了人口计生政务公开栏,公开计生有关内容。开通"12356"阳光计生服务热线,着力化解矛盾纠纷。全市共受理各类计生信访1405件(次),得到妥善解决。全年未发生计划生育重大违法侵权案件和恶性案件。金东区、开发区便民服务和婺城区"12356"信息平台建设的有关做法得到了省人口计生委的肯定。金东区孝顺镇、磐安盘峰乡被评为第二批全国人口和计划生育依法行政示范乡镇(街道)。

(李绍益)

民政事业

【概述】 2012年,全市民政事业费实际总支出10.67亿元,民政事业基本建设完成投资总额2.91亿元,分别比2011年增长6.06%和104.93%。金华市民政局先后被评为2012年全省民政工作目标责任制考核良好单位、金华市级机关部门(单位)2012年度考核良好单位、金华市2012年度社会主义新农村建设优秀单位,婺城区民政局、东阳市民政局、武义县民政局荣获2012年全省民政工作先进县(市、区)。

【社会组织】 2012年年底,全市共有社会组织

3667 个，比 2011 年增加 4.83%，其中社会团体 1593 个、民办非企业单位 2074 个，分别占总数的 43.44% 和 56.56%，共有各类工作人员 38835 人。在社会组织中，按照社团活动区域划分，地级社团 314 个，县级社团 1279 个；按照社团行业分类，工商业服务类 346 个，社会服务类 305 个，职业及从业组织类 202 个，文化类 190 个，农业及农村发展类 143 个，卫生、体育、科研、生态、教育、宗教、法律、涉外和其他类 407 个。按照民办非企业单位性质划分，法人 1200 个，合伙 35 个，个体 839 个；按照民办非企业单位行业划分，教育类 1571 个，社会服务类 138 个，科技与研究类 94 个，卫生类 82 个，文化类 80 个，体育、农业、工商、生态和其他类 109 个。继续探索社会组织承接政府职能转移和政府购买服务改革，新增 5 家社会组织作为改革试点单位，通过政府付费购买、社会组织提供服务的模式，推进形成"小政府、大社会"格局。全市社会组织中有中共党员 1934 人，比 2011 年增加 21.03%，通过单建、联建、建立临时支部等形式，已有 2388 家社会组织建立党组织，党建覆盖率达到 68%，党的工作覆盖率达 100%。全面开展社会组织评估工作，完成集中实地评估 1149 家。截至 2012 年底，累计参加评估的社会组织达到 1291 家，其中被评定为 AAA 以上等级的 416 家，评估率达社会组织总数的 34%以上。培育社区社会组织，组织开展社区文化、体育和社会福利类民办非企业单位直接登记试点，发挥不同社会组织自身优势，有序参与社区网格化管理，为社区居民和行业单位提供多样化服务。开展社会组织"诚信建设年"活动，通过规范章程、建立信息披露制度、健全财务制度、履行承诺服务以及开展为民服务主题活动等方式，推进民办非企业单位自律建设。

【双拥优抚安置】 金华市委、金华市政府和金华军分区联合下发《金华市双拥工作四年规划(2012–2015)》，明确今后四年全市双拥工作的工作目标、主要任务和各部门的职责任务，首次把双拥工作纳入市级机关部门年度工作考核内容。召开双拥工作联席会议，组织开展军地互办实事"双十项"活动和"八一"慰问活动。出版《双拥花开 共建和谐——金华市创建双拥模范城纪实》画册。全市双拥工作得到省级双拥模范城届中考核组的肯定。截至 2012 年底，全市共有抚恤、补助优抚对象 25375 人，其中烈属、因公牺牲军人家属、病故军人家属等定期抚恤对象 478 人，因战、因公、因病等伤残人员 2926 人，红军失散人员、在乡复员退伍军人、参战参试退役人员、60 岁以上农村籍退伍军人等定期补助对象 21971 人。自 10 月 1 日起，提高部分优抚对象抚恤和生活补助标准，全年发放死亡抚恤金 1208.7 万元、伤残抚恤金 4047 万元、在乡复员退伍军人生活补助费 5914.6 万元，其他优抚支出 1154.1 万元，比 2011 年增长 20.33%，优抚对象整体抚恤水平达到 6657.22 元/人·年。做好优抚对象医疗保障工作，重点优抚对象报销比例和服务模式得到完善，全市有"一站式"实时结报联网医院 100 家，共向 7623 名重点优抚对象支付医疗补助费 1088.8 万元，人均补助 1428.31 元。1~6 级残疾军人门诊包干费从 1500 元提高到 2500 元，完成 134 名带病回乡退伍军人病情鉴定工作。首次将 60 岁以上无生活来源的烈士子女列入优抚补助对象，从 1 月份开始对 211 名烈士子女按每人每月 200 元标准发放生活补助。实施"关爱功臣，永葆光荣"主题活动，开展助医、助学、助困、住房救助和短期疗养、巡诊等工作，为 5591 名复退军人发放困难补助 512 万元。2012 年度共接收安置复员退伍军人 2327 人，其中退伍义务兵和复员士官 2243 人，符合安排工作条件的转业士官 83 人，复员干部 1 人；自谋职业 2173 人，自谋职业率达到 93.38%。调整义务兵家庭优待金标准，为 5163 户义务兵家庭发放优待金 4791 万元。各地都出台了退役士兵退役金地方补助标准和补助办法，发放退役士兵自谋职业金和生活补助费及一次性建房补助费等 2012.6 万元。投入资金 658.63 万元，完成 879 名退役士兵职业技能教育培训工作，退役士兵的培训政策知晓率和培训合格率均达 100%。截至 2012 年年底，全市共有军队离退休干部休养所 5 个，职工 27 人，本年度接收军队离退休干部 13 人，年末实有军队离退休人员 336 人，其中军队离退休干部 246 人，军队退休士官 1 人，军队无军籍职工 89 人，全年支出军休安置费 3595.1 万元，比 2011 年增长 24.32%；军事运输供应站 1 个，职工 6 人，床位 60 张，全年共接待 8627 人次；烈士纪念建筑物管理单位 4 个，职工 14 人，占地面积70958.8 平方米，烈士纪念建筑物12个，藏品595件，全年接待参观163965人次,支出管理维修经费439.2万元。开展烈士纪念设施普查和抢救保护工作,各县(市、区)共有509处零散烈士纪念设施需要修缮、维护、扩建、新建或迁建,共需抢救保护经费4537万元,申请中央补助资金1763万元,2012年省下划资金402万元，已对446处零散设施开始实施集中抢救保护工作。金华五星烈士纪念公园被确定为金华市爱国主义教育基地,清明节期间,金华市领导和社会各界群众共1.2万余人次到烈士纪念碑前开展瞻仰祭奠活动。完成2357名革命烈士英名录信息资料的补充和编印的审核工作,首次建立《民政部烈士褒扬管理信息系统》数据库。

社会救助

2012年共发放社会救助资金3.17亿元,比2011年增长20.91%。截至2012年年底,全市共有最低生活保障对象（未含农村五保)39109户57298人，支出保障金1.66亿元，人数比2011年减少0.89%,资金支出增长13.7%,其中城市最低生活保障对象2612户3810人，支出保障金1788.8万元,比2011年减少0.33%;农村最低生活保障对象(未含农村五保)36497户53488人，支出保障金1.48亿元,比2011年增长15.63%。农村低保标准提高至城镇低保标准的65%。人均月补差:城市340.86元,农村205.88元。低保对象每人每月最低救助金额不少于80元，平均救助金额均高于当地低保标准的50%。首次将重点优抚对象、农村“三老”(老游击队员、老交通员、老党员)人员、城乡孤残儿童纳入价格补贴发放对象。金华市民政局印发《金华市“阳光救助”工程实施方案》,采取县、乡、村三级联审机制和基层民主评议、张榜公示两项监督机制,落实社会救助动态管理和年审制度。市本级和兰溪市、义乌市、东阳市、永康市、武义县、磐安县出台低收入家庭收入核定政策文件,启动此项工作。市本级和义乌市已建成低收入家庭收入核定信息系统并投入使用。全市按人均10元标准落实医疗救助资金4618.5万元,共救助47166人次(含资助参加城市医疗保险和农村合作医疗人数),发放医疗救助金5717.5万元,分别比2011年增长81.74%和35.29%，其中农村医疗救助11410人次,资助参加合作医疗33957人次,共支出5158万元,比2011年增长38.75%,平均补助4330.85元/人次;城市医疗救助1117人次,资助参加医疗保险682人次，共支出559.5万元，比2011年增长10.01%,平均补助4905.1元/人次。各县(市、区)全部实现医疗救助“一站式”实时结报。全市共发放临时救助金1783.9万元，救助困难群众13140户次，平均救助1357.61元/户次，其中城市家庭1469户次、农村家庭11671户次，支出型临时救助10576户次、应急型临时救助2564户次;纳入重度残疾人基本生活补助7252人，发放补助金2291万元;继续实施困难群众白内障复明工程,完成复明手术130例。以贫困山区乡镇为救助重点,投入资金3060万元,完成2611户困难群众危旧房改造。抵御“6·22”洪涝“海葵”台风等自然灾害,支出自然灾害生活救助款2083.1万元,比2011年减少46.35%,救济灾民3.36万人次,其中生活救济费支出1832.5万元、救灾储备支出184.2万元,改扩新建避灾场所41个。开展救灾应急预案修订工作,完成灾害信息员培训1600余人次,建立市、县、乡、村四级灾害信息员队伍。本年度有6个社区获得国家级“综合减灾示范社区”荣誉称号,12个社区被评为全省综合减灾示范社区。全市共有慈善总会8个、社会捐赠接收工作站(点)117个,其中慈善超市17个。通过开展慈善宣传、“慈善一日捐”、定向捐赠等募捐活动和实施“慈善温暖行动”系列活动、关爱孤儿成长工程以及助学、慰老、应急救助等活动,共筹集慈善资金4013.1万元,发放善款3598万元,救助各类困难群众32392人次,其中金华市慈善总会共募集748.1万元,救助支出616.2万元,受助人数7000多人次。

社会福利

2012年全市社会福利支出2.15亿元，比2011年增长40.71%。改扩新建福利院、敬老院55个。截至2012年年底，共有收养类社会服务机构118个，职工1659人，床位20802张，比2011年增加6.87%，其中社会福利院10个、城市养老服务机构23个、农村养老服务机构83个、光荣院1个、儿童福利机构1个；2012年年底在院人数10739人，其中优抚对象82人，农村五保、城镇“三无”对象5959人，自费人员4698人。金华市政府下发《关于深化完善社会养老服务体系建设的意见》，明确“十二五”时期社会养老服务工作的总体目标。9月，在金东区召开全市养老服务体系建设工作推进会。各县(市、区)都出台深化完善社会养老服务体系建设的意见，成立社会养老服务体系建设领导小组，配套制定了居家养老工作实施方案、养老服务阳光工程、养老服务需求评估和养老服务补贴办法等一系列政策文件。大部分县(市、区)编制了“十二五”时期社会养老服务体系建设规划。全市建成市、县级养老服务指导中心4个，乡镇(街道)养老服务中心114个，居家养老服务照料中心85个，市、县、乡、村四级养老服务网络基本形成，为7307名生活自理困难的低收入老人提供居家养老政府购买服务，对12.44万名老人开展养老服务需求评估，有432位老人享受低保失能服务补贴。全市共有农村五保对象5856人，年支出供养资金2762.6万元，其中集中供养5659人，支出2716.2万元，年人均供养水平为4799.79元，集中供养率为96.64%；分散供养197人，支出46.4万元，年人均供养水平为2355.33元。金华市社会福利中心被民政部评为全国民政系统“优质服务品牌”。全市共有孤儿及困境儿童1054人，其中集中供养孤儿316人，社会散居孤儿365人，事实无人抚养、贫困家庭儿童373人，发放儿童福利资金689.7万元。落实孤儿养育标准自然增长机制，孤儿年人均补助8899.35元，金华市区机构养育的孤儿基本生活费标准由1015元/月，调整为1215元/月，社会散居孤儿由609元/月，调整为730元/月。金华市儿童福利院脑瘫康复和特殊教育实现常态化、多样化、生活化、全员化、社会化的“五化”发展，被认定为首批“浙江省脑瘫儿童康复训练基地”。截至2012年年底，全市共有社会福利企业296家，职工24047人，其中残疾职工11499人，占职工总数的47.82%。全年完成销售收入188.62亿元，纳税总额6.19亿元，实际减免税金3.3亿元，盈利总额2.97亿元。残疾职工人均月收入1858元，比2011年增长24.78%，月人均交纳五项保险534元。全市共有福利彩票发行单位9个，职工80人，全年销售各类福利彩票12.65亿元，提取公益金1.09亿元，分别比2011年增长13.55%和13.93%。福利彩票公益金资助项目57个，支出公益金1.53亿元,比2011年增长57.91%,其中资助收养性单位基本建设项目8个,支出1455万元；资助社区服务单位47个,支出774万元；资助殡葬事业项目1个,支出675万元；其他专项资助项目2个,支出1.24亿元。全市共有社会救助管理站8个,职工52人,床位471张,全年救助流浪乞讨人员4632人次,支出救助资金(含救助单位经费)1215.5万元,分别比2011年增长21.35%和28%，其中救助儿童131人次,老年人318人次,残疾人138人次,女性555人次,危重、精神病人679人次,其他站转入134人次。金华市救助管理站被民政部评为“国家三级救助管理站”。

社会事务

【基层自治和社区建设】 截至2012年年底,全市共有基层群众自治组织5152个。其中：村委会4803个,社区居委会277个,居委会72个,自然村10124个;村委会成员17611人,村民小组25611个,居委会成员1412人，居民小组2545个。兰溪市对24个社区居委会全部进行了换届选举。由金华市发改委、金华市民政局联合编制的《金华市城乡社区服务业发展“十二五”规划》正式出台并实施,金华市社区工作协调小组办公室印发《金华市城乡社区服务业统计监测方案》,义乌市、永康市着手社会公共服务平台建设。调整了金华市区社区专职工作者工资福利待遇。全市共有社区服务机构169个,职工543人,建筑面积31.26万平方米;城市社区服务中心(站)274个,社区服务网点6980个。推进村务公开和民主管理规范化建设,金华市民政局下发《金华市“阳光村务”工程实施意见》,组织开展落实情况专项督查，全市98%以上的村达到规范化建设标准。武义县制定实施《村务监督委员会履职细则》，被金华市纪委评为年度特色工作创新奖。贯彻新修订的《浙江省实施〈中华人民共和国村民委员会组织法〉办法》《浙江省村民委员会选举办法》，保障农民群众的民主权利。组织全市277个社区开展“进千村(社区)帮万户，促赶超增和谐”活动，全面开展“我为二十户困难群众解难题，我为二十个失业人员再就业”活动(以下简称“双二十”活动)。全市各级投入农村社区建设资金近8000万元，新建乡镇(街道)社区服务中心20个、农村社区服务中心518个、市级示范农村社区服务中心95个。截至2012年底，共建立乡镇(街道)社区服务中心144个、村级社区服务中心(站)2896个。鼓励医疗卫生服务、科教服务、公共文化服务、商贸经营、农资网点等进农村社区，建立为民办事全程代理制度，为农民群众提供优质便捷的党务、政务、村务、事务等服务，农村社区服务中心服务功能得到提升。

【专项社会事务】 组织开展第二轮边界联合检查，完成杭州—金华线联检，实施义乌—东阳线、义乌—永康线、婺城—武义线边界联检实地勘察工作。全市平安边界建设创优率达到95%以上。开展地名清理整顿工作，完善地名标志设置，完成9个县(市、区)地名普查。组织编纂《浙江政区大典(金华卷)》，完成市、县级词条的定稿工作。完成2011年度水库移民人口复核，落实资金4226.16万元，实施后扶项目175个。完成2006~2007年度移民后扶政策实施情况监测评估。开展小型水库移民解困帮扶工作，实施扶持项目134个，投入资金7260.65万元。2012年，全市共办理结婚登记41875件，比2011年增加3.78%，其中内地居民结婚登记41756件，比2011年增加1513件，涉外及华侨、港澳台居民结婚登记119件，比2011年增加11件。按婚前状况分类，初婚70832人，占结婚总人数的84.58%，再婚12918人，占结婚总人数的15.42%，其中复婚1463件；按年龄分类，20~24岁占22.49%，25~29岁占40.43%，30~34岁占14.77%，35~39岁占6.61%，40岁以上占15.7%。全年办理离婚登记8996件(不含法院办理的调解和判决离婚)，比2011年增加9.07%，其中内地居民离婚登记8985件，涉外及华侨、港澳台居民离婚登记11件。开展婚姻登记机关规范化建设和等级建设，义乌市婚姻登记处已通过国家AAA等级标准评定。全年共办理收养登记442件，比2011年减少31件。被收养人中，女性384人，占86.88%；社会福利机构抚养的孤儿103人，占23.3%，社会福利机构抚养的弃婴219人，占49.55%，社会弃婴91人，占20.59%，父母无力抚养的儿童11人，其他18人。截至2012年年底，全市共有殡仪服务单位23个，职工299人，火化炉32台，墓穴位51817个，其中殡葬管理机构6个、殡仪馆8个、民政部门管理的公墓单位9个，全年火化遗体31782具，比2011年减少73具，全年销售墓穴位1694个，安葬1984个。推行“绿色葬法”，全市生态葬法行政村覆盖率达到92.5%，“三沿五区”坟墓整治率和原老墓区绿化覆盖率均达到80%以上。金华市政府办公室下发《金华市区殡葬基本服务免费办法》，从2013年1月1日开始实施覆盖全民的惠民殡葬制度，武义县也出台了相关政策。金华市殡仪馆实施修缮改造扩建工程，火化车间、综合服务大楼、公墓服务用房主体工程结顶。

(周卫星)

老龄事业

【贯彻落实省老龄工作会议精神】 一是召开全市老龄工作会议。市老龄委各成员单位、各县(市、区)老龄办、各乡镇、街道分管老龄工作的领导共260多人参加会议。省民政厅副厅长、省老龄办主任苏长聪，市政府副市长蔡健出席会议并作重要讲话。会议总结了“十一五”期间以来全市老龄工作，研究部署了今年及今后一个时期的老龄工作。会议期间，邀请省老龄办陆长根处长就基层老龄建设和发展趋势作了辅导；邀请市委市政府有关部门领导和党校教授解读了公共政策视角下基层老年协会的管理与建设；党的农村政策与美丽乡村建设；金华市老龄事业“十二五”规划及相关老龄工作政策、法规等。二是市委市政府领导亲力亲为老龄工作。市委书记陈一新，市委常委、组织部部长温暖，市政府副市长蔡健就贯彻落实好省老龄工作会议精神分别做出批示，提出具体要求。市委常委、组织部长温暖、市政府副市长蔡健分别4次听取市老龄办的工作汇报。三是市政府出台为老办实事意见。根据省老龄办2011年~2013年为老年人办实事意见，市府办出台文件，明确金华市近年为老年人办实事的意见。四是部门联动调研助推老龄工作开展。市老龄办、婺城区老龄办、金东区老龄办利用市人大对市区老年人工作及养老服务机构建设情况调研的契机，协助市人大等相关部门围绕养老保障、特困老人救助、家庭赡养、政府优待规定的落实等工作进行了调研，发现问题及时解决，推动老年人维权工作的开展。五是加强老龄工作队伍建设。召开全市老龄办主任读书会，传达贯彻市委六届二次全体会议暨市政府六届三次全体会议精神，交流总结上半年全省第三次老龄工作会议贯彻落实情况和下半年工作重点，并组织老龄办主任赴温州、台州及到外省考察学习，扩大老龄工作者知识面，增强老龄服务供给能力。

【推进“三项创建”工作】 根据全省开展老年友好型城市、老年人宜居社区和“敬老文明号”的创建工作要求，市老龄办与市建设局、规划局联合下发了关于开展“老年人友好型城市”和“老年人宜居社区”建设的意见，对创建内容及标准、建设周期和目标、申报时间、责任单位、评审验收等都做了明确的要求，同时还制订了老年人友好型城市建设指南和老年人宜居社区建设指南。成立了以市委常委、组织部长温暖、副市长蔡健为组长的金华市“敬老文明号”创建活动领导小组，领导小组下设办公室，承担日常工作，制订了金华市“敬老文明号”创建和管理办法。市老龄办召开各县(市、区)老龄办主任读书会，传达贯彻“三项创建”活动，初步实现地区部门联动。全市7个社区获得省老龄办首批创建资金，共计14万元。

【为老年人做好事办实事】 广泛开展走访慰问活动。市委书记陈一新带领四套班子领导，对市本级的部分敬老院、福利院、百岁老人和特困老人进行慰问，送去党和政府对老年人的关心。各县(市、区)对百岁以上的老寿星、各乡镇(街道)对90岁以上的老年人进行了慰问，给老年人送去了慰问金和慰问品。大量的企业、公司及社团组织积极参与老年人慰问活动。各村、社区及老年协会也以不同形式对老年人进行了广泛慰问。积极开展老年文体与宣传活动。10月18日在市文化中心剧场举办了《我们的生活充满阳光》全市老同志喜迎党的十八大暨庆祝省第25个老人节文艺演出。敬老月期间，各地各部门通过举办座谈会、庆祝会、文艺演出等多种形式，利用当地的报刊、电台、电视、广播、网络等媒体，大张旗鼓地开展了庆祝老人节、敬老月宣传活动。市老龄委与金华晚报联合发出倡议《我们承诺：老爸老妈，有我在》，金华晚报开设了《重阳节特别关注——拿什么爱你，孤单的老爸老妈》等栏目。大力开展为老服务活动。10月23日，市老龄办组织相关服务行业80余人，在市人民广场以“喜迎十八大、庆祝老人节”为主体的为老服务一条街活动。活动内容有法律、保健咨询、安全用药、家政服务、小家电维修、理发、量血压、发放宣传资料等。据统计，这次活动免费为老年人服务近1500人次，发放《老年人安全防范手册》2000余册。敬老月期间，各相关单位积极组织为老志愿服务队走进敬老院、福利院、老年公寓和老年人家中，为老年人开展家政、照料、护理、心理疏导等为老服务活动，开展爱心讲座、健康讲座、老年人维权讲座等为老志愿活动，得到了社会各界和老年人的好评。

【完善养老医疗保障体系】 针对城镇职工基本养老保险扩面，适时调整了养老金待遇水平。农村60周岁以上老年人养老金从每月70元提高到80元，80岁以上老人高龄补贴每人每月30元。义乌市立足本市实际，将60岁以上老年人养老金提高到每人每月100元，80~89岁老人高龄补助30元，90~99岁高龄补助50元，100岁以上补助100元。加强了企业退休人员回归社区的社会化管理和社区老龄工作。进一步完善被征地农民的基本生活保障制度，加快推进和完善了新型农村合作医疗、城乡低保、医疗救助、困难救助等制度。确保老年人老有所养、老有所医、急有所救、困有所帮。

【促进农村老龄服务】 2012年，老年电大各分校加强了对电大教育的管理，招生数量不断增加，全年全市老年电大招生近8万人次。全市28个教学点向省争取资金各2万元，共计获得资金补助56万元。加强基层老年人协会规范化建设。总结经验，强化培训,引导农村老年人协会(分会)在新农村建设和为老服务中发挥积极作用。东阳市政府下发了《关于进一步加强基层老年人协会(分会)规范化建设的意见》。加强农村老年文化设施建设。各县(市、区)通过开展创建"星级老年活动中心"和"农村星光老年之家"活动,逐步提升了老年活动中心的设施条件,全市各级老年活动中心向省争取到专项资金补助 65 万元。深化"3587 工程"建设,推进居家养老服务工作。按照省民政厅、市民政局的统一部署,对未达标的社区开展了创建工作,对已达标的社区进行了深化,部分社区的资源进行了整合,扩大了为老服务项目,开展了居家养老社会服务。扎实开展"银龄互助"和农村空巢老人帮扶活动。全市 60% 县(市、区)开展了"银龄互助"工作。高龄和失能老人居家养老服务网络得到有效建设,农村老龄服务加快发展。

(胡炳金)

民族事务 宗教事务

民族事务

【概述】 金华市是少数民族散居地区,也是全省五个民族工作重点市之一。据第六次人口普查统计,全市已有少数民族常住人口 18.26 万人,少数民族成分 51 个,除俄罗斯族、裕固族、塔塔尔族和珞巴族以外,其他少数民族在金华都有常住人口。其中万人以上的少数民族共有 5 个,分别为苗族、布依族、土家族、侗族和畲族。主要集中在义乌市、永康市、浦江县和婺城区等地。其中,畲族为金华市世居民族,设有武义县柳城畲族镇和兰溪市水亭畲族乡、47 个畲族村,约 12000 人。主要分布在武义县、兰溪市和婺城区的南部山区。有民族行政村 47 个,其中武义县 26 个、兰溪市 16 个、婺城区 5 个。

【调研活动】 开展全市民族地区经济和社会发展现状调研。组织力量先后开展了民族乡(镇)科学发展情况、加强民族发展资金的使用情况、民族干部教育培训工作和民族文化挖掘传承和保护等专题调研,《实施项目带动战略,助推民族地区发展》的调研报告在《金华日报》上刊登。

2012 你那,2 月 23 日,龚正副省长在省民宗委主任王毅,省政府副秘书长夏伟海的陪同下,到兰溪市水亭畲族乡西方坞村、兰溪市诸葛镇横畈村开展进村入户调研活动,指导民族地区发展,并召开村民座谈会,了解基层群众发展愿望。

【民族地区帮扶】 先后对中央、省补助资金使用情况开展自查和总结,对每个重点项目进行实地检查指导,加强资金项目的管理和规范。5 月 7 日,全省民族经济工作座谈会在兰溪召开,金华市在民族发展项目、资金管理使用等方面取得的经验、做法,受到上级部门的肯定。认真组织实施和推进"少数民族低收入群众帮扶行动计划",5 年来,充分发挥统一战线资源优势,整合各种资源,直接争取帮扶资金 571 万元,有力推动了民族地区的发展。

【民族村寨创建】 组织开展了民族团结宣传月活动,开展民族团结进步知识竞赛。重点指导民族地区开展省级民族团结进步小康村创建活动,已有武义县柳城畲族镇周处村等 14 个民族村被命名为省级民族团结进步小康村。6 月,组织召开了全市创建民族特色村寨推进会,副市长林丹军作动员讲话,民族特色村寨要求,提出了组织参观了丽水市景宁畲族自治县特色民族村寨;11 月,举办了民族村干部培训班,交流创建工作情况,组织赴安吉民族村学习考察。全市已有婺城区汤溪镇鸽坞塔村等 8 个民族村的特色村寨建设取得明显成效。

【送温暖活动】 开展对民族地区和少数民族群众的帮扶送温暖活动。春节前夕,各级民宗部门走访慰问了部分少数民族困难群众和代表人士,为 200 多户困难群众家庭送上了慰问金和慰问物品,价值 10 多万元,带去了党和政府对少数民族群众的关怀和温暖。联系社会各界为少数民族大学生捐资助学。

(祁晓红)

宗教事务

【概述】 金华市是全省宗教工作重点市之一,其中婺城、金东、兰溪、东阳、义乌、永康 6 个县(市、区)被列为省宗教工作重点县。全市五大宗教齐全,有宗教团体34个,其中市级宗教团体5个,分别是市佛教协会、市基督教协会、市基督教三自爱国会、市道教协会、市天主教爱国会;县(市、区)宗教团体30个。全市经批准的宗教活动场所有542处,有宗教教职人员1087人、信众近40万人。

【创建“和谐寺观教堂”】 2012年全市有107处寺观教堂通过省考核组创建和谐寺观教堂的达标验收。落实宗教场所财务监督管理制度,对全市宗教财务管理人员进行了培训,实现财务管理人员持证上岗,为宗教专职教职人员办理了社会保险。开展“法律进场所”活动,宣传宗教法律法规,组织宗教政策法规知识竞赛,增强宗教教职人员、信教群众的法律法规意识。

【服务社会活动】 深入挖掘道教修性健身功能,举办以“弘扬道教文化,服务和谐社会”为主题的道教洞天实修体验营,邀请了龙门派第18代传人王力平老师授课,国内外400多名学员参加为期十天的学习。成立市佛协书画院、老子文化培训中心,开展书画笔会、学习培训等活动,推进宗教服务社会、服务群众、服务文化工作。开展“宗教慈善周”活动,市四大宗教团体联名发出倡议,广泛开展慈爱救助、扶贫济困、捐资助学等公益活动,全市宗教界捐款捐物达300多万元。

【宗教团体自身建设】 举办了宗教团体骨干培训班,全市宗教团体副秘书长以上骨干及市区乡镇(街道)统战委员共100多人参加了培训。开展了对道协领导班子民主测评试点工作,在三清宫召开了道协理事会,道协班子4名成员在会上进行了述职,全体理事对道协班子成员爱国爱教、宗教学识、品德修行、科学管理、工作业绩等方面进行民主评议。

(吴卫新)

县(市、区)

婺城区

【概述】2012年年底，婺城区辖9镇、9乡、9街道，土地总面积1391.24平方公里。

全区实现生产总值238.87亿元，同比增长9.1%。其中：第一产业增加值16.22亿元，增长4.4%；第二产业增加值82.01亿元，增长9.2%；第三产业增加值140.57亿元，增长9.7%。在第三产业中，交通运输、仓储和邮政业增长2%，批发零售业增长7%，住宿餐饮业增长12.1%，金融业增长11.3%，房地产业增长17%，其他服务业增长10.3%，人均生产总值50018元，同比增长9.2%。第一、二、三产业增加值占地区生产总值的比重由上年的7:35:58，调整为6.8:34.3:58.9。

全年完成农业总产值27.94亿元，同比增长4.7%，完成农业增加值16.4亿元，同比增长4.4%。全年粮食作物播种面积22866.67公顷，与上年基本持平，粮食总产量13.4万吨，同比增长3.54%。花卉苗木种植面积4275.27公顷，同比下降4.54%。全区油菜籽产量6770.4吨，同比下降0.93%；蔬菜产量9.02万吨，同比增长11.8%；水果产量4.14万吨，同比下降8.4%。全年生猪出栏45.50万头，同比增长5.4%；奶牛存栏数16129头，同比下降6%；牛奶产量33422吨，同比下降23.8%；水产品产量9353吨，同比增长3.8%。

省级现代农业园区和粮食生产功能区建设扎实推进。通过开展创建农业部水稻万亩高产示范片和创建整乡镇制推进粮食高产试点，推进粮食高产创建活动。开展生态循环农业示范区建设，推进畜牧业转型发展。

工业经济逆势回升。全区实现工业总产值356.8亿元，同比增长14.4%；规模以上企业达179家，实现产值178.9亿元，同比增长6.8%，实现利税14.53亿元、利润8.8亿元。完成限额以上工业投资39.5亿元，同比增长34.1%，技改投入8.15亿元，完成年度计划的102.5%。进出口贸易平稳增长，实现进出口总额9.42亿美元，同比增长25.91%。其中外贸出口额9.03亿美元，同比增长26.97%，外贸进口额3933万美元，同比增长5.76%。

全区完成工业增加值70.23亿元，同比增长9.5%，工业增加值占GDP的比重29.4%。其中规模以上工业企业完成总产值178.9亿元，同比增长6.8%，完成销售产值172.25亿元，同比增长4.9%。新产品产值64.24亿元，同比增长59.7%。完成出口交货值36.5亿元，同比增长13.2%，占销售产值比重为21.2%。工业品产销率为96.3%。

重点建设项目加快推进。举行金西开发区“百亿项目”和新城区“五十亿投资项目”开工仪式，一大批大项目好项目开工建设。省、市重点建设项目进展顺利，已完成年度计划的101.9%和105%。38项市重点技改项目已开工建设36项，开工率95%，完成投资6.9亿元。杭长客专城区段房屋征收和西气东输等国家、省、市重点项目政策处理顺利推进。

坚持转型升级，努力推动三次产业协调发展，有力地保障全区经济平稳增长。全区固定资产投资完成93.77亿元，同比增长32.1%，其中工业投资完成39.5亿元，同比增长34.1%，增幅位列全市第一。招商引资成果明显，中国五矿、佐源等一批大项目落户婺城区。

旅游业稳中有升。全年接待入境游客5.45万人次,同比增长20.16%,旅游收入1346.38万美元,同比增长12.86%。接待国内游客211.95万人次,旅游收入17.3亿元,同比增长均为1.12%。乡村旅游接待游客68万人次,增长16%。成功举办茶花节、油菜花节和桂花节,乡村游进一步升温。

全区财政预算总收入30.39亿元,同比增长0.4%,区级收入7.67亿元,同比增长2.4%,其中区本级收入6.22亿元,金西开发区完成1.45亿元。全区财政支出14.74亿元,同比增长3.7%。

来料加工业不断推进。婺城区将来料加工发展历程、特色、亮点制成碟片、展板进行宣传;举办穿珠、绣花等纯手工技能比武和T台走秀活动;组织5个经纪人与义乌5家企业签约,合计加工费1155万元;举办缝纫、家政服务、电子商务等培训班84期,参训人员4000多人。选送33名优秀来料加工经纪人参加省、市举办的培训班。发挥区妇联网站、驻义乌联络处2个平台的作用,加强信息交流、产品推介、业务对接。驻义乌联络处接待来人来电693人次,承接业务加工费290万元。召开来料加工形势分析会、转型升级研讨会,组团参加义博会,签订协议285万元。帮助9名经纪人小额贴息贷款125万元。协调解决经纪人劳资纠纷2起。评选表彰"来料加工先进单位"5个,"来料加工先进企业""来料加工专业示范村(社区)"各10个,"优秀来料加工经纪人"30名,"优秀来料加工能手"50名。至年底,全区有来料加工经纪人915名,加工人数48267人,发放加工费6.01亿元。累计发放加工费6.01亿元,荣获省级来料加工先进区称号。

【园区建设】 突出项目建设,园区发展加快推进。举行金西开发区"百亿项目"和新城区"五十亿项目"集中开工仪式,超额完成省、市重点建设项目。金西污水处理厂二期前期工作有序进行。金西医院、小学、消防站、派出所等公建项目进展顺利。香岛大酒店等一批房产项目正在加紧建设。低丘缓坡综合开发一期180公顷项目基本完成建设,正在加快完善二期280公顷水电路等基础设施配套,10平方千米产业平台已初步形成。蒙牛等项目开工建设,成功引进中石油等一批大项目。九峰水上文化互动体验园、生态温泉养生城等旅游项目加紧建设,岘坻湖公园道路框架基本形成,城市功能和人居环境不断提升,金西新城格局初现。

新城区万里扬、婺阳动力、婺州城市广场、伟达·雷迪森酒店、尚格酒店、怡景商务大楼等项目顺利推进,商业中心正在形成。新建、续建康桥漫步等10个楼盘,建成商品房20万平方米,人居新城已具相当规模。水上交通应急指挥中心、白龙桥派出所等公建项目即将投入使用,行政中心功能基本完善。临江、洞溪、栅川三大工业区块开发建设有序推进。

双龙风景区推进基础配套工程建设,智者寺复建取得突破,徐霞客古道一期工程修复完成,"浙中凉都"建设有序推进,游客服务中心基础工程基本完成。核心景区环境不断优化提升,顺利通过国家AAAA旅游景区复评。

仙源湖度假区加快旅游项目开发建设,基本完成开源等三大区块的征地工作,景区内桥梁、道路、管网建设有序推进。成功出让二个地块并引进星级宾馆与房地产项目。水上运动中心和度假酒店等项目有序推进,金华动物园成功创建国家AAA旅游景区。

浙中信息产业园通过现代服务业集聚示范区省级验收和浙江省国际服务外包示范园区2011年度考核评审,科创大厦正在装修,入园企业133家。

【城乡建设】 坚持统筹协调,推进城区"三化"综合整治工作,开展"绿色社区、精品社区"创建活动,化解物管矛盾,推进精品城市建设,通过"国家卫生城市"巩固情况指导检查。以中心镇建设为重点,加强集镇保洁工作,开展集镇亮化、绿化、市场整治、污水处理等工程建设,集镇基础设施相继投建,镇容镇貌不断改善。开展节约集约、消化转而未供土地专项活动,超额完成全年目标任务。加强土地执法力度,通过2011年度土地卫片执法检查。蒋罗公路建成通车,二环路跨沪昆铁路立交桥开工建设,公路联网工程、安保工程等全面完成。"强塘"工程、农田水利重点县建设、中小河流治理等水利工程有序推进。加快中心村规划修编和基础配套设施建设,成功举办全市美丽乡村建设现场会,加快美丽乡村风景线的培育和精品村的建设,95个村基本完成美丽乡村建设,婺城区被评为全省"千村示范万村整治"工程建设工作优胜单位。开展生态区创建活动,3个乡镇顺利通过省级生态乡镇现场考核验收,335个村完成创建生态村申报工作。

【民生事业】 改善民生事业，构建城乡一体化的社会保障体系,城乡居民医疗保险、养老保险、被征地农民保障工作有效推进。对残疾人等困难群众实行分层分类救助，累计发放各类救助款2936万元,成功创建“省扶残助残爱心城区”。推进素质教育,组建“城乡教育共同体”,开展名校集团化办学,义务教育段公办学校实行“零择校”招生。推进民办教育发展,创办浙师大婺州外国语学校及荣光国际小学。组织开展第三届“激情婺城”系列文化活动,基层文化进一步繁荣,农家书屋实现全覆盖。竞技体育继续保持全市领先,在市八运会上获得金牌和团体总分两项第一。社区卫生服务中心规范化创建顺利推进,全面实行基本药物制度,医改三年重点任务全面完成。人口与计划生育工作走在全市前列,计划生育率为96.17%。加强和创新社会管理,开展“社会管理创新竞赛”等活动,推进平安婺城建设。抓好十八大安保工作,实现十八大期间“零进京”“零赴杭”。深化“网格化管理、组团式服务”工作，推进社会矛盾化解，全年调处各类矛盾纠纷3408起，调解成功率为96.4%。开展打击经济犯罪“破案会战”等活动,强化治安乱点和突出治安问题整治,区公安分局被省政府授予“全省模范公安局”称号。抓好案件审判、执行与社区矫正监管,开展食品安全大整治,推进药品安全示范乡镇创建,安全生产工作扎实推进,人民群众安全感不断增强。

加强城区“三化”整治工作,开展“精品社区创建竞赛”活动,化解物管矛盾,推进精品城市建设。开展集镇亮化、绿化、污水处理等工程建设,改善镇容镇貌。蒋堂至罗埠公路建成通车,农村联网公路建设进展顺利。“强塘”工程和农田水利重点县建设工程有序推进。按照“花香婺城、幸福家园”主题,以全市美丽乡村建设现场会为契机,加强美丽乡村风景线的培育和精品村的建设,推进村庄和沿线绿化及基础设施建设。

教育质量稳步提升，新成立环城小学教育集团,加强与浙江师范大学的合作交流,创办婺州外国语学校,以城乡教育共同体模式推进全区教育均衡发展。推进文化强区建设,举办第三届“激情婺城”文化艺术节,开展品牌文化、群众文化和专项艺术活动,农家书屋工程建设实现全覆盖,群众文体活动丰富多彩。推进新型农村合作医疗保险、城乡居民医疗保险、国家基本药物制度的实施,化解农民看病难题。民政救助、医疗救助有序开展,发放救助金1247万元,人口与计生工作稳步推进,计划生育率96.17%。

【维稳工作】 加强和创新社会管理,以开展“社会管理创新竞赛”等活动为载体,推进平安婺城建设。深化“网格化管理、组团式服务”工作,推进社会服务管理中心规范化建设,提高社会服务精细化水平。建立健全维稳形势研判分析机制,加强矛盾纠纷排查调处。全年开展排查10次,调处各类矛盾纠纷2237起,调解成功率96.6%。开展领导干部大接访活动,运用“五个代表工作法”,化解信访积案,交办的第二批10件涉法涉诉进京访积案全部报结。实施“六五”普法,开展民主法治村(社区)创建。加强社会治安防控体系建设，严厉打击黑恶势力、盗窃、抢劫等犯罪活动,扎实开展省级药品安全示范县创建,人民群众安全感不断增强。

【组织建设】 2012年顺利召开区第六次党代会和区“两会”,选举产生区四套领导班子。完成机关部门正职及部分乡镇人事调整。加大干部公开选拔工作力度,首次组织面向全区乡镇副书记公开比选3名乡镇长，公开选拔7名乡镇副职和3名机关综合部门副职。加强退出领导岗位干部管理使用,对全区退出领导岗位的干部实施分类管理和组团服务。加强人才队伍建设,引进国家“千人计划”特聘专家1名,落户市海内外英才项目3个。开展“基层组织建设年”活动,推进村级组织集中教育整顿,选派“第一书记”和农村“两富”局级指导员入村任职,全面实施“五星争创”,全区农村基层组织建设水平有效提升。“两新”组织党建进展顺利,规上非公企业党组织实现全覆盖。推进惩防体系建设,落实党风廉政责任制。开展“365”便民服务中心规范化建设年活动,完善提升区、乡、村三级便民服务体系。出台机关效能“八条禁令”,开展重点岗位“三治三问”活动,探索建立“无为问责”机制,机关效能建设明显提升。

【志鉴编纂】 区政府重视年鉴编纂工作,至

2012年年底完成志书5部。

《金华市婺城区志》系婺城区首部志书,以1985年为上限,下限截至2005年。编纂工作于2005年年底启动,历时四年,五易其稿,撰稿者202人,摄影者14人,全书1604页,230万字。该志共48卷,197章,671节,照片272幅。志书由金华市婺城区地方志编纂委员会编纂,2011年8月由方志出版社出版。

《金华市婺城区军事志》系婺城区首部军事志,2009年启动编写,上限追溯事物发端,下限为2005年12月,10篇、32章、98节,照片102帧,地图4幅。以行政区域为记述范围,1985年5月建立婺城区以前,记述金华县范围。区属不包括市直单位和金华经济开发区,市区包括婺城区、金东区和金华经济开发区。由金华市婺城区军事志编纂委员会编纂,经浙江省新闻出版局批准内部印刷发行。

印行《东田村志》《叶店村志》和《长山村志》。

(朱睦钧)

金东区

【概述】 金东区辖8个镇、1个乡、2个街道,共491个行政村、17个居委会,总面积661.8平方公里。2012年末总户数128772户,年末总人口31.56万人,其中非农人口3.39万人。

2012年全区实现地区生产总值123.35亿元,按可比价计算,比上年增长10.0%。其中:第一产业增加值13.54亿元,增长4.6%;第二产业增加值66.48亿元,增长10.9%;第三产业增加值43.33亿元,增长10.3%。按常住人口计算,全区人均地区生产总值达到39303元(按年平均汇率折算为6226美元),增长9.0%。第一、二、三产业增加值占地区生产总值的比重由上年的11.0:55.3:33.7,调整为11.0:53.9:35.1。完成全社会固定资产投资86.21亿元,增长30.6%。实现社会消费品零售总额78.84亿元,增长20.0%。实现财政一般预算收入12.34亿元,增长15.5%,其中区级财政收入4.98亿元,增长22.5%。全年财政总支出19.33亿元,下降22%。全区加大对教育、公共安全、社会保障与就业、农林水事务等民生工程投入,累计实现各类民生支出8.73亿元,占财政一般预算支出77.7%。城镇居民人均可支配收入32280元,增长12.9%;城镇居民人均消费支出22198元,增长6.7%。农村居民人均纯收入12855元,增长11.9%;农村居民人均生活消费支出11908元,增长9.9%。农村居民家庭恩格尔系数为32.2,比上年下降1.5个百分点。出生人口3457人,出生率11.0‰;死亡人口2026人,死亡率6.5‰;人口自然增长率4.5‰。就业和再就业。2012年新增城镇就业人数3368人,比上年略有增长。其中城镇失业人员实现再就业533人,困难人员实现再就业215人。城镇登记失业率为1.76%,比上年增加0.07个百分点。

【工业经济】 完成工业增加值48.3亿元,增长10.9%,工业增加值占GDP比重39.2%,对GDP贡献率30.8%。全区211家规模以上工业企业实现工业总产值150.6亿元,增长17.1%;实现销售产值138.23亿元,增长12.7%。规模以上工业企业完成出口交货值57.08亿元,增长7.4%,占销售产值的比重为41.3%。规模以上工业企业实力增强,全区产值超亿元的企业达45家。全区规模以上工业实现利税总额9.3亿元,下降22.5%,其中利润4.3亿元,下降12.2%。

【农业生产】 2012年全区实现农林牧渔业总产值24.54亿元,比上年增长6.2%,按可比价计算增长3.6%。农业结构调整积极推进。全区农作物总播种面积1.77万公顷,增长2.3%。其中果用瓜种植面积1380公顷,产量3.35万吨,上升13.7%和12.8%;油料播种面积1373公顷,产量0.32万吨,分别下降2.4%和上升3.2%;蔬菜播种面积4513公顷,产量11.34万吨,下降0.9%和3.2%;花卉苗木种植面积14053公顷,增长9%。林业发展稳步推进。全年完成造林更新面积16公顷,其中迹地更新面积240亩;幼林抚育作业面积90公顷;封山育林面积1.04万公顷。畜牧业生产总体平稳。全年肉类总产量3.54万吨,比上年上升16.4%,其中猪肉2.92万吨,增长16.8%。牛奶产量2.96万吨,下降5.1%。全年生猪出栏40.38万头,增长19.5%;家禽出栏370万羽,上升9.5%。创建省级主导产业示范区。2012年全区创建省级主导产业示范区1个、特色农业精品园2个、市级现代农业示范基地15个,新增设施农业公顷。

【固定资产投资】 2012年全区完成固定资产投资86.21亿元,比上年增长30.6%。按城乡分,城镇投资28.2亿元,增长28.8%;农村投资58.01亿元,增长31.5%。按产业分,第一产业投资1.01亿元,与上年持平;第二产业投资46.52亿元,增长32.4%;第三产业投资38.68亿元,增长29.5%。全区工业投资46.5亿元,同比增长32.4%,快于固定资产投资1.8个百分点。按登记注册类型分,国有投资8.13亿元,下降39.2%;非国有投资78.08亿元,增长48.3%。民间投资活力进一步增强,投资额占全社会投资总额的88%。全区重点项目完成投资21.1亿元,占计划投资的101%。

【基础产业】 顺利实现工业经济首个“三年翻番”目标。着力推进项目落地,3个重点工业项目和20个重点技改项目分别竣工投产13个和15个,南博锂电池、强广剑减震器等一批大项目建成投产,双泰车业纯电动汽车成功下线。深化清闲促产工作,完善清闲促产政策,消化转而未供土地92公顷,收回闲置低效用地15.47公顷,盘活存量建设用地11.8公顷,完成500家低效企业联合评估整治,新增税收800多万元。全区完成267公顷粮食功能区建设,启动400公顷标准农田地力提升项目。新增设施农业320公顷。和丰禽业、绿丰水产合作社被评为全国示范性农民专业合作社。

【科技创新】 2012年全区创建为省知识产权示范区,列为省专利权质押融资试点区。列入国家、省、市各类科技计划项目60项,其中:国家4项、省级30项,市级26项.认定国家高新技术企业4家,国家火炬项目重点高新技术企业2家,省科技型企业4家,市级高新技术企业3家,创新型企业2家;省级农业科技型企业4家,市级农业科技企业2家。认定市高新技术研发中心4家、省级农业研发中心3家。市级农业研发中心1家。市科学技术奖3项。新增授权专利939项、发明专利26项。

【市场交易】 2012年全区共有成交额超亿元市场6个。其中:金华农产品批发市场实现成交额53.8亿元,增长13.7%;金华市汽车城成交额38.77亿元,下降5.5%;金华市浙中建筑装饰材料市场成交额39.52亿元,增长2.3%;金华市汽配城成交额18亿元,增长52.5%;金华澧浦苗木城成交额10.75亿元;金华市二手车交易市场成交额5.5亿元,下降48.3%。五大专业市场交易额超过165亿元,澧浦苗木城一期、汽配城二期建成营运,二手车市场完成扩建,农批市场迁建完成选址。中外运一期运营,邮政速递项目开工,申通、中通、圆通物流项目签约。

【都市新区建设】 2012年市委市政府从全局战略高度作出规划建设金义都市新区的决策,金东区根据市委市政府决策要求,加强与都市新区管委会沟通衔接,及时调整发展思路、重点和布局,统一思想,消除疑虑,凝聚共识,合力共建。截至2012年年底金义都市新区完成了总体规划编制和土地利用规划调整,基本完成西南精品工业园区、杭金衢高速鞋塘互通口等景观工程。金港大道优化提升、金山大道改建、东华街延伸工程顺利推进。经孝顺镇、傅村镇和鞋塘办事处镇村干部精诚团结,奋力攻坚,有序推进1333公顷低丘缓坡征地工作,其中首批516.7公顷已农转用报批,引进阿里巴巴等一批现代工业项目和服务业项目,为大开发大建设大发展奠定了坚实的基础。

【招商引资】 审批外商投资项目1个,总投资额7500万美元。合同利用外资3585万元,增长47%;实际利用外资3076万元,增长23.8%。

【建筑业】 全区完成建筑业总产值65.2亿元,比上年增长37.4%。建筑施工面积285.4万平方米,下降14.6%;房屋竣工面积201.8万平方米,增长9.1%。资质以上建筑企业实现利润总额28540万元,增长14%;利税总额56602万元,增长27%。

【水利建设】 2012年全区完成水库除险加固主体工程15座,山塘整治15座。完成“强塘固房”小流域治理孝顺溪吴宅口段堤防工程,加固工程2.174千米;完成中小河流治理工程11千米,完成金东区杨卜山水闸除险加固工程。完成国湖、洞源、寺口垅(东)电站增效扩容改造,可新增容量780千瓦;开展农村河道综合整治,完成万里清水河道整治30千米;实施农村饮水安全提升工程,总受益人口1.1万人,被评为省农村饮用水工程长效管理达标县。成功入选全国中小河流治理重点综合整治试点县,区的“以江治江”模式全省进行推广。

【交通事业】 2012年完成交通运输邮电业增加

值1.64亿元,增长2.1%。曹塘澧公路除跨铁立交和跨杭金衢立交外，其余工程全部完工，累计投资17200万元;金武公路(金东区段)工程一期工程(二桥一涵)完工,二期工程正在施工中,累计投资6897万元。投资1161万元,完成31个农村联网公路工程项目建设,建成里程28.8千米。投资1994.2万元,完成18条农村公路大中修，实施总里程为25.893千米。投资1937万元。完善了农村客运停靠站点设施,新建50个公交停靠站（点)。全区等级公路达到996.1千米。

【旅游业】 2012年全区共接待海内外游客136.9万人次，同比增长3.09%，实现旅游总收入1.78亿元,同比增长7.23%。“浙中桃花源生态休闲旅游区”通过规划设计,目前发展规划已编制完成并通过评审。编制完成积道山景区总体规划澧浦区域,以积道山景区为中心,依托澧浦生态苗木长廊的绿色生态资源优势,建设一条总长约43.7千米的休闲健身绿道,编制完成《金东区绿道试验段修建性详细规划》并已通过论证。

【教育事业】 2012年全区拥有各级各类全日制学校50所，其中公办42所、民办8所、在校学生4.87万人。其中小学27所,在校学生21350人,小学适龄儿童入学率达到100%。初中14所，在校学生9418人,初中适龄少年入学率达到100%。初中毕业生升入高中段学校比例98.4%，升入优质高中占高中段招生比例达到90.5%。高中7所(含2所民办职高),在校学生12571人。高等院校2所,在校学生5392人。全区学前儿童入园率超过99.4%。城乡免费义务教育全面实行,各级各类学校政府财政经费投入不断加大。

【文化事业】 2012年年底拥有区级文化馆1个,区级图书馆主体工程已经竣工,施光南音乐厅数字影院落成。农家书屋实现全区覆盖,获评“全国示范农家书屋”1个,“全省示范农家书屋”1个,“浙江省文化示范村”2个。实施“施光南农民合唱团”、“施光南民族乐团” 两大品牌提升工程。原创歌曲《山口逢春》荣获浙江省和金华市首届村歌大赛创作、表演双金奖。排舞《神话》参加浙江省第六届排舞大赛获得银奖。美术作品《惠风》《影动》《凝韵》《秋暮胜春朝》等作品进入多个国家级画展，其中《暖冬》获得“翰墨新象”全国中国画展优秀奖。全区已公布的非物质文化遗产项目共达21项,其中省级非遗名录2项,市级非遗名录13项。孝顺镇《让河迎花树》和比德弗国际武校《大成拳》项目被列入浙江省非物质文化遗产名录。

【体育事业】 2012年100个小康体育村配置及安装体育活动器材,全区小康体育村达420个。多湖街道省级体育强街道创建顺利通过。孝顺镇、澧浦镇、傅村镇省级体育强镇复查验收合格。金东区组队参加了金华市第八届运动会,金牌29块,银牌34块,铜牌37块,团体总分名列第三名。在全省沙滩排球锦标赛上获男甲第二名,男乙第五名、第六名等。在全市首届田径锦标赛获得团体第四名。金东区运动员傅利臻在市八运会上打破男子游泳100米仰泳市最高纪录。丁上津在市八运会游泳项目中打破女子100米仰泳和50米蝶泳两项是最高纪录。

【卫生事业】 2012年全区设置城乡卫生服务站78个,城乡基层卫生服务网络基本形成。共有卫生机构18个(不含诊所等),其中医院、卫生院15个,妇幼保健机构1个，卫生防疫监督机构2个。全区实际开放床位数302张,拥有卫生技术人员634人,零差率销售药品直接让利就医群众7353.48万元。全面启动第四轮农民健康体健,60周岁以上老人体检率为80.4%,儿童97.8%,中小学生94%。城乡居民规范化电子健康档案建档率达83.6%。2012年全区产妇数2432人,孕产妇系统管理率99.42%,住院分娩率100%，产前筛查率82.68%。2012年婚检率96.3%。农村妇女住院分娩补助2047人，补助经费102.35万元,农村孕产妇住院分娩补助100%。

【城乡建设】 2012年全区加快新城区基础配套和功能提升。横塘沿、王坦、江北中轴线等一批遗留多年的征迁难题得到有突破。完成艾青文化公园、建筑艺术公园和二环路“三化”提档改造。推进宾虹路、东市街、康济街等延伸工程政策处理。金华万达广场和商业中心·紫金湾两大城市综合体开工建设,加速了新城区融入主城区的步伐。加大集镇改造力度,完成曹宅集镇环境整治试点工作。美丽乡村建设深入推进,编制完成美丽乡村建设总体规划和第二轮村庄布局等子规划,全面启动南北景观带提升改造工程和30个“两富”示范村建设。投入财政资金 1200 万元，加强农村基础设施长效管理,被评为省农村饮用水工程长效管理达标区。加强生态建设,澧浦创建为国家级生态镇,江东、岭下、塘雅创建为省级生态镇,完成中央农村环境连片整治村 27 个。

【土地节约集约利用】 全力做好建设用地保障,全年上报各类农转用 800 公顷,供地出让 100.1 公顷,通过实施“百万造地”工程,建成标准农田 373 公顷,新增有效耕地 172.7 公顷,连续十三年实现耕地占补平衡。保持高压态势,积极开展土地卫片执法检查整改工作，拆除各类违法建筑 10 万多平方米。全面启动江东低丘缓坡综合开发利用试点,规划、征迁、招商同步推进,强力攻坚,基本完成首期 173.3 公顷土地征迁,引进亿元以上投资项目 10 个。

【环境整治】 2012 年全区实施减排项目 14 个，其中工业减排项目 11 个，削减化学需氧量 172.4 吨、氨氮 11.2 吨、二氧化硫 223 吨、氮氧化物 53.26 吨;农业减排项目 3 个,化学需氧量和氨氮削减率分别提高 6.8%和 33.6%,圆满完成减排任务。全区共建成省级生态镇 3 个,市级生态村 262 个,区级森林村庄 70 个,累计建成生态公益林 8533 公顷,完成平原绿化扩面 364.1 公顷。

【社会保障体系】 2012 年年底全区拥有各类社会福利单位 11 所,社会福利床位 1276 张。五保对象 683 人,已集中供养 683 人,其中在院 667 人,户院挂钩 16 人,集中供养率 100%。城乡居民最低生活保障实现全覆盖，全区共有农村低保对象 2831 户 3902 人,城镇低保对象 118 户 148 人,全年发放低保救助金 1040.8 万元,发放困难群众物价补贴 84.9 万元。对 1265 户 1822 人低保边缘困难户发放救助金 49.68 万元。实施困难群众的“安居工程”,全年竣工 232 户，总建筑面积 15415 平方米，投入资金 211.6 万元。实施困难群众医疗救助 4691 人次,补助医疗费 306.45 万元。构建和完善社会养老服务体系，开展城乡社区居家养老服务照料中心建设,孝顺镇下范村、赤松镇山口冯村、澧浦镇蒲塘村、下宅村等 7 个社区居家养老服务照料中心已运行。全区参加城区居民养老保险 11.98 万人。失地农民保障得到加强,被征地农民参加基本生活保障的村达到 137 个(未含金东经济开发区),参保人数 4.1 万人。累计发放养老金 8277 人，共计金额 7923.56 万元；发放生活补助 4669 人,共计金额 3111.39 万元。

【社会公共事业】 新增财力 88%用于民生支出。义务教育阶段学校实行“零择校”招生,创建省标准化学校 13 所、省三级以上幼儿园 20 所,启动金外金东初中建设项目。人民医院迁建项目落户金东，金华第二中医院升格为二级乙等中医院,46 家新建社区卫生服务站投入运行。建立区新闻传媒中心,创刊《今日金东》,新建金东图书馆、数字影院,8 所新建乡镇综合文化站通过省等级验收。新增省市级文化示范村 6 个、小康体育村 100 个。

【政府效能】 2012 年全区编制完成机关部门“三定”方案。建立农村集体资金、资产、资源管理体系。建立全市首家社会矛盾纠纷调解中心,依法依规引导群众各种利益诉求。开展部门和乡镇预算编制改革。全面启动国库集中支付和公务卡制度改革,完成医改三年重点任务,基层医疗机构全部实行国家基本药物制度。通过开展作风建设“六大行动”,持续攻坚,善做善成,全年累计完成征地 640 公顷,拆迁 40 万平方米,保障了重点区块和重点项目建设。全面推行依法行政,自觉接受人大法律监督、区政协民主监督和社会监督，人大代表建议意见、政协委员提案办结率 100%。规范清理行政审批事项 356 项。加大对部门和乡镇(街道)经济指标考核力度,对 14 项主要经济社会指标实行按月按季考核通报。加强行政监督和审计监督力度,建立重点项目廉政监察员队伍,从源头上防治腐败。

（吴　瓒）

兰溪市

【概述】 兰溪市辖 7 个镇、3 个乡、6 个街道,总面积 1313 平方千米。2012 年年底，户籍人口约 66.64 万,常住人口约 54.4 万元。

2012 年,实现:地区生产总值 230 亿元,增长 10.9%;地方财政收入 16.2 亿元,增长 19.1%;财政总收入 31.2 亿元,增长 9.7%;固定资产投资首次突破百亿元大关,达到 106.3 亿元,增长 31.5%;外贸进出口12.2亿美元，增长11.9%；社会消费品零售总额94.3亿元，增长16.6%；城镇居民人均可支配收入24098元，增长14.9%，农村居民人均纯收入9721元，增长12.2%。新增就业岗位1.2万个，转移就业8300人。根据金华市公布的2012年经济指标，12项主要指标中，兰溪市10项指标增速位居金华市前三名。

经济结构逐步优化。工业经济难中有进，工业投入和规模以上工业总产值分别增长28%、12.5%。纺织业逆势走强，实现规上产值190.6亿元，增长23.9%；成功注册“浙兰纺织”集体商标，获得国家纺织服装人才培养基地称号，“兰溪纺织”列入省级区域国际品牌试点，兰溪棉纺织产业集群列入省“两化”深度融合试验区。实施科技创新平台建设，列入国家、省重点技改项目62个，居全省各县市第一。服务业发展提速，实现服务业投资33.7亿元，增长35.3%。商业集聚区初步形成，杭州解百兰溪购物中心投入运营，沃尔玛签约入驻嘉泰新时代广场。邀请上海世博园总规划师，高起点规划赤山湖旅游度假区。农业“两区”建设扎实推进，云山万亩粮食生产功能区、诸葛万亩中药材基地开工建设，梅江万亩香榧基地初见规模。新建粮食生产功能区1400公顷，新增设施农业346.7公顷，土地流转1000公顷。21个现代农业园区列入省级创建点，4个特色农业精品园区通过省级验收。

发展后劲不断增强。“3552”项目强力推进，十大指挥长工程顺利实施。“浙中崛起千亿投资系列工程”项目集中开工，总投资110亿元。招商引资成效明显，引进市外资金51亿元，实到外资3700万美元；引进浙商回归项目32个，实到资金12.5亿元。在北京、上海分别举办浙商回归、驻点招商项目签约活动，总投资124亿元。开发区整合提升步伐加快，开工建设企业服务中心、浙中纺织品综合市场和省棉纺织品质量检测中心。实施低丘缓坡综合开发试点，完成征地1500亩。开展乡镇工业园区拓展提升行动，配套设施投入2.6亿元，梅江工业功能区石埠区块通过规划论证。要素保障得到加强，获计划外用地指标426.66公顷，盘活闲置土地93.3公顷。新增贷款42亿元，超年度目标9亿元。

城乡面貌持续改善。全力推进省级示范文明城市创建，城市洁化、绿化、亮化、美化水平进一步提升。金角大桥、马墩公路、义兰公路项目进展顺利。开工建设丹溪公园，改造提升中洲公园，完成1.7万平方米社区成片绿化及道路绿化。实施9家农贸市场改造，墩头、马涧农贸市场创建为省文明示范农贸市场。数字城管正式运行，城管执法向游埠等6个镇乡、街道延伸。开展“三清三化三送”活动，清理道路、河溪2400多千米。投入水利建设资金6亿元，农防加固工程完成“5年任务3年完成”目标的60%。推进生态市建设，植树造林533.33公顷，兰江、云山、赤溪评为省级生态街道。新建有机物处理站和兰荫排涝站，垃圾焚烧发电项目完成主体工程。

社会建设取得实效。地方财政新增支出93.4%用于民生。落实省养老保障三项政策，近1.5万人受益。兰五中迁建工程顺利推进，马涧中心幼儿园建成开园，永昌、黄店等中心幼儿园基本建成。义务教育阶段公办学校实现“零择校”。人民医院溪西分院主体工程基本完工，中医院改扩建工程进展顺利。成功举办首届龙舟赛。成功承办省第四届“和谐之韵”论坛暨第二次浙江畲乡联谊会。完成钱塘垅水库工程主坝填筑和城头水厂扩建，97个村实施农民饮用水工程，6.4万人的饮水安全问题得到解决。成功创建省级食品安全示范市。实施“网格化管理、组团式服务”，完成中共十八大安保任务，连续六年评为省“平安县市”。

【金角大桥开工建设】 该项目是2012年兰溪市的重点建设项目、十大指挥长工程之一。8月31日，金角大桥建设项目开工奠基。整个项目由“一桥两路”，即金角大桥、金角路和兰荫北路延伸工程组成。大桥为连续梁桥型，东接凯旋路，西接金角路，线路总长1580米，其中桥梁长度1157米、桥面宽36米；金角路全长940米，宽50米；兰荫北路延伸工程全长560米，宽36米。项目建设工期为30个月，总投资约8.9亿元，是兰溪桥梁建设史上投资额最大的工程。项目的实施，对于拉开城市新框架，促进城北新区和兰江片金角区块的开发，尽早形成新的跨江交通能力，缓解城区行车难等具有重要意义。

【兰溪百亿产业项目集中开工仪式】 7月31日，兰溪市召开“浙中崛起千亿投资系列工程”——

兰溪百亿产业项目集中开工仪式。仪式在经济开发区设立主会场,16个镇乡(街道)设立了分会场。此次集中开工项目共72只,总投资110.4亿元,其中工业项目63只,投资总额101.4亿元;农业项目3只,投资总额4.1亿元;三产项目6只,投资总额4.9亿元。

【创建省级示范文明城市】 2012年10月24日~27日,省级示范文明城市考评组对兰溪市争创省示范文明城市工作进行考核验收。考评组对兰溪的创建工作表示肯定。2013年1月份,省委省政府正式下文命名为省级示范文明城市。

【首届龙舟邀请赛】 9月16日,浙江兰溪首届龙舟邀请赛举行。由省体育总会、省龙舟协会、省竞赛中心、金华市体育局、兰溪市政府主办。共有来自杭州、嘉兴、金华、衢州、台州、温州、丽水和舟山等8个地市12支代表队参赛。经过激烈角逐,温州市鹿城区西联龙舟队、衢州市龙游龙舟队、温州瑞安市公牛龙舟队、兰溪云山街道灵羊岛代表队、台州德赛龙舟队、温州瓯海齐仁队、丽水市健力龙舟队、杭州新安江三江口代表队分获比赛总成绩前八名。嘉兴高级技工学校龙舟队、兰溪兰江街道龙舟队、杭州富阳祥瑞龙舟队、舟山六横镇五星村龙舟队获比赛优胜奖。

(成　进)

东阳市

【概述】 东阳市辖6个街道、11个镇、1个乡,总面积1742平方千米。2012年年底,总户数316933户,总人口827981人。年人口自然增长率2.85‰。

2012年,全市实现地区生产总值373.02亿元,按可比价计算,比上年增10.6%。第一产业增加值17.89亿元,比上年增2.6%;第二产业增加值186.71亿元,比上年增10.2%;第三产业增加值168.42亿元,比上年增11.9%。第一、二、三产业比重由上年的4.9:51.1:44.0,调整为4.8:50.1:45.1,产业结构更加优化。按户籍人口计算,人均地区生产总值45177元(按年平均汇率折合7157美元),比上年增10%。财政总收入50.37亿元,比上年增22.9%,其中地方财政收入30.11亿元,比上年增25.7%。全年地方财政支出39.24亿元,比上年增35.7%;固定资产投资(不含农户)156.40亿元,比上年增31.5%;投资项目投资122.85亿元,比上年增27.7%。社会消费品零售总额174.26亿元,比上年增15.5%。11月8日,第七届中国(东阳)木雕竹编工艺美术博览会开幕,来自全国27个地区的300多家客商数万件木雕竹编精品参展。参观人数30万人次,成交额3亿元。390件作品获金、银、铜奖,其中金奖119件。市供销合作总社被评为全国供销合作社系统先进集体。外贸进出口总额21.61亿美元,比上年增5.6%,其中外贸出口总额19.39亿元,比上年增5.6%;进口总额2.21亿美元,比上年增6.2%。全年新批三资企业9家,合同利用外资额925万美元,比上年减少84.6%;实际利用外资1354万美元,比上年减少63%。年末拥有商品交易市场86个,其中四星级文明规范市场3家,商品交易市场成交额187.26亿元,比上年增8.3%。年末金融机构本外币存款600.68亿元,比年初增12.2%,人民币存款余额594.36亿元,比上年增12.1%,其中储蓄存款315.65亿元,比上年增13.8%。贷款余额446.23亿元,比上年增21.3%。人民币贷款余额435.85亿元,比上年增21.3%。引进股份制银行4家,成立小额贷款公司3家。6月20日,中国光大银行与横店集团签署“影视文化产业战略合作”协议,标志着光大银行将对横店影视文化产业发展提供资金支持。全年保费收入13.94亿元,比上年增22.2%;赔款、给付3.68亿元,比上年增26.8%。城镇居民人均可支配收入30395元,比上年增11.5%,农村居民人均纯收入15008元,比上年增12%。城镇人均住房建筑面积56.91平方米,比上年增1.4%。农村居民人均居住面积80.68平方米,比上年增0.3%。2012年地区生产总值、财政总收入、地方财政收入、固定资产投资、全社会用电量、工业用电量、金融机构贷款余额等主要指标增幅均居金华市乃至全省前列,财政总收入、地方财政收入增幅居全省第三。综合考评位列金华各县(市、区)第二。

粮食播种面积32161公顷,比上年减少0.4%,粮食总产量18.63万吨,比上年增1.5%。年末农田有效灌溉面积2.13万公顷,比上年增2.2%,节水灌溉面积 1.80 万公顷，比上年增 0.7%，旱涝保收面积 1.73 万公顷，比上年增 3.8%，农业机械总动力 47.47 万千瓦，比上年增 1%。东阳市被评为十大“中国森林食品产业示范基地”之一；被确定为全国中小河流治理重点县；被评为省新农村建设先进单位。

工业增加值 152.52 亿元，比上年增 10.4%。319 家规模以上工业企业的工业总产值、销售产值分别达到 386.22 亿元和 368.51 亿元，比上年增 10.1%和 8.5%，其中轻工业 151.59 亿元，比上年增 9.9%；重工业 234.63 亿元，比上年增 10.3%。全年新产品产值 81.65 亿元，比上年增 8.5%。新产品产值率由上年的 21.5%回落到 21.1%。全社会用电量 329684 万千瓦时，比上年增 10.6%。110 千伏塔山变竣工投运，500 千伏吴宁变、110 千伏世贸变工程稳步推进。7 月，由南马妙秋旗厂生产的 40 多万面英国国旗，通过义乌有关外贸公司发往英国，在伦敦奥运会使用。

建筑业增加值 34.19 亿元，比上年增 7.9%。全市 180 家资质以上建筑企业总产值 1480.27 亿元，比上年增 15.3%，为地方财政贡献税收 6.1 亿元，比上年增 11%。建筑业总产值连续四年蝉联全国县市级首位。新增“鲁班奖”5 项(累计 31 项)，是全国创“鲁班奖”最多的县市。东阳市被命名为“中国建筑之乡”。实现利润 49.89 亿元，比上年增 27.4%，税金总额 48.61 亿元，比上年增 17.4%。房屋建筑施工面积 19237.81 万平方米，比上年增 21.9%。竣工面积 5708.56 万平方米，比上年增 19.6%。12 月 2 日，浙江华厦建设集团与贵州鲁第产业集团合作开发“贵阳市印象态森、诺曼帝国工程建设施工项目”举行签约仪式，项目总投资约 86 亿元，总建筑面积约 280 万平方米，建筑物高 100 密~230 米。

2012 年年底拥有地及地(市)以上独立的研究开发机构 59 家，国家认定企业技术中心 2 家、省级高新企业技术研究中心 25 家、省级企业研究院 2 家。地（市）科技成果鉴定 49 项，专利申请管理 2460 项，专利申请授权 2423 项。新获食品 QS 证书 14 张，累计 110 张；企业主导参与制定国家标准 1 项，行业标准 3 项；确认标准化良好行为 AAA(省级)3 家，AA(金华市级)4 家，省级计量检测体系水平确认企业 1 家，全市农业标准化示范项目通过省级验收 2 项。全面完成监督检查产品企业信息库建设，入库企业120 家，全年强制检定计量器具 7729 台件。

全年公路客运量 3902.1 万人，比上年增 1.1%，旅客周转量 134646.2 万人千米，比上年增 2.5%；公路货运量 2119.71 万吨，比上年增 1.1%，货物周转量 104934.8 万吨千米，比上年增 0.3%。新增公路通车里程 49.08 千米，累计 2272.24 千米，比上年增 2.2%，其中高速公路 82.3 千米。2012 年年底民用汽车拥有量达 109036 辆，其中私人汽车 99394 辆，比上年分别增 21.2%和 22.4%。1 月 12 日，怀万线公路一期 12.6 千米建成通车。12 月 31 日，东义路改建完成，横店镇荆浦大桥、南马泉府大桥以及广福街东段、兴平西路路面改造、白云大道西段、横店镇北街等建成通车，城西客运站结顶。

邮电业务收入 92762 万元，比上年增 10.4%，2012 年年底拥有固定电话用户 23.46 万户，普及率 28.4%，新增移动电话用户 32.42 万户，年底达到 123.88 万户，普及率 150%。新增互联网宽带接入用户 2.59 万户，年底拥有 15.98 万户；行政村宽带覆盖率 100%。5 月底，439 个村邮站全部投入运行。

全年接待国内外游客 1222.34 万人次，比上年增 21.7%，其中国内游客 1215.75 万人次，比上年增 22.1%，国内旅游收入 81.46 亿元，比上年增 31.7%；入境游客 6.6 万人次，比上年减少 21.6%，国际游客外汇收入 2245.12 万美元，比上年减少 21.6%。东阳市被评为 2012 浙江年度旅游发展十佳县(市、区)。横店影视城被命名为全国旅游标准化示范单位。花园村被评为省首个单独以村为单位创建成功的国家 AAAA 级旅游景区和“中国最有魅力休闲乡村”十佳。

2012 年年底拥有文化馆、剧院、电影院、博物馆、公共图书馆各 1 个，藏书 30 万册，比上年增 10.3%。有线电视用户 20.8 万户（均为数字电视用户）。广播综合覆盖率 99.95%，电视综合覆盖率 99.83%。拥有档案馆 1 个，已开放各类档案 4.96 万卷，比上年增 4.5%。5 月，中央电视台第四套国际频道《走遍中国》栏目播出的浙江风情系列之《横漂的诱惑》《山顶的巨石阵》《东阳木雕》，展示了东阳市的风土人情。

拥有高等院校 2 所，当年招生数 5300 人，在校学生14800人,毕业生4150人。各类高等院校录取人数6011人,比上年增10.3%,其中普通高等院校录取人数5285人。广厦建设技术学院开设的木雕成高班于2月25日开学,学制两年半,学员28人,核心课程是提高学员的文化修养和专业设计能力。11月18日,举行东阳中学建校百周年庆典。普通高中12所,招生数5173人,在校学生16264人;职业中学8所,招生数2956人,在校学生9879人。初中毕业升高中段比例98%。初中34所,招生数9286人,在校学生24818人,初中入学率、巩固率均为100%。小学89所,招生数11796人,在校学生66714人。小学学龄人口入学率、巩固率和小学毕业升初中比例、义务教育学龄人口入学率均为100%。特殊教育学校1所,招生数20人,在校学生136人。幼儿园201所,招生数12236人,在园儿童33084人,比上年增4%。

参加地(市)级以上运动会获金牌99.5枚、银牌93枚、铜牌76枚,其中省级比赛金牌14枚、银牌7枚、铜牌8枚。有二级运动员56人,向上级输送体育人才2名。共发行电脑体育彩票7236万元。

2012年年底医疗卫生机构(不含诊所)31个,拥有床位3322张,比上年增19.2%。卫生技术人员(不含诊所)4084人,比上年增9.5%。疾病预防控制中心1个,卫生技术人员45人。卫生监督所1个,卫生技术人员36人。另有诊所、医务室、卫生室、社区卫生服务站537个,卫生技术人员596人。农村卫生服务得到改善。2月,市政府为解决偏远山区群众体检难、就医难问题,出资100万元购置医疗卫生流动服务车一辆,为全省第二辆。展开的流动服务车有31平方米,分成4个独立检查室,并配有空调,能够完成血液采集、妇科检查、B超、心电图等10多项基础检查。农村自来水普及率由上年的97.5%提高到97.6%,自来水受益人数达67.4万人。3月,东阳籍旅美科学家徐浩新发现一新药物可治疗一些罕见的遗传性代谢紊乱疾病。

建成环境噪声达标区1个,面积25平方千米。烟尘控制区2个,面积54.4平方千米。污水处理厂3座,城市生活污水处理率85%。全年工业用水重复用水率64.5%,工业废水排放达标率98%,工业废气治理设施307套,工业固体废物综合利用率93.5%。建成自然保护区5个,面积14780公顷,市(地)级生态乡镇11个,规模化合格饮用水源保护区2个,集中式饮用水源地水质达标率100%,城市环境空气质量二级以上天数达91.8%。累计建设生态公益林优质林面积30621.2公顷,森林面积10373.29公顷,森林覆盖率59.1%,年末森林蓄积量461.28万立方米,比上年增1.1%。东阳市连续七年被评为浙江省平安县(市、区)。

2012年年底基本养老保险参保人数20.75万人,比上年增16.4%;城镇职工基本医疗保险参保人数17.15万人,比上年增14.4%;居民基本医疗保险参保人数11.23万人,比上年增7.4%;参加新型农村合作医疗人数达53.98万人,参保率为96.2%,乡镇覆盖率100%。参加失业保险参保人数9.29万人,比上年增7%;工伤保险20.55万人,比上年增14%;女工生育保险10.01万人,比上年增32.4%。全市最低月工资标准1160元,失业保险金标准812元。

2012年年底城乡居民社会养老保险参保登记缴费人数15.65万人,收缴保费4056.35万元,其中45~60周岁实际参保15.65万人,参保率98.8%;60周岁以上人员参保率100%。对全市60周岁以上符合享受条件的11.52万人发放每月90元的基础养老金,其中80周岁以上发100元,100周岁以上发300元,累计发放11055.88万元。对全市1096名复员军人累计发放优待金50.1万元;对4339名城乡居民社会养老保险享受对象死亡人员发放一次性丧葬补助金655.22万元。全年累计发放城乡居民社会养老保险金14444.59万元。被征地农民基本生活保险参保5.39万人,比上年增5.3%。共有低保对象5186人,发放最低生活保险金1340.49万元。2012年年底各类收养性社会福利单位26个,床位5550张,比上年增4.6%,收养人数2261人,比上年增78.6%。

【木雕工国家职业技能标准通过审定】 8月17日,由人力社保部授权省职业技能鉴定中心和东阳市共同组织开发的木雕工国家职业技能标准,在杭州通过专家审定。木雕工国家职业技能标准开发工作由东阳市人力社保局负责牵头抓总,东阳的木雕大师和专家承担起草工作。4月,东阳市标准起草组人员专程前往福建,与当地木雕大师交流经验,吸取国内业界前辈与同仁的宝贵经验和意见,修改完善木雕工职业技能标准。

【全国首个国家教育云应用试点市】 5月,东阳市被教育部中央电化教育馆确定为全国首个国家教育云应用试点市。10月,在全国教育信息化推进工作会议暨电化教育馆馆长会议上,东阳市作为首批国家数字教育资源公共服务平台(即“国家教育云”)规模化应用试点县市的唯一代表作典型发言。

【横店影视文化产业实验区获准设立】 7月12日,省委、省政府下文决定设立浙江省横店影视文化产业实验区。横店影视文化产业实验区成为浙江省文化产业转型发展的重要示范区和深化文化体制机制改革创新的重要试验区,其范围与国家广电总局批复的横店影视产业实验区一致,面积为365平方千米,包括东阳市横店镇、湖溪镇、马宅镇全部行政区域以及南马镇、南市街道、城东街道部分区域。在政策扶持上,省政府按照“政策叠加”和“特殊扶持”相结合的原则,在产业政策、用地保障、财税、金融等领域给予重点倾斜。

【卢宅保护利用】 为加强对卢宅这一世界非物质文化遗产的保护利用,传承和弘扬东阳“三乡文化”,卢宅保护利用项目自8月正式全面启动。截至年底,被征收居民房屋完成签约303户,签约率达97%。

【项目建设】 万花园、上海滩影视拍摄基地、横店通用机场项目动工建设。万花园项目选址于横店镇镇南工作片(横店镇官桥、仁棠、路西、下徐村),计划投资35亿元,分春园、夏园、秋园、冬园四部分,配套一个大型演艺场和可容纳1万余名游客的接待设施。6月29日,上海滩影视拍摄基地和横店通用机场等项目正式启动。上海滩影视拍摄基地项目选址于横店镇夏溪滩与塘溪之间的南江北侧,计划投资15亿元,主要建设项目有拍摄基地、摄影棚、主题乐园和星级酒店,分旅游区、摄影区和综合服务区三个功能区块,除了外滩、南京路等街景外,还建3000个座位的“百老汇”剧场,设8~10个与影视相关的游乐和视频类互动演艺项目。项目列入2012年省重点建设工程。横店通用机场项目选址于金马村,2007年已列入省重点建设项目,一期投资为1.9亿元,一期工程的报批、初步设计和施工图设计已全部完成。自8月25日~12月31日,东阳市实施城区道路顺畅工程。东义路、广福街东段、兴平西路、白云大道、以及横店镇北路、荆浦大桥、南马泉府大桥实现通车,城西客运站结顶,东阳市年内实施的八项道路交通工程全部完成。

【第四届中国香榧文化节】 8月19日,由中国林业产业联合会、浙江省林业厅主办,东阳市政府、浙江康大科技股份有限公司承办的第四届中国香榧文化节暨香榧产业转型升级研讨会在东阳市海天大酒店举行。研讨会上,行业领导和资深专家以《香榧产业面临的挑战与机遇》为题作了报告与讲座。省香榧产业协会向大会作香榧新品发布,浙江康大科技股份有限公司与来自全国各地的经销商举行了产品销售签约仪式。

【全国农民工文化建设现场经验交流会】 5月10日,由文化部主办,文化部社会文化司、省文化厅、中国文化报社和市人民政府共同承办的全国农民工文化建设现场经验交流会在东阳市召开。文化部党组成员、副部长杨志今,副省长郑继伟,文化部社文司司长于群,省文化厅厅长杨建新,金华市委常委、宣传部长钟关华等参加交流会。会上,金华市委常委、东阳市委书记徐建华介绍东阳市农民工文化建设的先进经验;东阳市农民工文化活动中心获文化部“2012年农民工文化服务示范项目”称号,并受到表彰。

【第七届中国(东阳)木雕竹编工艺美术博览会】 11月8日,由中国工艺美术学会、中国林业产业联合会、中国非物质文化遗产保护中心、中国轻工工艺品进出口商会和东阳市人民政府主办,中国工艺美术学会木雕艺术专业委员会、浙江省工艺美术行业协会、浙江省林业产业联合会、东阳中国木雕城承办的第七届中国(东阳)木雕竹编工艺美术博览会在东阳中国木雕城举行。主要活动有博览会开幕式、第二届中国木雕红木家具发展论坛、首届中国木雕艺术大师集体首秀优秀作品展示、海峡两岸木雕现场创作表演赛、2012金秋木雕文化魅力游、招商引资签约仪式等。本次展会设立34个展区900多个展位,来自北京、福建、台湾等全国27个地区的数万件木雕、竹编工艺精品参展。

【东阳市企业家协会博士联谊会成立】 3月26日，东阳市在全省率先成立企业家协会博士联谊会。在东阳工作的博士有48位，分别来自中国、韩国、日本等国家和地区。横店集团党委书记、副总裁徐文财当选为博士联谊会会长。博士联谊会的主要活动内容:发挥人才作用,提高东阳竞争力;组织博士沙龙,以及专题讲座、座谈交流等活动;组织会员开展考察、联谊活动,加强会员间的沟通和交流;加强与政府部门的沟通，及时反映会员的意见和建议;加强对外联系,扩大东阳影响,吸引更多的海内外博士来工作、创业;发挥会员群体优势,有计划地组织会员参与决策咨询、科研攻关、新产品开发和技术改造等。

【东阳中学举行百年校庆】 11月18日,来自世界各地的数千名校友在东阳中学共同庆祝母校的生日。省委书记赵洪祝、省长夏宝龙等领导以及北京大学、清华大学、复旦大学等全国30多所大专院校发来贺信。全国人大常委会副委员长韩启德、全国政协副主席厉无畏、中国科学院院长白春礼、物理学诺贝尔奖获得者李政道等分别为东阳中学建校一百周年题词。全国人大环境资源委员会副主任委员张云川,省政协副主席冯明光,总参二部原部长黄柏富少将,中国工程院院士、国家海洋局第二海洋研究所研究员潘德炉,中国科学院院士、中国科技大学教授潘建伟等一批知名校友出席庆典。东阳中学85届校友、上海复星高科技(集团)有限公司董事长郭广昌出资2000万元设立东阳中学复星教育基金并在庆典仪式上进行签约。

【启动公立医院改革】 6月28日，东阳市在金华市率先启动公立医院综合改革试点工作,7家市属医院对所有药品(中药饮品除外)按进价实行零差率销售,同时适当提高诊查费、护理费、治疗费和手术费。在全省29个县级公立医院综合改革试点县市中,东阳市治疗费和手术费上调幅度最低。

【违法违规废塑料经营活动专项整治】 7月,市委、市政府部署开展违法违规废塑料经营活动专项整治,主要整治分布于东阳市画水镇、南市街道等地已有30多年的废塑料行业,关停经营户1275户,完成废塑整治重点村整治任务21个。

【建安产值蝉联全国县级市第一】 2012年,东阳市完成建安产值1480亿元，蝉联全国县级市第一。有中天建设集团有限公司、广厦建设集团有限责任公司、浙江海天建设集团有限公司、浙江省东阳第三建筑工程有限公司、歌山建设集团有限公司5家特级资质建筑企业;56家一级资质建筑企业。特级资质、一级资质建筑企业数列全国县级市第一。

(徐丽萍)

义乌市

【概述】 2012年年底，义乌市辖6个建制镇、7个街道,行政区域面积1105平方千米,建成区面积达到100.1平方公里,比上年增加4.1平方千米。实有道路面积达1359.9万平方米，城区大小桥梁119座。人均公园绿地9.5平方米,绿地覆盖率37.4%。全市户籍人口753314人,比上年增加5922人。

全市实现地区生产总值802.94亿元,比上年增长10.2%,人均生产总值达到107009元(按2012年平均汇率折算为16952美元)。财政一般预算收入101.5亿元,其中地方财政一般预算收入57.4亿元,按新财政体制分别比上年增长12.5%和13.8%。全市银行机构22家,小额贷款公司7家,证券公司营业部9家,保险机构37家。2012年年底金融机构存款余额1985.9亿元,贷款余额1514.3亿元,分别比上年增加176.2亿元和230.7亿元。城镇居民可支配收入44509元,农村居民人均纯收入19147元,分别增长11.1%和11.8%。

农业经济保持平稳发展。实现农村经济总收入854.05亿元，增长14.2%，完成农林牧渔业总产值31.39亿元、增加值21.41亿元,分别同比增长4.9%、4.6%。粮食播种面积1.77万公顷,粮食总产量10.57万吨。实现林业产值0.6亿元,增长3.5%。实现牧业产值11.03亿元,增长4.9%。2012年年底市级以上农业龙头企业230家,农民专业合作社255家。各级农业标准化示范区70个，建成7个特色农业精品园。无公害农产品基地371个,总面积达1.09万公顷。通过认证的有机食品15只、绿色食品1只、无公害农产品248只。

工业经济稳中有升。实现工业总产值1533.7亿元，增长8.7%，其中规模以上工业企业完成产值683.7亿元，增长11.8%。实现工业增加值284.3亿元，增长10.8%，其中规模以上工业实现增加值142.0亿元，增长10.9%。工业用电量增幅平稳，累计工业用电量为43.7亿千瓦小时，增长5.3%。619家规模以上工业企业实现主营业务收入651.1亿元，增长4.7%。规模以上企业中，八大行业支撑明显。纺织业、纺织服装服饰业、文教工美体育和娱乐用品制造业、其他制造业、橡胶和塑料制品业、化学纤维制造业、金属制品业、电气机械和器材制造业等八大行业分别实现主营业务收入158.3亿元、117.2亿元、61.2亿元、41.4亿元、40.8亿元、23.6亿元、19.9亿元、19.8亿元，合计实现主营业务收入482.2亿元，增长5.2%，占全市规模以上工业的74.1%。高新技术产业产值达19.5亿元，增长16.8%；规模以上工业新产品产值117.6亿元，增长37.5%。新创建省级企业研究院3家，省级产业技术创新战略联盟1家，省级高新技术企业研发中心1家。新认定国家火炬计划重点高新技术企业1家，国家重点扶持高新技术企业11家，累计达34家。市无缝服装科研中心被认定为国家级研发中心。全市专利授权量5117件，增长66.8%，其中发明专利84件，增长20%。

市场运行保持增长态势。全市集贸市场年成交额758.8亿元，比上年增长11.9%，其中中国小商品城成交额580亿元，增长12.6%，连续22年居全国各大专业市场榜首。12月份义乌市场景气指数为1022.13点，同比上升1.83点。全年义乌海关监管集装箱65.4万个标箱，增长29%。入境义乌的境外客商达41.7万人次，增长2.5%。全年共举办商业性展览32个，展览成交额347.13亿元，比上年增长6.1%。其中第十八届义博会、第七届文博会、第四届旅游商品博览会分别实现成交额163.4亿元、45.17亿元和30.96亿元，分别同比增长3.72%、8.8%和0.6%。第5届森博会展会规模居亚太地区同类展会之首，吸引60.6万人次到会参观采购，实现成交额42.32亿元，其中外贸成交额21.54亿元。全年共接待购物旅游游客1081.37万人次，其中境外游客59.03万人次，分别增长12.7%和11%。实现旅游总收入118.75亿元，增长15.1%，其中旅游外汇收入3.67亿美元。

支持市场运行的交通物流得到发展。全市有内陆口岸场站一期、国际物流中心、江东货运市场、江北下朱货运场等4个专业性物流场站，总占地面积近80公顷，入驻经营户605家。全年国际物流中心施封的集装箱48.36万标箱。国内快件日均出货量达45万票，位居全国第六，国际快件日均出货量达2万件以上。累计完成公路客运量6872万人，增长2%，公路货运量2551万吨，增长10.1%。义乌机场完成起降架次8330次，增长23.6%，旅客吞吐量为93.7万人次，增长22.9%。铁路义乌站客运量614.3万人，增长1%，铁路货运量31.18万吨，下降28.0%。年末实有公共汽车营运车辆812辆，出租汽车1316辆。全市民用汽车拥有量26.33万辆，比上年增加3.84万辆，其中私人汽车拥有量24.41万辆，比上年增加3.72万辆。

对外经济增量较大。实现进出口总额93.47亿美元，增长136.7%，出口90.05亿美元，增长150.3%，其中传统贸易出口40.90亿美元，同比增长13.97%，市场采购出口额49.15亿美元。进口3.42亿美元，下降2.5%。发展中国家是“市场采购”主要的出口市场，亚洲、非洲、拉丁美洲位列前三，分别占比达41.18%、25.36%、14.96%。新增外贸经营权备案企业793家，累计获外贸经营权企业达3782家；进出口实绩企业1617家，比上年净增338家，其中出口超1000万美元企业189家，比上年净增106家。对外经济合作不断拓展，新批外商投资项目48个，实际利用外资11261万美元。开展境外投资项目5个，累计投资总额14355万美元，增长30.3%。首次取得境外工程承包，营业额为1744万美元。

社会固定资产投资增长较快。完成社会固定资产投资额293.6亿元，增长30.9%。其中完成工业投资89.3亿元，增长20.6%；完成基础设施投资60.9亿元，增长7.6%。在建公路里程77千米，完成24千米，义乌国际陆港列入联合国亚太经社会《政府间陆港协定（草案)》，《义乌市综合交通运输体系规划》通过专家组评审，103省道超限运输检测站通过验收并正式投入运行。省、市交通重点工程和一般性政府投资项目(含前期)15项，总投资147.4亿元，其中省重点工程6项。新建农村公路总计约20千米,总投资3000万元。累计建成市政天然气中压管网约120千米,管道天然气入户16630户,管道天然气累计供气约530万立方米。

社会事业得到发展。全面启动第四轮教育布局调整、标准化校园建设工程。撤并旅游职校,上溪职高转为普高。广泛开展教育国际交流,13所学校与14所国外学校结为友好学校,新增加3所具备接收外国学生资格学校。义乌市被浙江省列为体育现代化城市试点市,建成小康健身工程示范点11个。承办了2011~2012、2012~2013年CBA全国男子篮球职业联赛稠州商业银行俱乐部主场比赛和2012~2013年WCBA全国女子篮球职业联赛稠州商业银行俱乐部主场比赛。体彩销量2.44亿元,比上年增长40.2%。共有医疗机构697家,综合性医院5家,中医综合医院1家,专科医院12家,血站1家,卫生单位6家,镇街道中心卫生院、社区卫生服务中心13家,社区卫生服务站179个,村卫生室264家,其他医疗机构225家。数字电视用户总数达30.4万户。新广电大楼正式启用。新图书馆藏书量增至56万册，全年接待读者28万余人次，总流通27万册次。创建美丽乡村106个，创建新农村建设示范村24个，启动旧村改造11个村，实施农房改造5851户,竣工4265户。顺利通过国家环保模范城市现场复核。全年城市环境空气优良天数达到330天,空气优良天数比例达到90.2%；集中式饮用水源地水质达标率100%。五保对象年人均供养标准达到10300元以上。城镇最低生活保障标准465元/月·人,农村最低生活保障标准280元/月·人。全年人民调解组织共受理矛盾纠纷12093起,调处成功率99.3%。在全市14个公安派出所设立了“驻所人民调解室”,法院诉讼案件调解撤诉5158件,调撤率46.4%。2012年群众安全感满意率96.8%。义乌市被授予浙江省和金华市“第三次全国文物普查先进集体”称号。傅大士传说等3项内容入选浙江省第四批非物质文化遗产保护名录,畈田朱小学入选浙江省非物质文化遗产传承教学基地。全市现有全国重点文物保护单位2处、省级11处。列入国家级非物质文化遗产名录1项、省级9项。

【国际贸易综合改革试点】 1月20日，国务院办公厅专门印发《推进浙江省义乌市国际贸易综合改革试点重点分工方案》,将18方面41项重点工作分解落实到30个国家部委。省人大常务委员会出台保障和促进义乌试点工作的决定，省政府成立了改革试点领导小组，出台了义乌试点三年实施计划重点工作分工方案和2012年重点工作安排。省委组织部启动“百人计划”,首批选派50名干部人才到义乌挂职。省委、省政府下放357项行政审批及管理事项。省财政厅拨付改革试点专项经费5000万元。省科技厅、省司法厅、省建设厅、省民政厅与市政府签订共同推进义乌改革试点协议书。商贸展示、产业发展、交通物流、公共服务等四大国际贸易平台建设稳步推进。8月份开始,引导异地外贸公司落地,试行市场采购贸易方式的部分规范性政策和便利化措施,试点效应初步显现,至12月底,义乌市涉外经济主体达4811户,同比增长17.6%,其中外商投资合伙企业1262户,占浙江90%、全国75%,外贸出口逆势上扬,全市实现外贸出口90.1亿美元,同比增长150%,其中以市场采购贸易方式出口累计达49.2亿美元。

【商贸服务业集聚区建设】 6月,省编委办批复义乌市产业集聚区为正处级。7月4日,省委书记、省人大常委会主任赵洪祝在义乌市调研期间，专门听取国际生产资料市场建设现场工作汇报。9月16日,国土资源部副部长胡存智来义乌市调研期间,专门到国际生产资料市场建设现场听取有关集聚区建设工作汇报。9月19日,“三百亿助推国际贸易改革”系列项目开工(奠基)仪式,在国际生产资料市场建设现场举行。10月11~12日,省委常委、省纪委书记任泽民带领省发改、国土、农业、商务及省纪检委等有关部门领导调研集聚区建设情况，并召开专题座谈会,充分肯定了义乌市集聚区建设工作。

【流动人口服务管理】 7月3日,召开全市流动人口服务管理会议,市流动人口服务管理局挂牌成立。7月15日,省委书记赵洪祝充分肯定义乌探索建立的“社会化管理、人性化服务、信息化支撑”三项机制并做重要批示。12月,13个镇街服务管理所建立,并设立流动人口“一站式”综合服务办事窗口;组织部、宣传部、政法委、流动人口管理局、商报社、广播电视台共同举办首届“感动商城”新义乌人评选活动;开展首届流动人口服务周活动。

(朱瑶婷)

永康市

【概述】2012年全市实现地区生产总值392.4亿元，按可比价计算增长10.4%。第一产业实现增加值9.1亿元，可比价增长4.1%；第二产业实现增加值246.0亿元，可比价增长10.3%，其中工业实现增加值225.9亿元，可比价增长10.5%，建筑业实现增加值20.1亿元，可比价增长8.8%；第三产业实现增加值137.3亿元，可比价增长11.0%。第三产业中，交通运输仓储及邮政业实现增加值8.9亿元，可比价增长4.3%；批发零售业实现增加值40.8亿元，可比价增长12.4%；住宿餐饮业实现增加值5.9亿元，可比价增长16.6%；金融业实现增加值23.9亿元，可比价增长12.7%；房地产业实现增加值15.8亿元，可比价增长11.3%；其他服务业实现增加值42.0亿元，可比价增长9.5%。全市一、二、三次产业在地区生产总值中的占比是2.3:62.7:35.0。按户籍人口计算，2012年全市人均地区生产总值为67825元，按美元计算，人均地区生产总值为10745美元。

【农业】2012年实现农林牧渔业总产值13.2亿元，按可比价计算增长5.1%。2012年全市农作物播种面积19471公顷，同比增长1.2%。其中粮食作物播种面积13041公顷，同比增长1.4%;粮食总产量86566吨，同比增长1.7%；油料播种面积579公顷，同比下降11.6%；蔬菜播种面积3586公顷，比上年略有增加；果用瓜播种面积900公顷，同比下降3.6%；茶园总面积250公顷，比2011年减少7公顷；茶叶总产量25吨；果园面积3856公顷，比2011年增加204公顷；水果总产量60902吨，比2011年增加3641吨。全年零星植树105.7万株，幼林抚育面积270公顷，封山育林面积1442公顷。全年肉类产量9396吨，比2011年增加139吨。生猪饲养量15.4万头，比2011年减少0.27万头。

【工业和建筑业】2012年全市规模以上工业企业（年主营业务收入2000万元以上的工业企业）共466家，亿元以上工业企业151家，大中型工业企业80家。规模以上工业企业完成工业总产值718.5亿元，比2011年增长12.2%；其中大中型企业实现工业总产值421.2亿元，比2011年增长13.7%。规模以上工业企业完成出口交货值221.5亿元，比2011年增长7.0%。出口交货值占销售产值的比重为31.8%。2012年规模以上工业企业的产销率为97.0%，比2011年降低1.1个百分点。2012年全市规模以上工业企业实现利润总额47.9亿元，比2011年增长8.1%；其中亿元以上工业企业实现利润总额39.1亿元，增长4.5%。亿元以上工业企业家数占全市规模以上工业企业家数的32.4%，利润总额占全市规模以上工业企业利润总额的81.6%。全市规模以下工业实现工业总产值382.0亿元，比2011年增长8.4%。全市有三级及以上建筑业企业41家，实现建筑业总产值50.8亿元，比2011年增长29.1%；房屋建筑施工面积457.0万平方米。

【固定资产投资和房地产】2012年全市固定资产投资143.5亿元，比2011年增长30.9%。固定资产投资（指房地产企业的投资和计划总投资在500万元以上的投资项目）按房产、投资项目分，房地产开发完成27.1亿元，比2011年增长8.1%；投资项目完成投资116.4亿元，增长37.7%。按国有控股情况分，国有投资完成40.7亿元，比2011年增长208.5%；非国有投资完成102.7亿元，增长6.6%。总部中心一期、二期等重点工程圆满完工。北部水库联网、社会福利中心一期、五通物流、花川垃圾填埋场扩容等重点工程如期开展。

【交通和邮电业】2012年全市公路总里程1083.6公里，其中国道49.8公里、省道56.7公里、县道318.7公里、乡道324.3公里。全年完成公路客运量3250万人，公路货运量3160万吨。全市民用汽车拥有量16.5万辆，其中私人汽车拥有量为14.8万辆。全年完成邮电业务收入10.1亿元，比2011年增长8.4%。2012年年底固定电话用户21.1万户，比2011年减少1.3万户；移动电话用户129.9万户，比2011年增加32.0万户；国际互联网用户16.9万户，比2011年增加2.4万户。

【贸易和旅游业】2012年全市实现社会消费品零售总额127.2亿元，比2011年增长16.5%。按行业分，批发零售业实现社会消费品零售总额115.8亿元，比2011年增长16.7%；住宿餐饮业实现社会消费品零售总额11.4亿元，比2011年增长14.0%。

2012年全市实现自营进出口总额39.2亿美元,比2011年下降1.0%,其中自营出口总额36.5亿美元,比2011年下降1.5%。全市有自营进出口备案企业1535家,比2011年增加199家,其中有出口实绩的企业911家,比2011年增加111家;出口超千万美元企业93家,比2011年增加2家;出口4000万美元以上企业12家,比2011年减少4家;出口超亿美元企业1家,与2011年一致;列金华市出口100强企业12家,比2011年减少18家。全市外商企业家数85家,比2011年增加1家。2012年,全市合同利用外资55万美元,实际利用外资812万美元。全市新批境外办事处2家,境外投资总额1950万美元。2012年共接待国际旅游者3.7万人,比2011年降低4.8%;旅游创汇收入1257.3万美元,比2011年降低19.5%;接待国内旅游者345.1万人,比2011年增长12.2%,国内旅游收入18.9亿元,比2011年增长16.7%。

【财政、金融和保险业】 2012年全市实现财政总收入54.9亿元,比2011年增长16.6%,其中地方财政收入30.1亿元,比2011年增长19.2%;地方财政支出合计32.4亿元,比2011年增长19.4%。2012年底全市金融系统(人民币)对外存款余额763.6亿元,比2011年增长14.8%,其中单位存款377.9亿元,增长15.5%,个人存款368.3亿元,增长14.6%;全市金融系统(人民币)对外贷款余额685.1亿元,比2011年增长19.3%。2012年全市保费收入15.7亿元,比2011年增长16.8%,其中财产保险保费收入6.8亿元,增长20.4%;人身保险保费收入8.9亿元,增长14.1%。

【科学技术和教育】 2012年全市各类科技计划项目申报数200项,其中国家级项目10项,省级项目123项,地市级项目20项,县市级项目47项。获科技进步奖24项,其中:省级三等奖2项,地市级二等奖1项、三等奖1项,县市级一等奖4项、二等奖6项、三等奖10项。科技项目通过验收62项,其中省级49项,地市级4项,县市级9项。全市各类专利申请受理量4767项,专利授权量3866项。2012年全市拥有各类学校259所,其中普通高中8所、初中20所、职业中学4所、小学60所、幼儿园164所、特教学校2所、教师进修学校1所;共有教职工8511人;在校学生12.9万人,其中小学在校学生6.2万人,初中在校学生2.0万人,普通高中在校学生1.0万人。小学适龄儿童入学率、小学巩固率、小学升学率都达到100%;初中入学率、初中巩固率均为100%,初中升学率97.9%;高中毕业生升学率69.1%。2012年考上大中专院校3532人,其中普通高校2715人。

【文化、卫生和体育】 2012年年底有图书馆1个,农家书屋流通站365个,比2011年增加145个;藏书总量58万余册;文化馆1个;博物馆1个;文化站16个;非物质文化遗产国家级保护项目国家级6个,省级9个,金华市级27个,永康市级52个;电影院2个,放映厅11个,电影观众人数71万人次,票房收入880万元;艺术表演团体16个,演出场次3055次,紫微水上舞台演出55场,观众人数101万人次。全市有省级文保单位15个,永康市级文保单位75个,永康市级文物保护点208个。全年出版《永康日报》302期,共发行1226.1万份。全市有线电视用户16.9万户,数字电视用户16.7万户。2012年全市拥有医院、卫生院24个,医院、卫生院床位数2295张。有医生1251人,注册护士1484人,有医院、卫生院技术人员3472人。参加农村合作医疗的人数48.3万人,新型农村合作医疗参保率96.4%。全市拥有室外健身公园、广场520个,室内全民健身中心20个,省级以上青少年体育俱乐部3个,体育场馆12个。举办综合运动会1次,举办单项比赛20次,举办全民健身活动20次,参加活动人数2.1万余人。在校中小学体育锻炼达标率为98.0%。

【环境保护】 2012年,全市共立案查处违法排污企业单位139家。全年共接到环境信访、污染投诉案件786起,调处率100%。强化环境监管,严格执行重点污染源和地表水交接断面水质及三个中心镇空气质量每月监测制度。深化电镀行业整治提升。开展“华溪风暴”环保专项行动、“整治违法排污企业,保障群众健康”环保专项行动等。严格执行辐射安全许可制度,持证率100%。下拨生态村、生态镇创建经费264万元。2012年年底烟尘控制区面积60.56平方千米,环境噪声达标区总面积21.4平方千米。全市饮用水源水质达标率100%,地表水交接断面水质省考合格,全年空气质量达标(API < 100)天数319天,城市区域环境噪声值52.9分贝。

【人口和社会保障】 2012年年底户籍总户数22.4万户,户籍总人口58.0万人,比2011年年底增加2080人。户籍总人口按性别分,男性人口29.6万人,女性人口28.3万人。按农业与非农业分,农业人口48.0万人,非农业人口9.9万人,农业人口占总人口的比重为82.9%。全市出生人口6979人,出生率12.0‰;死亡人口5567人,死亡率9.6‰;自然增长人口1412人,自然增长率2.4‰。全市共有常住人口73.7万人。2012年城镇居民人均可支配收入32380元,比2011年增长11.7%;农民人均纯收入14566元,比2011年增长12.4%。全市有社会福利院1个,床位478张,收养205人;集体办敬老院8个,床位838张,在院人数632人。全市参加基本养老保险人数16.7万人,参加工伤保险人数19.9万人,参加基本医疗保险人数11.3万人,参加城乡居民社会养老保险人数21.2万人。新增城镇就业岗位12056个,企业劳动合同签订率为91.2%,享受农村居民最低生活保障人数4897人,享受城镇居民最低生活保障人数210人。

【永康世贸中心】 永康世贸中心是全国首个县级市世贸中心一级会员,项目于2009年年底动工兴建,占地4.87公顷,主体建筑双子楼40层,总投资约13亿元,由世界著名酒店希尔顿入驻经营,核心功能为五星级酒店、LOFT写字楼、高级公寓等,是永康城市的新地标。该工程已正式结顶进入内部装修阶段,将在2013年底前正式投入使用。

【人民币期权业务】 5月6日,为规避人民币汇率双向波动带来的风险,永康市泰隆控股集团正式与中国银行永康支行签订人民币期权业务,成为浙江省首笔成交的人民币期权业务。

【被授予"中国五金之都"称号】 9月14日,中国五金制品协会授予永康市"中国五金之都"称号。该市共有五金生产企业1.2万余家,从业人数超30万人,已形成车业、门业、杯业、电动工具等八大支柱产业,产品种类涉及工具五金、建筑五金、日用五金等多个类别,五金产品达1.1万多种,其中有12种产品销量居全国之最,130多种产品销量居全国前3位。

【衡器行业】 永康是全国最大的衡器生产基地,近年来,市坚持质量立市,推进衡器产业质量提升工程,其中电子秤国抽合格率达100%。该市生产的砣磅秤占全国市场95%以上;电子计价秤占全国市场85%以上;其他衡器占全国市场70%以上,行业年产值突破16亿元。

【防火门自律公约】 永康是全国重要的防火门生产基地,拥有防火门生产企业54家,占全国总数的8%,年销量占全国20%以上的份额。为规范防火门企业生产、销售行为,市出台全国首个《防火门行业自律公约》,要求会员企业缴纳自律保证金5万元,对产品质量检查现场判定不合格的、不合格产品未及时召回等违反自律公约的行为将扣罚违约金。

【第17届五金博览会】 9月26日~28日,第17届中国五金博览会在永康国际会展中心举行。本届博览会共有1458家企业参展,实现交易额108.7亿元,同比增长9.8%;参展参会洽谈贸易达29.4万人次,洽谈科技项目及发布技术成果项目513项。

【第3届门博会】 5月26日~28日,第3届中国国际门业博览会在永康国际会展中心举行。本届门博会3天会期共达成交易额20.66亿元,同比增长12.9%;出口额5816.7万美元,同比增长14.4%。网上门博会访问量21.8万人次,同比增长22.5%。

【工业强市创建试点】 永康是工业大市,工业经济占经济比重的63.6%,2011年全市共有规模以上企业432家,实现规模以上工业产值701亿元,居金华各县市首位。永康市被列为全省工业强市创建试点单位,成为金华市唯一入选的县市。

【农机产业园】 9月26日,中国南方最大农机产业园在永康开工建设,该项目规划面积22.89平方千米,一期规划面积10.98平方千米,计划用5年时间,打造成为营业收入超百亿元、南方最大的新型农机装备制造基地和出口基地。包括浙江四方集团5万台轮拖、1万台联合收割机生产线在内,首批12家企业入园开工。

【浙商回归创业创新园】 12月4日,浙江首个浙商回归创业创新园在永康开工建设,该创新园区位于永康市东永一线以东、龙山大道以北,在建中东永高速以西,西溪—四路通道以南。占地约727公顷,近期拟开发建设3.6平方千米,固定资产投资150亿元以上,吸引浙商回归企业100家以上,实现规模以上工业总产值135亿元,税收5亿元。

【中国金融生态示范城市】 2012中国金融生态城市发展论坛暨颁奖大会公布浙江省永康市等8个市(县、区)列入首批"中国金融生态示范城市"。首批8个"中国金融生态示范城市"是从全国204个金融生态城市中评选择优进行试点,永康成为浙江省唯一获此殊荣的城市。

【金太阳示范工程】 永康市群升集团20兆瓦屋顶光伏发电示范项目总投资达2.1亿元,获中央财政补助资金1.1亿元,是浙江省"金太阳示范工程"取得中央补助最大项目,占全省中央财政补助资金近1/4。首期到位补助资金7700万元。

【餐厨用品基地】 9月26日,永康市被授予"中国餐厨用品出口基地"称号。12月26日,在全国外贸转型升级基地与贸易平台经验交流会上,永康市被授予"餐厨用品国家外贸转型升级专业型示范基地"称号。餐厨用品是永康市八大支柱产业之一,以不锈钢制品和铝制品为主,截至年底,全市有餐厨用品生产及相关配套企业1700多家,从业人员超6万人,年产值上百亿元,产品主要销往欧美、日本、中东等170多个国家和地区,出口总量稳居全国县(市)级首位。

【水资源管理制度】 永康市属资源性缺水地区,人均生活日用水量、万元工业增加值用水量、万元GDP用水量等均低于全省和全国平均水平。对此,该市在全国县级市中率先实施最严格水资源管理制度,通过执行水资源开发利用控制红线、用水效率控制红线和水功能区限制纳污红线的"三条红线"方法,推进水资源的可持续利用。凡是用水量大的项目在审批前期都要进行水资源论证。

(胡　韬)

浦江县

【概述】 浦江县辖3个街道、7个镇、5个乡,总面积920平方千米。2012年年底全县总人口(户籍人口)39.14万人,其中男性20.4万人,女性18.74人。非农业人口7.25万人。全年出生人口3963人,人口自然增长率2.84‰;年末全县金融机构本外币各项存款余额244.93亿元,比上年末增长13.4%。其中储蓄存款150.53亿元,增长21.6%,各项贷款余额222.11亿元,增长14.9%。

2012年,全县地区生产总值(GDP)166.6亿元,比上年增长10.3%,三次产业结构调整为5.2:59.8:35.0;财政总收入20.4亿元,比上年增长7.3%,其中地方财政收入11.5亿元,比上年增长9.1%;全社会固定资产投资65.7亿元,比上年增长31.7%;社会消费品零售总额74.7亿元,比上年增长15%;城镇居民人均可支配收入27840元,比上年增长10.9%;农村居民人均纯收入11188元,比上年增长11.3%;万元生产总值综合能耗降低7%。

农业效益明显提升。农业基础设施特别是"两区"建设加速推进,建成粮食生产功能区9个、精品园5个,完成投资7000余万元。农业产业结构不断优化,粮食生产稳中有增,水果和蔬菜的总产值达6.4亿元,新发展特色产业1867公顷,3只农产品在国家级博览会上获得金奖。成功举办全国林业科技周活动,被授予"中国香榧之乡"称号。创新农村经营体制,积极开展农村土地股份化改革试点,流转耕地66.7公顷、林地420公顷,成立了全省首个林地股份合作社,新增农民专业合作社35家。

工业经济艰难求进。加大扶持力度,修订工业科技扶持政策,开展工业经济服务月活动,一批制约企业发展的难题和困难得到解决。加强要素保障,出让工业用地22.93公顷,消化批而未供土地113.3公顷,新增工业类贷款25.5亿元。创新招商模式,积极实施"浦商回归"工程,主动对接央企、省企,引进内资19.6亿元,实际利用外资357万美元。加快项目落地,实施"双百亿"投资项目,县科技创业园启动建设。全年实现工业总产值483亿元,增长15.6%,其中规模以上工业总产值292亿元,增长12.2%,浦江开发区工业总产值突破200亿元。在政府的强力帮扶下,危困企业持续蔓延的态势得到有效控制,突发性矛盾得到妥善处置,有力维护了大局稳定。

第三产业基础得到夯实。浦江中国水晶城一期、现代物流服务中心一期顺利竣工,浦江绿谷建设项目一期完成土地征用。新增村级连锁便利店101家,全年发放来料加工费3.5亿元,建筑业实现产值54.5亿元,增长33.9%。加快推进旅游设施建设和旅游项目开发，编制完成全县农家乐发展规划，仙华温泉国际度假村完成主楼建设,仙华山景区通过国家AAAA级风景区复评，全年共接待游客232万人(次),实现旅游收入14.7亿元。不断强化金融对经济发展的有效支撑,交通银行浦江支行和众银小额贷款公司相继运营,助农取款服务点实现全覆盖,全县信贷投入比年初增加35.4亿元。

美丽乡村建设步伐加快。村庄整治不断深化，共完成45个村的村庄整治和3400户农房改造,嵩溪村被命名为“全国生态文化村”,创建省级农村示范社区6家、市级以上森林村庄9个、市级以上生态乡镇3个、市级生态村81个。浦江县在全市率先实现电气化“村村通”,岩头镇“异地安居奔小康”工程完成土地征用。水利设施投入2.9亿元，创历史新高，共完成20个村的水质提升和6个村的甘泉工程,整治、加固山塘水库15座,完成金坑岭西干渠修复工程。积极做好历史文化村落的调查摸底和保护利用,冷坞村、嵩溪村和新光村的规划已基本完成编制,新光村被评为省级历史文化村。浦义二通道建成运行，柘树岭隧道修复加固工程通过验收,浦后公路岩头至郑宅段改建工程完成路基建设。

民生事业稳步发展。教育投入力度继续加大,浦江四中和花桥乡中心幼儿园建成投用,新华幼儿园、前吴乡中心幼儿园和大畈乡中心幼儿园完成主体建设,创建省等级幼儿园10所、省义务教育标准学校5所。素质教育和群众体育成果丰硕,创建省诗教先进单位4个、省体育强乡镇1个、省体育小康村70个,全县高考成绩名列全市前茅。医疗卫生改革逐步深化,公立医院改革启动实施,全县16家乡镇卫生院和146家村卫生室实施国家基本药物制度,农村紧密型卫生室的建设快速推进,受到省政府的高度肯定。文化事业得到发展,成功举办全国首次“中国?浦江档案文化节”和金华市“首届农民赛诗会”,新增农家书屋示范点7个,数字电视整体转换基本完成。计生形势有所好转,全县出生人口性别比为124.6,下降4.4个比值。

社会保障不断完善。社会保险覆盖面进一步扩大,保障力度不断加强,财政投入社保医保经费达到2.4亿元,增加24.5%,城乡居民社会养老保险参保率达到99.6%，被征地农民保险待遇标准调整提高,“五险”总参保人数超过31万人。社会救助力度加大,农村“五保”老人和城镇“三无”人员集中供养率达到100%,城乡低保实现“应保尽保、应退则退”。创办扶贫基地4家,新增社区居家养老服务照料中心4个,建成经济适用房240套。

社会管理得到加强。净化社会治安环境,加大对企业周边黑恶势力以及经济、侵财、黄赌毒等犯罪行为打击力度,摧毁涉企涉恶团伙2个,侵财警情下降22%，极大打击了犯罪分子尤其是黑恶势力的嚣张气焰。加强安全隐患整治,建立县领导安全生产检查日制度,深入开展安全生产领域“打非治违”专项行动,重点加强出租私房、合用场所和食品药品等重点领域的安全整治,一些安全隐患得到有效排解。着力化解社会矛盾,实行人民调解、行政调解、司法调解“三调联动”机制和县、乡、村三级信访预警机制,新建流动调解室14个、专业调委会3个,全年信访件次下降27.5%，确保了中共十八大等重要时间节点的安全稳定。创新外来人口管理,全面开展“网格化管理、组团式服务”和“新浦江人服务行动”,流动人口服务平台不断完善。提高应急处置能力，完成县避灾中心和3个村级避灾安置点建设,铬超标胶囊、毒豆芽和“6·18”强降雨等应急事件得到妥善处置。

成功破解“三大难题”。一是城北旧城改造房屋征收100%签约。抽调300余名干部组成17个工作组,坚持“一切为了群众、一切依靠群众”,走街串巷,进区入户,不到2个月时间,1133户被征收户的房屋产权调换协议100%完成签约。铸就了“敢于担当、合力攻坚、善作善成”的“城北征迁精神”。二是小黄坛卫生填埋场开工建设。第二填埋场是全县最急迫的民生项目,刻不容缓。通过采取“调整思路、多面进迫、一点突破”的策略,只用10天时间就完成征地。实施“主动对接、并联推进、交叉进行”办法,不到3个月的时间,就完成了全部政策处理和审批工作,工程顺利开工。创造了“一天都不可耽误”的“小黄坛速度”。三是殡仪馆迁建项目顺利落地。2007年开始启动的殡仪馆迁建工程,是一项重大的民生项目。通过上下努力,通力协作,创造条件,把握契机,终于取得突破,完成征地报批,工程动工建设。

【浦江县被授予“中国香榧之乡”称号】2012年，浦江县被国家林业局授予“中国香榧之乡”称号。浦江县是我国香榧发源地之一，现有野生榧树4800多株，面积106.7公顷，全县合计香榧种植面积已达1866.7公顷，全部进入成熟期预计香榧年产量将达700多吨，年产值超过8000万元。浦江县规划到2020年全县香榧种植面积将达6.67万公顷，香榧年产值将达6亿元，香榧产业将成为浦江县兴林富民的又一大支柱产业。

【启动实施“四大工程”】一是水晶产业生态集聚区工程。2012年，浦江县提出了“园区集聚、集中治污、产业提升”的整治思路，得到了省政府和省有关部门的肯定和支持，并争取到了33.3公顷用地指标，启动了水晶产业生态集聚区的征地、规划等工作。二是20省道浦江联盟至古塘段改建工程。2012年，浦江县启动实施了投资14.4亿元的20省道浦江联盟至古塘段改建工程。在各级各部门的支持配合下，创造了浦江重大交通项目报批的最高效率，该工程已完成线路放样，并全面开展土地征用和拆迁工作。三是江南新区工程。围绕打造“城市综合体、商贸副中心、教体集聚区”的功能定位，2012年，浦江县启动实施了投资22亿元的江南新区项目建设，打造宜居宜业宜游的复合新城。区内3千米交通路网全部开工并已完成总工程量的85%，基本实现“一年拉开框架”的目标。四是浦江绿谷项目一期工程。为加快对接义乌综合配套改革试验区，提升浦江城市品质，推动产业转型升级，2012年，启动实施了投资30亿元的浦江绿谷项目一期建设工程，着力打造浙中重要的现代服务业集聚区，浦江绿谷项目一期的土地征用和报批工作已基本完成。

【农村居民人均纯收入首次突破万元大关】2012年浦江农村居民人均纯收入10052元，同比增长11.96%。其中工资性收入5298元，同比增长12.15%；家庭经营纯收入人均3765元，同比增加257元，增长7.33%。

【拆违整治大行动】2012年，浦江县按照“分类处置、宽严相济、堵疏结合”指导原则，在全县开展了声势浩大的“拆违整治大行动”，对2012年1月1日后新违建“不留一户坚决拆”，对历史遗留违建本着“缺房户从宽、余房户从严”的方针，多管齐下，分类处置。全年共拆除城乡各类违法用地1500宗、25万平方米，卫片图斑数下降93%，有效遏制了违法用地势头。强力拆违行动得到了省政府的高度肯定。

【水晶行业整治】2012年，浦江县开展治污大行动，对不配合污染整治的加工户或企业，依法采取断电整改、经济处罚、拆除违建加工场所、行政拘留等多种措施，全年共拆除违建加工场所1万余平方米，关停非法排污水晶加工企业4000余家，取缔非法水晶酸洗、磨盘褪砂加工点30个，征收税费6000余万元，有效遏制了水晶污染严重蔓延的势头。

【城乡环境卫生整治】2012年，浦江县加大卫生运行经费投入力度，加大卫生基础设施建设力度，加大卫生管理体制改革力度，建立了全面覆盖城乡的卫生管理网络。全年财政拨付垃圾处置专项经费提高到1200万元，乡镇(街道)、村(社区)的投入提高到3200多万元。全县所有行政村都建立保洁员队伍，配备垃圾箱6万余只、垃圾车1500余辆，95%的村建立了卫生长效管理机制，城乡卫生面貌得到了极大改善。

【综合治理浦阳江水环境】2012年，浦江县提出“抓生态环境就是抓投资环境”的执政理念，开展了“保护母亲河，改善水生态”的综合治理行动。全面实行浦阳江流域“江段长负责制”，开展轧(洗)砂场、电镀、废旧塑料等重污染行业和畜禽养殖污染等专项整治行动。按照“综合治理、立体打击”的工作方针，从严整治污染环境的企业和加工户，共开展联合执法行动40余次，关闭污染企业80家。加快基础设施建设，县城市污水处理厂完成中控系统改造，内部管理全面加强，污水处理达标率提高到85%以上；第二、第三污水处理厂和11千米支管网完成建设并投入使用。5月起，浦阳江交接断面水质考核一直保持合格以上，成功解除了省环保厅、水利厅对我县的区域限批，受到省政府的表彰。

【成立第一所“四点半”学校】为避免学生放学后单独在家导致的安全隐患，2012年，浦江县在夏张村率先开办“四点半”学校，让广大务工人员子女放学后来校，在教师志愿者指导下复习功课、开展手工制作或阅读课外书等，让“四点半学校”成为孩子放学后的新活动阵地，减少因没人看管造成的意外事故。夏张村已有90多名务工者子女加入“四点半”学校,占全部新居民子女的98%以上。

【成立首个社区“红十字博爱互助金”】 2012年,浦江县首个社区“红十字博爱互助金”在大桥路社区成立。该互助金由社区居民筹集,接受县红十字会、捐赠爱心人士、全体社区红十字会员的监督审计,主要用于帮助因患重大疾病致贫或因自然灾害等突发事件致贫的困难家庭以及社区内其他公益事业,已筹资近20万元。

【城乡社区责任医生覆盖率达到100%】 在全县推广农村社区责任医生制以来,按照“责任分区、团队协作、综合服务”的原则,组建农村片区责任医生组,使每个农村家庭都有自己的农村社区责任医生,每个农民都能享受到基本医疗、预防、保健、康复、健康教育、计划生育技术指导等六位一体的服务。2012年,浦江县共有303个农村社区责任医生,遍布全县所有409个行政村和社区,城乡社区责任医生覆盖率达到100%。

【推出“职业超市”应对企业招工难题】 2012年,为应对企业用工荒,浦江县在人才市场推出了“职业超市”,将每个季度、每个月和每一旬的企业用工情况,及时收集汇编成册,放在“职业超市”供企业主、务工人员随时免费取用,每天能免费提供700多条招工信息,已达成招工意向有4000余人。

【国家技术创新基金立项】 科技部、财政部下达了关于2012年度科技型中小企业技术创新基金项目立项的通知,浦江县星碧照明科技有限等公司承担的4个项目榜上有名,国家补助经费合计280万元。浦江县项目达到4项,占金华市立项项目的20%,数量居全市第一。

【浦义公路(浦江段)建成通车】 2012年1月,浦义公路(浦江段)正式建成通车。浦义公路工程是该县交通建设史上投资规模最大的项目,总投资达3.13亿元。浦义公路的建成,对于浦江县加快“接轨义乌”步伐,更好融入长三角一体化和浙中城市群,提升区域地位、实现产业互补、推动跨越发展具有十分重要的意义。

【“网电”社保查询咨询服务】 2012年,浦江县开通了网络及24小时服务热线“12333”进行全县互联互通试运行,主要提供政策及办事指南咨询、社保卡自助挂失、劳动保障监察举报、行风政风投诉举报、被征地农民相关信息等。社保网浏览量已达12000余次,热线受理各种社保信息查询及举报68起,办结率达100%。

【实现农村法律顾问全覆盖】 年内,浦江县7家律师事务所和6家法律服务所组成一个“法律顾问团”,定期走访联系村,为村(居)民提供法律咨询和代理诉讼服务。2012年,全县429个村(社区)都签订了农村法律顾问合同书,覆盖率达100%。先后举办法制讲座150余场,参与调处矛盾纠纷120余件,帮助困难群众获得法律援助80人次,探索出了一条农村民主法治新渠道。

【启动大学生村官入企挂职】 浦江县创新大学生“村官”培养新途径,在全市率先选派了26名优秀大学生“村官”到本县10余家产业龙头企业挂职锻炼。规定在为期3个月挂职期间需做到“3个一”,即帮企业至少解决一件实事,开展一次调研活动,撰写一份调研报告。结合“大学生模拟就业基地”建设,有计划地让全体大学生村官进重点企业挂职锻炼。挂职期满后,由企业对大学生村官的表现情况进行考核评定,并记入其个人“办事档案”。

(陈志彪)

武义县

【概述】 2012年年底,全县户籍总人口338956人,出生人口3282人,死亡人口3510人,全年人口出生率9.69‰,人口死亡率10.36‰,人口自然增长率-0.67‰,计划生育率90.69%。

全县地区生产总值163.33亿元,按可比价格计算,比上年增长9.6%。其中:第一产业增加值14.40亿元,增长3.9%;第二产业增加值91.43亿元,增长10.2%;第三产业增加值57.51亿元,增长10.1%。全县地区人均生产总值48218元(按户籍人口计算),按2012年年均汇率折算约为7638美元。经济结构调整稳步推进。第一、二、三产业增加值占全县生产总值的比重由上年的8.9:56.8:34.3,调整为8.8:56.0:35.2。

全年财政一般预算收入23.68亿元，增长15.4%。其中：公共财政预算收入12.43亿元，增长12.3%。地方公共财政一般预算支出20.46亿元，增长8.3%。民生支出保持增长，其中教育、社会保障和就业、医疗卫生、文化体育与传媒等支出分别增长15.4%、23.1%、17.4%、32.6%。

农业经济持续发展。实现农业总产值22.31亿元，比上年增长7.3%。现代农业园区建设积极推进，新增省级示范区4个、精品园3个，建成粮食生产功能区1106.7公顷，国家科技富民强县专项行动试点通过验收。

工业经济平稳运行。实现工业总产值554.5亿元，增长13.4%，工业增加值81.09亿元，增长10.4%。规模以上工业企业437家，实现工业总产值400.98亿元，增长6.8%。外贸出口21.1亿美元，增长5.1%。"科技兴县"战略扎实推进，工业质量稳步提升，实现新产品产值78.70亿元，增长37.6%。

积极推进旅游综合改革。以旅游业为龙头的服务业加快发展。全县接待游客417.92万人次，实现旅游总收入31.91亿元，分别增长18.6%和19.4%；全社会消费品零售总额62.16亿元，增长15.4%；金融机构本外币存款余额242.85亿元、贷款余额245.06亿元，分别增长10.6%和18.3%。

区域品牌建设成效明显。成功举办中国武义第六届温泉节暨第三届国际养生博览会，荣获中国温泉之城和全国资源型城市称号，通过省旅游经济强县复核，大红岩景区被命名为国家级风景名胜区。举办了第23届全国电动工具配套会议暨中国(武义)五金工具博览会、亚太文具行业年会，被评为全国"十一五"轻工业特色区域和产业集群先进集体，新增门业、文教用品、扑克牌三个国字号生产基地称号。特色农业、有机产业加快发展，成为国家有机产品认证示范创建区和中国茶文化之乡，成功注册"武义宣莲"地理标志证明商标，武义铁皮石斛成为全国首个铁皮石斛国家地理标志产品。全县新增市级以上著名商标18件、名牌产品7只、出口名牌3只。

项目带动明显增强。攻坚克难推进项目建设，努力实现有效投资高位增长，"百亿投资"系列项目集中开工，完成固定资产投资81.1亿元，增长30.8%。进一步整合政府投融资平台，出台政府投资项目管理制度，突出抓好公共基础设施建设。86项政府投资项目，开工77项，开工率89.5%，比上年提高21个百分点；完成投资10.5亿元，完成率77.7%，比上年提高18.6个百分点。其中37项总投资1000万元以上的县级实施重点项目，除环城南路延伸、机动车辆检测站未正式开工外，其他35项均有序实施。十大建设项目总体进展顺利。旧城区改建基本完成城西一期A区块549户、70021平方米危旧房征收补偿协议签订、腾空和拆除工作，安置工作平稳有序进行；石硖水库大坝工程区政策处理基本完成，工程建设有序推进，库区移民搬迁安置协议签约90%以上，安置房启动建设；44省道武义城区段改建工程高速公路连接线和汤村岭段全线开工；全省首条田园休闲绿道一期示范段20千米建成投用，二期50千米有序实施；义乌至武义公路、第一人民医院迁建、柳城小学迁建、金温铁路扩能改造、220千伏莹乡输变电等项目积极推进。鼓励国有工业建设用地使用权有序流转，加快项目落地和在建项目建设，完成工业投资53.5亿元，增长24.7%。改进招商引资方式，实际利用内资22.7亿元，浙商回归5.5亿元，实际利用外资2547万美元。

城乡统筹积极推进。加强城市规划编制与管理，县域总体规划和中心城区规划获省政府批复，完成温泉度假区总体规划、北岭新区城市设计和中心城区综合交通、公共设施布局等专项规划的编制。实施城区道路畅通工程，基本完成解放桥老桥拆建、武阳西路改造，内环西路拓宽工程启动，明招路拓宽、交通拥堵节点和人行道改造积极推进。垃圾填埋场一期续建工程投用，城市雨污分流等基础设施建设完成年度计划。城市管理行政执法局正式成立，城市管理相对集中行政处罚权工作稳步推进。"数字城管"作用进一步发挥，"整洁城乡、美化家园"爱国卫生月活动和城区占道经营、犬类管理等专项整治取得积极成效。入选第四批中央财政小型农田水利重点县，熟溪堤防和除险加固等水利工程建设进展顺利，小水电增效扩容任务提前完成。建成7个新农村电气化乡镇，实现电气化行政村全覆盖。深化生态武义建设，启动省级森林城市创建和"四边三化"行动，饮用水水源保护与生态县建设有序推进，跨行政区河流交接断面水质考核为优秀；开展重金属行业专项整治，完成节能减排年度任务。推进节约集约用地，出台规范村级安置留用地管理等政策，强化建设用地批后监管，建立国土资源执法共同监管责任机制。安排30.53公顷新增建设用地指标用于农户建房，新启动29个美丽乡村建设。积极开展“百企联百村、共建新农村”活动，加强农村集体资产资金资源管理，努力发展壮大农村集体经济。深入实施“低收入农户奔小康工程”，大力发展“超市经济”和来料加工业，不断拓宽农民增收渠道，实现城镇居民人均可支配收入22278元，农民人均纯收入9757元。

社会民生不断改善。全年新增地方财力的80%用于民生事业支出，十件民生实事全面完成。促进教育均衡发展，推行“阳光招生”，中小学义务教育生均公用经费分别提高到750元和550元，武东小学迁建等工程积极推进，民办教育加快发展。加快医疗卫生事业发展，启动县级公立医院综合改革，积极扩大国家基本药物制度覆盖面和药品零差率销售范围，新型农村合作医疗参保率达到96.5%，县中医院通过二级甲等医院评审。举办2012中华明招文化研讨会，南宋徐谓礼文书被确定为国宝级国家一级文物，“唱响壶山·舞动熟溪”等群众文化活动不断丰富，农家书屋工程全面完成。广播电视有线网络“一省一网”整合发展工作有序推进，数字电视网络实现全覆盖，被评为省级农村信息化示范县。努力提升人口和计划生育工作水平，计生专项整治取得明显成效。深入开展全民健身活动，成功举办全国摩托车越野锦标赛暨国际邀请赛等赛事，赛车等竞技体育获6项全国冠军，通过省体育强县验收。完成柳城等5个农贸市场改造提升，食品安全大整治百日行动获省政府表彰，被评为省食品、药品安全示范县。以“五费合征”为抓手积极构建社会大保障体系，新增参保人数5.9万人，养老服务体系初步建立。加强和创新社会管理，“网格化管理、组团式服务”积极推进，成功化解一批信访积案，“民生大篷车”深受群众欢迎。城乡社区建设不断加强，“后陈经验”进一步深化，基层民主自治水平日益提高。切实抓好社会治安防控体系和应急联动机制建设，各类违法犯罪得到有效防范和打击。全县安全生产形势稳定，实现三个“零增长”。积极发展妇女、儿童、老龄、残疾人、红十字、慈善、志愿者等事业，国防教育、国防动员、民兵预备役、人民防空和双拥优抚不断加强，地方志、档案、统计、气象、外事、侨务、民族、宗教等工作取得新成绩。

【温泉旅游度假区总体规划通过省专家评审】 8月28日，武义温泉度假区总体规划通过评审。该规划面积78平方千米，其中核心区块13.30平方千米，主要建设内容为“一心两轴三廊六区”。“一中心”为温泉养生度假中心；“两轴”分别是武丽线交通景观轴、环溪线交通景观轴；“三廊”分别为古村休闲文化长廊、山水生态旅游长廊、熟溪水岸景观长廊；“六区”为入口门户印象区、灵山秀水养生区、时尚运动体验区、熟洞文化旅游区、双坑乡村旅游区、生态竹海游赏区。

【萤石示范基地建设总规通过审查】 10月，全国40个矿产资源综合利用示范基地之一，全省首家萤石资源综合利用示范基地——武义县萤石资源综合利用示范基地建设总体规划通过国土资源部和财政部审查。该总体规划将保障综合利用示范基地在资源利用、节能减排、矿地和谐、生态环境建设等方面起到示范带动作用。该规划范围为武义、遂昌萤石成矿带，由浙江武义神龙浮选公司、金华东方萤石有限公司、金石资源集团有限公司三大矿山企业共同建设。示范基地建设项目包含了兴建低品位难选萤石矿采选示范工程；对老矿山和选厂进行技术改造，建设低品位残留矿采选及尾矿综合利用示范工程；萤石尾矿再选及综合利用示范工程。规划到2015年基地项目投产后，萤石资源开采和综合利用规模达120万吨/年，可盘活萤石资源5000万吨，开采回采率达到80%以上，选矿回收率达到90%以上，年可新增销售收入8亿元。

【百亿项目开工】 10月22日上午，浙中崛起千亿投资系列工程——武义百亿项目开工仪式在茭道镇下茭道村举行。本次集中开工的义乌至武义公路(武义段)、浙江健坤实业有限公司年产1000万个户外休闲用品项目、浙江金齿机械有限公司年产万台联合收割机项目、桐琴五金大桥建设工程等项目，累计投资额为108亿元。这些项目的实施，将进一步确立武义作为浙中汽摩配和永武缙五金两大产业集群腹地和联接地的地位。义乌至武义公路全长27.52千米,起点自义乌市佛堂镇田心村,终点至茭道附近,武义段总长6.68千米,总价4.8亿多元,桐琴五金大桥是连接桐琴镇五金工业园区主要通道桥梁,全长186米,宽38米,双向6车道,投资3000多万元。除交通工程项目外,武义县集中开工的还有:浙江三美化工3000吨新型环保制冷剂项目,武义神龙浮选8万吨莹石精矿粉,武义汉力士船用推进器等10多家企业项目,计划投资100多亿元。

【石硖水库建设】 石硖水库位于钱塘江流域武义江支流熟溪上游,坝址位于白姆乡白果树脚上游约500米附近,距武义县城30千米,距源口水库8千米。工程规划水库正常蓄水位362万立方米,总库容988万立方米,正常库容833万立方米,防洪库容189万立方米,兴利库容736万立方米,电站装机2×2000千瓦,总投资18280万元。工程由拦河坝、泄水建筑物和发电引水隧洞等组成。工程永久征地854亩,移民504人,拆迁房屋3.12万平方米。工程建成后,与下游源口水库联合调度,结合熟溪河道整治及堤防建设,使下游武义县城达到50年一遇防洪标准,熟溪沿岸建制镇防洪标准达20年一遇;同时为生活、生产多提供年平均3059万立方米的供水量。石硖水库于2008年开始启动建设程序。2012年完成总工程量的20%。截至12月底,完成电站隧洞开挖1000米(总长3100米),电站厂房基础开挖基本完成,隧洞进口完成政策处理,明槽开挖接近尾声,大坝土建标完成场地平整、施工便道建设,295米导流洞已打通。移民政策处理已完成房屋评估,移民户数、人口核定等迁移协议前基础工作,与双溪村254户水库移民签订了协议,移民新区一期房屋建设稳步推进。

【金丽温输气管道(武义段)工程开工建设】 9月28日,金丽温输气管道(武义段)工程开工建设。金丽温输气管道工程是经国家发改委核准的浙江省天然气主干管网的重要组成部分,是2012年省重点工程建设项目,也是武义县百亿投资系列项目之一。该工程(武义段)在县境内管线长度为17.15千米,途径履坦镇和白洋街道,借用地长度16.284千米,宽度16米,用地面积约26公顷。其中在履坦镇潘宅设置阀室一座,白洋街道西田畈村设置武义分输站一座。金丽温输气管道工程的建设,对武义县经济社会发展具有重大的意义。

【武义跻身全国资源型城市】 7月,国家发改委公布中国资源型城市名单,武义县依靠萤石和森林等自然资源优势名列其中,并在资源型城市综合分类中被列为成熟型城市。资源型城市是以矿产、森林等自然资源开采、加工为主导产业的城市类型,成熟型城市资源开发处于稳定阶段,资源保障能力强,经济社会发展水平较高,是现阶段能源资源安全保障的核心区。国家发改委编制《全国资源型城市可持续发展规划》,对全国所有地级行政区和县级行政区进行筛选,界定出389个典型的资源型城市纳入规划范围。全省仅武义和青田两县入选。武义号称"萤石之乡",萤石矿床分布密集。在所发现的矿床中,大中型的11处,小型的170多处,蕴藏量约4000万吨。近些年,武义矿山开采企业纷纷成功转型,创办了氟化工、萤石雕刻等深加工企业。春雷萤石工艺品公司还把萤石导入"克拉时代",成功研制出"萤石珠宝"等产品,把昔日按吨卖的萤石转向以克拉计价。武义森林等生态资源优势十分明显。全县森林面积达9.73万公顷,覆盖率达到72%,是首批省级生态县和森林资源可持续经营管理试点县。全县分布有木本植物93科308属802种,其中列入国家保护珍稀树种的有17种。武义因势利导,充分利用境内的温泉、生态等旅游资源,以做强养生旅游和打造精致武义为重点,加快推进温泉名城建设,打响养生旅游品牌。武义优越的生态环境孕育了名优茶、蜜梨、有机宣莲、优质稻米、高山蔬菜等特色名优农产品,有机食品、绿色食品、无公害农产品等"三品"认证基地达0.93万公顷,有机茶认证面积1966.67公顷,居全国之首

【大红岩成为国家级风景名胜区】 国务院公布第八批国家级风景名胜区名单,武义县大红岩景区名列其中。本次评选,全国共入选17家,浙江省仅武义一家。大红岩风景名胜区位于武义县中部,由原大红岩、刘秀垄、清风寨、俞源、寿仙谷、龙潭、石鹅岩、郭洞等八个景区组成,规划面积5050公顷。其中,大红岩、刘秀垄和清风寨等景区是丹霞地貌景观集中分布区,为大红岩风景名胜区的核心景区。景区内分布着大小不一、深浅不同、千姿百态的丹

霞洞穴，堪称天然的丹霞洞穴博物馆。除典型的丹霞地貌景观外，自然景观以山青、林秀、泉甘、岩险、峰奇、洞多、谷幽、湖静取胜。其中核心区大红岩赤壁丹岩高385米、宽650米，规模为全国丹霞赤壁之最；景区内的俞源、郭洞两个古村落，通过在保护基础上的合理开发，已被国家公布为首批中国历史文化名村，俞源还被公布为国家重点文物保护单位。

【浙江省首个“中国温泉之城”】 武义申报“中国温泉之城”命名已获中国国土资源部专家评审组通过，“温泉名城，养生胜地”武义成为浙江省首个被命名为“中国温泉之城”的县(市)。武义以萤石、温泉等矿产地热资源闻名国内外，自1995年举办中国武义第一届温泉节开始，就致力于优质温泉开发和温泉养生文化传播利用。县温泉旅游度假区核心地带溪里村和县城塔山等地已探明温泉13处，日出水量1万吨，水量、水温和所含矿物质堪称“浙江第一，华东一流”。县境清水湾沁温泉度假山庄、唐风温泉度假村、浙江上顶置业等企业已投入20多亿元打造“中国温泉名城，东方养生胜地”温泉养生优秀产品和休闲度假平台，温泉资源开发利用深受长三角游客喜爱，是浙江省目前地热温泉开发利用规模最大的地区。2012年，全县共接待国内外游客417.93万人次，实现旅游总收入31.91亿元，与去年同比分别增长18.64%和19.38%。

【武义成国家有机产品认证示范创建区】 12月3日，国家认监委确定武义县为第二批国家有机产品认证示范创建区(县)，成为继建德之后浙江省第二个获此殊荣的示范创建区。国家有机产品认证示范创建区是经过地方各级政府和质监部门逐级审核后，向国家认监委报批，国家认监委在经过实地考核等多项严格审核后最终确定的。近年来，武义县坚持“生态立县”战略，以促进农民增收为核心，以农业结构战略性调整为主线，大力发展高效生态农业，初步形成了茶叶、优质水果、花卉苗木、食用菌、蔬菜和畜牧业等特色优势产业。武义县已有茶叶、猕猴桃、铁皮石斛、灵芝、莲子等16种产品通过有机产品认证，生产组织单位有28家，通过有机颁证的农作物种植面积达2466.67公顷，畜禽达2万多头(羽)。更香有机茶业有限公司的有机茶园面积、产量、销量均居全国第一，年销售额达4亿多元。

【“武义铁皮石斛”获国家地理标志保护农产品】 农业部公布全国第五批共计87个农产品地理标志登记信息，由武义县浙江寿仙谷珍稀植物药研究院申请的“武义铁皮石斛”，经过初审、专家评审和公示，符合农产品地理标志登记程序和条件，准予登记，成为国家地理标志保护农产品，地域保护范围涉及白姆乡、泉溪镇等13个乡镇街道95个建制村。“武义铁皮石斛”也是浙江省经过该认证的3个农产品(武义铁皮石斛、桐庐雪水云绿茶和普陀佛茶)之一。国家地理标志保护农产品是指标示农产品来源于特定地域，产品品质和相关特征主要取决于自然生态环境和历史人文因素，并以地域名称冠名的特有农产品标志。农业部发布的《农产品地理标志管理办法》规定，经登记的农产品地理标志受法律保护。县委、县政府重视铁皮石斛这一传统药业的发展，制定了一系列的产业规划和鼓励政策，形成了以“有机国药养生园”、现代农业“石斛精品园”等为主体的铁皮石斛标准化高效生态农业种植园区。全县铁皮石斛种植面积共118.67公顷，年产值达7000多万元。寿仙谷牌“武义铁皮石斛”先后获得了2008中国义乌(国际)森林产品博览会金奖、浙江名牌产品、金华市优质农产品金奖等诸多荣誉。

【武义获评“中国茶文化之乡”】 1月7日，武义县被中国国际茶文化研究会授予“中国茶文化之乡”称号，武阳春雨茶被授予“中华文化名茶”称号。近年来，武义县大力实行“政府主导、协会管理、企业加盟、统一推广”的模式，形成“武阳春雨”茶叶公共品牌，并连续两届获“浙江省十大名茶”，品牌的知名度、美誉度和市场认可度迅速提升。至2011年，全县茶园面积达0.82万公顷，年产茶1.58万吨，年产值达5.82亿元，茶叶产业成该县农业主导产业之一。“武阳春雨”茶共荣获国内外茶博会、农博会金奖20次，并先后被评为“浙江省名牌农产品”、浙江省名牌产品、中国放心茶推荐产品，远销美、日、韩和欧盟各国。

【武义县荣获“中国门业产业基地”称号】 10月24日，中国门业产业基地授牌仪式在武义县举行，中国建筑装饰装修材料协会授予武义县“中国门业产业基地”称号。中国建筑装饰装修材料协会会长郭一鸣、常务副会长兼秘书长任长青，县领导张新宇、郭忠明、李国旗出席授牌仪式。近年来,门业已经逐步发展成为武义县的特色产业和支柱产业之一。全县共有门业生产及相关配套企业500多家,其中规模以上企业168家,产品涵盖木质门、钢质门、钢木门、自动门和提升门等五大门类, 年产量达2000万樘。产品远销俄罗斯、英国、中东等五十多个国家和地区,出口额占全国的1/7,武义县已成为国内拥有门类生产企业最多、门类产品最齐全、门业产业发展最快的县域之一。

【中国武义第六届温泉节】 10月22日,中国武义第六届温泉节暨第三届国际养生博览会开幕式在武义展览中心举行。该届温泉节和养博会以"养生武义行,感受'泉'世界"和"相约武义、博览养生"为主题,共分为6大篇章19项活动,通过旅游体验、学术研讨、文化展示、贸易洽谈、投资合作等形式,全面展示武义丰富的旅游资源和良好的投资发展环境。与往届相比,该届温泉节暨养生博览会更加注重地方特色,更加注重公众参与,活动吸引了来自印尼、马来西亚、新加坡、韩国、瑞士以及香港、台湾等20多个国家和地区的参展商、采购商参与,内容包括国际养生产品展览会、全国摩托车越野锦标赛暨国际邀请赛、千名游客体验行、全县农民书法大赛、武川艺术节等一系列文化活动。

【"民生大篷车"活动】 响应省委、省政府建设"物质富裕 精神富有"现代化浙江的号召,按照构建"现代大民政"和打造"贴心民政"的部署和要求,组织开展以"送政策、送法律、送科学、送文化、送技能、送项目、送温暖、送服务、送健康、送平安"等"民生十送"为主要内容的"民生大篷车"活动。按照"可操作性、有效性、可持续性"的原则,整合全县48个职能部门的民生资源,通过广场式宣讲、一对一服务、转办督办等形式,寻求服务群众的新途径,拓宽服务群众新路子。据不完全统计,截至2012年年底,"民生大篷车"已先后开进18个乡镇(街道)201个村,累计服务群众27000多人次,咨询解答5300多人次,解决问题301个,转办交办件10件。

【百企联百村·共建新农村活动】 县委、县政府出台了《关于开展"百企联百村·共建新农村"活动的实施意见》。为贯彻落实实施意见,5月22日,武义县"百企联百村·共建新农村"启动大会暨村企结对签约仪式在柳城畲族镇举行,县内50家企业与柳城畲族镇50个行政村结对签约。全县结对范围从原来的218个村企扩大到358个村企,2011年度全县村集体收入不到5万元的村全部列入结对范围,每企每村的扶贫结对不少于5户。为避免村企结对出现单一的输血型模式,武义县设计了新的承接帮扶载体, 率先与企业结对的柳城畲族镇50个村,列出部分新农村建设项目的帮扶清单, 内容涉及公益、投资合作项目。成功创造了产业带动型、设施农业带动型、来料加工互动型、合作开发型、直接参与型、 公益捐助型和提供劳动技能培训等帮扶模式。2012年春节前夕,武义县120多家企业"送温暖"物资及金额总计达330多万元,惠及160多个村,1100多名农村老党员及低保老人受益。

【"后陈经验"成中国政改大事】 5月14日,《人民日报》头版刊登《我国政治体制改革取得重大进展》,报道列举了《党的十六大以来政治体制改革大事记》,武义"后陈经验"入编16件大事。五版相关报道刊登了《基层群众自治:"三委"并行》的消息,解读"后陈经验"。后陈村位于城乡接合部。由于村务管理不透明,重大决策不民主,一度造成村内矛盾重重,干群关系紧张,村民上访不断。2004年6月18日,后陈村在海选村委会的基础上,建立了全国第一个村级民主监督组织,由群众选举产生村务监督委员会,与村党支部、村委会一起称为"三委会"。村务监督特别是村级财务监督由监委会负责。随着监委会的成立,后陈村村固定收入逐年增加,村干部连续8年实现"零违纪",村民连续8年实现"零上访",村两委顺利完成3次换届,最近一次换届,村两委成员一个没动,全部高票当选。2012年武义县又制定出全国首个《村务监督委员会履职细则》。

【全国中小学优秀班集体建设经验交流大会】 4月21日,全国中小学优秀班集体建设经验交流大会在武义县召开。武义县优秀班集体建设作为全国典型经验,与参加全国优秀班集体建设经验交流大会的400多名代表进行了交流。2008年以来,武义县教育围绕内涵发展,品质提升,开展区域推进优秀班集体建设实践与探索。县教育局规范全县中小学优秀班集体建设,制定印发《优秀班集体考核标准》,通过优秀班集体建设活动,丰富各校班级文化生活,激发学生的学习内驱力。2012年,武义县要求各校每年85%以上的班级达到合格的创优要求,25%~30%的班级成为校级优秀班集体,10%~15%的班级成为县级优秀班集体。优秀班集体创建已成为武义县德育工作的一大品牌。会上表彰了一批优秀班集体建设中表现突出的集体和个人。武义县教育局获"全国区域推进优秀班集体建设工作突出贡献奖",下杨中学获"全国优秀班集体建设工作突出贡献奖",武川小学老师邹庆能被评为"全国优秀班集体建设工作先进个人"

【南宋徐谓礼文书】 7月,武义"南宋徐谓礼墓"特大系列盗掘古墓葬案被侦破,成功追回国家一级文物——南宋徐谓礼17卷文书和3卷空白纸。据中国人民大学历史学院教授包伟民介绍,徐谓礼文书是中国近代史学创立以来首次从墓葬中发现的宋代文书。它完整地记录了南宋中级官员从中央到地方任职、从低级到中级升迁及政务的全过程。其中涉及中央制度的核心内容,是全面反映南宋中后期政治面貌和其他相关领域的第一手资料,尤其是占文书约80%的"录白印纸",学界此前从未发现,具有极高的学术研究价值,堪称国宝。根据出土的《徐谓礼圹志》残文记载,徐谓礼出生于公元1202年,卒于1254年。南宋徐谓礼文书共有三部分:"录白告身"、"录白敕黄"与"录白印纸"。其中,"录白告身"有两幅,"录白敕黄"一幅。文书的主体是"录白印纸",共12幅,完整记录了徐谓礼从嘉定十四年(1221)起至淳佑十二年(1252)入仕后12次、历时30多年的仕宦经历。"印纸"的内容包括徐谓礼当官期间所有的"考核表格"、为亲友所写的各类保状,包括官阶升迁、被委任差遣、治绩考核、帮放请给(发放俸禄)、其母过世时依制丁忧守丧等极为丰富的内容。

【城市管理行政执法局成立】 2012年1月19日,武义县城市管理行政执法局成立,9月25日挂牌。内设办公室(挂信访室牌子)、法制科、纪检监察室(挂执法督查科牌子)、综合管理科、行政审批科。下设直属中队、白洋中队、壶山中队、熟溪中队、柳城中队和桐琴中队。城管执法局行政编制6名,城管执法大队事业编制150名。下属数管中心、环卫所两个事业单位。

(周云芳)

磐安县

【概述】 2012年,磐安县辖9个镇、10个乡、363个行政村和8个居委会,总面积1194.74平方千米。户籍人口209871人,其中男性108964人、女性100907人。全年出生1958人,其中男性985,女性973人,人口自然增长率3.48‰。

全年实现地区生产总值61.44亿元,按可比价计算增长9.7%。其中:第一产业增加值9.41亿元,增长4.7%;第二产业增加值31.38亿元,增长10.4%;第三产业增加值20.64亿元,增长10.9%,其中交通运输、仓储和邮政业增加值0.67亿元,增长4.4%,批发零售业增加4.64亿元,增长13.6%,住宿餐饮增加1.03亿元,增长15.1%,金融业增加2.92亿元,增长18.9%,房地产增加2.83亿元,增长4.6%,其他服务业增加8.55亿元,增长4.6%。第一、第二、第三产业增加值的比重为15.3:51.1:33.6。全县人均地区生产总值29271元。全县农村居民人均纯收入7878元,同比增长11.9%;城镇居民人均可支配收入21816元,同比增长11.3%。全县完成一般预算收入8.31亿元,同比增长14.1%,其中:地方财政收入4.53亿元,增长13.1%。一般预算支出14.08亿元,同比增长12.9%。在一般预算支出中,民生支出9.8亿元,增长11.8%,占一般预算支出的69.6%,其中教育支出3.27亿元,增长30.5%,占一般预算支出的20.5%;科学技术支出3744万元,增长13.5%;农林水事务支出2.12亿元,增长21.8%。全年实现社会消费品零售总额21.35亿元,同比增长15.0%。全县实现商品销售总额36.06亿元,同比增长23.2%。固定资产投资34.71亿元,同比增长30.5%,其中:房地产完成投资5.26亿元,增长14.2%;基础设施投资13.18亿元,增长45.2%;工业投资15.77亿元,增长35.6%,其中制造业投资13.43亿元,增长26.3%。

【农业生产】全年农、林、牧、渔总产值为13.98亿元,比上年增长4.9%,其中农业产值10.84亿元,增长5.8%;林业产值1.54亿元,增长0.9%;畜牧业1.44亿元,增长2.6%;渔业243万元,增长2.7%。

全年农作物播种面积1.79万公顷。其中:粮食播种面积 8220 公顷，与上年同比增长 2.6%，粮食总产量 4.086 万吨，同比增长 3.0%；中药材面积 4760 公顷，实现产值 3.66 亿元，增长 16.2%；食用菌产值 1.98 亿元，增长 9.0%；茶叶种植面积 5000 公顷，实现产值 1.57 亿元，增长 4.5%；蔬菜(瓜果)种植 3380 公顷，产值 1.61 亿元，增长 0.7%。全年生猪出栏 5.21 万头；蚕茧产量 330 吨，减少 1.5%。农业生产条件逐步改善。全县农田有效灌溉面积 5.43 千公顷，旱涝保收面积 0.15 千公顷。2012 年年底拥有农业机械总动力 23.59 万千瓦，增加 3.6%。出台《磐安县人民政府关于创建浙江省农业标准化综合示范试点县工作的实施意见》。磐安县成为金华市首个"省级农业标准化综合示范试点县"。获科技部立项的国家科技富民强县项目《中药材产业体系改造提升工程》，获得 340 万元的项目经费支持。《玄参"浙玄 1 号"良种示范及推广应用》《万亩高山茭白高效安全生产技术示范推广》被列为国家星火计划引导类项目。全年流转林地 715.27 公顷，累计发放林权抵押贷款达 11838 万元。全县完成绿地建设 170.67 公顷、道路绿化 75 千米，县城周边山体林相改造 13.33 公顷。完成防护林建设 106.67 公顷、绿化造林 398.8 公顷、造林更新 753.33 公顷。新发展油茶、香榧等经济林 401.33 公顷，实施毛竹低产林改造 118.87 公顷，建成连片 20 公顷以上的油茶示范基地 3 个，俺老孙林业观光精品园创建工作通过省级验收。完成森林抚育 1686.67 公顷，被省林业厅授予省森林抚育工作示范县。新增：省级林业龙头企业 3 家、示范专业合作社 1 家，市级林业龙头企业 6 家、示范专业合作社 2 家，磐安县被省林业厅授予全省森林旅游工作先进单位，12 只林产品在森博会上获奖。

【新农村建设】启动秀美乡村建设 116 个行政村，规划建设项目 508 个，全年总投资 1.3 亿元。重点推进 30 个秀美村和 20 个整治村建设，启动培育建设中心村 14 个。改造 26 个空心村，完成新区土地征用 9.4 公顷，拆除旧房 7.249 万平方米，改造农户住房 2252 户。移民小区建设步伐加快。完成新渥九里塘小区的土地征用及清表工作；古竹小区完成招投标并开始建设，启动安置工作。磐安县被省委省政府授予"美丽乡村创建先进县"称号。

【工业】全年完成工业增加值 24.05 亿元，比上年增长 10.8%，工业增加值占地区生产总值的比重为 39.1%。全县规模工业完成产值 59.44 亿元，同比增长 10.9%；实现销售产值 53.18 亿元，同比增长 4.2%，其中：出口交货值 14.99 亿元，增长 1.1%；实现利税总额 3.1 亿元，同比下降 0.6%。产值超亿元企业 16 家。全部工业用电量 2.05 亿千瓦时，同比增长 0.5%。县委、县政府出台《关于工业企业实行绩效评价管理的意见(试行)》，对工业企业进行分类管理。全县新增工业用地 49.67 公顷，完成基础设施建设项目 34 个，投资额 3.08 亿元。全县申报考察工业投资项目 34 个，同意落地 14 个，其中投资 5000 万元以上项目 6 个。全年引进内资 11.8 亿元。全年完成进出口总额 30060 万美元，同比增长 13.8%，其中：出口额 28928 万美元，增长 17.4%。实际利用外资 148 万美元，同比下降 34.8%。培育市级以上高新技术企业 5 家，其中，山耐斯气动液压(磐安)有限公司、浙江磐安恒佳画材有限公司 2 家企业被认定为国家高新技术企业。全县完成建筑业增加值 7.33 亿元，比上年同期增长 8.9%。房屋建筑施工面积 1159.56 万平方米，建筑工程总产值 85.54 亿元(含金磐开发区)。房屋竣工面积 330.71 万平方米，竣工产值 49.79 亿元。一级资质建筑企业 5 家，总承包二级建筑企业 16 家。

【科技事业】共申报市级以上科技计划项目 36 项，立项 26 项，其中国家级 7 项、省级 7 项、市级 12 项。上海科技成果转化促进会 800 个项目与企业对接，省内外 28 家大专院校、科研院所与 28 家企业建立了产学研联合体。全年共申请专利 1043 件，授权专利 589 件。

【金融业】出台《关于金融支持磐安县实体经济发展的指导意见》。进一步完善金融网点布局，在磐安工业园区设立工商银行二级支行。2012 年年底全部金融机构存款余额 92.18 亿元，同比增长20.4%，其中：储蓄存款余额 48.74 亿元，增长 20.4%。全部金融机构贷款余额 66.08 亿元，同比增长30.3%，其中工业贷款占比为 58.69%，农业贷款占比为 26.76%。在全部金融机构贷款余额中，短期贷款余额 56.60 亿元，增长 40.7%。

【交通项目建设】三条干线公路建设进展顺利，42、磐新线窈万段、40 省道三期已完成各项政策处理工作。投资4000万元完成了磐永公路续建项目建设。投资1140万元完成农村公路大中修6条路线,总里程36.69千米;公路安保投资2126.25万元,总里程达96.703千米;投资1429万元完成养护中心站公路段段房建设。

【邮政通信】完成邮电业务总量13077万元,其中:邮政业务总量1709万元,电信业务总量11368万元。2012年年底本地电话用户3.69万户,移动电话用户达21.21万户,国际互联网用户29608户。

【旅游业】全县共:接待游客309万人次,同比增长41.37%;实现旅游收入11.01亿元,同比增长43.50%。旅游增幅连续三年居全市第一。乡村旅游持续发展。全县发展农家乐特色村24个,特色点32个,经营户297家,总床位数5635张,总餐位数1.9万个,直接从业人员1140人,接待游客共90万人次,直接营业收入4500万元。百杖潭、十八涡、水下孔、舞龙峡等景区投入建设资金4000多万元,花溪景区进区道路工程完成投资1600万元。新景区灵江源森林公园、榉溪孔氏家庙完成建设并投入营业。新城区国际大酒店、广天休闲山庄等宾馆酒店完成主体工程建设,山水磐安酒店建成对外营业。海德快捷酒店装修启用,绿海山庄度假型酒店启动装修。中央电视台《远方的家》栏目组到磐安县拍摄了大型专题节目"北纬30°·中国行"之磐安篇和宣传专题片,充分展示磐安县民俗风情、旅游美景、特色饮食。

【社会事业】教育事业有序发展。全县学前儿童入园率达到97.18%;全县小学适龄儿童入学率、初中适龄少年入学率达到100%;初中毕业生升入高中段学校比例98.03%;高考总上线人数1366人。省标准化学校达13所,占义务教育段学校的50%,为义务教育均衡发展奠定了基础。"实验初中—新渥初中""实验小学—大盘小学"两个紧密型教育共同体学校间关系进一步理顺,帮扶方向从硬件帮扶逐渐向软件支持转变。确定文溪小学、新城区初中选址。磐安二中改扩建工程完成教学科技办公楼一期工程主体80%工程量。实验中小学体艺楼在年底前竣工。参加金华市科技节,有92名学生获奖,其中一等19名。磐安中学程丹昭同学当选浙江省2012~2013年度"第五届学生文化特使",成为磐安县第一位走出国门的学生文化特使。安文初中器乐节目《新赛马》获市第五届中小学生艺术节一等奖、省中小学生艺术节二等奖。文化事业平稳发展。开建浙中茶文化博物馆。投入500多万元,新建农家书屋215个。尖山镇尖山村农家书屋被评为全国示范农家书屋。新建村文化活动室114个,创建省级文化示范村1个,市级文化示范村5个,全县85%以上的行政村拥有文化活动室。电影公司对影剧院实施数字化改造,让全县观众在家门口同步欣赏在各类院线上映的新片、大片。全年送戏下乡136场,全县19个乡镇60多个村近13万人次的农民在家门口免费享受文化大餐。《生活在大山里》《传统文化的活化石》在中央1套、4套展播,较好地宣传了磐安历史文化村落和炼火、祭孔等非物质文化遗产项目。新增5个省级非物质文化遗产保护名录,创建"赶茶场民俗文化"和"炼火文化"两个市非物质文化遗产传承基地。编制第六批省级文物保护单位双峰清德堂、黄余田杨氏宗祠、梓誉下厅民居的工程修缮方案。完成县体育中心选址。承办了2012年"磐安伟业杯"全国象棋个人锦标赛、金华市八运会的象棋比赛。卫生基础设施明显改善。完成建筑面积22168平方米,设计床位400张,总投资近1亿元的县人民医院新病房大楼建设。在全县村卫生室全面推行基本药物制度,药品实行零差率销售。率先将老年痴呆疾病筛查纳入免费健康体检项目。10月23日上午,由央视发起的"我的父亲母亲——关爱痴呆老人"大型新闻公益活动在磐安县举行。城乡居民电子健康档案建档率达90%;60周岁以上老人体检率达到81%,中小学生、儿童体检率达99.99%。社会保障取得新进展。提高城乡居民新农合筹资标准,由320元/人,提高到400元/人,提高城乡居民新农合补偿水平,政府补助由240元/人,提高到300元/人,新农合参合率达到95%。新增各类养老保险5445人、被征地农民参加基本生活保障1625人。累计审核办理各类人员社保关系6000多人。累计组织534家企业提供就业岗位14081个,达成就业意向4823人。新增城镇就业1264人,城镇失业人员再就业546人,城镇登记失业率2.5%,转移农村劳动力2107人,完成各类技能培训1836人次、职业技能鉴定2562人。民政福利事业开展良好。核定全县城乡低保对象4735户5647人,发放低保金1070.91万元。将重度贫困残疾人全部纳入重残补助范围，现有593人享受重度残疾人补助，发放重残补助金159.87万元。对904人次城乡困难群众实施了医疗救助,发放救助金372.94万元。落实农村困难群众住房救助456户，为280名困难学生发放就学资助金51.3万元。开展“慈善一日捐”活动,全年共募集慈善资金158.45万元。为1513名优抚对象发放优抚金338.5万元；为1168名60周岁以上退伍军人发放生活补助金27.4万元，全年共计发放慰问金和补助金192.42万元。

【生态建设】生态文明建设迈上新台阶。编制完成了10个生态文明示范乡镇的建设规划,93个行政村开展市级生态村创建并通过验收,完成尖山镇管头村国家级生态村创建申报。环境监测取得新成就。建成马蹄坑水库饮用水源水质预警自动监测站。全县6个交界断面达标率达到97.9%,空气质量优良率达到99.4%，县城区域噪声监测平均值达到Ⅰ类居住区标准要求。开展系列环保专项行动。组织开展了利剑斩污专项行动、环保公安联合执法月、酸洗磷化行业排查、环境安全百日大检查等各项环保行动。完成铅酸蓄电池企业专项整治,妥善处置了威能电源有限公司的关停及其善后处置工作,有效推进电镀行业整治提升。规模以上企业综合能源消费量4.2975万吨标准煤(等价能耗),万元等价综合能源消费量0.0723吨标准煤 (等价能耗),同比下降8.5%。磐安县省级文明县城复评工作获得94.01分的高分，在全省参加复评的12个县市区中排名第一。加大城区休闲公园改造力度,完成了塔山公园建设工程,实施了花台山公园改造工程。建成区公园绿地面积74.34万平方米，人均公园绿地面积17.28平方米。县城水域功能区水质达标率100%。城市污水处理率达到86.5%,城市生活垃圾无害化处理率达到100%。完善城区公共服务功能,老城区先后实施了新兴街、龙山、新市路等区块拆迁改造,完成文溪两岸景观提升、市民休闲广场、城区停车场、城市污水处理、环城北路拓宽改造等一批重点市政项目,城市功能进一步完善。成功创建浙江省园林城市。全县共发生各类事故92起,同比下降1.06%,死亡15人,与上年持平,直接经济损失86.2万元,同比下降3.7%。强化重点挂牌隐患的整治,全县共完成13处省级隐患、48处市级隐患、180余处县级隐患的整治工作。进一步完善矛盾纠纷常态化排查化解、县领导定期下访接访、领导集中包案等机制,专业性人民调解委员会建设水平进一步提升,及时化解盘龙购物中心债务纠纷等社会不稳定因素。连续7年获全省信访工作目标管理考核优秀,连续11年全国、省“两会”期间“零上访登记”,连续两年成为信访“三无”县。连续第8年被市政府确定为安全生产优胜单位,三项指标已连续8年实现“零增长”。全县连续17年命案全破、连续17年未发生重大群体性事件、连续八年被省委省政府命名为平安县。群众安全感满意度连续两年位居全市第一,2012年以安全感98.8%位居全省第一。省级扶残助残爱心城市创建通过考核验收。磐安孝子陈斌强当选2012年度十大感动中国人物。

（磐安志办）

专 记

创先争优活动

金华市全市党员干部中开展的创先争优活动，始于2010年4月。其时，全市基层党组织和全体党员以学习实践科学发展观、建设服务型党组织为主要内容的“八婺先锋”作为主题。尔后，每年确定一个主题，深化活动内容，进行有计划有步骤地推进。

2012年2月，中共金华市委、金华市政府，根据省委、省政府关于开展“进村入企”大走访活动、在领导干部中开展“创先争优示范”行动的指示精神，决定在全市尤其是党员领导干部中开展了“思想大解放、作风大转变”为主题的实践活动。2月17日，金华市委办公室、市政府办公室下发了《关于开展领导干部创先争优示范活动的实施方案》。该方案明确规定了以各级领导干部为活动参加对象，活动内容包括：在市县领导班子中组织开展“摸实情、办实事、求实效”活动，在机关部门(单位)领导班子中，开展“强责任、强服务、强效能”活动，以推动各级领导干部深入基层，密切联系群众，进一步发扬真抓实干、破难攻坚作风，在党员群众中巩固树立亲民务实形象，创造科学发展的新业绩。

该项活动开展以后，各级领导干部以“进千村、帮万户”和“进千企、解难题”为主要内容，直接到村和企业开展调研走访活动。每位县级以上领导干部，至少走访2~3个行政村或企业，市、县、乡党委领导班子成员每人落实联系1个以上的基层党组织和党支部书记。在“百名局长联百企、千名干部下基层”活动中，他们走访了各乡镇街道的特色村、中心村、矛盾突出村或低收入农户集中村。了解当地当前“三农”工作情况，听取基层党员群众的意见，排查困难和问题，与他们共商发展思路和途径。解决了一批亟待解决的实际问题。更多领导干部走进企业。重点是生产经营困难企业，帮助企业解决实际发展难题。许多联企领导干部把更多精力和时间放在抓项目、优服务上、把“进企业、送服务”“下园区联项目”等专项活动作为推手，建立了主要发展指标定期通报、重点工程建设跟踪督查、领导干部联系重点项目等制度。

该项活动，坚持把夯实基层基础作为创先争优活动的首要任务，大力推进“双强争先”活动，“两新”组织覆盖率达到92.61%。全面推行“网格化管理、组团式服务”模式，构建了三级便民服务体系。同时坚持把窗口单位和服务行业作为创先争优活动的关键领域，全面推行窗口单位和服务行业党员亮身份、亮职责、亮承诺，全市窗口单位和服务行业党组织和党员向社会承诺事项12000多项，承诺兑现率达98.7%，机关服务质量不断改进，群众满意度明显提升。坚持把制度创新作为创先争优活动的重要内容。在基层党组织建设方面，探索开展“五星争创”活动，通过“星级评定、分类争创、动态管理”的形式，引导基层党组织比学赶超、常态争先；在干部队伍管理方面，建立了“退二线”干部作用发挥、“一把手”立体考评和市直部门正职选拔“两轮推荐、差额比选”等一系列新制度，加大领导干部公开竞争选拔力度，为深化干部人事制度改革做出了有益探索；在党员队伍建设方面，积极探索建立关爱帮扶困难党员、党员经常性教育管理、党内激励帮扶等制度，进一步增强了基层党组织的凝聚力和战斗力。活动中，坚持把总结宣传先进典型作为创先争优活动的有力抓手，扎实开展“闪光言行”和“两富”

带头人评选活动,评选产生十大“两富”带头人、“市级闪光言行之星”180例,其中29例入选省级“创先争优闪光言行之星”。涌现了孙炎明、应瑞龙、吕先真、陈伟国、何德兴、骆俊平等为代表的先进模范人物。6月12日,举行“创先争优先进典型事迹报告会”,在党员领导干部面前,展现了身边的可敬、可亲、可学的鲜活榜样。尔后,又在各级各部门深入开展向先进典型学习活动,加大培育、宣传、推广身边先进典型力度,认真组织开展“十大创业富民典型”“十大党政工作创新典范”等评选活动,深入挖掘、大力宣传先进人物的感人事迹和闪光点,激励全市上下形成比学赶超、奋力争先的浓厚氛围。全面开展基层党组织“五星争创”活动,深入开展公开承诺、认真践诺、群众评诺活动,把基层组织建设年各项工作抓具体抓实在特别是各窗口单位和服务行业着眼于打造群众满意工程,在打造阳光政务、优化发展环境、提升工作效率、提高服务质量中创先争优。各级党组织充分发挥党的政治优势和组织优势,围绕发展抓党建,主动服务、积极作为,巩固经济企稳回升向好势头,着力在推进经济转型升级上下功夫。市委加大招商引资力度,组织了北京、珠海、上海等地的招商活动,抓央(省)企对接、浙(婺)商回归、侨商大会和浙洽会签约项目的跟踪服务工作。启动实施“浙中崛起千亿投资系列工程”,每个县(市、区)也都开工一批重大投资项目。着力抓好基层党建工作,召开“五星争创”现场推进会,全面开展“抓落实百日集中行动”,在基层党组织“五星”评定中,推进“一星及以下”党组织整顿转化工作,推进基层站所、社区服务站、党员服务中心、村级便民服务中心等资源的整合提升,推动为民办事的常态化制度化,着力解决群众在就业、就医、就学、住房等方面的困难和问题。开展以集中询问、定期走访、视察调研为主要内容的党代表作用发挥试点探索党员作用发挥的有效机制。在社会管理方面,实施“固本强基工程”为载体,深化“网格化管理、组团式服务”工作,划分好网格、组建好团队、运行好机制、发挥好作用。在开展“两排查一促进”活动中,全面推广社会管理应急联动体系建设,切实抓好矛盾纠纷和信访积案调处化解,妥善处置了“万家购物”查处工作维护了社会和谐稳定。全市各级党组织按照市委的统一部署,周密组织安排,精心设计载体,扎实有效地推进,达到了预期的效果。

根据中央要求,创先争优活动集中教育阶段在中共十八大前基本结束,其中市一级活动已在8月底前结束,县一级已在9月底前结束。

(金　鉴)

2012年省、市重点工程建设

【概述】 2012年,金华全市上下围绕“百姓富裕、浙中崛起”总目标,牢牢把握“稳中求进、奋力赶超”的总基调。紧紧抓住“发展城市群、共建大金华”战略主线。认真实施省市重点项目建设,积极扩大有效投资。按照“推进赶超发展、加速浙中崛起”的新目标,根据全市固定资产投资增长30%要求,全市重点建设要跃上“两个超两百”,即重点建设项目个数安排220项以上,2012年计划投资达220亿以上。2012年,全市有115个项目列入省重点建设名单。其中列入省考核项目有88个,2012年计划投资51.3亿元,1~12月份完成投资76.44亿元,为年度计划的149.02%。未开工项目13个,开工率为85.23%。竣工投产项目17个。全市安排实施类项目239个,2012年计划投资222.69亿元。1~12月完成投资278.39亿元,为年度计划的125%,21个项目未开工建设,开工率为91.21%。竣工投产项目45个。

【中国婺剧院】 浙江省金华市区未来文化交流重要场所之一,位于金华城区东市南街以西,宾虹东路以北的金华江、义乌江、武义江三江交汇处燕尾洲公园地段,集歌舞剧、音乐会、综艺演出于一体金华地区超规模文化项目。2009年2月,金华市政府决定开工建设。中国婺剧院总占地面积43320平方米(合64.98亩),总建筑面积29711平方米,项目总投资为24000万元。2012年已大致建成。

【金华市体育中心】 2009年9月动工兴建的市体育中心是市委、市政府确定的一项造福群众的“民心工程”,总占地面积26.1万平方米,总建筑面积9.474万平方米,主要建设一个30000座位的主体育场,一个6000座位的体育馆、一个1600座位的游泳馆,以及400米的室外田径训练场与室外球场,总投资约7.42亿元。该中心是目前金华市区投资规模最大、占地面积最广的城市公共建设项目,是未来金华市民进行全民健身活动和休闲的好去处。项目位于湖海塘以南、二环路以北地段。2012年年底,三馆已基本致建成。

【宾虹西路道路优化工程】 该道路是连接金华主城区和婺城新城区的主干道,是市民盼望已久的民生工程;全长3288米,宽36米,优化工程包括道路、排水等。总投资10270万元,截至2012年年底,已完成项目建议书、方案论证、环评、项目选址意见书、可行性研究、路面检测、地质勘查、初步设计评审等项目前期准备工作。

【汤溪水厂及供水管网工程】 金华市婺城区汤溪水厂是一座5万吨/日净水厂,引水管500米,输配水主干管及部分配水管网总长55.6千米,总投资11565万元,截至2012年年底,已经建成并进入试运行阶段。

【十八里至武义公路(金东段)】 金武公路工程全长10.353千米,按二级公路标准设计。其中,金东段长10.4千米,路基宽度12米,总投资11200万元。截至2012年底,路基施工机械均已到位,人员到位,路基已完成实际合同价的80%,桥梁完成实际合同价的80%,路面完成实际合同价的17%。

【浙江嘉宝物流基地】 嘉宝物流基地项目先后被列为中央扩大内需预算内项目、浙江省重点建设工程项目、省服务业重大项目和省物流业发展三年行动计划项目。项目建设分二期实施,一期将建成能源经营区、建材业配套物流中心、日用化工物流中心、纺织业配套物流中心、综合配套服务区等,同时建设20万平方米的仓储;二期主要建设保税物流中心。项目设计能力为年通过货物510万吨,年货物流通总值超100亿元。截至2012年年底,主体工程基本完工。

【东阳市怀万线一期】 怀万线一期始于甬金高速怀鲁互通和S211省道相接,途经怀鲁、巍山、佐村,东连S310省道和蔡宅互通,全长12.6千米,项目总投资约1.1亿元,是省级重点交通工程项目。该工程于2005年6月正式开工,其中怀鲁至S310省道按一级公路技术标准设计,设计速度为80千米/小时,路基宽24.5米;S310省道至佐村段按二级公路技术标准设计,设计速度为60千米/小时,路基宽15米。目前,怀万线二期佐村至三单段已完成路基工程的90%,争取2012年底完成路面工程的90%。怀万线作为连接东阳磐安两地的重要通道,一直是东阳市重点交通工程,得到市委、市政府的高度重视。1月12日,怀万线一期工程顺利通车。

【义乌小商品国内物流中心】 义乌小商品国内物流中心是义乌商贸服务业集聚区建设的重要内容,是完善我市"义乌港"物流基础设施的关键工程。主要是为国内物流提供配载、中转服务,为国际生产资料市场及制造业、商贸业提供仓储物流服务,为电子商务提供快递物流服务。一期物流配载区主体工程计划2013年动工建设。物流场站总建筑面积247.99万平方米,其中地上建筑面积147.99万平方米,地下建筑面积100万平方米,总投资约500896万元。

【永康市垃圾焚烧发电工程】 永康垃圾焚烧发电厂工程建设总投资2.7亿元,2010年下半年始建,占地面积60多亩。据了解,该工程设计日处理垃圾800吨,发电机装机容量1.5万千瓦,一年可发电约8000万千瓦小时。该工程大量采用国内外新技术、新工艺,其中包括世界先进的"HWM二段往复式炉排"与"半干式中和反应塔和复膜布袋过滤器烟气处理技术设备"工艺,炉排炉垃圾焚烧技术,能实现垃圾稳定焚烧,原生垃圾减容90%以上;焚烧尾气处理采用先进的半干法烟气净化系统和布袋除尘器装置等,工程技术标准居国内领先水平。在清洁处理城市生活垃圾的同时,永康垃圾焚烧发电厂还利用焚烧产生的热能发电,实现资源循环利用,污染物排放指标将全面优于国家生活垃圾焚烧污染控制标准,部分指标达到或超过欧盟标准。2013年1月,永康市垃圾焚烧发电项目一次性点火成功,正式投入试运行。电厂运营后,可有效解决该市日益突出的生活垃圾处置问题,使垃圾实现"减量化、无害化、资源化"处理,节约土地资源,真正变废为宝。

【浦江四中新建工程】 浦江四中新建工程于2011年5月开工,2013年1月竣工。工程规划占地面积79325平方米,规划总建面积51033平方米,工程预算投资1.4亿元。工程位于浦南街道石埠头村以西,后陈村以东,浦阳江以南,浦南大道(建设中)以北,竣工后将于2013年春季学期交付浦江县第四中学使用。

【永康至磐安公路(磐安段)工程】 浙江省重点工程永康至磐安新渥公路磐安段工程起于永康市西溪镇,与正在实施的42省道磐缙线磐安段改建工程相接,终于磐安县新渥镇,路线全长17.77千米,概算总投资24560万元,其中磐安段4.92千米于1月16日开工,永康段12.85千米已于2009年6月开工建设。该工程预计将于2013年全线建成。建成后的永康至磐安新渥公路将把永康与磐安直接相连,成为两地之间最近、最便捷的一条公路,里程将缩至60公里,行车时间约缩短1/3。

(吴志明)

金华市区2012年重点实事完成情况

表19

序号	实事名称	工作要求	完成情况	备注
1	就业和社会保障方面	新增城镇就业13000人,失业人员再就业6000人;新增职工养老保险10000人,净增职工医疗保险15000人、工伤保险6000人、失业保险10000人;建立统一的城乡居民医疗社会保险制度,城乡居民医保参保率保持在95%以上,政策范围内住院报销比例达到70%以上,城乡居民社会养老保险参保率巩固在90%以上;改(扩)建福利院、敬老院4所,新增床位300张,建设城乡社区养老服务照料中心(站)15个,居家养老政府购买服务人数达到4000人;残疾人共享小康工程受益人数达到2000人,扶持100个残疾人扶贫基地和种养大户,帮助200名残疾人实现就业和再就业	截至12月底,新增城镇就业14637人,完成任务的112.59%;城镇失业人员实现再就业6340人,完成任务的105.67%;职工养老保险净增参保68764人,完成任务的687%;职工医疗保险净增参保26198人,完成任务的174.65%;工伤保险净增参保37311人,完成任务的621%;失业保险净增参保16865人,完成任务的168%;市区城乡居民基本医疗保险制度于7月1日起全面实施,城乡居民政策范围内住院报销比例总体达到了70%以上;城乡居民社会养老保险参保率为97%。市区改(扩)建福利院、敬老院4所,新增床位数300张;21家城乡社区养老服务照料中心项目已全部建设完成,达到目标数15家的140%;居家养老政府购买服务人数4190人;明确了市区养老服务补贴有关工作,全面完成市区养老服务需求评估工作,符合补贴条件对象189人,发放补贴资金33.48万元。共有4401名残疾人享受小康工程;310名残疾人实现就业或再就业;市区已有105户种养大户受到了扶持,市级扶贫基地5家已考核验收	全部完成
2	城乡居民住房保障方面	新建公共租赁住房325套,竣工经济适用住房150套,新增廉租住房租赁补贴100户;完成农村住房改造建设1100户、农村困难家庭危旧房改造500户	已开工(含购买)公共租赁住房325套,其中金品小区一期125套公共租赁住房项目1号楼已完成三层楼面、2号楼已完成一层楼面;200套人才租赁用房已购置完成。竣工保障性住房350套(包括购买的200套人才租赁用房),其中金竹苑二期150套经济适用住房已竣工验收。已新增廉租住房保障237户,其中租赁补贴149户。农村困难家庭危旧房完成589户,达到任务数的118%,投入资金500余万元。已完成(在建)农房改造建设4432户,占全年任务的147.7%	全部完成

续表 19-1

序号	实事名称	工作要求	完成情况	备注
3	完善城市功能方面	建成中国婺剧院和市体育中心,实施婺江北岸从通济桥至东关大桥景观亮化工程,开工建设丹溪桥、东市街北延等工程,实施李渔路(八一南街至李渔大桥)、金安公路(新330国道至南二环)优化工程;建成梅花公园,完成五百滩公园(东区部分)建设工程量的70%;启动国家森林城市创建工作,新增平原造林面积7800亩,建设省、市级森林村庄、绿化示范村145个,实施二环路绿化改造工程	中国婺剧院工程已基本完工,已组织验收。市体育中心工程已完工。亮化工程已进招标平台,即将开标。丹溪桥建设招标文件清单已编制完成,春节前完成开标。东市街北延工程已签订与杭州地铁公司的代建协议,初步设计已送发改委审核,春运以后开工。金安公路桥梁工程已完成土地征用、项目立项、工程招标等工作。李渔路优化工程二期工程完成机动车道沥青铺筑。梅花公园建设已竣工。五百滩公园(东区部分)岛内堤防已完成,地下车库完成80%,绿化部分完成20%。国家森林城市创建工作已启动,村庄绿化提升的建设标准和扶持政策已制订,完成平原绿化9680亩;已命名市级绿化示范村145个,市级森林村庄49个。二环路绿化改造工程,市本级段项目已基本完成;婺城段已完成绿化3.1公里;金东段绿化工程已基本完成;二环南路北侧景观绿化带(金星街以西段)正在施工中,新增绿化面积30万平方米	为确保省体育大会顺利推进,金安公路优化工程暂缓实施
4	农村环境综合改造方面	30%的行政村达到美丽乡村建设标准,完成生活污水治理村100个,农村生活污水治理覆盖面达95%,农村基础设施长效管理覆盖面达90%;完成农村改水项目40个,新增受益人口12000人;综合治理农村河道80公里	截至12月底,市区已有30%的行政村基本达到美丽乡村(洁美村)创建标准,完成生活污水治理村102个(婺城区63个、金东区39个),生活污水治理工作覆盖95.3%的行政村,农村基础设施长效管理覆盖100%的行政村。市区(含婺城、金东、开发区)改成改水项目46个村,新增受益人口27500人,已超过年度目标任务。农村卫生户厕改造完成14330户,投入1966.1万元。已基本完成综合治理农村河道80公里	全部完成
5	城乡公共交通方面	新增和更新城市公交车90辆、城乡公交车30辆,新增客运出租车180辆;完成农村客运候车亭建设100个,金西客运站完成配套工程投入使用,金东客运站开工建设;完成交通标志、标线的更新,升级改造二环路范围内100处交通信号灯;完成解放东路与西市街交叉口等5个城市道路交通堵点整治	已完成新增和更新公交车120辆,其中城市公交90辆,城乡公交30辆。客运出租车180辆新增运力分二批,首批100辆新增运力上路营运工作在今年年初完成,第二批80辆新增运力上路营运工作在11月份完成。农村线路候车亭建设100个已完成。金西客运站建设配套工程(修理用房、场地、加油站)已启用;金东客运站项目纳入金义都市新区整体规划,配套建设。交通标志、标线的更新已完成。市区二环以内100处交通信号灯升级项目改造已完成。李渔路东段改造完成机动车道沥青铺筑,宾虹西路改造已进场施工,现处于电力部分施工阶段。西市街过街天桥规划新方案已确定,正在重新报批	金东客运站、城市道路交通堵点整治因规划、方案等调整未完成
6	医疗卫生条件改善方面	建成市中心医院新病房大楼、医技楼,开工建设门诊大厅改造和急诊病房大楼;市中医院病房大楼建成并投入使用;建成市第二医院精神科病房大楼;省级规范化社区卫生服务中心和规范化乡镇卫生院达标率达到70%以上	市中心医院十九层新病房大楼已全部完工,现已完成搬迁;医技楼已完成内部装修和设备安装并投入使用;急诊病房楼正进行施工图设计,即将开工。市中医院病房楼已完成搬迁。市第二医院精神科病房楼内外装修基本完成,现已投入使用。省级规范化社区卫生服务中心和规范化乡镇卫生院创建工作有序推进,20家社区卫生服务中心(乡镇卫生院)已通过省卫生厅组织的验收	基本完成

续表 19-2

序号	实事名称	工作要求	完成情况	备注
7	教育事业发展方面	全面完成中小学校舍安全工程建设任务;启动建设市特殊教育中心;创建义务教育标准化学校 8 所,建设乡镇中心幼儿园 5 所、外来务工子女学校 2 所;义务教育学校年生均营养餐标准由 350 元提高到 750 元	中小学校舍安全工程任务已全部完成。市特殊教育中心项目选址已确定,并开工建设。义务教育标准化学校 8 所已完成。乡镇中心幼儿园 5 所已全部竣工。外来务工子女学校项目 2 个已全部竣工。义务教育学校年生均营养餐标准已按新标准执行	全部完成
8	文化体育方面	农村农家书屋实现全覆盖,创建市级以上文化示范村(社区)8 个,送戏下乡 60 场,送电影下乡 7000 场;完成小康体育村建设 80 个;完成村邮站建设 850 家;完成城乡有线电视网络数字化整体转换和双向化改造任务;建设市级示范农村社区服务中心 40 个	市区农家书屋实现全覆盖,并通过了验收。省市级文化示范村(社区)建设工作完成创建 12 个,并通过了验收。完成送戏下乡演出 60 场,送电影下乡 9200 场。完成省级小康体育建设 190 个(其中婺城区 80 个,金东区 100 个、金华经济技术开发区 10 个)。完成村邮站建设 1110 个并通过验收,覆盖全市 1117 个行政村。市本级城乡数字电视整转和广播电视网络双向化改造工程已基本完成。市级示范农村社区服务中心项目已建设完成 45 个	全部完成
9	“米袋子”和“菜篮子”建设方面	确保粮食播种面积 37 万亩,总产量 14 万吨;新增大棚蔬菜基地 1000 亩;改造提升农贸市场 12 家,新建 2000 平方米以上的供销农超 2 家,新增村级连锁便利店 100 家,行政村连锁店覆盖率达到 94%,镇连锁超市覆盖率保持在 100%	全年粮食播种面积 41.6 万亩、总产量 16.7 万吨。市区新建蔬菜钢架大棚项目建成 1158 亩。农贸市场改造提升完成 12 家市场改造。金华供销农超已完成解放西路店和傅村店建设并投入使用,供销农超锦绣店和供销农超青春路店已开业。连锁店新建 120 个,完成今年任务的 102.6%,村级覆盖率达到 96%,镇连锁超市覆盖率保持在 100%	全部完成
10	公共安全方面	实施水库除险加固 19 座、山塘整治 70 座,完成钱塘江干堤和小流域堤防加固 10 公里;建立食品安全电子监管信息平台,启动餐饮服务食品安全示范创建工程,创建示范街 1 条,示范点 8 个;新增治安视频监控 300 个,90%以上社区、70%以上行政村建立专(兼)职巡防队伍,完成 90%以上的居住出租房消防安全综合整治任务	水库除险加固 19 座主体工程已完成;山塘整治,已完成 77 座,其中金东 45 座、婺城区 30 座,市本级(金华经济技术开发区)2 座。钱塘江干堤和小流域堤防加固,完成堤防加固 10.2 公里。制订下发了食品安全电子监管工作意见,食品安全电子监管软件驻点维护事宜签订了协议,已安装电子监管软件 1515 户。完成餐饮服务食品安全 1 条示范街和 8 个示范点创建。视频监控点已完成 335 个;市本级 1075 个村居有 776 个,74 个社区中有 68 个社区建成专兼职巡防队伍,比例分别达到 72.2%、91.9%;居住出租房消防安全综合整治改共整改完成 20969 户,整改完成率为 91.78%	全部完成

(市政府督查室)

附 录

2012年金华市国民经济和社会发展统计公报

金华市统计局
国家统计局金华调查队

2012年，面对复杂的国内外形势，全市上下坚持以邓小平理论和“三个代表”重要思想为指导，深入贯彻落实科学发展观，围绕“百姓富裕，浙中崛起”的总目标和“稳中求进，赶超发展”的总基调，全面实施“三农稳市、工业强市、商贸富市、群城聚市、科教兴市”五大战略，以解放思想引领赶超崛起，知难而进、凝心聚力、负重拼搏，极力破解发展中的难题，实现了全市经济赶超发展和社会和谐稳定的良好局面，经济结构持续优化，社会事业继续发展，民生不断得到改善，较好地完成年初确定的目标任务。

一、综合

初步核算，2012年全市实现生产总值(GDP) 2700.12亿元，按可比价计算，比上年增长10.2%。其中：第一产业增加值为134.44亿元，增长4.0%；第二产业增加值为1344.66亿元，增长10.2%；第三产业增加值为1221.02亿元，增长10.9%。全市人均生产总值达到57468元（按2012年年均汇率折算为9104美元），增长9.8%。第一、二、三产业增加值占地区生产总值的比重由上年的5.1:50.9:44.0，变化为5.0:49.8:45.2，第三产业所占比重比上年提高1.2个百分点。

2012年市区居民消费价格比上年上涨2.2%，涨幅较上年回落3.4个百分点。所调查的八大类消费品及服务项目价格“七涨一跌”，其中，食品类价格上涨4.5%，烟酒类价格上涨1.9%，衣着类价格上涨1.5%，家庭设备用品及维修服务类价格上涨4.3%，医疗保健和个人用品类价格上涨2.0%，娱乐教育文化用品及服务类价格上涨0.7%，居住类价格上涨1.6%，交通和通信类价格下降0.5%。商品零售价格上涨1.5%(各类价格指数详见附表1)。全市工业生产者出厂价格下跌2.2%，工业生产者购进价格下跌3.2%，购销价格差由逆转顺达到1.0个百分点。

2012年，全市新增城镇就业70669人，城镇失业人员实现再就业27927人，农村劳动力转移54259人，2012年年底城镇登记失业率为2.77%，低于省市政府提出的4%的控制目标。

二、农业

2012年全市农林牧渔业增加值134.44亿元，比上年增长4.0%。

全市农作物播种面积274.8千公顷，比上年增长0.2%。其中粮食播种面积为154.8千公顷，总产量为89.78万吨，分别比上年下降0.1%和增长0.8%；棉花播种面积7.2千公顷，面积和上年持平，产量为1.14万吨，比上年下降10.0%；油料播种面积为25.9千公顷，比上年下降1.9%，产量为4.80万吨，比上年下降2.2%；蔬菜播种面积为43.5千公顷，产量为92.8万吨，分别比上年增长1.6%和0.8%；药材播种面积7.4千公顷，下降1.3%；果用瓜种植面积10.6千公顷，与上年持平，产量为23.29万吨，下降2.8%；花卉苗木种植面积13.9千公顷，增长5.3%(主要农产品产量详见表21)。

全市共完成绿化造林面积4.539千公顷，迹地更新面积2.60千公顷，其中人工更新面积1.332千公顷；完成重点防护林工程建设面积0.877千公顷，其中人工造林0.53千公顷、封山育林0.347千公顷；全市创建省级森林城镇5个，省级森林村庄24个，市级绿化示范村254个。

全年肉类总产量为25.60万吨，比上年增长7.6%,其中猪肉21.36万吨,增长10.6%;全年生猪出栏278.19万头,增长9.5%;家禽出栏2571万羽,下降5.4%；全年牛奶产量6.62万吨，比上年下降15.8%;水产品产量7.39万吨,增长8.4%。

全市农田水利有效灌溉面积158.87千公顷,旱涝保收面积116.21公顷。年末拥有农业机械总动力257.23万千瓦,比上年末增长1.6%;全年化肥施用量(折纯)12.0万吨,增长4.3%;农村用电量39.6亿千瓦时,增长2.3%。

三、工业和建筑业

2012年全市完成工业增加值1164.51亿元,比上年增长10.5%，工业增加值占GDP的比重为43.1%。全市规模以上工业实现总产值3889.87亿元，销售产值3721.15亿元，分别增长11.6%和9.8%。规模以上工业企业完成出口交货值944.81亿元,增长6.4%,占销售产值的比重为25.4%。

全市规模以上工业企业科技活动经费支出32.87亿元,比上年增长33.7%。新产品生产增长较快。规模以上工业企业完成新产品产值933.68亿元,增长36.1%,新产品产值率达到24.0%,比上年提高4.3个百分点(主要工业产品产量详见表22)。

列入省考核的十一项规模以上工业经济效益评价考核指标综合得分为259.23分，比上年提高10.27分。全年规模以上工业企业实现利税293.46亿元,比上年增长2.3%;其中利润179.58亿元,下降2.4%。金属制品,纺织,汽车制造,医药制造,电气机械和器材制造,计算机、通信和其他电子设备制造等六大行业实现利润占全市规模以上工业利润总额的50.3%。

全市建筑业总产值达2210.81亿元，比上年增长15.5%;完成建筑业地方税收22.98亿元,占全市税收总收入的14.1%,比上年增长21.2%;建筑业年末从业人数达到89.29万人。建筑施工面积26012.71万平方米,完成房屋竣工面积8535.28万平方米。省外市场发展良好,2012年建筑业企业在省外完成产值1422.62亿元，占全省省外完成产值的12.9%,占全市建筑业总产值的64.4%。

四、固定资产投资

2012年全市完成固定资产投资1133.18亿元，比上年增长31.3%。其中，房地产开发投资285.19亿元,增长40.1%;投资项目(单位)投资847.99亿元,增长28.6%。民间投资快速增长,全年实现民间投资923.38亿元,比上年增长33.7%,占固定资产投资的81.5%。

在固定资产投资中:第一产业完成投资6.07亿元,增长185.1%。第二产业完成投资566.76亿元,增长22.9%;其中工业投资565.47亿元,增长22.9%。第三产业完成投资560.35亿元,增长40.2%。第一产业比重比上年提高了0.3个百分点,第二、第三产业投资比重分别下降和上升3.4和3.1个百分点,三次产业投资结构调整为0.5:50:49.5。

2012年全市共有省重点项目115项,其中列入省考核项目有88项;全年计划投资51.3亿元,完成投资76.44亿元,为年度计划的149.0%;开工建设项目102项,开工率为85.2%;竣工投产项目17项。列入市重点建设计划的项目275项，其中列入考核的实施类项目239项，全年计划投资222.69亿元,完成投资278.37亿元,为年度计划的125.0%;开工建设项目218个,开工率为91.2%。中国婺剧院、金华市体育中心主体建设、浙中信息产业园科技创新大厦、义乌机场国际航站楼工程、东阳市人民医院医疗综合大楼、磐安尖山污水处理厂主体工程等已完成;金华市区李渔路(双龙南街—八一南街)工程、金东区供电城网改造工程、浦江至义乌公路等项目已投入使用。

2012年全市房地产开发房屋施工面积为2101.31万平方米,比上年增长16.2%。当年新开工面积453.49万平方米,比上年下降21.8%;竣工面积257.64万平方米,增长20.1%。全市商品房销售面积为322.51万平方米,增长6.0%;其中住宅销售面积279.54万平方米,增长11.1%。

五、国内贸易

2012年全市实现社会消费品零售额1260.41亿

元，增长15.7%。城乡消费市场同步增长，其中城镇消费品零售额为1064.70亿元，增长15.7%；乡村消费品零售额为195.71亿元，增长15.8%。分行业看，批发零售业零售额1141.10亿元，增长15.8%；住宿餐饮业零售额119.31亿元，增长15.5%。

在限额以上批发零售业零售额中，服装鞋帽针纺织品类、日用品类、金银珠宝类、化妆品类零售额，分别为36.86、6.90、7.31、3.35亿元，分别增长36.3%、5.5%、22.9%、27.3%。中西药品类、通信器材类零售额分别为24.41、1.64亿元，分别增长22.3%、27.4%。汽车类、石油及制品类增速比上年略有下降，汽车类零售额229.38亿元，增长5.8%；石油及制品类零售额126.33亿元，增长14.0%。

2012年全市共有各类市场450个，商品交易市场年成交额1904.77亿元，比上年增长10.3%，其中年成交额超亿元的市场59个，总成交额1994亿元，比上年增长13.6%。

六、对外经济

2012年全市完成进出口总额227.39亿美元，比上年增长38.4%。其中：出口总额213.13亿美元，比上年增长40.7%；进口总额14.25亿美元，比上年增长10.6%。进出口、出口和进口总额三项指标均创历史新高。其中，出口总额首超200亿美元，排名从上年的全省第七位上升至全省第四位。出口有效主体增加。全年新增备案企业1534家，全年有出口实绩企业5059家，比上年净增632家；其中出口超1000万美元企业481家，比上年净增132家。出口市场结构优化。全市与223个国家和地区建立了贸易关系，其中出口超1亿美元的国家和地区51个，比上年增加12个。

2012年全市新批外商投资企业88家（不含外商投资合伙企业），比上年下降21.4%，合同利用外资34929万美元，比上年增长7.7%，实际利用外资28314万美元，比上年增长21.4%。工业利用外资继续占主导地位。全年新批工业制造业外资项目26个，其中总投资1000万美元以上项目10个，实到外资占全市总额的80.1%。外商投资大项目主体作用有所增强。全年新设立总投资1000万美元以上项目12个，其中总投资3000万美元以上的项目3个，合计合同利用外资占全市总数的62.6%。第三产业外商投资项目占比较高。全年新设立第三产业外资项目60个，占新批项目数的68.2%。外商投资合伙企业异军突起，截至2012年底全市累计登记注册外商合伙企业1345家。

2012年新批境外投资企业（机构）46家，境外投资总额41675.56万美元，比上年增长180.2%；其中中方投资27200.48万美元，比上年增长171.4%。对外承包工程劳务合作营业额25774万美元，比上年增长9.0%。境外营销网络建设成效显现。全年在美国、英国、加拿大、澳大利亚、俄罗斯和中国香港等国家和地区设立境外营销网络（贸易公司、办事处等）29家，占全市项目总数的63%。对外投资前五位的国家和地区分别是中国香港、瑞典、俄罗斯、荷兰、美国。

2012年全市在商务部服务外包业务管理和统计系统中注册的企业共有153家，从业人员超1.8万人，离岸合同签约金额17016万美元，比上年增长68%，离岸合同执行金额13106.45万美元，达历史最高水平，比上年增长39.1%。

七、交通、邮电和旅游

2012年全市交通建设共完成投资41.45亿元。其中高速公路完成投资7.11亿元，国省道、县道建设项目完成投资17.80亿元，大中修工程完成投资2.43亿元，农村联网公路完成投资0.98亿元，安保工程完成投资1.16亿元，病旧桥隧加固改造工程完成投资0.92亿元，场站建设完成投资10.90亿元，水运建设完成投资0.15亿元。全市境内公路总里程达到11864.45公里。公路旅客周转量92.89亿人公里，货物周转量174.95亿吨公里。

2012年邮电业务收入78.36亿元，比上年增长9.5%。其中，邮政业务收入7.76亿元，比上年增长21.3%；电信业务收入70.60亿元，增长8.3%。2012年年底城乡固定电话用户167.15万户，比上年末下降6.1%。其中住宅电话85.37万户，下降8.5%；公用电话21.94万户，下降1.7%。2012年年底移动电话用户达950.31万户，增长34.4%。移动电话普及率202.26部/百人，固定电话普及率35.6部/百人。互联网宽带接入用户达131.92万户，比上年年底增长16.5%。

2012年全市共接待游客4182.84万人次，同比增长16.1%,实现旅游收入399.59亿元,同比增长16.1%,其中接待国内旅游者4105.14万人次,同比增长16.3%,实现国内旅游收入372.77亿元,同比增长17.5%,接待入境旅游者77.70万人次,同比增长6.8%,实现旅游外汇收入42451.32万美元,同比增长1.9%。

八、财政、金融和保险

2012年全市完成财政一般预算收入376.47亿元,比上年增长14.7%。其中:上划中央财政收入161.58亿元,增长13.3%;公共财政预算收入214.89亿元,增长15.7%。全市一般预算支出271.95亿元,增长15.7%。财政支出更加关注民生,其中住房保障支出、医疗卫生支出、教育支出、社会保障和就业支出、农林水支出、科技支出分别比上年增长48.8%、23.6%、22.3%、18.7%、17.1%、24.9%。

2012年年底,全市金融机构本外币各项存款余额为5324.39亿元,增长12.2%。其中:单位存款余额2469.87亿元,增长10.9%;本外币储蓄存款余额2684.35亿元,增长16.0%。金融机构本外币各项贷款余额4346.85亿元,增长18.2%。其中短期贷款余额3481.94亿元,增长24.7%;中长期贷款余额813.63亿元,下降2.8%。本外币余额存贷比为81.6%。

2012年全市保险机构全年保费收入106.52亿元,比上年增长14.0%。其中:财产险保费收入44.77亿元,人身险保费收入61.75亿元,分别比上年增长16.2%和12.4%。全年支付各类赔偿及给付32.95亿元,比上年增长33.5%。其中:财产险赔款24.23亿元,比上年增长33.7%;人身险赔款及给付8.72亿元,增长32.7%。

九、教育和科学技术

2012年,全市共有各级各类全日制学校742所,在校学生78.5万人。其中:小学445所,在校学生39.64万人;初中170所,在校学生14.88万人;普通高中66所,在校学生9.54万人;职业高中33所,在校学生5.75万人;普通中专4所,在校学生5944人;特殊教育学校8所,在校学生1635人。全市有幼儿园1581所,在园幼儿23.79万人,学前三年幼儿入园率98.9%;有省等级幼儿园750所,省等级幼儿园招生覆盖面7.8%;全市112个乡镇已有104个建有中心幼儿园。十五年教育普及率99.4%,全面普及十五年教育。小学入学率、巩固率100%;初中入学率、巩固率100%;初中毕业生升入高中段学校比例98.4%,升入优质高中比例81.8%。初中毕业生升入普通高中与中等职业学校的比例为1:0.92,普通高中教育与中等职业教育协调发展。高等教育规模不断扩大,结构更趋合理。全市高等院校共9所,在校学生7.87万人,其中普通高校2所,在校学生32956人;高职院校5所(含浙江科贸职业技术学院(筹)),在校学生42870人;成人高校2所,在校学生2890人。高等教育毛入学率49.7%。义务教育均衡发展,义乌市、东阳市率先通过义务教育均衡发展县(市、区)评估。

2012年全市列入市级以上科技项目786项,其中国家级90项、省级413项,共计503项,比2011年增长33%;新到位省级以上科技资金首次突破亿元,达到1.06亿元,比上年增长46.9%。新立市级科技计划项目267项,其中工业类88项、农业类78项、社会发展类101项,农业科技成果转化项目5项。列入2012年度省科学技术奖公示名单20项,评选市科学技术60项,其中一等奖5项、二等奖15项、三等奖40项。新认定创新型企业90家,其中省级8家、市级19家、县级63家;高新技术企业102家,其中国家级49家、市级53家;省级科技型中小企业36家;农业科技企业30家,其中省级13家、市级17家;专利示范企业58家,其中省级16家、市级42家。研发认定省级新产品277只。申请专利21491件,同比增长30.4%,其中发明专利1946件,同比增长30.1%;授权专利17634件,同比增长49.1%,其中发明专利423件,同比增长19.5%。

2012年,全市新认定省级高新技术研发中心16家、市级50家,省级农业科技研发中心9家、市级10家。青年汽车等3家企业成为省级重点企业研究院,浙江绿源电动车有限公司等6家企业组建省级企业研究院。高新园区国家级科技孵化器新引进科技孵化企业53家,累计达到453家;新孵化毕业16家,累计达到150家,园区企业实现技工贸总收入357.91亿元,同比增长10.8%,工业总产值393.91亿元,同比增长17.8%。中科院金华科技园实体化建设继续推进,第13届工科会上新引进金华快速成型技术研究所。园区引进机构共签订服务金华企业项目93项,合同金额5500.62万元,主营收入2379.54万元,实现利税590.83万元,申请发明专利65项,申请实用新型或外观专利142项。

2012年我市成功举办第13届工科会,邀请88家高校院所的376名专家参会,达成科技合作项目135项,协议金额共计4.89亿元;其中50项在会上签约,协议金额共计2.09亿元。引进解放军军事交通学院等7家大院名校到市区设立技术转移中心;浙江师范大学与5家企业共建研发中心。举办5个专场科技对接活动,共组织147家院校所279位专家教授、375家企业参加,提供院校所技术成果701项,其中现场发布150项;企业技术需求205项,初步达成合作意向36项。“院校所专家企业行”活动共邀请86位专家教授深入7个县(市)52家企业考察洽谈,举行科技洽谈会38场,正式签约13项,新达成科技合作意向27项。

2012年全市新增浙江名牌产品22只,累计285只,新增加金华名牌产品55只,累计347只;3家企业获2011年度市政府质量奖,省级以上名牌产品企业产值达到1168.7亿元,比上年增长5%。制修订国家或行业标准8个,省级块状产业标准化重点项目1个,农业标准化推广示范项目56个,农业标准示范区面积18.6万亩,省级服务业标准化试点项目1个。产品监督抽查合格率93.2%,食品监督抽查合格率95.8%。特种设备定检率、登记率和操作人员持证上岗率达95%以上,计量器具强制检定473849台件。

十、文化、体育和卫生

2012年年底全市拥有文化馆10个,公共图书馆10个,影剧院11家,地市级广播电台1座、电视台1座,县级广播电视台7座。广播综合覆盖率和电视综合覆盖率达99.3%和99.6%。全市县城以上城区数字电视整体转换率达99.4%,数字电视用户达到53万多户。

2012年全市创建省级体育强乡镇(街道)10个,城市体育先进社区14个,村级体育俱乐部30个,社区体育健身俱乐部12个,老年体育俱乐部8个,星级职工体育俱乐部3个;新建省级小康体育村690个,名额列全省之首,中心村全民健身广场7个,中心村体育休闲公园3个。成功举办市第二届职工运动会,参赛人数近3000人。全市获世界青年冠军1个,全国冠军3个。共派出500多名运动员参加了省青少年田径、游泳、排球等19个大项的比赛,共夺得32枚金牌。全年二级运动员45名。完成20个项目、726名运动员的注册工作。举办全省少年儿童艺术体操锦标赛并荣获省最佳赛区。体育彩票全年销量达6.45亿元,同比增长30.5%,提取体彩公益金5500多万元。

2012年,全市共有卫生机构328个(不含社区卫生服务站、村卫生室、诊所等,下同),其中医院、卫生院(含社区服务中心)233个,妇保院(所、站)10个,专科疾病防治院(所、站)6个;全市实际开放床位数20432张,其中:医院和卫生院床位(含社区服务中心,不含妇保院)19389张;全市卫生技术人员27240人,其中执业医师和执业助理医师10166人,注册护士10123人;疾病预防控制机构10个,总人数510人;卫生监督检验机构10个,总人数332人。另有诊所、医务室、社区卫生服务站1708个,卫技人员2054人。村卫生室1953个,其中卫技人员699人。全市共有艾滋病初筛实验室54个、初筛中心实验室1个、确诊实验室1个。

十一、环境保护

2012年,全面实施“811”生态文明建设推进行动,主要污染物减排各项工作扎实推进。按二氧化硫(SO_2)、可吸入颗粒物(PM10)、二氧化氮(NO_2)三项指标的年日均值评价,金华市市区空气质量优良率达到93.7%,全市平均达到了91.5%。7个主要河段市控以上断面,达到或优于三类水质标准的占37.8%,满足功能区要求的占37.8%;全市20个地表水交接断面,达到或优于三类水质标准的断面占60%;10个出境断面,达到或优于三类水质标准的占90%。

2012年,全市生态公益林建设面积为277.86千公顷,生态公益林达到优质林分面积188.07千公顷。全市森林覆盖率60.4%。全市共建成国家级生态县(市)2个、省级生态县(市)1个、国家环保模范城市1个、全国环境优美乡镇26个、省级生态乡镇92个,市级生态乡镇119个。全市共有沙金兰等26个规范化合格饮用水源保护区,其中8个县级以上集中式饮用水源保护区水质达标率100%。建成自然保护区4个，其中国家级自然保护区1个；森林公园13个,其中国家级森林公园2个。

十二、人口、人民生活和社会保障

2012年全市出生人口49905人，出生率10.62‰,人口自然增长率1.61‰。2012年年底总人口470.63万人，其中市区93.92万人；非农业人口110.22万人,其中市区32.24万人。平均每户家庭人口2.58人。

2012年全市城镇居民人均可支配收入为33164元,比上年增长11.6%;城镇居民人均消费支出21974元,比上年增长9.9%。全市农村居民人均纯收入为13286元,增长11.9%;农村居民人均生活消费支出9272元,增长6.7%。全市城镇居民人均现住房建筑面积49.32平方米，比上年增长4.8%;全市农村居民人均生活用房面积64.7平方米,比上年增长0.7%。

2012年年底全市拥有各类社会福利单位132个,社会福利床位数25622张(其中机构24521张、居家床位1101张),收养各类人员12294人。农村五保对象集中供养率为97.41%,城镇“三无”对象集中供养率为91.8%。全市共有低保对象6.3万人,发放最低生活保障金1.39亿元；筹集医疗救助资金4618万元，实际救助2.9万人次；发放救灾款813万元,救济灾民3.36万人次,改扩新建避灾场所41个。社区服务功能日趋完善,建立乡镇(街道)社区服务中心144个、城市社区服务中心(站)274个、村级社区服务中心(站)3006个、社区服务网点6980个、捐赠接收站(慈善超市)64个。全市共有社会组织3755家,其中社会团体1633家,民办非企业单位2122家。全市共有抚恤优待对象13505人,发放抚恤金10785万元、义务兵优待金4790.58万元、困难补助经费462.23万元,退役义务士兵自主就业率达到96.5%，发放自主就业一次性经济补助金1868.43万元。

2012年年底全市城镇职工养老保险参保人数131.03万人,职工基本医疗保险参保人数113.39万人,工伤保险参保人数138.39万人,生育保险参保人数61.49万人，失业保险参保人数65.83万人;城乡居民养老保险参保人数170.2万人，城乡居民医疗保险参保人数355.61万人,被征地农民基本生活保障参保人数38.08万人。

注:(1)本公报所列各项数据为年度初步统计数据；

(2)人口数为公安部门统计年报数；

(3)公报中生产总值和各产业增加值绝对数按现价计算，增长速度按可比价计算，人均生产总值按户籍人口计算；

(4)规模以上工业企业指年销售收入2000万元及以上工业企业。

2012年市区各类价格指数(以上年为100)

表20

居民消费价格总指数	**102.2**	3.衣着类	101.5
1.食品类	104.5	4.家庭设备用品及维修服务	104.3
#粮食	103.6	5.医疗保健和个人用品	102.0
肉禽及制品	101.0	6.交通及通讯	99.5
水产品类	102.7	7.娱乐教育文化用品及服务	100.7
菜类	126.3	8.居住	101.6
2.烟酒及用品类	101.9	**商品零售价格总指数**	**101.5**

注:表中使用的符号“#”表示其中的主要项,下表同

2012年全市主要农产品产量

表21

农产品产量	计量单位	绝对数	比上年增长%
粮 食	万吨	89.78	0.8
#谷 物	万吨	74.25	0.2
油菜子	吨	40789	−4.0
棉 花	吨	11363	−10.0
蔬 菜	万吨	92.8	0.8
茶 叶	万吨	2.03	8.6
水 果	万吨	57.06	0.3
#柑 橘	万吨	11.24	0.8
葡 萄	万吨	8.17	13.8
蚕 茧	吨	1825	−12.0
肉类产量	吨	255992	7.6
#猪牛羊肉	吨	217970	10.4
禽 肉	吨	37801	−5.7
禽蛋产量	吨	56073	2.8
牛奶产量	吨	66202	−15.8
猪全年出栏	万头	278.19	9.5
猪年末存栏	万头	185.16	2.6
牛年末存栏	万头	4.38	−6.8
#奶牛	万头	2.67	−7.3
羊年末存栏	万只	8.54	0.2

2012年全市主要工业产品产量

表22

工业产品产量	计量单位	绝对数	比上年增长%
纱	吨	355780	45.4

续表 22

工业产品产量	计量单位	绝对数	比上年增长%
布	万米	100904	-2.4
服装	万件	57320	26.4
家具	万件	3253	28.5
机制纸及纸板	吨	596351	10.1
乳制品	吨	50752	9.4
化学纤维	吨	182170	37.2
农用化学肥料总计(折纯)	吨	20227	6.7
化学农药原药(折 100%)	吨	19038	151.2
涂料(油漆)	吨	73941	-24.0
塑料制品	吨	424618	-22.7
水泥	万吨	1618	-3.9
钢材	万吨	157	14.6
铝材	吨	129610	7.5
金属切削机床	台	4447	-54.0
发动机	万千瓦	203	19.4
摩托车	辆	259161	228.3
汽车	辆	3633	11.1
自行车	万辆	296	14.3
家用吸尘器	台	265495	1.2
发电量	亿千瓦时	143	-7.1

金华市 2012 年度机动车数据统计报表

表 23

统计时间：2011 年 12 月 21 日至 2012 年 12 月 20 日					填报日期： 2012 年 12 月 22 日				
一、机动车注册分布(辆)									
车型	金华	兰溪	义乌	东阳	磐安	武义	永康	浦江	合计
大型车	2081	-	184	109	-	-	87	-	2461

续表 23

小型车	54067	5798	39645	17723	2178	5206	22098	8002	154717
摩托车	5960	1035	3876	2397	553	1307	2927	1317	19372
轻便摩托车	16	1	1	–	184	20	15	–	237
挂车	172	–	–	1	–	–	–	–	173

二、新增机动车数量(辆)

车型	金华	兰溪	义乌	东阳	磐安	武义	永康	浦江	合计
大型车	696	235	591	241	85	160	251	83	2342
小型车	25641	8577	42712	18926	2853	7938	24876	9498	141021
摩托车	5385	946	3659	2199	523	1215	2718	1231	17876
轻便摩托车	16	–	1	–	172	18	13	–	220
挂车	48	22	87	7	–	4	2	11	181
合计	31786	9780	47050	21373	3633	9335	27860	10823	161640

三、机动车业务工作量(起)

业务种类	金华	兰溪	义乌	东阳	磐安	武义	永康	浦江	合计
注册	62550	6840	43719	20231	2915	6533	25127	9319	177234
所有权转移	37776	530	15135	5270	29	285	8144	295	67464
变更	7222	301	2962	1376	81	571	2310	603	15426
抵押	43636	2396	7679	5274	213	794	12328	3726	76046
注销	747	491	240	223	71	354	80	248	2454
转入	4288	39	310	166	5	9	231	6	5054
补换领牌证	8600	1507	13923	4375	783	1503	9089	2877	42657
转出	8064	5	1039	323	3	4	602	3	10043

四、机动车保有量分布(起)

车型	金华	兰溪	义乌	东阳	磐安	武义	永康	浦江	合计
大型汽车	6806	2951	4371	2582	981	1302	3398	1258	23649
小型汽车	148497	42111	257244	105481	13019	39340	160679	51862	818233
摩托车	129604	52957	119561	77911	26064	37975	55641	55380	555093
轻便摩托车	2723	449	2060	2310	2058	11456	3275	842	25173
挂车	426	219	173	133	90	89	255	81	1466
教练车	824	169	563	334	66	193	436	203	2788
合计	288880	98856	383972	188751	42278	90355	223684	109626	1426402

注:机动车保有量不包括转出、注销、强制注销

金华市区大型商业网点设施

金华市区现有大型商业网点总面积54.8万平方米,在建大型商业网点61.5万平方米。

一、已营业商业网点

大型商业网点28个,总面积54.8万平方米,业态结构:百货类10个,超市8个,专业店9个,综合体1个。具体如下:

二、在建大型商业网点

表24

序号	名 称	区位	业态类型	面积(平方米)
1	金华一百江北店	江北	百货	22000
2	金华一百江南店	江南	百货	18000
3	金华银泰新天地	江北	百货店	87036
4	银泰百货福华店	江北	综合百货	35000
5	银泰百货江南福泰隆店	江南	百货	27000
6	金华大世界	江北	百货	12000
7	恒大百货	江北	百货	12400
8	宾虹广场	江北	专业店、专卖店	12000
9	西华广场	江北	专业店、专卖店	7000
10	中华广场	江北	服饰专业商场	13000
11	金华锦球百货	江北	百货	5000
12	金茂大厦	江北	百货、家电	10000
13	福泰隆超市江南店	江南	超市	8000
14	福泰隆超市江北店	江北	超市	10950
15	福泰隆超市现代城店	江南	超市	12800
16	上海农工商金华店	江南	超市	5000
17	时代超市	江南	超市	5000
18	沃尔玛	江北	超市	15000
19	世纪联华	江南	超市	15000
20	加贝购物广场	江南	百货	8000
21	金华四通家电	江南	家电专业店	14800
22	苏宁电器	江北	家电专业店	8000
23	龙腾服装	江南	专卖店	7800
24	龙腾数码广场	江南	专业店	7800

续表 24

序号	名　称	区位	业态类型	面积(平方米)
25	金华商城购物中心	江南	专业店	83361
26	金发颐高数码广场	江南	专业店	7500
27	永盛购物广场	江北	综合	70000
28	大润发超市	江南	超市	8600
	合计			548047

御江帝景 5 万平方米，婺州城市广场 11 万平方米，世贸中心 15.5 万平方米，万达广场 20 万平方米，五佰滩 14 万平方米，总面积 65.5 万平方米。

表 25

序号	名　称	区位	业态类型	面积(万平方米)
1	御江帝景	江北	百货	5
2	世贸中心	江南	百货、超市	15.5
3	婺州城市广场	婺城	综合	11
4	万达广场	金东	综合	20
5	五佰滩	市区	综合	10
	合计			61.5

索 引

A

艾克医院 …… 365
爱国卫生 …… 361
安全生产监察管理 …… 315

B

保密工作 …… 104
保险业 …… 298
报纸 …… 343

C

财政 …… 278
采供血工作 …… 361
成人教育 …… 333
城市管理 …… 269
城乡规划 …… 263
城乡建设 …… 263
城乡交通 …… 243
出入境检验检疫 …… 256
畜牧生产 …… 223
创先争优活动 …… 411

D

大事记 …… 38
档案 …… 355
党史研究 …… 106
党校工作 …… 107
党政社团 …… 73
地方税务 …… 281
地方武装 …… 163
地域 …… 51
地震监测 …… 327
电力工业 …… 238
电影 …… 349
电子商务 …… 253
东阳横店电子产业园区 …… 197
东阳经济开发区 …… 196
东阳市 …… 388
对口扶贫 …… 262
对口支援新疆温宿县 …… 260
对外经贸 …… 255
对外联络 …… 262
对外贸易 …… 255

F

法院 …… 175
法治政府建设 …… 122
防汛抗旱工作 …… 230
房地产及住宅业 …… 266
纺织工业 …… 235
非物质文化遗产保护 …… 350
妇幼卫生 …… 360
附录 …… 417

G

概况 …… 51
高等教育 …… 333
高校、中专招生 …… 341
工商行政管理 …… 307
工业 …… 233
公安 …… 170
公路 …… 242
公用事业 …… 268
共青团金华市委员会 …… 148
供销合作商业 …… 250
广播　电视 …… 342
国家税务 …… 279
国内旅游 …… 275
国土资源管理 …… 305
国有资产管理 …… 309

H

海关 …… 258
化学工业 …… 236
环保项目 …… 273
环保执法 …… 274
环境保护 …… 272
环境监测 …… 273
环境整治 …… 272

J

机关后勤事务管理 …… 131
机械制造业 …… 237
疾病防控 …… 359
计划发展管理 …… 303
假日旅游 …… 276
检察 …… 173
建材工业 …… 237
建置沿革 …… 53
建筑业 …… 265
交通银行金华分行 …… 292
教师 …… 340
教育 …… 327
教育科研 …… 340
金东区 …… 383
金华成泰农村合作银行 …… 297
金华广福医院 …… 364
金华经济技术开发区(金华市高新技术产业园区) …… 192
金华市 2012 年度机动车数据统计报表 …… 424
金华市残疾人联合会 …… 159
金华市第二医院 …… 363
金华市第五医院 …… 363
金华市妇女联合会 …… 150
金华市工商业联合会 …… 146
金华市关心下一代工作委员会 …… 160
金华市归国华侨联合会 …… 158
金华市红十字会 …… 161
金华市科学技术协会 …… 152
金华市区大型商业网点设施 …… 426
金华市区主要医疗机构 …… 362
金华市人民代表大会常务委员会 …… 110
金华市人民医院 …… 363
金华市人民政府 …… 114
金华市社会科学联合会 …… 154
金华市台胞台属联谊会 …… 160
金华市文学艺术联合会 …… 156
金华市中心医院 …… 362
金华市中医医院 …… 362
金华市总工会 …… 147
金华新兴产业集聚区 …… 190
金华眼科医院 …… 364
金华银行 …… 292
金磐扶贫开发区 …… 203
金融业 …… 284
金温铁路金华南站 …… 242
金西经济开发区 …… 193
金义都市新区(金东经济开发区) …… 189
经济技术协作 …… 128
经济开发区 …… 189

经济体制 …… 56
经济与社会发展状态 …… 57
经济作物生产 …… 212
精神文明建设 …… 97
九三学社金华市委员会 …… 145
居民生活 …… 368

K

勘察设计 …… 265
科技成果 …… 320
科技活动 …… 320
科学技术 …… 319

L

兰溪经济开发区 …… 195
兰溪市 …… 386
劳动就业 …… 126
老干部工作 …… 105
老龄事业 …… 376
粮食流通业 …… 251
粮油作物生产 …… 211
两新工委工作 …… 94
林业 …… 224
旅游规划与产品建设 …… 276
旅游行业管理 …… 276
旅游业 …… 275

M

美术、书法、摄影 …… 347
民办教育 …… 339
民营经济 …… 59
民用航空 …… 243
民政事业 …… 372
民主党派　工商联 …… 139
民族事务 …… 378

N

农村 …… 205
农村发展 …… 207
农村扶贫 …… 208
农村经济 …… 205
农村能源 …… 220
农业 …… 210
农业产业化 …… 220
农业环境保护 …… 221
农业机械管理 …… 219
农业机械科研 …… 223
农业科研 …… 222
农业综合开发 …… 224

P

磐安工业园区 …… 204
磐安县 …… 407
浦江经济开发区 …… 200
浦江县 …… 398
普通高中教育 …… 331

Q

气候 …… 52
气象 …… 230
侨务 …… 186
轻工业 …… 236
群众文化 …… 349

R

人口 …… 54
人口与计划生育 …… 371
人民防空 …… 166
人民团体　社会团体 …… 147
人民武装 …… 163
人事工作 …… 124

入境旅游 …… 275

S

商贸流通业 …… 249
商贸流通与服务业 …… 249
上海浦东发展银行金华分行 …… 296
社会保障 …… 126
社会福利 …… 374
社会救助 …… 374
社会民生 …… 368
社会事务 …… 375
审计 …… 282
省农村信用联社金华办事处 …… 293
食品工业 …… 236
食品药品监管 …… 316
市场 …… 254
市委办公室工作 …… 87
市政府办公室工作 …… 119
市政建设 …… 267
市直机关党务 …… 108
蔬菜生产 …… 215
双龙风景区建设 …… 270
水产 …… 228
水利 …… 228
水路 …… 243
水情 …… 52
水文 …… 231
司法行政 …… 176

T

台湾事务 …… 187
特辑 …… 1
特殊教育 …… 338
体育 …… 366
铁路 …… 241
铁路金华车务段 …… 241
统计管理 …… 307
统一战线工作 …… 102
图书馆事业 …… 349

W

外事 …… 181
卫生监督执法 …… 361
文化 艺术 …… 346
文化市场管理 …… 350
文荣医院 …… 364
文物 博物 …… 351
文学 …… 346
无线电管理 …… 318
武义经济开发区 …… 201
武义县 …… 401
武装警察金华市支队 …… 165
物价管理 …… 310
婺城区 …… 380

X

戏剧 …… 348
县(市、区) …… 380
消防 …… 179
新闻出版管理 …… 345
信访工作 …… 128
信息产品制造业 …… 237
信息化建设 …… 245
信息企业 …… 245
信息业 …… 245
行政区划 …… 53
行政审批服务 …… 123
行政执法 …… 210
宣传工作 …… 95
学前教育 …… 329

Y

烟草专卖 …… 251
盐类专卖 …… 252
冶金工业 …… 237

医疗卫生 …… 358
医疗卫生体制改革 …… 358
医疗医学 …… 359
医药工业 …… 238
义乌工业园区 …… 198
义乌经济开发区 …… 198
义乌市 …… 392
义务教育 …… 330
音乐、舞蹈、曲艺 …… 347
永康经济开发区 …… 199
永康市 …… 395
邮政 …… 244
邮政储蓄银行金华市分行 …… 297
园林绿化 …… 269

Z

招商银行金华分行 …… 293
招商引资 …… 259
浙江移动金华分公司 …… 246
政策研究 …… 103
政法 …… 169
政府金融工作 …… 121
知识产权 …… 325
植物保护 …… 215
志鉴编修 …… 130
质量技术监督管理 …… 314
中等职业教育 …… 333
中国电信金华分公司 …… 245
中国工商银行金华市分行 …… 287
中国共产党金华市纪律检查委员会 …… 135
中国共产党金华市委员会 …… 73
中国国民党革命委员会金华市委员会 …… 139
中国建设银行金华市分行 …… 291
中国联通金华分公司 …… 247
中国民主促进会金华市委员会 …… 142
中国民主建国会金华市委员会 …… 141
中国民主同盟金华市委员会 …… 140
中国农工民主党金华市委员会 …… 144
中国农业发展银行金华市分行 …… 286
中国农业银行金华市分行 …… 288
中国人民财产保险股份有限公司金华市分公司 299
中国人民银行金华中心支行 …… 284
中国人民政治协商会议金华市委员会 …… 133
中国人寿保险股份有限公司金华分公司 …… 301
中国太平洋人寿保险股份有限公司金华中心支公司 …… 301
中国银行金华市分行 …… 290
中国银行业监督管理委员会金华监管分局 … 285
仲裁 …… 178
住房公积金管理 …… 266
专记 …… 411
宗教事务 …… 378
综合管理 …… 303
组织工作 …… 88
组织机构及负责人名单 …… 59

数字

2012 金华市区重点实事完成情况 …… 414
2012 年金华市国民经济和社会发展统计公报 … 417
2012 年全市主要工业产品产量 …… 423
2012 年全市主要农产品产量 …… 423
2012 年省、市重点工程建设 …… 412
2012 年市区各类价格指数 …… 422

金华城区图

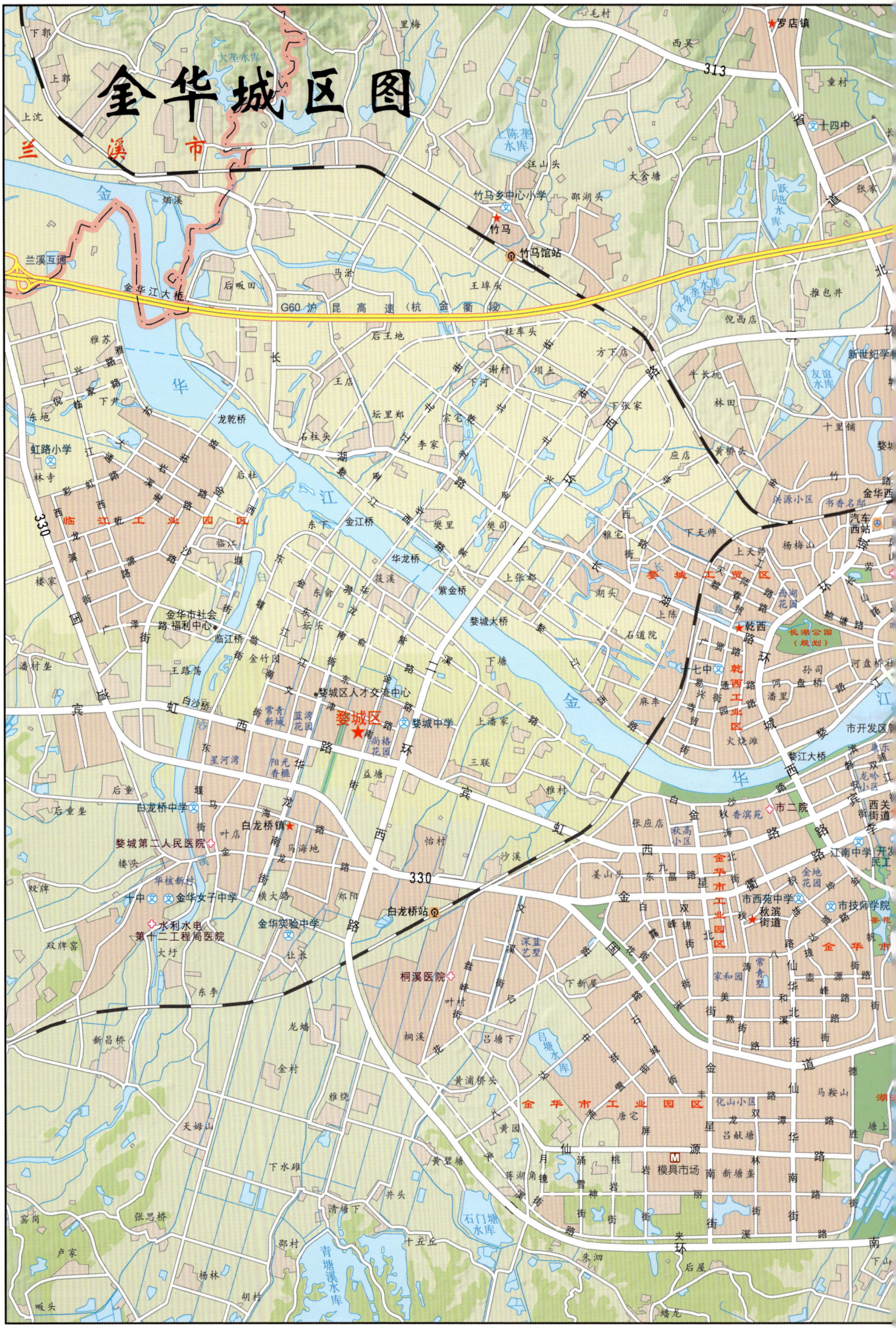
兰溪市
金华江大桥
G60沪昆高速（杭金衢段）
竹马馆站
竹马乡中心小学
竹马
临江工业园区
金华市社会福利中心
婺城区人才交流中心
婺城区
婺城中学
白龙桥中学
白龙桥镇
婺城第二人民医院
金华女子中学
水利水电第十二工程局医院
金华实验中学
白龙桥站
桐溪医院
金华市工业园区
模具市场
婺城大桥
婺江大桥
市二院
市西苑中学
秋滨街道
市技师学院
江南中学
罗店镇
汽车西站
长湖公园（规划）
婺城工贸园区
乾西工业园区
金华市工业园区
330
313
石门塘水库
青塘溪水库
吕塘水库
上陈垄水库
大坌水库
跃进水库
友谊水库
水角坞水库

以血

缙云县2

发展以

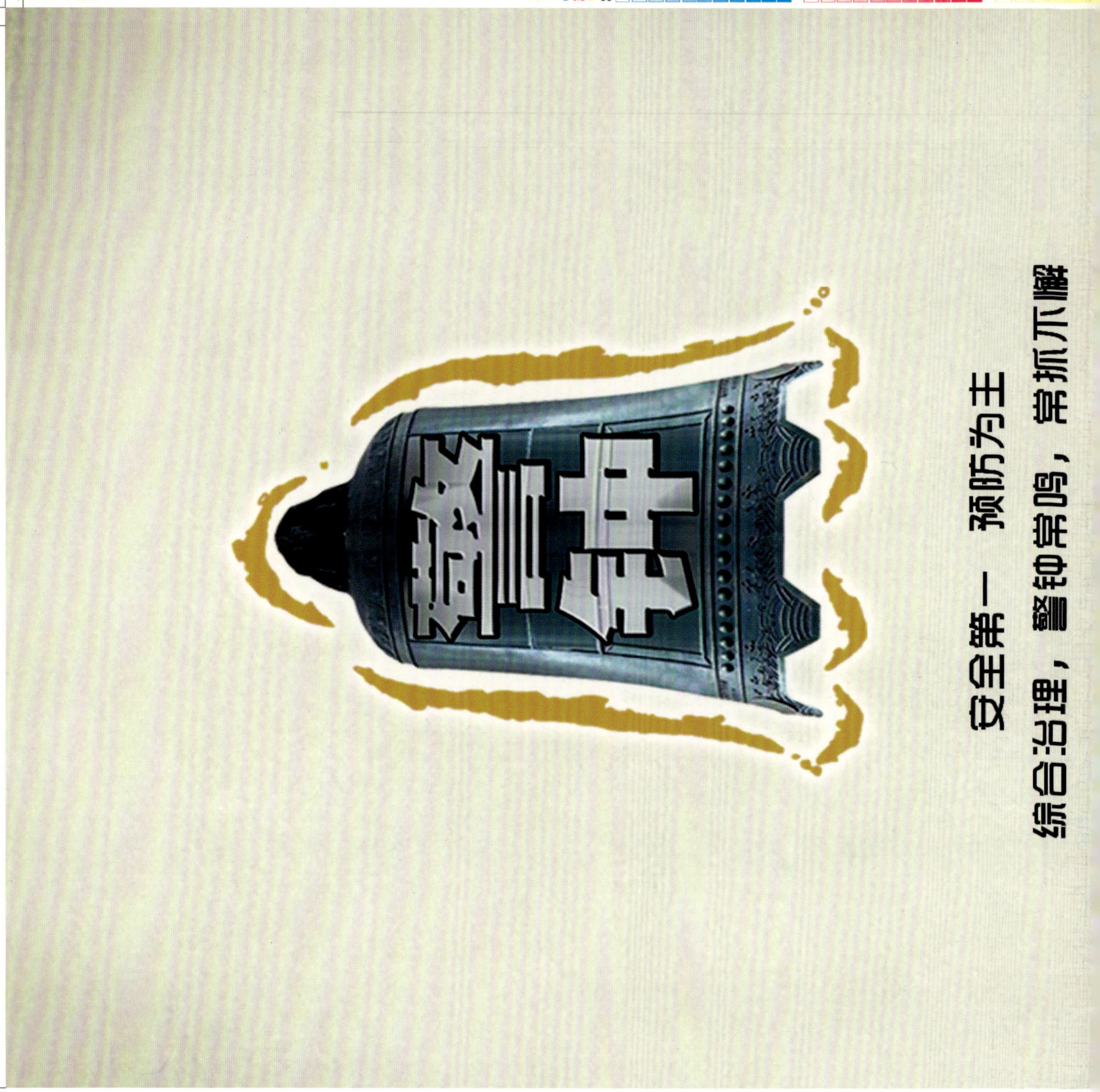

警钟
安全第一　预防为主
综合治理，警钟常鸣，常抓不懈